85

季刊エス

2024 Spring

S第85号／2024年4月1日発行　年4回発行(3,6,9,12月発売)

各界のビジュアル表現を総覧★ストーリー&キャラクター表現の総合誌

Story & Character, See & Draw, Style, Show & Move, Sense, Spirit, Soul!

character design by 中村佑介

表紙&ピンナップ｜なもり

日々これよき日

Editor-in-Chief
天野昌直

Editor
高橋祐美
佐々木弥生
草野友美加
中村穂乃香

Contributing Editor
稲葉怜

Support Staff
斉藤真子
杉本歩美
加藤綾乃
今井野乃歌
大城麻優見
篠田侑里
高月杏奈
新井日和

Art Director & Title Logotype
佐々木暁

Designer
小嶋香織(oflo)
水谷文香

Publisher
三芳寛要

Printing Director
加藤弘貴(広済堂ネクスト)

●発売＝株式会社 パイ インターナショナル
〒170-0005　東京都豊島区南大塚2-32-4
TEL:03-3944-3981(代表)
●制作＝株式会社 パイ インターナショナル　エス編集部
〒150-0041　東京都渋谷区神南1-13-3アーク神南ビル2F
TEL 03-6455-0223(編集部直通電話)

●印刷＝株式会社広済堂ネクスト

PIE International Inc.
2-32-4 Minami-Otsuka, Toshima-ku, Tokyo 170-0005
email international@pie.co.jp
www.pie.co.jp/english

Printed in Japan

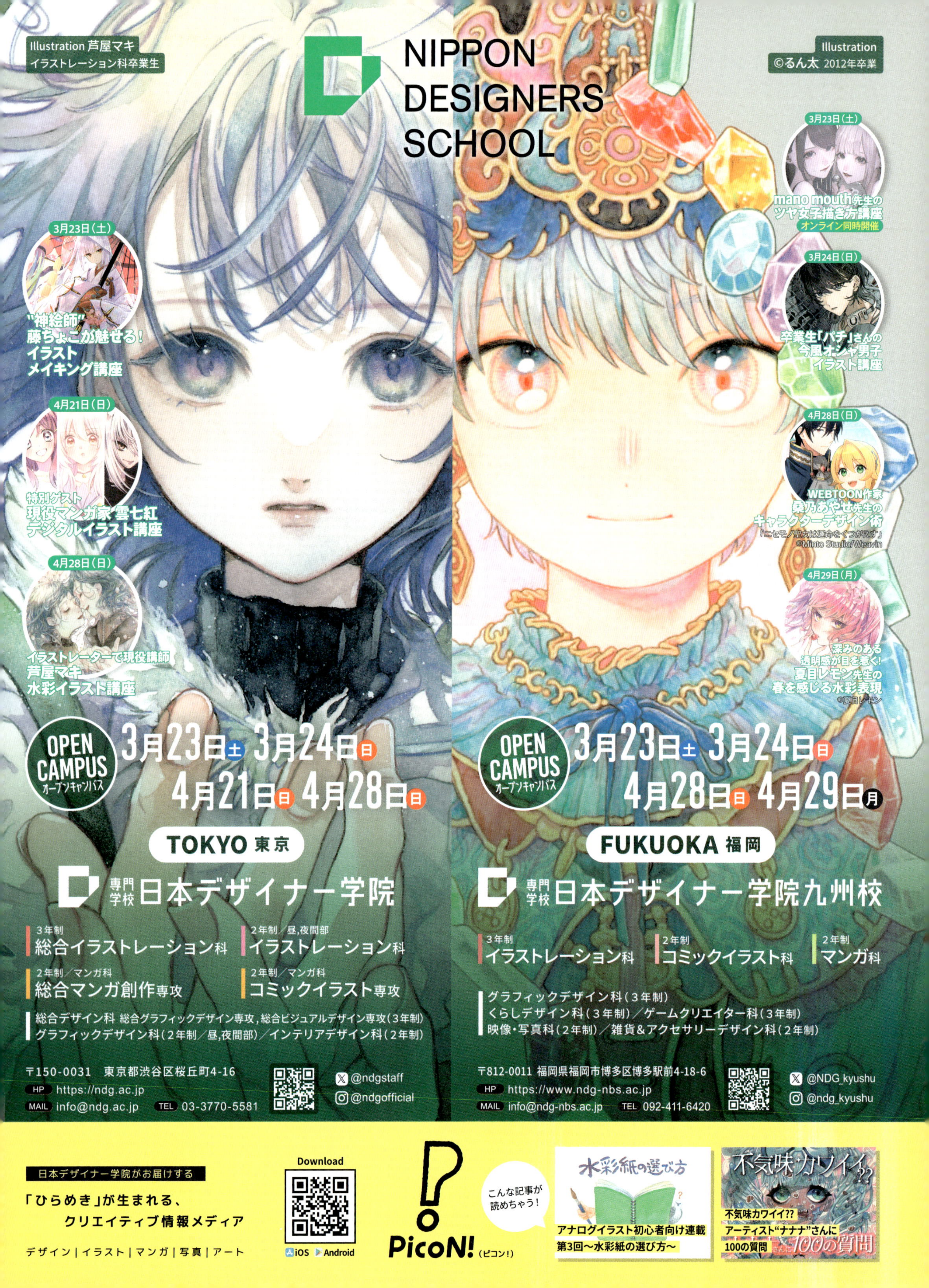

Illustration 芦屋マキ
イラストレーション科卒業生
NIPPON DESIGNERS SCHOOL
Illustration
©るん太 2012年卒業
3月23日(土)
"神絵師"藤ちょこが魅せる!
イラストメイキング講座
4月21日(日)
特別ゲスト
現役マンガ家雪七紅
デジタルイラスト講座
4月28日(日)
イラストレーターで現役講師
芦屋マキ
水彩イラスト講座
3月23日(土)
mano mouth先生の
ツヤ女子描き方講座
オンライン同時開催
3月24日(日)
卒業生「パチ」さんの
今風オシャ男子
イラスト講座
4月28日(日)
WEBTOON作家
桑乃あやせ先生の
キャラクターデザイン術
「ニセモノ聖女は運命をくつがえす」
©Minto Studio/Weavin
4月29日(月)
深みのある
透明感が目を惹く!
夏目レモン先生の
春を感じる水彩表現
©夏目レモン
OPEN CAMPUS オープンキャンパス
3月23日 土 3月24日 日
4月21日 日 4月28日 日
TOKYO 東京
専門学校 日本デザイナー学院
3年制
総合イラストレーション科
2年制/昼,夜間部
イラストレーション科
2年制/マンガ科
総合マンガ創作専攻
2年制/マンガ科
コミックイラスト専攻
総合デザイン科 総合グラフィックデザイン専攻,総合ビジュアルデザイン専攻(3年制)
グラフィックデザイン科(2年制/昼,夜間部)/インテリアデザイン科(2年制)
〒150-0031 東京都渋谷区桜丘町4-16
HP https://ndg.ac.jp
MAIL info@ndg.ac.jp TEL 03-3770-5581
@ndgstaff
@ndgofficial
OPEN CAMPUS オープンキャンパス
3月23日 土 3月24日 日
4月28日 日 4月29日 月
FUKUOKA 福岡
専門学校 日本デザイナー学院九州校
3年制
イラストレーション科
2年制
コミックイラスト科
2年制
マンガ科
グラフィックデザイン科(3年制)
くらしデザイン科(3年制)/ゲームクリエイター科(3年制)
映像・写真科(2年制)/雑貨&アクセサリーデザイン科(2年制)
〒812-0011 福岡県福岡市博多区博多駅前4-18-6
HP https://www.ndg-nbs.ac.jp
MAIL info@ndg-nbs.ac.jp TEL 092-411-6420
@NDG_kyushu
@ndg_kyushu
日本デザイナー学院がお届けする
「ひらめき」が生まれる、
クリエイティブ情報メディア
デザイン | イラスト | マンガ | 写真 | アート
Download
iOS Android
PicoN! (ピコン!)
こんな記事が読めちゃう!
水彩紙の選び方
アナログイラスト初心者向け連載
第3回〜水彩紙の選び方〜
不気味カワイイ??
不気味カワイイ??
アーティスト"ナナナ"さんに
100の質問

muse
DRAW ON OUR EXPERIENCE

Lamplight

220g・Acid Free・Cotton100%

2024/4 発売予定

手軽に使えるランプライト
220g（特厚口）デビュー!!

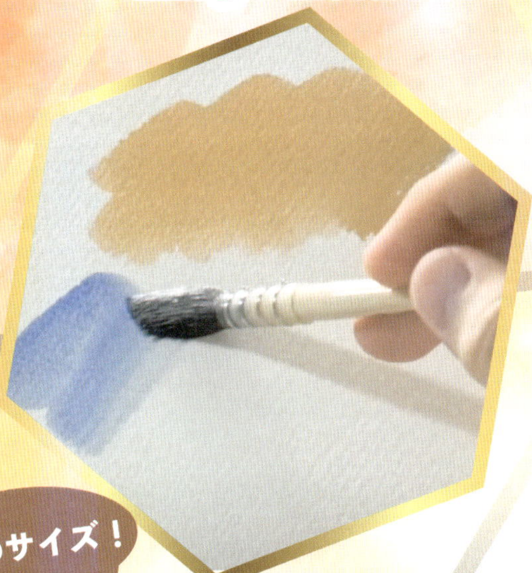

シート判
(1,091×788mm)

天糊パッド
(F4/F6/B5/A4/PC)

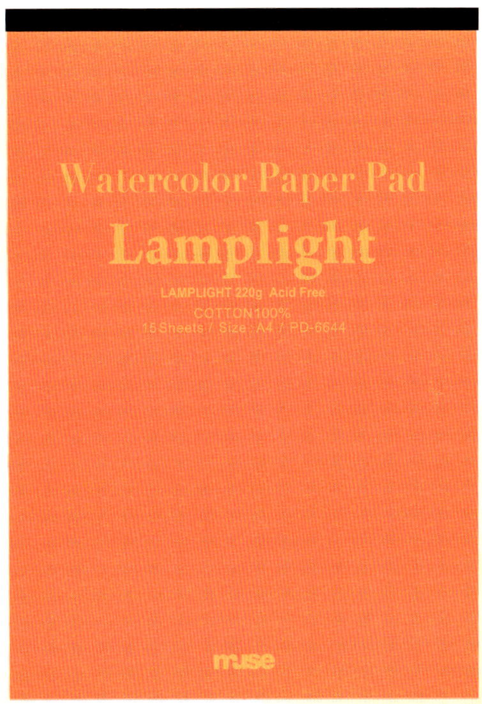

3つのサイズ！

ランプライト色紙も発売!!

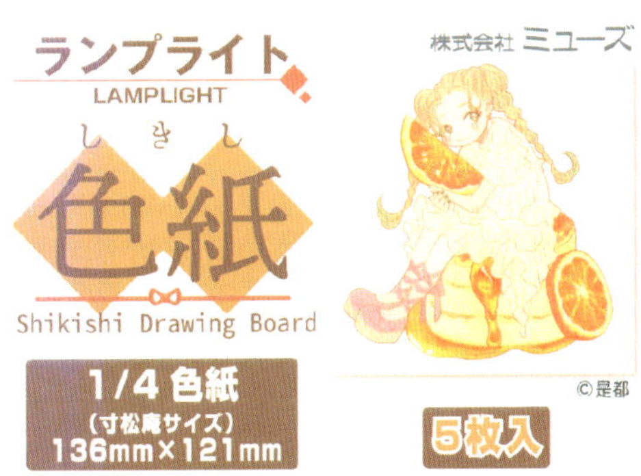

ランプライト紙の特性 ［コットン100％国産高級水彩紙］

コットンの豊かな彩色性をコンセプトに開発した、新しいタイプの水彩紙です。紙色は色調バランスの取りやすい温かみのある白色度で、その名の通りランプの灯りのような目に優しいオフホワイト色が特徴です。
また、紙肌のシボは絵具の均一な定着を促し、にじみ・かすれ効果を得やすい粗さです。

既存の『**ランプライト紙 300g(超特厚口)**』も好評発売中♪

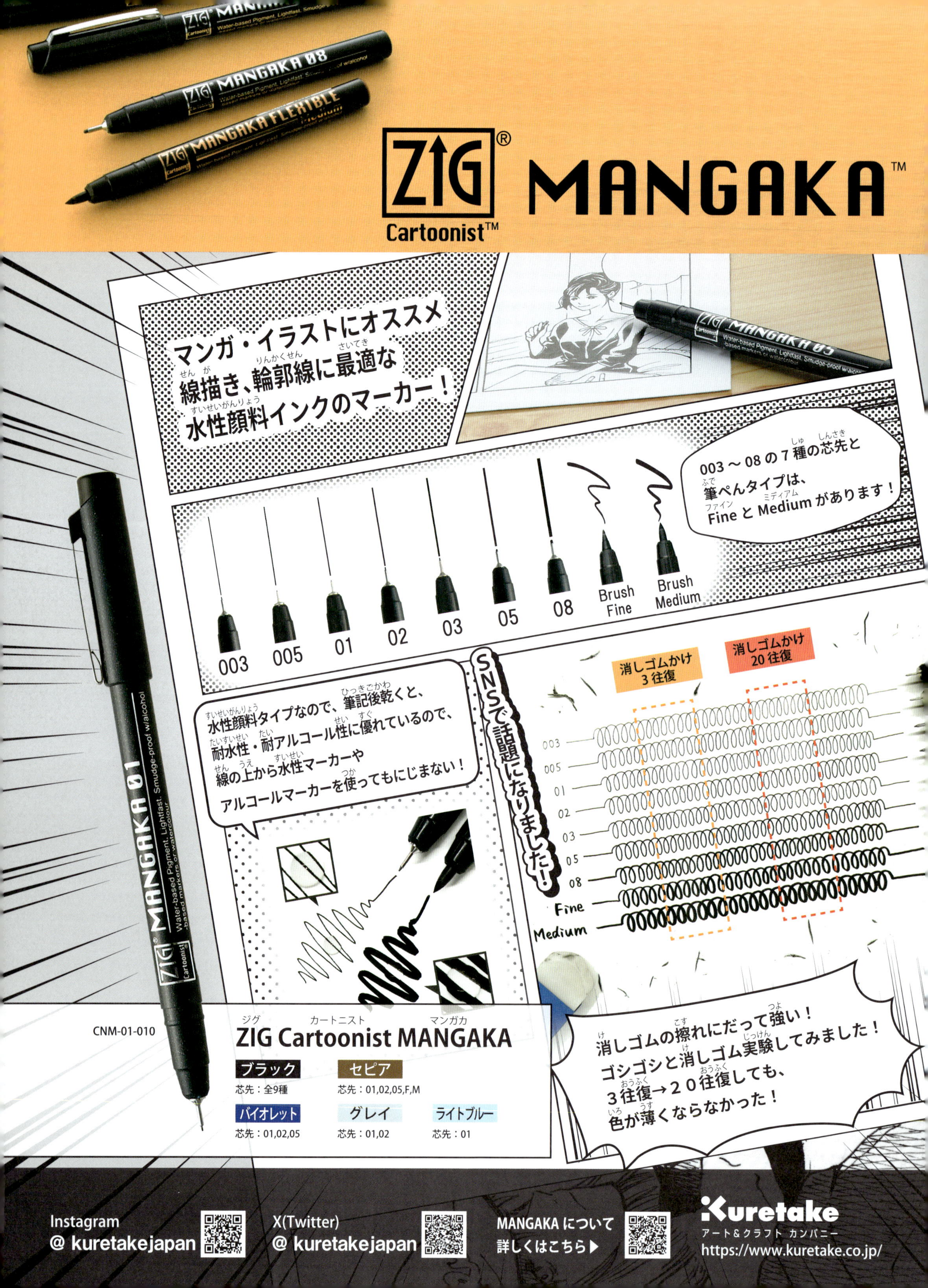

ZIG® Cartoonist™ MANGAKA™
マンガ・イラストにオススメ
線描き、輪郭線に最適な
水性顔料インクのマーカー！
003～08の7種の芯先と
筆ぺんタイプは、
Fine と Medium があります！
003
005
01
02
03
05
08
Brush Fine
Brush Medium
水性顔料タイプなので、筆記後乾くと、
耐水性・耐アルコール性に優れているので、
線の上から水性マーカーや
アルコールマーカーを使ってもにじまない！
SNSで話題になりました！
消しゴムかけ 3往復
消しゴムかけ 20往復
消しゴムの擦れにだって強い！
ゴシゴシと消しゴム実験してみました！
3往復→20往復しても、
色が薄くならなかった！
CNM-01-010
ZIG Cartoonist MANGAKA
ブラック
芯先：全9種
セピア
芯先：01,02,05,F,M
バイオレット
芯先：01,02,05
グレイ
芯先：01,02
ライトブルー
芯先：01
Instagram
@ kuretakejapan
X(Twitter)
@ kuretakejapan
MANGAKA について
詳しくはこちら▶
Kuretake
アート&クラフト カンパニー
https://www.kuretake.co.jp/

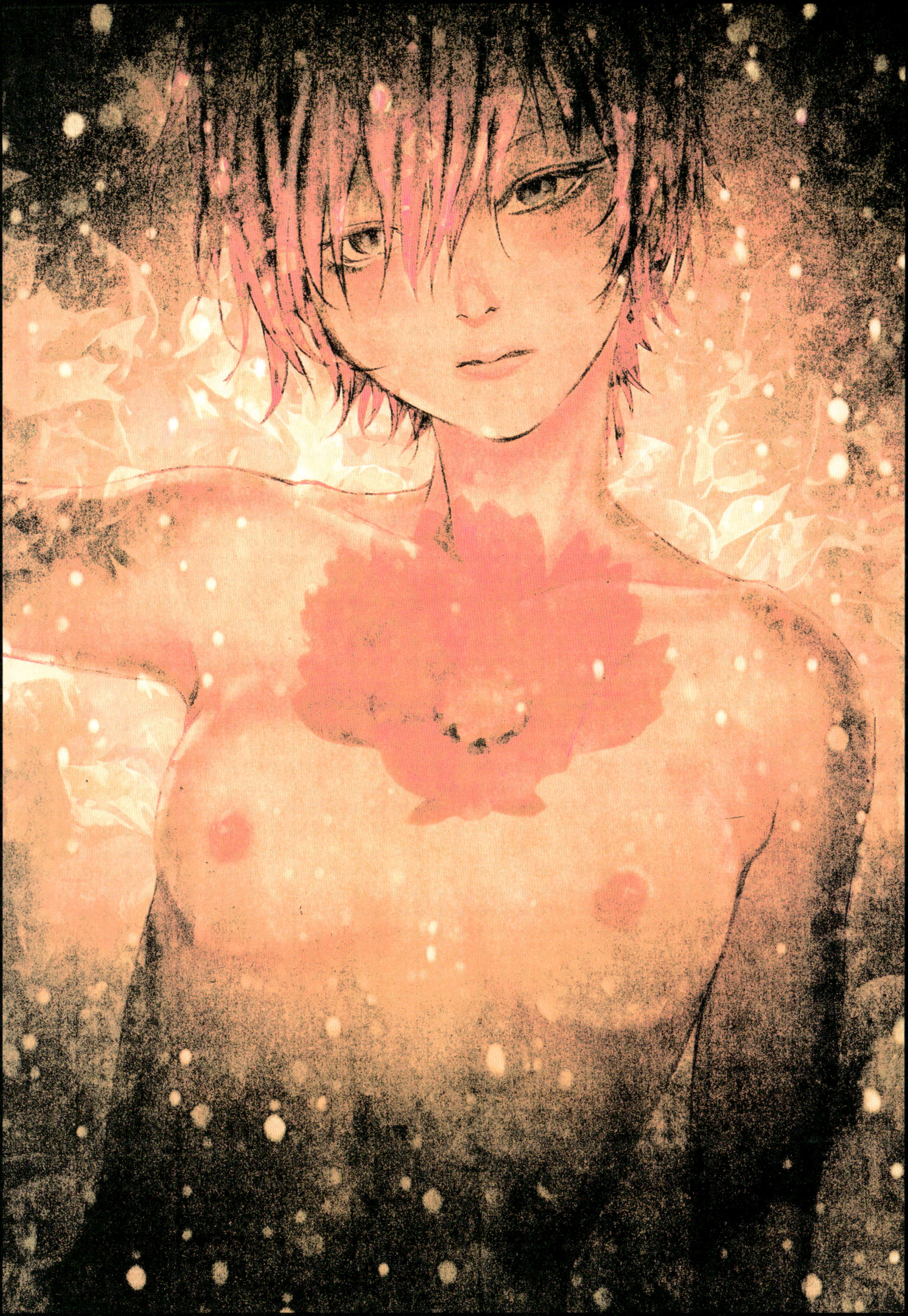

Frontispiece/Illustration by 浅田弘幸「今日咲いた花」

なもり
季刊エス vol.85 表紙イラスト メイキング

◎作業環境【iPad】
◎使用ソフト【CLIP STUDIO PAINT】

大室家の三姉妹を描いた今号の表紙イラストは、『大室家』にとって初めての大きなコラボ企画で、なもりさんにとっても思い入れの深い、1回目のアトレコラボ（2021年）の衣装を用いた華やかなものになった。お花の名前を持つ三姉妹にぴったりの、随所にお花をちりばめたデザインがとても可愛い。キャラクターの魅力を最大限に活かすシンプルな塗りで、全ての作業がiPadとCLIP STUDIO PAINTで行われている。

ラフを描く

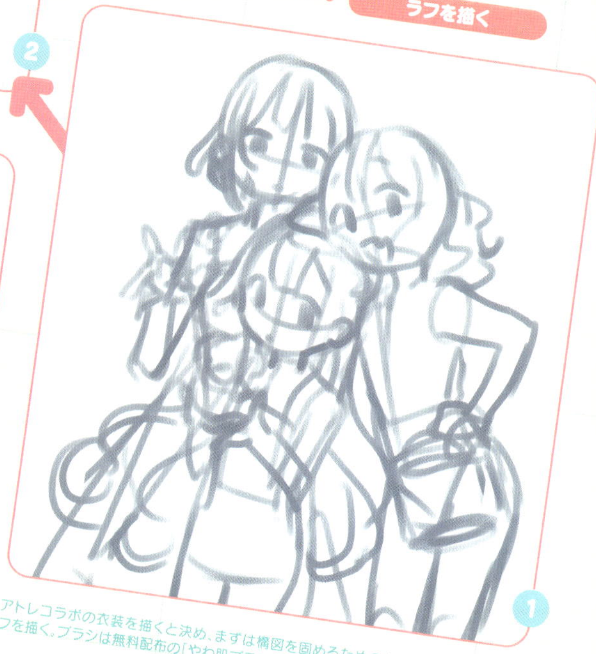

1 アトレコラボの衣装を描くと決め、まずは構図を固めるための大ラフを描く。ブラシは無料配布の「やわ肌ブラシ」を使用。

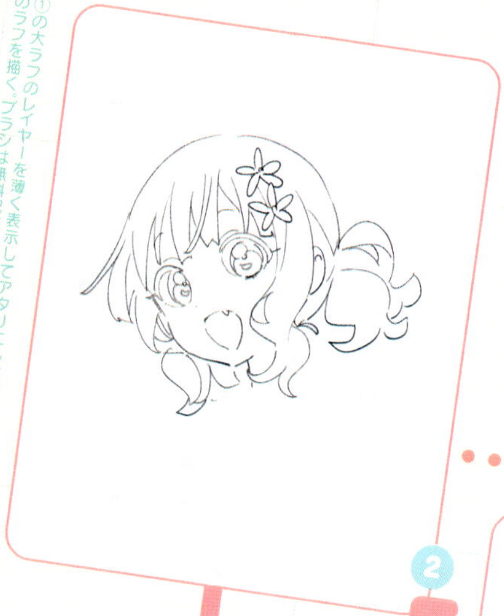

2 ①の大ラフのレイヤーを薄く表示してアタリにしながら、まずは櫻子のラフを描く。ブラシは無料配布の「らくがきミリペン」を使用。

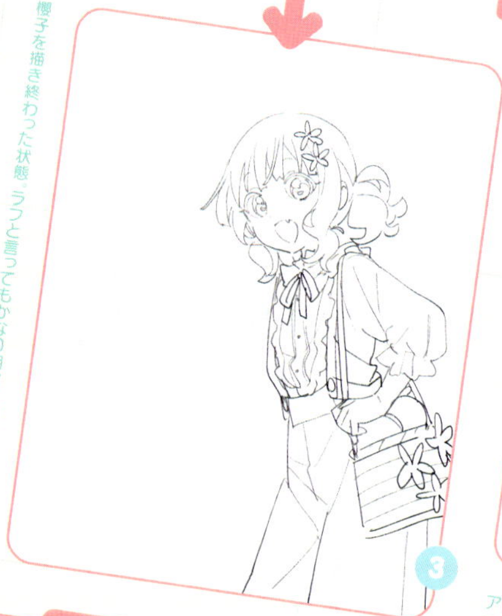

3 櫻子を描き終わった状態。ラフと言ってもかなり明確に描かれている。

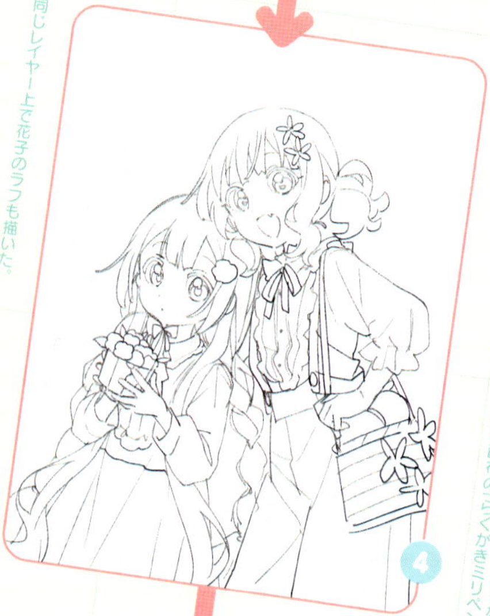

4 同じレイヤー上で花子のラフも描いた。

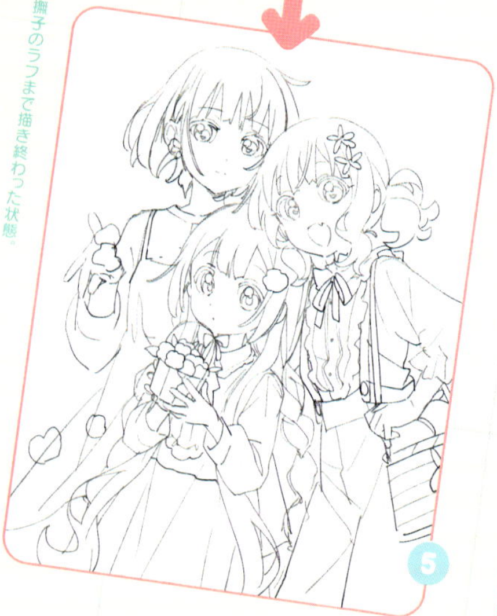

5 撫子のラフまで描き終わった状態。

提出ラフ

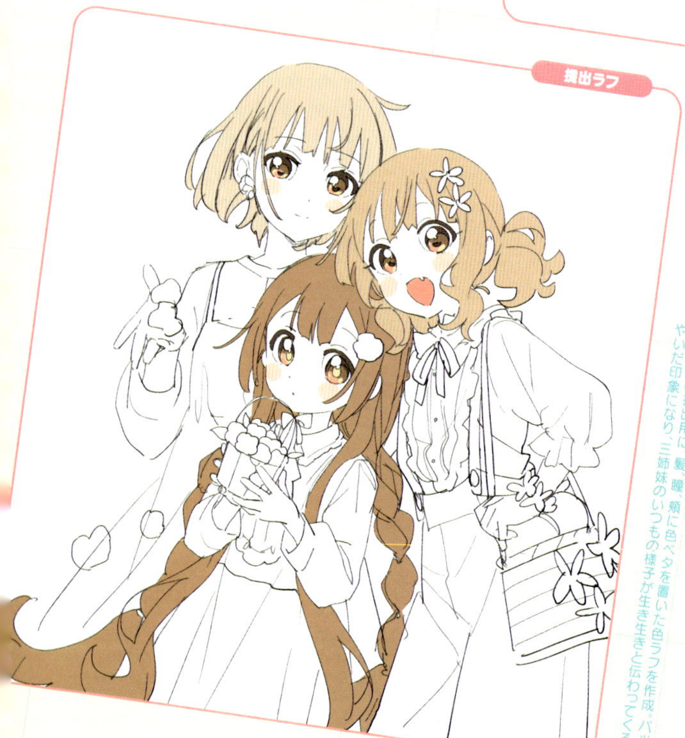

編集部への提出用に、髪、瞳、頬に色ベタを置いた色ラフを作成。パッと華やいだ印象になり、三姉妹のいつもの様子が生き生きと伝わってくる。

ラフ完成

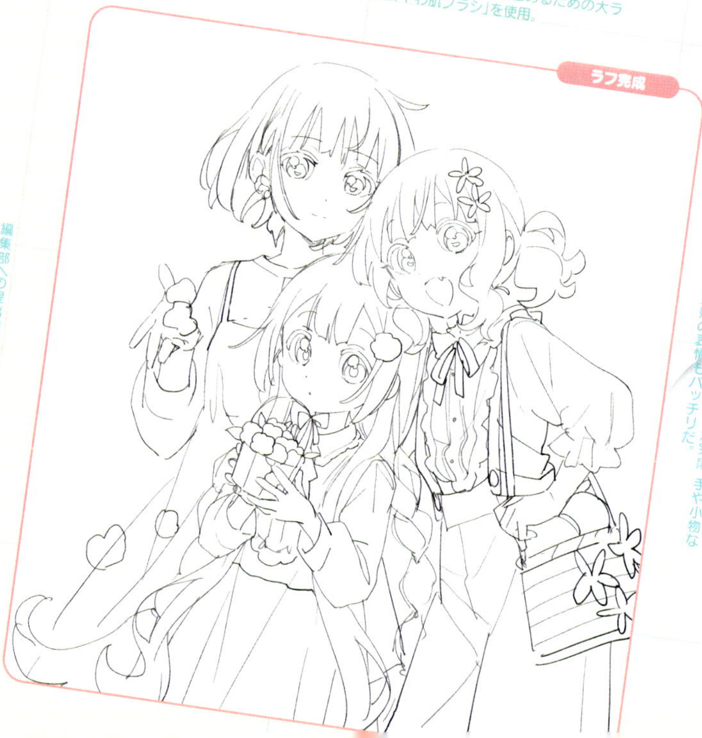

隣ページの完成線画と比べても遜色のない詳細なラフが完成。手や小物などの細部がややラフなだけで三姉妹の表情もバッチリだ。

線画を描く

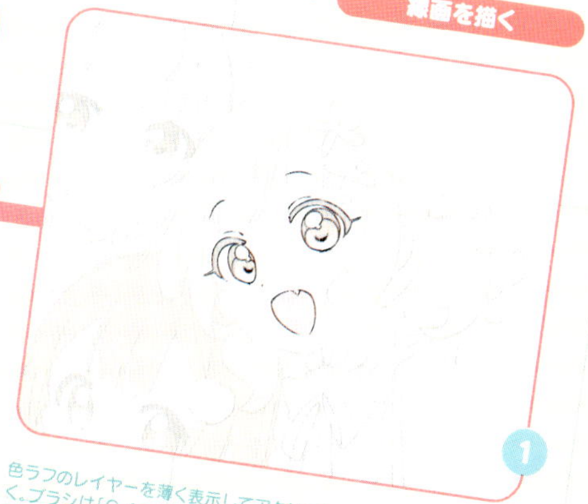

1 色ラフのレイヤーを薄く表示してアタリにしながら、線画を描いていく。ブラシは「Gペン」を使用。レイヤーは三姉妹で分ける。まずは櫻子の顔から。

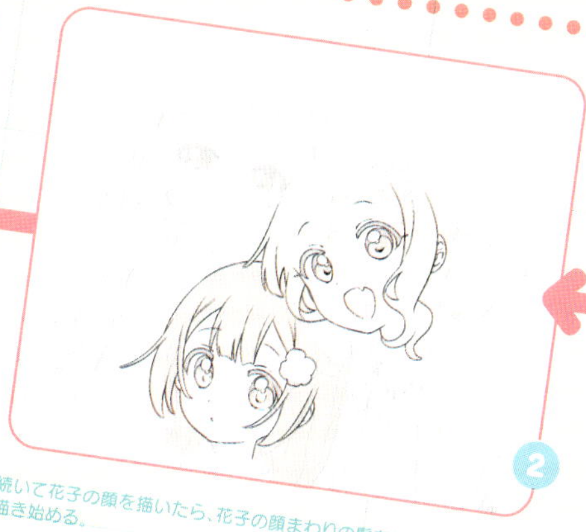

2 続いて花子の顔を描いたら、花子の顔まわりの髪を描き、櫻子の髪も描き始める。

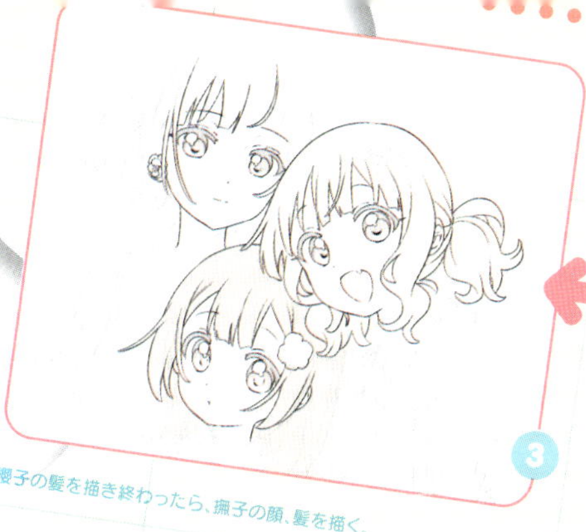

3 櫻子の髪を描き終わったら、撫子の顔、髪を描く。

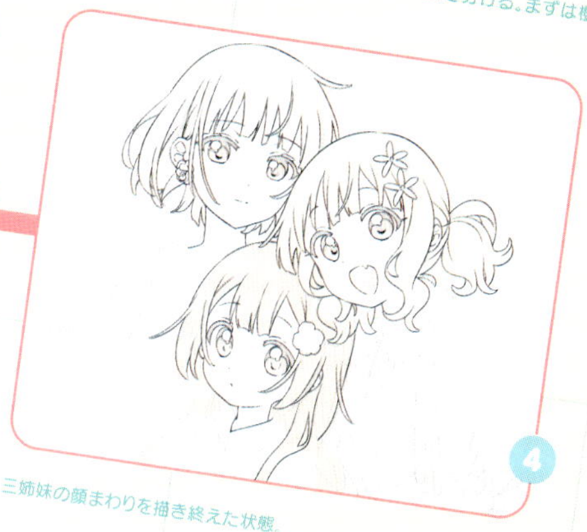

4 三姉妹の顔まわりを描き終えた状態。

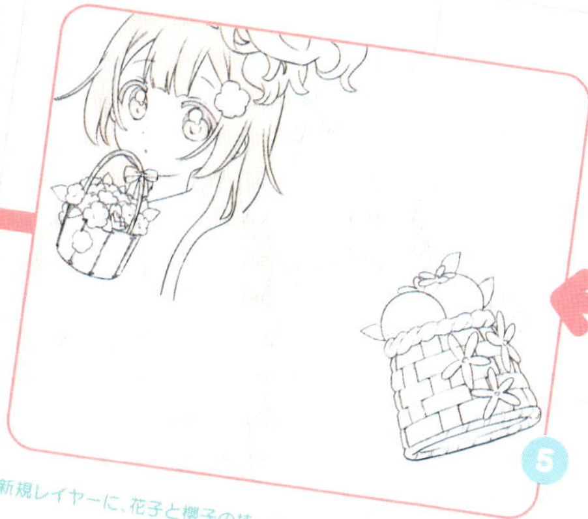

5 新規レイヤーに、花子と櫻子の持っているバスケットを描いていく。

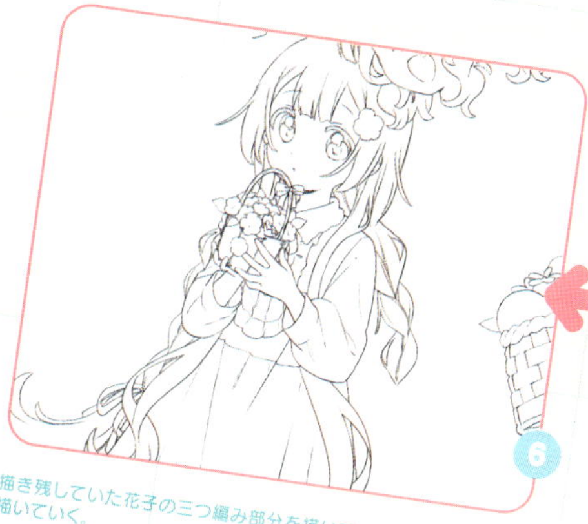

6 描き残していた花子の三つ編み部分を描いて、そのまま花子の服も描いていく。

線画完成

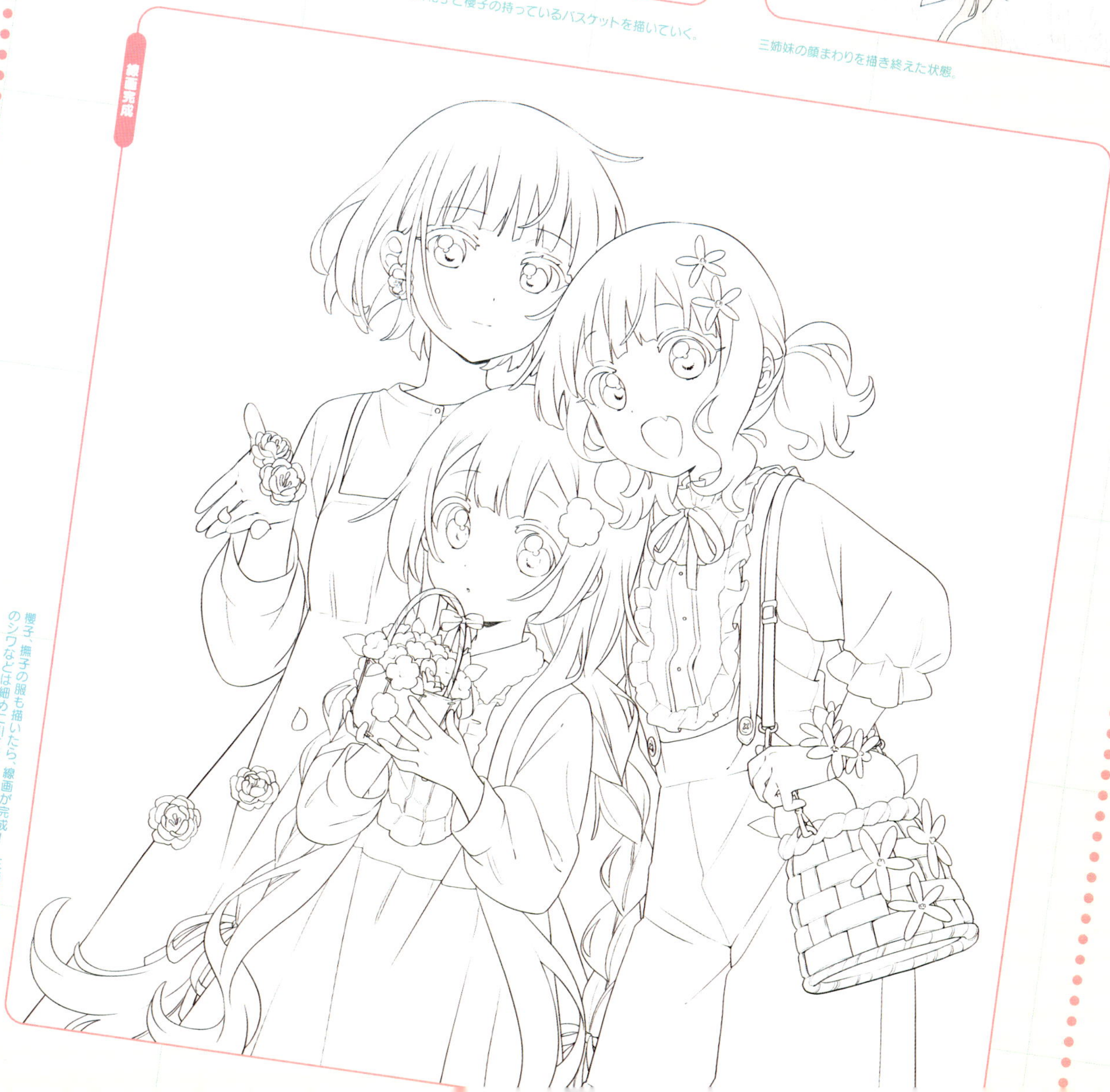

櫻子、撫子の服も描いたら、線画が完成！　三姉妹の輪郭線は太めに、服のシワなどは細めに引くことでメリハリのある線画になった。

塗り分け

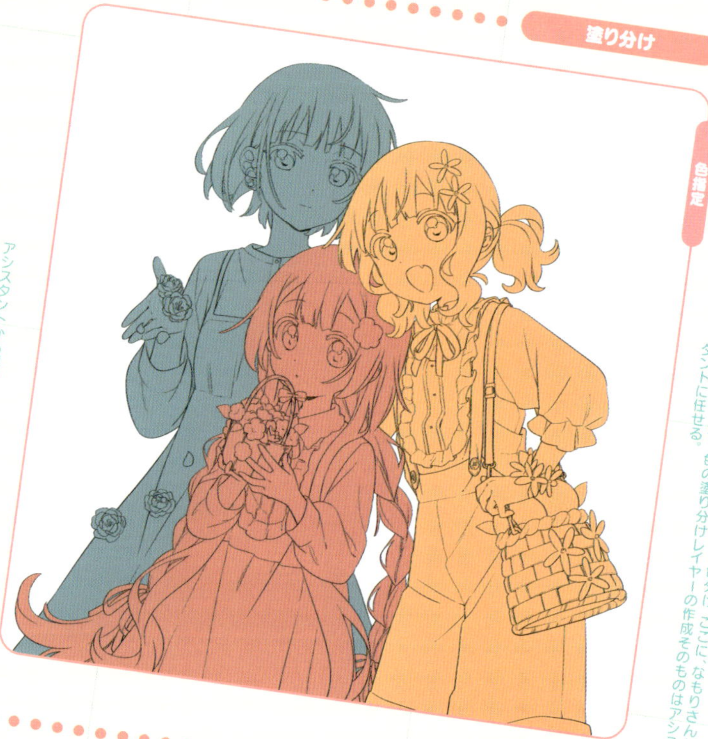

色指定

三姉妹それぞれを見やすい3色に色分け。ここに、なもりさんが色指定を入れて、色の塗り分けレイヤーの作成そのものはアシスタントに任せる。

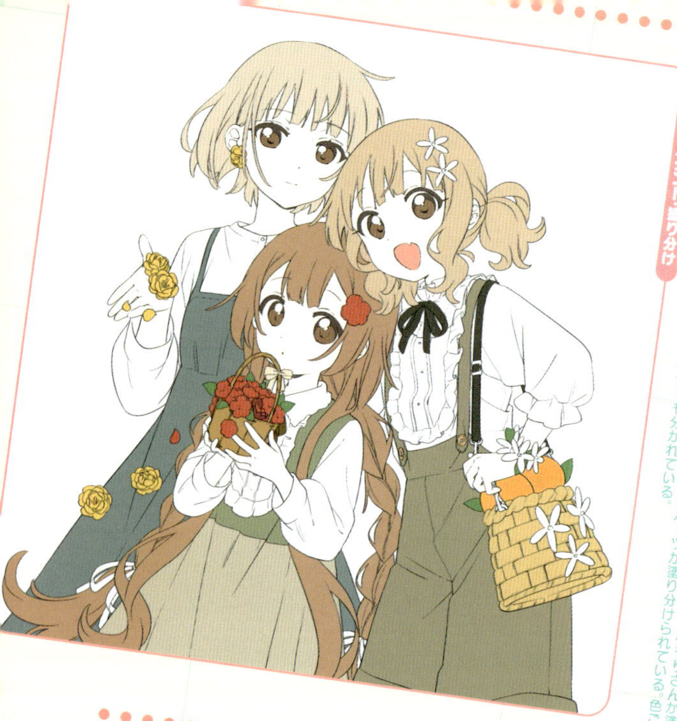

アシスタント・塗り分け

アシスタントから戻ってきた塗り分け。これから、なもりさんが塗っていく色と近い色ベタで、各パーツが塗り分けられている。色ごとにレイヤーも分かれている。

目を塗る

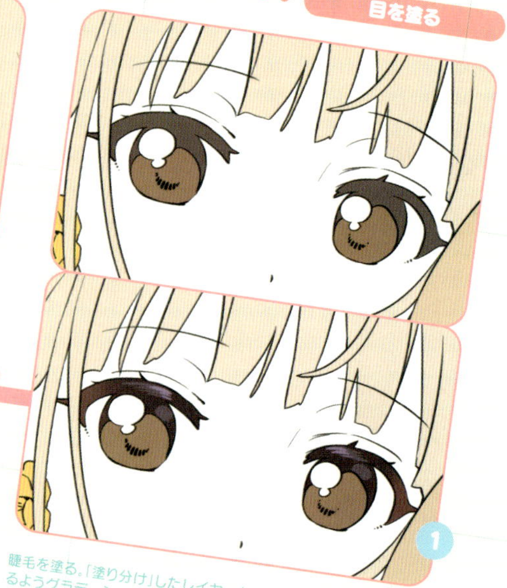

1

睫毛を塗る。「塗り分け」したレイヤー（上図）の上に、目尻が明るくなるようグラデーションをかけ、中央にタッチをつけてハイライトを入れる。

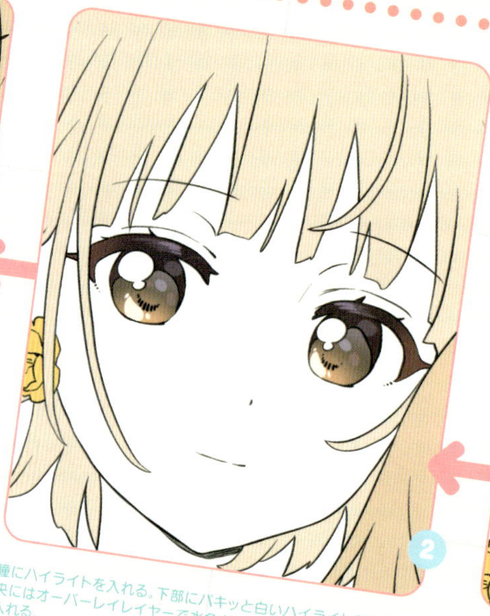

2

瞳にハイライトを入れる。下部にパキッと白いハイライトを入れ、中央にはオーバーレイレイヤーで水色とピンク色のハイライトを淡く入れる。

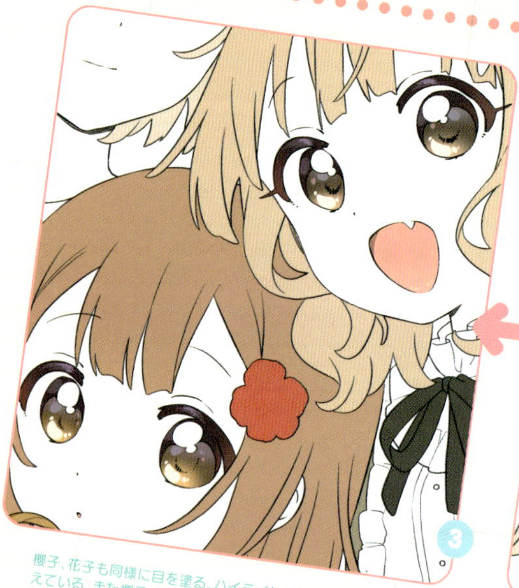

3

櫻子、花子も同様に目を塗る。ハイライトの入れ方はキャラごとに変えている。また櫻子の口の中も、下側が明るくなるようグラデーションをかけ、カゲとハイライトを入れた。

髪の下塗り

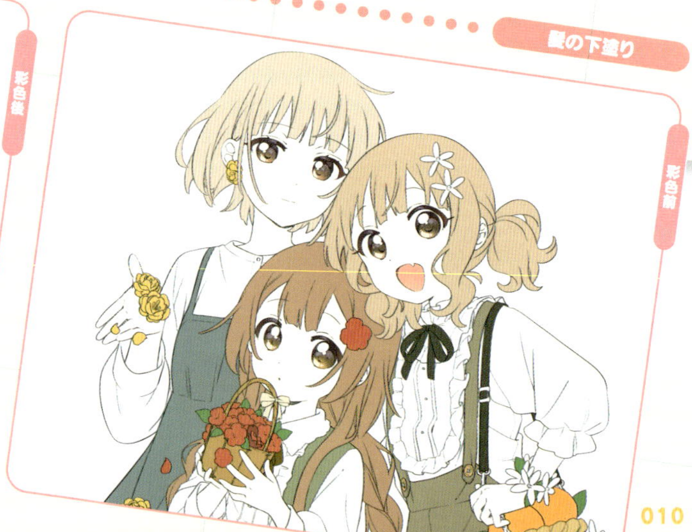

彩色前

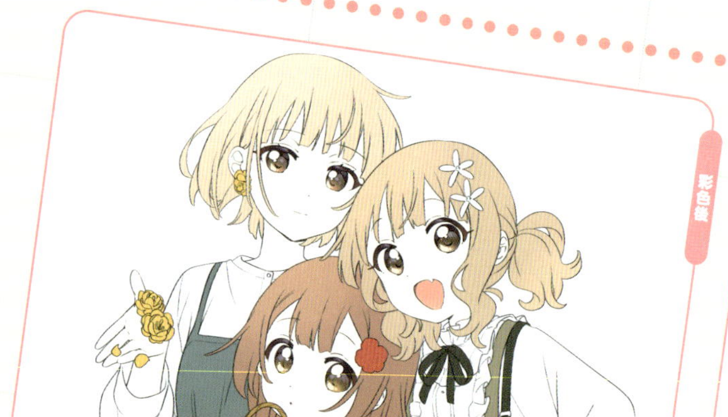

彩色後

「塗り分け」の色から3人ともやや明るい髪色に変えたら、画面左側に設定した光源を意識して、グラデーションをかける。左斜め上が明るく、右斜め下に向かって、わずかに暗くなるように。

肌を塗る

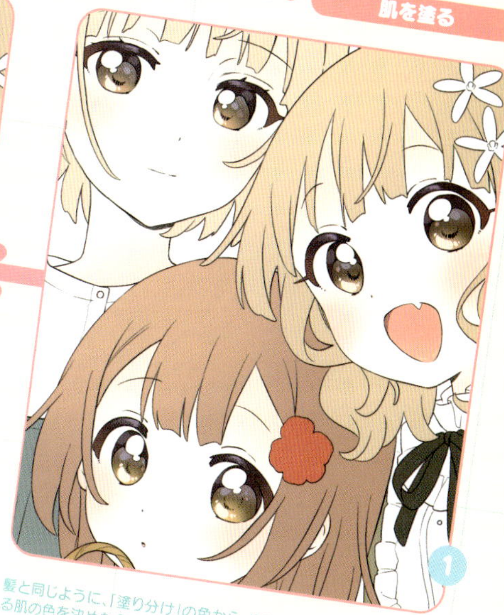

髪と同じように、「塗り分け」の色から、やや血色を足してベースとなる肌の色を決めたら、「エアブラシ」で頬や首に赤みを差す。

カゲを入れる。まぶた、頬にかかる髪や、首、耳のカゲを塗る。「やわ肌ブラシ」で大まかに塗ったあと「Gペン」で細部を整えるイメージ。

それぞれ首のカゲに「エアブラシ　柔らか」でふわっと黄みを足したことで、カゲに奥行きが出た。

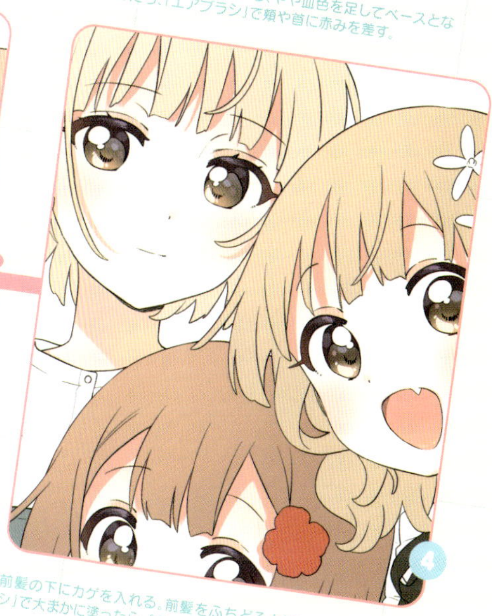

前髪の下にカゲを入れる。前髪をふちどるようにして「やわ肌ブラシ」で大まかに塗ったら、「Gペン」で形を整える。

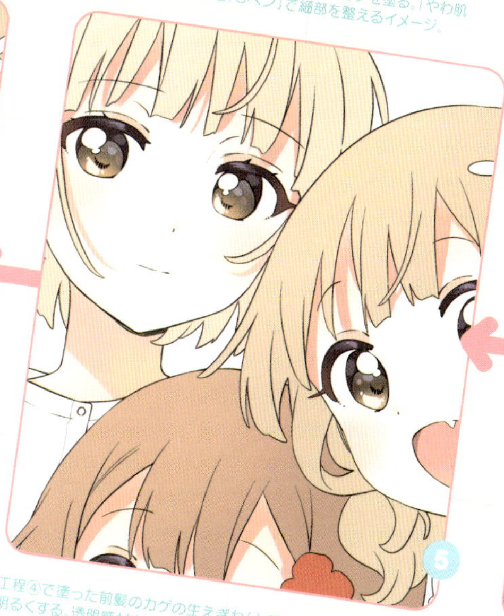

工程④で塗った前髪のカゲの生えぎわ(上部)を「エアブラシ」で少し明るくする。透明感が出て軽やかな印象になった。

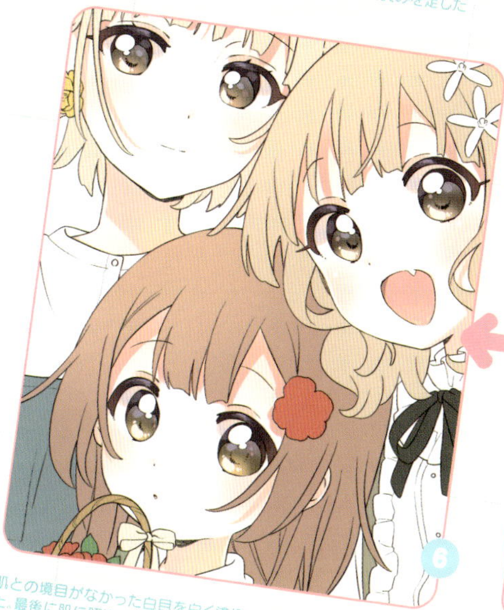

肌との境目がなかった白目を白く塗り、薄紫色で睫毛のカゲを入れた。最後に肌に照り返しを入れる。樱子の向かって左側の頬のキワや、撫子、花子の首のキワなどに、「Gペン」で細くラインを引くように。

髪を塗る

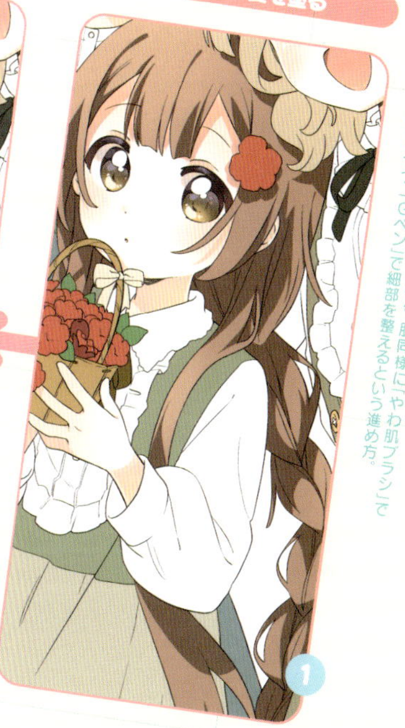

髪の毛束にあわせて、カゲを入れる。肌同様に「やわ肌ブラシ」で大まかに塗りつつ、「Gペン」で細部を整えるという進め方。

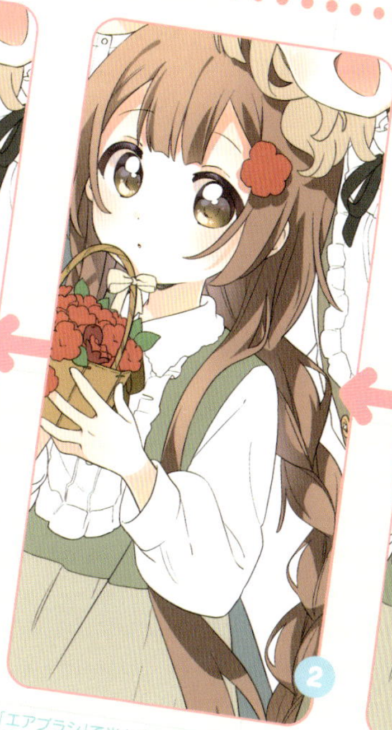

「エアブラシ」で光を足すなどして、カゲを整える。首の後ろや、三つ編みの一部に青色のニュアンスが足され、ふわっっとした空気感が出た。

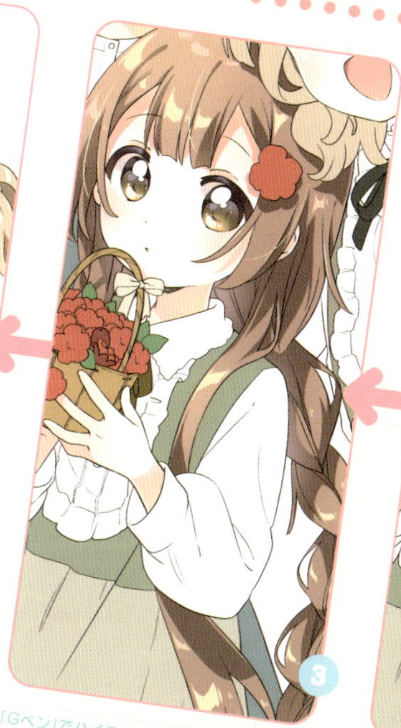

「Gペン」でハイライトを入れる。頭の丸みや三つ編みの形に合わせて、黄色やピンク色でパキッと塗る。飛び出した髪の毛なども描き足した。

同様の手順で、樱子、撫子の髪も塗り終わった状態。

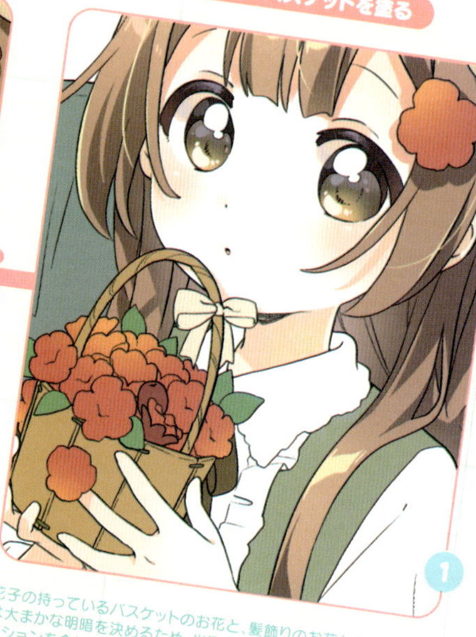

1 花子の持っているバスケットのお花と、髪飾りのお花から塗る。まずは大まかな明暗を決めるため、光源を意識して赤から黄色のグラデーションを全体にかける。

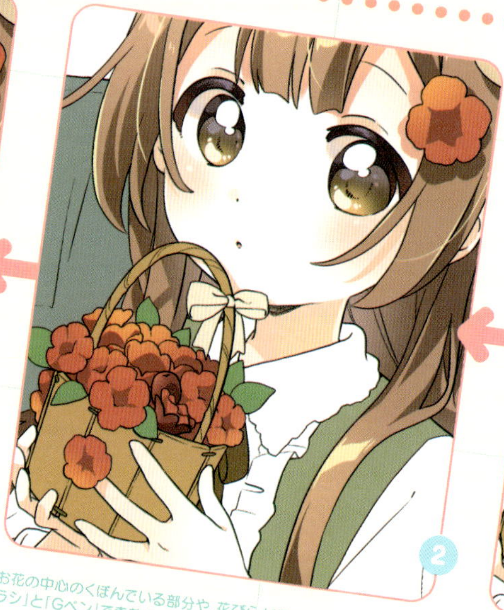

2 お花の中心のくぼんでいる部分や、花びらが重なる部分に「やわ肌ブラシ」と「Gペン」で赤茶色のカゲを入れていく。

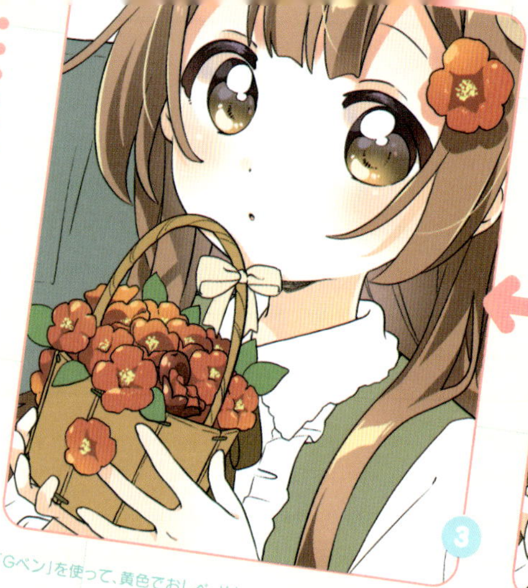

3 「Gペン」を使って、黄色でおしべ、めしべ、ハイライトを描く。

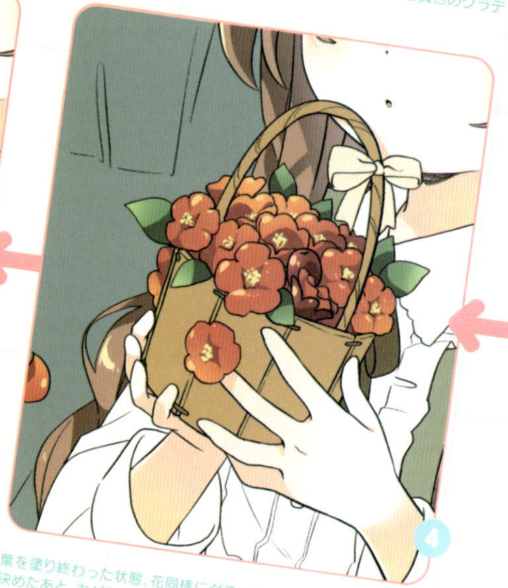

4 葉を塗り終わった状態。花同様にグラデーションで大まかな明暗を決めたあと、カゲを入れた。

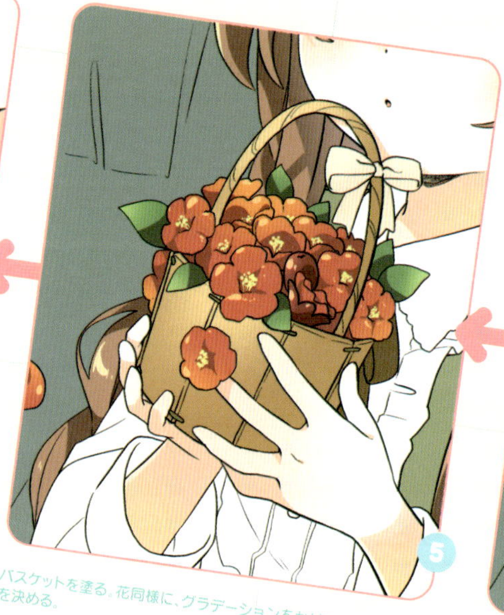

5 バスケットを塗る。花同様に、グラデーションをかけて大まかな明暗を決める。

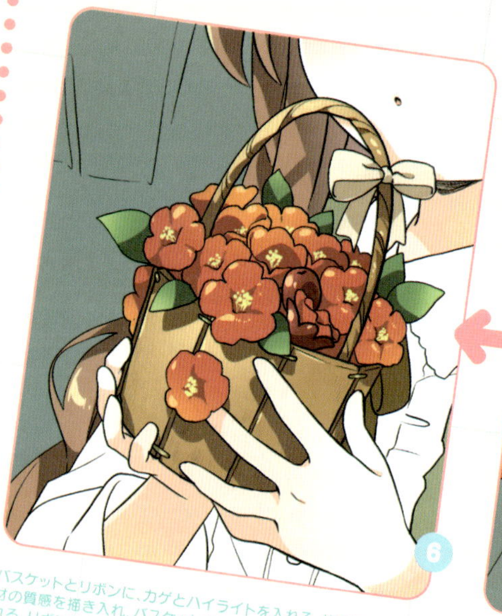

6 バスケットとリボンに、カゲとハイライトを入れる。持ち手部分は素材の質感を描き入れ、バスケット本体部分は手や花の落ちカゲも入れる。リボンは内側と結び目にカゲを入れた。

彩色後

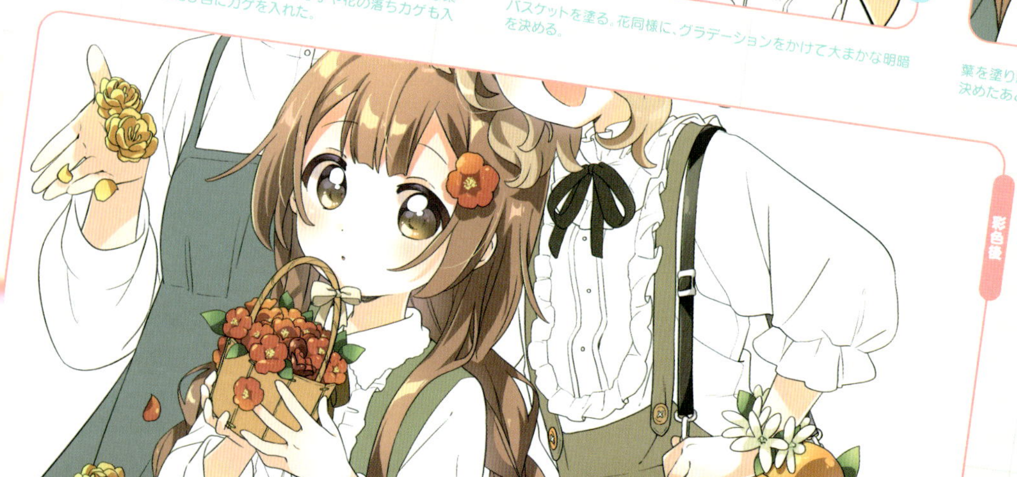

彩色前

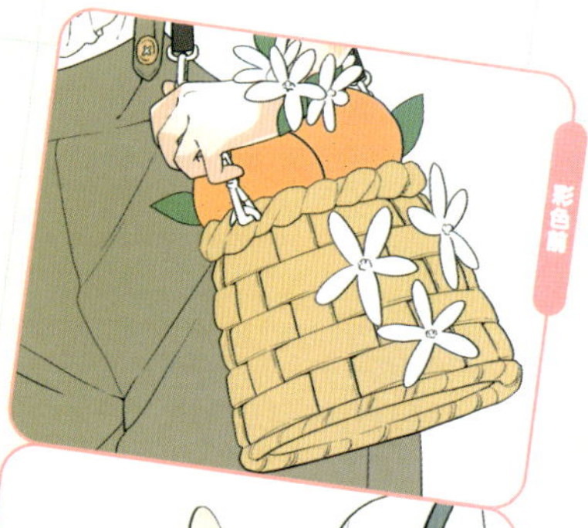

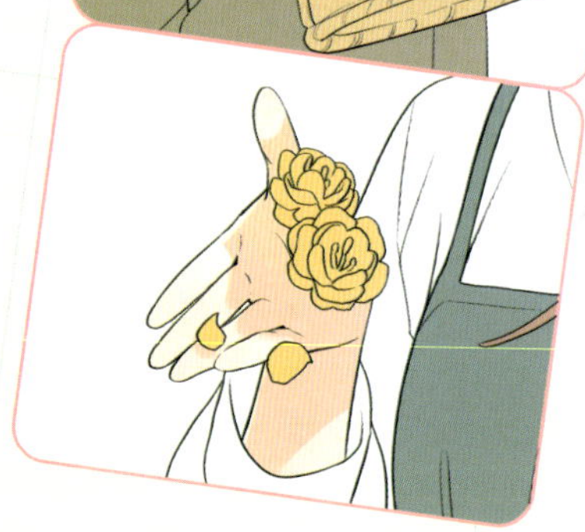

その他のバスケットとお花も同様の手順で塗る。櫻子のバスケットに入っているオレンジは、髪の彩色のように、カゲに青色の光を入れた。間違えて花子のバスケットが振り出しに戻ってしまったが、あとで修正。

花子の服を塗る

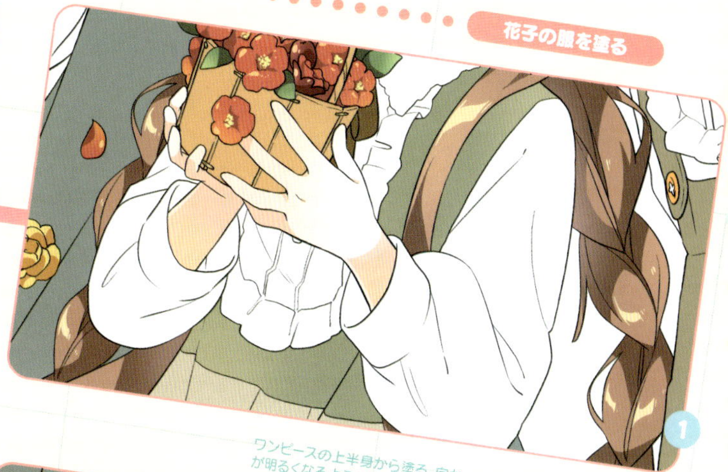

ワンピースの上半身から塗る。向かって右側の肩のあたりと、お腹部分が明るくなるようグラデーションをかける。

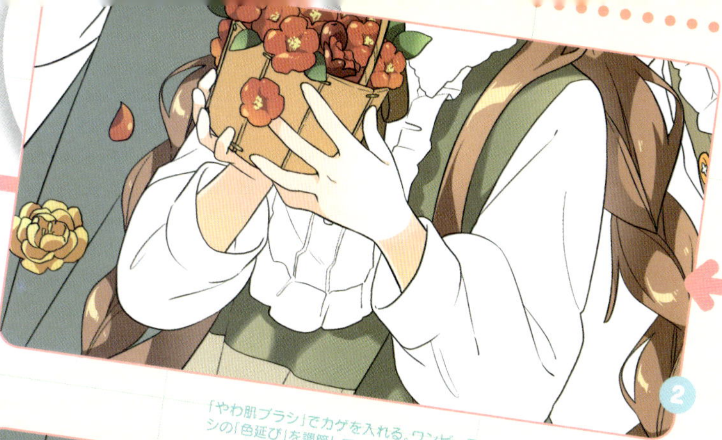

「やわ肌ブラシ」でカゲを入れる。ワンピースのたわみを演出するため、ブラシの「色延び」を調節して、グラデーションにする。

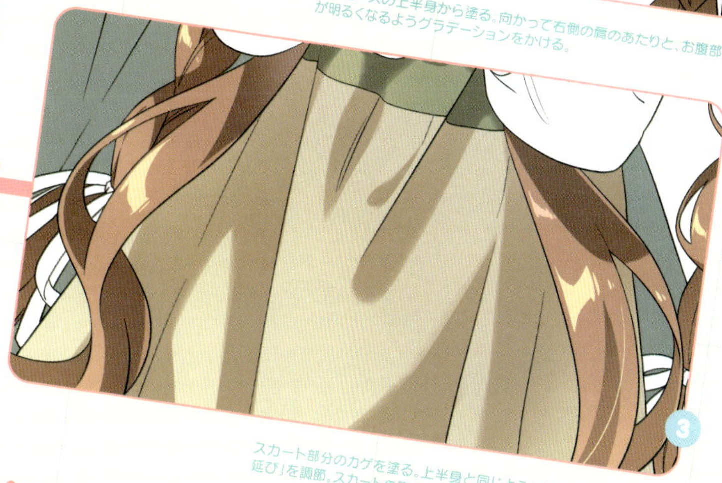

スカート部分のカゲを塗る。上半身と同じように「やわ肌ブラシ」の「色延び」を調節。スカートの膨らみにあわせて大きくカゲを入れていく。

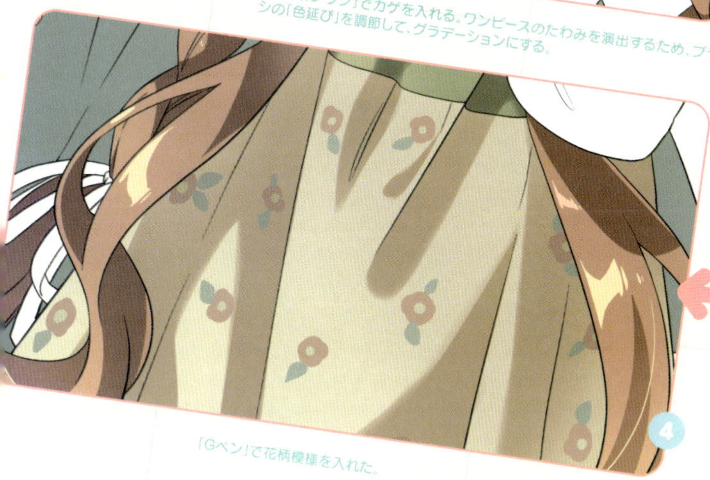

「Gペン」で花柄模様を入れた。

櫻子の服を塗る

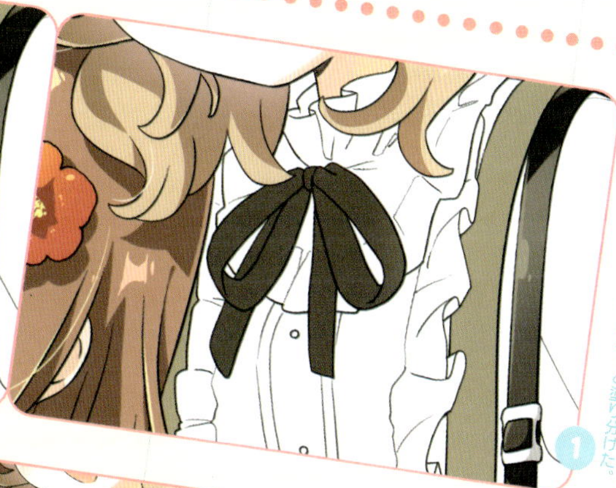

リボンの「塗り分け」レイヤー（右図）の上に、ハイライトとカゲを入れる。「Gペン」でパキッと塗り分けた。

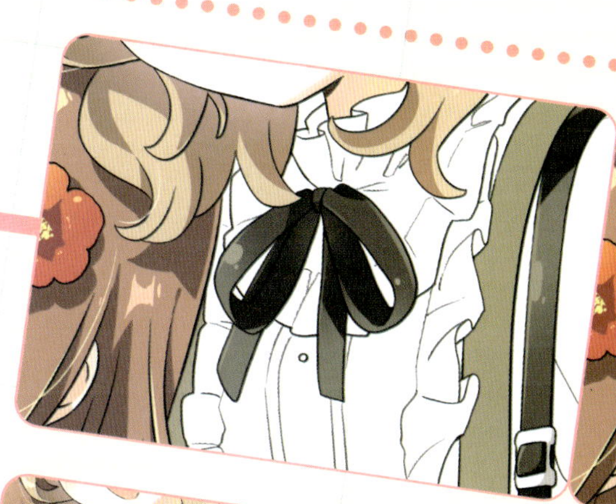

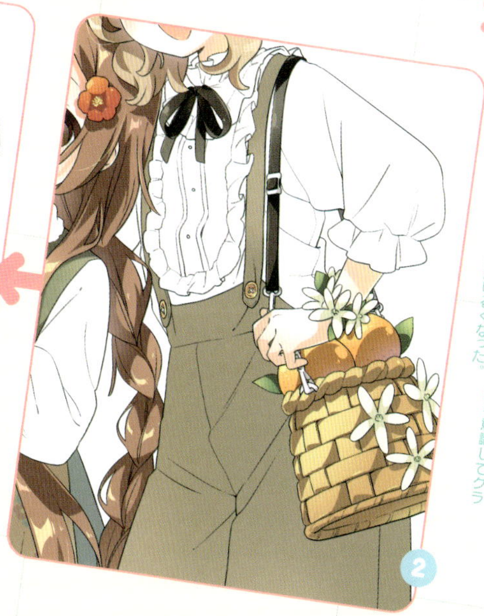

キュロットパンツを塗る。他のモチーフ同様に明暗を意識してグラデーションをかける。肩紐部分が明るくなった。

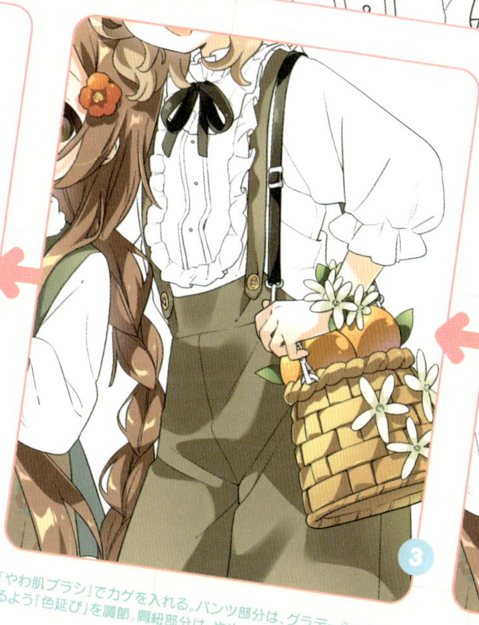

「やわ肌ブラシ」でカゲを入れる。パンツ部分は、グラデーションになるよう「色延び」を調節。肩紐部分は、ややパキッと落ちカゲを入れる。

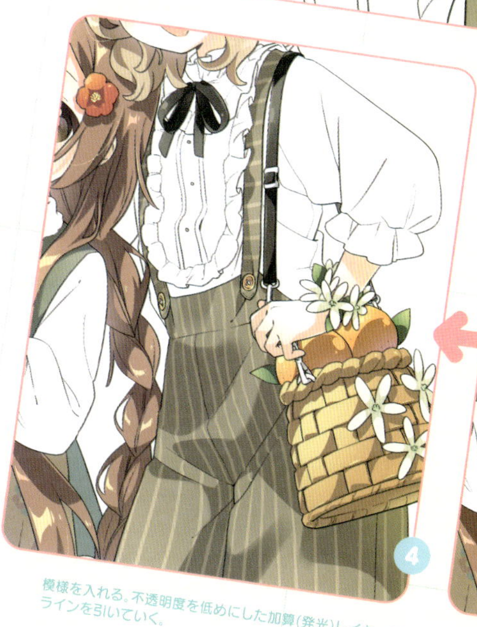

模様を入れる。不透明度を低めにした加算（発光）レイヤーでラインを引いていく。

撫子の服を塗る

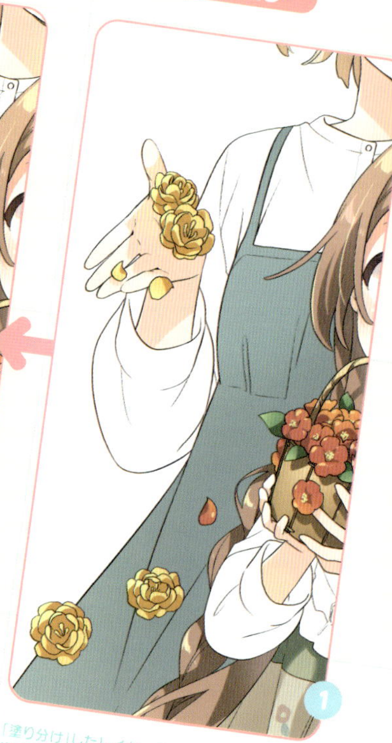

「塗り分け」したレイヤーの色から、ベースの色をやや明るく変更し、さらに胸元が明るくなるようグラデーションをかける。

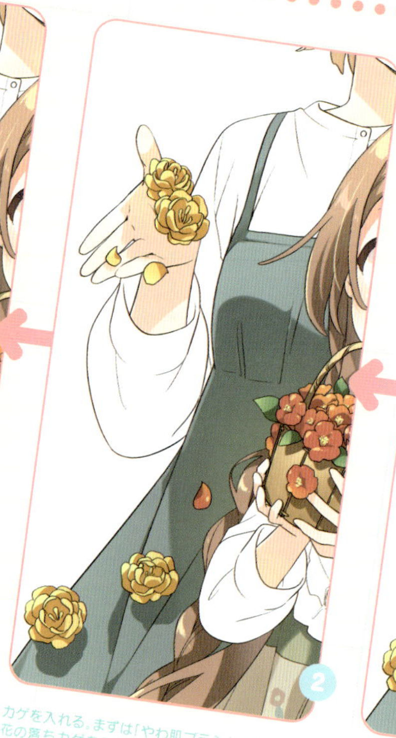

カゲを入れる。まずは「やわ肌ブラシ」で花子や、お花の落ちカゲを入れ、中心部分に黄色で光を加える。「エアブラシ　柔らか」を使用。

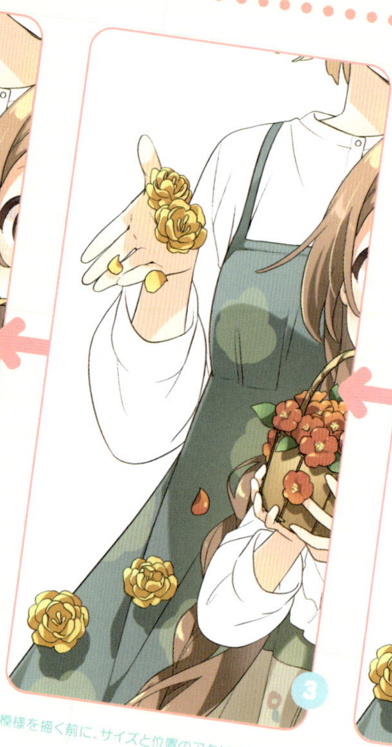

模様を描く前に、サイズと位置のアタリを入れる。

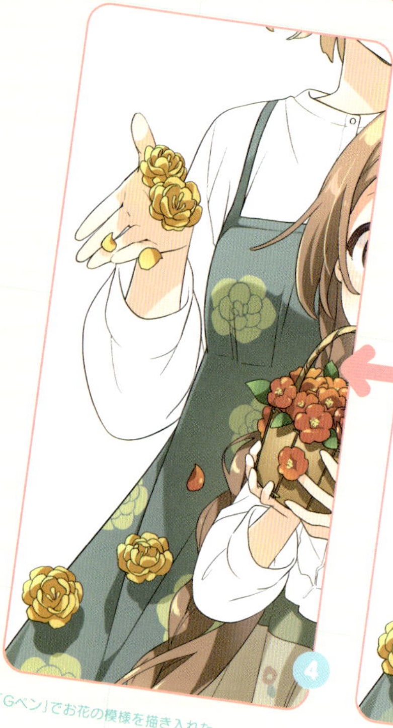

「Gペン」でお花の模様を描き入れた。

白い生地を塗る

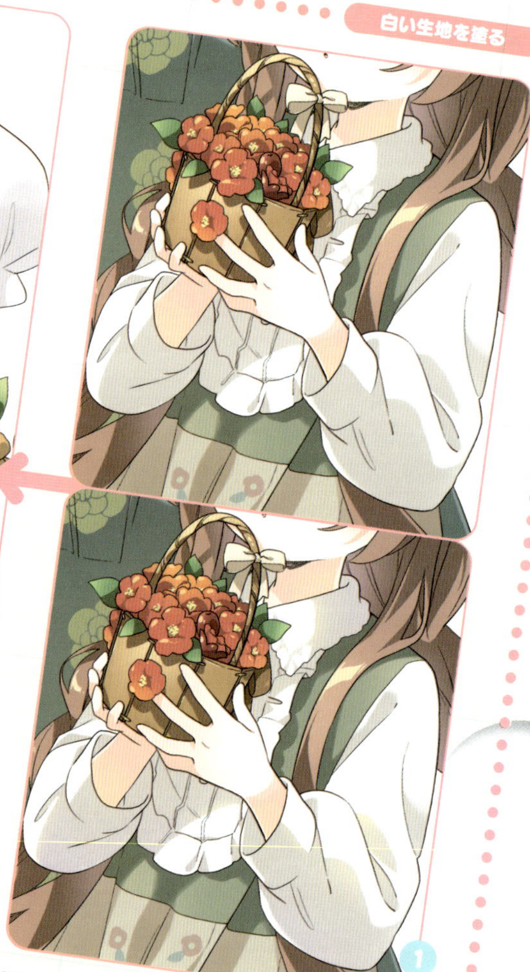

花子のブラウスから塗る。ボリュームのある袖に合わせて、「やわ肌ブラシ」で大きくシワのカゲを入れ、細部を「Gペン」で整える。そして「エアブラシ　柔らか」で黄色い光を加える。これを繰り返す。

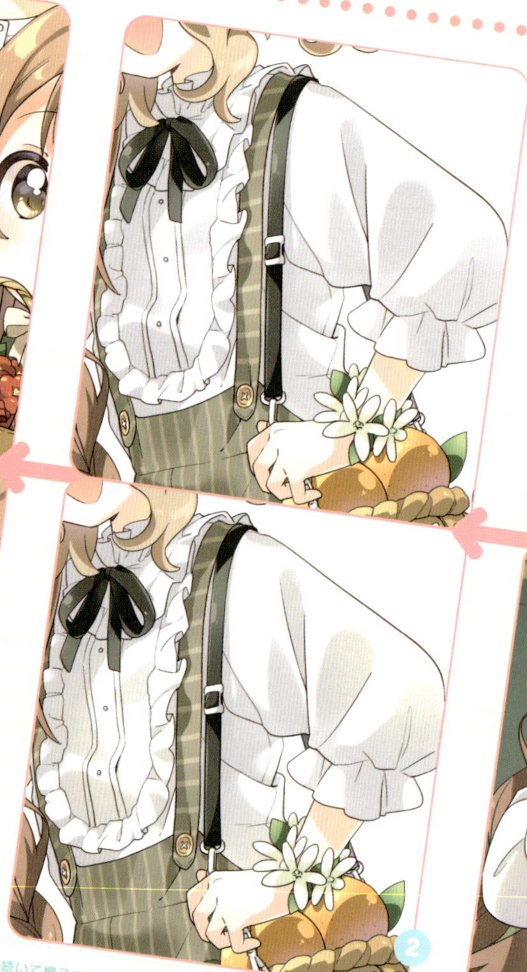

続いて櫻子のブラウスを塗る。花子同様に、シワに合わせてカゲを入れたら黄色い光を加える。

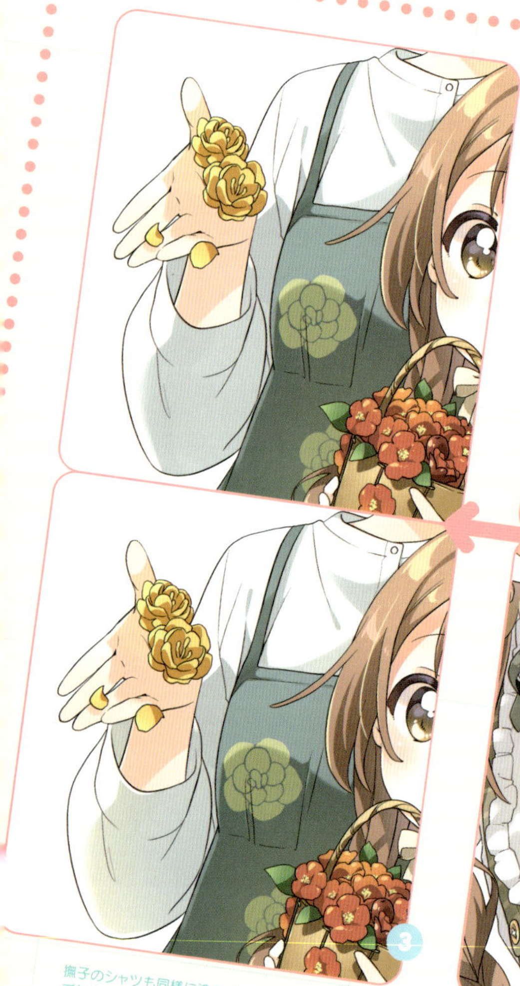

撫子のシャツも同様に塗る。花子、櫻子に比べるとシャープなカゲ。

仕上げ・線画の調整

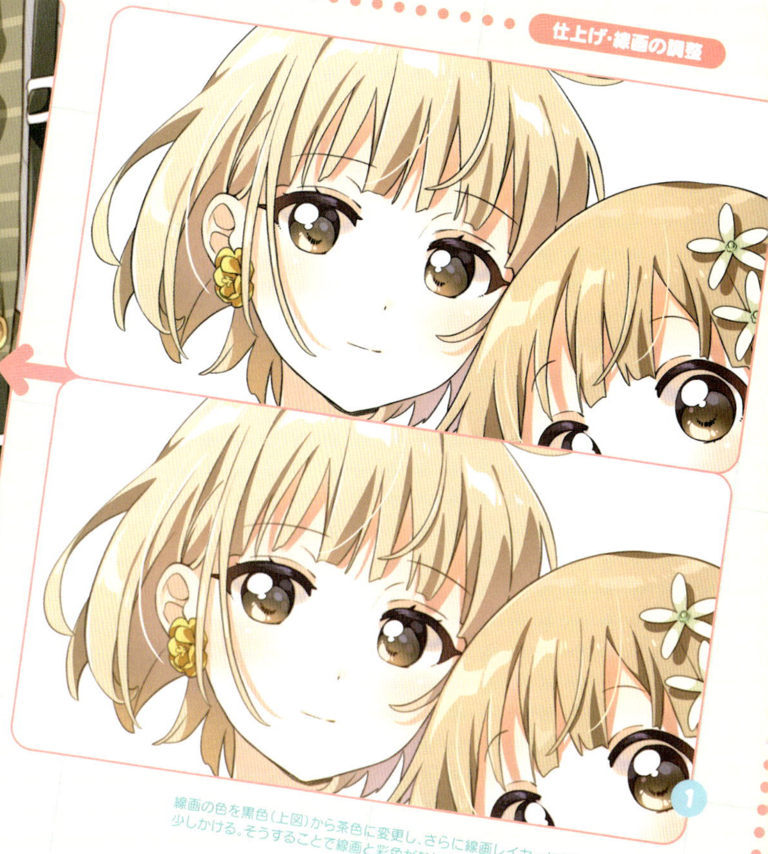

線画の色を黒色（上図）から茶色に変更し、さらに線画レイヤーに「ぼかし（ガウス）」を少しかける。そうすることで線画と彩色がなじんで柔らかい印象になる。

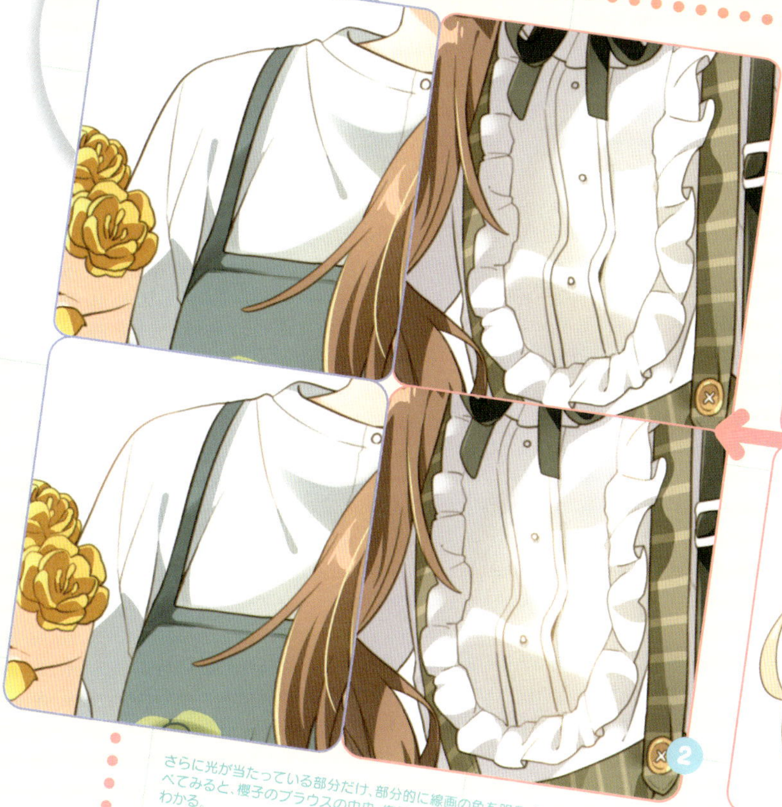

さらに光が当たっている部分だけ、部分的に線画の色を明るくする。上段が変更前。比べてみると、櫻子のブラウスの中央、撫子のシャツの肩など、明るくなっていることがわかる。

完成

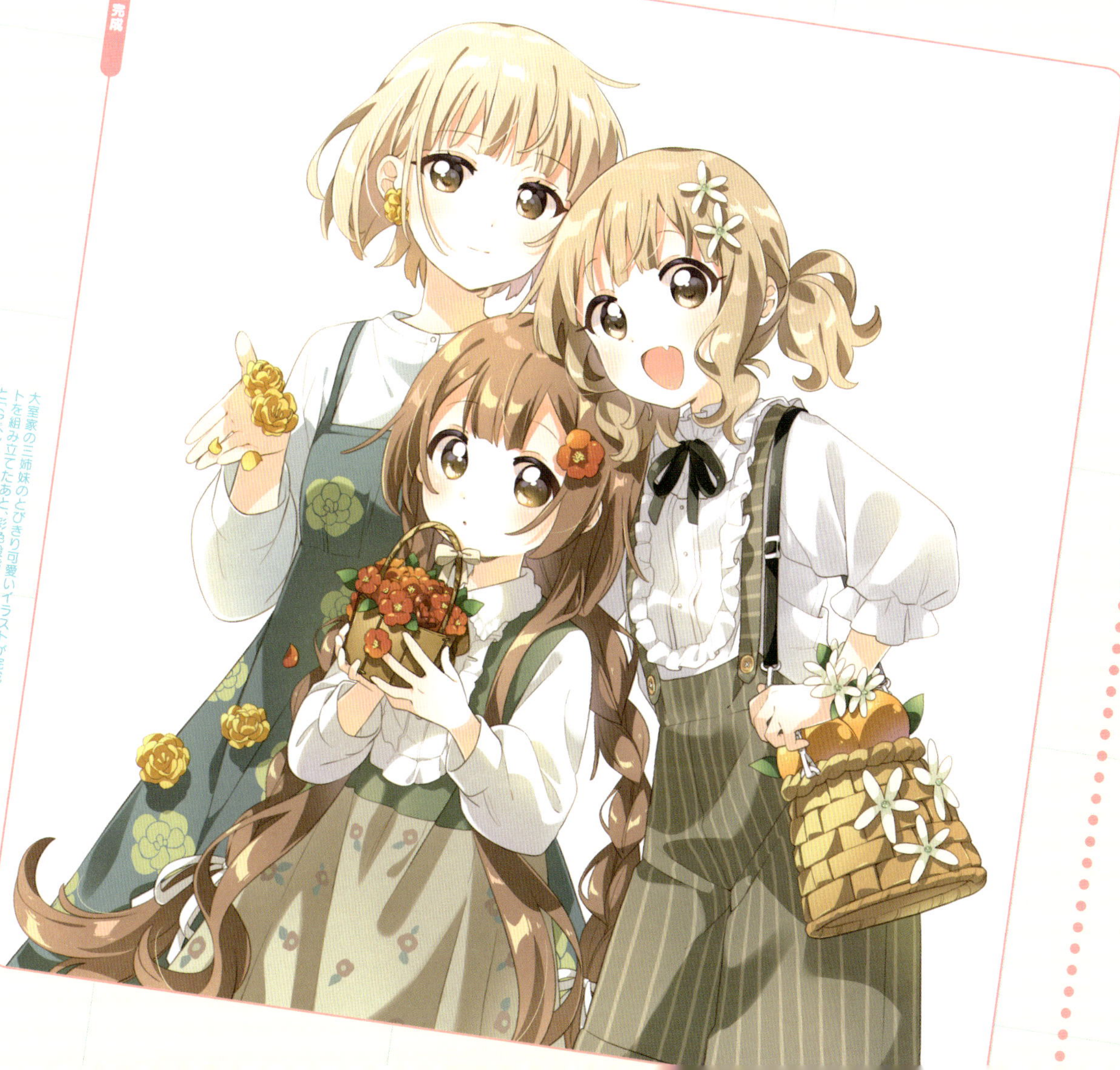

大室家の三姉妹のとびきり可愛いイラストが完成！　なもりさんは線画段階でしっかりとイラストを組み立てたあと、彩色段階では、グラデーションで大まかな明暗を分け、主に「やわ肌ブラシ」と「Gペン」を使ってカゲとハイライトを入れる、というシンプルな塗り方です。そのなかで「エアブラシ」を使ってカゲに黄色の光を加えるという工程が特徴的です。なもりさんらしい柔らかなニュアンスが生まれます。光を効果的に演出することで、ドラマチックで臨場感あふれるイラストになりました。

大室家
なもり

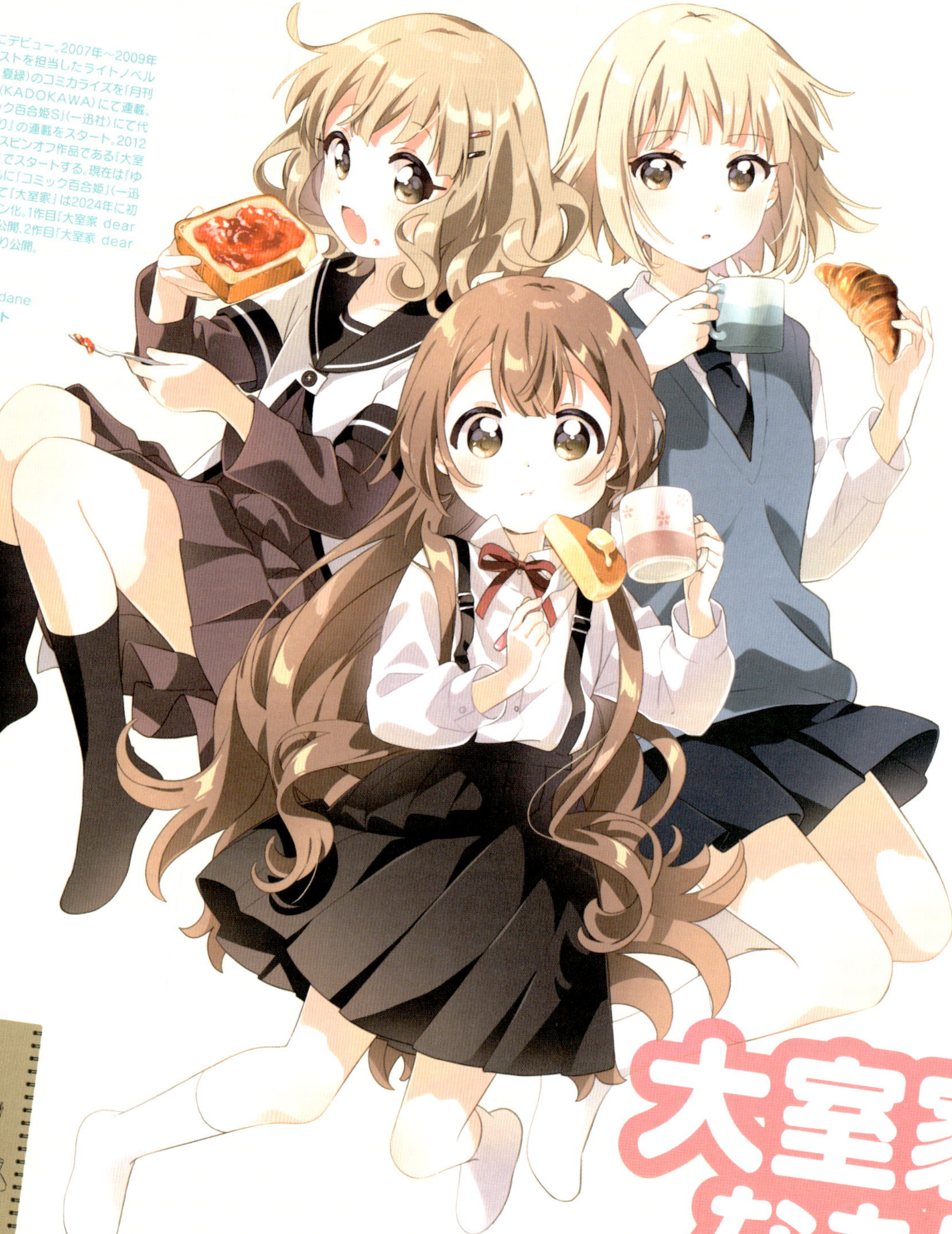

クールな長女・撫子、お調子者の次女・櫻子、しっかり者の三女・花子。そんな『大室家』の三姉妹がついに「季刊エス」の表紙に登場！姉妹ならではのゆるーい日常から、小学生・高校生らしい恋や友情まで、基本は楽しくほのぼのと、時に切なくドキドキとした女の子たちの日々を描いた作品だ。七森中を舞台とした大人気作『ゆるゆり』のスピンオフとしてスタートした『大室家』は、今年2月に初の劇場アニメーション『大室家 dear sisters』が公開。2作目の『大室家 dear friends』も6月21日より公開決定。そんな本作の作者・なもりさんに75号以来、2度目となるインタビューで表紙の描き下ろしと『大室家』について伺った。

なもり／2006年にデビュー。2007年～2009年には、自身がイラストを担当したライトノベル『ぷいぷい！』（著者：夏緑）のコミカライズを「月刊コミックアライブ」（KADOKAWA）にて連載。2008年には「コミック百合姫S」（一迅社）にて代表作となる『ゆるゆり』の連載をスタート。2012年には『ゆるゆり』のスピンオフ作品である『大室家』も「ニコニコ静画」でスタートする。現在は『ゆるゆり』『大室家』ともに「コミック百合姫」（一迅社）にて連載中。そして『大室家』は2024年に初めて劇場アニメーション化。1作目『大室家 dear sisters』は2月2日に公開、2作目『大室家 dear friends』は6月21日より公開。

★なもり
X id = @_namori_
Instagram = namoridane

★「大室家」公式アカウント
X id = @omrk_yhc

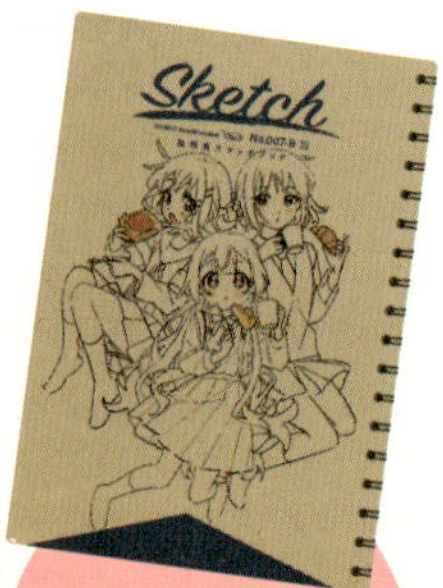

⑦巻特装版は連載初期からのラフを集めたスケッチブック風小冊子付き！

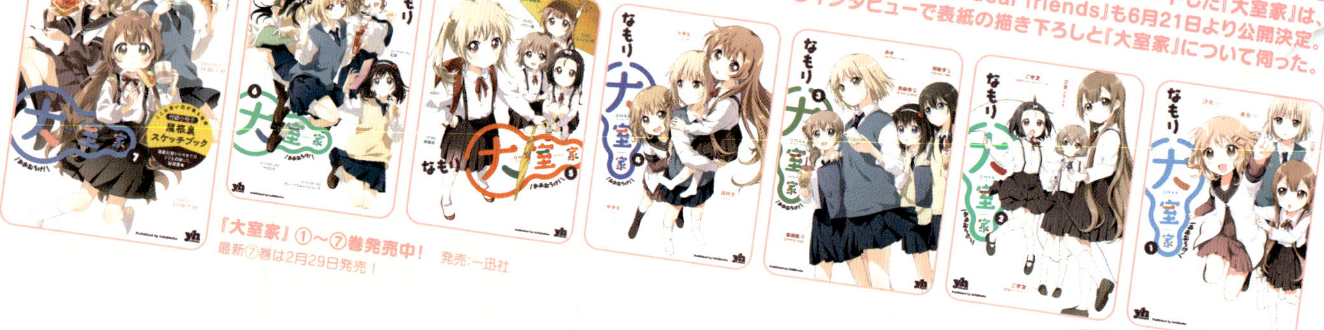

『大室家』①～⑦巻発売中！
最新⑦巻は2月29日発売！　発売：一迅社

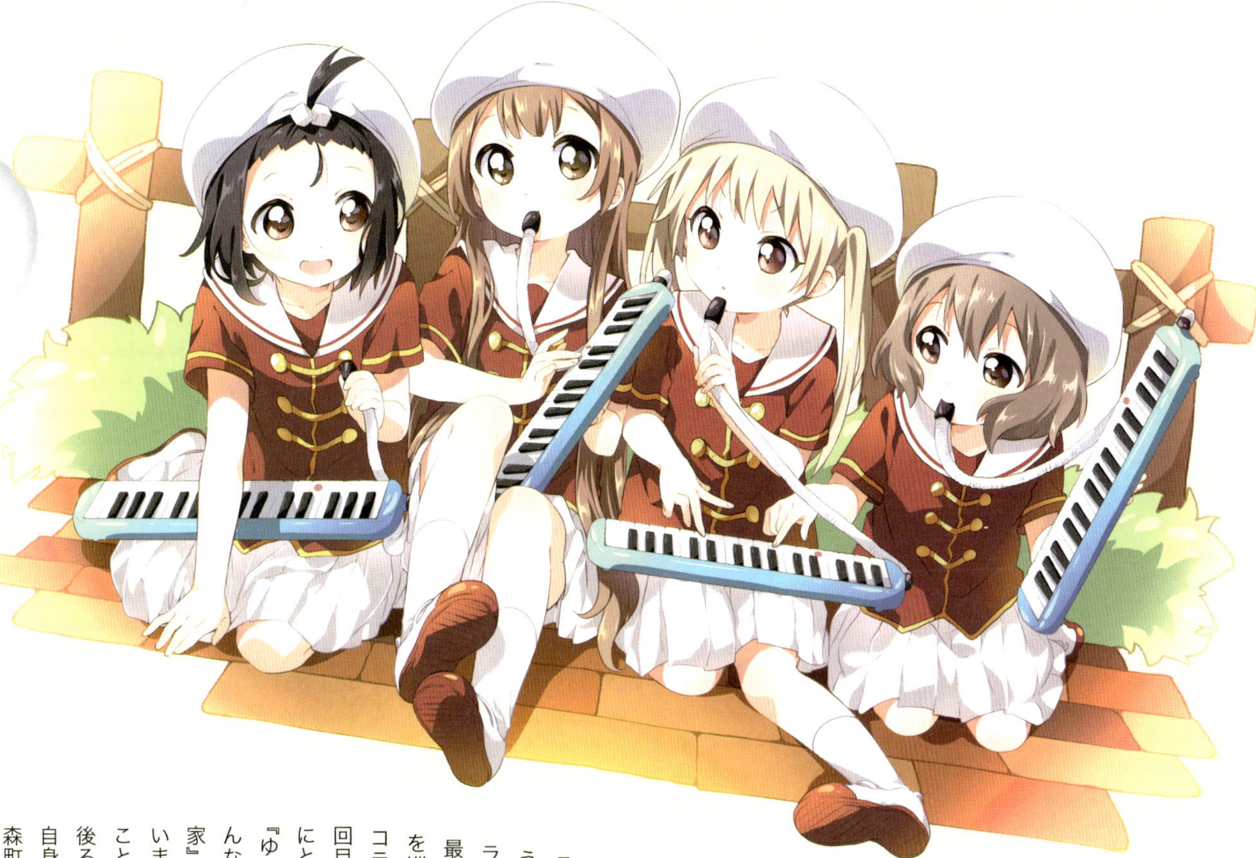

Q1　今号は素敵な表紙の描き下ろしをありがとうございます！　『大室家』の三姉妹を描いていただきましたが、衣装は二〇二一年のアトレ秋葉原コラボのキービジュアル用にデザインされたものです。このイベントには、なもりさんご自身も積極的に関わられ、キービジュアルも思い入れの深いものだと伺っています。今回の表紙イラストにこの衣装を選んだ理由や、表紙イラストを描くにあたって、こだわったポイントなどを教えてください。

A1　季刊エスさんの表紙イラストを描かせていただけるということで、それなら華やかなイラストにしたいなというのがまず最初にあって。そこから色々考えを巡らせた結果、一回目のアトレコラボ衣装がいいかなと。実は一回目のアトレコラボは、『大室家』にとって大きな挑戦だったんです。『ゆるゆり』はグッズや催事など色んな展開をしている一方で、『大室家』はそういった展開をほぼやっていませんでした。スピンオフということもあり、ずっと『ゆるゆり』の後ろを走っているイメージ。けど私自身は、スピンオフというより「七森町が舞台の別作品」という気持ちで描いているので、『大室家』のキャラクターにも色んな楽しい場所へ行ってほしいなという思いがありました。そんな『大室家』が独立したひとつのタイトルとして扱われ、『ゆるゆり』と並んで歩み始めた第一歩が、一回目のアトレコラボだったんです。あの一歩が無ければ今の大室家は無かったかもしれないし、こうして表紙を『大室家』が飾らせていただけることも無かったかもしれない。嬉しさと感謝を込めて、今回の表紙を描かせていただきました。

Q2　二〇二一年に「季刊エス」七五号へなもりさんにご登場いただいた際は、主に『ゆるゆり』について伺いましたので、今回は主に『大室家』について伺わせてください。そもそも『大室家』は『ゆるゆり』のアニメ二期放送時の二〇一二年七月に「ニコニコ静画」で始まったのが最初ですが、どういう経緯で始められたのでしょう？

A2　撫子と花子は、『ゆるゆり』のアニメ化の際にスタッフさんから「各キャラの家族構成を知りたい」と言われたのがきっかけで生まれたキャラクターでした。漫画本編にも登場させたら評判もよく、当時の担当さんから「二期の放送に合わせて番外編みたいなの描かない？　なんなら毎週更新できたら面白そうだよね。タイトルは『大室家』なんてどう？」と言われたのが始まりです。

Q3　「女子中学生いいよね」というところからスタートした『ゆるゆり』が、主に女子中学生についてのお話を描かれているのに対して、『大室家』では、主に小学生と高校生のお話が描かれています。「その世代ごとの良さがある」と前回のインタビューで答えてらっしゃいましたが、なもりさんの考える小学生と高校生の良さについて教えてください。

A3　高校生といっても一年生と三年生とではまた表現が変わってきますが、撫子たちは高校三年生でほぼ大人なので湿度の高い表現ができて楽しいですね。直接的な描写はしなくとも、二人きりのときはこうなのかな？　ああなのかな？　と想像して楽しめる。あと撫子たちは受験生なので、これから自分自身の色んな気持ちと向き合って、進路を決めていくことになります。その少しの不安があるのも良い。どうなっていくんでしょうね。

　逆に小学生組は、語弊のある言い方かもしれませんが「百合」としては描いていません。この子たちはこれからどんな子に育っていくんだろう、そしてその頃はどんな関係性になっているんだろう。今感じている友情やライバル心が、実は別のものだったと気づいたりするのかな……と、数年後の姿を想像してもらえたらいいなと思いながら描いています。

Q4　『大室家』の三姉妹は、クールだけれど面倒見のいい長女・撫子、おバカなお調子者の次女・櫻子、しっかり者で優秀な三女・花子という感じで、撫子と花子が似た者同士で、櫻子が自由なムードメーカーという印象ですが、この三姉妹を描く上での楽しさや、三姉妹の関係性において大事にしていることなどを教えてください。

A4 大室家三姉妹は、「ケンカしても必ず仲直りできる」という信頼（甘え?）がお互いにあるからこそ、遠慮なしにワーワー言い合える関係だというのを意識しています。撫子が家でいつもしっかりしたお姉ちゃんでいられるのは、家以外のところで甘えられる存在がいるからかもしれない。いや、もちろん櫻子や花子にも甘えているとは思うんですけども。そして花子が学校で「花子様」でいられるのも、素直に感情を出して年相応に甘えられる家族がいるからかもしれない。櫻子は……いつも櫻子です（笑）。そこが良いところかな。そんなイメージで描いてますね。

Q5 『ゆるゆり』と『大室家』は、同じ世界観やキャラクターを共有していますが、大きく分けてギャグ回、百合回、日常回の三本柱で描かれている『ゆるゆり』に比べると、『大室家』のほうがより日常感が強いと感じます。なもりさんのなかで『大室家』に対して何か決めているルールなどはありますか?

A5 大きく分けて大室家、高校生組、小学生組でローテーションしていますが、特にルールとして決まっているわけではないです。

Q6 『ゆるゆり』が中学生のお話なので、『大室家』では中学校を舞台にしたエピソードが無いのはもちろんのこと、櫻子の同級生は向日葵以外は基本的に出てきません。唯一姿が出てきたのがお家に遊びに来たちなつと、小学生が遭遇する結衣でしたが、登場の仕方にルールはあるのでしょうか? また今度、『ゆるゆり』の中学生たちが登場する予定はありますか?

A6 必要があれば出るかもしれませんが、基本的には出さないようにしています。『ゆるゆり』に『大室家』のキャラクターが出ることも基本ありません。

大室家

長女・撫子（なでしこ）
(18)

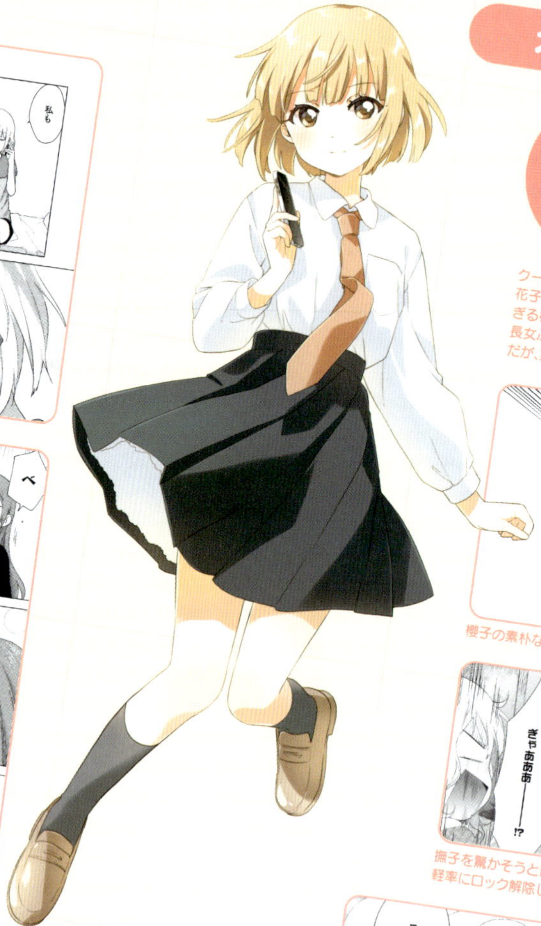

クールで、ちょっとミステリアス（?）な大室家の長女。花子の気持ちを察して優しくフォローしたり、自由すぎる櫻子に度々ゲンコツをお見舞いするなど、頼れる長女ぶりを大発揮。一見ポーカーフェイスなSキャラだが、実は恥ずかしがり屋な一面も。彼女がいる。

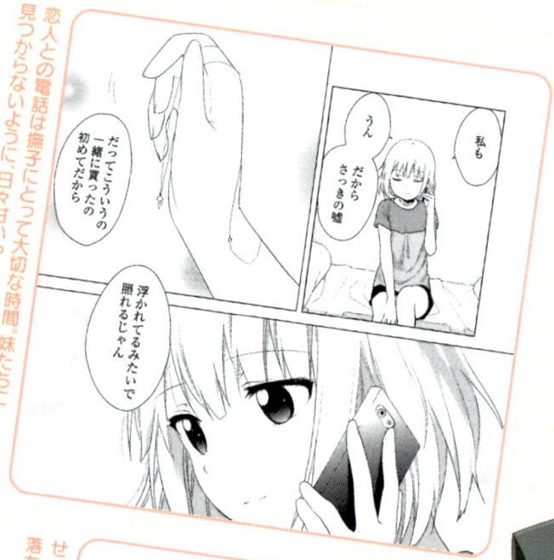

恋人との電話は撫子にとって大切な時間。妹たちに見つからないように、日々甘いやりとりを交わしている。

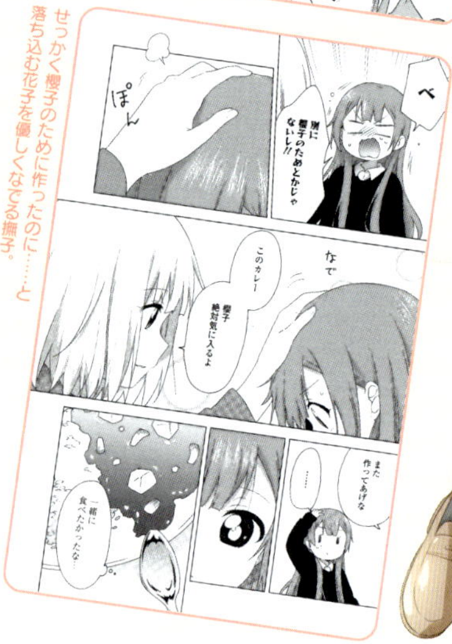

せっかく櫻子のために作ったのに……と落ち込む花子を優しくなでる撫子。

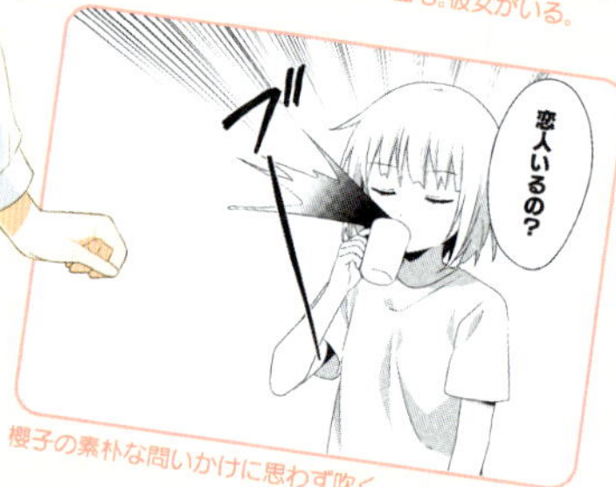

櫻子の素朴な問いかけに思わず吹く。

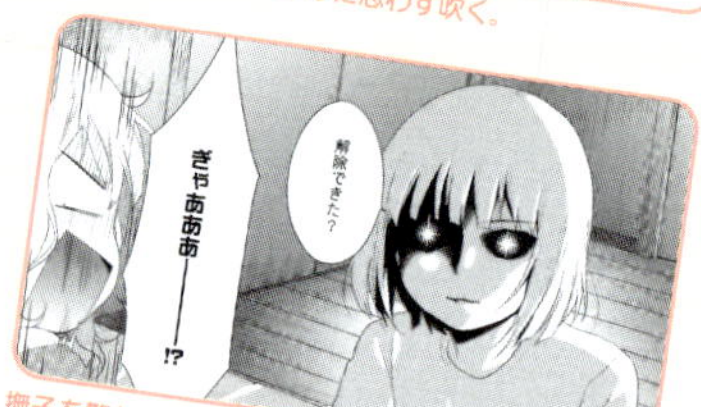

撫子を驚かそうと部屋に潜入する櫻子。携帯を見つけ、軽率にロック解除しようとする目の前には……。

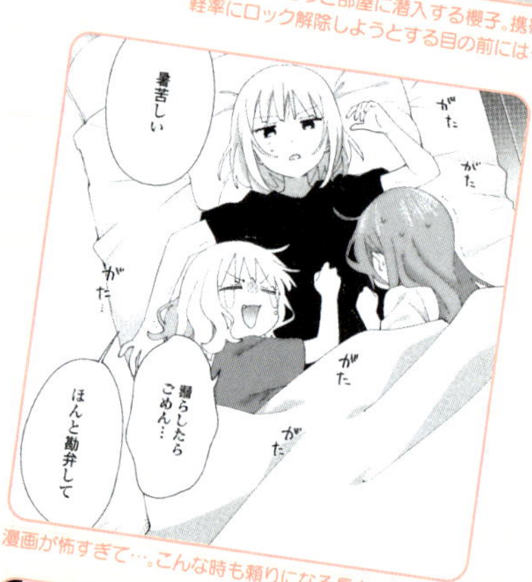

漫画が怖すぎて…。こんな時も頼りになる長女。

三女・花子（はなこ）
(8)

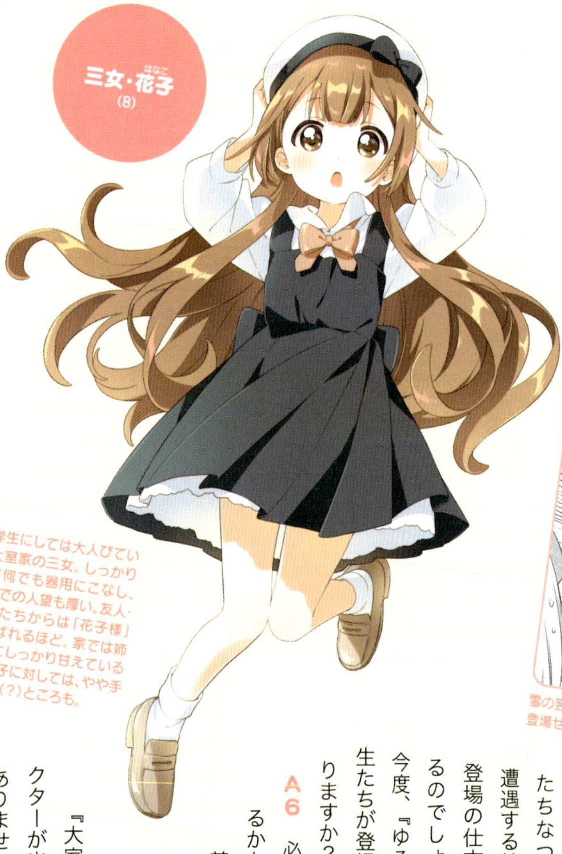

小学生にしては大人びている大室家の三女。しっかり者で何でも器用にこなし、学校での人望も厚い。友人・先生たちからは「花子様」と呼ばれるほど。家では姉たちにしっかり甘えているが、櫻子に対しては、やや手厳しい（?）ところも。

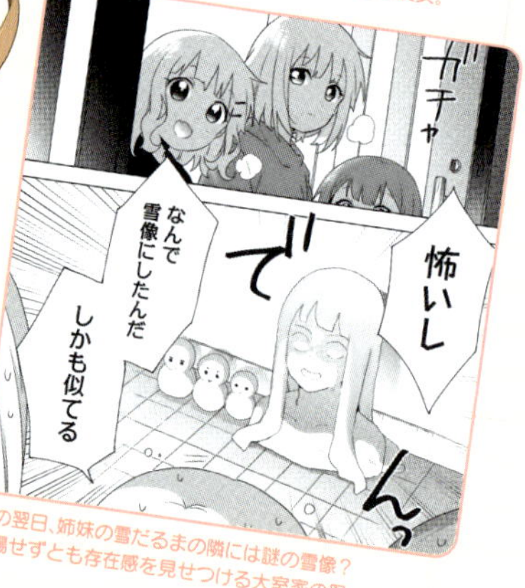

雪の翌日、姉妹の雪だるまの隣には謎の雪像? 登場せずとも存在感を見せつける大室家の母。

Q7　『大室家』は、大室家と冠されるだけに、まさに大室家のお家で展開するエピソードも多いですが、最初に家の設定をつくったりはされましたか？　あるいはモデルなどあるのでしょうか？

A7　リビングはアニメの美術設定が先にあって。「参考にさせていただいていいですか」と当時スタッフさんに聞いてみたらOKをいただけたので、美術設定をベースに描かせてもらっています。

Q8　なもりさんは、キャラクターに対して、はじめからガチガチに決めるのではなく、描いていくなかで勝手に動いてくれることに委ねている部分が大きいそうですが、もともと『ゆるゆり』でも描いていた櫻子と向日葵に関して、『大室家』を描くことで新たな面が見つかったり、新しい関係が描けたと感じることはありますか？

A8　『ゆるゆり』での向日葵は櫻子とわちゃわちゃ騒いでいますが、『大室家』での向日葵は、大室姉妹との関係性に主軸を置いて描くようにしているので、少し新しい一面が見えるようになったかなと思います。撫子との絡みが増えたのも個人的に嬉しいところです。

Q9　『大室家』のドキドキポイントの一つに撫子の恋愛描写があります。撫子の彼女は三輪藍、八重野美穂、園川めぐみの誰でも不思議ではないように描かれていますが、なもりさんのなかでは誰と決まっているのでしょうか？　また、撫子の恋愛を描く上で大事にしていることを教えてください。

A9　秘密です！……というと相手が誰なのか決まっていなさそうに見える気もしますが、この質問をされたときは「秘密」と言うようにしています。「決まってる」「決まってない」どちらを答えても、読者さんの想像の幅を狭めてしまう気がしちゃって。でもいつか突然言う可能性もあります。

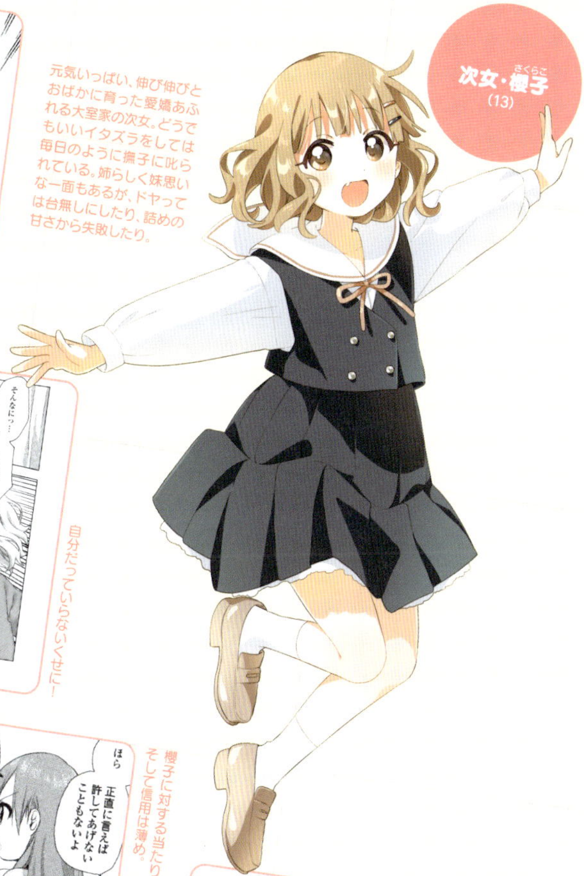

次女・櫻子（さくらこ）
(13)

元気いっぱい、伸び伸びとおばかに育った愛嬌あふれる大室家の次女。どうでもいいイタズラをしては毎日のように撫子に叱られている。姉らしく妹思いな一面もあるが、ドヤって台無しにしたり、詰めの甘さから失敗したり。

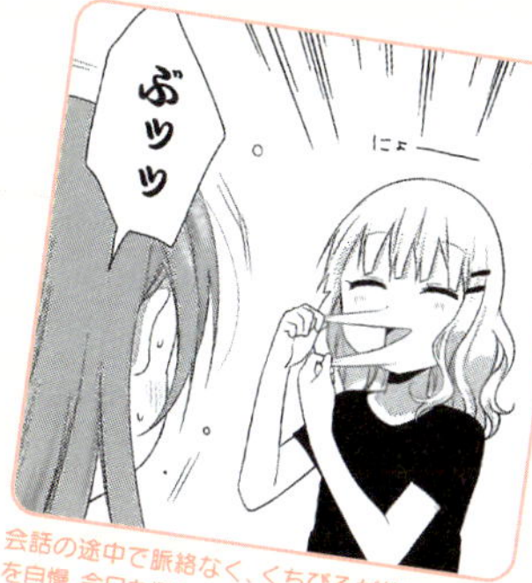

会話の途中で脈絡なく、くちびるが伸びることを自慢。今日も櫻子はマイペース。

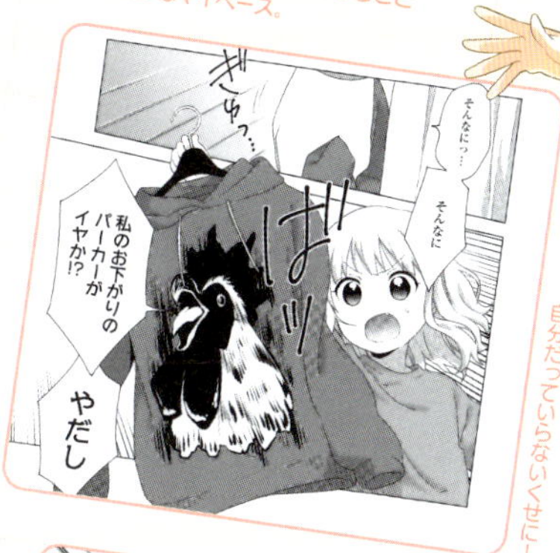

自分だっていらないくせに！

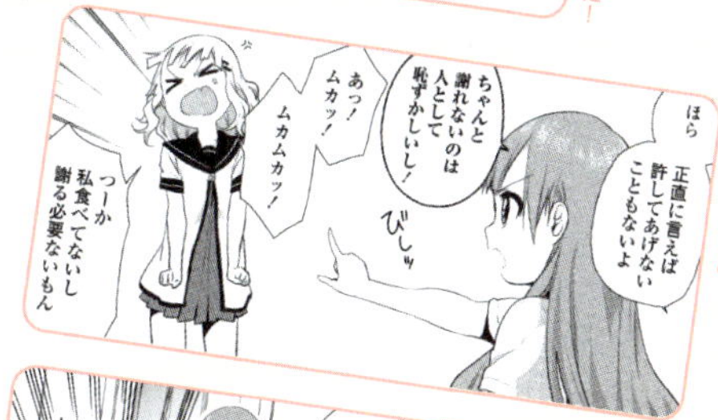

櫻子に対する当たりは常に強め。そして信用は薄め。

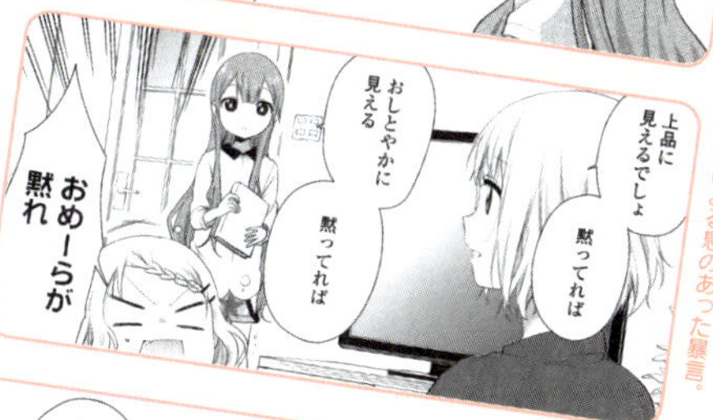

姉妹による息のあった暴言。

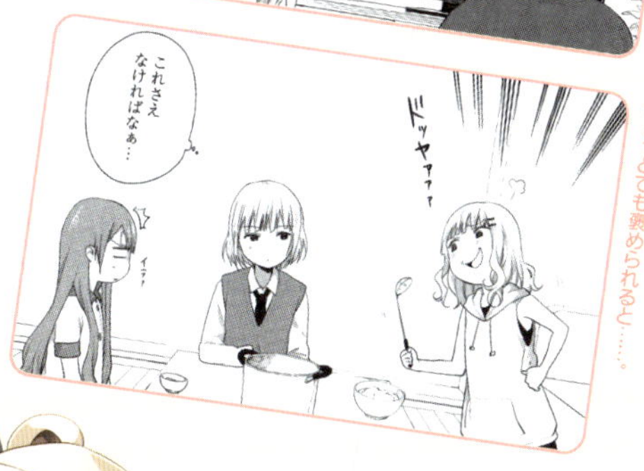

ちょっとでも褒められると……。

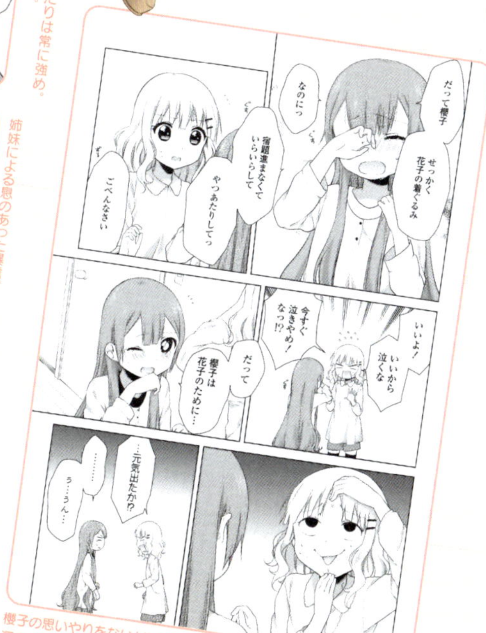

櫻子の思いやりをないがしろにしたことで泣いてしまう花子を、渾身の変顔で元気づける…！

古谷家

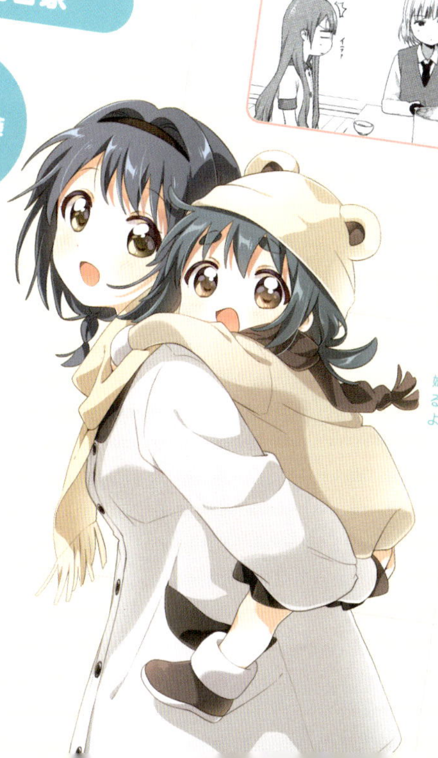

長女・向日葵（ひまわり）
(13)

櫻子の幼なじみでライバル。大室家とは家族ぐるみの付き合いで、よく料理やお菓子をおすそ分けしてくれる。

次女・楓（かえで）

姉の向日葵が大好きすぎる妹。大室家の姉妹にも、よく遊んでもらっている。

小学生～花子の友達～

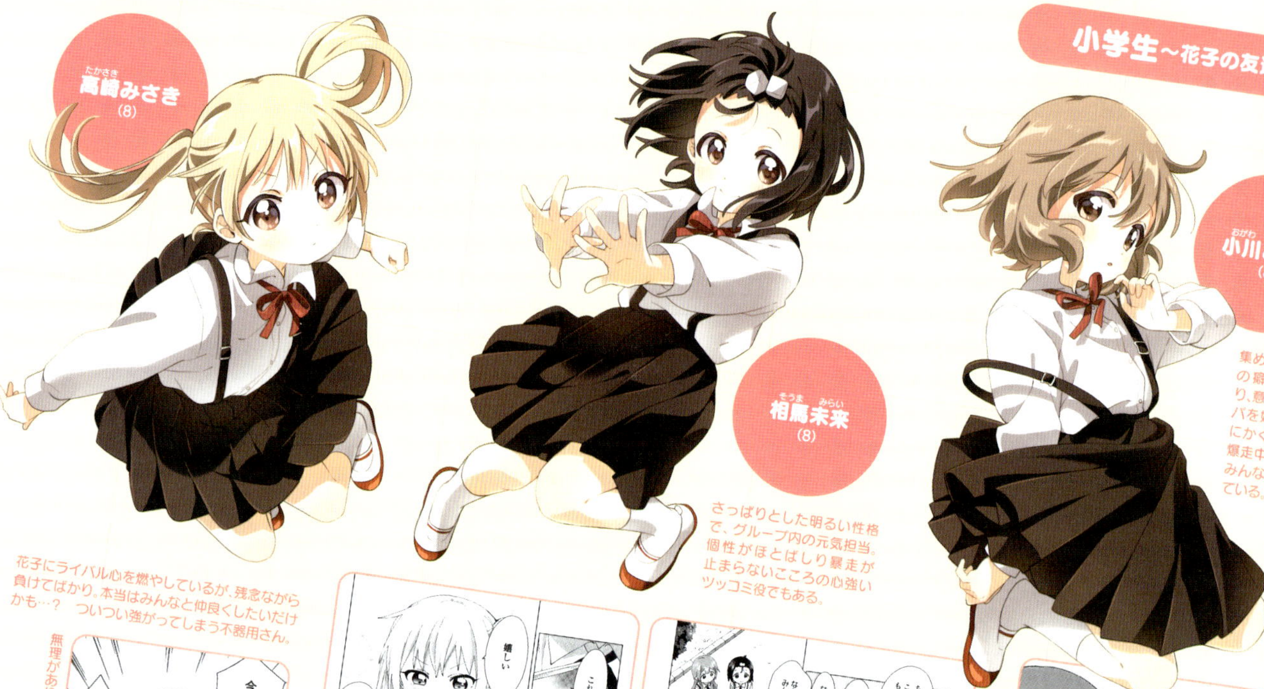

花子にライバル心を燃やしているが、残念ながら負けてばかり。本当はみんなと仲良くしたいだけかも…？　ついつい強がってしまう不器用さん。

さっぱりとした明るい性格で、グループ内の元気担当。個性がほとばしり暴走が止まらないこころの心強いツッコミ役でもある。

集めているシールの癖が強すぎたり、意気揚々とボイパを始めたり、とにかく独自路線を爆走中。実はよく、みんなのことを見ている。

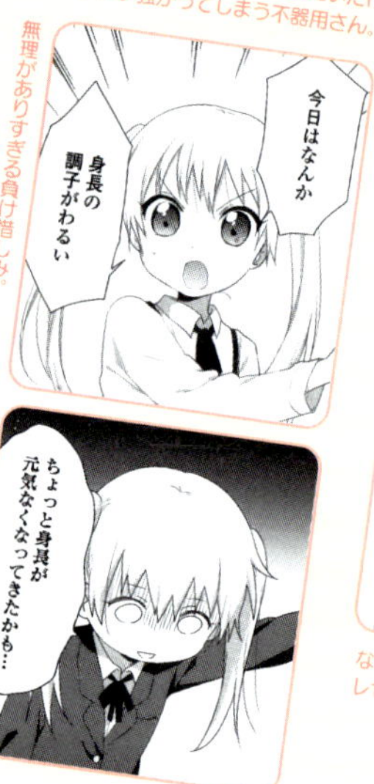

無理がありすぎる負け惜しみ。

やっぱり無理がある負け惜しみ、再び！

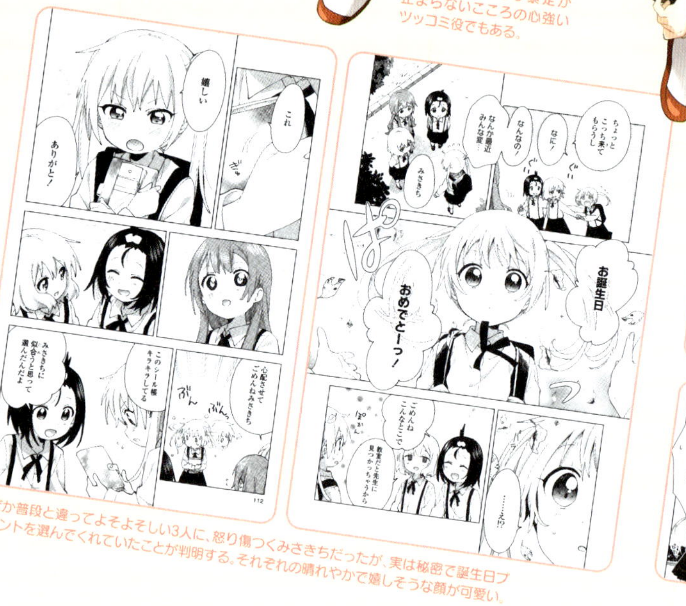

なぜか普段と違ってよそよそしい3人に、怒り傷つくみさきちだったが、実は秘密で誕生日プレゼントを選んでくれていたことが判明する。それぞれの晴れやかで嬉しそうな顔が可愛い。

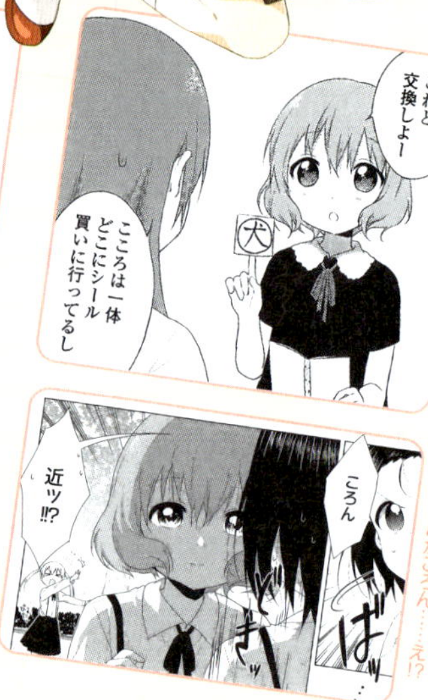

犬のシール？

だるまさんがころん……え!?

Q10　話数が進むごとにキャラクターの新たな一面や、キャラクター同士の関係性の変化が見られます。それがなもりさんの漫画の魅力の一つだとも感じますが、以下で特に印象的だったエピソードに沿って質問させてください。

★小学生編

【こころの個性が爆発】……話数を追うごとに、こころの面白さが加速していると感じます。例えば17話で集めているシールがおかしいあたりから次第にその個性が見えはじめ、41話のだるまさんが転んだ、67話のボイパ、69話のパワー系など、とどまるところを知りません。自然とこの境地に辿り着いたのでしょうか？

A　特に意識していたわけではないんですけど、なんか、こころは回を追うごとに個性的になっていってますね（笑）。キャラクターが動くままに任せていたらこうなっていました。

【みさきちの誕生日プレゼント】……72話から連続する、花子、未来、こころの三人がみさきちの誕生日プレゼントを準備するエピソードは、仲間外れにされていると勘違いしたみさきちとのぎくしゃくから、事実が判明するハッピーな顛末まで小学生ならではの苦くも微笑ましい展開です。どのようにして生まれ、どのような気持ちで描かれたのでしょう？

A　大室家は基本一話完結のお話が多いのですが、新しい試みとして続きものもやってみようと思ったのがこの回でした。花子、未来、こころの三人はみさきちへの誕生日プレゼントにシール帳を選んだのですが、みさきちにとっては「一緒に遊ぼう」の気持ちを形にして受け取ったようで、とても嬉しかっただろうなと。まるで親みたいな気持ちで、みさきち良かったねぇ…と思いながら描いていました。

【懐かしい遊び】……34話の秘密基地づくり、89話のプール潜り対決も小学生ならでは、です。なもりさんも、ご自身の記憶を懐かしく思い出しながら描かれたのでしょうか？

A　秘密基地作りやプールで潜ったりする遊びは私にも経験があり、描いていて懐かしい気持ちになりました。花子たちが大きくなっても、そんな日があったことを覚えていてくれたらいいな。

【赤ずきんの劇】……103話から複数話に渡って、役決めから準備・練習、本番まで楽しく読ませていただきました。みさきちが大室家と仲良くなったり、未来とこころが友情を深めるなど、心温まる展開もありました。なもりさんの描き上げた感想を聞かせてください。

A　実は「配役を決める話」で一話完結のつもりだったので、続きを描く予定はなかったんです。でも描き上がったネームを自分で読み直したときに、「この内容で続き描かないってことある…？」とちょっと思ったんですけどね。そしたらペン入れ

高校生～撫子の友達～

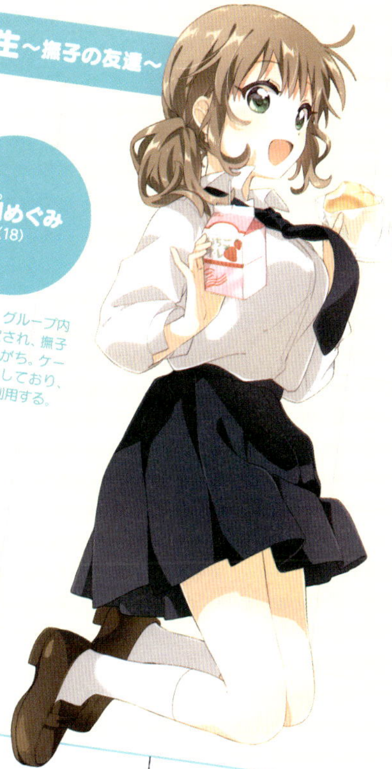

園川(そのかわ)めぐみ
(18)

やや天然？　グループ内ではドM認定され、撫子にもいじられがち。ケーキ屋でバイトしており、みんなもよく利用する。

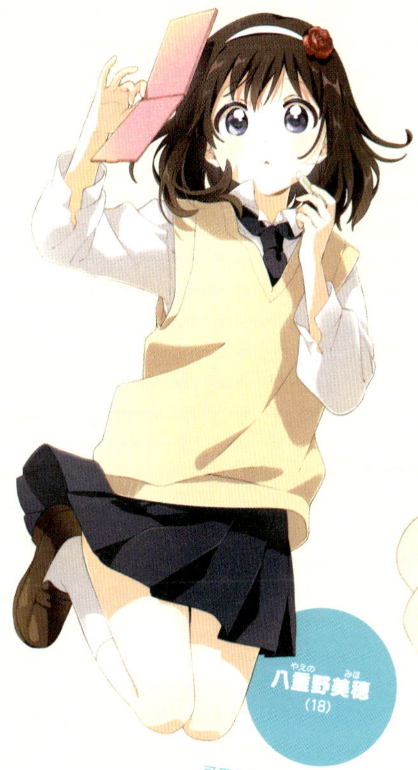

八重野美穂(やえのみほ)
(18)

可愛らしい外見とは裏腹に、グループ内で一番のドSキャラ。よく撫子のこともからかっている。

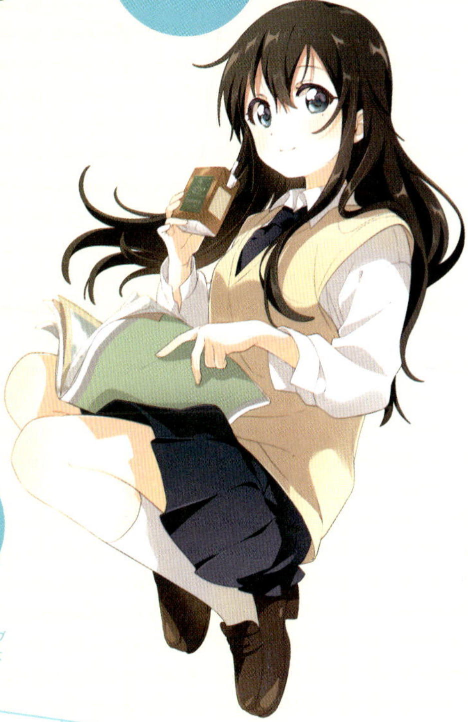

三輪藍(みわあい)
(18)

おっとり穏やかで優しい、お姉さんタイプ。雑貨や本が好き。

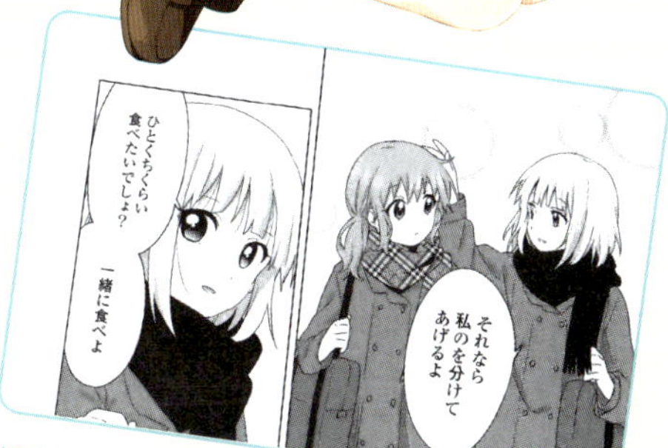

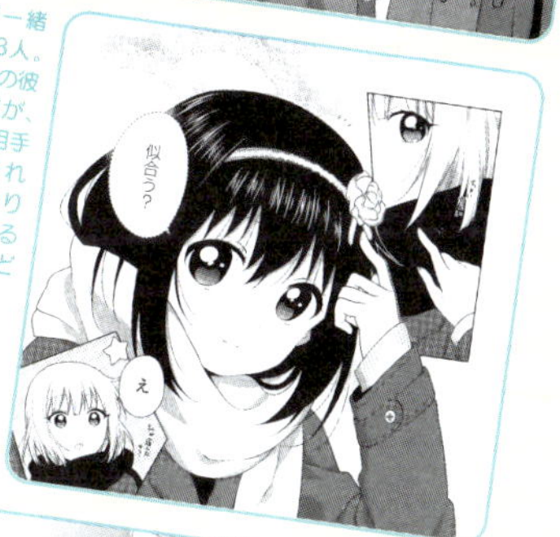

いつも撫子が一緒にいる仲良し3人。このなかに撫子の彼女がいるようだが、果たして、その相手とは――？　それぞれに可愛いやりとり、ドキッとするアクシデントなど盛りだくさん。

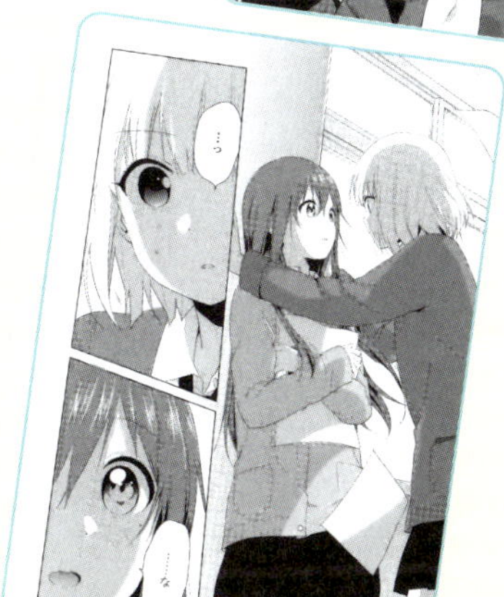

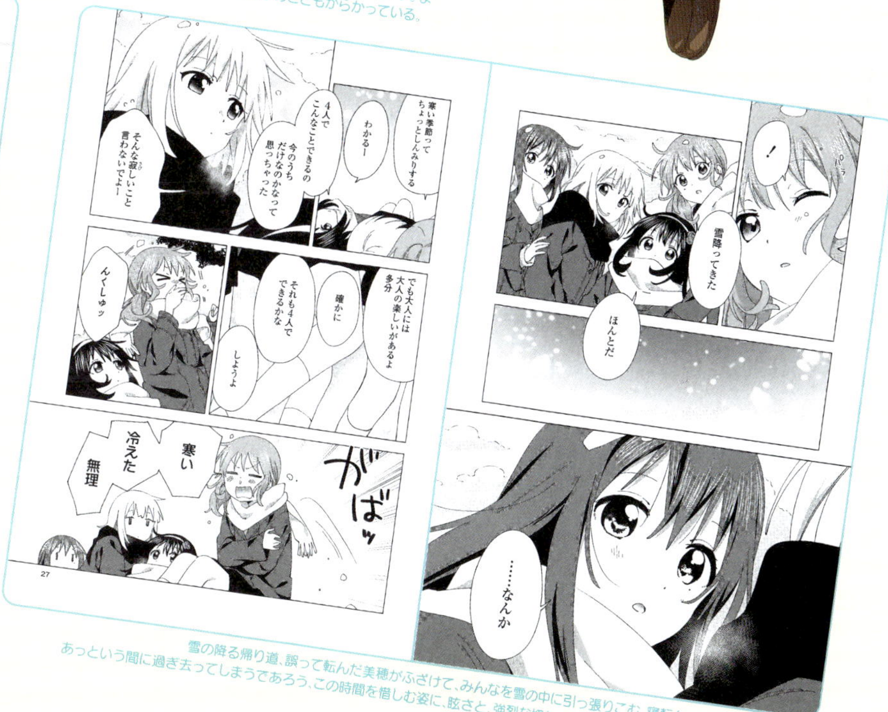

雪の降る帰り道、誤って転んだ美穂がふざけて、みんなを雪の中に引っ張りこむ。寝転んで空をあおぐ4人組があっという間に過ぎ去ってしまうであろう、この時間を惜しむ姿に、眩さと、強烈な切なさを喚起させられる珠玉の青春エピソード。

をしている時に、アシスタントさんから「この内容なのに続き描かないの？」と同じことを言われて、やっぱりそうだよねぇ！　と思って続きものにしました。そのあとの展開も全体的にお気に入りで、描いてよかったなと思いました。

★高校生編

【雪にダイブ】……撫子、藍、美穂、めぐみの四人組のエピソードは高校生ならではの距離感という感じで、小学生・中学生に比べて、青春感の強いお話も多いと感じます。特に胸がキュッとしてしまった82話について、なもりさんがどんなふうにして描かれたのかを教えてください。

A　これは私も印象に残ってる回です！　いつか来てしまう卒業、そのあと四人それぞれはどんな道を歩んでいくのか。一人でなのか二人でなのか、それとも四人でなのか。これから色んなドラマがあるんだろうなと、創作意欲が刺激される回でした。

【屋上の鍵】……87話の屋上の鍵を拾うエピソードも夢と憧れが詰まっていると感じます。なもりさんはどう思われますか？

A　屋上の鍵ってなんか憧れますよね！　屋上ってなんか特別な場所とい

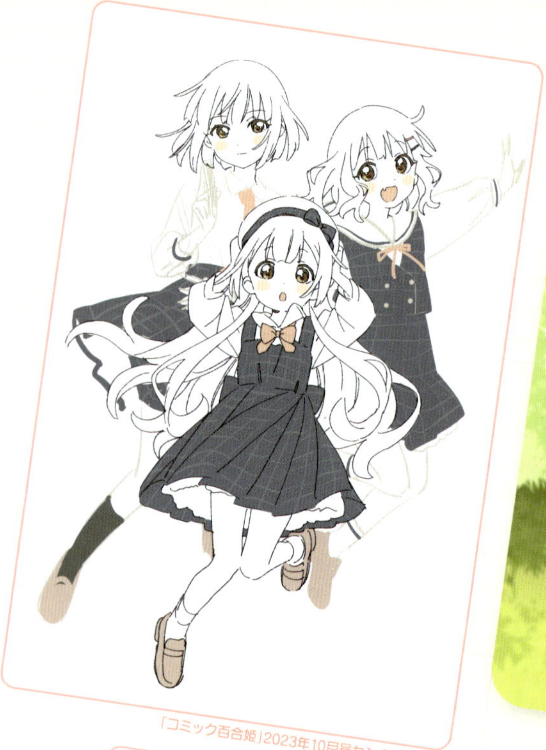

「コミック百合姫」2023年10月号センターカラー

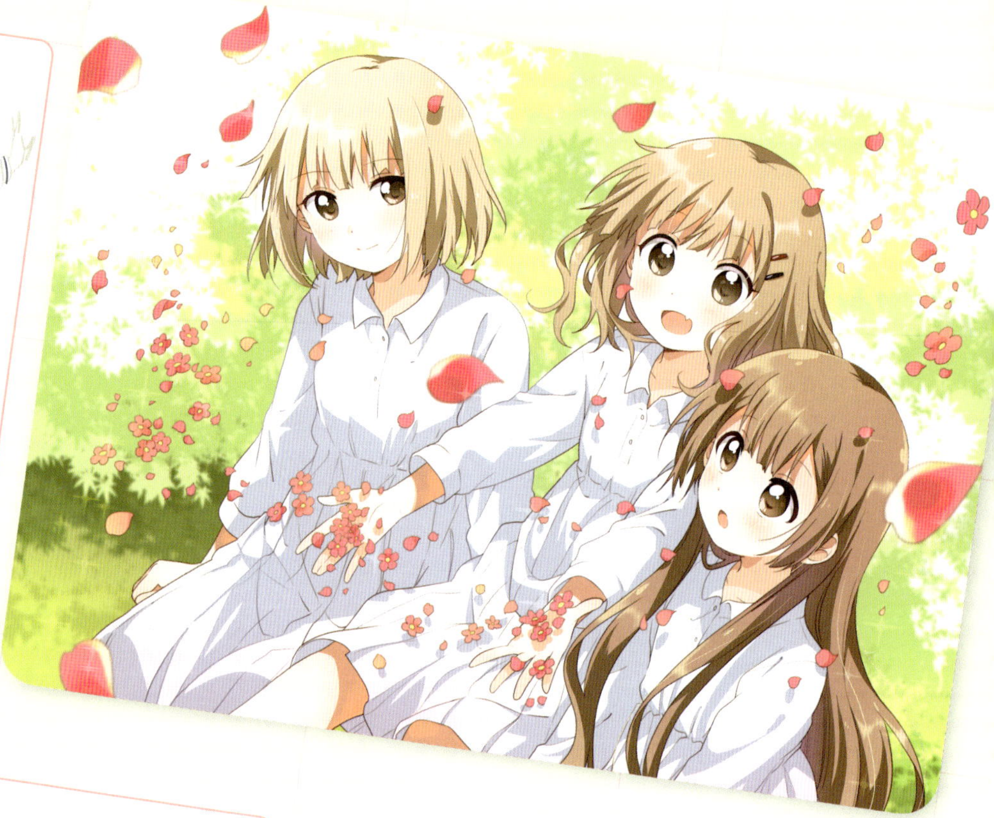

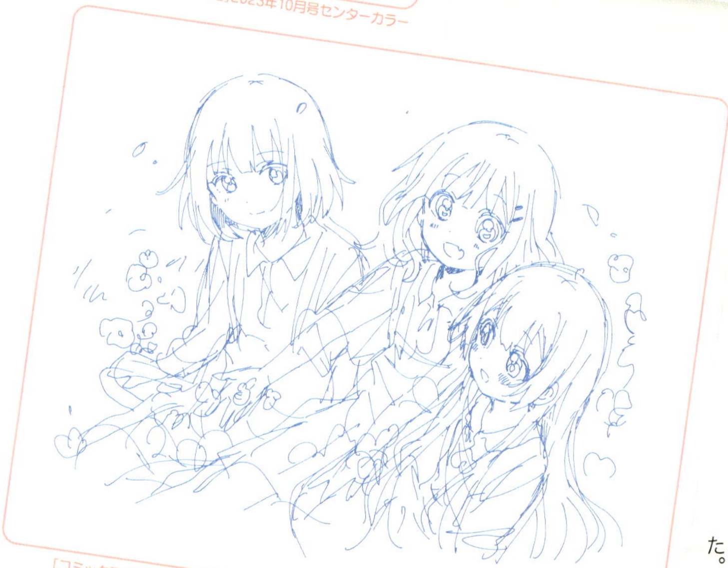

「コミック百合姫」2020年2月号巻頭カラー

うイメージがあります。高校生組の四人もその気持ちがありつつも、実際に鍵を使うことはしませんでした。今は誰が持っているんでしょうね。

【日常会話】……16話、33話、96話など、高校生四人の他愛ない日常会話もとても好きです。日常会話のエピソードはどんなふうに考えていますか？

A 高校生組は日常会話回が一番難しく感じますね、楽しいですけど！ その日の夜、彼女と電話するときにどんな話をするのかまで想像してもらえたら嬉しいです。

Q11 『大室家』のなかでなもりさんのお気に入りのエピソード・ベストスリーをその理由とともに教えてください。

A11 難しい！ 現時点で単行本になっている範囲で特に印象に残っているエピソードを挙げるとすれば…。74話の藍と美穂が新作のフラペチーノを飲む話、77話の櫻子が撫子に対して恋人の有無を聞く話、84話の高校生組と雪の話が特に印象に残っているかもしれません。高校生組を描く時は、大室姉妹や小学生組を描く時には使わない漫画筋（きん）を使って描いている感覚があり、少し負荷が高いぶん印象にも残りやすいのかなと今思いました。

Q12 『大室家』が連載一〇年越しでめでたく劇場アニメ化されました。作者であるなもりさんから見たアニメ『大室家』のおすすめポイントはどこでしょう？

A12 オープニングをぜひ観てほしいです！ 映像の素晴らしさはもちろん、アバンからの流れがすごくいいなと。私はもともとアニメにノータッチでいることが多いんですが、今回はファンのみなさんに近い場所から楽しみたくて、脚本や絵コンテの監修も全部担当編集さんと一迅社さんにお任せして完成を待っていたんです。内容をなにも知らなかったので、あのアバンからオープニングの流れを初めて観たとき衝撃がすごくて涙が出ました。こんな幸せなことないです。本編もとても丁寧にまとめてくださっていて本当に嬉しかったです。まだ観てない方もぜひいつか…観てみてください！

Q13 毎年、『ゆるゆり』『大室家』はたくさんのコラボをされていますが、例えばサンリオコラボのイラストなど、とても可愛いです。なもりさんがコラボにおいて大切にしていることを教えてください。

A13 コラボ衣装は毎回可愛さを大切にはしているのですが、その中でもサンリオコラボは特に可愛さに全振りする意識で描いてます。

Q14 『ゆるゆり』17巻のあとがきでiPadを買ってCLIP STUDIO PAINTを使い始めたと書かれていましたが、現在のモノクロ漫画、カラーイラストの作業環境を教えてください。

A14 今は全部iPadとクリスタでやってます！ パソコンはもう五年くらい触ってないかも。

Q15 時期によって、描きやすいキャラ、描いていて楽しいパーツなどは変わると以前からおっしゃっていますが、現在の描きやすいキャラと描いていて楽しいパーツを教えてください。

A15 『大室家』の中だと最近は櫻

『大室家』ラフスケッチ集

最新⑦巻の特装版に付く「スケッチブック風小冊子」の中から、特別に一部ラフを紹介！
今号の特集の中で完成したカラーイラストを紹介しているものもあるので、見比べてみてね♪
全部見たい方はぜひ特装版をご購入ください。なお、カバー折り返しの「SDキャラ ねまきシリーズ」は、
「スケッチブック風小冊子」に未収録のものもあるので必見！

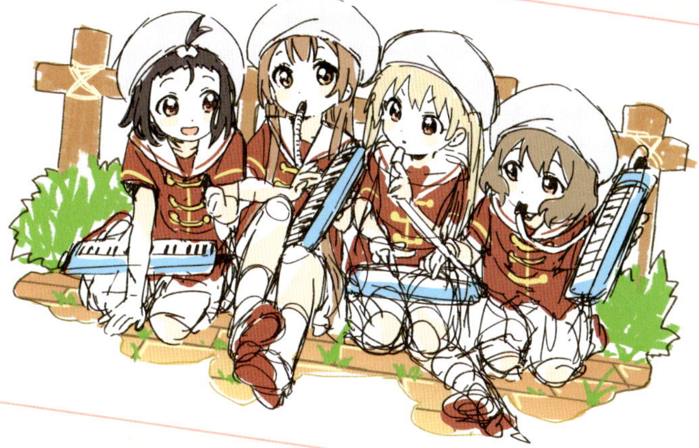

「コミック百合姫」2021年3月号巻頭カラー

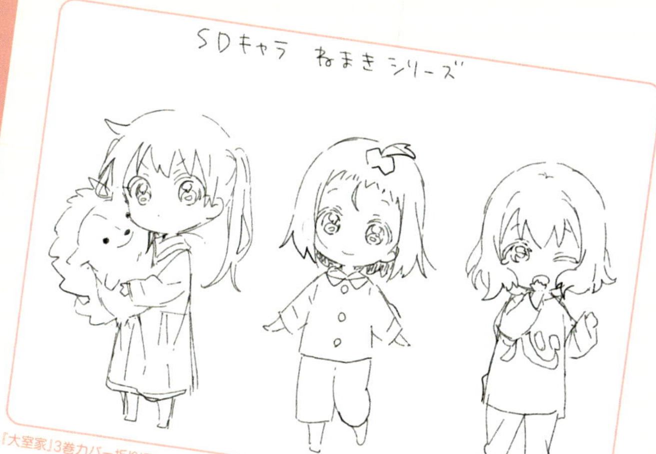

『大室家』3巻カバー折り返し

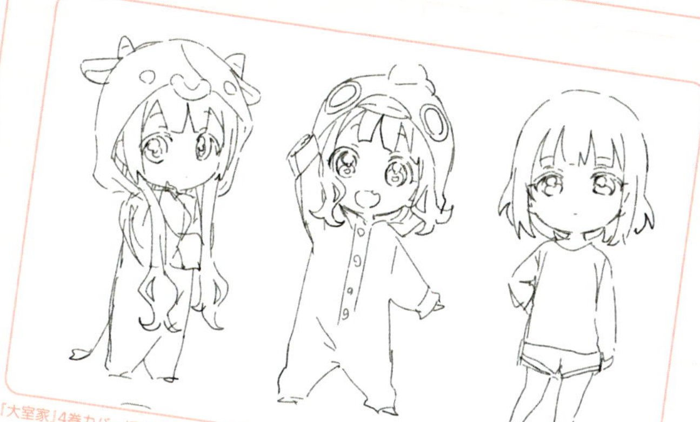

『大室家』4巻カバー折り返し

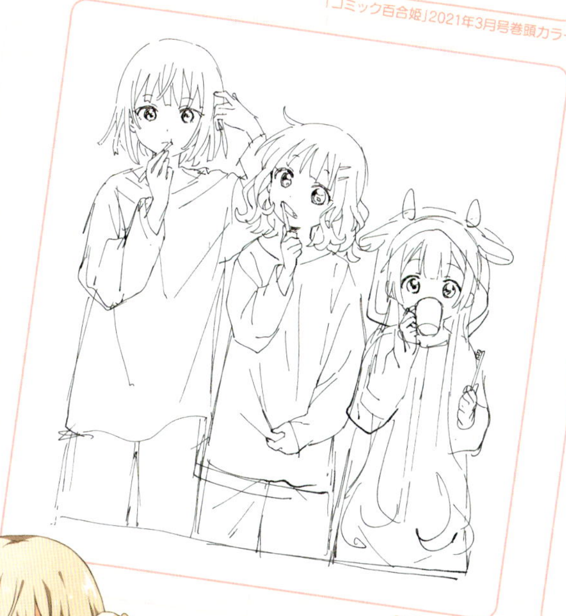

『大室家』5巻口絵

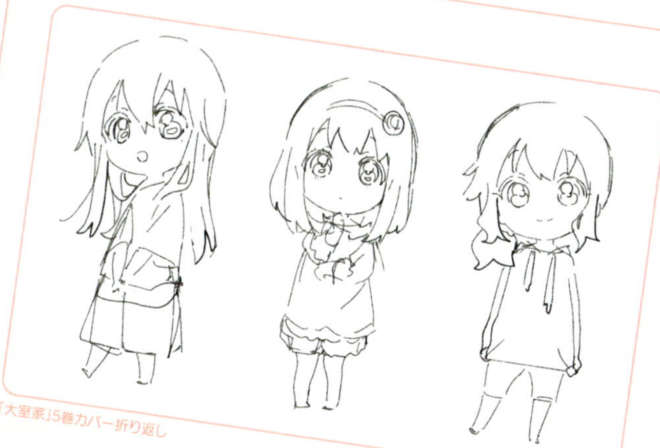

『大室家』5巻カバー折り返し

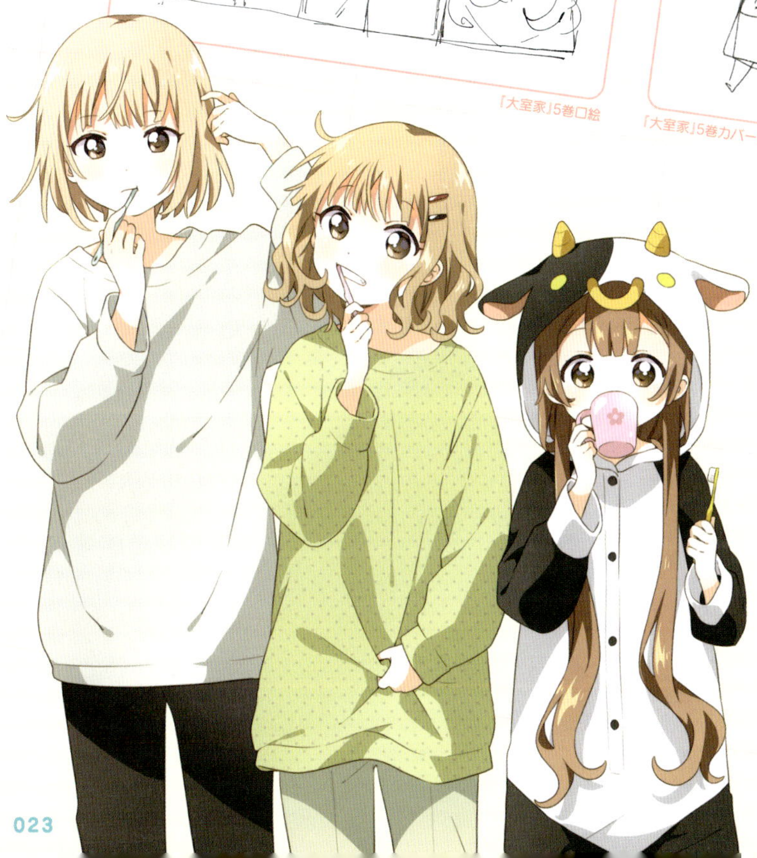

子とこころちゃんが描きやすいです。描いていて楽しいパーツは服のシワかな。

Q16 最近のなもりさんの日常生活の中での楽しみ、あるいは日常生活のなかで欠かさずしていることなどがあれば教えてください。

A16 ベタですがコーヒーの時間が楽しみです。今日はどの豆にしようかな、合わせるお菓子はどれがいいかなと選ぶ時間も幸せですし、豆を挽いたりミルをお手入れしたりも気分転換になってありがたいです。

Q17 去年五月までInstagramで絵日記を描かれていたのも楽しく拝見していましたが、今後『ゆるゆり』『大室家』でやってみたいことなどあれば教えてください。

A17 やりたいことは色々ありますが…とりあえず絵日記はまたいつかやれたらいいなーとは思ってます。

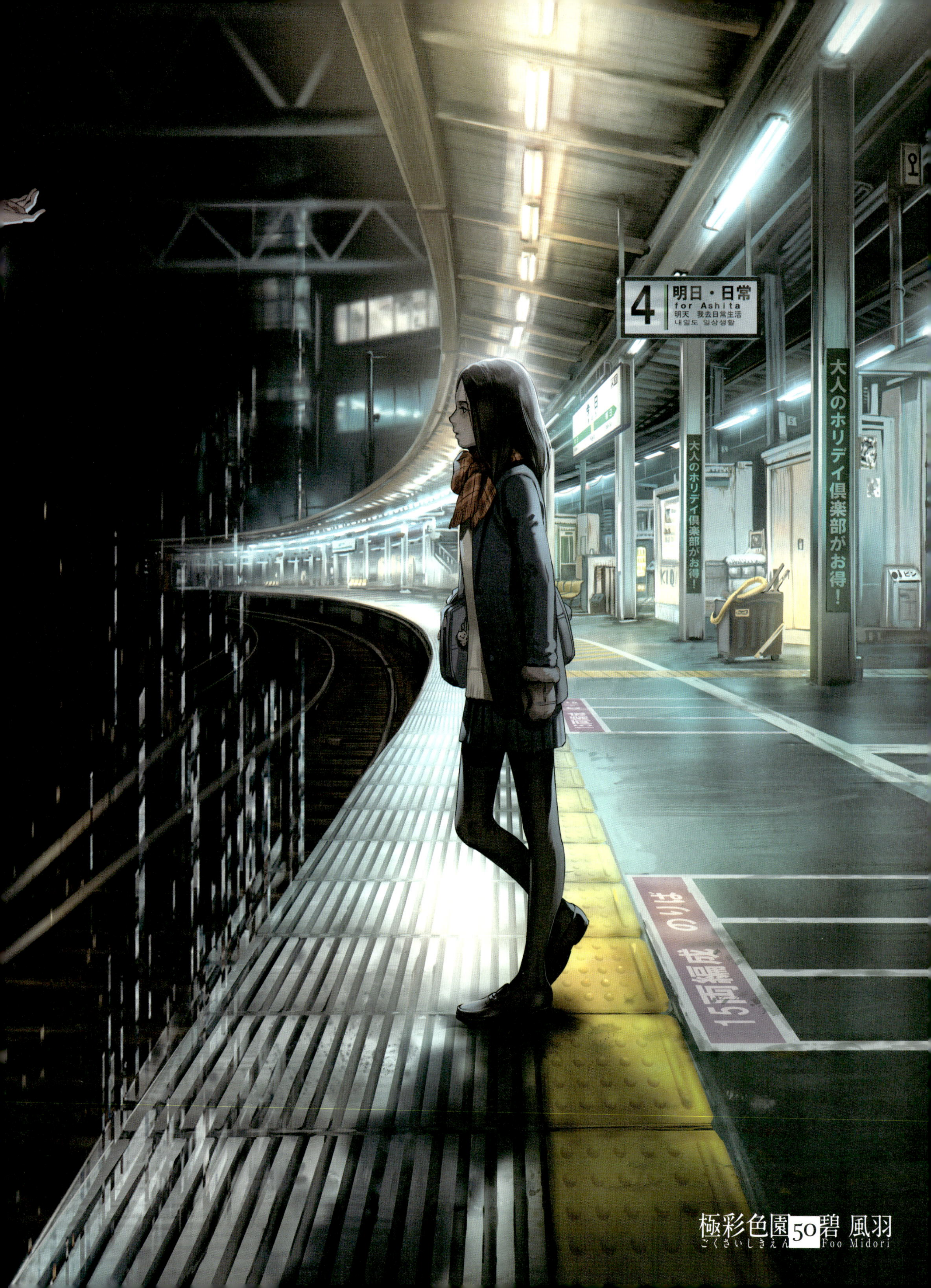

極彩色園50碧 風羽
ごくさいしきえん Foo Midori

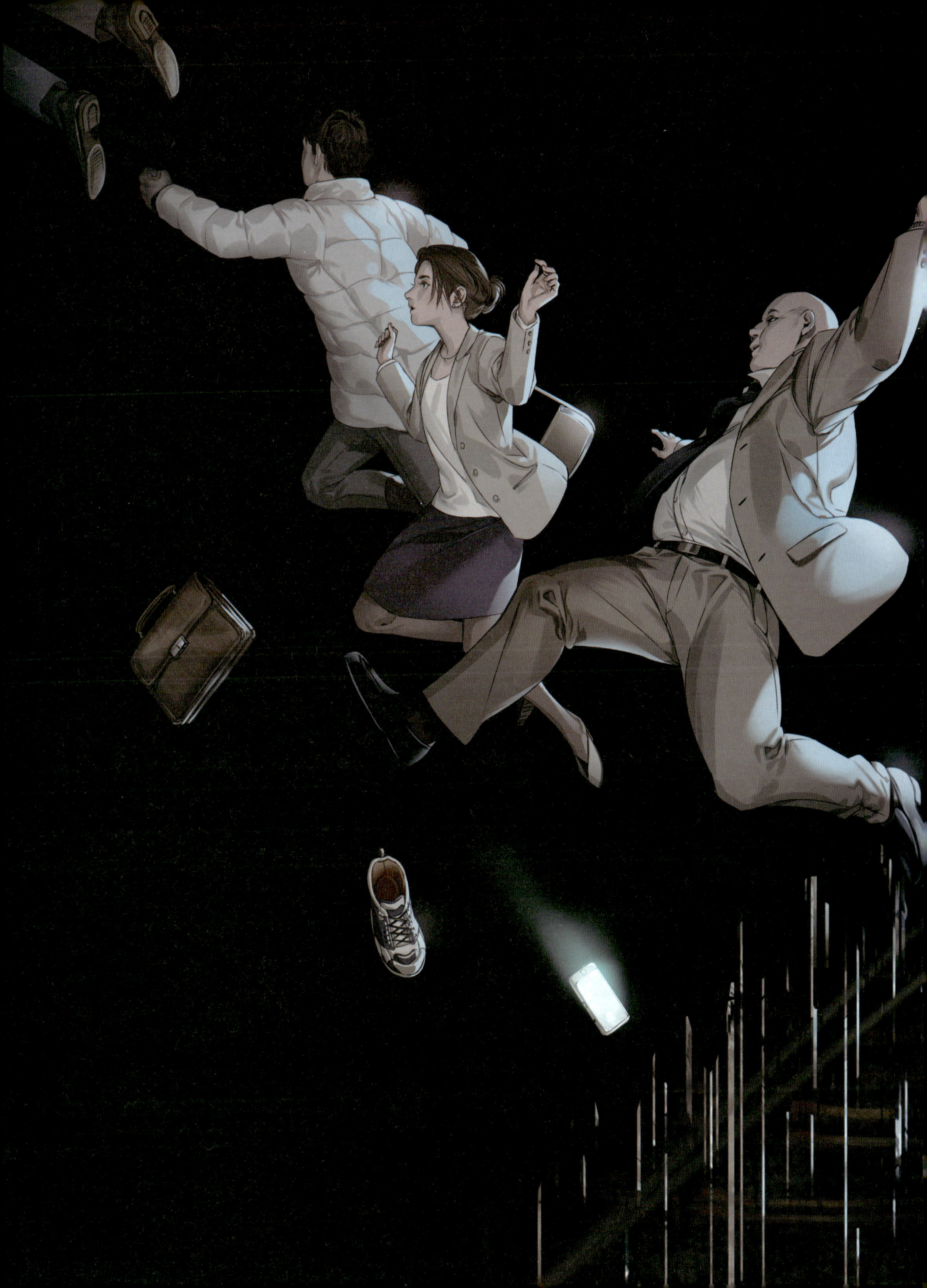

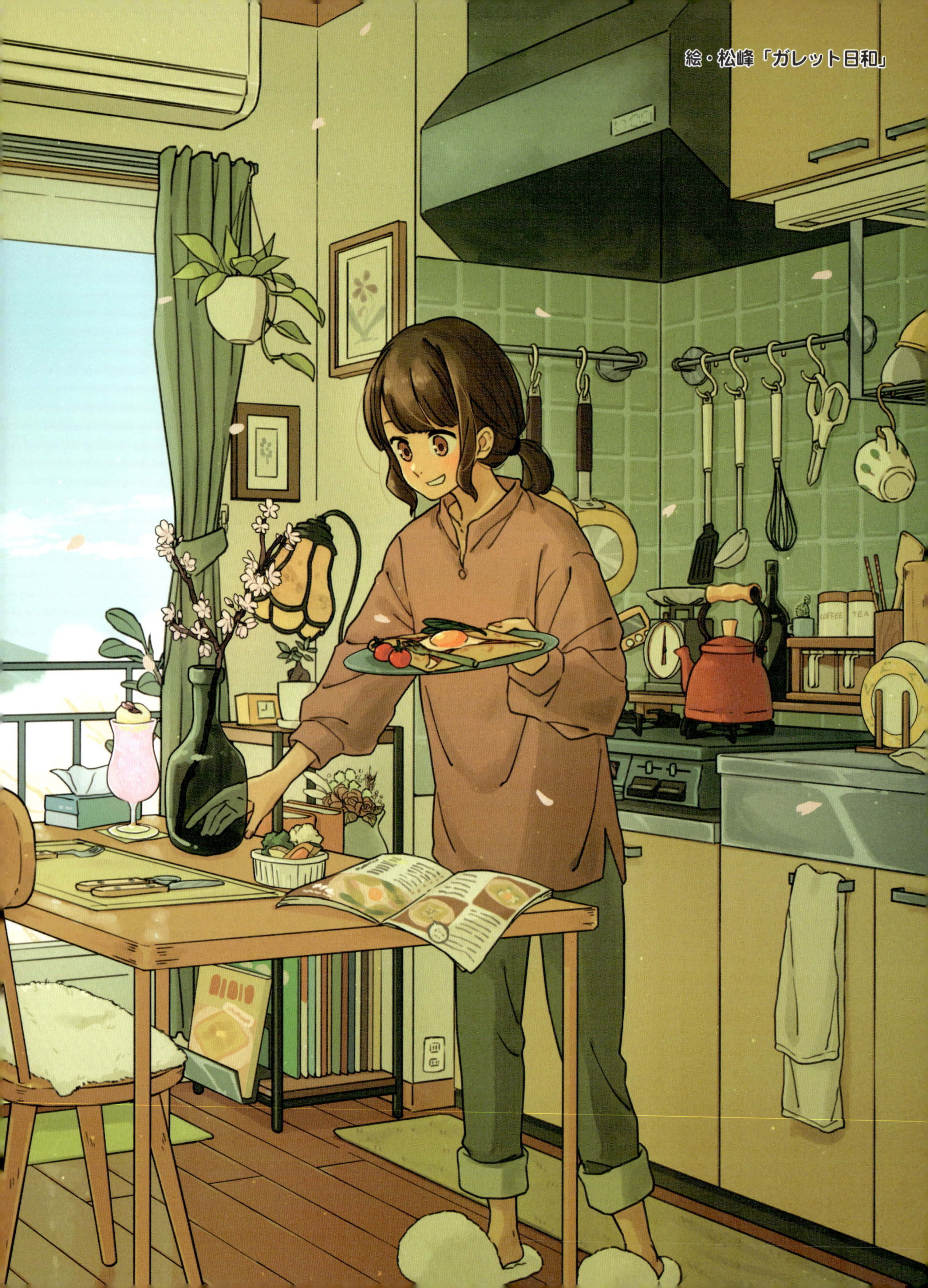

絵・松峰「ガレット日和」

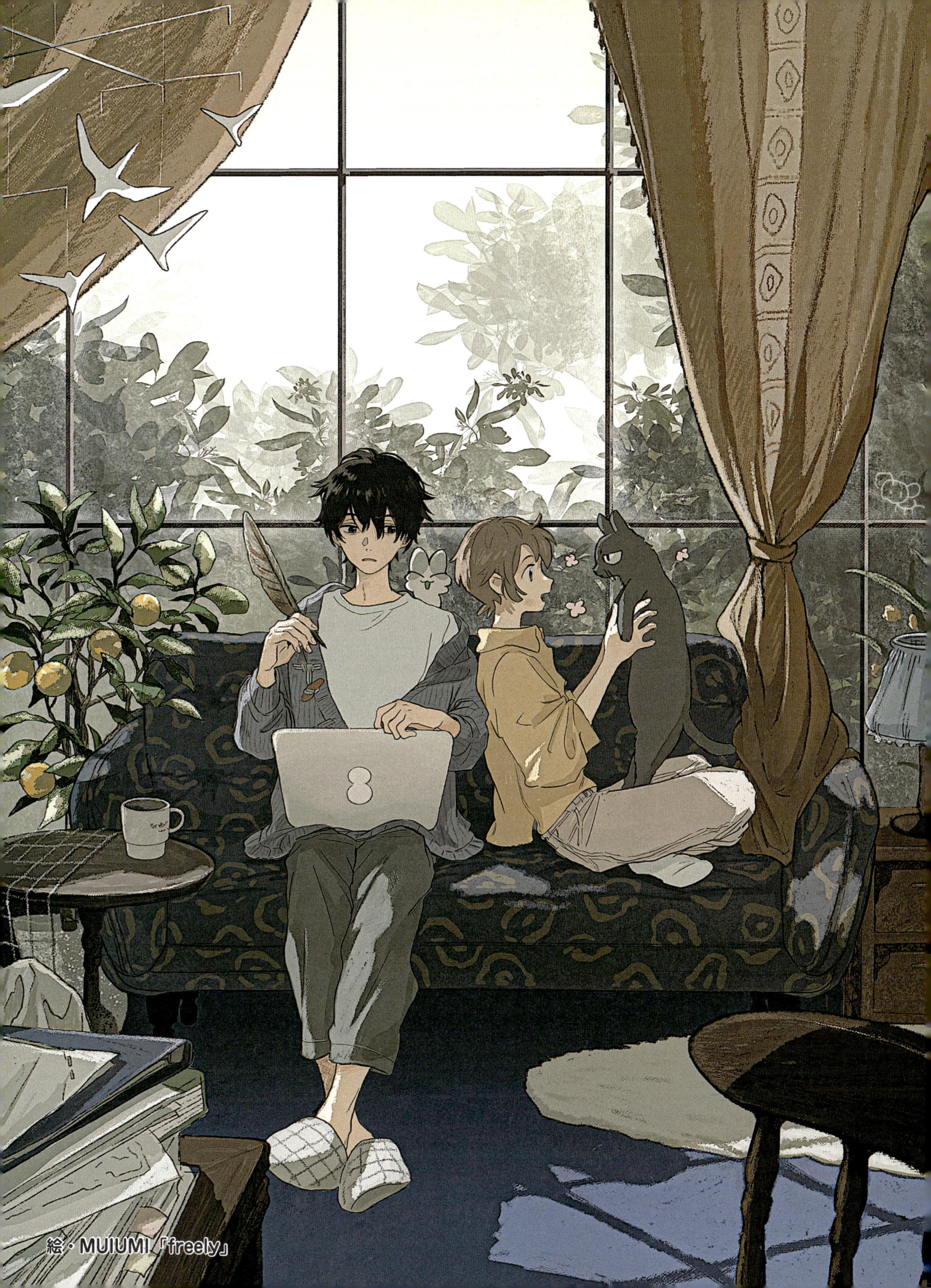

絵・MUIUMI「freely」

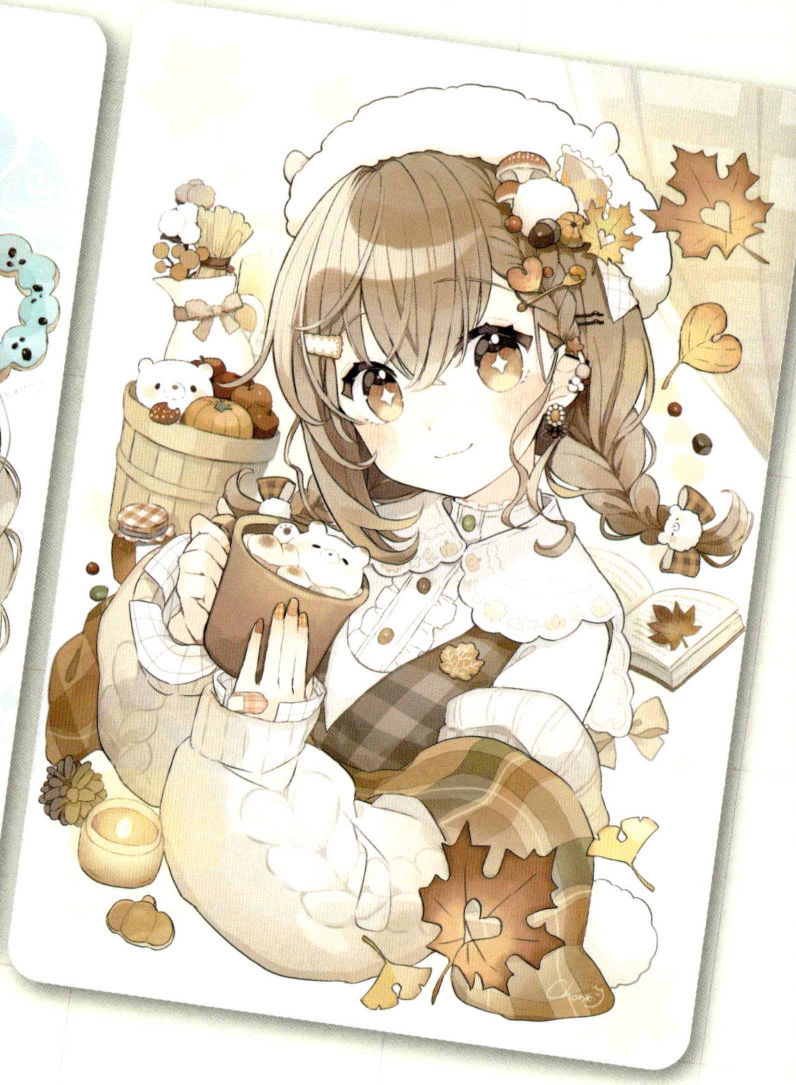

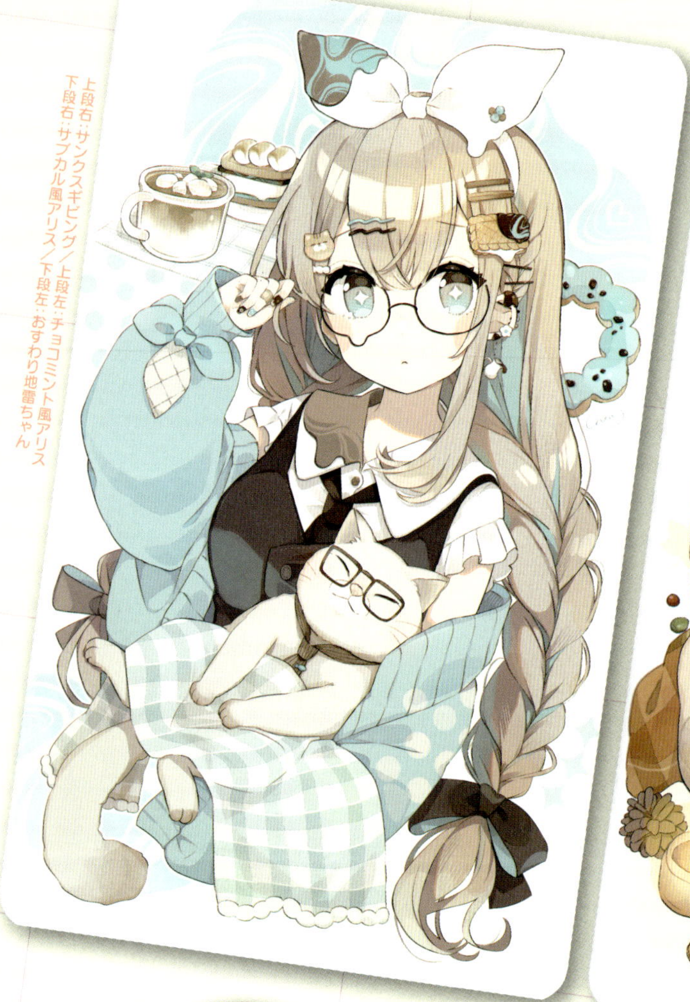

上段右：サンクスギビング／上段左：チョコミント風アリス
下段右：サブカル風アリス／下段左：おすわり地雷ちゃん

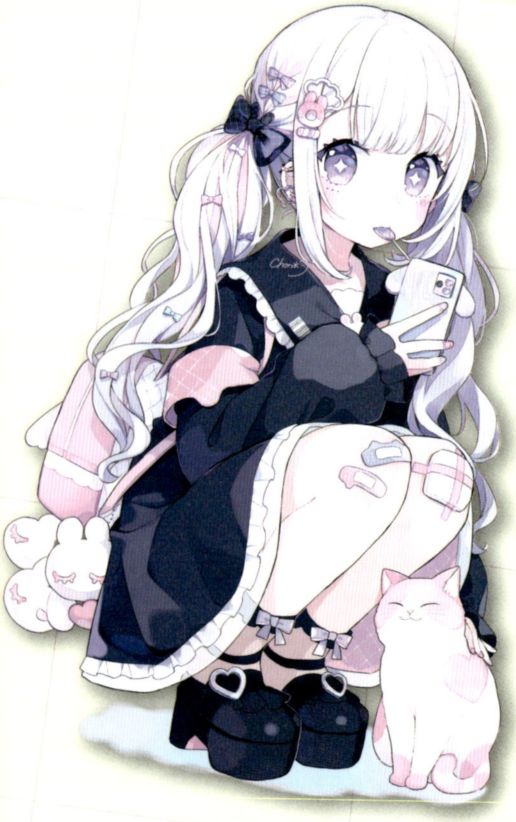

Visual Selection

ちょん＊

X(Twitter) id=@xx_Chon_xx
pixiv id=15158551
Instagram=chon_mi105
Official Web Site＝
https://chonxx.com/

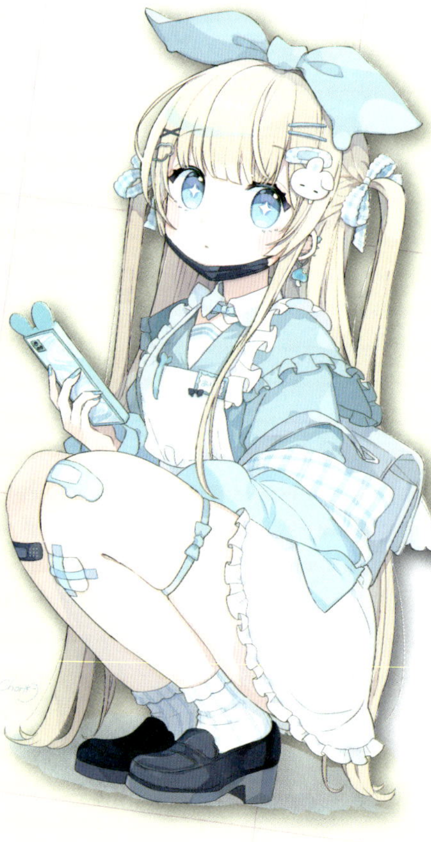

Q1 ちょん＊さんの描く女の子たちの、まんまるい頬っぺたに大きな丸い瞳が可愛らしくて大好きです！彼女たちを華やかに見せるデコラティブなファッションも印象的だと感じております。さらに、くすみカラーでありながらも、カラフルな印象を感じさせる色づかいが素敵です。ちょん＊さんが絵を描く際に、ついつい描きたくなってしまう女の子像について教えてください。あわせて、色づかいについて意識していることも伺えますと幸いです。

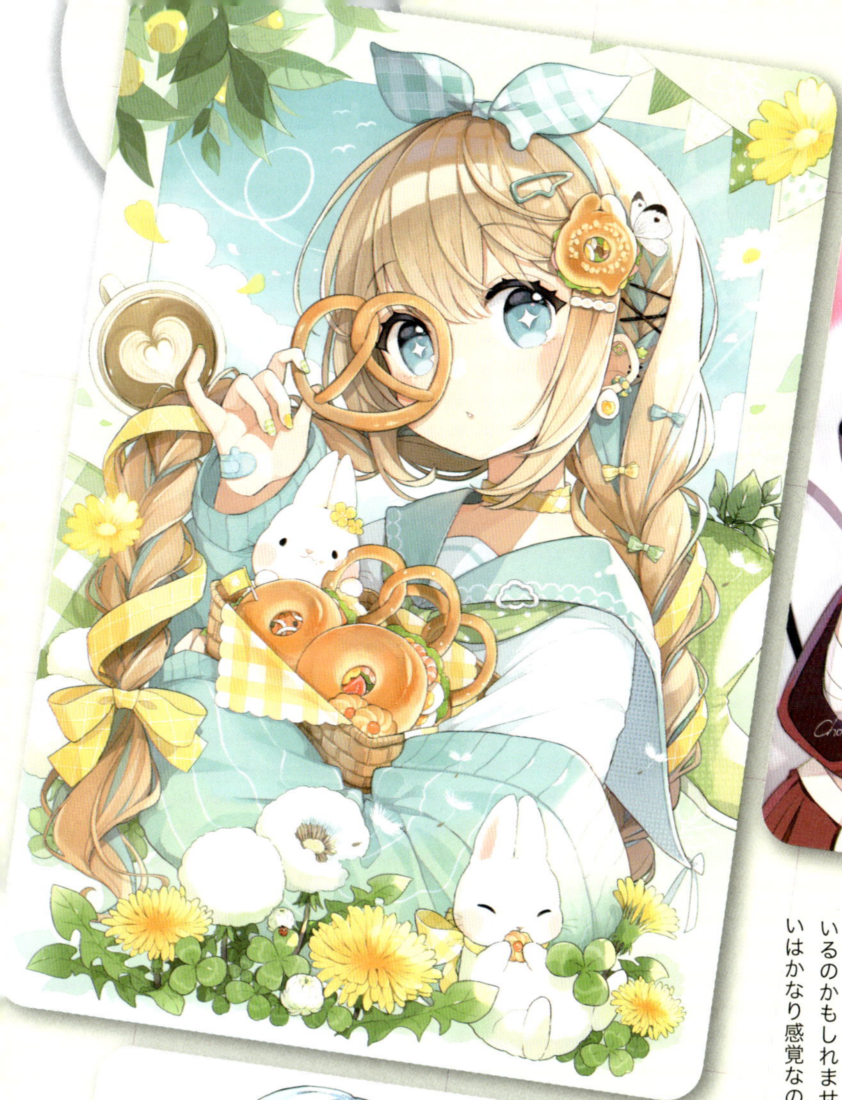

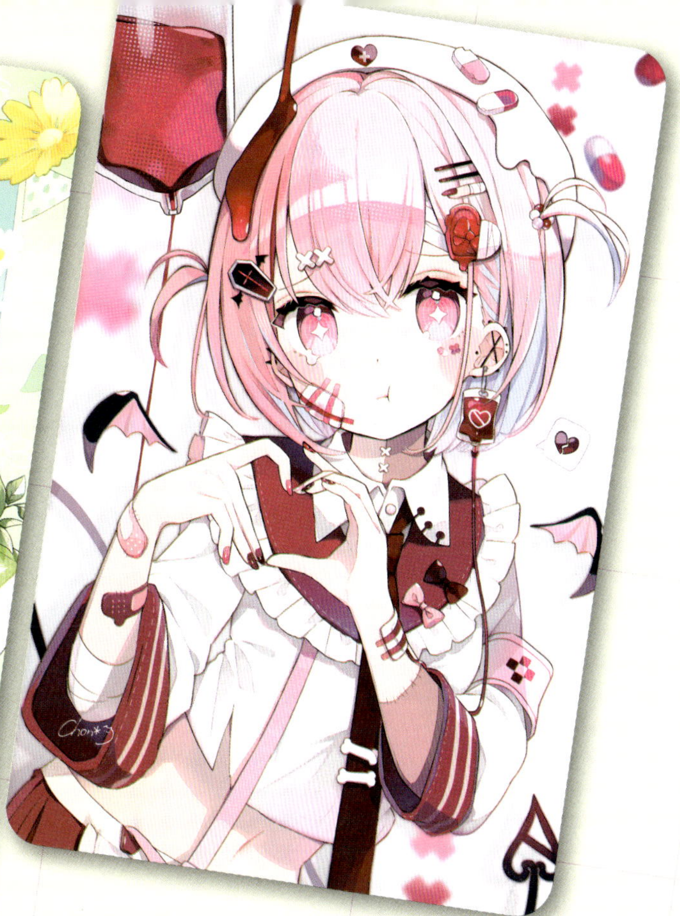

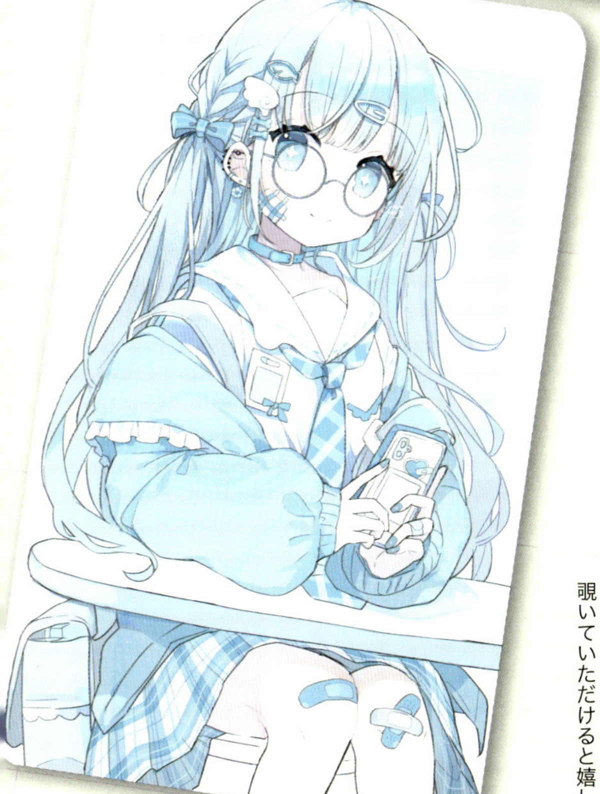

上段右：泣き虫デビルナース
上段左：芽吹く春とピクニック
©産経新聞社／ちょん＊／絵師100人展 13
下段：サブカルブルー

A1 そのように感じていただけてとても光栄です。ついつい描きたくなってしまう女の子は「不思議ちゃん」や「天然」な子で、きょとん顔やほわ〜んと隙のある表情が大好きです。見た目がほわほわしていながら、バチバチにピアス穴が開いていたり、絆創膏など傷が目立っていたり…。そんなギャップのある女の子にとても魅力を感じています。たくさんのヘアピンやファンシーな小物なども、不思議ちゃんだからこそしっくりまとまっているのかもしれません。色づかいはかなり感覚なのですが、いろんな色がカラフルに詰まったイラストよりは、色味に統一感のあるイラストが好きです。小物をたくさん描くので、色がごちゃごちゃ喧嘩しないように同系色でまとめるように意識しています。現実のファッションでは「くすみカラー」が大好きなので、最近創作イラストでもくすみカラーを取り入れるようになりました。テーマに合わせて色を選ぶ時間がとても楽しいです。

Q2 今号の「季刊エス」は「日々これよき日」と題して日常にまつわる特集です。ちょん＊さんが普段の生活で、見たり触れたりして気になったりする物事について伺えたら嬉しいです。

A2 パン屋さん・カフェ・雑貨屋さんが大好きなので、見かけるとすぐ立ち寄ってしまいます。都会的で綺麗めなお店より、古民家風やレトロでこじんまりとした「ジブリ感」のあるような小さいお店がとても好きです。そこで気になった柄やモチーフは、後々自分なりに大きくアレンジして女の子のアクセサリーや背景小物に反映したりしています。最近は「観葉植物」を育てることも大好きで、少しずつ数が増えてきています。いつかまたボタニカル要素いっぱいな女の子を描きたいです。

Q3 今後、絵の活動をするうえでやってみたいこと、描きたい題材をお聞かせください。また、告知できることがありましたら教えてください。

A3 キャラクターデザインが大好きなので、今後も様々な企画やゲームなどのキャラデザを担当できたら光栄だなと思います。創作では、描きたいものが溜まっているので時間を上手く見つけてオリジナル作品をたくさん生み出したいです。告知ですが、最近「ちょん＊オフィシャルWEBサイト」ができました。友人のWEBデザイナーさんに私らしさを詰め込んでいただいて、ふわふわ動いたりユラユラ揺れたりとてもかわいいサイトなので、お時間のあるときに覗いていただけると嬉しいです＊

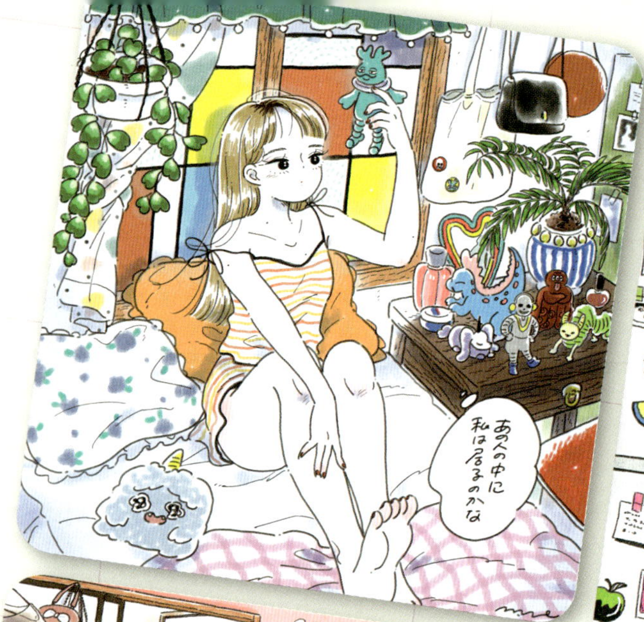

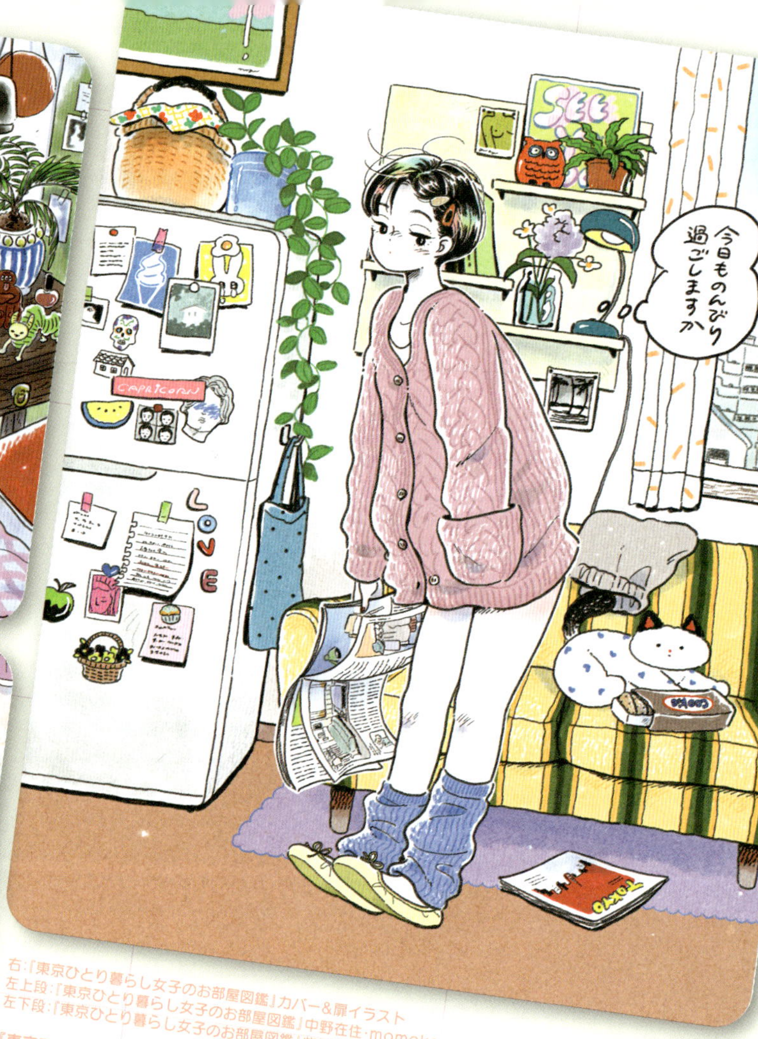

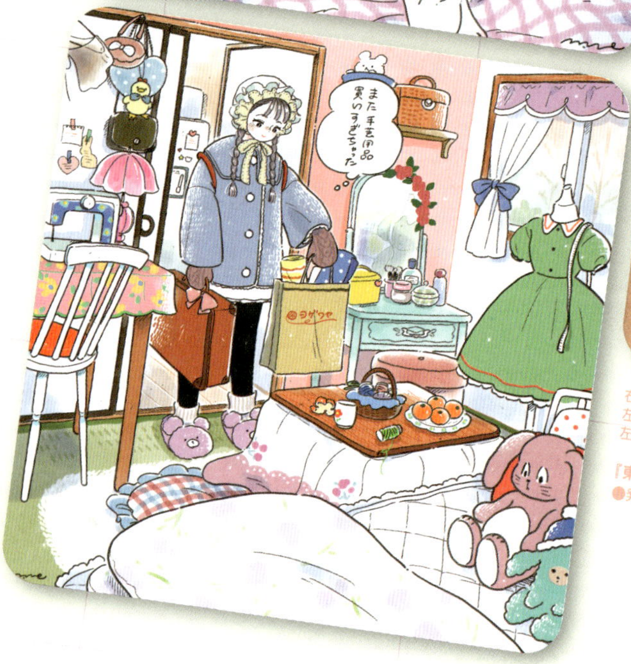

右:『東京ひとり暮らし女子のお部屋図鑑』カバー&扉イラスト
左上段:『東京ひとり暮らし女子のお部屋図鑑』中野在住・momoko
左下段:『東京ひとり暮らし女子のお部屋図鑑』柴又在住・anzu

『東京ひとり暮らし女子のお部屋図鑑』
●発売:翔泳社●価格:1600円(+税)

Visual Selection

mame

X(Twitter) id=@emamemamo33
Instagram=emamemamo

Q1 mameさんのイラストを見ていると、そこに描かれる人たちの日々の暮らしが、本当に存在しているかのような親近感と臨場感をもって感じられます。それはmameさんの漫画家としての活動経験と、細かい設定まで考えた上でイラストを描かれるという取り組み方の成せる技だと推察しますが、どんなふうに登場人物たちの設定を考えているのか教えてください。

A1 街中をあてもなく散歩するのが昔からの趣味で、特に路地裏の昔からあるような古いお店やアパートなどから、そこに住む人々のドラマが浮かんで、インスピレーションに繋がることが多いです。例えば干している洗濯物や、玄関先に置いてある植木や小物、カーテンの柄などに人間味を感じ、(ここに住む人はどんな人なんだろう…)と妄想に繋がっていきます。妄想癖については、小学校〜中学校まで長期間不登校で引きこもっていた時代に培ったものです。ひとりでいる時間が長かったので、音楽のメロディーから着想したり、家に置いてあった本を内容はわからないままペラペラめくっては、そこに載っている写真や絵画から勝手に物語を作って遊んでいた記憶があります。また、私のイラストは「懐かしい感じがする」とよく言われるのですが、それは私自身が昭和生まれなのが大きく影響していると思います。無意識な部分もありますが、絵を描くときに今の自分と昔の自分の記憶を重ねているのだと思います。

Q2 mameさんの作品には常にレトロなモチーフが描かれていますが、最新刊の『東京ひとり暮らし女子のお部屋図鑑』では、さらに街のイメージにあわせて様々な女の子たちの暮らしぶりをお部屋紹介イラスト、漫画とともに描いていらっしゃるのが印象的です。このイラスト+コミック集で内容、作画ともにこだわったところ、苦労したところ、また特にお気に入りの街や女の子に関するエピソードを教えてください。

A2 『東京ひとり暮らし女子のお部屋図鑑』の制作にあたり、実際にその街に足を運んでから各地域の作業に取りかかったのですが、同じ東京とはいえ街によって流れる空気も空の色もまったく違うということに改めて驚きと趣きを感じました。特に苦労した点は、それぞれの街特有の空気感や個性を作中にどう取り込むか、また読んでいる人の飽きがこないように、街歩きの話や失恋した子の話、はたまたレシピ漫画を織り交ぜるなど、どうエピソードが被らないように気をつけるか、というところです。「ああ、この街にこんな子住んでいそうだよね!」と感じてもら

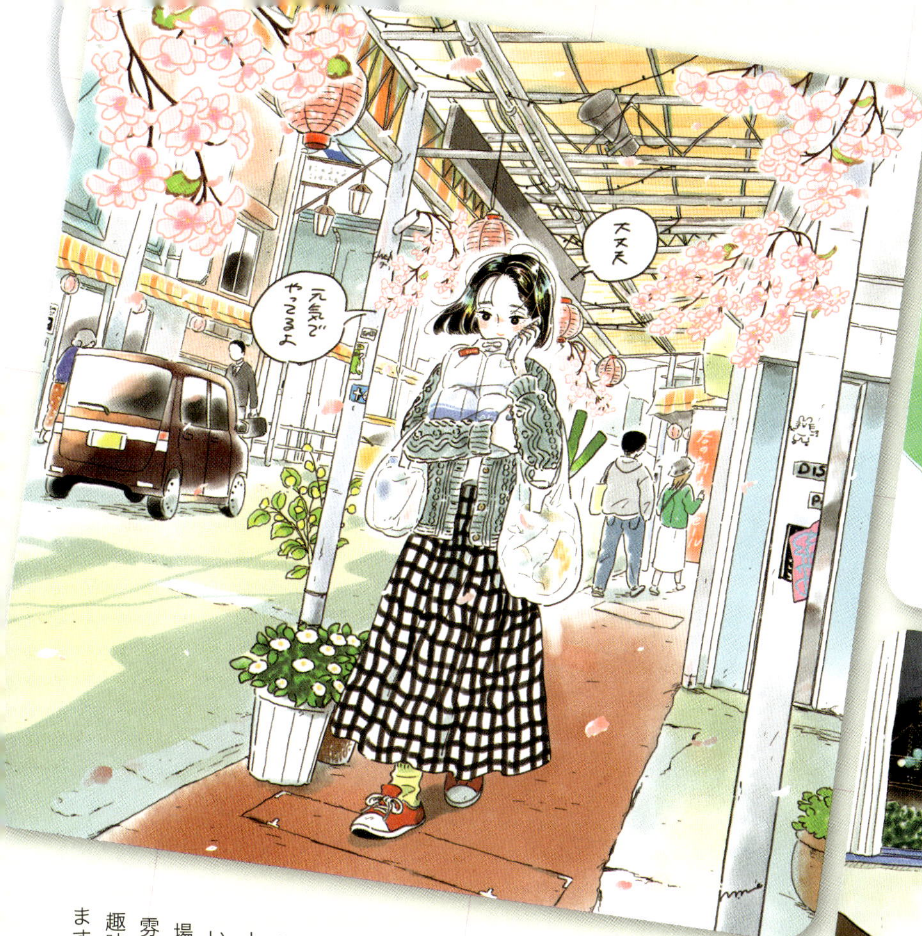

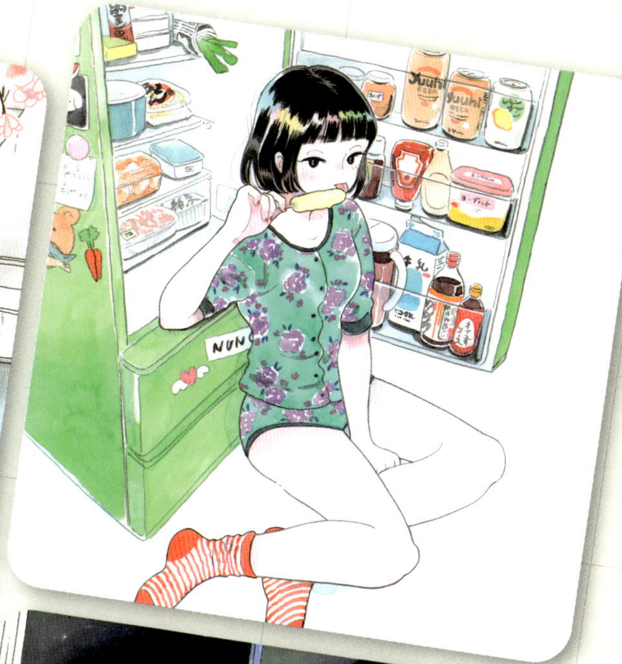

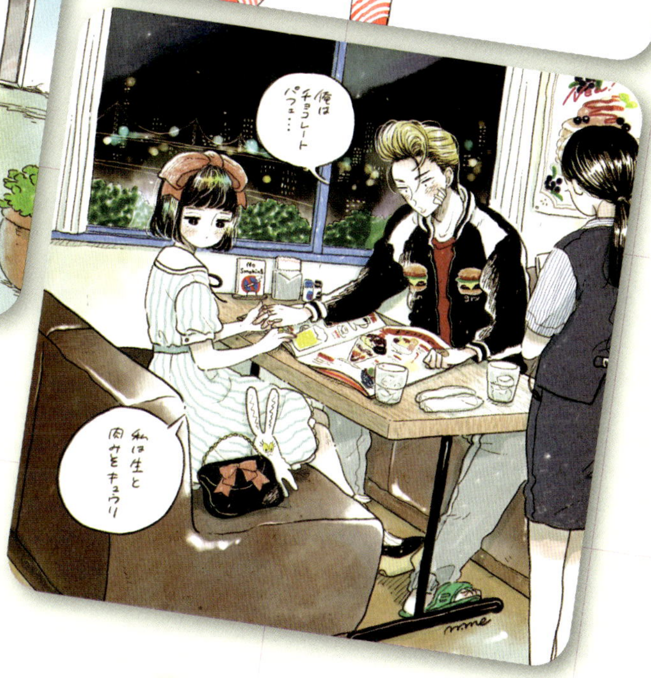

えたら嬉しいです。お気に入りの街や女の子に関しては、どの地域どの街も住んでみたいと思いましたし、どのキャラクターにも思い入れはあるのですが、いちばん親しみを持って描けたのは中野の女の子です。高校生の時にしょっちゅう中野界隈で遊んでいたので、懐かしさもあり楽しく描けました。作中にも出てくるソフトクリームは何回食べたかわからないくらい今も大好きです。登場人物やお部屋の設定は、街の雰囲気を大切にしつつ自分の趣味もふんだんに盛り込んでいます。例えば赤羽の『恋する惑星』や、中目黒の『ヴァージン・スーサイズ』は昔から大好きな映画です（ヴァージン・スーサイズのポスターは作品集『愛してるっていってよね』のカバーでも描いています）。明大前の子の部屋の片隅にある「Dinosaur Jr.」のレコードも大好きなアルバムのひとつです。北千住のこだわりアイテムの中にあるレコードプレーヤーの説明文は学生時代にレコードをかけながら感じていた気持ちそのままです。憧れの部屋…というよりは、生活感やキャラクターの体温を感じるような身近なお部屋になるように心がけました。また、この本に限らず絵を描く上でこだわっている点は、女の子はむにっとした体型、そして可愛いけれど可愛すぎないシチュエーションにすることです。ついつい食べ過ぎちゃったり、ソックス跡がついた浮腫んだ足や、靴擦れした足指など…頑張りすぎたりダラダラしたり飾らない女の子を描きたいと思っています。それから、背景は全て定規ツールを使わずにフリーハンドで描いています。そうすることで無機質なものも柔らかく優しい雰囲気を出せるような気がしています。よく聞かれる髪の虹色のハイライトは、実は『うる星やつら』のラムちゃんのカラーイラストからインスパイアされていて…。絵柄についても高橋留美子先生から多大なる影響を受けている部分があります。

Q3 mameさんが今後の活動でやってみたいことを教えてください。

A3 レシピ本の挿絵やレシピ漫画。生活に密着したお仕事をしたいと思っています。あとは『東京ひとり暮らし女子のお部屋図鑑』の第二弾を出せるように頑張りたいです！

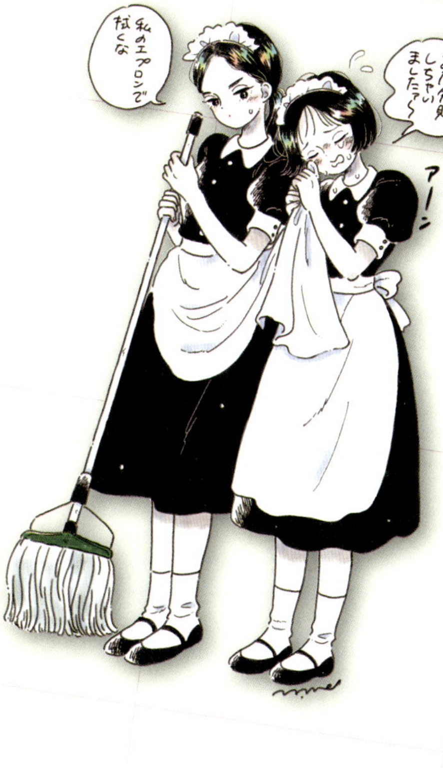

右上段：個展「ホームアローン」メインビジュアル（2024）
右中段：「私たちは全然違って、凄くいい」（2019）
右下段：「肩で良ければいつでも貸すけど」（2022）
左：「春の匂いは優しくて、少しだけ泣きたくなる」（2023）

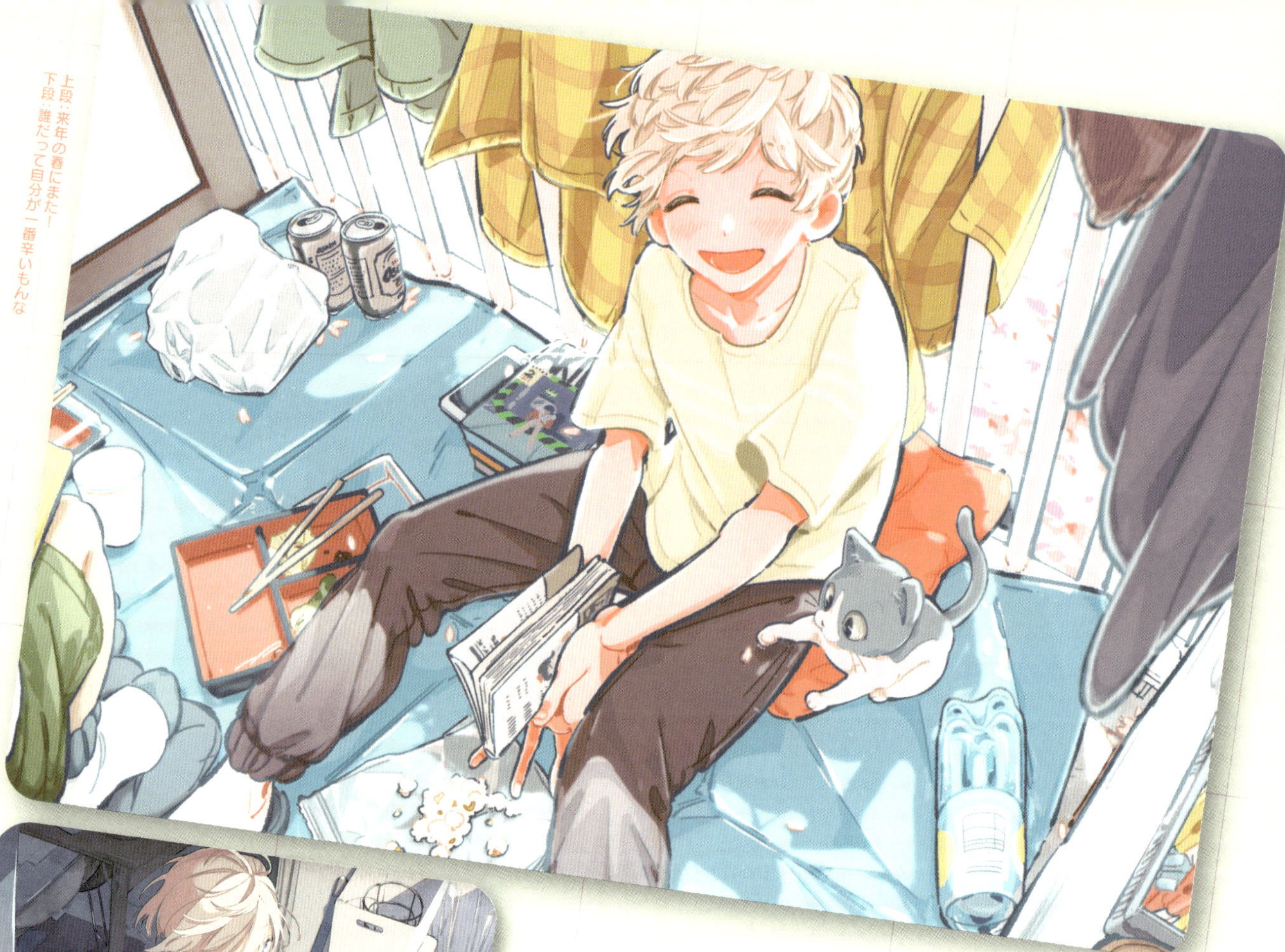

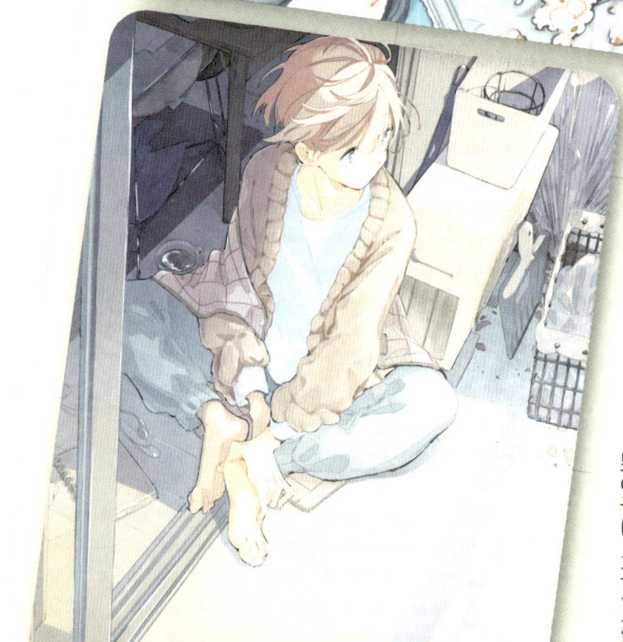

上段：来年の春にまた！
下段：誰だって自分が一番辛いもんな

Visual Selection

キュピ山

X(Twitter) id=@chotokkyu
pixiv id=12081639
Instagram=chotokkyu

Q1 生活感ある描写によって生み出される、少年少女たちの実在感に惹かれております。何気ない日常を切り取った作品たちからは、愛おしさを感じ、胸がいっぱいになります。キュピ山さんが人物の「生活」を描く際に、意識していることや大切にしていることを伺えますと幸いです。あわせて、生活感を描くことの楽しさについてもお話いただけたら嬉しいです。

A1 ありがとうございます！ 生活を描く際はキャラクターの性格と金銭感覚を大切にしています。例えば、【無題】（左ページ掲載）の赤髪の男の子は「ガサツだけど神経質な部分もある」男の子です。雑誌はしっかり縛ってゴミの日に出すけど紙がはみ出ていても気にしないし、飲料水はペットボトルで購入するけど段ボールのまま放置していても気にしない等、生活の描写で性格を表現しています。金銭感覚については、彼は一口コンロで玄関付近に洗濯機置き場のある1Kのアパートで暮らしています。杉並区を想定しているので家賃は7万円前後、二〇代後半くらいだとしたら特段に稼いでいるわけではない…ということは、ハンドソープは特別思い入れがない限りAesopではなくキレイキレイだろう等、キャラクターの持ち物の価格を想定し描いています。何にお金をかけるかもキャラクターらしさに繋がるので、もし手洗い石鹸がAesopだったらもう少しオシャレにお金をかけるキャラクターなのかなということで足元はAIR MAXだったかもしれません。ひとつひとつのアイテムを、キャラクターが何を気に入って買ったのか、どうしてそこに置いたのかのストーリーを想像しながら描くことで、暮らしの中にキャラクターらしさを散りばめています。キャラクターからアイテムが生まれたりアイテムからキャラクター

上段右：無題
上段左：ロマンチックわ
下段右：曇って見えないね
下段左：おかえり

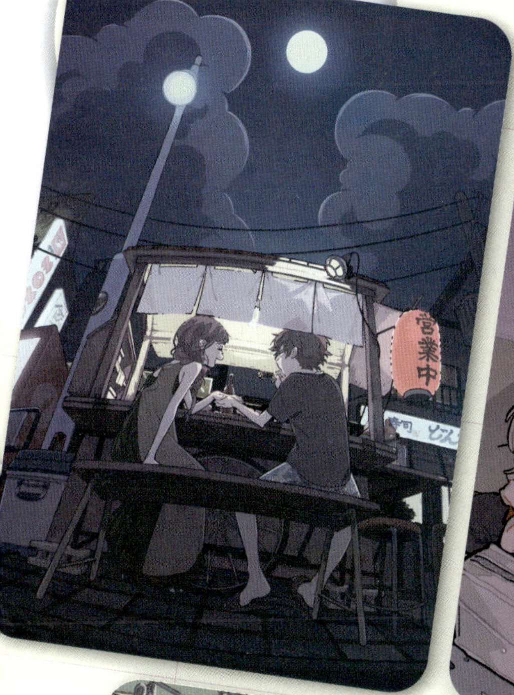

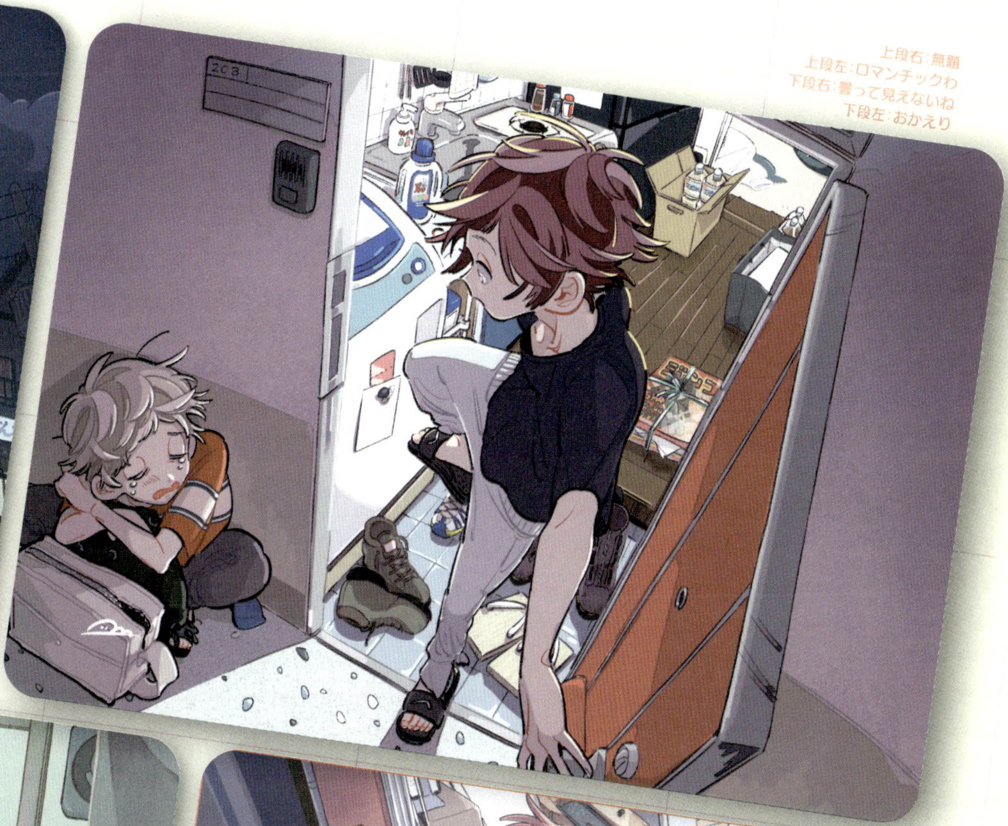

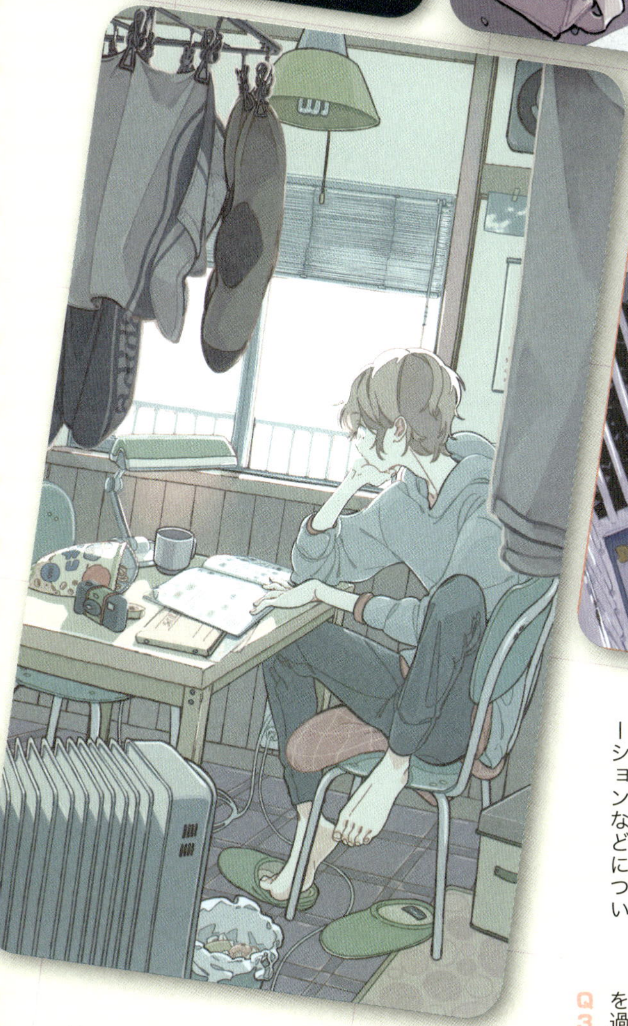

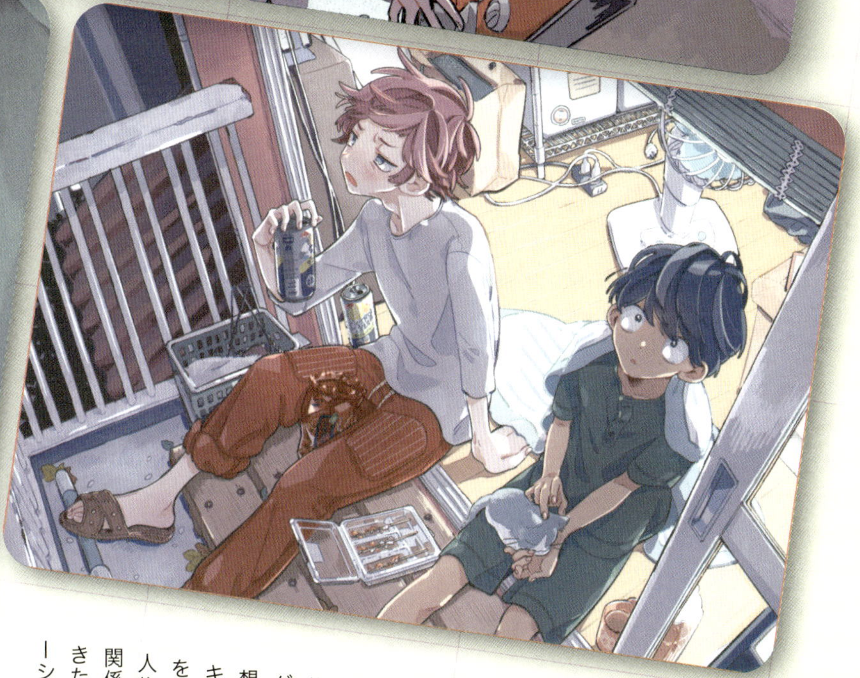

が生まれたり、連想していくことが楽しいです。

Q2 人物の一瞬の感情を繊細に描いたキュピ山さんの作品に魅了されております。キャラクターの生き生きとした表情、それぞれの仕草やポージングからは、物語を想像させられます。キュピ山さんが絵を描く際に好きな人物像や気になる関係性、ついつい描きたくなるシチュエーションなどについて教えてください。

A2 友達未満のような曖昧で、ある種の居心地の良さがある関係性をよく描きます。例えば、行きつけの居酒屋さんでよく見かける常連さんとか学生時代一度も同じクラスになったことのない人とか、普段何をしているかも知らないけど話をしてみたら馬が合ってなんやかんや、というような不思議なご縁が好きです。何のしがらみもなく今後も付き合っていかなければならない相手というわけでもないので、格好つけることなく大口を開けて笑ったりメソメソ泣いたり色々な表情や仕草が描けるのかなと思います。それと同時に、もしかしたら明日以降もう会えないかもしれない誰かと過ごす日々の一瞬一瞬を大切に思う気持ちも作品に込めています。作品を見てくださる方にもキャラクターたちと同じ距離感で、一緒に笑ったり愚痴ったりその一瞬を過ごしてもらえたら嬉しいです。

Q3 今後、絵の活動をするうえでやってみたいこと、描きたい題材をお聞かせください。

A3 過去にも何度か制作しているのですが、今後はもっと実在する場所や物を描きたいです。キャラクターたちがもっと身近に感じられる作品が制作できたらなと思います。漫画制作も再開してコミティア等にも参加したいなと思っています。その際はぜひキャラクターたちに会いにきてくれると嬉しいです！

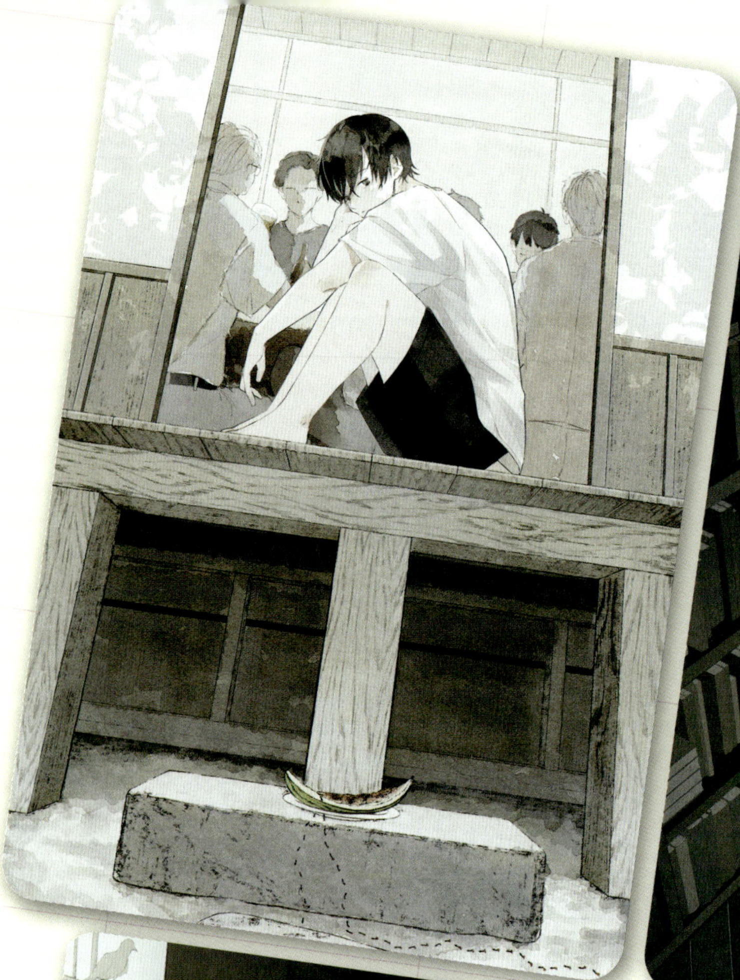

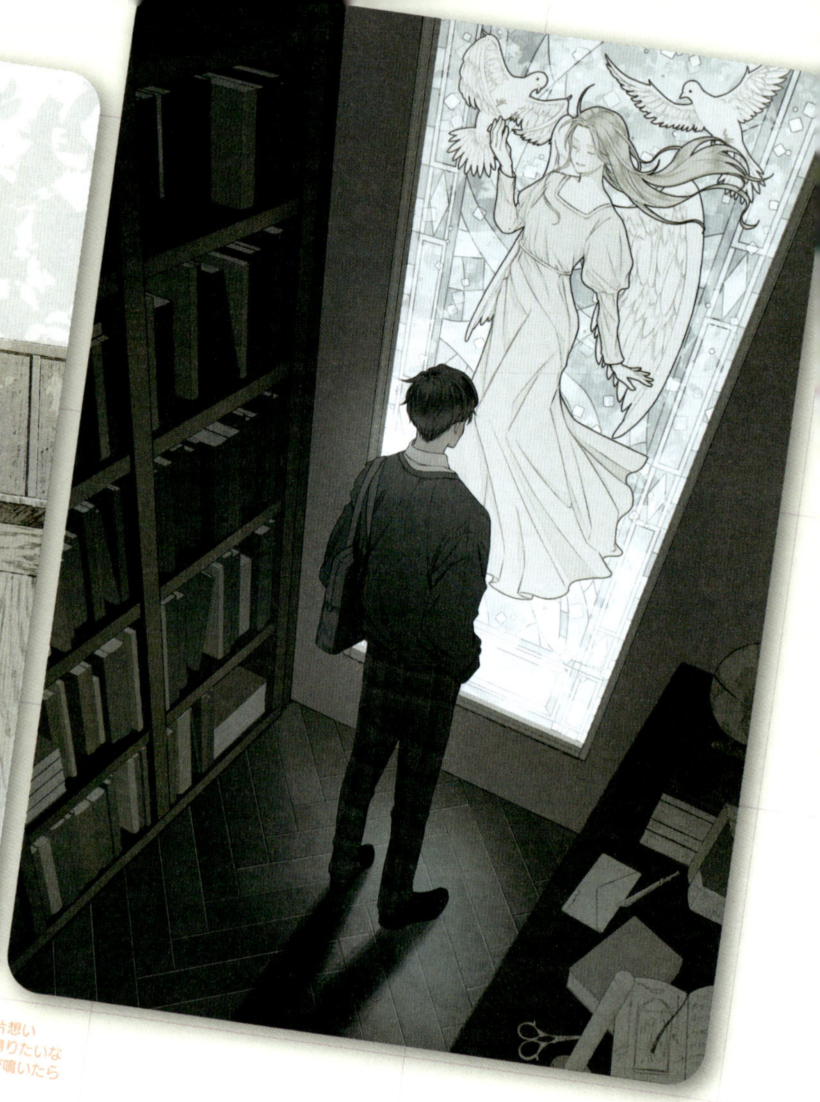

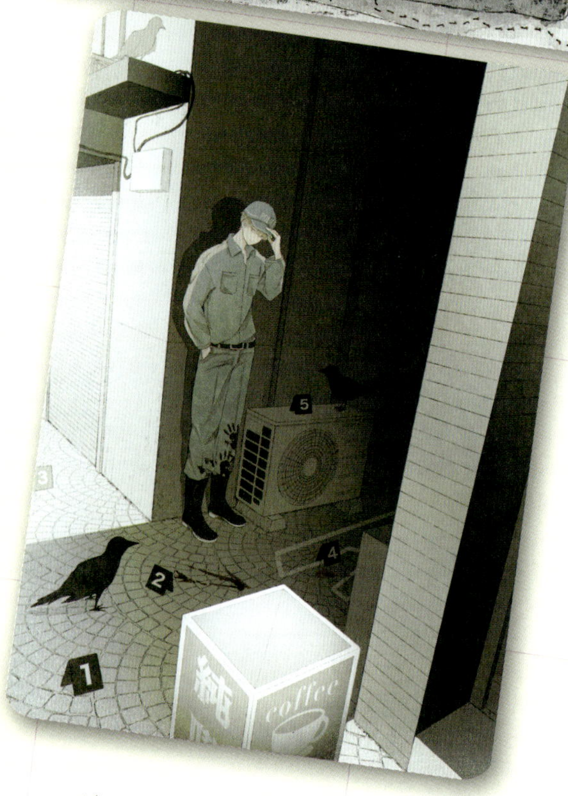

上段右:片想い
上段左:帰りたいな
下段:扉が鳴いたら

Visual Selection

けんきょう

X(Twitter) id=@kenkyo_msm
Instagram=kenkyomsm
tumblr=https://kenkyomishima.tumblr.com/

Q1 人物の繊細な心情を丁寧に描いたけんきょうさんの作品に魅了されております。さらに、白いヴェールがかかったような色彩、アナログのような質感、ドラマティックなライティングが素晴らしいと感じております。まずは、けんきょうさんの目指す絵作りについて伺いたいです。またその世界を表現するために、大切にしていることについて教えてください。

A1 時間の流れがゆっくりと感じられるような絵を目指しています。例えば好きな景色を見た時だったり、何か考え事をしている時だったり、「辺り一帯に穏やかな空気が流れ、時が止まったように静かに感じる一瞬」を描けたらいいなと思っています。そのために自分にとって心が落ち着く色を思うままに選んでいった結果、淡くくすんだ色彩の絵を描くようになりました。気の赴くままに色を塗っていたので、色について感想をいただくまでは、自分の絵の色彩に特徴があるとは思っていませんでした。色数が少ない分、単調な絵になりすぎないように明暗差で見せたい部分を強調するようにしています。「片想い」という作品では天使を見る男の子に目線が行くように、男の子の顔周りに一番明るくなるポイントを作りました。さらに床に反射するステンドグラスの光で男の子のシルエットが際立つように、レイヤーを何枚も重ね、納得がいくまで光と影を調整しています。「全部春のせいだ」という作品では白飛びするくらいの眩さを描きたかったので、光の部分は色を塗らず白いままにしています。黒いリュックがこんなに白く見えることは現実ではあり得ないかもしれませんが、正しさよりも「自分が見てほしい場所かどうか」を

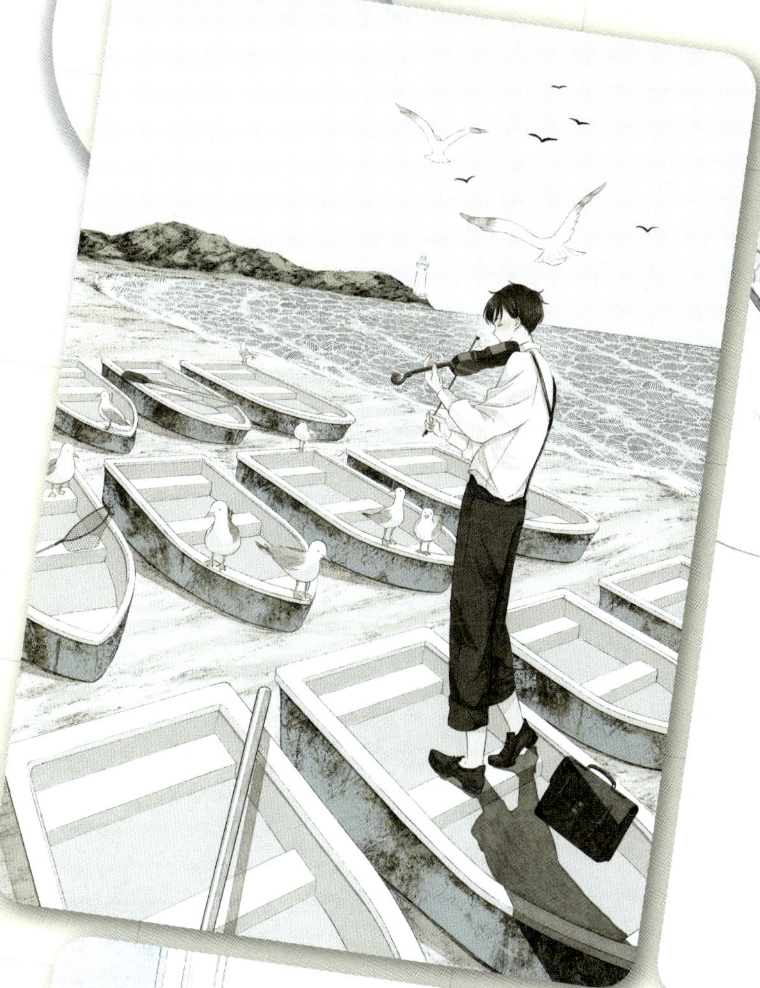

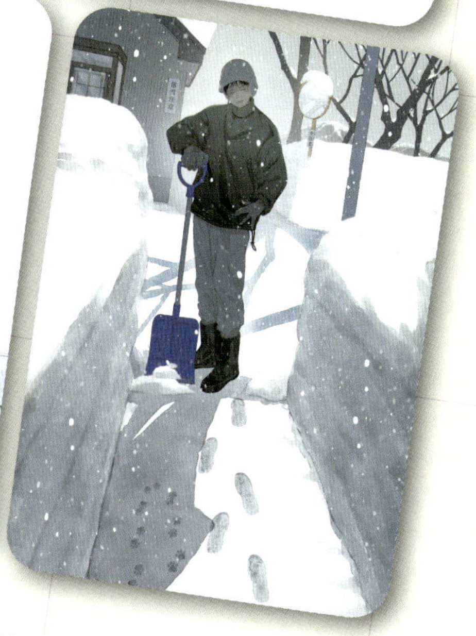

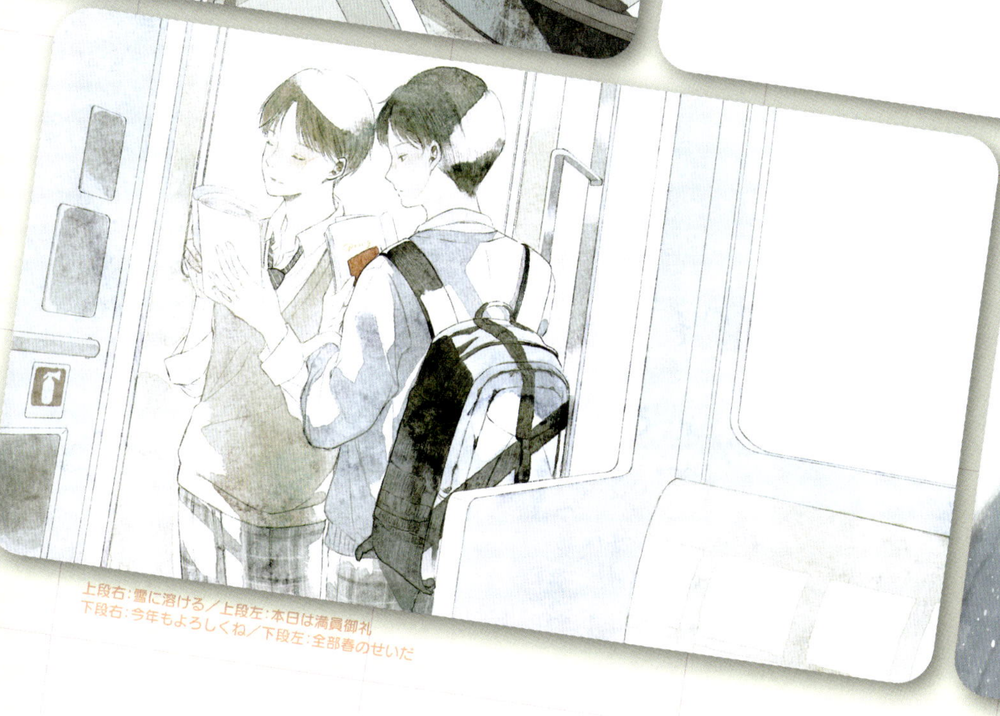

上段右：雪に溶ける／上段左：本日は満員御礼
下段右：今年もよろしくね／下段左：全部春のせいだ

重視して絵を描いています。逆光になる場面でも人物の顔を少し明るくして表情を見えやすくしたり、映画で役者の顔に照明を当てるような気持ちで明暗を表現できたらいいなと思っています。

Q2 今号の「季刊エス」は「日々これよき日」と題して日常にまつわる特集です。けんきょうさんがこれまで実際に見たり触れたりするなかで気になった場所や、育った環境のなかで心が刺激された風景や街並み、建物がありましたら教えてください。

A2 雪が降る地域で育ったため、雪景色が大好きです。しんしんと雪が降り積もると、積もった雪に音が吸収されて驚くくらい辺りが静かになるんです。ザクザクと雪道を進む自分の足音だけが聞こえて、寒さで頬が痺れ、思考がスーッとクリアになっていく冬の感覚を絵に閉じ込めたくて、冬になるとつい雪の絵を描いてしまいます。他にも、坂道を下った先に広がる海や、外から聞こえる船の汽笛の音など、子供の頃に身近だった景色や聞いた音が自分の絵に強く影響を与えていると思います。

Q3 今後、絵の活動をするうえでやってみたいこと、描きたい題材をお聞かせください。

A3 今までは自主制作の絵を描くことが多かったですが、商業の絵のお仕事もしてみたいです。まだ自分が描いたことがないモチーフにもどんどん挑戦していきたいですし、自分の絵をまとめた本も作ってみたいです。

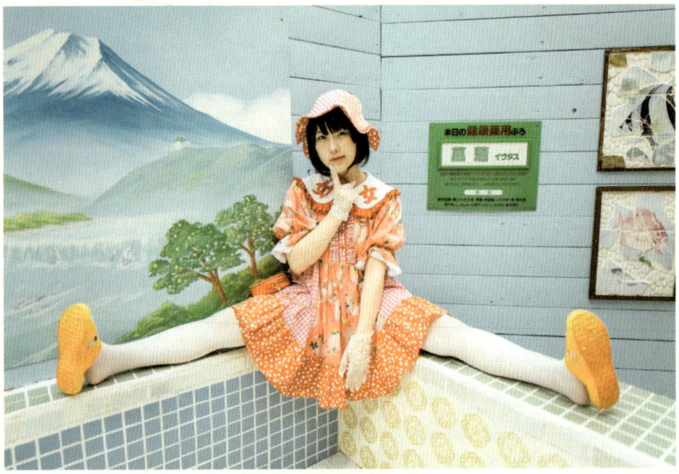

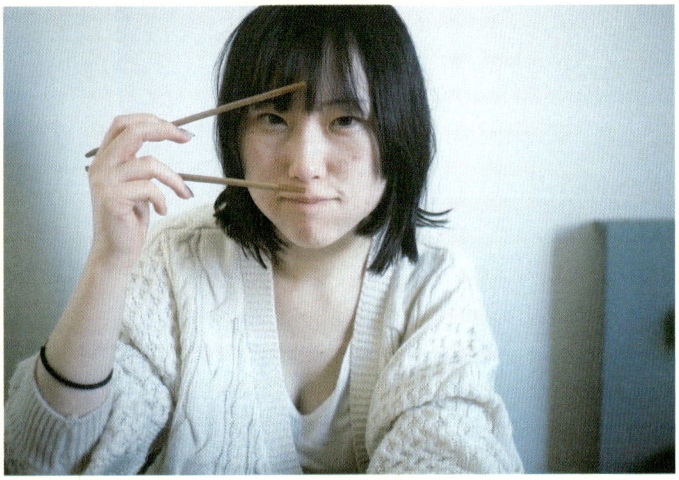

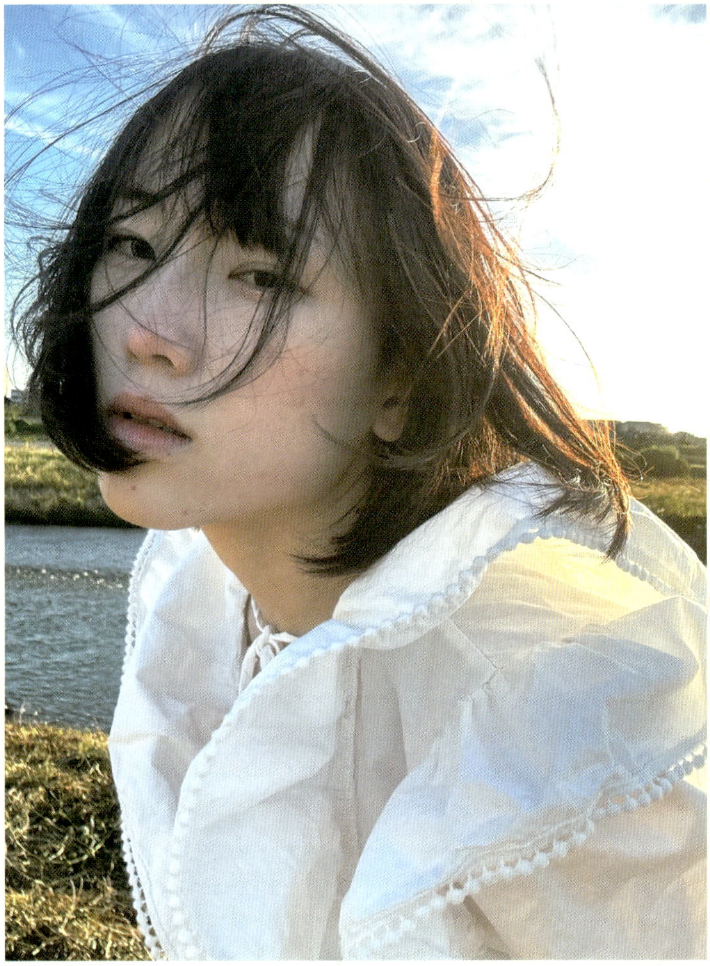

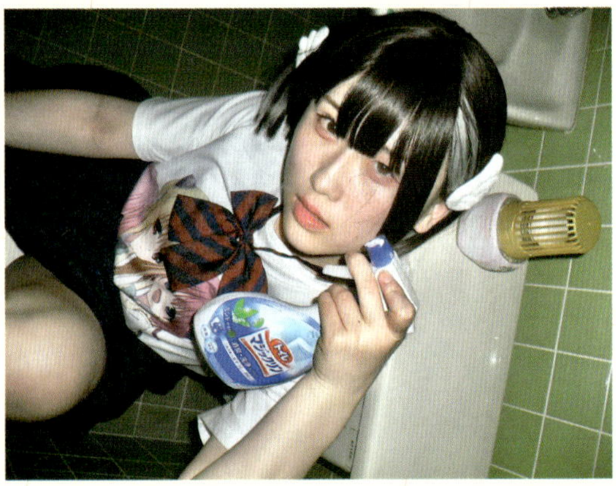

Visual Selection

育実

X(Twitter) id=@hagudayo
Instagram=hagu_dayo
note(文章)=
https://note.com/hagumi_04

Q1 育実さんは、黒髪にぱっつんな前髪、つぶらな瞳が魅力的です。そんなビジュアルや表情、仕草からは無邪気な印象を抱く一方で、白くて薄い肌はどこか艶めかしく、目を奪われます…。はじめに、育実さんが被写体モデルとして活動をするようになった経緯について教えてください。

A1 まず私が被写体活動を始めた（写真に初めて意識的に写り始めた）のは、結果的には高校一年生の秋頃なのですが、全てのきっかけは篠山紀信さんの写真集『神話少女』に中学三年生の時に出会って、産まれて初めて私も篠山紀信に撮って欲しい!!!と思ったからです（笑）。

無知過ぎるし、無謀なことを言っているのも分かっていたのですが、当時の私にとっては、大袈裟に言っているわけではなくて本当に生まれて初めて体を突き抜けるような衝撃でした。世界の全てがクラスの人間関係で築き上げられていた頃、私はいつも少しズレていました。少し怖いあの子に「いつもそれなしか言わないよね。本当にそう思ってんの？」と言われた時の事をよく覚えています。

ずっと皆の白い体操着の背中を追い掛けるのに必死でした。いつも、いつも私だけスタートダッシュが遅れているような感覚。折り鶴の端は決まって最後は綺麗に折れない。上手くできない。女の子のクスクス笑いに入ろうとするほど呼吸がズレていく、ズレていく。

朝練後のテニス部の集団に入る前の小さな緊張感、スカートの襞にこびり付いた白い汚れ、爪で引っ掻くほど細かく散らばっていく。冬の理科室で出来た黄色い声の後ろ側、声を掛けるタイミングを完全に失って俯いた床の模様。

日曜日のカラオケボックス、月曜日の教室を思っては憂鬱になってばかり居た、そんな事ばかり覚えています。全てを諦めようと、ふと目を離す度、教室の外側、窓の形に切り取られた真っ青な秋晴れが眩しくて。もう、それはそれは眩しいのに諦めきれない、外れたくないしズレたくない。無意識に歩く度に外れていく確かな失望の目や、冷たい言葉が怖くて怖くて、自分が自分である事を絶対に認めずにいました。そんな時期に産まれて初めて殻を壊してくれたのが巨匠、篠山紀信先生だったのです。

写真集の栗山千明の視線には一切の迷いがなく、あの頃の私を真っ直ぐに突き刺しました。媚びる事を知らない自由で柔軟な世界は、小さく固く、まだ何も知らなかった私を大きくてもっともっと自由な世界に導いて教えてくれた、指し示してくれた。そんな大切なきっかけです。言ってしまえばこの時の衝撃、ただそれだけです。そして延長線上、今もずっとそれを追い求めています。媚びない強さ、揺れない視線の絶対さ。神聖で厳格な空気感、目を離したら自然に溶け込んでしまいそうな程の危うい神秘さ、それは魔性とも言い換えられるでしょうか。

私はずっと自信を持ち、強く在りたいのです。自分の心の奥底からのなりたい世界を見たい。創りたい。嘘をつきたくない。誤魔化したくない。そんな気持ちで写真を撮り、写り、文章や音楽で心や感性の伝え方の形を変えながらSNS等で表現を続けています。時代が違えば、きっと媒体を変えて伝えていたでしょう。

世界の解像度が浅い程、楽なこの世界で強い自我など本来必要有りません。十字架の様な、生まれ背負った自我はとても苦しいです。しかし、あの日『神話少女』に出会った日から私は私である宿命を受け容れました。私が声を出し続ける事で、きっとこの世界のほんのひと握りの、教室でつまらなそ

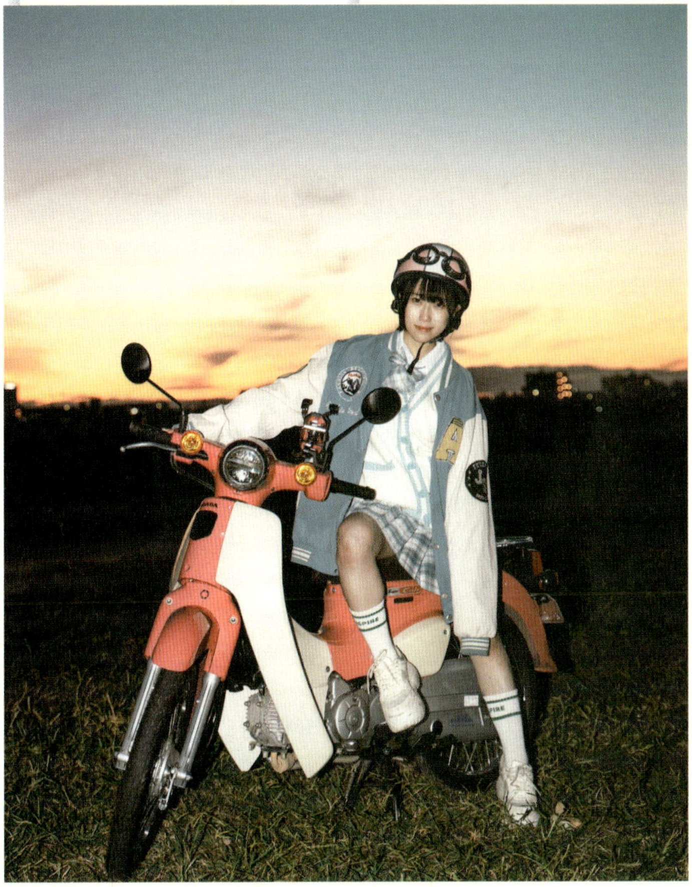

うに隅を見つめているあの子の救いになれるかもしれない。ただのエゴや願望に過ぎないのかもしれませんが、本当に心の底から切にそう願っております。自分を救う事で他の誰かも救える。私は愚直にそう信じ続けています。いつか、まだ見ぬ少年少女の希望でいたい。言葉や世界を知って、大丈夫だと思って欲しい。傲慢でしょうか。現在はもっと自我を強靭に、確かな物にするべく足場を固める様な感覚で活動を続けております。

Q2 自身を表現する上で、好きなポージングやシチュエーション、衣装やアイテム、世界観について教えてください。

A2 原風景と言うか、日本人の共通認識である心象風景やノスタルジックに昔から妙に惹かれます。東京よりも北関東、片田舎がお気に入りでよくロケ地に選んでいますね。それと、人の自我が張り巡らされた強烈な空間が大好きです。例えるなら、地方に存在する謎の喫茶店。豆電球が張り巡らされていたり本人しか通じない看板文句、突如現る著作権フルシカトのミニーちゃんとか（笑）。突っ込む隙も与えない。その自信とか自我、カッコイイですよね。自分が満足しているから良し！　みたいな感覚が大好きすぎて（笑）。レトロラブホも作成者の意図が明確に存在していて大好きです。銭湯とかも。もう、人が我儘に好き放題している空間が好き過ぎる。衣装については、私はあんまり洋服に詳しくなくて…ファッションセンスも多分そこまでないとは思うのですが（笑）、普段着よりも衣装を見繕う方が遥かに得意です。日常はオフィスカジュアルという名のコスプレをする感覚で、本当の私は自分の好きで固めた姿だと思っています（笑）。

テンションの上がるアイテムは、雑貨屋さんとか古い駄菓子屋さんで売っているキラキラのセボンスターの紛い物みたいな指輪とか大好きで集めちゃいます（笑）。田舎の少女が草原を歩くような、柔らかい肌に馴染む白ワンピースや毒々しいピンクやお菓子に囲まれた強いフリル、豊かに結ったリボン。瞬間瞬間に好きな服やテイストが変わりすぎてコレ！　と言えないのが凄く難しいですが、女のコには誰しも絶対に女児魂があると思うので、それが人よりも素直なだけだと思います。

ずっと少女趣味。プライベートはいつだって無邪気な少女が心に生きています。歳相応を求められる現代、眉をひそめられても心はいつだって自由自在ですし、現実世界も老後は魔女になる予定なので特に問題はないです！

Q3 育実さんは、被写体モデルとしてだけでなく、文字や音楽の表現に加え、ご自身もカメラマンとして写真撮影をされているかと思います。様々な表現活動をされている育実さんが、信念として大切にしていることや、表現したいと考えているテーマについて伺いたいです。また、内面性として理想的な人物像がありましたらお教えください。

A3 Q1でかなり語ってしまったので、こちらでは感銘を受けた人物像を挙げてまいります。中高生時代から、今に至るまで私を育み、言葉を教えてくれたのはいつだって本と周囲の人達でした。いつだって身内、救いもヒントもその答えも半径一〇mにあると思っています。具体的に言うと綿矢りささんの『ひらいて』、森絵都さんの『カラフル』、山田詠美さんの『ぼくは勉強ができない』、北村薫さんの『ターン』千早茜さん、田口ランディさん、辻村深月さん、綾瀬まるさん。漫画家だと押見修造さん、浅野いにおさん。写真家だと篠山紀信さんに奈良原一高さん。青山裕企さんに森栄喜さん、川島小鳥さん。まだ挙げきれないほどたくさん居ます（笑）。

人が好きです。その人しか知らない感覚、感性、人に対する固執や思い、初恋、ファムファタール。興味しか無いです。もっと知りたい。私は、人は一つの小宇宙だと思っていて、その人が今日まで築いて来た歴史全てに興味があります。なので、これからもきっと沢山の人を好きになっていくのだと思います（笑）。今の大切にしているテーマは、変わり続ける事を否定しない事です。人間は生きている限り動き続け、流れている。動くものには必ず時代があり、時代は常に流れ、それと共に規準が変わりゆくこと。それを一つも否定せず、もっともっと貪欲に沢山の価値観を知り、学んだ上で選び取っていきたいと思っています。

Q4 今後、作品づくりや活動としてチャレンジしてみたいことについてお聞かせください。また、告知できることがありましたら教えてください。

A4 やりたい事を全部チャレンジしたいです！　最近MV関連でお声掛けいただく事が増えたので動画にも写りたいし、文章をまとめてZINEにしてイベントとかにもどんどん出たいです！　また、告知としては四つあります！　一つ目は三月二二日（金）、二三日（土）に高円寺のcadoromo rental gallery & spaceで展示『夢で逢えたら』をやります！　全日在廊しますので良かったら遊びに来て下さい♡　二つ目は、四月目安に新曲『Spica』を各音楽サービスでリリース予定です！　友人と初めて作った大切な曲なので是非聴いて欲しいです♡　三つ目は、シンガーソングライターのARISAさんの新曲『16』のMVに出演するので要チェックです!!　四月四日公開予定です！　四つ目は、月に二〜三回東京都湯島駅近くのコンカフェ『ぷりゅーしゅくー』でお給仕しているので遊びに来てくださいね〜！

左ページ
上段…photo:Keigo Sugiyama
下段左…photo:楊政
下段右…photo:葵

右ページ
左上段…photo:中山文
styling:カオストリップ
左下段…photo:日月

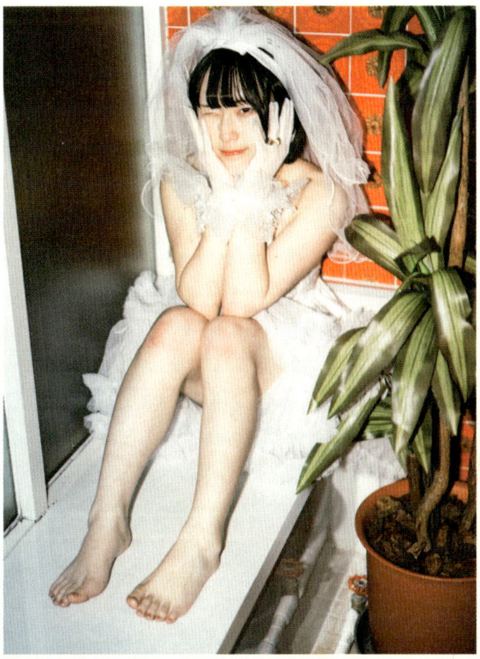

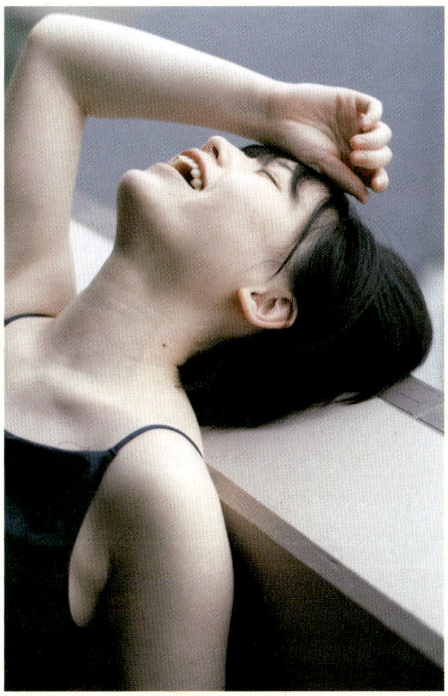

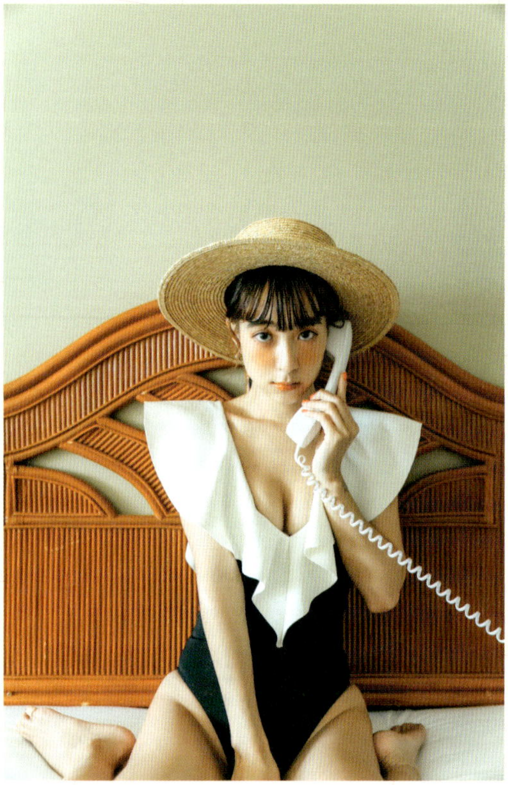

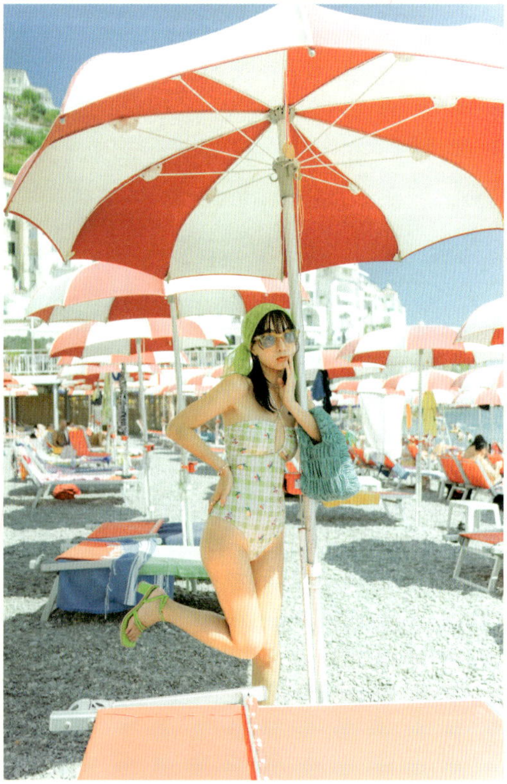

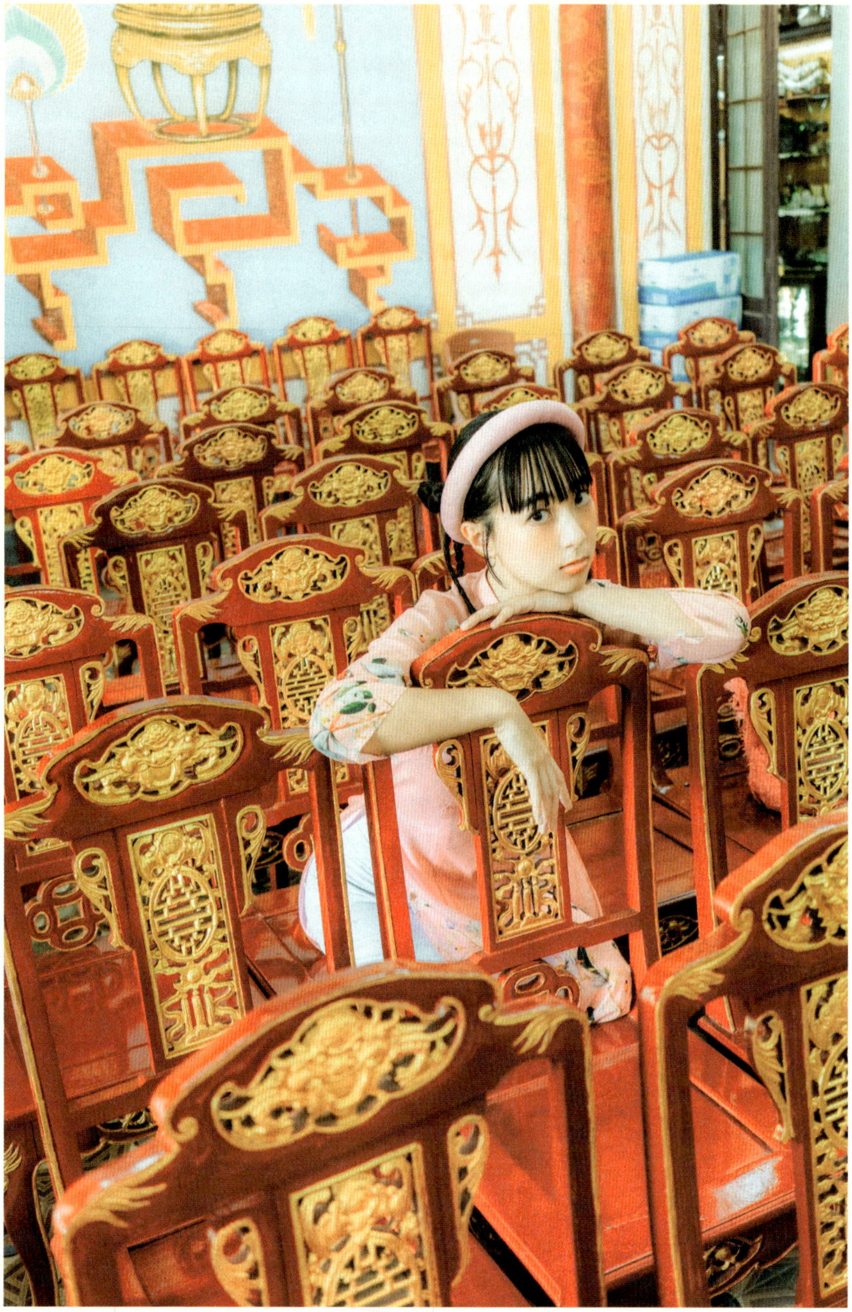

Photo:SHIMPEI TAKAGI
Model:YUI

Visual Selection

高木慎平

X(Twitter) id=@Shimpei65
Instagram=shimpei65
HP=https://www.shimpeitakagi.com

Q1 高木さんは妻である優衣さんを被写体にした写真「YUI」をライフワークのように撮り続けていらっしゃいます。もともとは「二人の時間を思い出に残したい」という気持ちから撮り始めたということで、「YUI」はパートナーとの生活を記録する、ある種の「日常」を切り取った写真とも言えますが、高木さんの撮る写真は鮮やかな色彩、旅先での美しいロケーション、デコラティブな装いなど、非日常感のあるポップでドラマチックなものが多いと感じます。高木さんが優衣さんの写真を撮る上で大切にしていることを教えてください。

A1 僕も妻も普段はフォトグラファーとして働いています。仕事が楽しい時もあれば、寝る時間もなく働いて苦しい時ももちろんあります。忙しければ忙しいほど、僕たちは今住んでいるこの街から飛び出したくなるのです。まだ見たことのない景色や、初めて食べる料理、行ったことのない土地へ行くことが次の仕事へのエネルギーになります。そういう時間は僕たちにとってとても大切で、家で過ごしている時間より活き活きしていることが多く、僕はその時の

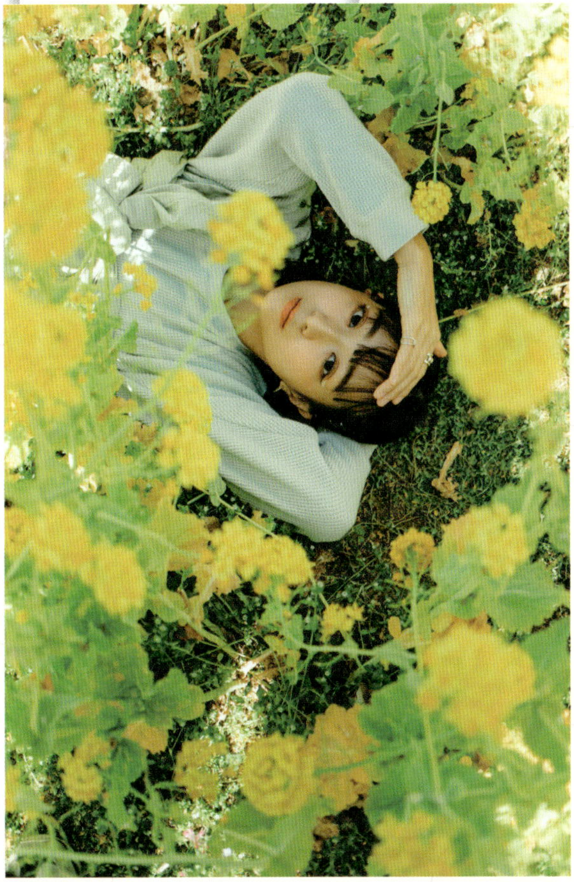

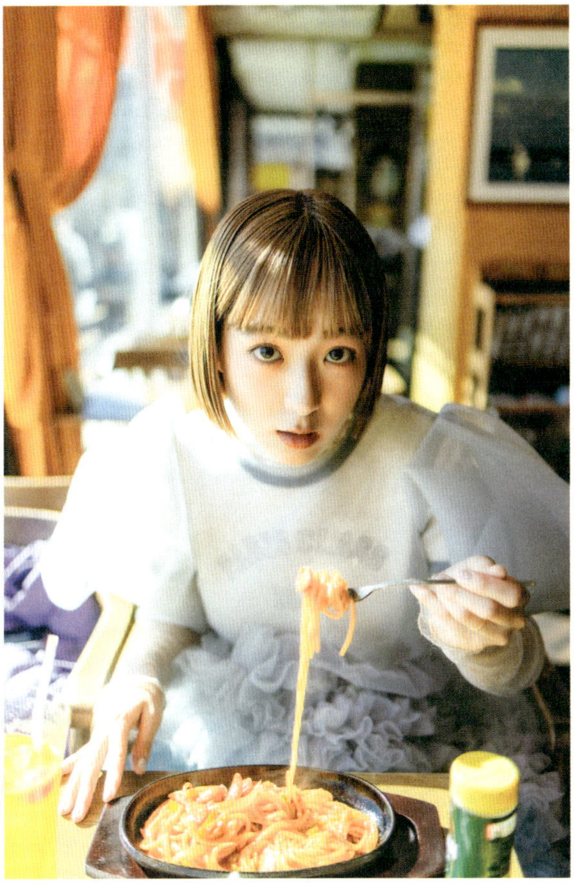

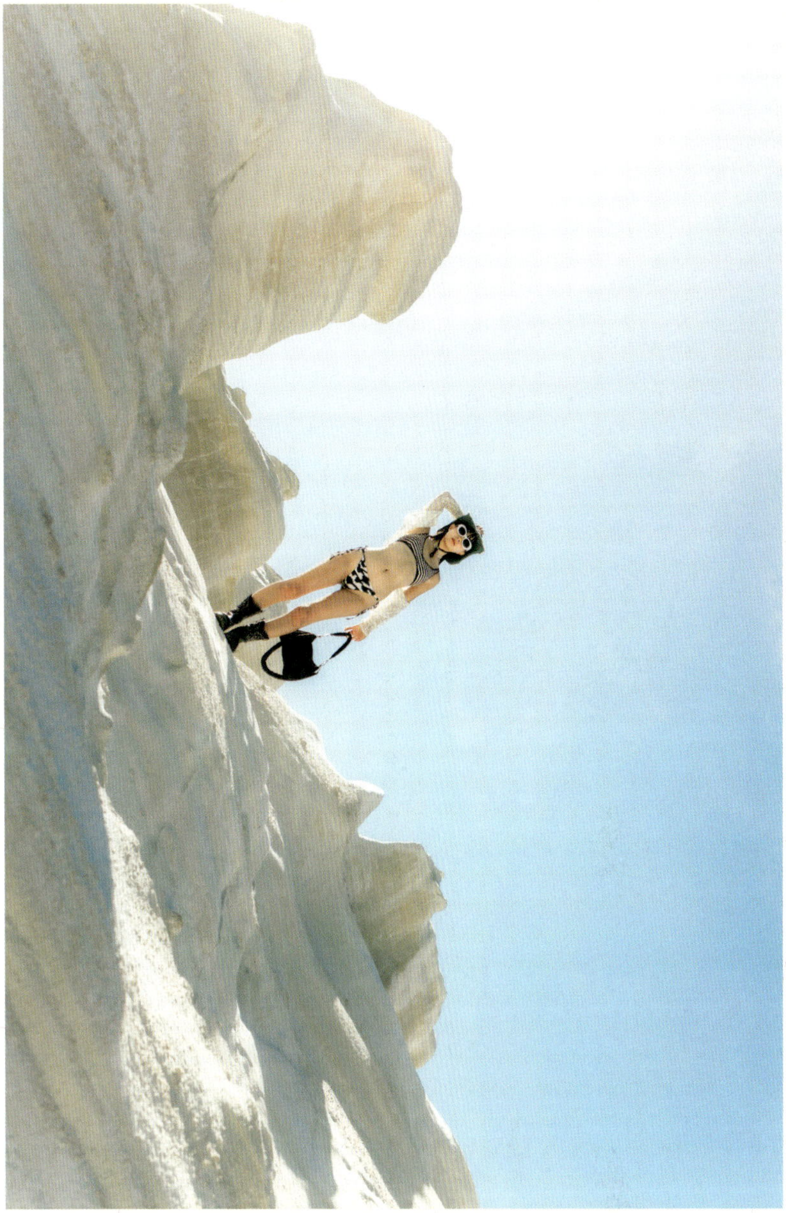

Sarakiniko Beach

妻の写真を撮るのが好きです。なので僕が撮る妻の写真には生活感が少なく、いわゆる"エモい"写真ではないかもしれません。出かける時はいつもと違うワクワクする服装で出かけたいし、ヘアメイクもいつもよりこだわりたい。普段できない特別な時間をカメラで切り取ることで、いつもは見せない妻の魅力や仕草が写真に写り、見る人の心も動かしてくれているのだと思います。

Q2 高木さんが長きに渡って優衣さんの写真を撮る中で変化したことと、変わらないことを教えてください。

A2 優衣と出会った頃から撮影していますので今年で一〇年になります。今と昔を比べて何が変わったのかかなり考えてみたのですが、大切な部分は何も変わっていないかもしれません。写真を撮る上で大切なことは、相手への思いやり、心を交わすことだと思っています。そこがうまくいけば自分の想像よりも上の写真が生まれることがあるからです。その部分が僕と妻の間に変わらずにあるので、今も写真を撮り続けているのだと感じています。変わったところがあるとしたら、妻も写真を撮ることを好きになったことです。出会った頃はまったくカメラに関して無知でしたが、一緒に過ごしている間に自分で勉強してカメラマンとして独立しました。これには僕もびっくりしました。

Q3 「YUI」の中で特に思い出深い写真と、その撮影エピソードを教えてください。

A3 ギリシャのミロス島で見つけたSarakiniko Beachで撮影した写真です(※三九ページに掲載)。SF映画に出てきそうな、地球ではない異世界のような地形と、旅の途中で買った優衣の服装(ビキニにブーツがカッコイイ!)が妙にマッチしていてお気に入りです。ギリシャは妻が特に好きな国で、今までに三度訪れています。

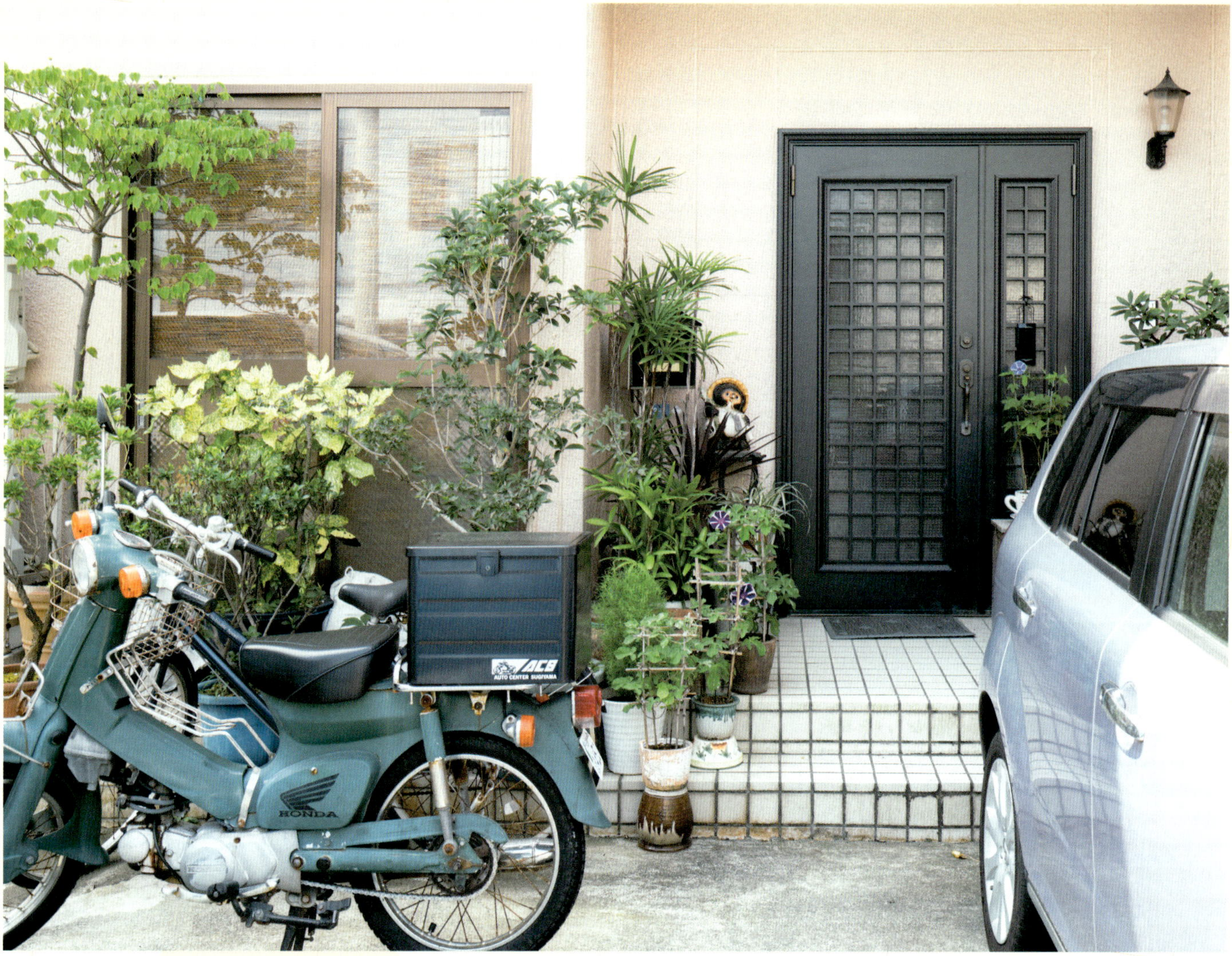

神奈川県小田原市

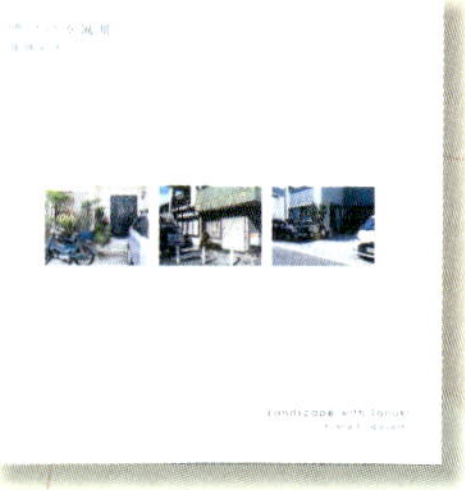

「日本道中信楽狸」

藤林さんが日本各地を訪れて出会った信楽焼の置物の狸がいる風景写真。これまで3冊の作品集と、厳選した作品と日本たぬき学会会長の村田哲郎さんの信楽狸解説も収録されたZINE「狸のいる風景」がある。

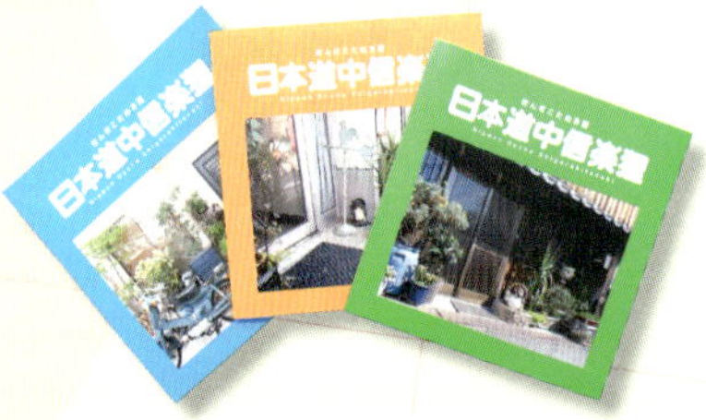

藤林さんの作品集やZINEはkomagalleryのbaseで取り扱い中
https://komagallery.base.shop

Visual Selection

藤林彩名

Instagram=fujibayashiayana
Instagram（ぽんぽたぬき道）=ponpokotanukido

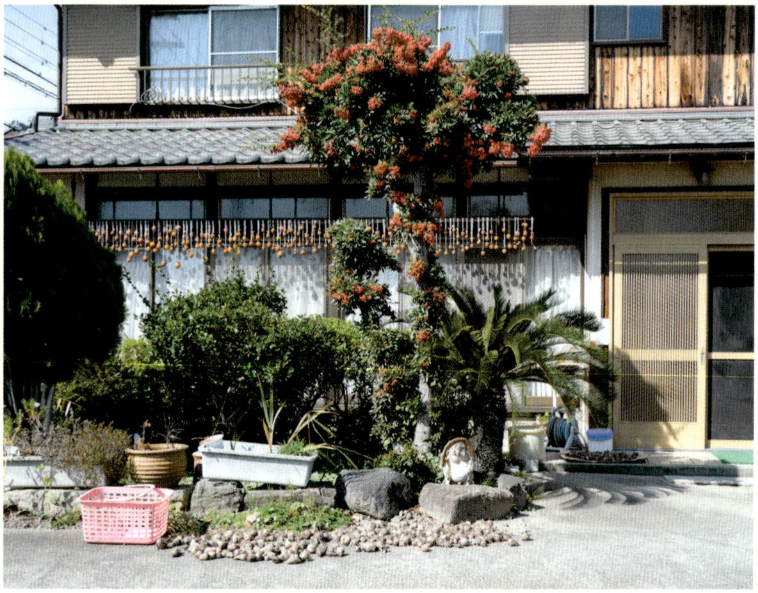

滋賀県近江八幡市

——藤林さんは信楽焼きのたぬきの置物が玄関や庭先にいる風景を「日本道中信楽狸」シリーズとして発表しています。たぬきの置物に注目するようになったきっかけを教えてください。

藤林　写真の専門学校時代から、写真を撮るために旅をしていました。主に風景のスナップを撮っているのですが、よくたぬきの置物と遭遇することに気づいたんです。そこにフューチャーした風景を撮る写真家の方も、私の知る限りはいないので、面白いことができると思いました。

——フレーミングが印象的ですし、コミカルさもあって想像が膨らみます！

藤林　最近はたぬきの視線の先にいるようなイメージで撮ろうと意識しています。初期の頃はたぬきに寄った写真が多いのですが、与えられる情報が少ないので引いた構図になっていきました。

——これまで作品集を四冊作られていますが、Instagramには本に収録されていない写真もありますね。長い期間撮影されているのでしょうか？

藤林　撮影をはじめてから二年ほどですが、写真は六〇〇枚くらいになりました。思ったよりそこらじゅうにいるんです（笑）。発表しているのは写真的なバランスや見せ場があるものを選抜し

愛媛県松山市

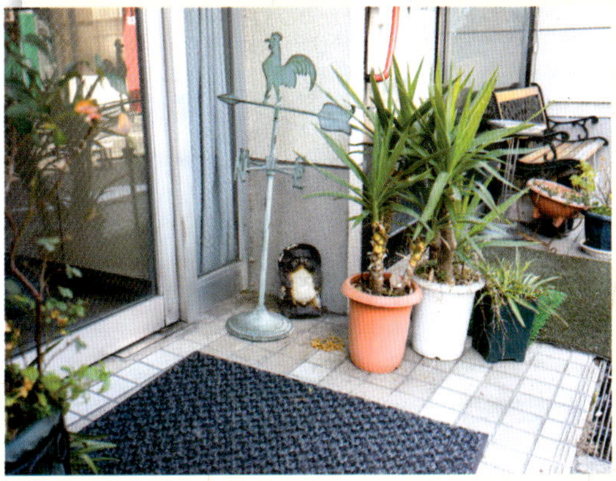

神奈川県小田原市

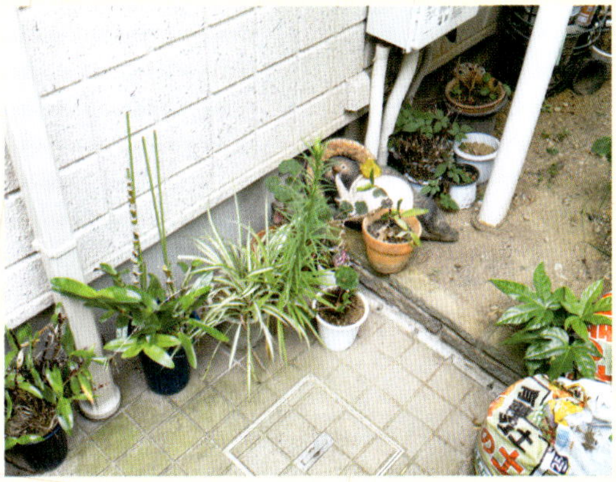

ているので、まだ1／3くらいしかまとめられていません。撮影した土地はまだまだ少なくて、同じ街のなかで遭遇することが多いんです。

——どんな基準で撮影する場所を探したり、選ばれるのでしょう？

藤林　撮影に行く前にGoogle マップのストリートビューで街を探索しています。それは学生時代に廃墟を撮影していたときから取り入れている方法なのですが、気になる街を画面越しに歩いてみるんです。富山県に行こうと決めたのも、近い距離で二、三匹出てきたからです。もっといるかもしれないと思って向かいましたね。ストリートビューで見た子にも会えましたし、他にもたくさん出会えたので当たりでした！　城下町は日本家屋が多いので遭遇率が高いですね。

——撮影を続けていて藤林さんが感じる、たぬきの置物がある風景の魅力はどんな点ですか？

藤林　ものを大事に長く使う日本ならではの風景だと感じます。家主の人と必ず会えるわけではないですが、置き方から人柄が見えるところも楽しいところですね。たぬきのビジュアルもベーシックなものからスポーツしていたり、寝ているなど豊富にあって面白いです。さりげなく置かれていたり、複数並べて家族のようになっていたり、風化している子もいます。必ずしも大事にされていないところにも惹かれます。

——印象的な風景を教えていただけますか？

藤林　二月にKoma galleryで開催した写真展「狸のいる風景」で並べた写真はどれも思い入れがあります。小田原で撮った玄関先の写真（右ページ・上）と干し柿が吊るされた滋賀の庭先の写真（右ページ・下）でしょうか。自分が一番やりたい、日本の文化や家の様子が見られるところが好きです。小田原の写真は、混雑しているように見えるのですが、植木や朝顔が手入れされていて、ものを大事にされている方が住んでいるのかなと想像できました。バイクもレトロな感じだったり、こだわりが伝わってきます。

——車の窓にたぬきが映り込んでいるところも素敵ですよね。

藤林　そうなんです！　気づいてもらえて嬉しいです。可愛いですよね。小田原はたぬきのシリーズを撮る以前に出かけたときに街中でたぬきを見たことを思い出して、改めて撮影をしに行きました。続けているとたぬきを見つけることがうまくなってきて、傾向がわかるようになりました。玄関先に植物を置いているお家は、たぬきが置かれがちですね。遠くから「あのお家はいっぱい植木が置いてあるからいるかもしれない！」と散策しています（笑）。

——たぬきを見つける楽しさもありますね。風景をメインに撮影されている藤林さんですが、弟を撮影した写真集「ブラザーノスタルジー」もとても素敵です。写真を撮り始めた頃の作品ということでした。

藤林　写真は高校の写真部から始めたことでしたが、当時はテーマも決めず一眼レフで花や風景、綺麗なものを単純に撮るという感じでした。その後、専門学校でフィルムカメラの良さを知り、それで身近な弟を日常的に撮影することにしたんです。いまでも人を撮るタイプではないので、弟は家族だったから撮影できたのだと思います。親心の様な感覚で「今の弟の姿を写真で残しておきたい！」という気持ちでした。作品にしようとは思っていなかったんです。

——写真集をめくりながら、成長している！　と微笑ましくなりました。

藤林　最初は笑顔が多くておどけているのですが、だんだんクールになって、横顔も多くなりました。すごくリアルですよね。それでも撮らないでほしいとは言わなかったので、弟なりに理解してくれていたのかなと勝手に思っています。

——藤林さんが撮影された弟さんの写真には、何気ない表情や記憶に残らないような細やかな出来事が写されていて、日常を追体験できる感じがしました。つづいて最近作られているZINEについても伺えますか？

藤林　「月刊バヤジン」は特にテーマを決めない写真日記のようなZINEです。私は撮影しながらいろんな土地に行くのですが、昨年は仕事や体調不良が続いて、自分が好きな写真に時間も割けず落ち込んでいたんです。そこで身の回りの日常を撮った写真を形に残そうと思いました。写真自体もフィルムに限定せず、デジカメやiPhoneで撮影しています。

——大きなサイズで刷られていることも、物質感があって良いですよね。

藤林　日常の何気ない風景だからこそ、大きく見せたいと思いました。小さいとスマホで見ているサイズと変わりませんし、スマホの写真をあえて大きく見せるのも良いなと思ったんです。制作は止まっていますが、周りから続きを期待する声をいただけたので、再開したいと思っています。

——楽しみです！　最後に予定していることや、興味のあることを教えてください。

藤林　今年は展示を控えて撮影に行きたいと考えています。今は琵琶湖が風景として気になっているんです。たぬきを撮影したときに訪れたのですが、西東京にいると湖という存在が珍しくて。どのように撮影するのか決まっていないのですが、あまり撮られていない場所やものを撮ってみたい、という気持ちがあります。

——今後も活動や作品を楽しみにしています！

「月刊バヤジン」

街や花、食事、何気ない日常の風景を切り取った写真をA4サイズで見せるZINE。これまでに5冊作られている。写真の並び方も心地よい。

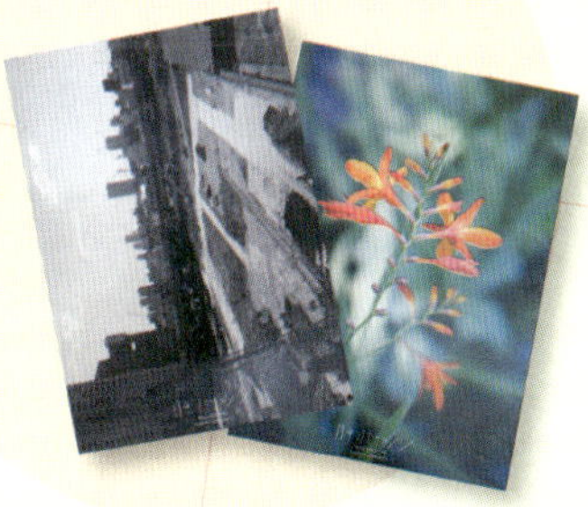

Koma Gallery

東京・恵比寿にある2021年に開設された写真家が共同運営するギャラリー。メンバーは岩見芽依、植田真紗美、kimJu、栗森貴大、小山幸佑、鈴木隼斗、藤林彩名、フジモリメグミ、山口美桜、山中南実の10名。作家が運営に携わりながら展示を開催している。

〒153-0062
東京都目黒区三田1-12-25 金子ビル201
https://www.komagallery.com/

【開催中の展示】
鈴木隼斗「Diary」
2024年3月12日(火)〜3月24日(日)
月曜休廊／11:00-19:00（最終日15:00まで）

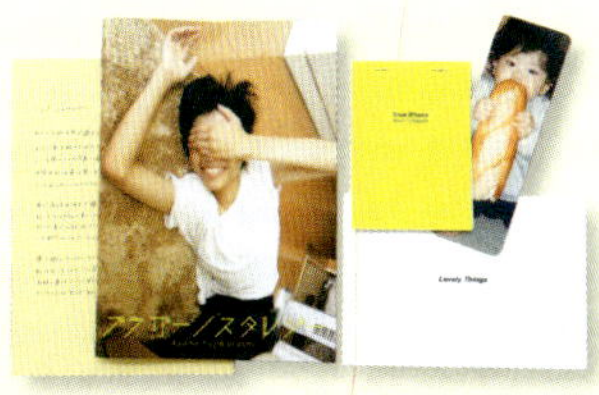

「ブラザーノスタルジー」

藤林　最初はメインの写真集だけを作る予定でしたが、本3冊としおりを詰め合わせました。思いを巡らせたときに幼い頃の工作があったんです。母が大事に保存していたので撮影しました。すごく可愛くて、これも弟の一部だと思えました。

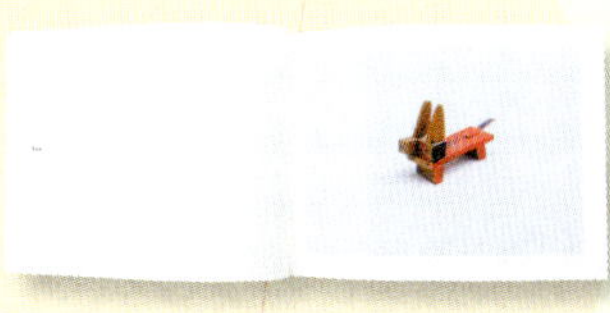

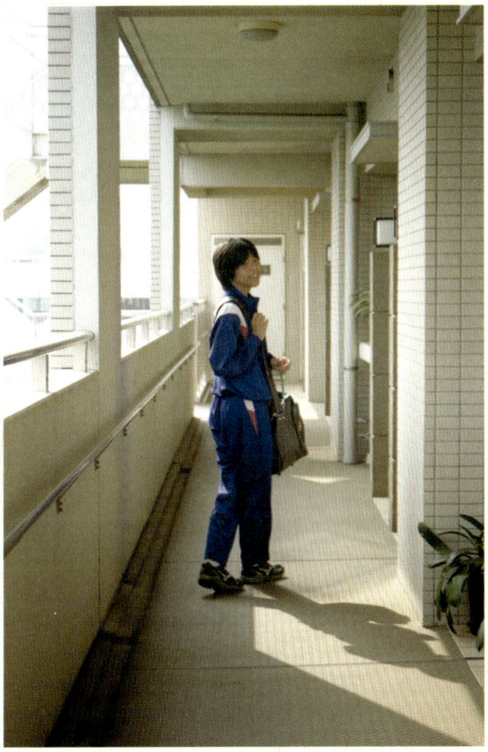

「ブラザーノスタルジー」より

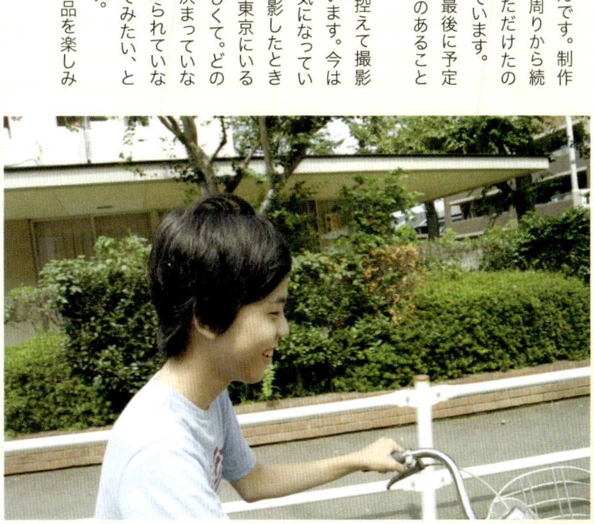

「ブラザーノスタルジー」より

スキップとローファー
高松美咲

過疎化が進む石川県のはしっこから、T大受験のためにはるばる東京へとやってきた15歳・高校一年生の美津未。勉強はできるけれど、田舎育ちのまっすぐ純粋でおおらかな性格のせいか、何かと周囲からはズレてしまいがち……。そんな美津未をはじめとする高校生たちの微笑ましくもほろ苦い日常を、みずみずしいタッチで紡ぐ青春スクールライフコメディ『スキップとローファー』。本作の著者・高松美咲さんに筆記インタビューを敢行！

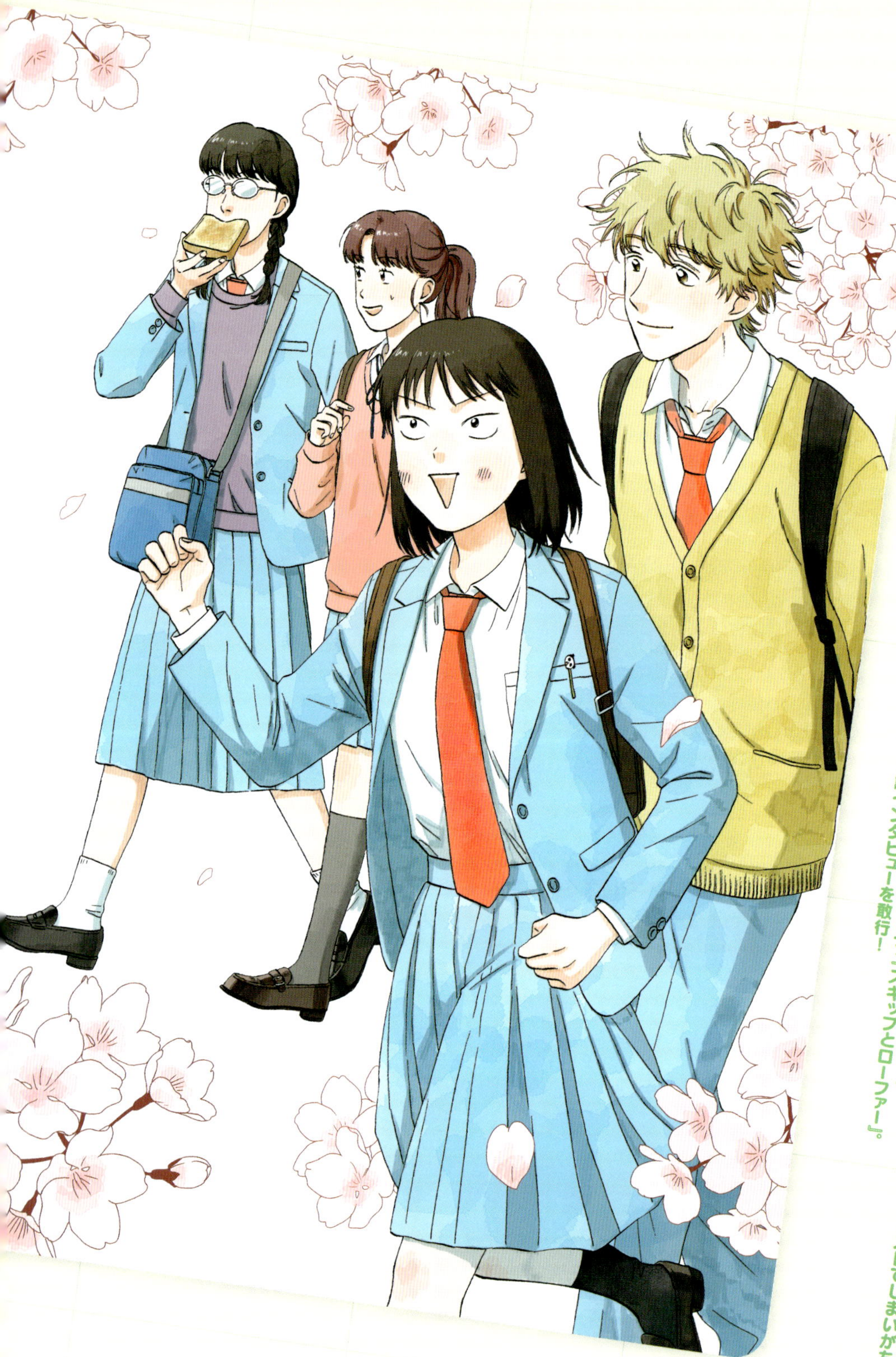

Q1 『スキップとローファー』は、少女漫画という枠組みを借りて人間関係や、そこでの微妙な感情の機微を描きたいという気持ちでスタートしたそうですが、高松さんの前二作『アメコヒメ』『カナリアたちの舟』と比べると、お話のテンションだけでなく、キャラクター造形もポップになった印象があります。「少女漫画を描く」という意識で意図的に作画なども変えたのでしょうか？

A1 少女漫画を描くというよりは、少女漫画をベースにした青年漫画という認識です。スクールライフコメディということで、絵は意識的に変えています。明るい雰囲気にするために線をかなり減らしました。

Q2 『スキップとローファー』の誕生のきっかけとして、担当さんにすすめられて読んだ司馬遼太郎の『関ヶ原』を挙げられていたことに驚きました。優秀だけれど不器用で頭でっかちであるがゆえに周りから疎まれる石田三成と、そんな三成のことを可愛く思う、唯一の理解者・島左近の関係がラブコメとして可愛いのではないか、と石田三成を美津未の、島左近を志摩くんのモデルにしたそうです。そこから二人の具体的なキャラクター設定や関係性をどんなふうに考えていったか教えてください。

A2 「歴史ものはどうか」とすすめられて、歴史小説の金字塔的作品をいくつか読んだという感じです。当時は長期連載がなかなか決まらず迷走してとにかく色々試していて、あまり深く考えていたわけではなかったと思います。

関ヶ原は「人間模様 × 戦国時代」なので石田三成が周囲に嫌われているというストレスも込みでどんどん引き込まれますが、「人間模様」オンリーの『スキップとローファー』では主人公がもっと愛嬌あるキャラ

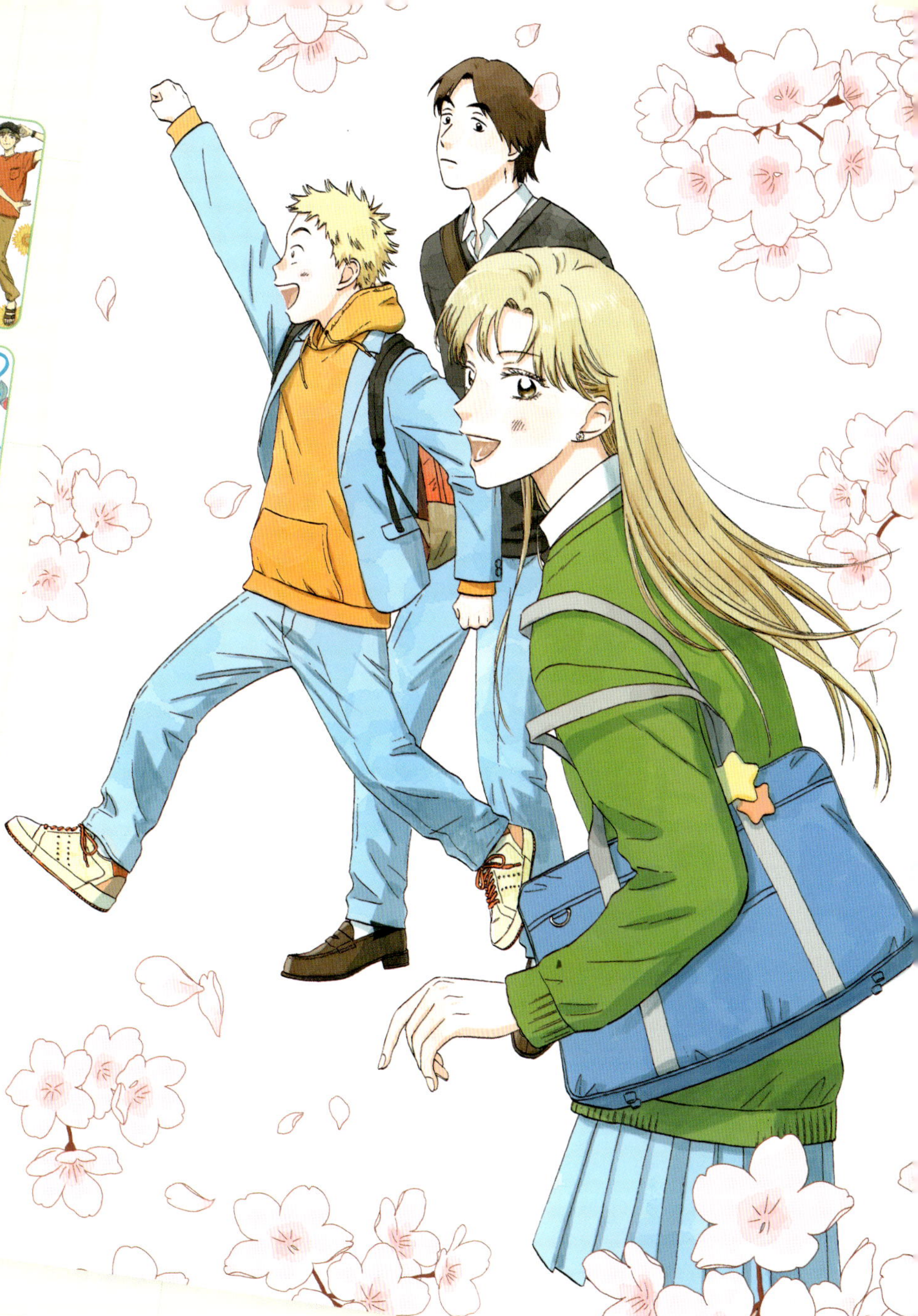

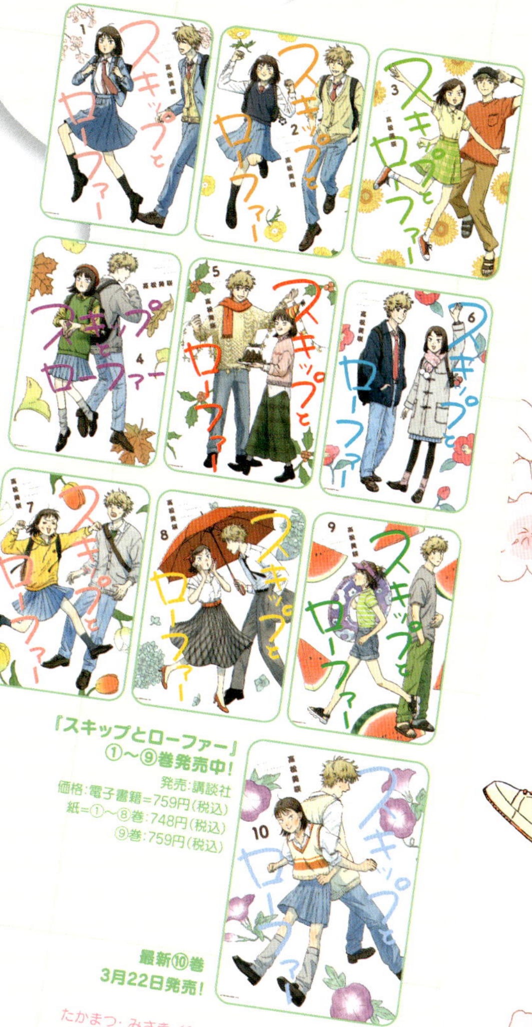

「スキップとローファー」
①～⑨巻発売中!
発売:講談社
価格:電子書籍=759円(税込)
紙=①～⑧巻:748円(税込)
⑨巻:759円(税込)

最新⑩巻
3月22日発売!

たかまつ・みさき/2012年「箱庭のこども」でアフタヌーン四季賞2012年秋のコンテストの佳作を受賞。翌年ふゅーじょんぷろだくとから単行本『アメコヒメ』を出版しデビュー。2015年に「月刊アフタヌーン」にて『カナリアたちの舟』を連載。2018年からは「月刊アフタヌーン」にて『スキップとローファー』を連載中。2023年にはTVアニメ化、第47回講談社漫画賞総合部門を受賞。

クターじゃないと成立しないと思いました。

石田三成も島左近も実際ほとんど面影はないですね。

Q3 美津未の少しつり気味の三白眼と黒ベタのおかっぱヘア、よく三角形になっている口元が可愛くて好きです。どのようにビジュアルを決めたのか、描く時にどんなことを大事にしているのか教えてください。

A3 美津未は真面目で優秀ということで、ひっつめ髪やメガネのパターンも作りましたが、それだと自然の中で育ったおおらかさや呑気さとなんとなくマッチしなくて、

この見た目に落ち着きました。あとで、ちびまる子ちゃんぽいと言われることが多くてなるほど、と思いました。日本の「親しみある、等身大の女の子」の原体験はちびまる子ちゃんなのかも。

Q4 志摩くんは美津未とは対照的なふわふわの髪にややたれ気味の目が可愛く、いつもニコニコしてはいるけれど何を考えているのか掴みにくい表情だと感じます。どのようにビジュアルを決めたのか、描く時にどんなことを大事にしているのか教えてください。

A4 優しい大型犬のような見た目がいいなと思いました。美津未は一見とっつきにくいけど実は懐が広い、志摩は一見人懐こいけど実は誰にも心を開いていない、という正反対のギャップを狙いました。

Q5 第一話は、美津未と志摩くんのキャラクター像が象徴的に描かれていると感じますが、一話を描く上で苦労したことや、こだわったところや楽しかったところなどを教えてください。

A5 とにかく漫画家としての経験値が低くて右も左もわからず必死だった記憶しかありません。なぜこのネームが連載会議に通ったのか、どこが良かったのか、自分が何を求められているのか、一～二巻途中くらいまでさっぱりわかっていませんでした。

Q6 『スキップとローファー』という作品タイトルもポップで素敵ですが、毎話のエピソードタイトルの付け方も、例えば「ムワムワの動物園」や「チョキチョキの16歳」など可愛いです。どうして、このようなエピソードタイトルにしたのでしょう?

A6 サブタイを考えるのが非常に苦手だからです(笑)。毎月原稿作業以外で悩んで時間を使うのが、もったいなくて、「オノマトペ+名詞」で統一してしまいました。

Q7 ナオちゃんが素敵です。美津未の東京の保護者であるナオちゃん

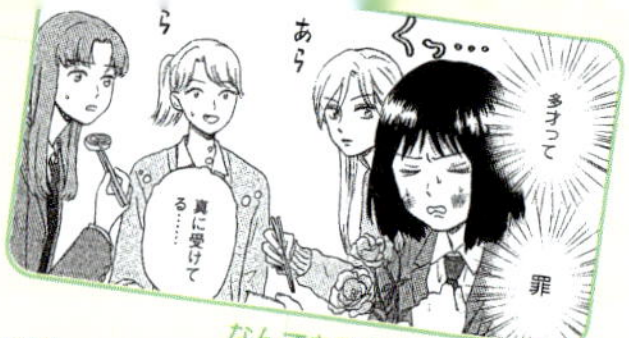

なんでも真に受ける純白の心。

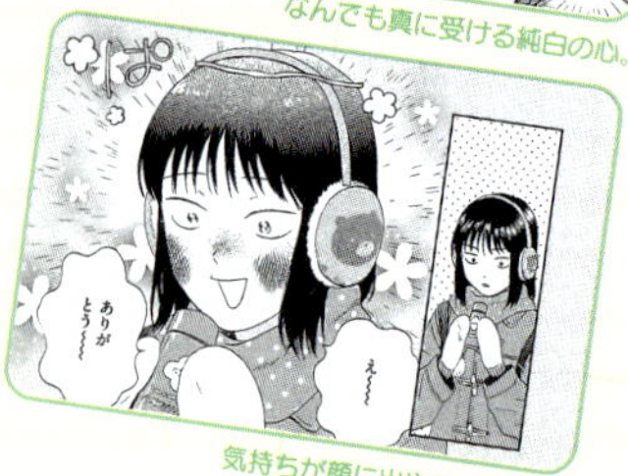

気持ちが顔に出やすいタイプ。

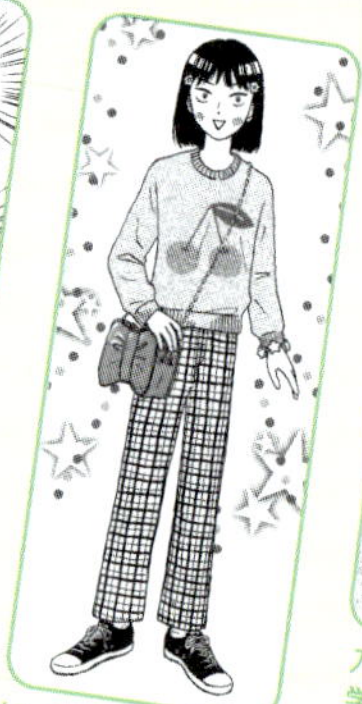

いっちょうら全部のせ。

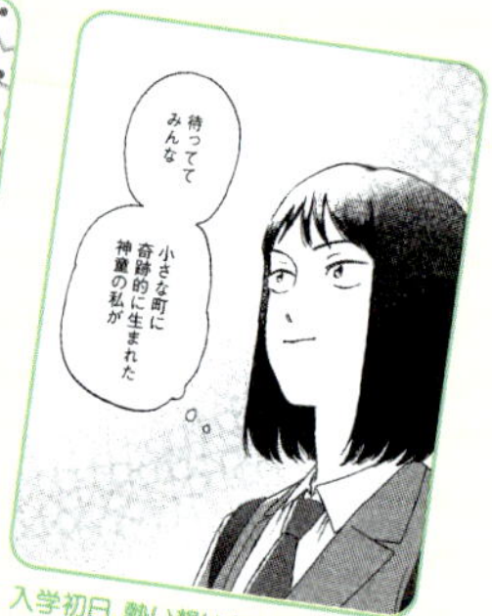

入学初日、熱い想いを胸に秘め、学校へと向かうが…。

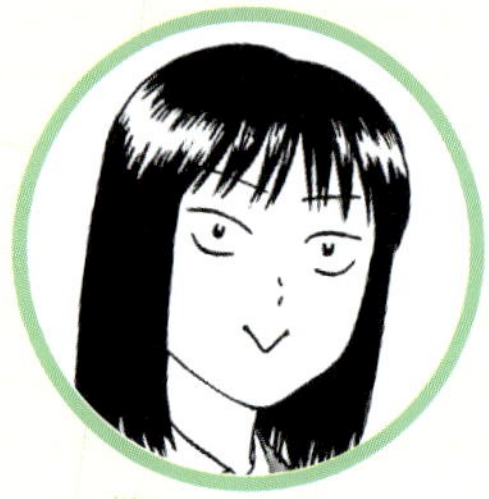

岩倉美津末（いわくらみつみ）

石川県のはしっこから、T大受験のために単身上京し、有名進学校・つばめ西高校へと首席で入学。将来の夢は官僚。勉強こそ得意だが、かなりの天然で色々とズレている。まっすぐ真面目で純粋、おおらかな性格。

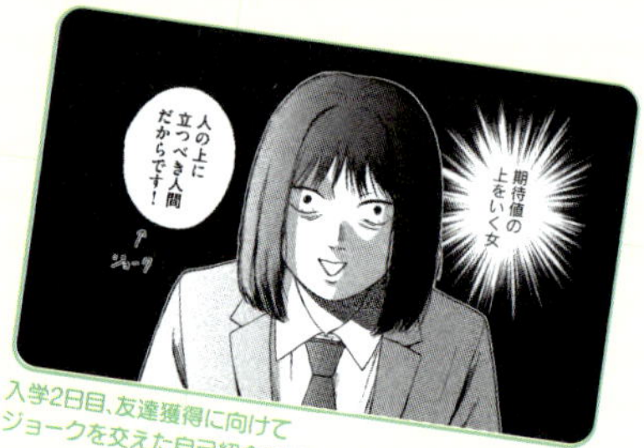

入学2日目、友達獲得に向けてジョークを交えた自己紹介を披露するも撃沈……。

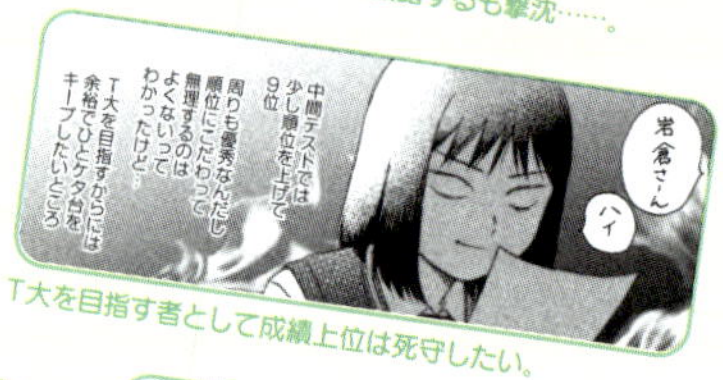

T大を目指す者として成績上位は死守したい。

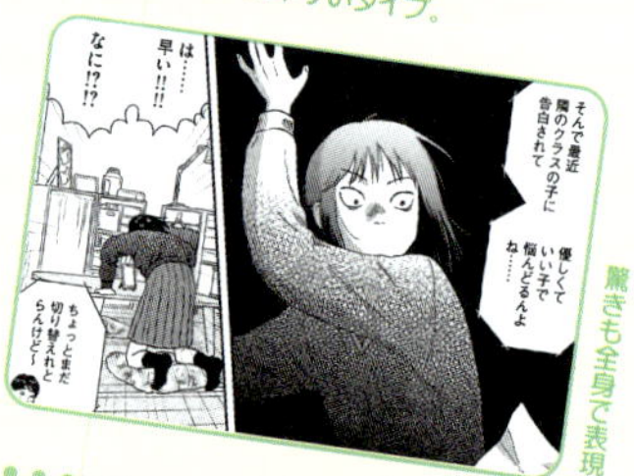

驚きも全身で表現。

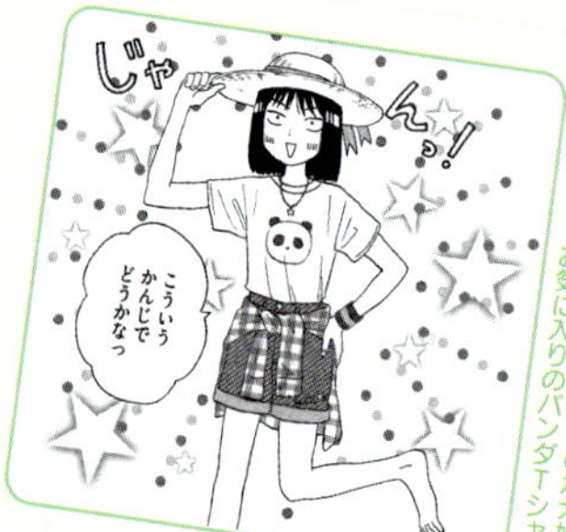

かわいいものが大好き。お気に入りのパンダTシャツ。

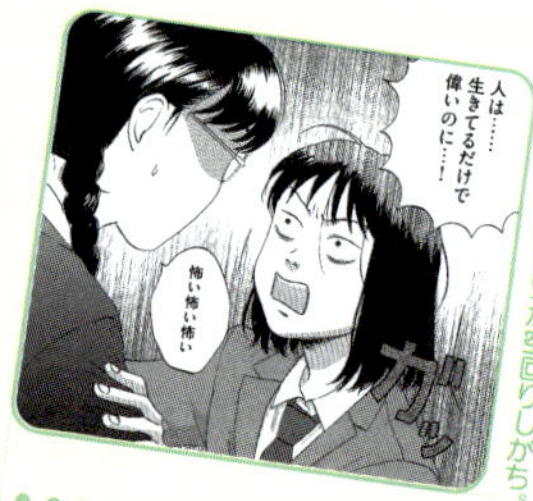

やる気が空回りしがち。

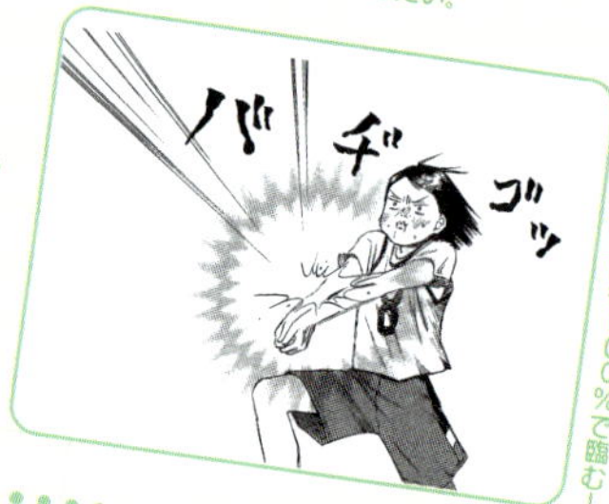

苦手な運動にも100%で臨む!

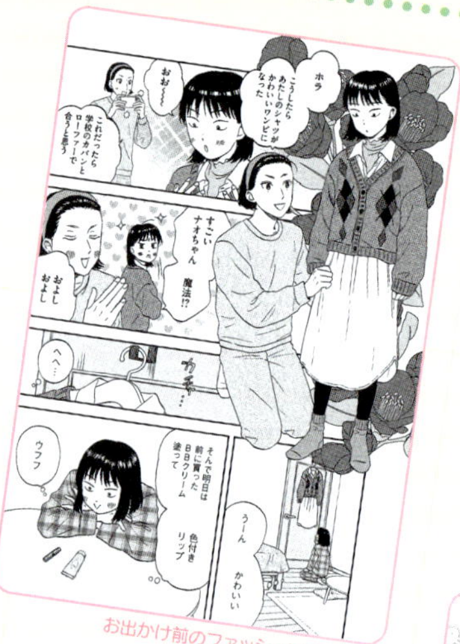

お出かけ前のファッションチェック!

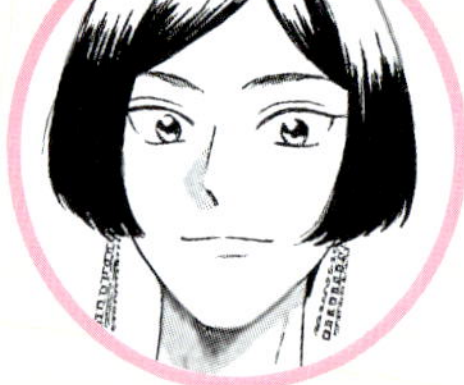

ナオちゃん

美津末の父の弟で、東京での保護者である、仲良しのおば。スタイリストをやっており、よく美津末のファッションチェックをしてくれる。

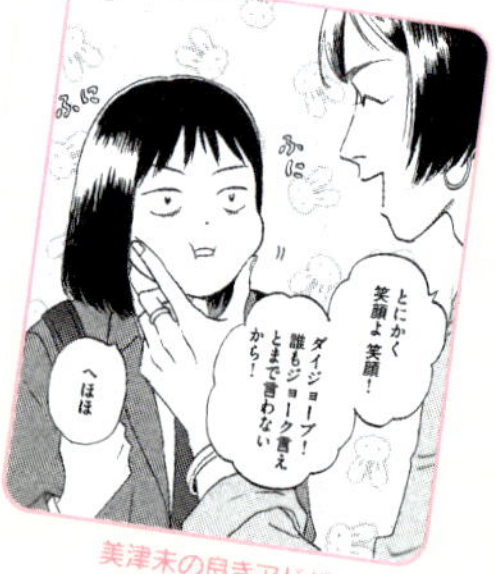

美津末の良きアドバイザー。

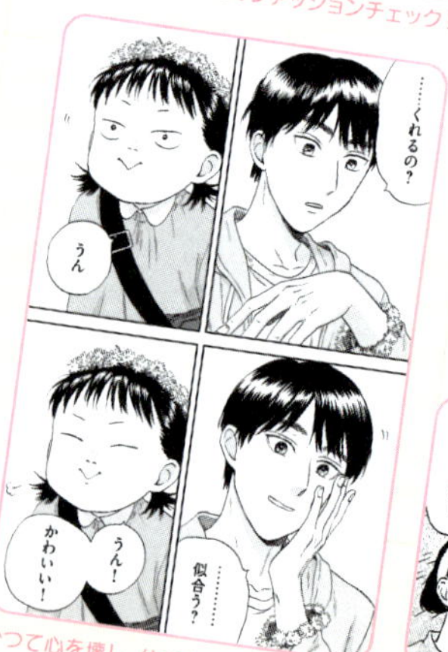

かつて心を壊し、仕事を辞めて実家に身を寄せていたナオちゃんに、かわいい花輪をプレゼントした幼き日の美津末。この日から、二人は仲良し。

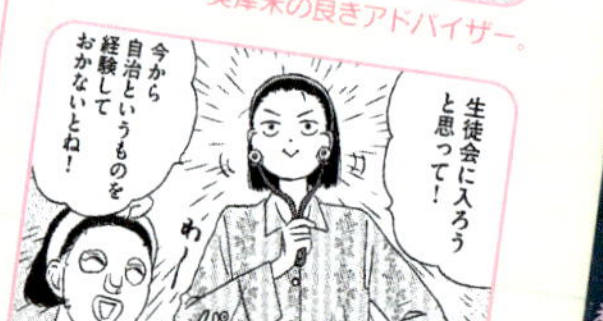

夜の美容タイムも仲良く団欒。

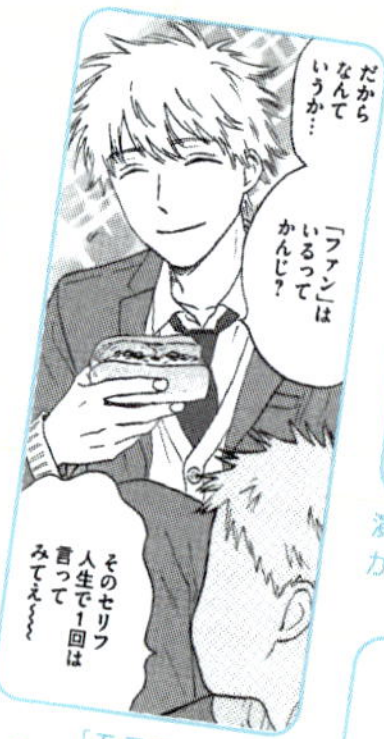

「モテてはなくない?」の後に続く言葉が……。

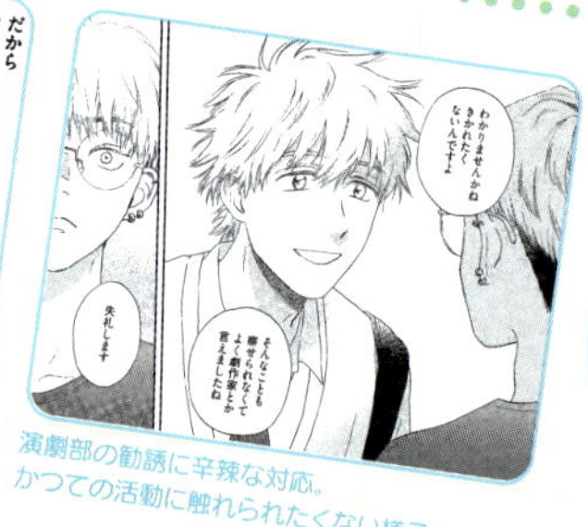

演劇部の勧誘に辛辣な対応。かつての活動に触れられたくない様子。

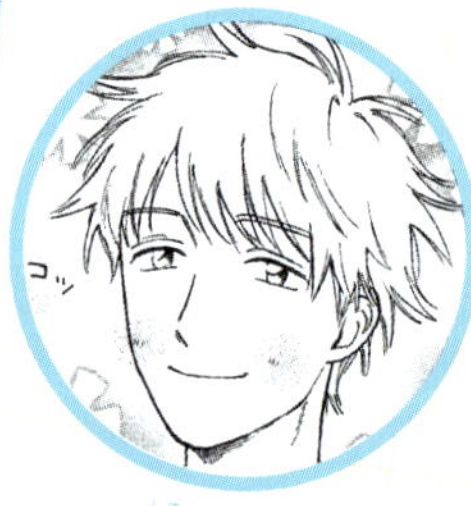

志摩聡介（しまそうすけ）

学年屈指のイケメン。入学初日に迷子の美津末を助けてくれた。ニコニコと人当たり良くやわらかだが、どこか人を拒絶するような、孤独で捉えどころのない雰囲気もある。かつては人気子役として活動していた。

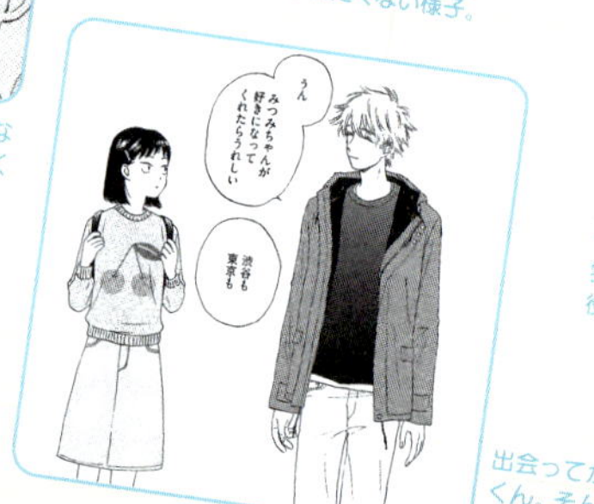

出会ってからずっと親切で優しい志摩くん。そんな志摩くんの言葉に美津末も、東京を好きになる未来を予感する。

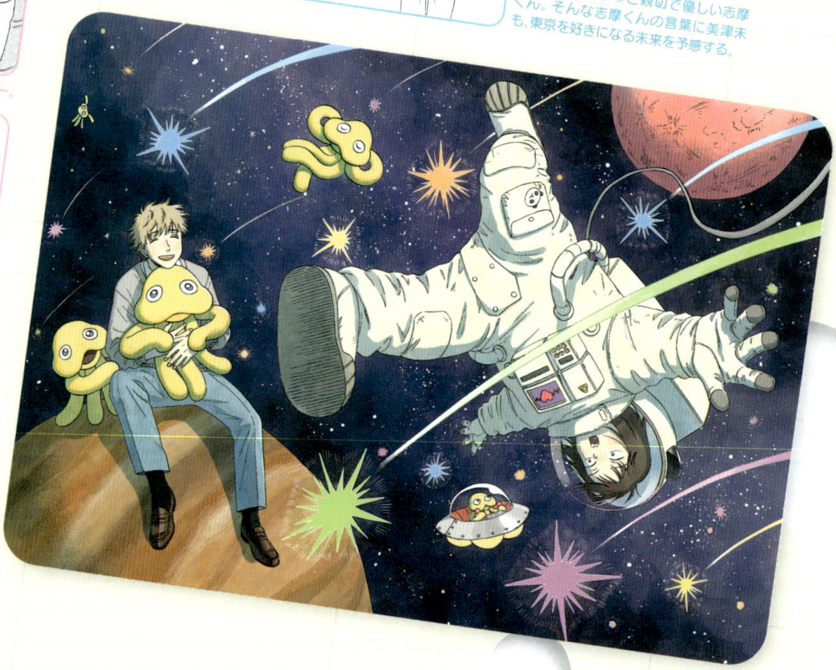

はどのようにして生まれたキャラクターか教えてください。

A7 故郷はそれぞれ、苦かったり酸っぱかったり複雑なレイヤーがあるからこそ思い入れが生じるものなので。美津末は地元が大好きなので、読者さんが地元を重ねて感情移入するにはナオちゃんの存在が必要だと思いました。

Q8 第三話で初登場し、以

Scene1「ぴかぴかの高校生」

入学式の1日を描いた第1話より、冒頭の見開き4ページのネームを紹介。3ページ目まではカラーページ。1ページ目は高校のブレザーを着た美津未が「ム！」と気合いを入れている姿が可愛い。残りの3ページは遡って故郷を旅立つシーンだ。このエピソードで、迷子になった美津未は、志摩くんに励まされ、裸足で走り、新入生代表の挨拶のあと盛大に吐く、というてんやわんやな展開に。

ネーム

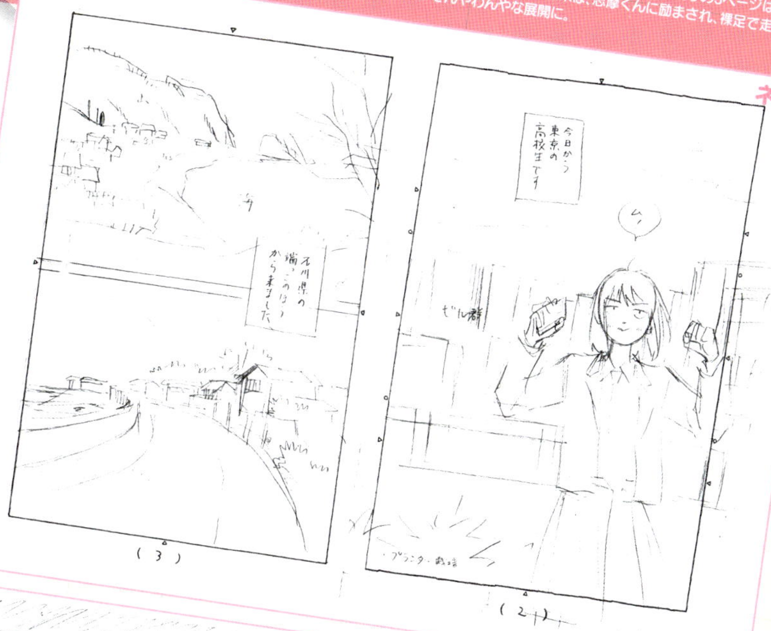

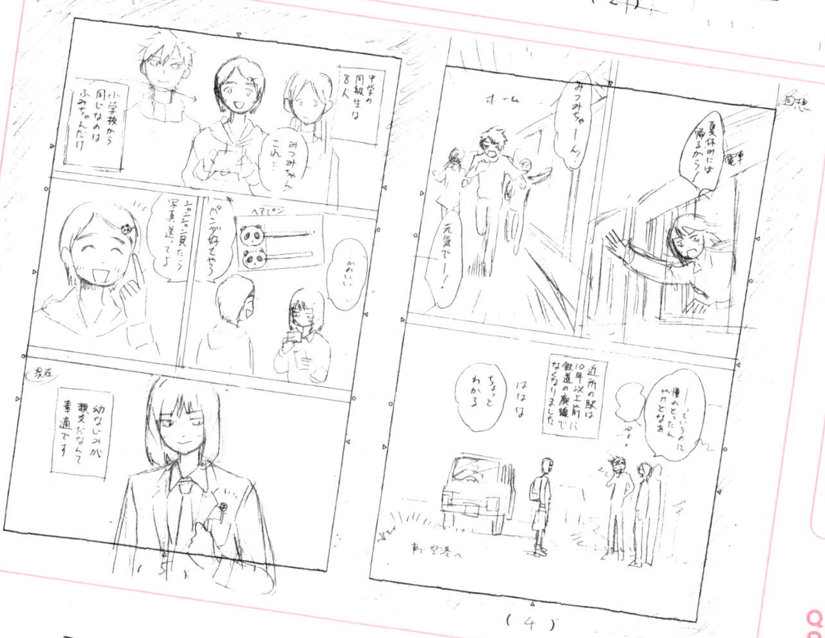

完成

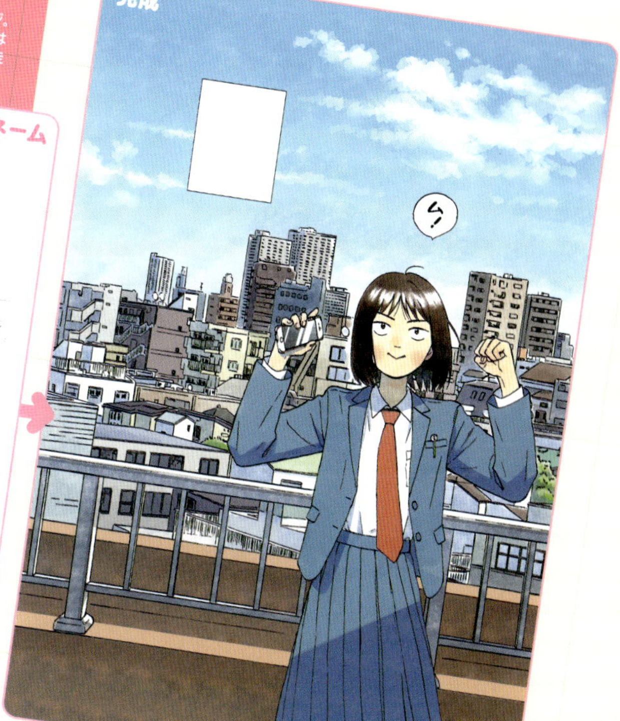

東京の街を背に、気合いのポーズ。

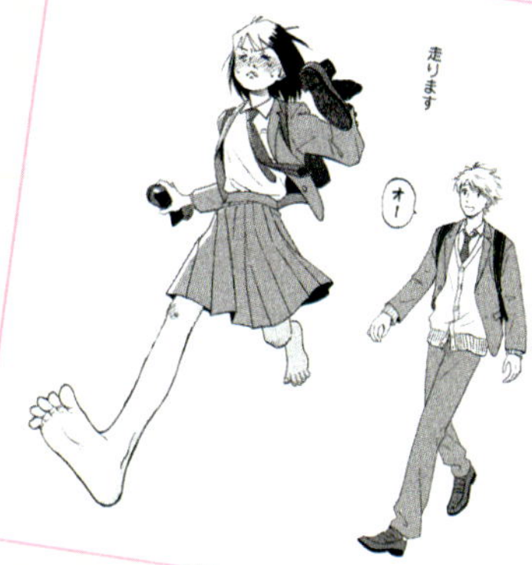

泣きながら走る美津未と楽しそうについていく志摩くんのコントラストが微笑ましい。

降も度々登場する演劇部の兼近先輩はどのようにして生まれたのでしょう？ 外見、内面ともにどのように考えたのかを教えてください。

A8 外見は、当時K-POPのアイドルを参考にしました。志摩くんの幼少期エピソードを掘り下げるにあたって演劇部キャラは欲しくて、美津未と違った角度から志摩くんを刺激して欲しいなと思っていたキャラクターです。

Q9 一巻に収録されている第四話までは、一話で一日ずつ進んでいきますが、この構成について意図したことがあれば教えてください。

A9 特にないです。上京したての美津未にとっては一日一日が刺激的だったと思うので、そのまま描きました。

Q10 ゆづ、誠、ミカという、美津未の東京での仲良し三人について、それぞれの人物像を描く上で大事にしていることを教えてください。

A10 それぞれのかわいさを、「ぱっちりキラキラの目」「つやつやの髪」といった狭い範囲の「かわいい」に寄せてしまわないことです。青年誌ですが、一〇代の読者が見た時にいろんな見た目があって、それぞれに良さがあるという気持ちになってくれたらいいなと思いました。

Q11 八話のバレーボール個人練習を経て、九話から美津未たち四人組がワイワイしはじめるのが可愛いです。四人の関係性を描く上で大事にしていることを教えてください。

A11 誰かの考えがいつも正しいといった上下関係が発生しないこと。同じ高校生として対等なことです。

Q12 『スキップとローファー』は〝少女漫画〟とおっしゃるように、美津未が少しずつ志摩くんへの気持ちを自覚していく過程も丁寧に描かれています。恋を自覚していく美津未をどんなふうに描こうと思ったか教えてください。

A12 ジャンルにこだわりはないですが、少女漫画ベースなだけで青年誌連載を意識しています。

美津未の恋はまさに少女漫画を参考にした、「応援したくなる」恋です。そのあとのすこし意地悪な展開も考えて思いきり健全に振りました。

Q13 美津未だけでなく、バレンタインのチョコとともに告白するミカや、先輩とのデートで苦い思いをする誠、誰でもいいかに見えて誰でも

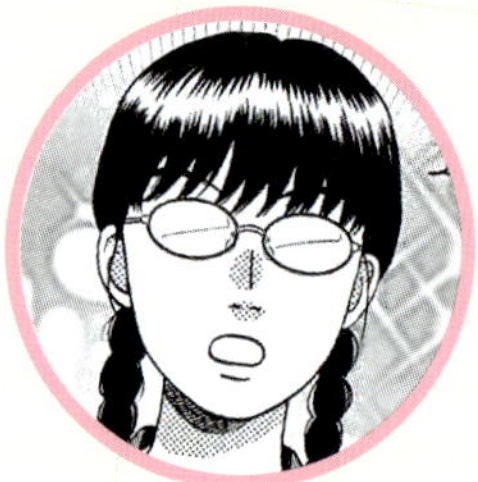

久留米誠（くるめ まこと）

文芸部所属。真面目な人がいそうという理由で生徒会室を訪ねたところ美津未たちと遭遇。最初はギャルっぽいゆづに萎縮していたが、すぐに馴染んで一番の友達に。

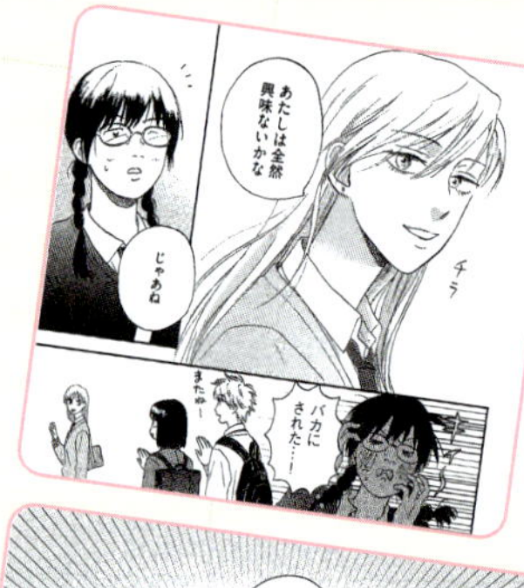

ギャルっぽい美人に萎縮するあまり、被害妄想に陥る出会い当時。

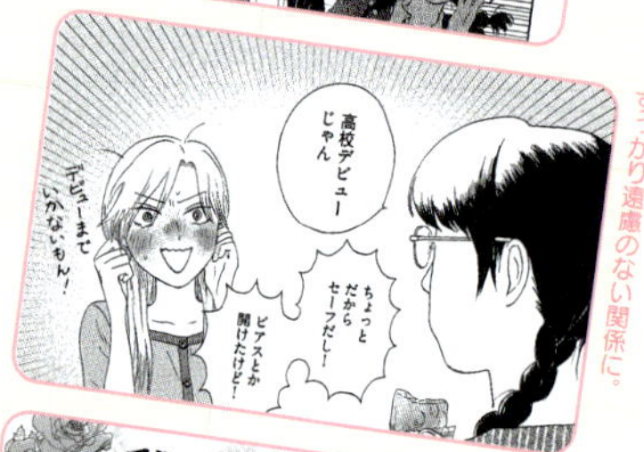

誠とゆづは、すっかり遠慮のない関係に。

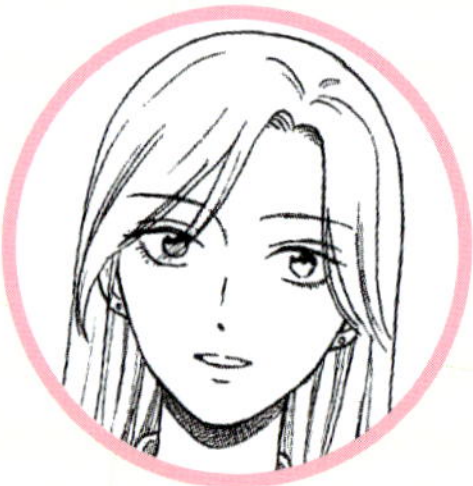

村重結月（むらしげ ゆづき）

帰国子女。美術部所属で愛犬の絵を描いている。その美貌ゆえに恋愛トラブルに巻き込まれ続ける人生だったが、美津未たちと出会いやっと居場所を見つける。

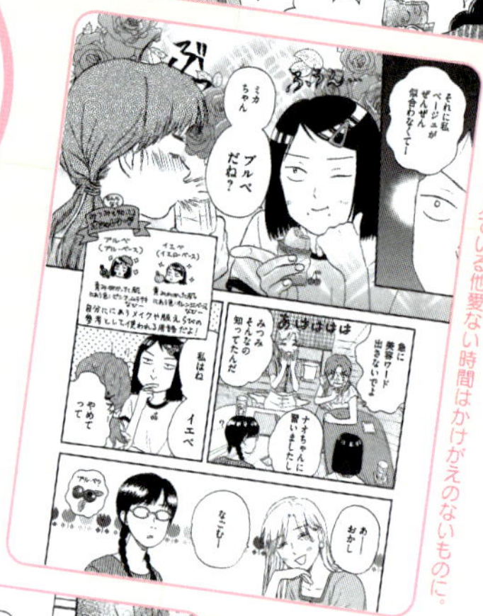

天然をかます美津未。4人でいる他愛ない時間はかけがえのないものに。

かわいく髪を結んでもらうことも。

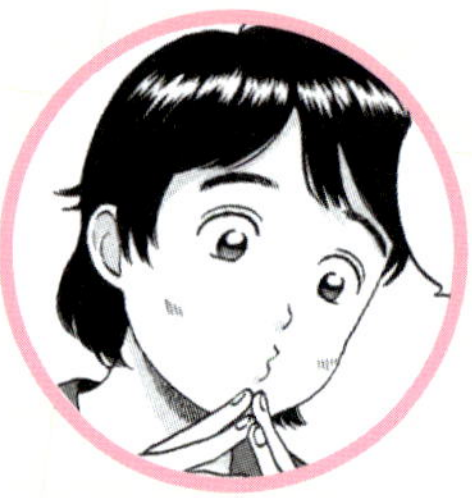

ふみちゃん

美津未の幼稚園からの親友。美津未が落ち込んだり悩んだりする度に、電話で明るく励ましてくれる頼もしい存在。高校に入ってすぐ彼氏ができ、どんどん大人の階段をのぼっている。

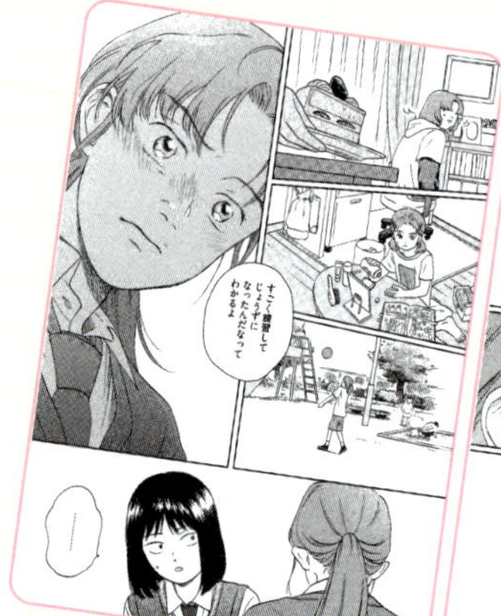

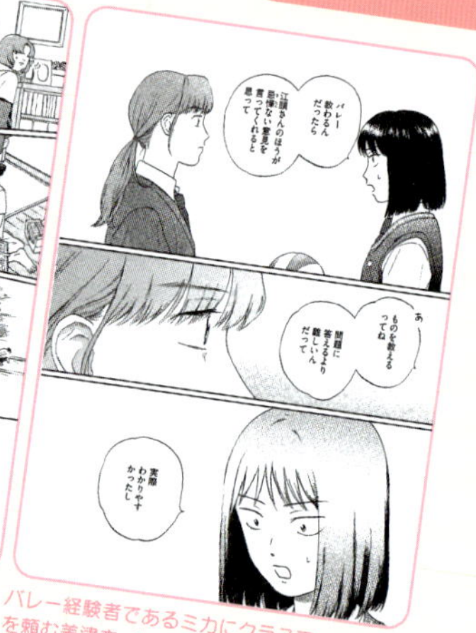

バレー経験者であるミカにクラスマッチの個人練習を頼む美津未。そんな美津未に対して、ひょんなことから卑屈になったミカは、自分が嫌なやつだから「迷惑かけやすかった？」と問いかけると、思わぬ答えが。ここからミカの気持ちも二人の関係も変わっていく。

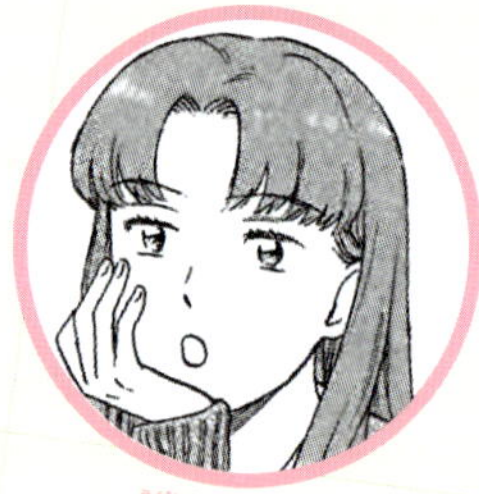

江頭ミカ（えがしら）

英会話部所属。自信の無さを努力でカバーするタイプ。メイクやファッションの研究にも熱心。当初は志摩くんと仲良しの美津未に意地悪だったが、クラスマッチを機に変わる。

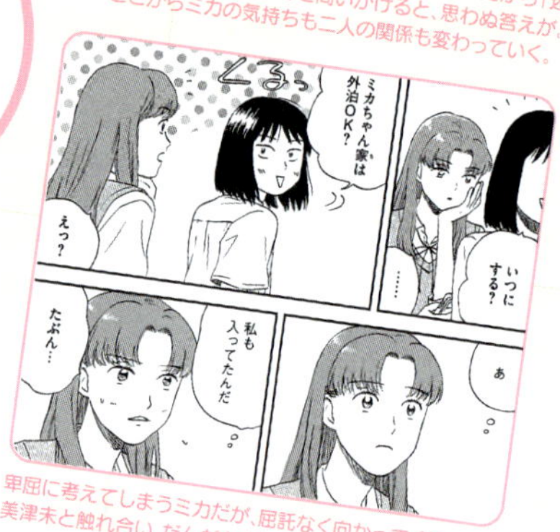

卑屈に考えてしまうミカだが、屈託なく向かってくる美津未と触れ合い、だんだん変わってく。

よくなかった山田など、『スキップとローファー』では思春期らしい、いろんな恋の形が見られます。恋の描写を通して、それぞれの思わぬ優しさや強さ、かけがえのない友情も描かれます。また、実は一番するすると大人の階段をのぼっているのがふみちゃんだったりもします。作者から見て、それぞれの恋について思うことや、創作上のエピソードや思い出などを教えてください。

A13 一口に「好き」「付き合う」といっても、お互いの解釈が根本的に違うまま進んでしまうことが多いのでは？　という感覚はずっとあって、それを描きたかったです。そのままなんとなく擦り合わせがうまくいくこともあれば、ズレたまま別れたり…。それぞれのキャラクターがどのタイプか考えるのは楽しいです。

Q14 四巻は一冊まるまる文化祭のエピソードです。一所懸命だけど空回り傷ついている美津未を見ながら、自分の子供時代を思い出す志摩くんの心の解放や成長から、美津未の強さが見られたり、友情が強化されるようなエピソードまで盛りだくさんです。高松さんが文化祭エピソードを描いていて感じたことや、思い出深い出来事などあれば教えてください。

A14 文化祭は何校も取材に行ったのですが、私自身高校生の頃はそんな華やかなイベントがそもそも無くて、「本当にこんなフィクションみたいな文化祭あるんだ！」と衝撃でした。学生さんが一生懸命自主的に何かやってるというだけで目頭が熱くなってしまい、時の流れを感じました。

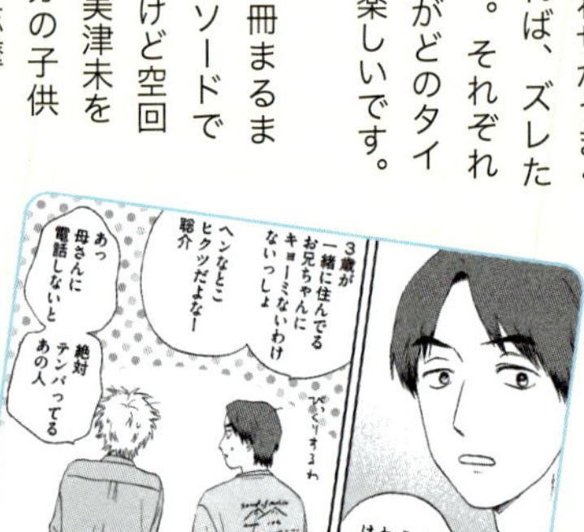

志摩くんの友

オラオラと叱咤してくれる幼なじみのクリス、内心「薄情だな」と思いながらも、本人が言いたくなさそうなことは深追いしない迎井くん、そして誰でもいいから彼女が欲しいとぼやいては女子に不評を買う男子のムードメーカー山田。ちょっと難ある志摩くんにとって居心地のいい仲間たち。

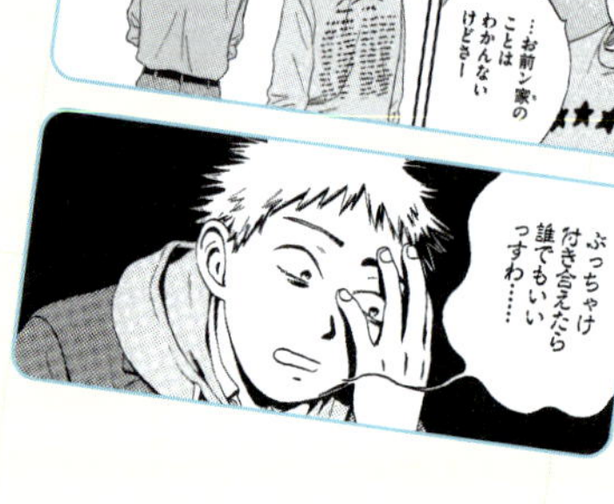

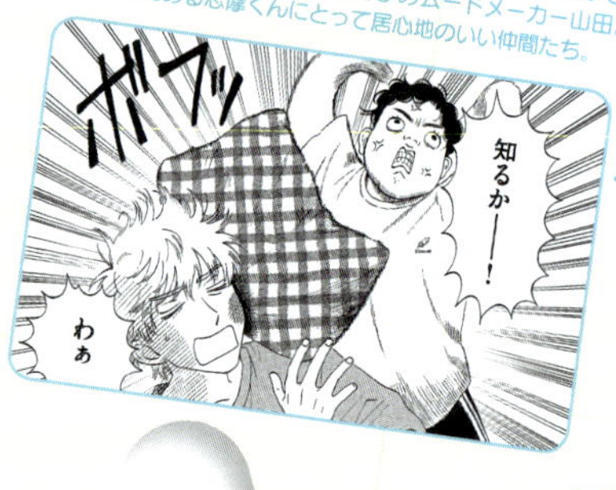

Q15 迎井くん、山田くん、クリスという、それぞれ個性的な志摩くんのお友達について、どんなふうに考えたか教えてください。

A15 それぞれ性格はバラバラですが、共通しているのは「他人のパーソナルに踏み込みすぎない」ことです。志摩くんの性格だとそういう人を友達に選ぶと思いました。そうじゃない人とは友達付き合いをしていても、卒業したらパタっと連絡を返さなくなるんだろうなぁと（笑）。

Q16 七巻から美津未たちは二年生になります。登場人物たちを描く上で二年目だからこその醍醐味を教えてください。

A16 受験を意識せず思いきり遊べるラスト期間というところですね。

Q17 二年になって、氏家くん、八坂さんなど、新たな登場人物が出てきました。それぞれに違った意味で癖の強い二人ですが、どのようにして生まれたキャラクターでしょう？

A17 いろんなタイプの子を描きたいと思っていて、今まで出てきていない性格はどんなだろうとたくさん考えました。

Q18 七巻最終話で思わず告白する美津未に対して、「付き合ってみる？」という志摩くんとのお試しの付き合いが始まります。二人のお付き合いをどんなふう風に描こうと思いましたか？

A18 二人には申し訳ないけど「うまくいかんだろうなー」

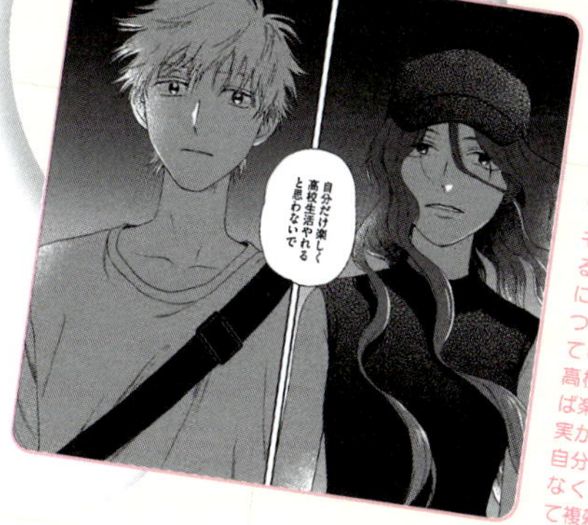

志摩くんと梨々華

モデルとして活躍する幼なじみの梨々華に、かつて取り返しのつかない迷惑をかけてしまった志摩くん。高校生活が楽しければ楽しいほど、その事実が重くのしかかり自分を責めざるを得なくて……？　長くて複雑な腐れ縁。

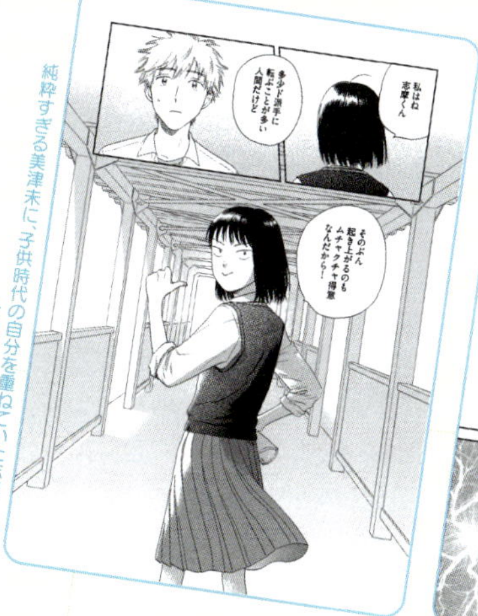

純粋すぎる美津未に、子供時代の自分を重ねていた志摩くんは、その思わぬしぶとさに救われる。

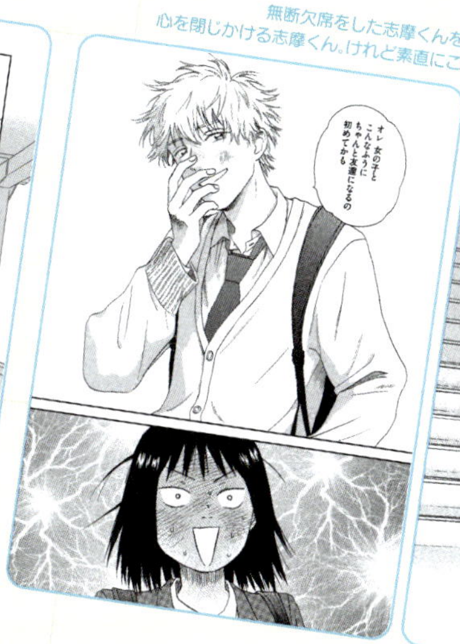

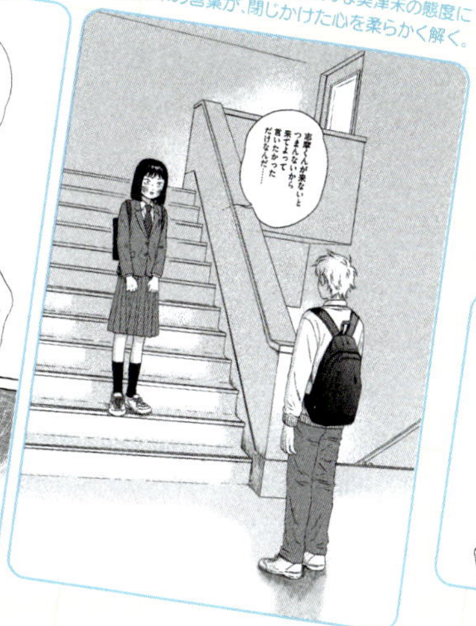

無断欠席をした志摩くんを、つい責めてしまった美津未と、そんな美津未の態度に心を閉じかける志摩くん。けれど素直にこぼれた美津未の言葉が、閉じかけた心を柔らかく解く。

志摩くんと美津未

美津未の真っすぐで純粋なところを好ましく思う志摩くん。志摩くんの優しさを嬉しく思いながらも、その寂しさや孤独が不思議で気になる美津未。二人が友達として過ごすなかで、美津未は自分の新しい気持ちを知ることになるし、一方の志摩くんは、転んでも転んでも立ち上がる美津未の姿に救われることになる。

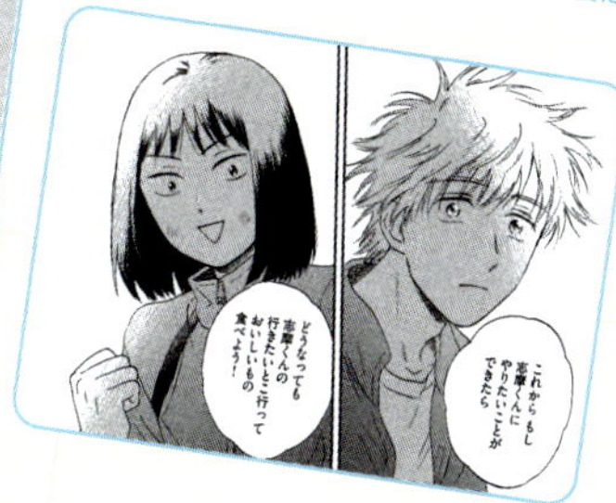

つばめ西高校の上級生

生徒会

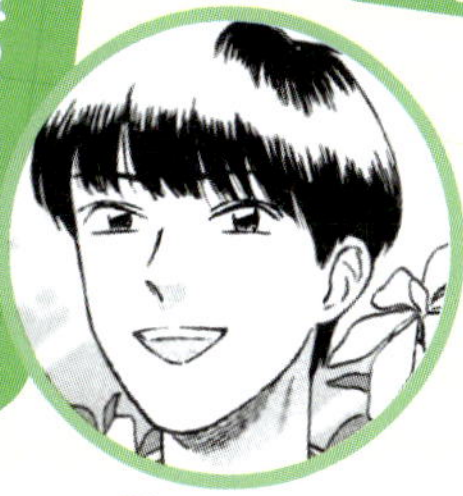

風上紘人

サッカー部の次期キャプテンと言われながらケガで引退。なぜか生徒会長に立候補して高嶺先輩を差し置いて当選してしまう。要領のいい器用なイケメンに見えるが…？

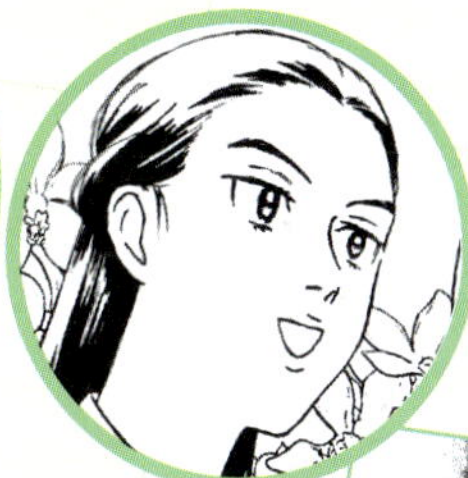

高嶺十貴子

生徒会会計を経て会長になるつもりが、風上先輩に負けてしまう。几帳面なしっかり者に見えて、だいぶ天然。スケジュール帳は細かく書きすぎて、予定通りに進めることが困難。

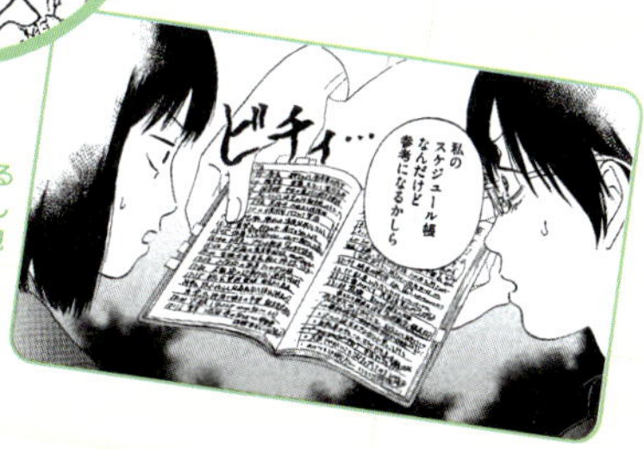

演劇部

兼近鳴海

演劇に対する、強く純粋な情熱で生きている。子役時代の志摩くんのファンで、演劇部に入れようと断られてもめげずに、しつこく勧誘している。

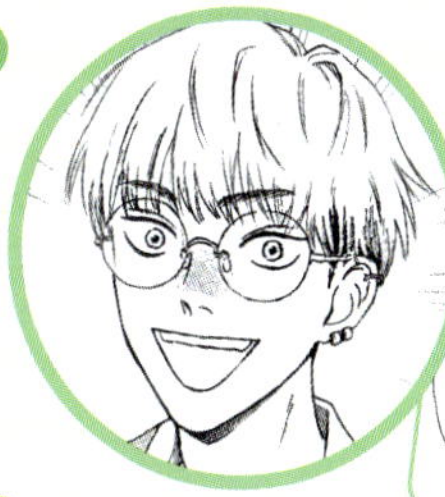

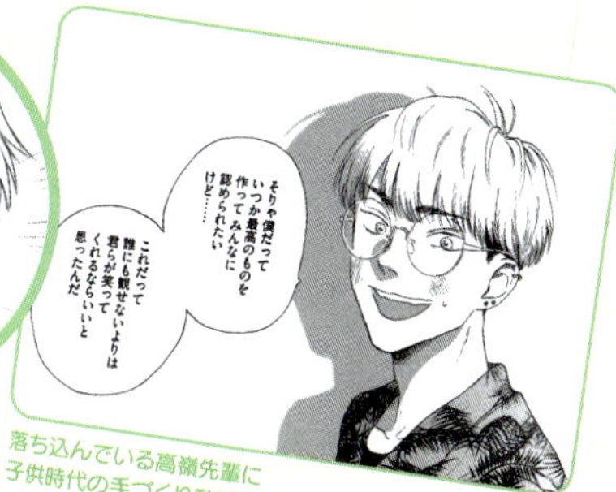

落ち込んでいる高嶺先輩に子供時代の手づくり動画を見せての一言。

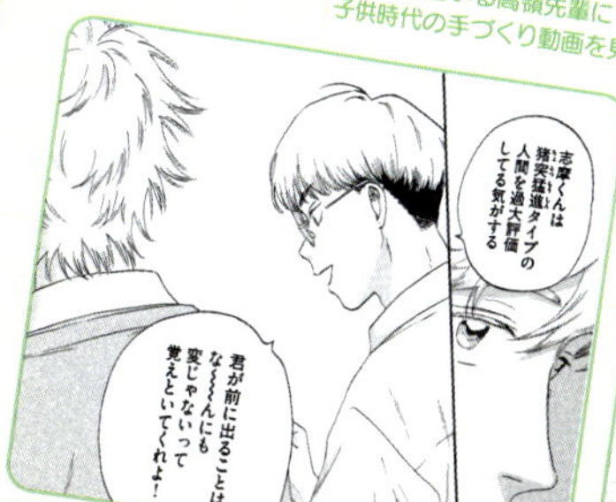

劇作家らしい洞察力で、志摩くんの心を見抜くように語りかける。

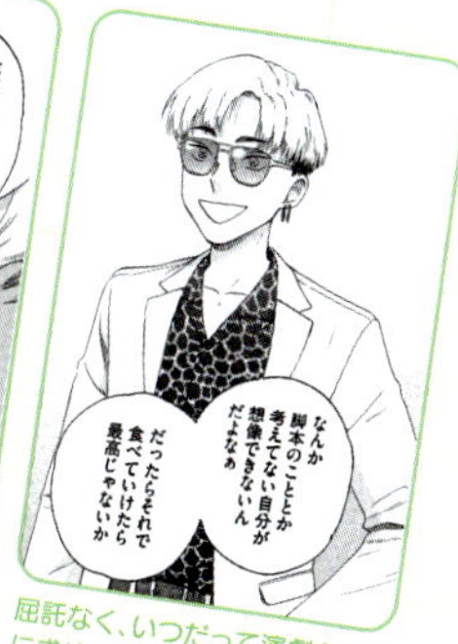

屈託なく、いつだって演劇を純粋に求める姿は、志摩くんの目にも眩しく映る。

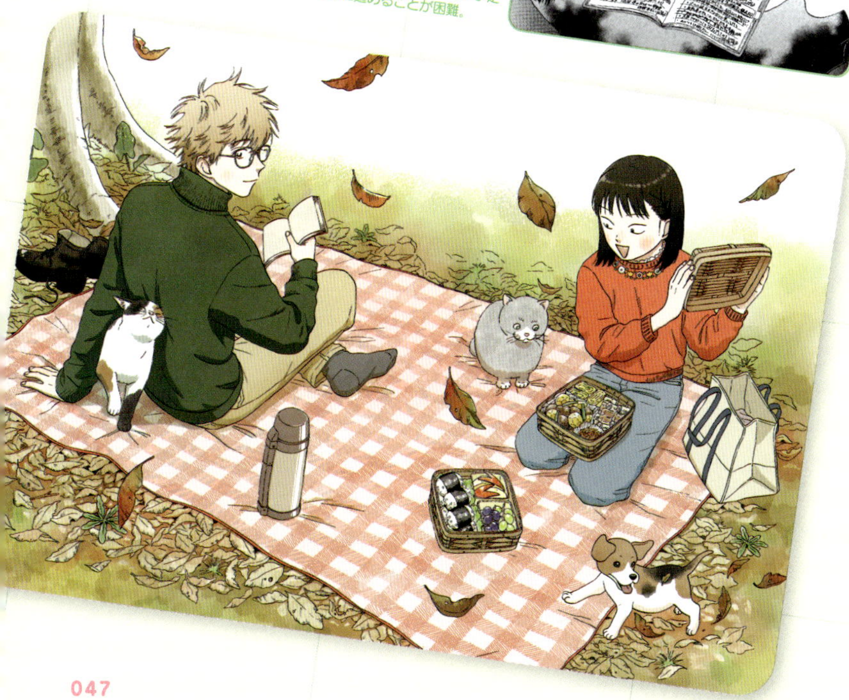

前提で描きました。どんなに見た目が良くても、志摩くんのように「みんなに好かれる」ということは、そのように振る舞っているはずで。付き合った途端にその子にしか良くしないという「選別」を突然いい塩梅にできるかというと、できないでしょと思っていました。一度読者さんの志摩くんへの好感度を下げるかもしれないけど、そういう業のようなものを描いてみたかったです。

Q19 せっかくお付き合いを始めた美津未と志摩くんですが、

新しい季節 変わるものと変わらないもの

2年生に進級し居心地のよかった1年生の仲間たちはバラバラになってしまう。それぞれの日常にも大きな変化が起きているようで…?

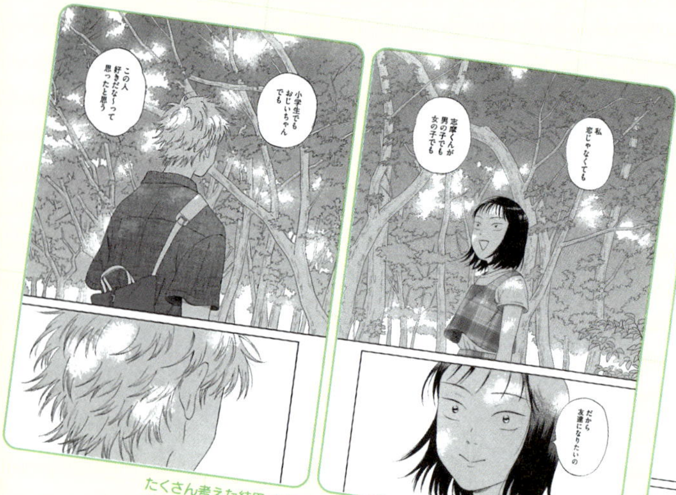

たくさん考えた結果、志摩くんの好きと自分の好きが同じでないことを悟った美津未は、初めてのデートで志摩くんに食べさせたかった美味しいバインミーを一緒に食べたあと、別れを切り出す。けれど、「友達になりたい」という美津未の言葉は、志摩くんの心を確かに、再び救うのだった。

初恋と別れ

お試しのお付き合いということで、ふみ以外の誰にも言えない美津未。いつも優しい志摩くんは相変わらず誰にでも優しく、自分だけを特別扱いしてくれないことにもモヤモヤする。そんな時に、クラスメイトの女子から自分をかばってくれない志摩くんを、どうしても許せないと思ってしまう。美津未の中には、今まで知らなかった黒々とした感情が渦巻いていた。

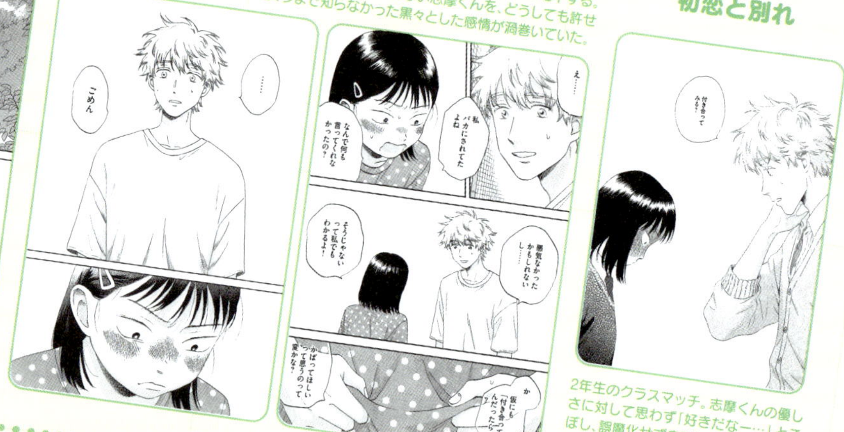

2年生のクラスマッチ。志摩くんの優しさに対して思わず「好きだなー…」とこぼし、誤魔化せず赤面してしまう美津未に「付き合ってみる?」との返答。二人のお付き合いは始まるが――!?

新たな出会い

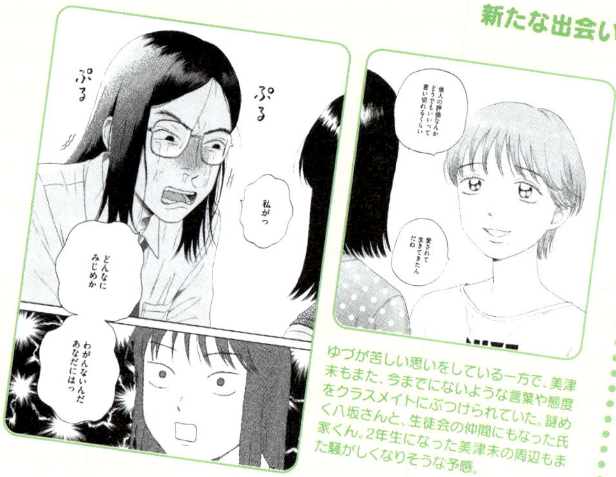

ゆづが苦しい思いをしている一方で、美津未もまた、今までにないような言葉や態度をクラスメイトにぶつけられていた。謎めく八坂さんと、生徒会の仲間にもなった氏家くん。2年生になった美津未の周辺もまた騒がしくなりそうな予感。

ゆづの苦悩

新しいクラスで、美津未と誠が友達を作ろうとしている頃、ゆづは一人で心を折っていた。美しく、どこにいても誰にでも好かれるゆづに対して「ゆづなら大丈夫」と気にしていない誠たちだったが、美しいからこその息苦しさも、心を雑に扱われることがあるのだとも気づき、自分ばかり助けてもらっていたことを恥じる。そしてマンションの下まで会いにいき、涙ながらに言葉をかけるのだった。

新クラスで親睦を深めるための遠足だが、ゆづの様子がおかしい。

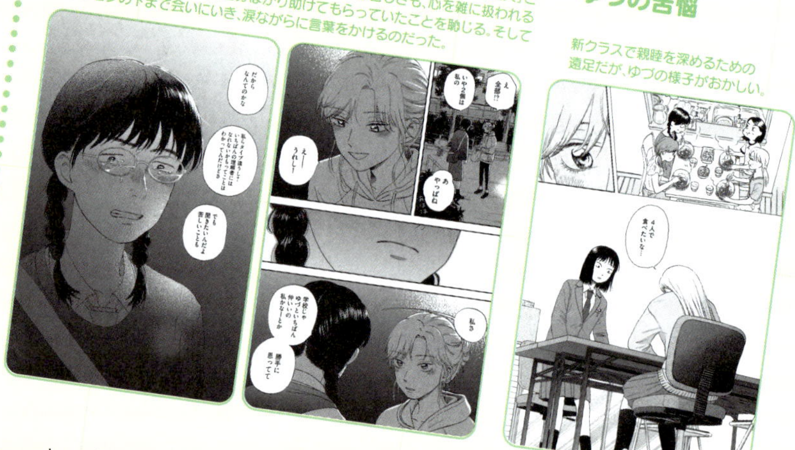

初めてのデートで美津未から別れを切り出します。切ないけれど、志摩くんが誰であろうと、どんな姿であろうと「この人好きだな〜って思ったと思う」という美津未の言葉は志摩くんの心を救ったはずです。二人の恋を描く上で、この展開は最初から考えていましたか?

A19 はい。このような展開はもともとやりたかったことですが、志摩くんの心に残る、美津未らしい言葉って何だろうというのは時間をかけてじわじわ考えていたように思います。

Q20 九巻では、みんなで美津未の実家へ泊まりに行くエピソードが描かれます。美津未の故郷の美しい描写から、妹とのあれこれ、一歩前に進めたナオちゃん、女の子たちの恋愛トーク、そして今さらのようにふみや迎井くんの言葉で自分の気持ちを発見する志摩くんなど、とにかく盛りだくさんです。高松さんは、どんな気持ちで、この帰省エピソードを描かれましたか?

A20 二年の夏休みはスペシャルイベントが欲しかったです。このあとはじわじわ受験モードになると思うので。

描き終えた後に能登半島地震が起こり、言葉になりません。

Q21 五六話で、実家から帰ってきたみつみが「実家も帰ったなーって思うけど ここも なんか 帰ったなーって 感じになってきた」とナオちゃんと話すのが印象的です。三巻のあとがきで故郷とは何かを考えると書かれていましたが、東京もまた美津未の帰る場所のひとつとなったのでしょうか?

A21 はい

Q22 『スキップとローファー』では、登場人物の弱いところも強いところも、いろんな面が描かれます。例えば五八話は、いつも余裕で要領よくなんでもこなす風上先輩の意外な一面もとても印象的でした。連載の中で、この人のこんな部分が描けた、と手応えを感じたシーンやエピソードがあったら教えてください。

A22 それぞれ深掘りエピソードは思い入れがあります。そのキャラクターの感情に深く入れたと感じた時に描けるものなので、まだ描けていないキャラクターもいますね…。

Q23 扉イラストがいつも可愛いです。基本的にはお話と関係のある絵を描かれていますが、時には関係のないこともあります。扉のアイデアはどんな風に出していますか?

A23 扉絵は苦手なので嬉しいです。カラーをいただいた時はせっかくなのでかわいくしようと、毎回時間をかけてがんばってます。

Q24 美津未の妄想でいろんな絵や絵柄が見られて楽しいです。高松さんとしても楽しく描かれているのではないでしょうか?

A24 ただの会話劇やモノローグだとつまらないシーンで、美津未の妄想力に救われています。

Scene53「ドキドキの海〈3〉」

美津未の東京の友人たちが夏休みに故郷の石川県凧島町へとやってくるエピソード。引率するのは、しばらくぶりの帰省となるナオちゃん。美しい石川の描写、楽しい時間を過ごす面々、母と言葉を交わせたナオちゃんに、自分の気持ちに気づいてしまった志摩くんなど、盛りだくさんな展開。掲載したネームは、志摩くんの赤面が印象的なシーン。ネームでもそれがありありと伝わってくる。

ネーム

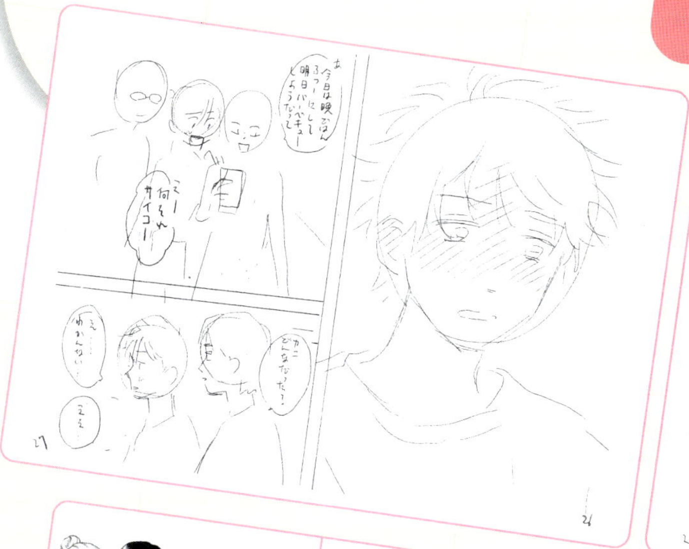

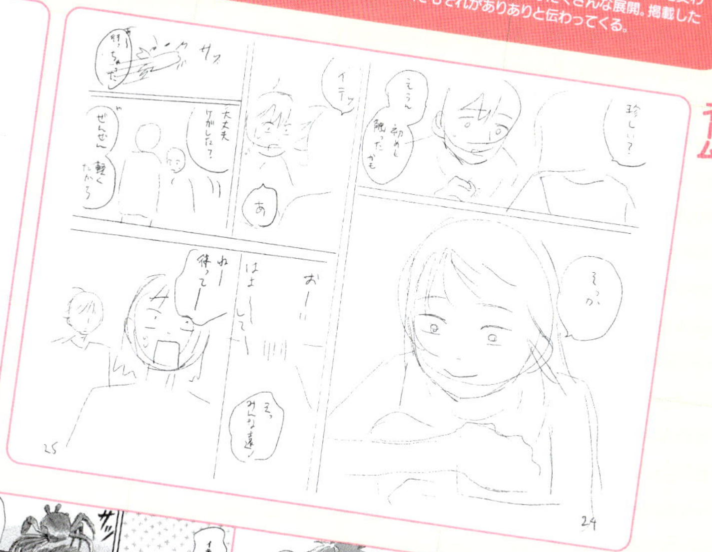

完成

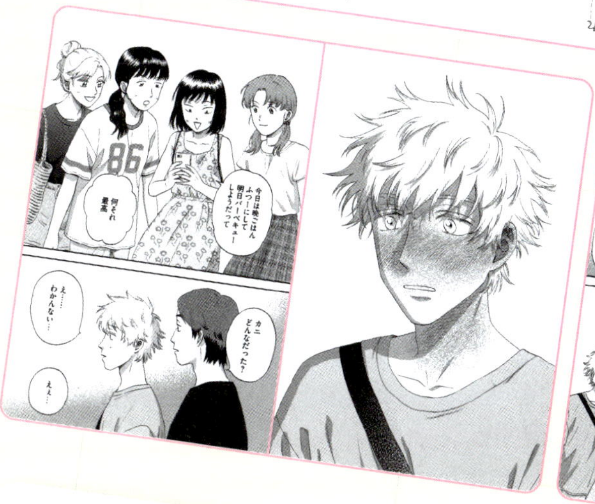

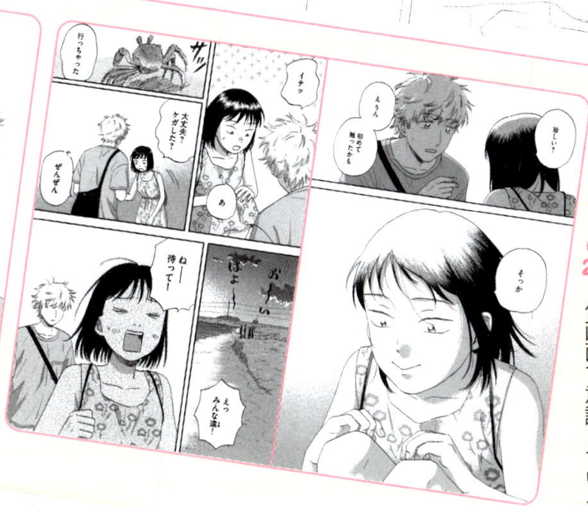

Q25 描いていて楽しいモチーフを教えてください。

A25 植物や食べ物など有機物です。物差しやパースが苦手なので、無機物はあまり…。

Q26 作画面で意識していることを教えてください。

A26 描き込みのメリハリは意識しています。「ここを見て」というコマでは細かくペンを入れて、さらっと読んで欲しいところは思いきり抜いています。

Q27 モノクロ原稿と、カラー原稿の作業環境を教えてください。

A27 ネーム→Procreate（らくがき感覚でできるから）
下描き→CLIP STUDIO PAINT（下書き状態でもアシスタントさんに指示が出しやすいから）
ペン入れ→アナログ（温かみあるランダムな線が出るから）
仕上げ→CLIP STUDIO PAINT
カラー→CLIP STUDIO PAINT
です。デジタルはiPadを使うことが増えました。

Q28 特に好きな色があれば教えてください。

A28 緑

Q29 高松さんの日常生活に欠かせないものとは何でしょう？

A29 食と睡眠です。どんなに忙しくても変に徹夜をすると効率が落ちるし、ご飯を食べないと起きられないし頭も回らないし、なるべくストレスをなくして長く仕事をしたいなーと思っています。

Q30 最後に、今後の『スキップとローファー』のなかでやりたいイベント、掘り下げたい人物や関係性などあれば差し支えのない範囲で教えてください。

A30 未定です！文化祭は二年が一番盛り上がりそうなので、がんばります。

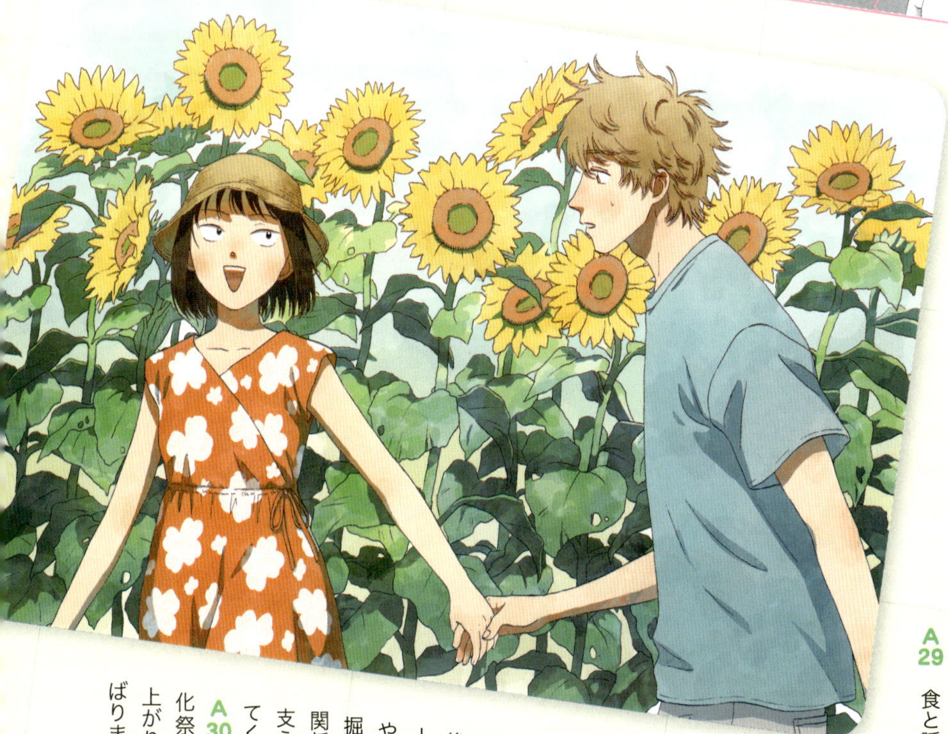

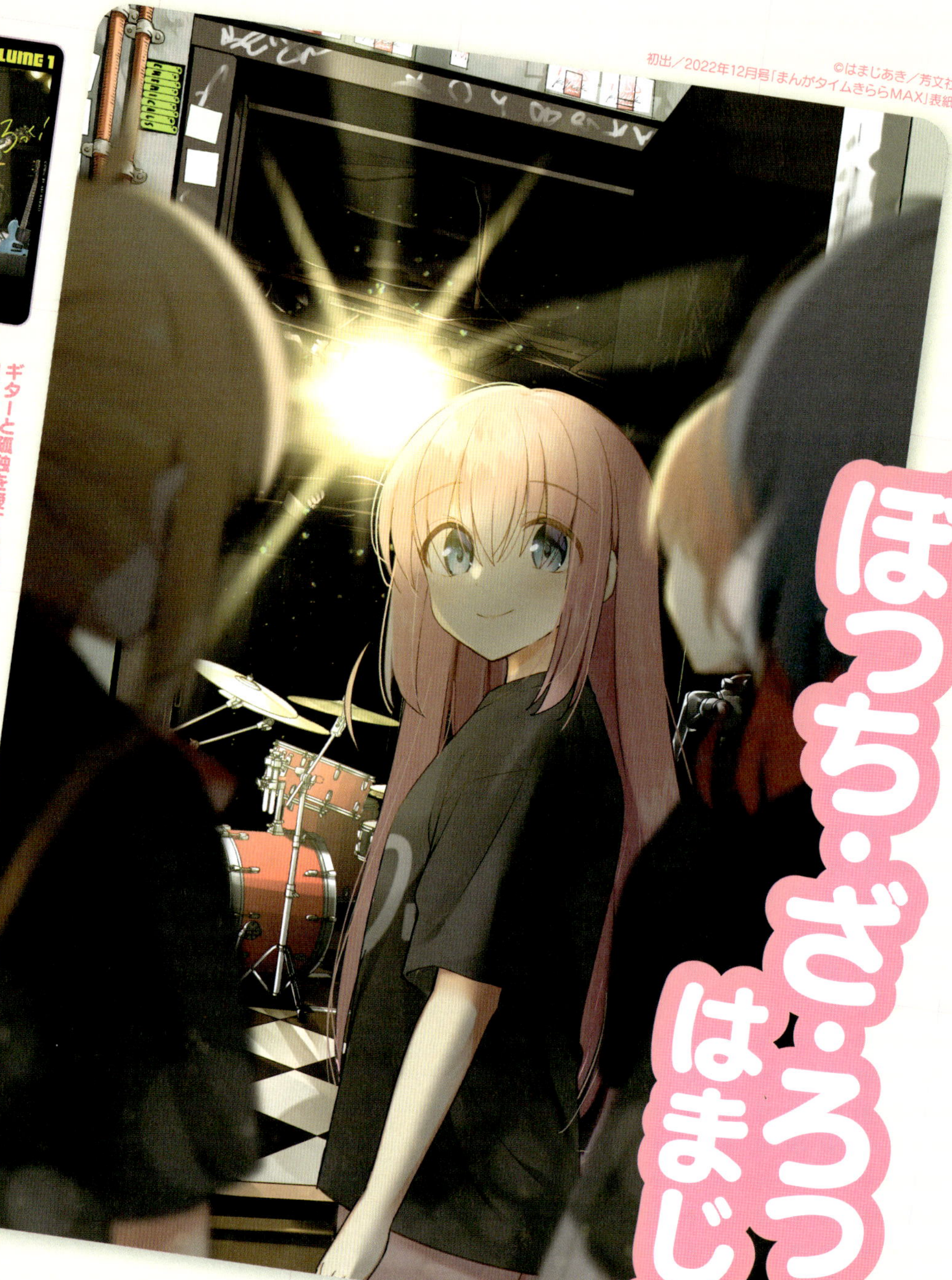

初出／2022年12月号「まんがタイムきららMAX」表紙　©はまじあき／芳文社

ぼっち・ざ・ろっく！ はまじあき

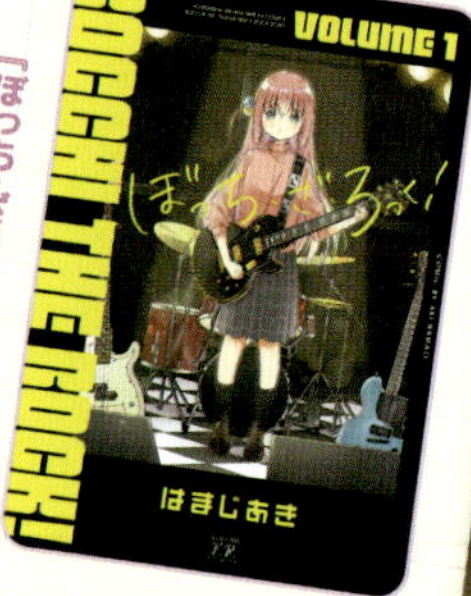

『ぼっち・ざ・ろっく！』（全6巻）
※表紙は1巻
著者：はまじあき
出版社：芳文社

ギターと孤独を愛する「ぼっちちゃん」こと後藤ひとり。
中学は極度の人見知りで友達ができず、高校ではバンド女子として
音楽好きをアピールするものの声をかけてもらえず一人公園で黄昏ていた…。
そんなとき、ギターを演奏できる人を探しているという伊地知虹夏や、
のちの「結束バンド」のメンバーである山田リョウ、喜多郁代と出会い、
後藤ひとりの日常が少しずつ変わり始める——！
今回『ぼっち・ざ・ろっく！』の作者である、
はまじあきさんに筆記インタビューを敢行！
連載を始めるにあたり準備をされたこと、キャラクターの性格や
ビジュアルについて、お気に入りの表情や物語、作画について、
はまじあきさんが漫画を描かれたキッカケなどを伺った。
また、マンガのネームやキャラクターの初期設定、
カラーイラストのラフなどたっぷりと掲載！

はまじあき／漫画家。2013年に漫画『スワン☆コンプレックス』（小学館）でデビュー（はやみ知晶名義）。代表作に、『きらりブックス迷走中！』（全2巻／芳文社）がある。現在、『ぼっち・ざ・ろっく！』を「まんがタイムきららMAX」（芳文社）にて連載中。2024年春夏に「劇場総集編『ぼっち・ざ・ろっく！』前後編」の劇場公開を控えている。

X（旧Twitter）＝@hamazi__
YouTube＝はまじあき（一生準備中）

Q1　『ぼっち・ざ・ろっく！』（以下、『ぼざろ』と略記）は、はまじあきさんが漫画と同じぐらい好きだった邦楽ロック（※「ASIAN KUNG-FU GENERATION」や「クリープハイプ」）をテーマにバンド漫画を描こうと思われたのだと伺っております。『ぼざろ』は、学校だけでなく下北沢やライブハウスといった外の場所で生まれる新しいコミュニケーションの輪、バンド活動をする上で避けられないような問題である演奏技術、知名度、売上げや活動費といった資金面について、本番の緊張感などがリアルに描かれていると思います。連載準備をしていた当初から、バンド活動をするということを多面的に描きたいと考えられていたのでしょうか？　また、音楽関連は1巻からInstantさんが音楽監修をされていますが、そもそもどのようなキッカケで一緒に漫画を描かれるようになったのでしょうか？　また、担当編集の瀬古口さんや、妹の大豆田さんとどのようなことを相談されますか？　『ぼざろ』の連載をするにあたって、当時どのような準備をされたのかも知りたいです。

A1　『ぼざろ』を描くにあたり大事にしていることは、とにかくリアリティです。バンドの楽しいところばかりでなく大変な事情も描き、ほかのバンド作品との差別化を図っています。舞台も下北沢、新宿などの実在するライブハウスをモデルにして本当にキャラたちが存在しているかのようにしています。基本的に『ぼざろ』に出てきたところは、ほぼ存在してるので読者の皆さんにはそこも注目していただきたいです。連載を始めるにあたり準備したことは自分で楽器を始めてみたり、知り合いのバンドマンに話を聞いたり、下北沢のライブハウスにも足を運びました。とは言っても漫画の連載を始めるには全然知識も経験も足りていなかったので、今思うとよくバンド漫画なんか描こうと思ったなと恐ろしい気持ちです（笑）。それでも描いたのは未知のジャンルを描く不安以上にバンドへの想いが大きかったからだと思います。

『ぼざろ』の音楽監修をInstantさんにお願いしたのは、原作1巻が発売される以前にX（旧Twitter）で私をフォローしてくれたことと、ご本人が「楽器女子」をテーマにしたイラストの同人誌を出していたことがキッカケでした。1巻が発売される直前に内容に違和感が無いか、楽器やバンドの知識がある人に確認して欲しいと思い私からコンタクトを取りました。そこで最初に、『ぼざろ』が初めて「まんがタイムきららMAX」の表紙になったイラスト（※2019年4月号）のラフを見せたところ、私が「エフェクター」という床に置くべき機材をまるで墓標のように全て垂直に立たせて描き、それを見たInstantさんが本格的に介入してくれるようになりました。墓標のおかげで2巻以降は1巻よりも、

→**右上**：Y2Kファッションな2人に注目。ハートのサングラスをかけ、ヘアピンがたくさんついたお団子ヘアーなひとりと、クロップ丈のバタフライトップスにマイクロブレイズアレンジヘアーの虹夏がとても魅力的だ。薄暗がりなゲームセンターのあやしげな雰囲気に惹かれる。（初出／2022年10月号「まんがタイムきららMAX」表紙）
右下：ビビッドなオレンジ色が目を惹くイラスト。虹夏が洗濯機のへりに腰をかける姿からは、ドラム洗濯機の向こう側からやってきたような物語を想像させられる構図にも思える。クラッカーを食べるリョウの表情が味わい深い。（初出／2024年1月号「まんがタイムきららMAX」表紙）

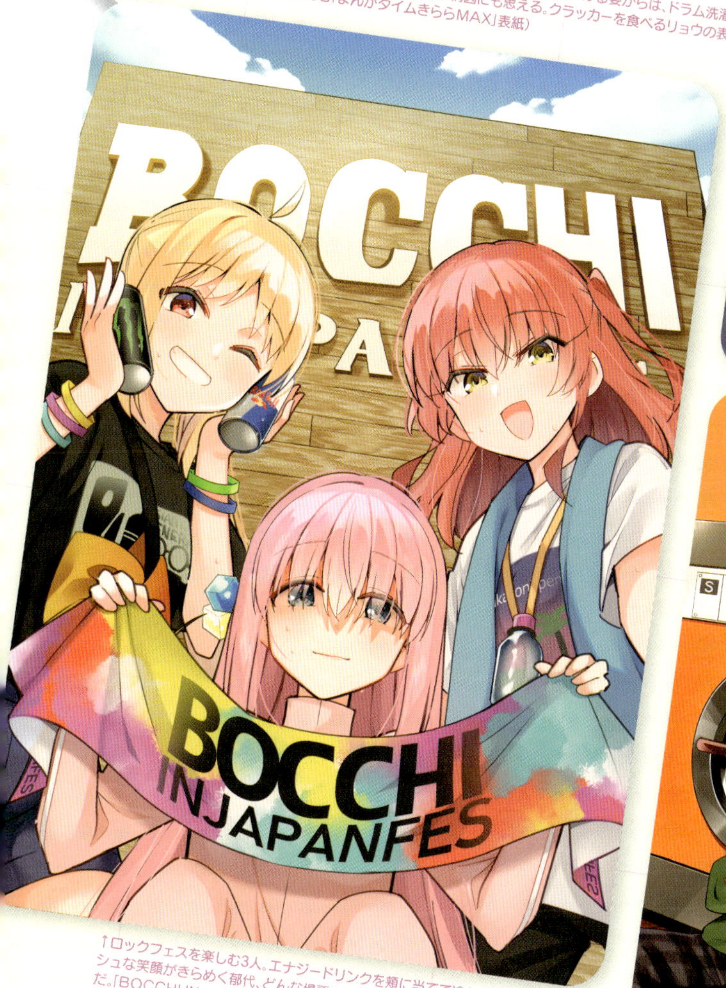

↑ロックフェスを楽しむ3人。エナジードリンクを頬に当てて冷たがる虹夏やフレッシュな笑顔がきらめく郁代、どんな場所でもジャージ姿で青ざめるひとりが印象的だ。「BOCCHI IN JAPAN FES」と掲げられたカラフルなタオルが映えている。（初出／2022年7月号「まんがタイムきららMAX」表紙）

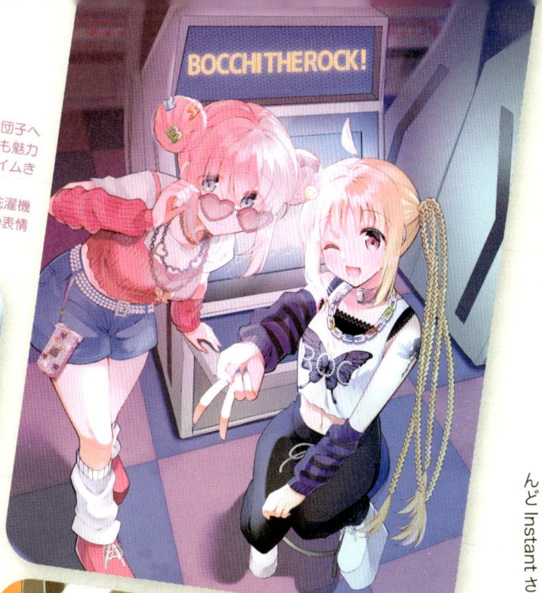

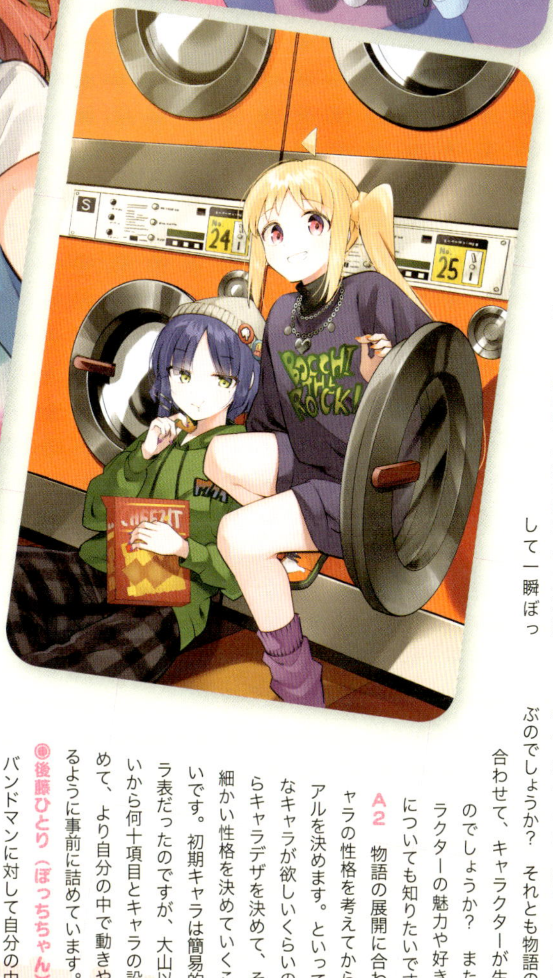

よりバンドや楽器ネタが濃くなっているんじゃないかと思います。

担当編集の瀬古口さんとは打ち合わせで大まかな1話の流れを考えてその話に沿ってこのキャラならこんなことしそうみたいなネタをお互い出し合い、もともと読者だったInstantさんにある程度完成したネームを見てもらいつつ、キャラが読者からみてブレていないかを確認してもらっています。それと音楽ネタはほとんどInstantさんが話に沿ってるネタを考えてくれるので助かっています。

妹には漫画の大事な場面で詰まったときに意見を聞いたりします。自分はギャグは得意なほうだと思っていますが、ストーリー面を考えるのは苦手なのですごく助かっています。3巻の序盤でぼっちちゃんが未確認ライオットに出る！　と宣言してから、自分の中で一気に成長しすぎた気がして一瞬ぼっちちゃんのキャラをどう動かせばいいのか分からなくなってしまったのですが、そのときも妹の助言でキャラの方向性を正すことができたので感謝しています。

Q2　『ぼざろ』に登場するキャラクターについて、はまじさんがどのように着想されたのか教えてください。キャラクターを考えられるときは、先にビジュアルが浮かぶのでしょうか？　それとも物語の展開に合わせて、キャラクターが生まれるのでしょうか？　また、キャラクターの魅力や好きな部分についても知りたいです。

A2　物語の展開に合わせてキャラの性格を考えてからビジュアルを決めます。といっても活発なキャラが欲しいくらいの情報からキャラデザを決めて、そこから細かい性格を決めていくことが多いです。初期キャラは簡易的なキャラ表だったのですが、大山以降ぐらいから何十項目とキャラの設定を決めて、より自分の中で動きやすくなるように事前に詰めています。

◉後藤ひとり（ぼっちちゃん）

バンドマンに対して自分の中では怖いイメージがあったのですが、よくよく調べると、意外と暗い性格をしてそうだな…というところから着想を得たキャラです。キャラデザは、はんざわかおり先生の『こみっくがーるず』の主人公、かおすちゃんのように主役がピンクだと画面が華やかで可愛いと思っていたので、早い段階からピンクをメインにしよう！　ということだけは決まっていました。結果的にピンクジャージで学校に登校するとんでも人間になっていますが、そこに独自性が生まれたので、今ではこれでよかったなと思っています！　後藤の魅力は、普段はその暗い性格から失敗ばかりしてしまうような親近感を感じやすいキャラが、ここぞというところではしっかり決めてくれるギャップだと思います。しっかり決めつつも、やっぱり最後は決まりきらないところも好きです。

◉伊地知虹夏

虹夏は話をぐいぐい引っ張り、世界観の説明をしてくれるキャラが必要だと思って作りました。当初はとにかく元気でおばかみたいなキャラで、キャラ表にもそのように書いてあったのですが…いつのまにか山田がアホになっていました。虹夏の魅力は優しいところだと思います。ぼっちちゃんに対しては母親のようになんでも褒め、許してくれます。山田には過激なツッコミをしつつも、なんだかんだ身の回りのことは何でも世話を焼いているなど、誰にでも優しいところが魅力かなと思います。好きなところは頑張り屋さんなところです。夢を追いつつバンドメンバーをまとめ、家事もこなして…、と一番真摯に夢に向き合っているところが好きです。でも毎日頑張っているのでたまにはゆっくり休んでほしいと思ってます。

◉山田リョウ

山田の魅力は「きらら」らしくないキャラかなと思います。愛想も悪く、いつもお金のことばかり考えているとんでもないキャラですが、それが「結束バンド」にリアリティをもたらしているのかなと思います。好きな部分は見た目です。山田は、自分が「いいな」と思うバンドマンの見た目を色々詰め込んだキャラなので、ビジュアル設定だけはぼっちちゃんの次にすぐできました。実は当初は虹夏と役割が逆だったのですが、自然と動かしやすいほうに描いていたら今のような性格になっていました。3話くらいまでは、知的そうな山田の名残がギリギリ垣間見える気がします…（笑）。

◉喜多郁代

当初はなぜかスリーピースバンドの予定だったので喜多は出す予定がなかったのですが、虹夏、山田、ぼっちだけだといまいち話が動かなさそうなのとぼっちちゃんの陰キャラを際立たせるには周りの属性が弱いと思ったので喜多を作りました。初期設定は大槻のようなツンケンキャライメージだったのですが動かしていくうちに今の喜多

巷で話題の…「結束バンド」!

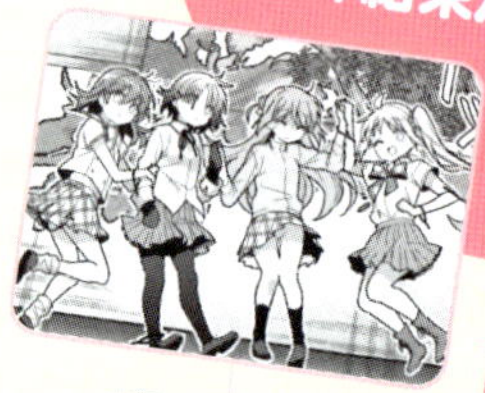
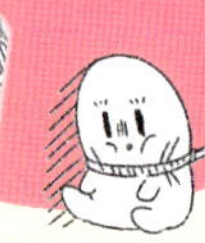
「結束バンド」のマスコットキャラクターけつばんちゃん♡

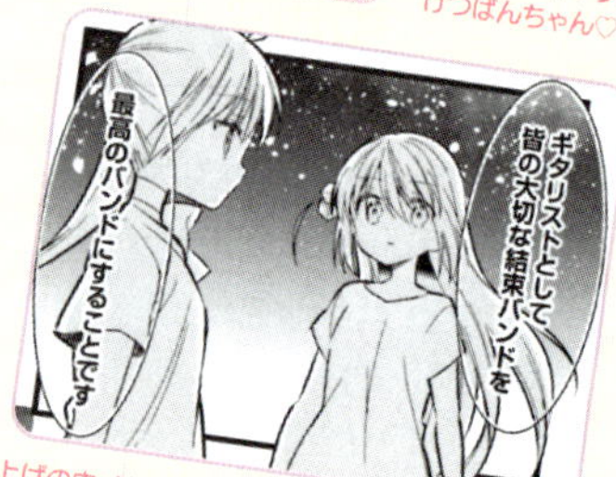

ライブの打ち上げの中、外で涼んでいた虹夏を見つけたひとり。虹夏は自身の夢を語りながら、「ぼっちちゃんが何のためにバンドしているか」という問いを投げかける。ひとりは「ギタリストとして、皆の大切な結束バンドを最高のバンドにすることです」と力強く応えた。

伊地知虹夏（いじち・にじか）

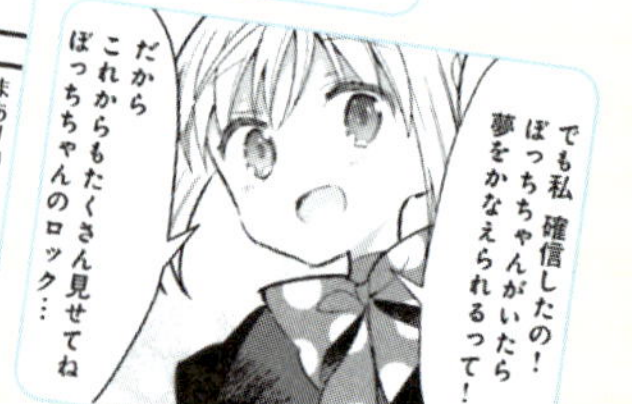

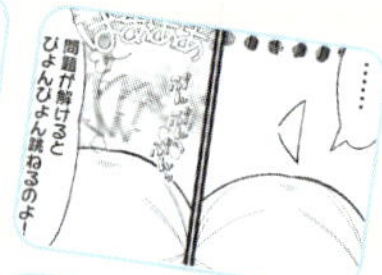

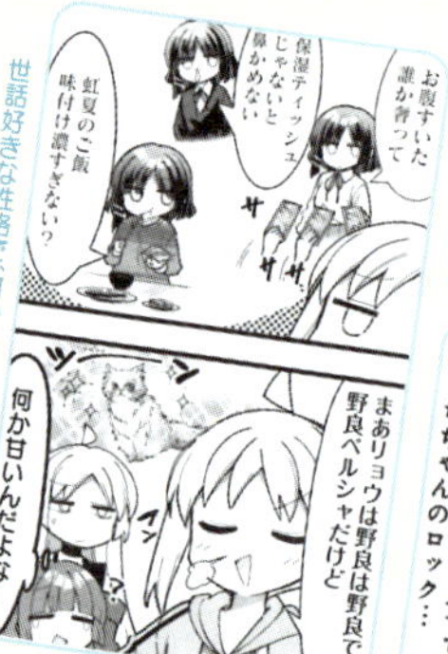

世話好きな性格で、何かとワガママを言うリョウの面倒をよくみている。ちなみに、虹夏の部屋はリョウの私物に占領されている。

ドラムを担当。「結束バンド」のリーダーであり、自由奔放なメンバーをまとめている。また、姉・星歌が経営するライブハウス「STARRY」を手伝っている。明るく素直な性格で、困難に遭遇しても前向きな姿はとても魅力的だ。ライブTシャツやCDジャケットのデザインを手がけるなど器用な一面もある。また、頭のアホ毛は時折動いている。

喜多郁代（きた・いくよ）

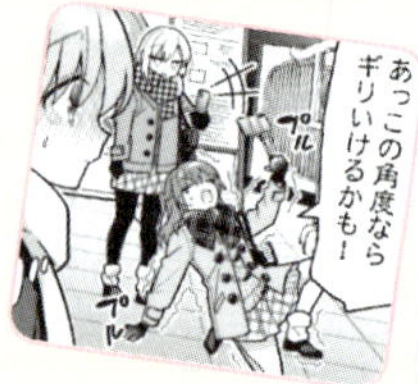

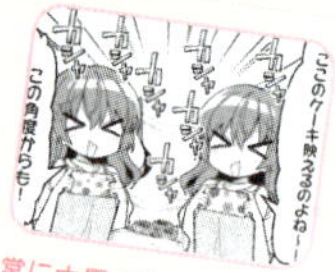

常に大量の映え写真を撮影し、「イソスタ」にアップしている。自撮りと一緒にバンド活動のSNSを更新しているが、美容アカウントと間違えられている。

ギターボーカルを担当。どこへでも飛んでいけそうなフッ軽さを持ち、「きたーん！」とパワフルな明るさが眩しいポジティブな存在。人とコミュニケーションを取るのが大好きで、陰キャなひとりにもグイグイと迫る。

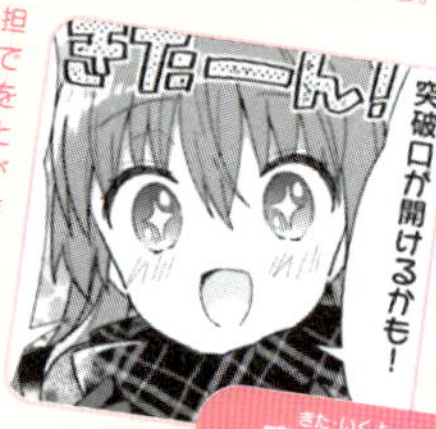

大好きな先輩、リョウを目当てにギターを始めた全くの初心者。ギターを弾けるようになるためにもひとりと練習を始めるが、難しさに思わず地面にうなだれる。「結束バンド」に入ってからは、日々ギターと歌の練習をひたむきにおこなっている。

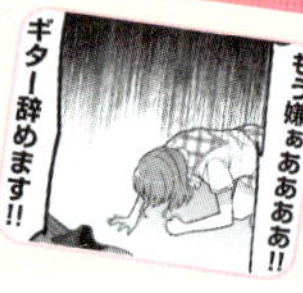

山田リョウ（やまだ・りょう）

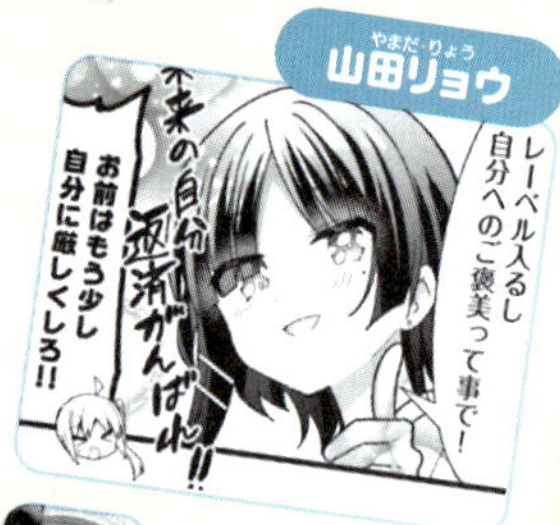

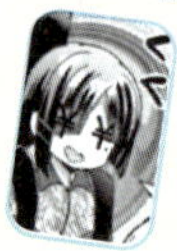
ベースと作曲を担当。クールで孤高、ミステリアスな一面に加え、変わり者な発言や行動が目立つ。一人行動が好きで、休日は古着屋や廃墟巡りをしている。食べることも好き。金づかいがとても荒く、稼いだバイト代は楽器に注ぎ込むため常に金欠状態。人にお金を借りたり、空腹を紛らわせるためタンポポなど草を食べることもある。ひとりの「ぼっち」というあだ名はリョウが名づけた。

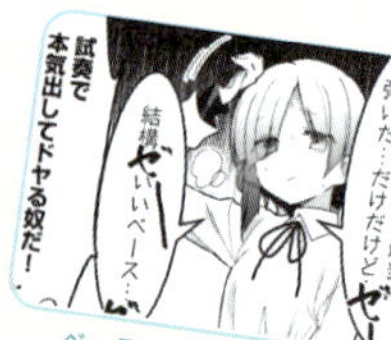

ベースの試奏で本気を出してドヤるリョウ。

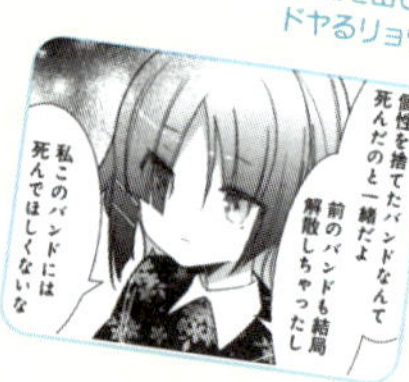

「結束バンド」のオリジナル曲を初めて作ることとなったひとり。バンドの方向性が決まる作詞で悩むひとりに、アドバイスと共に正直な気持ちを伝える。

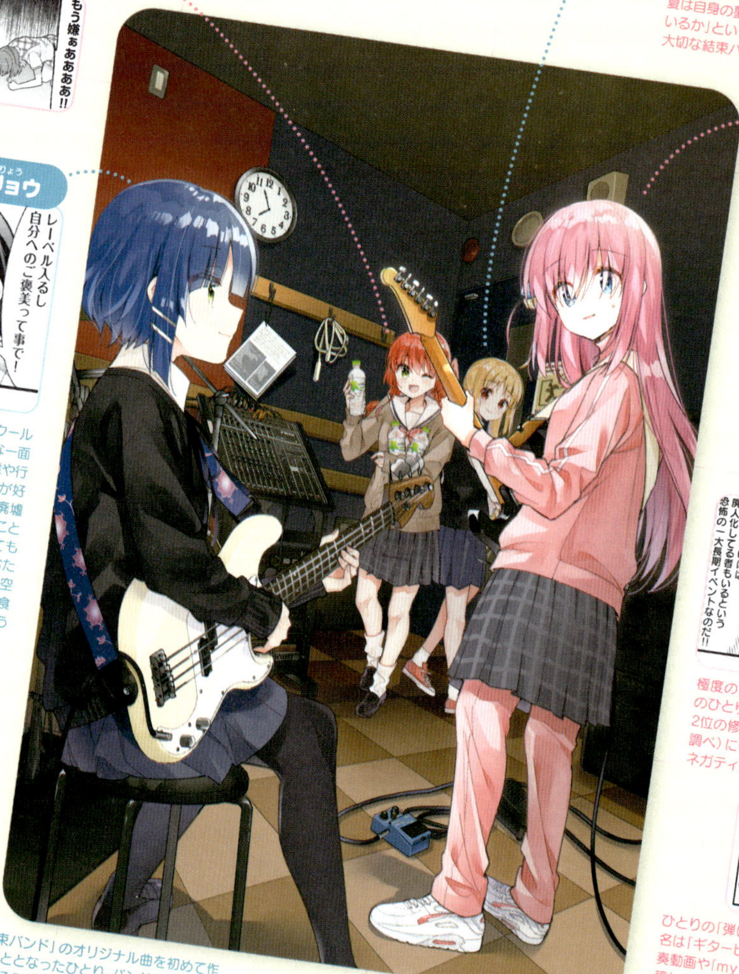

後藤ひとり（ごとう・ひとり）（ぼっちちゃん）

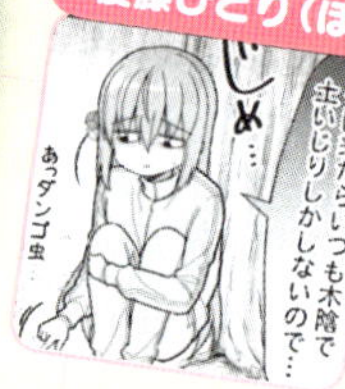

バンドのギターと作詞を担当。ロングヘアーに小さく結ばれた触覚、目線が隠れがちな前髪、青ざめた肌、芋ジャージ姿が特徴的。ダンボールやゴミ箱に隠れるなどじめじめとした場所を好み、しばしば奇行が見られる。

褒められたり結果が良いとすぐにニヤつくクセがあり、つい見栄を張り調子に乗ってしまう。有名になって取材を受ける妄想は無限に広がる…。また、妄想の中のひとりはどこか強気だ。

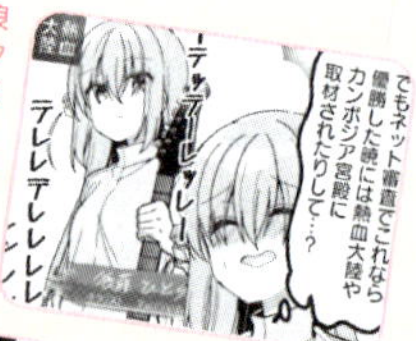

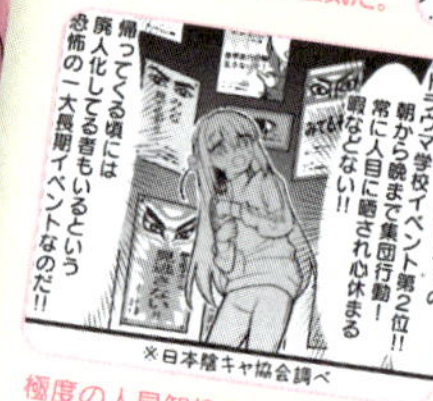

極度の人見知り&引きこもり体質のひとり。トラウマ学校イベント第2位の修学旅行（※日本陰キャ協会調べ）に怯え、凄まじいスピードでネガティブ思考が駆け巡る…！

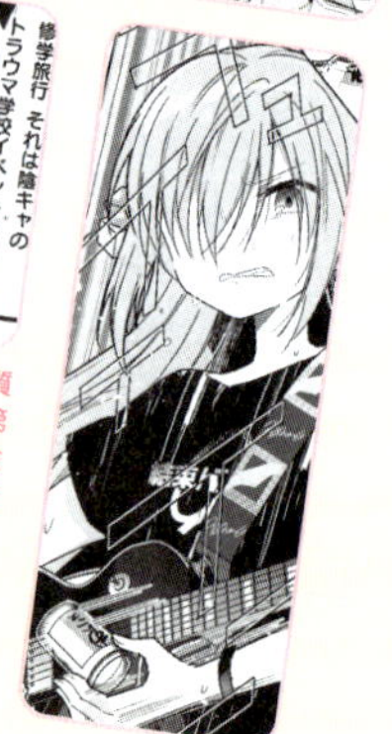
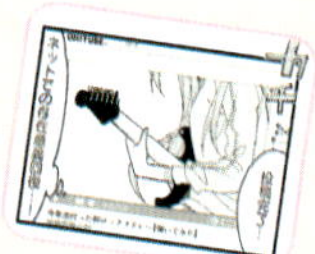
ひとりの「弾いてみた」動画の投稿名は「ギターヒーロー」。ネットに演奏動画や「my new gear…」を投稿し名を馳せている。一人弾きは最強だが、バンドとなると目を合わせられないコミュ症のため、バンド結成当初はミジンコ以下だった。

中学の2年間、ギターの練習に時間を費やして腕を磨いたひとり。文化祭でライブをしたいという念願は叶ったが、演奏中にギターの弦が切れペグが故障してしまう。そんな土壇場の中、郁代がアドリブでひとりのソロパートをカバー！背中を押されたひとりは「ボトルネック奏法」で困難を乗り越える！

ちゃんになりました。仲良しメンバーに落ち着いて本当によかったです。魅力は誰とでも仲良くできて一緒にいたら楽しそうなところです。ぼっちちゃん相手でもぐいぐい引っ張っていろんな楽しいを見つけてくれる明るさが可愛いなと思います。好きなところは意外と一番ロックしているところです。楽器ができもしないのに偽ってバンドに加入したり、ライブ直前に逃げたり家出したりと、一番いい子そうに見えてロックしてる気がします。喜多ちゃんの考えなしに突っ走るパワフルさは描いていて楽しいです。

◉伊地知星歌

星歌の魅力は虹夏との対比で、現実的な大人であり、それでも優しいところです。少し夢見がちで浮かれていた虹夏に対して現実を突きつける最初の壁としてオーディションという課題を与えていたり、原作のレコーディング回やブッキングライブ回でも現実的な言葉を投げかけているのですが、その実、一番妹を応援していてそばで見守っている存在です。

◉廣井きくり

ビジュアルと大まかなキャラクターだけは喜多よりさらに前、連載以前にはできていたので、いつ登場させようかずっと考えていました。ちょうどライブオーディション回も終わり、ぼっちちゃんを成長させる師匠キャラとして満を持して登場しました。かなり尖っているキャラクターなので、読者的にはどうだろう…と思ってはいたのですが、今ではスピンオフ作品が走り出すくらい人気なキャラクターとなり嬉しい限りです。

◉ぼいずん❤やみ（佐藤愛子）

「結束バンド」の仲を揺るがす展開にしたく、バンドに亀裂を入れるキャラとして作りました。出した当時はこんなキャラ叩かれるだろうなとビクビクしながら描いていたのですが、今では作品一の常識人でファンの方もいてほっとしています。魅力はぽいずん♥やみ、佐藤愛子と一人で二度美味しいキャラなことです。出てきた当初は作品から浮くほど濃い痛々しいキャラだったのですが、今となっては一番まともな子なので、その風邪ひくレベルのギャップが面白いなと思います（笑）。好きなところはバンドへの想いが本物なところです。登場した際にぼっちに持ちかけた話もぼっちの才能を思ってのことでしたし、ライブハウスに足を運んでバンドを発掘したり、もともとは音楽雑誌編集者になりたかったことなど、最初の物言いのせいで誤解されがちですが、バンドへの気持ちは人一倍だと思います。

◉大槻ヨヨコ

「結束バンド」にライバルキャラが欲しい思って作ったキャラです。魅力はツンケンしてて一見怖いけど、ぼっちちゃんとはまたタイプの違うコミュ症なところです。攻撃的なキャラですが読者の皆さんにも人気なのは、ヨヨコもぼっちちゃん以上に可哀想なところがウケているのかなと思います。難儀な性格のせいで『ぼざろ』いち友達作りがハードモードな気がしますが頑張って欲しいなと思います…！（笑）好きなところはぼっち同様にカッコつけてもきまりきらないところです。本人は「SIDEROS」を引っ張っているつもりだけど、他メンバーにいまいち頼りにされていない感じが可哀想可愛いなと思います。

◉司馬都

「結束バンド」がレーベルに入り、バンドとしての活動が本格的になるため、社会人感が強めなキャラクターが欲しいと思い作りました。ダメな大人キャラしかいないので絶対司馬だけはまともな大人として描こう！　と思っていたのにどんどんポンコツ感が出てきて頭を抱えています…（笑）。魅力は頑張り屋なところです。あまりそのイメージはないかもしれませんが、入社二年目という、「結束バンド」と歴もあまり変わらないのにも関わらず、バンドのために奔走して、本当にバンドを売るために現実的な選択肢の提案などをするところに大人の読者も好感を持つのではないかと思います！　好きなところは虫が苦手だったり、部屋が片付けられなかったりと意外と隙があるところです。やみに世話を焼かれているのも可愛いなと思います。

◉大山猫々

ギターヒーローとしてじゃない、「結束バンド」の後藤ひとりを好きになるキャラが欲しいと思い作りました。それとぼっちが喜多ちゃんに少しずつ慣れていってしまい、陰キャとしてのギャグが弱くなるのを避けるためにタイプの違う陽キャを投入しました。魅力はやっぱり後輩感かなと思います。犬のように人懐っこくて慕ってくれる感じが可愛いんじゃないかと思います。好きなところは暑苦しいところです。『ぼざろ』はインドアキャラばかりで喜多ちゃん一人にずっと頑張ってもらっていたので、やっとメインキャラで喜多ちゃんとたくさん遊んでくれそうなキャラができた…！　と安心しています。

◉日向恵恋奈

自分もここまでではないのですが、時折バンドや好きな作品に歪んだ愛情を持って接してしまうことがあるので「半分自分・半分ネットでよくいる人」をモデルに作っています。魅力と好きなところは、どんなことでも全肯定してくれる、推しへの愛情です。それすらも受け入れちゃうの!?　というようなギャグとしても成り立つのでとてもありがたいです。とにかくキャラが濃く、恵恋奈が出てくるとどの回もハイテンションな回になるので個人的に好きです。

◉佐々木次子

学校での喜多と後藤のかけあいが普段のライブハウス回と同じになるのを避けるために佐々木を投入しました。これまたタイプの違う陽キャに翻弄されるぼっちちゃんを面白いと思って頂けたら嬉しいです。佐々木は自身も音楽を嗜んでいますが、自分の興味から離れたところにある音楽活動をする「結束バンド」を決して馬鹿にすることなく応援やお祝いの言葉を投げかけています。そんな、少しドライでありつつも適度な距離感で接してくれるところに佐々木の魅力があるかと思います。好きなところは「The・カースト上位女子」なキャラクターです。こんな子に無条件に好かれたかった…という願望を詰め込んだキャラです。

Q3　『ぼざろ』本編では、バンド活動を

音楽に携わる人々

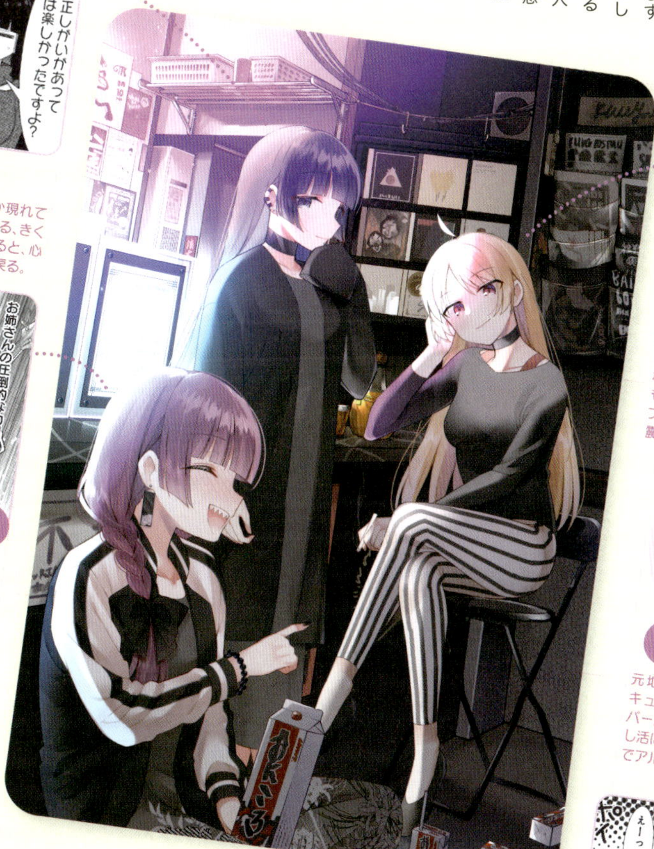

PAさん

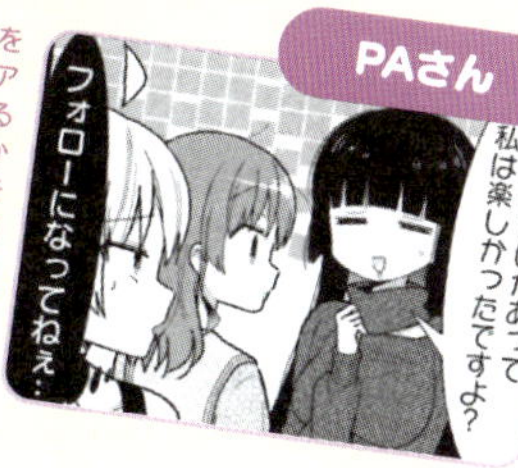

「STARRY」の音響を担当するエンジニアスタッフ。店長である星歌とは仲が良く、からかったりツッコミを入れることも。「結束バンド」のオリジナル曲「グルーミーグッドバイ」のエンジニアも担当している。

廣井（ひろい）きくり

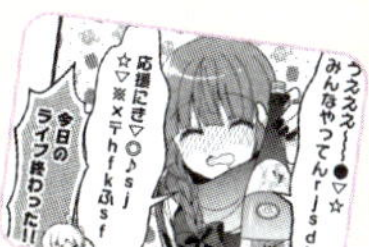

のらりくらりとどこからか現れては常に酒を片手に酔っている、きくり。アルコールが全て抜けると、心配性で大人しい元の性格に戻る。

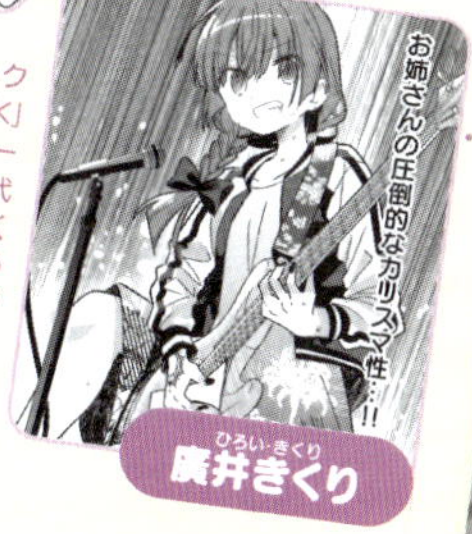

サイケデリック・ロックバンド「SICK HACK」のリーダーでベースボーカル。星歌とは大学時代からの知り合いで、よく酒をたかっている。どうしようもないほどの酒好きだが、舞台に立つと圧倒的なカリスマ性を放ち、奏でる音は本物だ。

大槻（おおつき）ヨヨコ

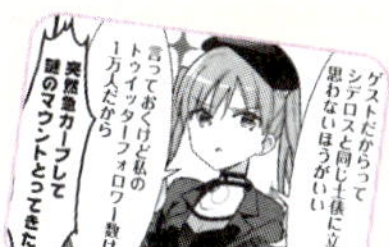

隙あらばSNSのフォロワー数でマウントを取るヨヨコ。また、フォロワーの増減によってその日の気分が左右する。

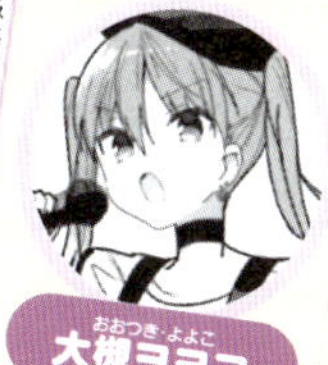

メタルバンド「SIDEROS」のリーダーでギターボーカル。歯に衣着せぬ性格からかやや孤立気味。「結束バンド」の活動が気になってしまい、アドバイスをするなど敵に塩を送ってしまうツンデレ。

伊地知（いじち）星歌（せいか）

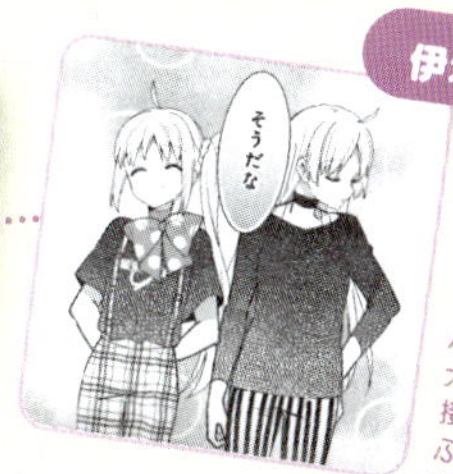

ライブハウス「STARRY」の店長。妹の虹夏が所属する「結束バンド」を応援しているが故に、元バンドマンとして、大人として厳しく接することもある。ぶっきらぼうに見えて、優しい性格だ。

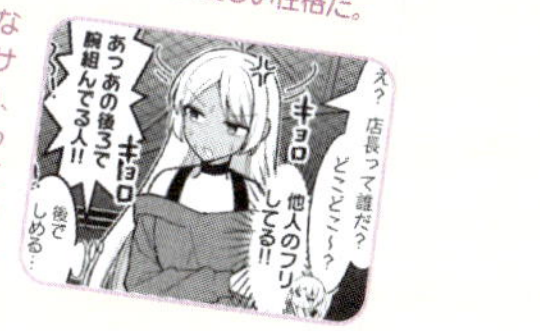

サプライズが大好きな星歌。猫々や恵恋奈のサプライズに喜ぶものの、周りに注目されて真っ赤に茹で上がる。ほかにも、ひとりが送った歌のプレゼントに涙を流し震え喜んでいた。

日向（ひなた）恵恋奈（えれな）

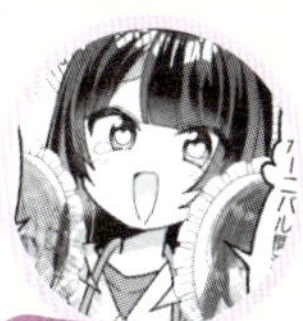

元地下アイドル「天使のキューティクル」のメンバー。日々バンドマンの推し活に大忙し。「STARRY」でアルバイトをしている。

大山（おおやま）猫々（ねね）

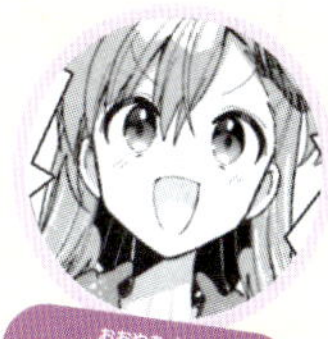

熱血体育会系なひとりの後輩。ひとりが演奏する姿に憧れてギターを始めた。恵恋奈と同じく、「STARRY」でアルバイトをしている。

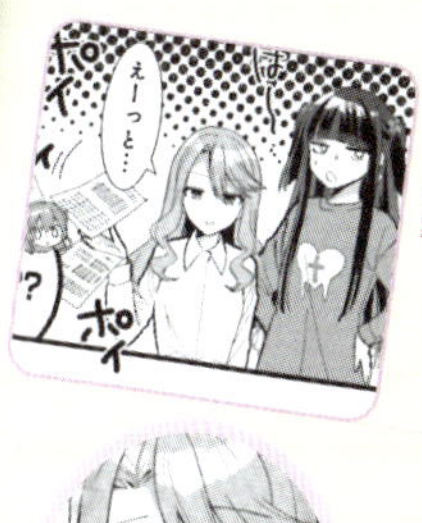

事務所をどんどん散らかすズボラな都を放っておけず、愛子が掃除を担当している。

ぽいずん♥やみ（佐藤（さとう）愛子（あいこ））

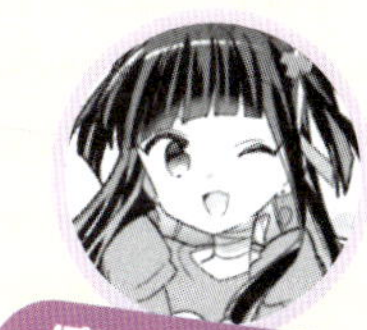

音楽ライターとして働きつつ、音楽レーベル「ストレイビート」でアルバイトをしている。「結束バンド」と出会った当初は年齢をサバ読みしていた。

司馬（しば）都（みやこ）

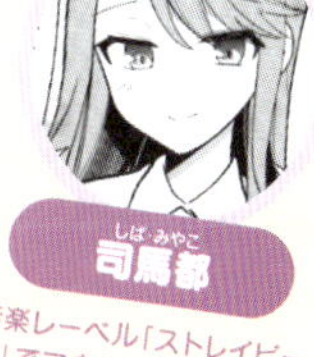

音楽レーベル「ストレイビート」でマネジメントをおこなう。「結束バンド」を担当し、活動をサポートしている。

『ぼっち・ざ・ろっく!』ネームやラフ

ここでは、単行本5巻、6巻に収録されている本編のネームや2巻表紙のラフを紹介!

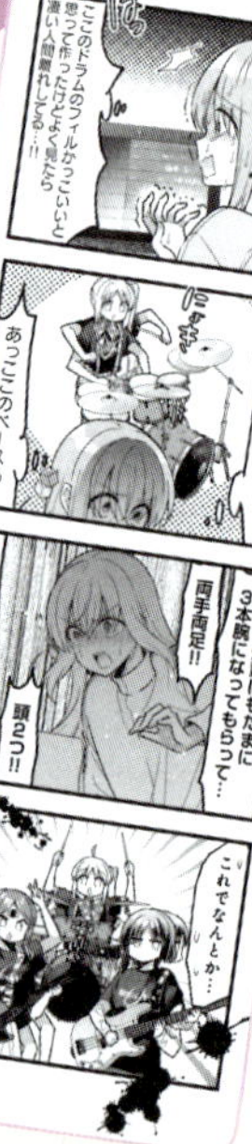

完成!

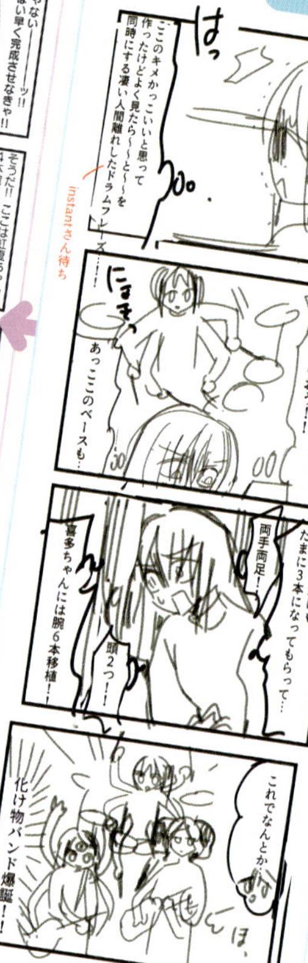

ネーム

音楽監修を担当しているInstantさんのセリフチェックがある箇所に、「Instantさん待ち」と赤字で書いてある。完成原稿では、Instantさんのチェックが入り、セリフのディテールが詳細になっている。

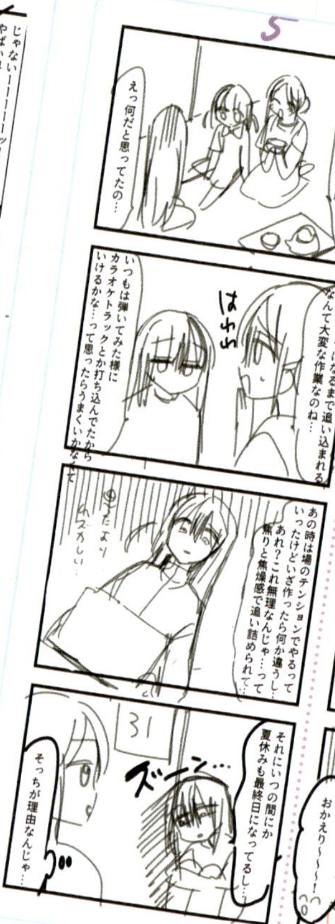

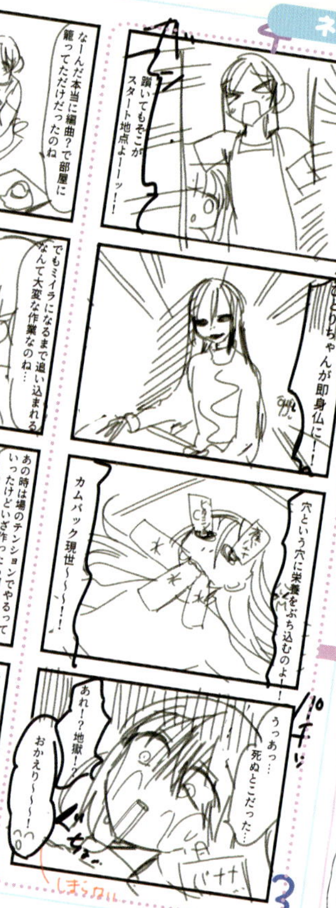

ネーム

単行本5巻に収録されている本編のネーム。はまじあきさんは、1枚の用紙に2本分の4コマ枠を引いたものをベースとしてネームを描いている。ネームと完成原稿を見比べると、ネームの4コマ目では目を覚ましたひとりの顔がアップで描かれており、セリフの言い回しが若干異なる。また、即身仏となったひとりに栄養をぶち込む様子がコミカルに描かれている。ほかにも、黒いグラデーショントーンを貼る箇所は細かく線を描いて記している。

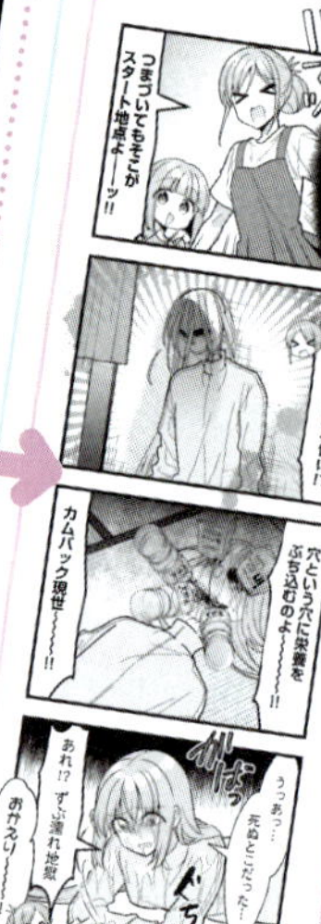

完成!

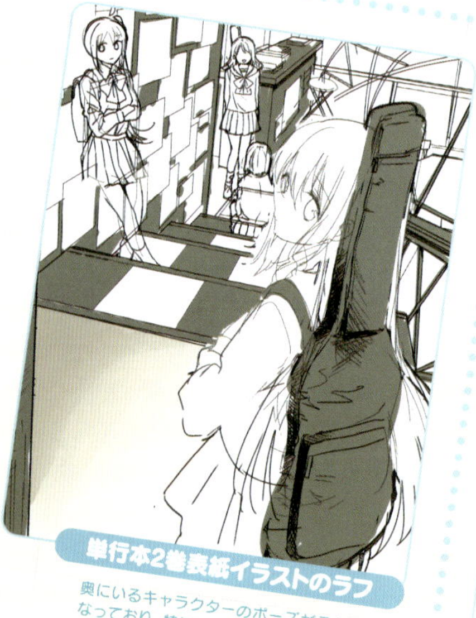

単行本2巻表紙イラストのラフ

奥にいるキャラクターのポーズがそれぞれ異なっており、特に腕を組んだ虹夏は硬派な印象だ。ふと振り向くひとりのアンニュイな表情が魅力的である。

完成!

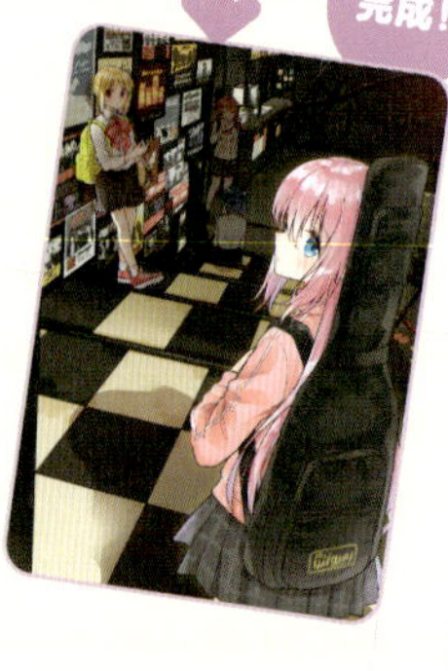

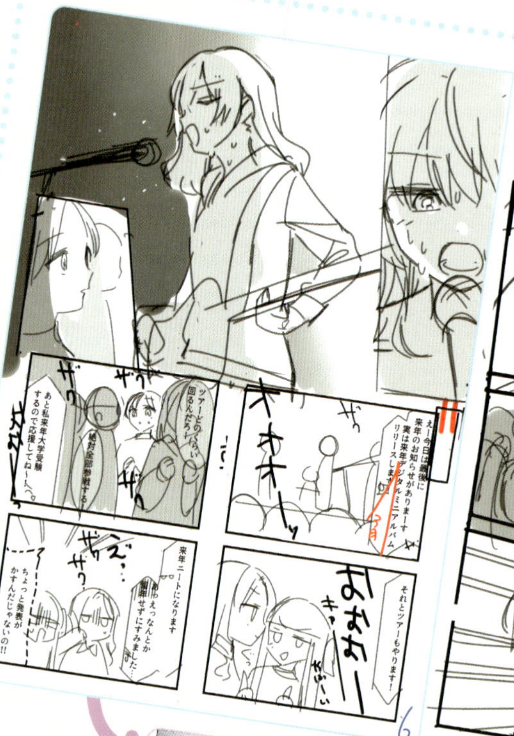

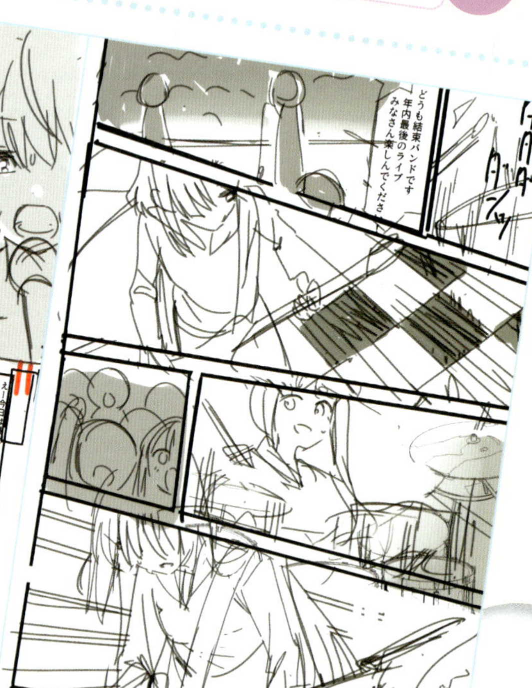

完成!

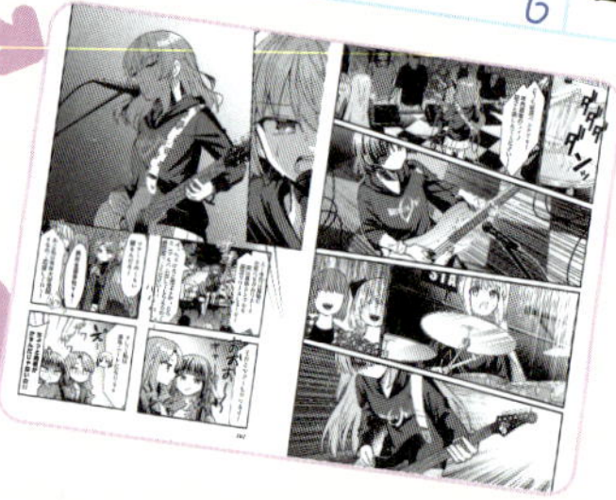

ネーム

単行本6巻に収録されている本編のネーム。年内最後に「STARRY」でおこなった「結束バンド」のライブシーンが描かれている。普段の4コマ形式から演奏時の迫力が伝わる、ダイナミックなストーリー形式のコマ割りになっている。ネームでは、見つめる郁代母の表情が描かれていたが、完成原稿では郁代が汗を流し演奏する姿だけがピックアップされている。

キャラクターの初期設定、立ち絵

後藤ひとり、伊地知虹夏、山田リョウが描かれた初期設定。また、キャラクターの立ち絵がずらりと並んだ1枚の中に、「SICK HACK」のメンバーの姿も。

上左図：初期設定の後藤ひとりは顔が青ざめておらず、前髪もやや短く元気で明るいきらめきをまとっている。困り眉でおどおどとした表情は現在のひとりとも近いイメージを感じる。また、立ち絵ではベストを着た制服姿も描かれている。

上右図：キャラクターの立ち絵が並んだ中に、廣井きくり、岩下志麻、清水イライザの初期の立ち姿が描かれている。現在のきくりと比べるとやや髪色が赤い印象だ。また、岩下志麻らしき黒髪ツインテールの人物は現在のクールな印象とは異なる。

応援する後藤家や音楽を通じて心を通わせる伊地知姉妹など、様々な家族像が描かれていると思います。「結束バンド」メンバーが家族と接している姿を見ることができると、おまけ部分まで見れているような嬉しい気持ちになり、キャラクターがより身近な存在に感じられます。家族を描く楽しさや描きたいと思われる部分について教えてください。

A3 私自身、家族を描くと単体では見えづらかったキャラクターがより鮮明になるように感じます。親はこんな感じなのになんで子どもはこうなったんだろう…?や、親の影響で楽器を始めたのかな?など、読者に考えていただける余地もでき、あれこれ妄想することができるのが楽しいのではないかと思っています。単行本6巻の特典で山田の兄の存在を明かしたときはファンの人たちがざわついていたので、その情報でそこまで盛り上がる…?!と面白かったのを覚えています。『ぼざろ』は虹夏と星歌の関係も重要なストーリーの軸となっているので、そこから派生していろんなキャラクターの家族愛と、その家族のバンドに対する想いも今後描いていけたら…と思います。頑張ります。

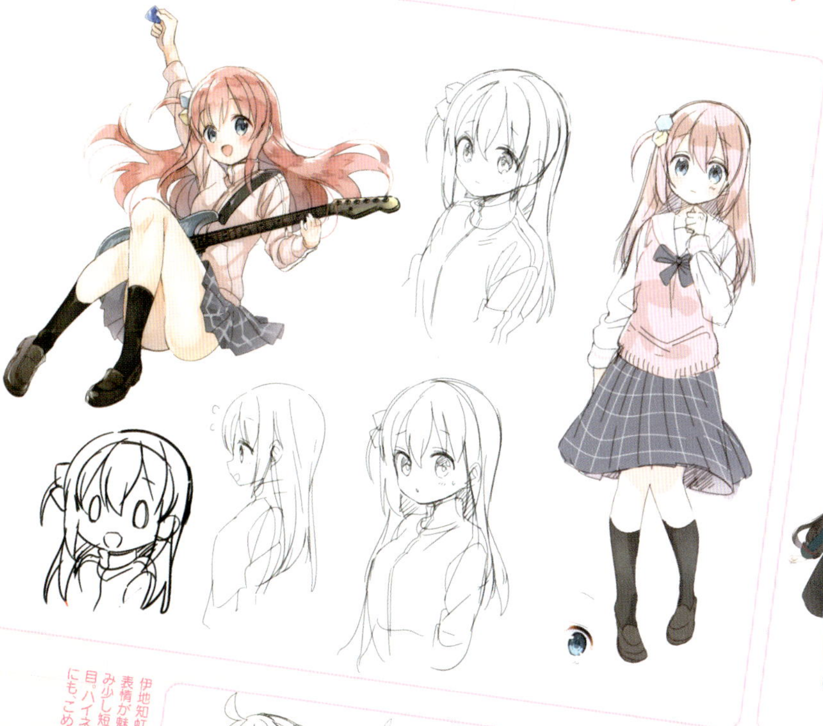

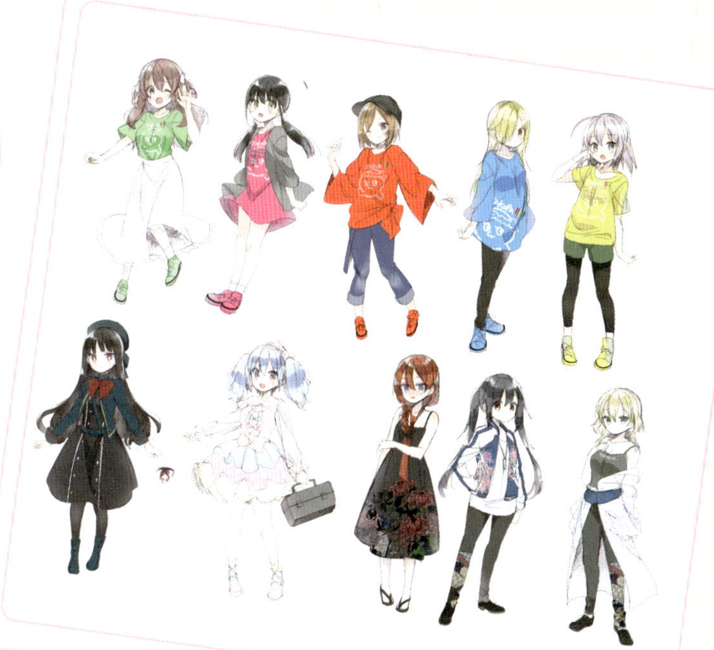

Q4 はまじさんが描いていて楽しいキャラクターの関係性について教えてください。

A4 ぼっちちゃん×喜多、店長、大山、ヨヨコ等です。ぼっちちゃんが苦手とする人間と関わるとぼっちの妄想や行動の愉快度が増すので、ネームも筆が乗るし読み手として見ても楽しい回になることが多いので好きな関係性です。

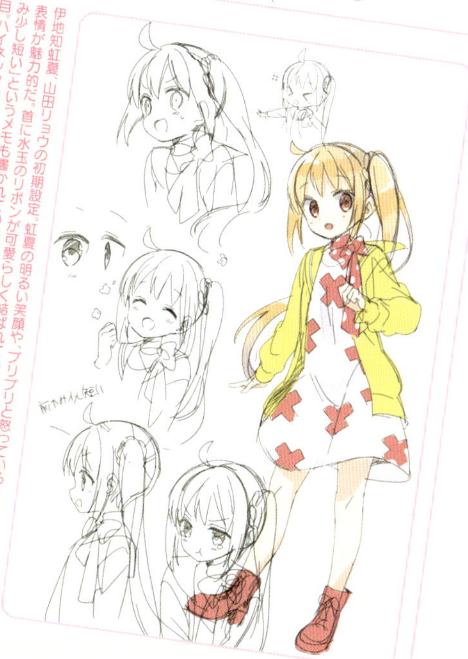

伊地知虹夏、山田リョウの初期設定。虹夏の明るい笑顔や、プリプリと怒っている表情が魅力的だ。首に水玉のリボンが可愛らしく結ばれている。左下には「前がみ少し短い」というメモも書かれている。また、ダボっとしたリョウの私服姿に注目。ハイネックの紺色シャツに黒いレースが施されており、シックな印象だ。ほかにも、こめかみ辺りの前髪にヘアピンをつけている。

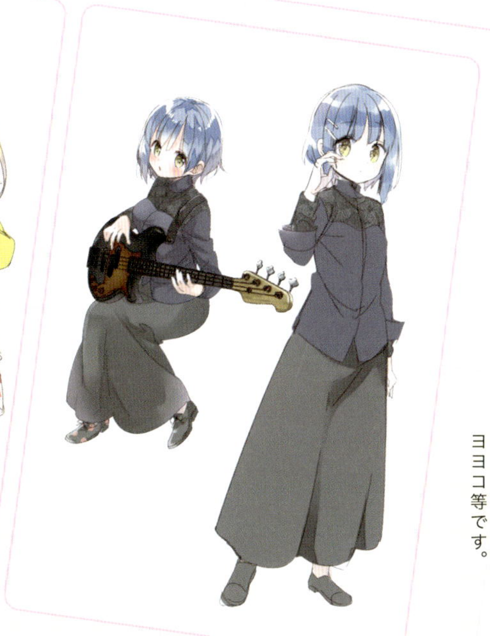

Q5 漫画を描いているときに、ビジュアルで描きごたえを感じるキャラクターについて教えてください。また、描くのが難しいと思うキャラクターについても知りたいです。

A5 描きごたえを感じるキャラは廣井です。山田同様、廣井も自分の好きな要素てんこもりキャラなので描いていて楽しいです。キャラデザも完成されていて単体でいても映えるキャラだなと思います。

最近本編ではだらしなかったり陰キャだったりが続いて開眼ぐるぐる瞳の絵が描けていないのでそろそろかっこいい廣井もまた描きたいです…。描くのが難しいのは山田です。自分で作っておきながら髪型の構造がわからず、ずっと謎に思いながら描いていたのですが、アニメのけろりらさんのキャラデザが上がってきてやっと理解できました。アニメ化してよかったことの一つに絵の上手い方に自分のキャラを360度いろんな角度から描いてもらえたことがあります!（笑）

Q6 ぼっちちゃんの顔面崩壊、溶解、痙攣を起こしてブレブレ、高速移動、180度首回転、棺入りなどなど…様々なリアクションに魅力を感じております。また、「きた〜ん」と明るいハッピーオーラを振りまく喜多ちゃんや、低燃費なジト目で物音を立てずに消えるリョウ、猫目虹夏ちゃんなど見ていてとても楽しいです。はまじさんのお気に入りのリアクションについて教えてください。

A6 6巻のスライドパズルぼっちです。アニメの多彩な表現を見て原作も頑張らなきゃ…！と思って生み出したのですが結構気に入っています。いずれグッズ化しないかな…と邪な気持ちでも作りました

（笑）。他キャラでは、私も猫目虹夏が好きなリアクションです。音楽監修のInstantさん考案だったのですが、気に入ってずっとあの顔をつかっています。

Q7 別のインタビューで、ぼっちちゃんのネガティブ思考は何も考えなくても出てくると仰っていましたね。現在でもぼっちちゃんのセリフはスラスラ出てくるような感覚があるのでしょうか？ それとも、連載を経てキャラクターが成長し、はまじさんから独立して勝手に動いていくような感覚があったりするのでしょうか？

A7 ぼっちちゃんのネガティブ思考は今も変わらずスラスラ出てきます。が、連載当初は自分と同じくらい全部がダメダメキャラだったのでとても描きやすかったのが最近バンド面においてはしっかりした子になりつつあるのでたまに、このときぼっちちゃんはどう思うだろう…と考えることは多くなったかなと思います。後藤、私を裏切るなよ…と思いながら描いています。

Q8 はまじあきさんが『ぼざろ』本編を描いていて、特に楽しかった、好きだと思うお気に入りの場面やエピソードについて教えてください。また、描いていて苦労した、難しかった話についても知りたいです。

A8 好きだと思うシーンは1巻ラストのタイトル回収です。『ぼざろ』の作品の方向性をちゃんと読者の方にも提示できたかなと思いますし、バシッと決められて読後感が良くできたんじゃないかと思い、今でも一番好きなシーンです。それ以外だと番外編の伊地知姉妹の読み切りのラストも、1巻ラストを思わせるような締め方にできたので気に入っています。好きな話はぼっちちゃんが広告収入を手に入れて承認欲求のために全部お金を溶かした話です。そのほかにもレーベル入りできると知ってぼっちや山田がハイブラやベースで散財したネタなど、キャラクターが欲に任せて破滅している人間らしい回は描いていて楽しいのでお気に入りです。苦労したといいますか、「未確認ライオット」のライブシーンは話の流れ的にこれまでのライブシーン以上に力のある画面を描いて読者に納得してもらわないといけなかったので大変でした。その分、一番いい迫力のあるライブシーンになったかなと思います。

Q9 『ぼざろ』本編は4コマ形式で物語が展開されますが、人物の心情の動きによって2コマを連続してつかったり、ストーリー漫画のコマ割りがミックスされているように思います。はまじさんがコマ割りで意識していること、大事にされていることについて教えてください。

A9 コマ割りで意識していることとしては、日常パートではちゃんと4コマ形式でオチを必ず落とすように心がけ、大事なシーンではストーリー形式に切り替え、どちらのパートもより読者の心に響くように緩急を大事にしています。そもそも4コマ漫画はコマ割りが変わるだけで読者にハッとしてもらいやすいので得してるなぁと思います。

Q10 漫画の作画手順など、全体的な流れを教えてください。また、キャラクターを描くときに意識されていることについて教えてください。

A10 作画の手順は「プロット→ネーム→下描き→ペン入れ→仕上げ」とスタンダードな作り方ですが、最近はネームが終わっていないのに先に下描きを進めたり、一本ネタが思いつかず空白のまま他のページは完成させたりとめちゃくちゃな描き方をしています（笑）。全てのコマが地続きのストーリー漫画だとできないと思うのですが、4コマ漫画は一話内で話が繋がっているとはいえ一本一本の4コマがストーリー漫画に比べ独立しているので、こういった描き進め方をしても破綻しない気がします。人にはよくそれで描けるねと驚かれますがそのうちとんでもないミスを犯しそうで怖いです…（笑）。

Q11 「まんがタイムきららMAX」2022年10月号の表紙イラスト（※51ページ掲載）の、Y2Kファッションなぼっちちゃんと虹夏ちゃんがお洒落で可愛らしいです！ 単行本や雑誌の表紙イラストを描かれるとき、テーマはどのように決められているのでしょうか？

A11 2022年4月号、2023年1月号表紙、68話扉絵（※57ページ掲載）など毎回新しい表現に挑戦し、ただ可愛いだけじゃなく読者の印象に残るような新鮮味あるものを描くように意識しています。そのため K-POPやインスタ等チェックして最先端の流行に常にアンテナを張るようにしています。気に入ってるイラストは4巻の表紙（※56ページにラフを掲載）で、『ぼざろ』のイラストは基本薄暗い屋内なのでやっと青空を描けた…！ と自分で感動してました。4巻の内容とも相まって読者の皆さんにもいい絵と思っていただけたのではないかなと思います。

Q12 単行本のデザインは、音楽関連作

佐々木次子（ささき・つぐこ）

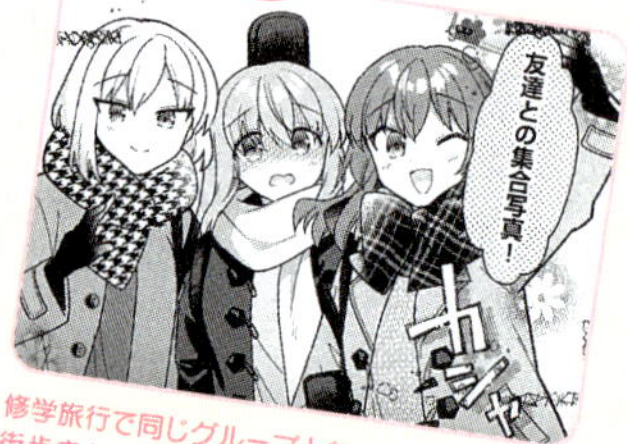

修学旅行で同じグループとなった3人は、京都を街歩き！ 隙あらば後ろに隠れてしまうひとりに、「ウチら友達なんだしそんな気使わなくていいから」と言葉をかける。

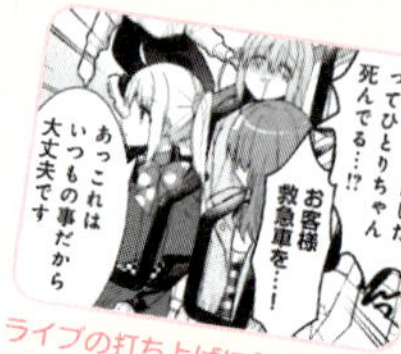

ライブの打ち上げに「よみ瓜ランド」へ訪れた「結束バンド」のメンバーたち。ジェットコースターの頂上へ魂を忘れてしまったひとりへの虹夏の対応が冷ややか。

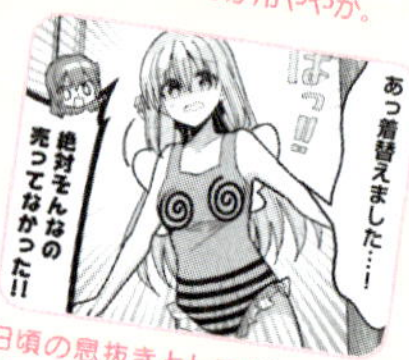

日頃の息抜きとして海辺にあるリョウの別荘を満喫！ ひとりのファッションセンスが疑わしい。

後藤家一同

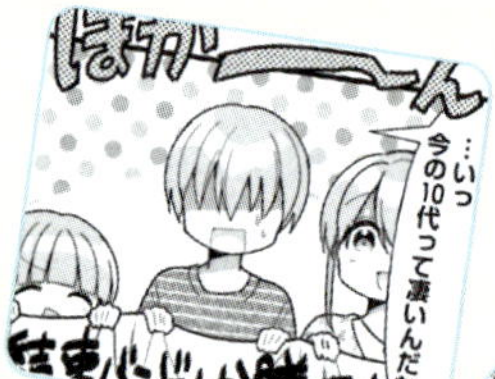

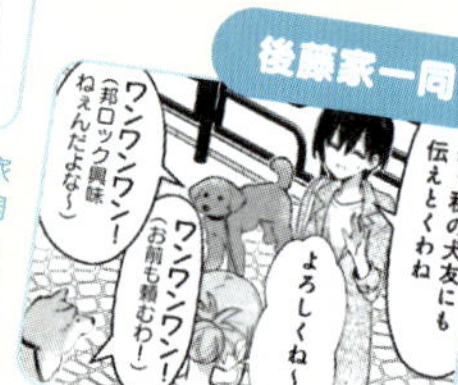

ひとりのバンド活動を力強く応援する後藤家（母、妹のふたり、飼い犬のジミヘン、父）。母は周囲への積極的な布教活動、5歳児のふたりはピュアな気持ちで応援、ジミヘンは知り合い犬に声かけ、父はギターを貸したり元バンドマンの経験を活かしたアドバイスをおくっている。

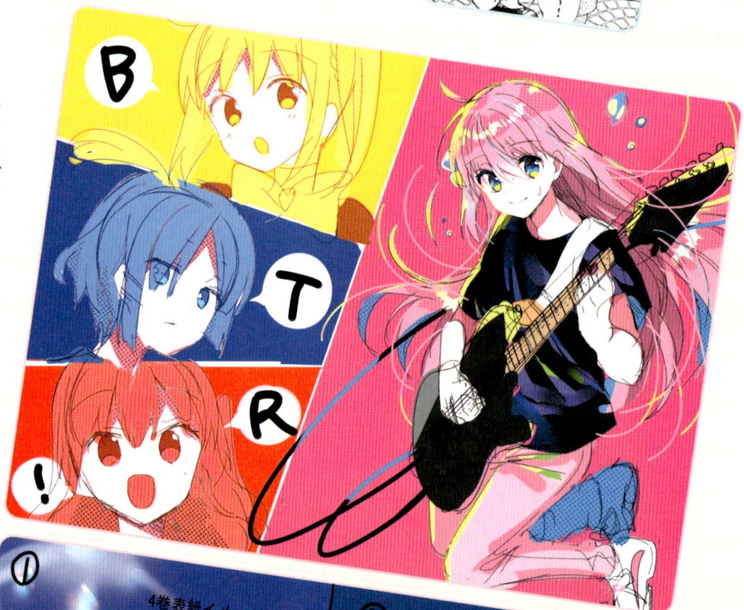

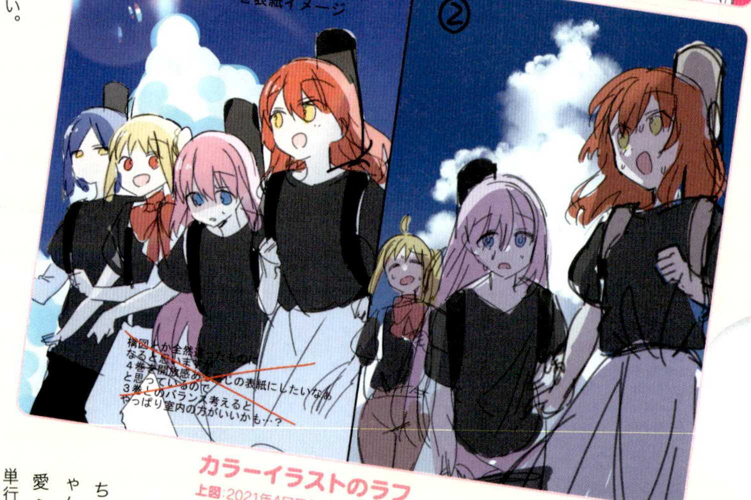

カラーイラストのラフ

上図：2021年4月号「まんがタイムきららMAX」表紙イラストのラフ。ラフの段階では、「結束バンド」メンバー全員が描かれていた。ビビッドなメンバーカラーを背景に、「BTR！」と呟く表情がリズミカルな1枚。

下図：単行本4巻の表紙イラストのラフ。開放感ある青空の下を「結束バンド」のメンバーたちが駆け抜けるイメージが2パターン描かれている。郁代がひとりの手を引き、虹夏が汗だくで後ろを追いかける②の案が採用された。

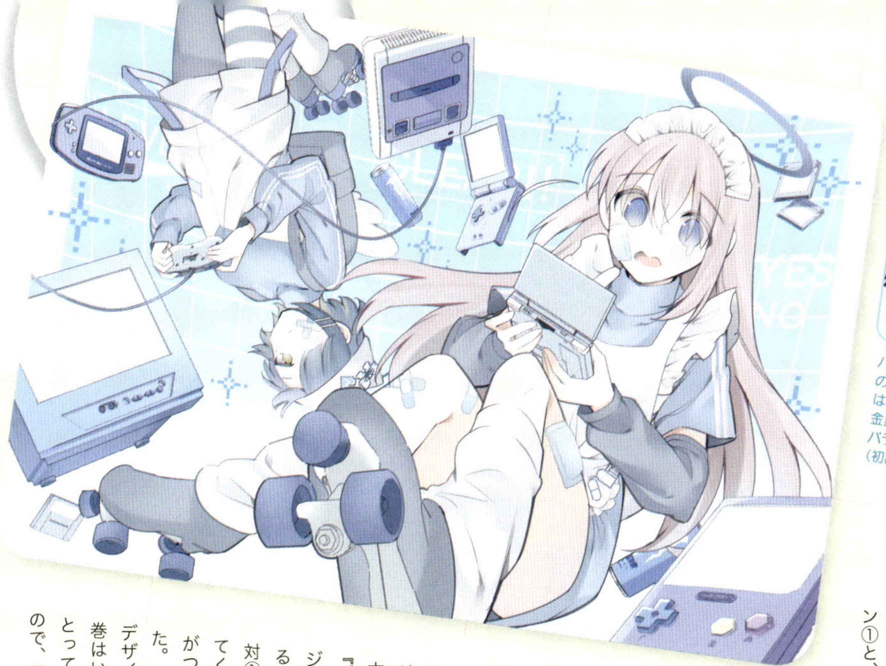

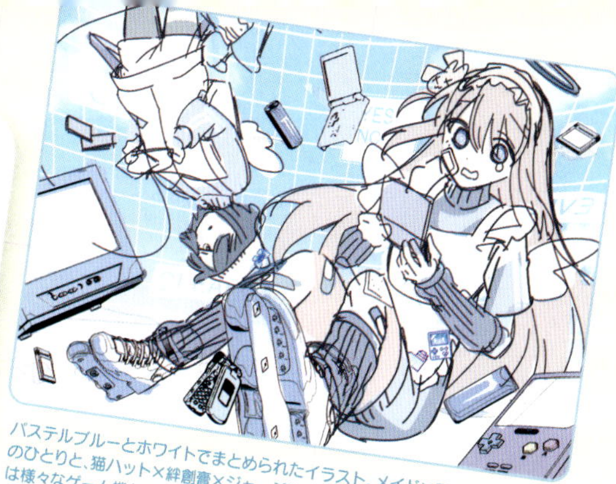

パステルブルーとホワイトでまとめられたイラスト。メイド×天使×ジャージ姿のひとりと、猫ハット×絆創膏×ジャージ姿のリョウがとても可愛らしい。周囲には様々なゲーム機が浮遊する賑やかな1枚。ラフでは、ローラースケートの靴紐や金具などディテールが細かく描写されていた。完成イラストでは描き込み具合のバランスを取るために、デフォルメされたデザインに変更している。（初出：2023年11月号「まんがタイムきららMAX」68話扉イラスト）

品を多く手がけている内古閑智之さんが携わっているとのことですが、単行本のデザインを決める際、どのようなご希望をされたのでしょうか？

A12 最初は別のデザインで瀬古口さんと悩まれていたということでしたが、別案がどのようなデザインだったのかも気になります。また、「ぼっち・ざ・ろっく！」と、手書きの味わいがあるタイトル文字に魅力を感じております。

1巻表紙案は今の表紙パターン①と、1巻総扉につかわれているぼっちのイラスト②が候補でした。個人的には絶対①しかないと思っていたのでずっと推していたのですが、きらら編集部的には②が圧倒的だったらしく②に折れかけたのですが、内古閑さんが自分が『ぼざろ』のキービジュをデザインすることになったら絶対①にしますと言ってくれたことで自信がつき押し切りました。この目を引く表紙デザインのおかげで1巻はいろんな人に手をとってもらえたと思うので、最終的にパターン①を押してくれた内古閑さん、OKしてくれたきらら編集部にはとても感謝しています！ タイトルのロゴは内古閑さんの奥さんが何パターンか描いた中から選んでくれたそうです。バンドのMVのタイトルみたいなロゴでとても気に入っています！

Q13 はまじさんは幼い頃から絵を描いていたと仰っていましたね。はまじさんの周りに、絵を描いている家族や友達、先生、意識する知り合いなどはいらっしゃいましたか？

A13 意識する身近な人は妹です。一番最初に描き始めた頃は自分のほうが上手くて妹も私が描いた絵を真似したりしていたのですが、妹が小学校高学年になる頃にはめちゃくちゃセンスのある一枚絵を描いていてあれ…？ となっていった覚えがあります。同じテーマで描いたときに自分がよく描けたと思っても妹のほうが遥かに上手かったので、一時期は劣等感を抱いてしまい腐ってしまったこともあったのですが、思い返したときに「でも妹のほうが自分よりも遥かに枚数をこなしてずっと絵の勉強を頑張っていたしな」と認めることができてからは憑き物が落ちました。それからは自分の絵にアドバイスを求めたり手伝ってもらったりととても頼りになる存在です！ あまり親におもちゃを買ってもらえなかったので妹と『カードキャプターさくら』のさくらちゃんのクロウカードを手描きで作ったりしていました。ほかにも妹とリレー漫画を描いたりお互い好きな作品のファンアートを合作したりしていました。

Q14 そもそもはまじさんは、漫画を描きたい、漫画家になりたいと思われたのはどのようなキッカケだったのでしょうか？ また、以前は別名義で少女漫画を描かれていたと思います。はじめに少女漫画を描こうと思ったのはどのようなキッカケだったのでしょうか？

ゆかいな結束バンドたち

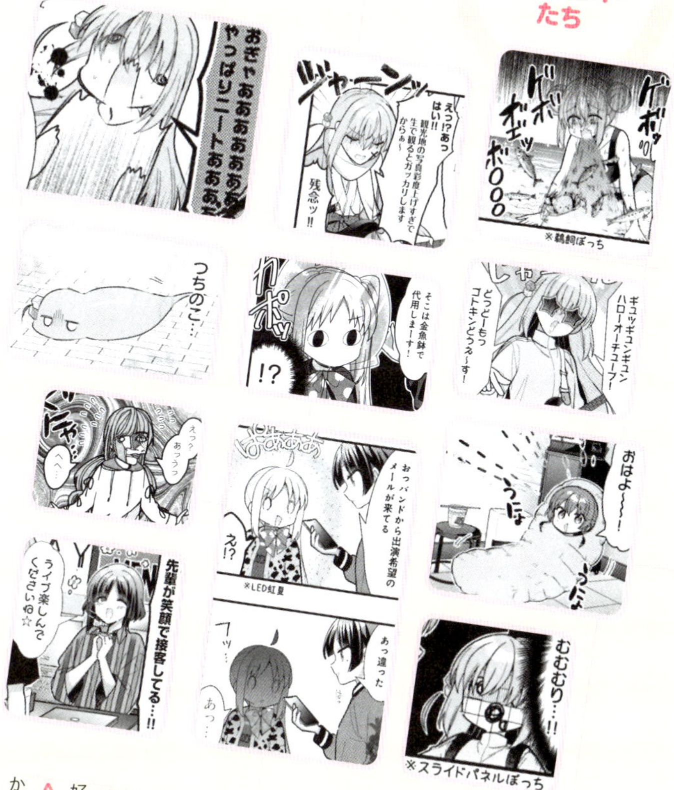

A14 大人しく取り柄もなかったので目立つことがなかったのですが、昼休みに絵を描いてるときはクラスの皆に褒めてもらえたので、そこからもっと褒めてほしいと描き続けているうちに自然と漫画家を目指していました。妹も絵を描いていて共に切磋琢磨する人間が身近にいたのも大きかったのかもしれません。少女漫画を描こうと思ったキッカケは、少年漫画のようなファンタジーも描きたいけど女の子しか描きたくないと思っていたので、少女誌でならそれを叶えられるかなと思い目指し始めました。今はジャンルが変わりましたが、機会があればまた少女漫画ももう一度描きたいなぁと思います。

Q15 ジャンルを問わず、はまじさんが好きな作品について教えてください。

A15 『RRR』です。ストーリーも面白かったのですがとにかくキャラが良くて、冷静に考えたらあれ？ とツッコミたくなるところもあるのですが、勢いとキャラの良さで三時間突っ込む隙を与えず突っ走るのがすごいと思いました。相当キャラが立っていないとできないことなので『ぼざろ』も『RRR』のように濃いキャラをもっと生み出さねばと勉強になりました。

Q16 最後に、今後の活動についてお話いただける範囲でお答えいただけますと幸いです。また、はまじさんのファンである、読者のみなさんへ一言お願いいたします！

A16 今年は「アニメ『ぼっち・ざ・ろっく！』展」や劇場総集編の前後編など、またアニメ方面も盛り上がっていくと思います。漫画は本編のほかにもスピンオフ『廣井きくりの深酒日記』やアンソロジーコミックも展開していくなど、一年を通して『ぼざろ』尽くしの予定ですのでぜひ楽しみにしてもらえると嬉しいです！ これからも読者の方に少しでも笑ってもらえるような楽しい作品を心がけていきますので今後とも応援よろしくお願いします！

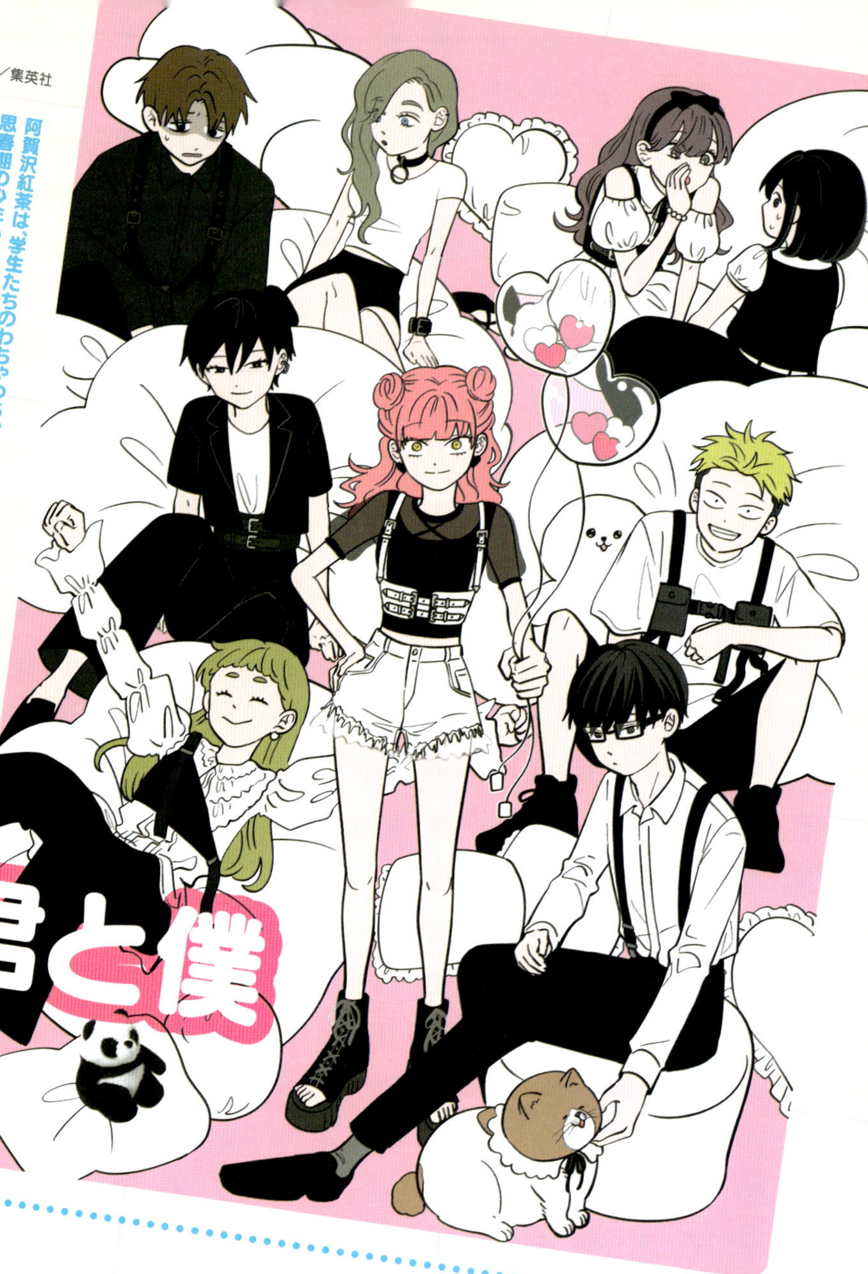

© 阿賀沢紅茶／集英社

正反対な君と僕
阿賀沢紅茶

阿賀沢紅茶 インタビュー

阿賀沢紅茶は、学生たちのわちゃわちゃとした日常をコミカルなタッチで描く一方で、思春期の少年少女たちが持つ、悩みや葛藤、過去のトラウマなど、内面性を深く掘り下げることで、人間の多面的な姿を映し出す。また、リアルな感情を繊細に落とし込むと同時に、描写としても人物のファッションや仕草からは実在感を感じる。阿賀沢紅茶は、漫画という表現を通して、人との出会いによって変化と成長を遂げる高校生たちの甘酸っぱくももどかしい関係性を、優しい眼差しで丁寧に紡ぎ出すことにより、「なれたらいいな」の理想の世界を私たちに届けてくれる。今回は阿賀沢紅茶の学生時代についてから、現在連載中の『正反対な君と僕』のキャラクターが誕生したときのエピソードまで、たっぷりとお話を伺った。さらにはネームなど制作工程を掲載し、阿賀沢紅茶の作品の魅力を紹介する。

あがさわ・こうちゃ／漫画家。デビュー作『氷の城壁』は、2020年1月より「LINEマンガ」にて連載がスタート。2022年4月には最終回を迎え、2023年には待望の単行本化が決定。2024年3月4日には10巻が発売した（集英社／マーガレット）。2021年には「ジャンプ+」で『正反対な君と僕』の読み切りを掲載。その後、2022年より連載が始まり、現在も隔週で更新をしている。『正反対な君と僕』は、「次にくるマンガ大賞2022」Webマンガ部門第2位、「マンガ大賞2023」で第3位、「電子コミック大賞2024」男性部門賞など、数々の賞を受賞し、注目を集めている。
X(Twitter)＝@agasawa_tea

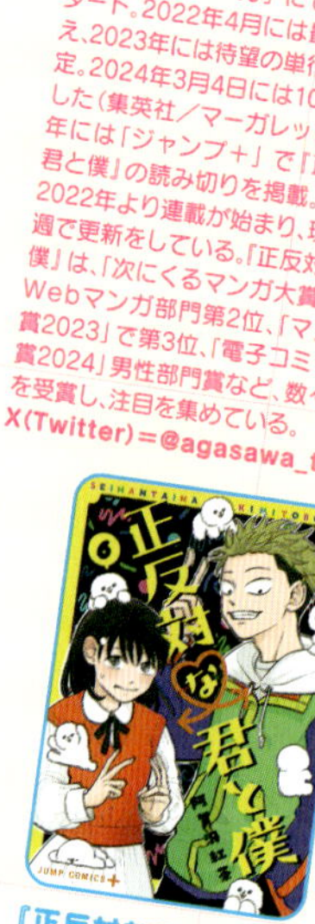

『正反対な君と僕』
最新6巻が2024年3月4日より発売開始！
●「少年ジャンプ+」連載
●発売：集英社
●定価：650円（＋税）
※電子書籍は価格が異なります

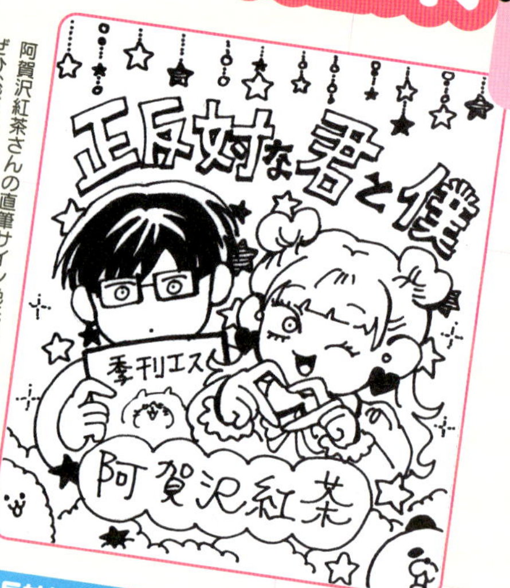

阿賀沢紅茶さんの直筆サイン色紙を1名様にプレゼント！
ぜひ、感想と一緒に応募してね♪
（詳細は巻末プレゼントコーナーへ）

『正反対な君と僕』アニメイトフェア開催中♡

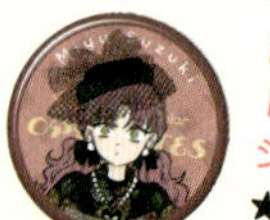

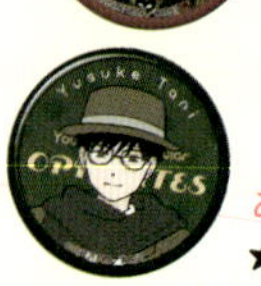

阿賀沢紅茶さんの描き下ろしイラストをグッズ化！　かわいすぎるオリジナルグッズから目が離せない♡
★対象店舗：アニメイトの全店対象
★開催期間：3月24日（日）まで
★グッズ内容：アクリルスタンド、ステッカー、缶バッジセットなど
あわせて、コラボカフェも開催♡
★対象店舗：アニメイトカフェスタンド池袋4号店
★期間：2024年3月6日（水）～3月24日（日）
★詳細は以下のURLをチェック！
https://cafe.animate.co.jp/event/seihantai_2403/

――阿賀沢紅茶さんが現在集英社漫画誌アプリ「少年ジャンプ+」にて連載している『正反対な君と僕』は、恋愛のみならず思春期における人間関係の悩みや葛藤を丁寧に描いた作品です。まずは、阿賀沢さんの学生時代のお話を伺えたら嬉しいです。学生の頃から絵を描くのがお好きだったのでしょうか？

阿賀沢　昔から運動よりは絵を描くほうが好きでしたね。小学生の頃は友達の家でも絵を描いていました。ただ、お絵描きするために集まっていたというわけではなくて、遊んでいるときに絵を描く流れになったら描く程度でした。中学生になると運動部に入部したことで、徐々に絵を描く時間が減りました。

――運動部を選んだ理由はあるのでしょうか？

阿賀沢　本来はかなりのインドアなのですが、あまりにも運動ができなかったので、あえて運動部に入部することで運動ができるようになるんじゃないかと思って（笑）。小学生の頃から家の近くに住んでいた子と一緒に登下校をしていたのですが、中学に入学する頃に、その子が「一緒に帰るなら時間をあわせるために同じ部活に入ろうよ」と誘ってきたんです。それから、部活動見学をしに行ったのですが、運動部あるあるで、一度見学したら入部の選択肢しかない雰囲気で（笑）。なし崩し的に入部しましたが、一応三年間続きました。補欠でしたけど。

――え～っ!?　でも、苦手な運動に対して、立ち向かって克服しようという気持ちがあったんですね。

阿賀沢　というよりは、学生時代は嫌でも体育祭や体育の授業があるので、運動ができないと人に迷惑をかけてしまうと思ったんですよ。

――高校生になったら絵を描くことは再開しましたか？

阿賀沢　いえ、さらに描かなくなりました。もともと漫画もそこまで読んでいなくて、当時は「週刊少年ジャンプ」の漫画やその頃に話題だった人気作品を友人から借りたり、バイトの休憩室に置いていた少年漫画を見る程度でした。

——記憶に残っている作品はありますか？

阿賀沢　自分の中にある漫画像は一番脳がフレッシュで、かつ時間があり過ぎた小学生の頃に繰り返し読んでいたギャグ漫画や、図書館で読んでいた『ドラえもん』なんです。ですから、『正反対な君と僕』を描き始めたときも、私のなかにある白黒漫画のイメージで描いていたのでオノマトペが古かったりするんです。ほかにも、ボコスカしているときに煙が出るような、昭和の漫画のような表現が好きですね。

——漫画以外に触れていたエンタメはありますか？

阿賀沢　高校生のときは洋楽が好きでした。でも、特定のアーティストが好きなわけでも、洋楽に詳しいわけでもなくて。ヒップホップセレクション、レゲエセレクションなど、そのときに流行っている音楽をギュッと詰めたおいしいとこ取りのようなオムニバスアルバムが好きでよく聴いていた記憶があります。ただ、私は何かを語れるほど、突出して一つのものにのめり込んだことがそんなになくて。学生時代の楽しかった思い出を振り返っても、教室で「ぷよぷよ」のオンライン対戦をしたり、友達とだらだら喋っていた時間が楽しかったな～ぐらいな記憶しかないです。

——（漫画の第8話・第19話・第38話を開いて見せながら）Hilcrhymeの「春夏秋冬」もその頃、聴いていたのでしょうか？

阿賀沢　春夏秋冬に関しては、自分で探し出したCDみたいに「あの頃聞いていた」っていう具体的な記憶があるというよりは、めちゃくちゃ売れてた歌なので気づいたらフレーズを覚えていた感じですね。

——漫画のなかで三回も歌詞が登場してきて…。

阿賀沢　まだ先の話でもちゃんと出てきますよ（笑）。夏から始まって秋・冬が巡って、これから更新される話では「春」が来たので、やっと春夏秋冬をコンプリートできました。

——楽しみです！　話は戻りますが、阿賀沢さんが高校生の頃は、どのような性格の子が周りにいましたか？

阿賀沢　不良な人も超派手で話しづらい人もいませんでした。かといって、私はマイペースな性格なので、真面目な子と一緒にいるわけでもなくて。

——どこにも属さないタイプでしたか？

阿賀沢　こういうとき何を〝普通〟とするかですよね。私は漫画で、誰かが悪意を持って「陰キャ・陽キャ」という言葉をつかわない限り、あまりその言葉を使わないようにしています。人間の性格の暗さと明るさって「陰キャ」「陽キャ」とはっきり二つに分けられる程はっきりしていなくて、もっとグラデーションだと思うんです。人とワイワイするのが好きでも心に暗い部分を持っている人もいれば、はたから見れば大人しかったり控えめに見える人がめちゃくちゃメンタル強かったり、いろんな人がいるので。あと、比較する対象によっても印象が変わると思います。誰かにとって羨ましく見えている存在でも、別の誰かからはそんなことなかったり。そのまた逆も然りで。

——なるほど。お友達は男女混合でしたか？

阿賀沢　地元の友達は男女共にすごく仲が良かったです。高校に入って、男女の線引きが強くて衝撃を受けたのを覚えています。

——男女間が絶妙な時期ですよね～。『氷の城壁』（集英社）では、お笑い芸人さんの話題が出てきましたが、阿賀沢さんはお笑いもお好きなんですか？

阿賀沢　好きです！　連載が始まる前はよく劇場に漫才を見に行ったりしていました。漫画家になってからは原稿中によく芸人さんのラジオを聴いています。

——さて、ここからは『正反対な君と僕』についてお話を伺っていきたいと思います。読み切りから始まった本作は、どのようにして作品の世界を考えていったのでしょうか？

阿賀沢　新しい作品を描き始めようと思った頃は、まだ『氷の城壁』の連載をしていました。当時、優しいギャルの女の子がなぜかおとなしい男の子を好きになって話しかける関係性が流行っているなと思ったのと、その関係性の絡まれる側じゃなくて絡む側の視点を描いてみたいと思ったことがキッカケです。『氷の城壁』を連載し始めの頃に『正反対な君と僕』1話（読切）の原稿をしていたのですが、前作の主人公が他人に対する拒否感がかなり強めだったので、逆のタイプの〝話しかけちゃう〟側の子も描いておきたいと思いました。両方に触れておいたほう

鈴木みゆ
表情豊かでお茶目な一面もある女の子。裏表がなく、自分をしっかりと持っている谷へ憧れ、恋に落ちる。谷の気づかいだけでなく、まっすぐな言葉や一生懸命な姿にドキドキが止まらない。写真撮影でのつくり笑顔が下手でついつい変顔をしてしまう。少女漫画の実写版マニア。

谷悠介
物静かな普通の男の子。母からすれば「言葉足らず」なだけだそう。鈴木とお付き合いをしてから交友関係も広がったが、人との関係性にもやもやと悩みを抱えることも増えた。図書委員に所属しているため、放課後は図書室で当番をすることもある。

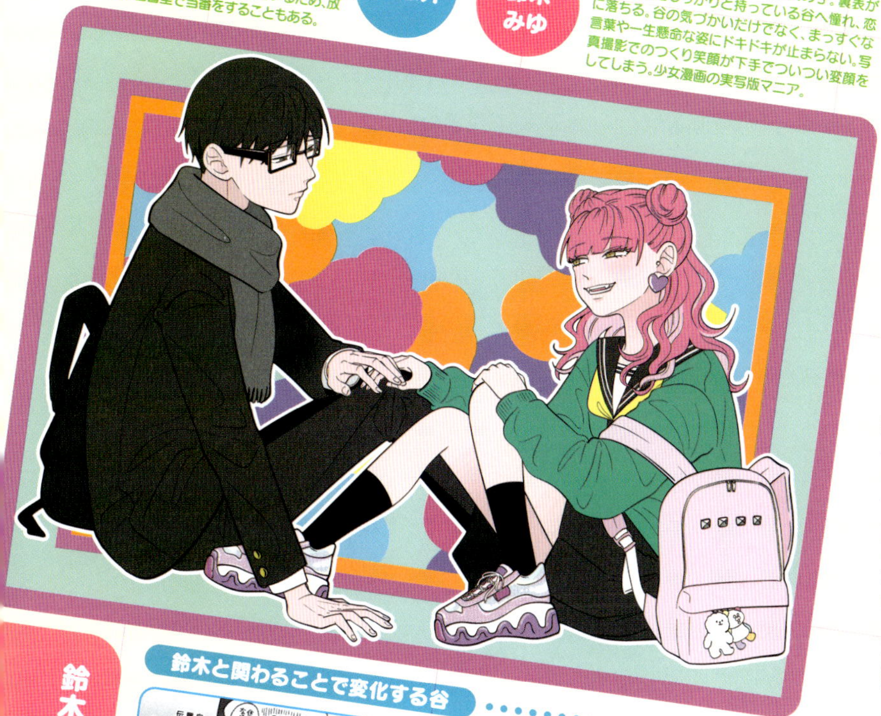

鈴木と谷の関係性

鈴木と関わることで変化する谷

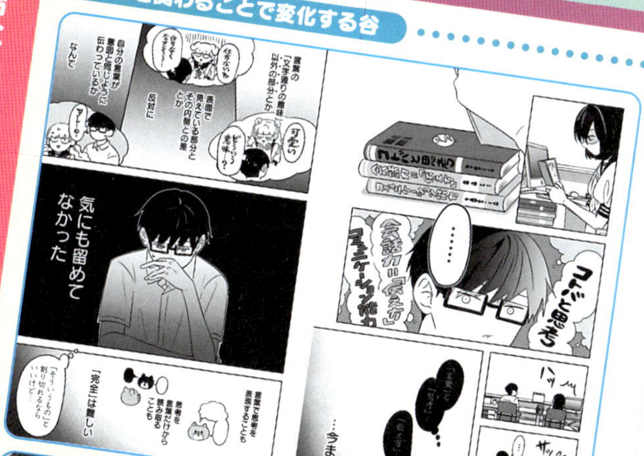

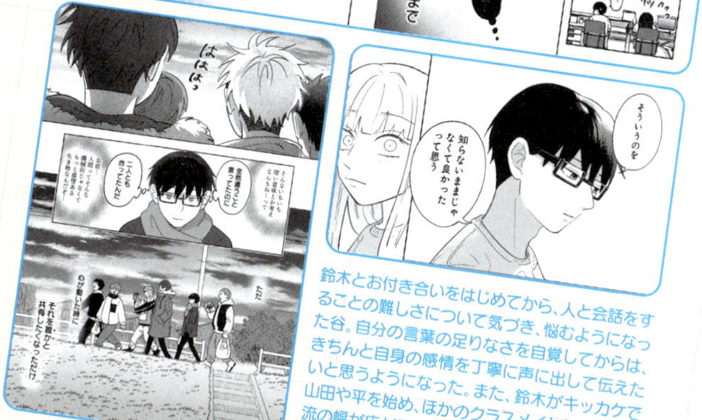

鈴木とお付き合いをはじめてから、人と会話をすることの難しさについて気づき、悩むようになった谷。自分の言葉の足りなさを自覚してからは、きちんと自身の感情を丁寧に声に出して伝えたいと思うようになった。また、鈴木がキッカケで山田や平を始め、ほかのクラスメイトたちとも交流の幅が広がる。人と関わることでしか味わうことができない感情の種類を知り、鈴木に感謝をする姿も印象的。谷の変化は物語で外すことができない大切なポイントだといえる。

山田と西の関係性

西

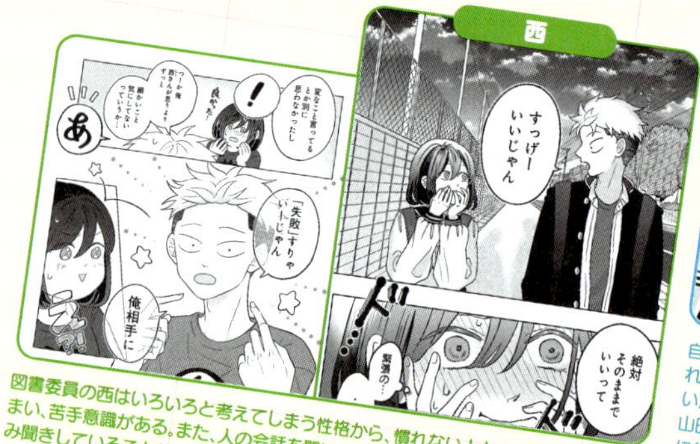

図書委員の西はいろいろと考えてしまう性格から、慣れない人との会話は緊張してしまい、苦手意識がある。また、人の会話を聞いてニヤニヤしてしまう癖があり、会話を盗み聞きしていることが山田にバレたときには、バレたことの恥ずかしさから、とても気まずい思いをした。そんな西にとって山田は、自分のなかで引っかかっていることや気にしていることを肯定してくれる存在だと言える。例えば、連絡の返信も考え込んでしまう西に対して、気をつかわない練習を自分ですればいいと提案してくれたり、西の笑いのツボが浅いことを「すっげーいいじゃん」と肯定したり。周りの人を楽しい雰囲気にさせる山田のフレンドリーな性格は、西の気持ちまで明るくしてくれる。

山田と西

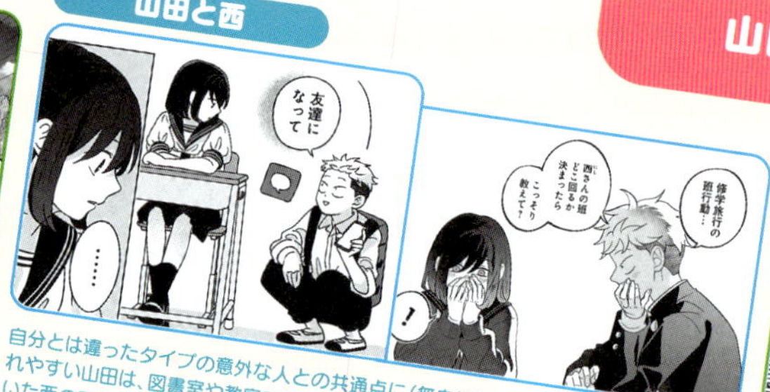

自分とは違ったタイプの意外な人との共通点に（無自覚に）惹かれやすい山田は、図書室や教室でそっと会話を聞いて笑っていた西のことを、気づいたら好きになっていた。それから、山田は西に対して、仲が良くなりたいことや、一緒に遊びに行きたいことをストレートな言葉でどんどん伝えるようになる。山田の真っ直ぐな言葉を受け、次第に西も山田のことを意識するようになっていく。

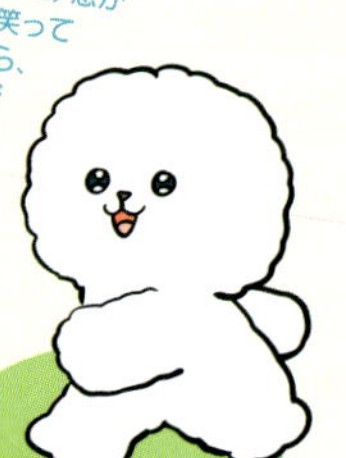

イエティ／作中では、自己解析能力が貧しい山田に代わり、山田が「意外な人の笑顔に弱い」ことを紹介してくれた。

山田

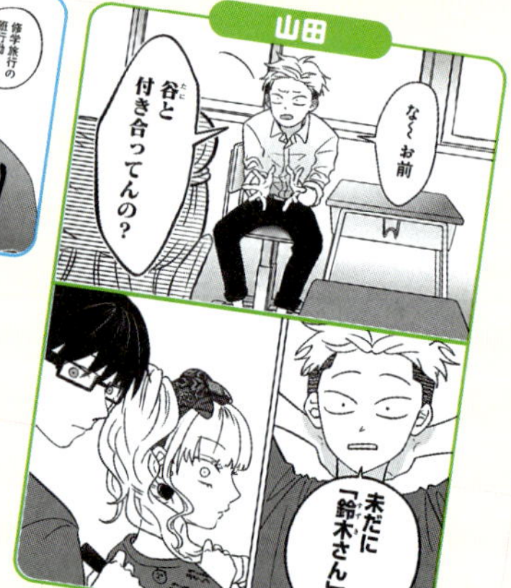

鈴木や理人と同じ中学だった山田は、「ツレのツレはみんな友達」の精神で、鈴木と付き合い始めた直後の谷にも、すぐに話しかけるようになった。谷からするとフランクな山田は「話しやすい」そう。思ったことはあまり深く考えず、すぐに口に出す性格の山田は、鈴木と谷の関係性を進展させるキッカケをつくる存在とも言える。

西の告白

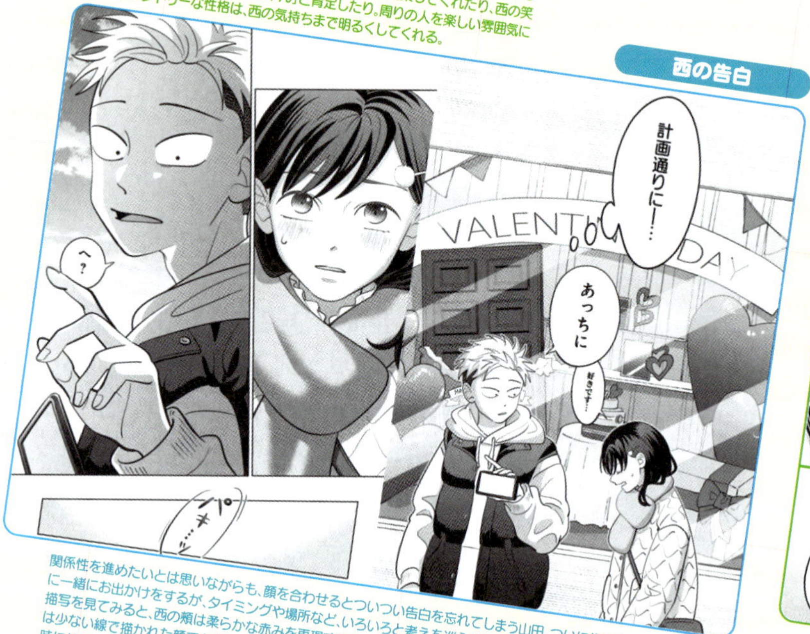

関係性を進めたいとは思いながらも、顔を合わせるとついつい告白を忘れてしまう山田。ついに告白をしようと休みの日に一緒にお出かけをするが、タイミングや場所など、いろいろと考えを巡らせている間に、西から先に告白をされる——。描写を見てみると、西の頬は柔らかな赤みを再現するために細かい斜線のタッチに粗めのトーンが添えられている。山田は少ない線で描かれた顔でありながらも、トーンでライティングの演出を入れたことで、ディテールがプラスされると同時にドラマティックな印象に仕上がった。

西の友人・本田

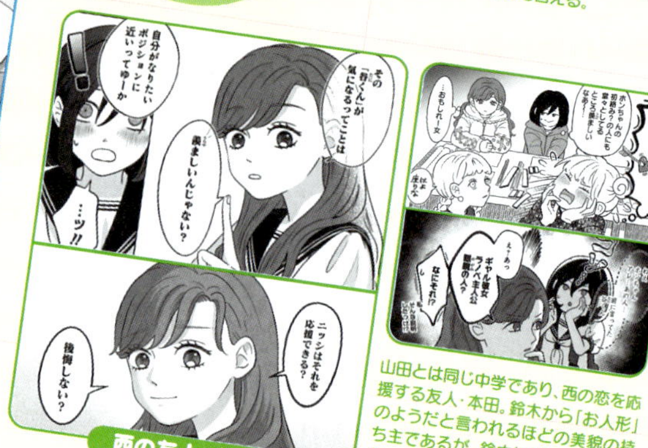

山田とは同じ中学であり、西の恋を応援する友人・本田。鈴木から「お人形」のようだと言われるほどの美貌の持ち主であるが、鈴木に対して「おもしれー女」と思ったり、谷を「ギャル彼女ラノベ主人公眼鏡」という言葉で例えたりする。会話の節々にオタク用語が混じっている表現から、漫画やアニメが好きな女の子であることが伝わってくる。また、ハッキリとした性格の本田と引っ込み思案な西の関係性は見ていて微笑ましい。

が描き手としてはフェアだと思ったので。

——そうすると、キャラクターは鈴木から設定を考えていったのでしょうか?

阿賀沢　いえ、おとなしい男の子と派手な女の子、という二人のバランスを描きたいなと思ったのが始まりです。ふんわりイメージした物語に対して、読み切りとしての掴みがあったほうがいいなと思って、鈴木の性格を考えていきました。読み切りにあたる第1話では、鈴木が谷にダル絡みしているところからスタートして、その直後に、「正直、大好きです。」という心の声に、ちょっとスンッとした顔が来るのがキャッチーで分かりやすいかなと。谷が好きだけど周りから見ると好きとは思えない行動をしているというのを冒頭に入れたかったので、そこから物語を考えていきました。

——確かに、ページをめくったときにインパクトがありますね。

阿賀沢　これまで縦スクロールの「ウェブトゥーン」で漫画を描いてきたので、見開き漫画の練習のような感覚で最初は描き始めたんです。漫画で表現したいことを考えていったときに、「見せ場は見開きがいいな、最初の掴みがあったほうがいいな」と思って、そこから性格や盛り上がる展開を考えていきました。ですから、性格、内面を掘り下げるために造形をつくっていったというよりは、一話の中で描きたいシーンや見せ場を考えるところからのスタートでした。

——読み切りの段階で、クラスメイトとして山田・佐藤・渡辺も登場しますが、鈴木の周りの交友関係もすでに考えていたのでしょうか?

阿賀沢　そこもギャップを出したいと思いました。当時は名前もついていない派手な友人たちに鈴木が「実は谷のことが好きです」と打ち明けたときに、「あんな奴のどこがいいんだよ」と返すのではなく、応援する展開になったら面白いかなと思ったんです。これまで、友達が好きになった相手のことを否定したり、悪く言う物語の展開にずっと疑問を感じていて。例えば自分の友達が、すごくおとなしい人や地味な人を好きになったとしても、そんなにバカにすることはないと思うんですよ。好きな友達が好きになった人って、そう簡単に否定できないと思います。よっぽど倫理観おかしいとか人間的にヤバいとかじゃない限り。

——なるほど。その後、連載になると新たにクラスメイトとして東や平も登場しますね。

阿賀沢　そうですね。連載は、読み切りの後日談のように物語を広げていくので、漫画のなかのバランスを考えてどんどん足していきました。鈴木と谷は成就しているので、片想いから付き合うまでのもどかしさは描くことができないので、付き合っている二人が可愛いというほっこりを描こうと思いました。同時に、山田が西に片想いをし始めることで、じれったい様子を描くことにしたんです。ですが、そうするとこの作品がすごく甘い恋愛に偏った漫画になりそうだったので、バランスを取るために平をいれました。媒体も少年誌ですので、読者と同世代ぐらいで悩みを抱えた子がいたほうが読みやすいのかなとも思ったんです。さらに、あまり幸せな恋愛ばかりしているわけではない女の子の東と、友達にハッキリと意見を言うことができる本田を考えました。西のような物静かな女の子が悩んでいる姿に対して、応援や共感をすることができる人もいると思うのですが、同時にハッキリと自分の意見を言って欲しいと思う人もいるだろうなと思い、西の友人として本田を描くことにしました。

――本田は周囲の人から、お人形さんのようだと言われていますが、推しの配信を見たりして推し活をしている姿は現代的だと思いました。

阿賀沢　本田は自分で楽しみを見つけられる子です。あとは、作中の登場人物たちは気づいていないけれど読者は分かる、という要素があると、読んでいて面白いかなというのもありました。本田がぼろっと「界隈」とか言って、西が「界隈?」となったりするやりとりとか、少しずつオタク用語を落とし込んでいます。

――発見する楽しさもありますね。鈴木の元カレ・理人はどういったキッカケで誕生したのでしょうか?

阿賀沢　連載が始まる前の打ち合わせで、二人の関係を掻き回すようなラブコメの王道キャラを十二～十三話ぐらいで、鈴木サイドに描いたほうがいいのでは、というアドバイスを担当さんにいただいたんです。ですが、少女漫画のいわゆる当て馬と言われる子を登場させて、鈴木に恋をして本気の失恋をするのも違うような気がして……。かといって、鈴木と谷は付き合っているので中途な存在だと谷が焦らない。そうしたときに、過去に付き合っていた人が登場するのが丁度いいかなと思ったんです。恋愛漫画で、過去に付き合っていた人がいる設定も好きなんですよね。

担当　私も理人のエピソードはすごく好きです。少年誌のヒロインは元カレがいない想定なのがいつも気になっていて、阿賀沢先生が少年誌にある純潔のようなものを崩して描いてくれたところがすごくいいなと思いました。

――わかります！　理人は見た目も艶っぽくて、登場したときのインパクトも強かったです。

阿賀沢　パッと見てカッコいいと思うほうが、谷の心をざわつかせられるかなと思ったんです。それに、薄い顔の黒髪センター分けが流行っていると思ったので、二重ではなく切れ長の瞳にしました。

――ただ、理人は暗い一面も持っていますよね。

阿賀沢　空気を読むタイプじゃないと、周囲に流されて付き合ったりはしないと思うので、理人も鈴木に近い性格なのかなと想像しました。

――ところで、谷と鈴木は家族も登場しますよね。家族構成はどのようにして考えましたか?

阿賀沢　私は友達からきょうだいとの関係性を聞くことがすごく好きで、性格から家族構成を想像したりもします。山田も鈴木も、異性のきょうだいがいそうだなと思いながら描いています。ただ、鈴木の兄は、読み切りの段階で顔を描いてはいませんが、あまり深

鈴木の元カレ・理人

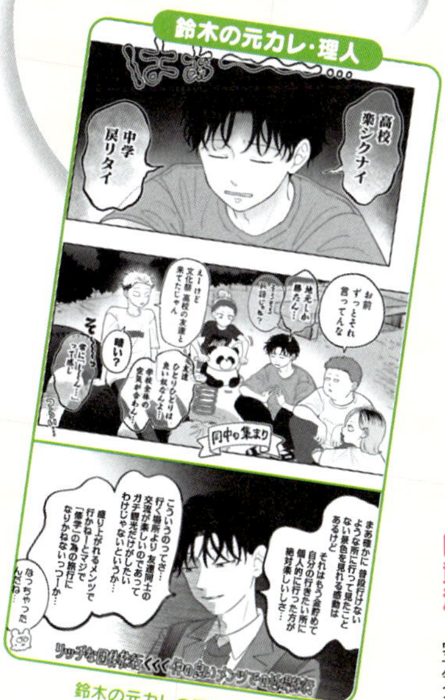

鈴木の元カレの理人は、山田や鈴木とは別の高校へ進学したものの、高校生活が体に合わず(?)、地元の同中の集まりでは度々、中学時代の楽しき日々を振り返る姿が描かれている。また、理人のクールな目元にウェーブがかった黒髪センター分けのヘアスタイルからは艶っぽさを感じる。

平と東の関係性

平と東

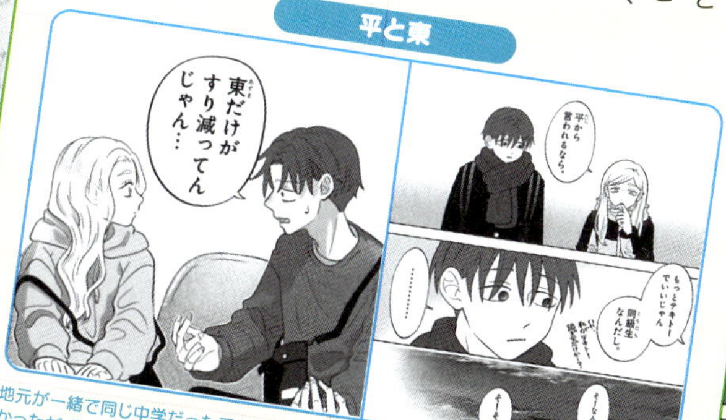

地元が一緒で同じ中学だった平と東は電車通学をしている。中学時代、二人は絡むこともなかったが、高校に進学してからは同じクラスメイトというだけではなく、同じグループで遊ぶことも増えた。それがキッカケで帰宅中に二人きりで会話をすることも。それぞれが抱えている悩みや考えていることを吐露すれば、聞き手側が思ったことを実直に伝える。そんな時間を何度か繰り返すことで徐々に、自分について、相手についてを互いに知っていくようになるのだった。この二人の関係性も、恋人とは違うが、また特別な関係性であることが伝わってくる。

東

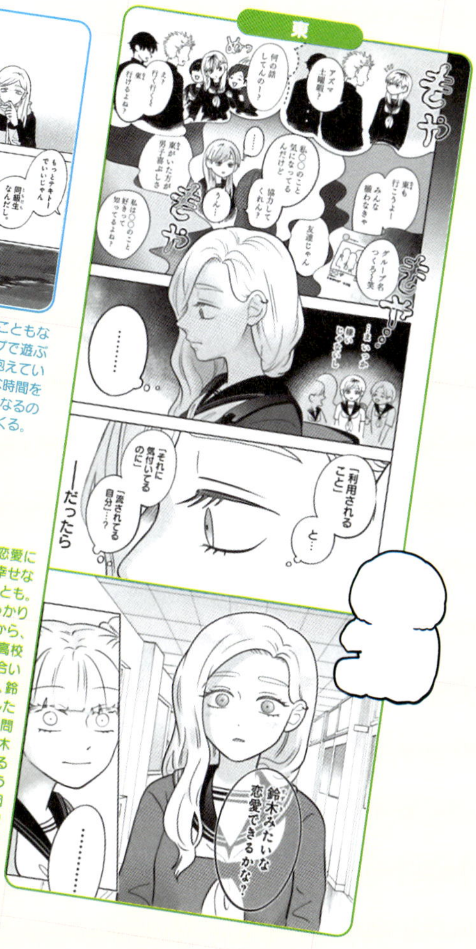

中学時代の人間関係から、いい恋愛に恵まれなかった東。鈴木からは「幸せな恋愛して…」と度々心配されることも。これまで自分の意思や考えをしっかりと持つことができなかったことから、周囲の意見に流されてきた東は、高校生になる頃にはグループでの付き合いに慎重になってしまう。そんな東も、鈴木や平たちと関わることで変化をした人物像だといえるだろう。自分が疑問を抱いている物事について、平や鈴木がその原因を言語化して伝えてくれる経験を経て、東自身も自分と向き合うようになっていった――。自らの原因に気づいてからは、伸び伸びと開放的な学生生活を過ごすようになる。東の変化や気づきからも、他者との関わり方を考えさせられる。

平

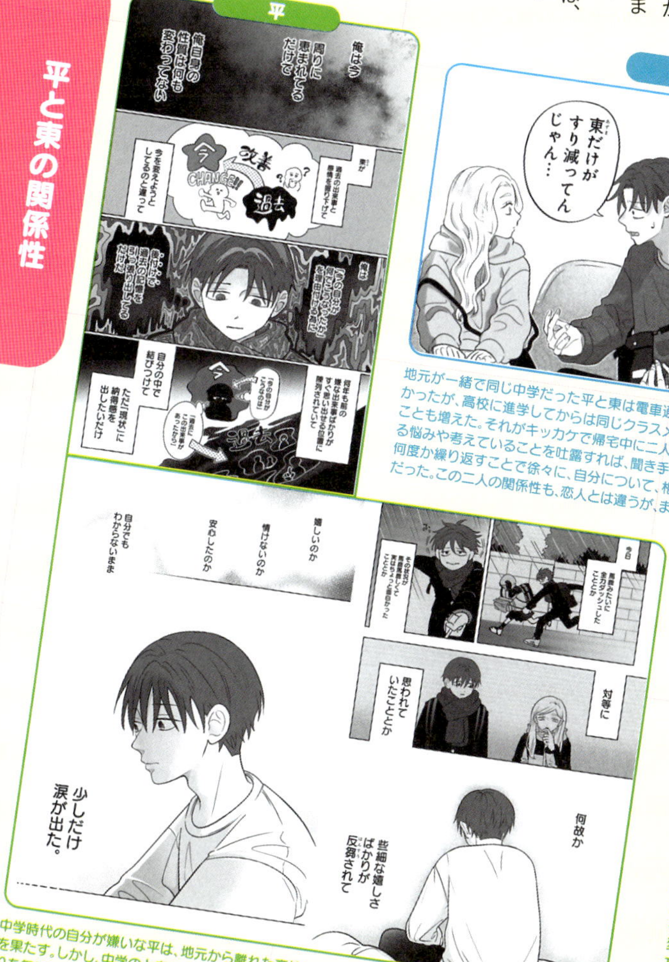

中学時代の自分が嫌いな平は、地元から離れた高校へと通うようになり、高校デビューを果たす。しかし、中学のときのトラウマから自分に自信が持てず、周囲からの評価ばかりを気にしてしまう性格となってしまった。鈴木や谷たちとの高校生活を楽しみながらも、自分の言動を振り返り、自問自答を繰り返しながら反省を繰り返す日々。そんなある日、同じ中学で自分のことをずっと"下に見ている"と思っていた東が、対等な扱いをしてくれていたと知り――。今後も平の変化と成長には注目したい。

鈴木みゆ コレクション

ここではお出かけする場所によってファッションやヘアスタイルを変える鈴木の私服姿や、豊かな表情を集めてお届けする！ 愛嬌を感じさせる鈴木の動きもピックアップして紹介！ あわせ

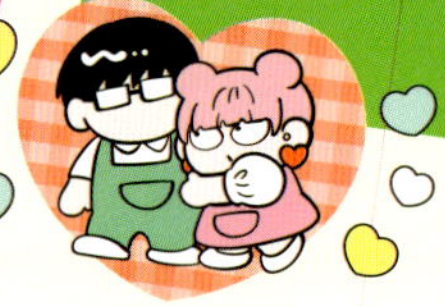

鈴木の全力疾走

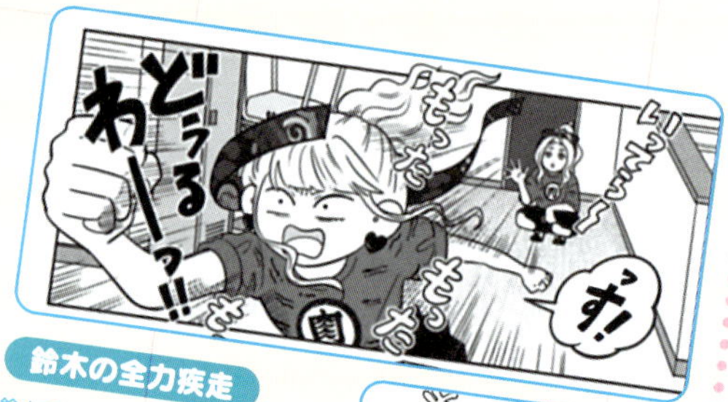

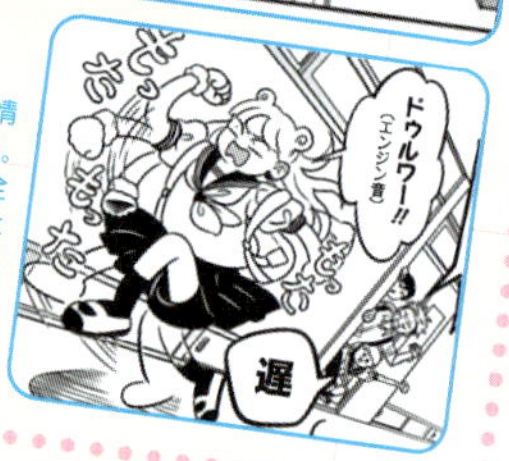

鈴木の愛らしさはファッションや表情だけではなく、動きからも感じられる。エンジン音を口から響かせながら(?)全力で走る鈴木であるが、一方で効果音は〝もったもった〟と描かれていたり、周囲から「遅」とツッコミを入れられている。それらを見ると、鈴木は走るのがあまり得意じゃないことを想像させられる。

ほかにも、様々な姿に変化した鈴木の姿が描かれているので、ぜひ探してみてね！

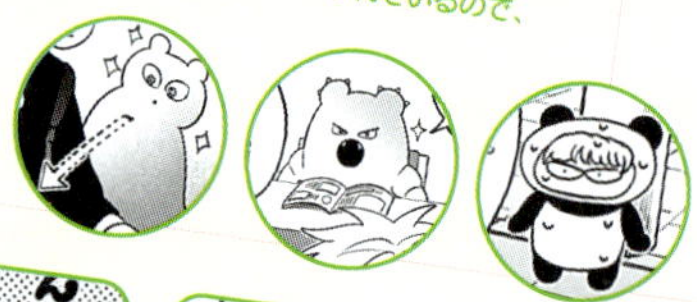

鈴木の私服集

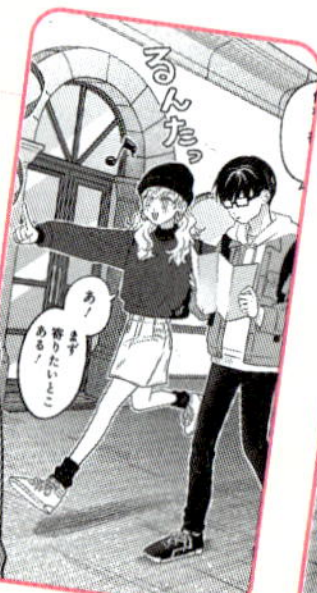

修学旅行で行ったUSJ(ウルトラスーパージャンボ)ランドでは、動きやすさ重視のカジュアルコーデ♪

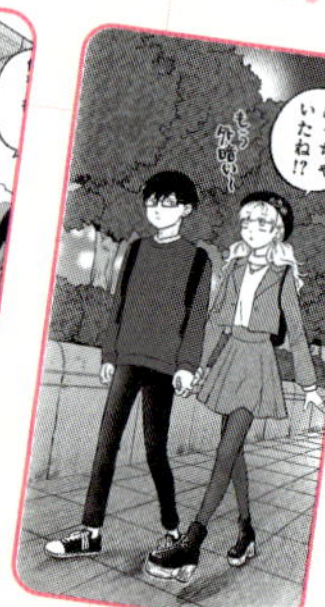

博物館デートに合わせたセットアップファッション。足元のクリアヒールにも注目！

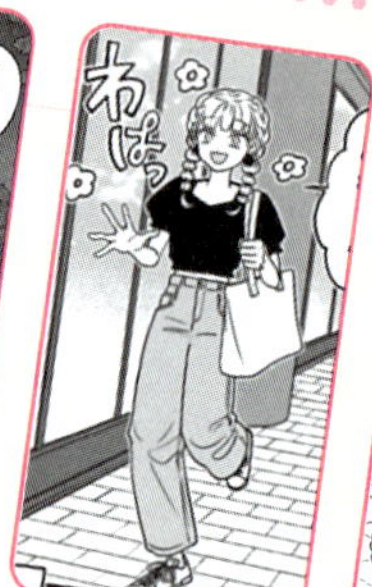

お勉強デートにぴったりのカジュアルコーデ♡ みつあみ姿もキュート！

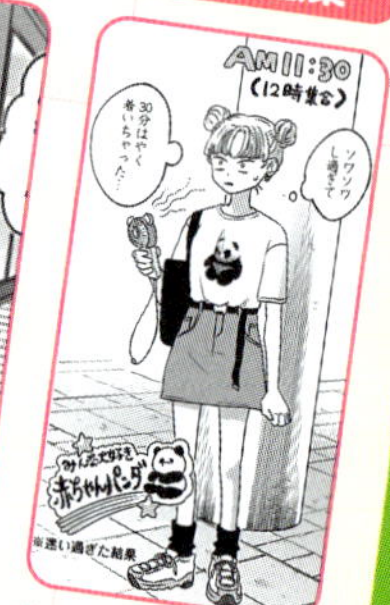

迷いに迷った初デートファッションは、みんな大好き赤ちゃんパンダ★

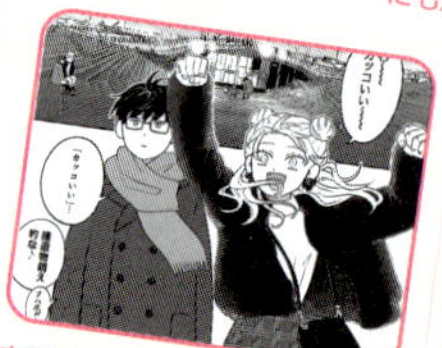

中華街デートは、もこもこアウター×タータンチェックのミニスカ×ロングブーツで最強カワイイ☆

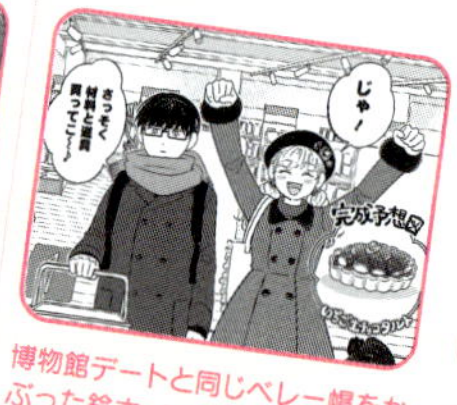

博物館デートと同じベレー帽をかぶった鈴木。フレアコートのシルエットでガーリーな印象に♡

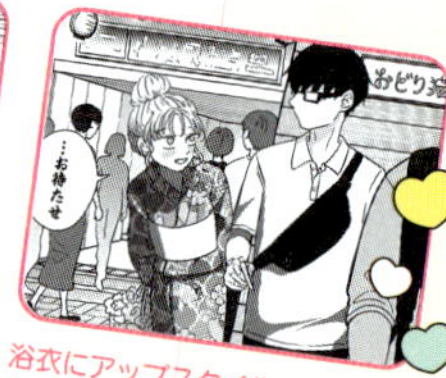

浴衣にアップスタイルの髪型をした鈴木。浴衣に合わせてピアスもオフ…♡

鈴木の表情集

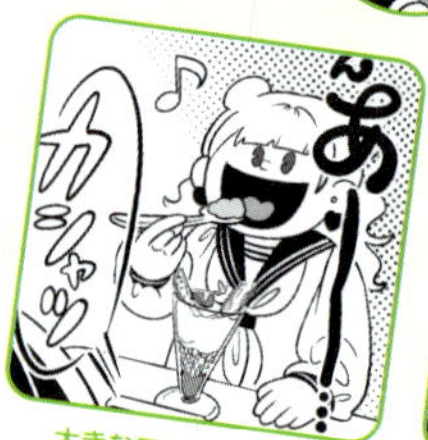

大きな口を開けてパフェをパク…ッと食べるご機嫌なパックマン顔の鈴木♪

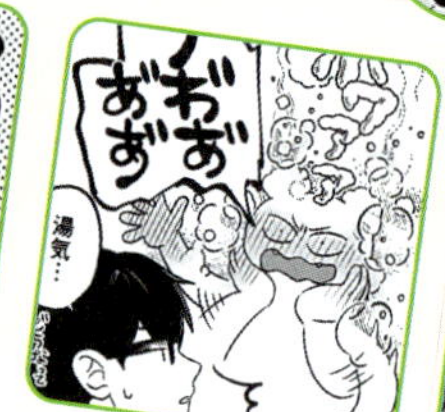

谷から改めて「好き」だと言う言葉を伝えられた鈴木。谷の可愛さにキャパオーバーした末に蒸発しかける…！

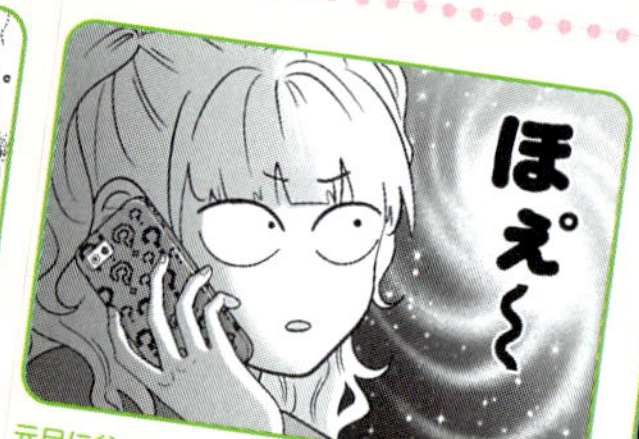

元旦に谷の実家で食事をすることになった鈴木。家族に自分の存在を話してくれたことを知り、大混乱☆　想像を超えたことで〝宇宙猫〟のようになってしまう…。手に持つスマホケースも混乱が止まらない—!?

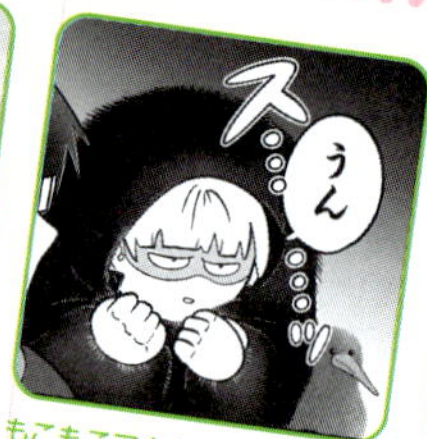

もこもこアウターにぎゅっと身を包み隠れる鈴木。背後から、もこもこ仲間のキウイも登場☆

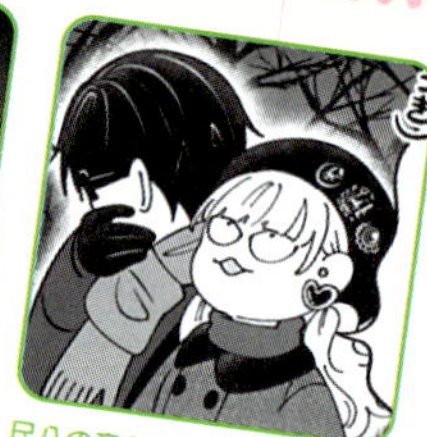

尺八の音を再現(?)する茶目っ気溢れる鈴木。ダイヤ型の小さなお口に上目づかいのお顔はクセになる…。

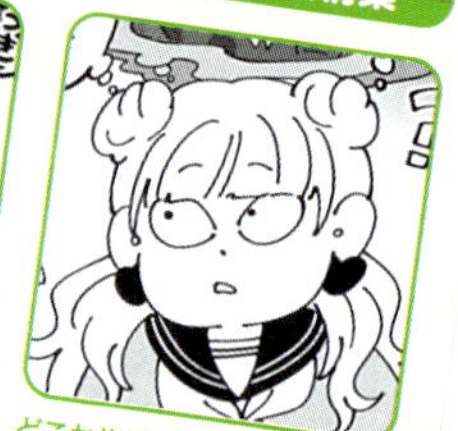

どこか抜けたようなゆる～んとした表情がまぬかわいい♡

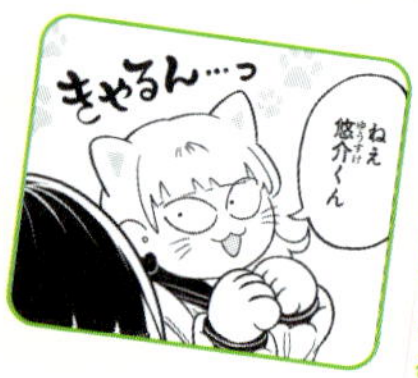

おねだりモードのきゅるん…っと顔をした鈴木。猫に模した姿はあざとさMAX！

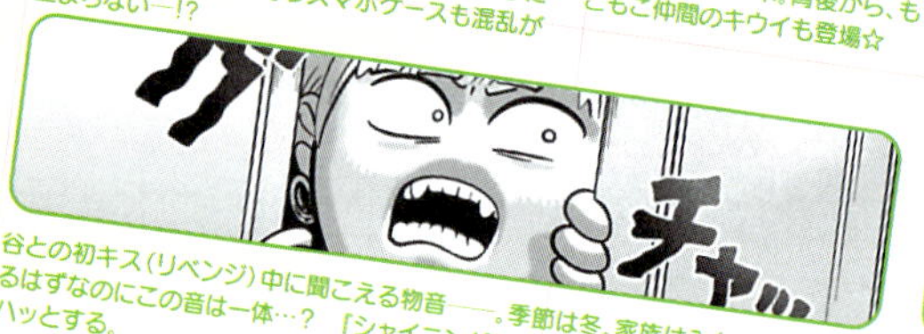

谷との初キス(リベンジ)中に聞こえる物音——。季節は冬。家族はみんな外出しているはずなのにこの音は一体…？　『シャイニング』の名シーンをパロディした一コマにハッとする。

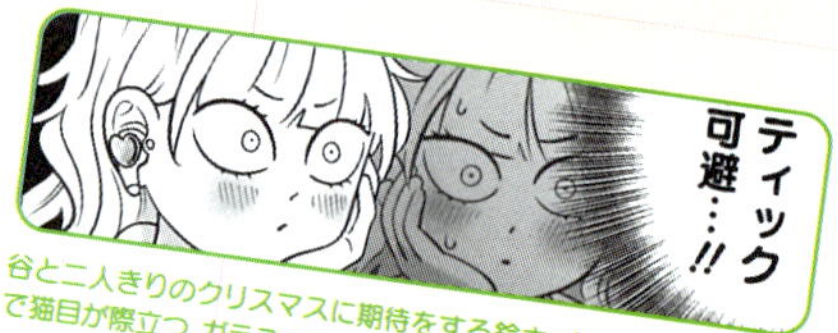

谷と二人きりのクリスマスに期待をする鈴木。カッと見開いたことで猫目が際立つ。ガラスへの写り込みもインパクト大☆

く考えずに登場させてしまったという理由もありますね。

——異性のきょうだいがいると、異性に対しての対応の違いとかが出ますよね。

阿賀沢　男兄弟しかいない男子と、女きょうだいのいる男子だと結構違う気がします。女子でもきょうだいで仲が良かったりする子は、同い年の子があまり聴かない音楽を聴いていたり、知らなそうなこと知っていたり、意外な趣味を持っているイメージがあります。

——関係性でいうと、鈴木と谷で気になっていることがあります。鈴木は谷のことを最初から「可愛い」と言っていますが、カッコいいよりも可愛いという表現にしたのはどうしてですか？

阿賀沢　読み切りの段階では、鈴木は谷の内面性をカッコいいと思って、憧れていたと思います。カッコいいという感情は、憧れや遠い存在のようなイメージですが、可愛いとなるともっと「何かを与えたい」という感じで、相手に対しての気持ちがより強いように思うんです。深い関係になればなるほど、カッコいいよりも可愛い感情を持つほうが、マイナス面を見たりしても、幻滅する部分が少なくて、関係性が長く続きそうですよね(笑)。

——それはありますね。また、阿賀沢さんの作品は恋愛に偏りすぎない物語のバランスも考えられているからこそ、恋愛を気にしない関係も楽しいと感じられるのかなと思いました。

阿賀沢　大人になってから仲良くなった人と学生時代の友達では、育った環境が違うからなのか、ちょっと関係性が違いますよね。私の作品を読んで懐かしいと思ってくださる方は、学生時代の友達と会ったときのわちゃわちゃ感を感じてくださっているのかなと思うんです。『氷の城壁』の担当さんに「友達同士がわちゃわちゃしている会話が良いのに、どんどん暗い方向に寄っている。もっとわちゃわちゃした感じを出したほうがいいよ」というようなアドバイスをいただいたことがずっと印象に残っています。ですので、暗い感情を描いているお話でも、どこかでふざけるようにしたり、全体的に学生同士がわちゃわちゃと盛り上がっている雰囲気はずっと入れていきたいなと思っています。

——阿賀沢さんの描く、デフォルメが効いたデザインはコミカルで可愛らしいです。ここからは少し造形や描写についても伺わせてください。鈴木の顔はデフォルメされたとき、動物的な顔をしていますよね。

阿賀沢　私のなかにあるデフォルメ時の鈴木のイメージは猫です。水木しげる先生作画の猫娘(『ゲゲゲの鬼太郎』)や、『らんま1／2』の猫魔鈴を思い浮かべながら、いわゆる美女とは違うけど愛嬌のある顔にしたくて描いています。女の子は基本的にツリ目が好きなので、猫系の顔にしたいなと思っています。

——てっきり、「サンリオ」や「ディズニー」などのキャラクターがお好きなのかと思っていました。

阿賀沢　アナログで描いている昔の漫画であるような、丸みのあるデザインと強弱のある線が好きなんですよ。ただ、雑貨系もめちゃくちゃ好きです。小さい頃は「サンエックス」のキャラ

クター文具にしっかりハマっていた子どもでしたし、「サンリオ」も好きでした。今も好きです。あと、「ディズニー」はキャラが好きというよりはテーマパークが好きです。ほかにも、地方のゆるキャラも好きです。特にひこにゃん（滋賀）、アルクマ（長野）が可愛いですよね。観光地へ行ったらとりあえず看板の写真を撮っちゃいます（笑）。

―わかります！ そして、『正反対な君と僕』は時々、一部のアイテムがカラーになっていますよね。カラーの配色も小さい頃に感じていたトキメキやレトロなアイテムに色を置くのでしょうか？

阿賀沢 色は基本的に感動するような部分に入れないようにしています。例えば空が綺麗とか、景色がいいとか、キメの台詞を言うシーンをカラーにしてしまうと、主張が強すぎるので、それよりは「どこに使ってんねん」というボケのような感じで入れています。ボケのような感じで使いながらも、ボウリングの靴などカラーにしないと伝わらない、カラーのほうが分かりやすい場所にも色を置きます。『ジャンプ＋』はウェブ媒体なので、カラーは自由に入れることができます。『正反対な君と僕』は最後の連載ぐらいの気持ちで始まっているので、できる遊びは全部したいと思っています。

―アイテムでいうと、作中に自動販売機もよく登場しますよね。

阿賀沢 自分の地元が田舎寄りなので、帰り道にいつもみんなが寄る場所がほとんどなかったんですよね。自動販売機のほうが親しみがあるのでイメージしやすく、描きやすいのかもしれないです。

―それと、鈴木のファッションもシチュエーションによって細やかに描き分けていますよね。

阿賀沢 鈴木のファッションは、谷といるシーンで描くことが多いので、どんどん女子っぽく変化しているように見えるのかもしれませんが、鈴木の趣味が変わったというよりは、友達と会うときやその日の気分によってお洋服を変えている子、というイメージです。ですから、友達とボウリングをしたときは、相変わらずメッシュ素材のトップスを着ています。

―男子だと、山田もオシャレですよね。

阿賀沢 そうですね。学生時代、結局モテるのは山田のような子だと思うんです。顔の造形が整っているとかではなく、明るくて女子とナチュラルに会話ができるうえに、お洒落に興味があって気をつかっているし、こなれ感がある。でも、そこで顔をカッコよく描き過ぎるとバランスが悪くなってしまうので、一番落描きのような顔にしています。

―美形にすると、性格とかよりもビジュアルに目が行ってしまいますもんね。

阿賀沢 山田をめちゃめちゃカッコよく描いていたら、「ただしイケメンに限る」って言われそうですよね（笑）。いかに、この描き込みのない顔で女子にカッコいいと思ってもらえるかにチャレンジしています。

―阿賀沢さんの作品を読んでいると、笑顔の描き方が特徴的だと思いました。派手なビジュアルをしていない西でも、笑顔を見た瞬間に可愛さに心を奪われます！ 男女共に、口もとや顔を手で覆いながら笑う仕草がすごく可愛いです。

阿賀沢 めっちゃ褒められて嬉しいです。たしかに、女子も男子も笑っている人はやっぱり可愛いなと思います。顔を見せるときはアップにしたいのですが、アップだけだと動きの要素が足りないなと思うので、動きの要素の一つとして笑顔のときに手を画角に入れています。

―そうだったんですね。話は変わりますが、『正反対な君と僕』を好きなファンたちの感想や紹介記事を拝見しますと、「今のリアルな人間関係を感じる」というコメントが多いですよね。作中では、みんなが周りの友達に気をつかったり、助言をしたり、話し合ったりするシーンが描かれていますが、阿賀沢さんの学生時代もそういった感じでしたか？

阿賀沢 いえ、全然（笑）！ でも、友達は優しい子が多かったです。自分は性格が悪いことを自覚しているので、学生時代の精神的に未熟だった頃の自分を思い出すことはキツいですし、あんな愚かな人間は、自分の漫画には描かないので、ありのまま作品に落とし込んだりはしないです（笑）。

―なんと〜。阿賀沢さんの周りの友達は優しく話を聞いてくれる人たちだったんですね。

阿賀沢 そうそう。年を重ねるにつれ、周りの人の優しさについての解像度が上がっていったんです。それにより、自分以外の人間同士の話し合いを描けるようになったのかなと思います。ただ優しいだけでなく、そっとしておいてくれたんだなって気づきました。それに、当時のことを振り返ると、自分が思っているよりも周囲の人間は気にしていないし、何がどうダメだったかをそのときに気づくことは難しいんだなって思います。よく、高校生のときに登場人物たちのようなことを考えていたのかと聞かれることが多いのですが、そんなことは全然考えていなくて。むしろ、そのぐらい優しさのある世界だったらいいよね、と思うんです。

―リアルというよりは理想のような感じですかね。

阿賀沢 発生する感情はリアルに描きたいと思っているのですが、やり取りはファンタジーですね。現実離れし過ぎない範囲で、こうなれたらいいよね、という理想を描いています。

―例えば、もじもじした性格の西とハッキリした性格の本田のやり取りもファンタジーですか？

阿賀沢 二人が仲良くなる経緯（第43話）を描いたものの、現実だとあそこまで性格が離れている女子が一緒にいることは珍しいと思います。ですが、どちらかというと本田が西の面倒を見ていることよりも、西のような引っ込

わちゃわちゃな日常

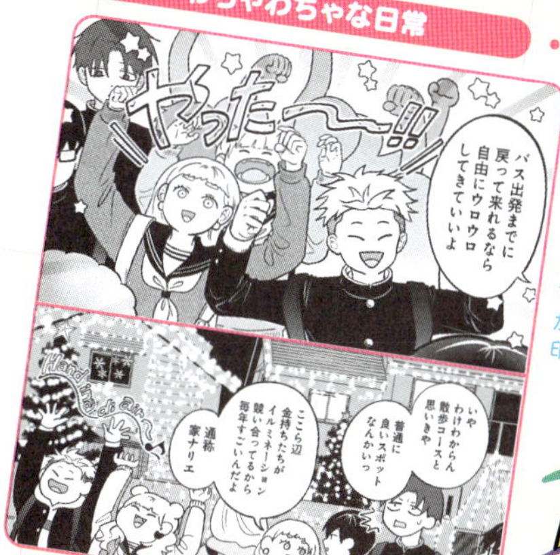

男女分け隔てなく、みんなで楽しい日常を過ごしているシーンは阿賀沢さんの作品の特徴の一つだと言える。おおきく口をあけながら両手をあげたポーズからは無邪気な印象を抱き、賑やかな雰囲気が伝わってくる。また、デフォルメしながら描かれたことでポップな印象も感じる。

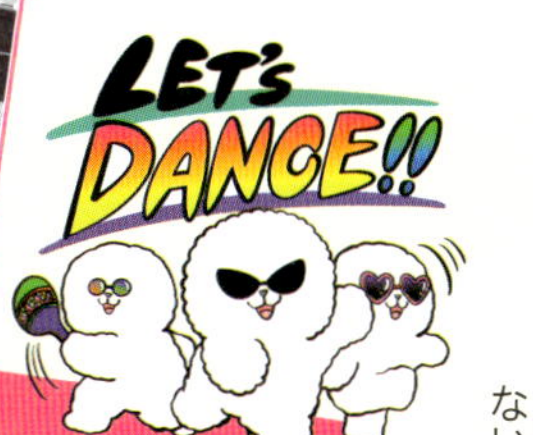

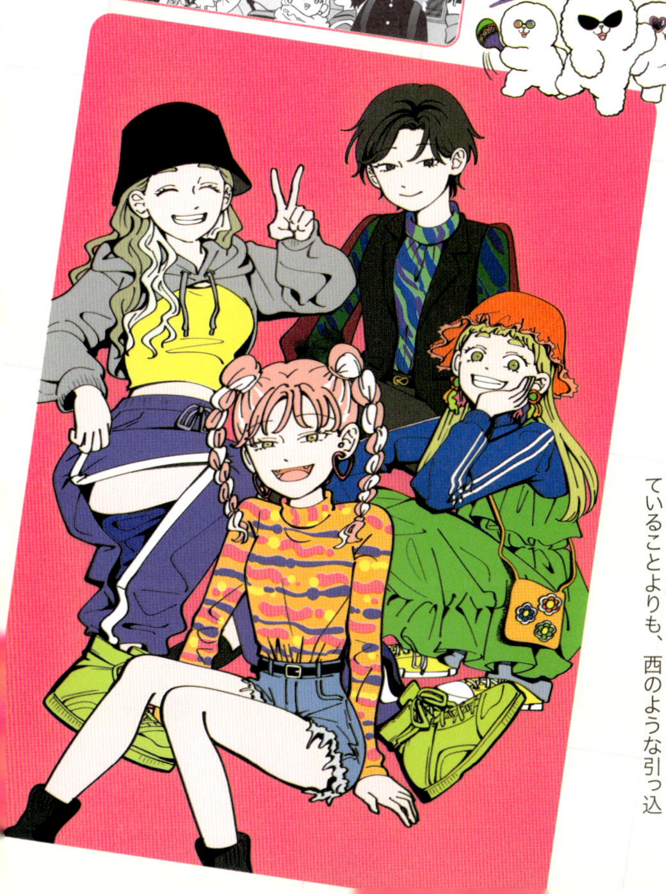

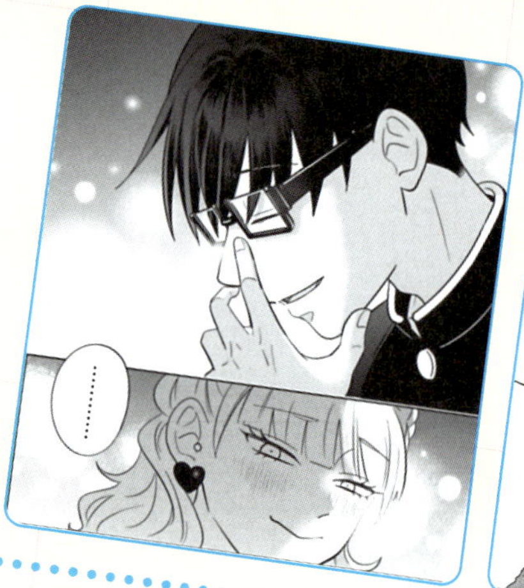

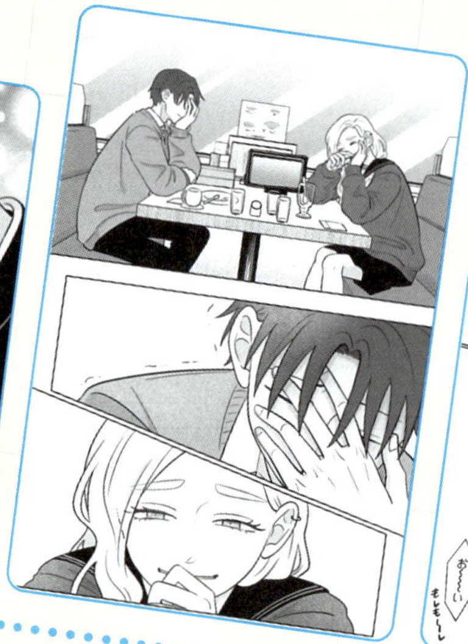

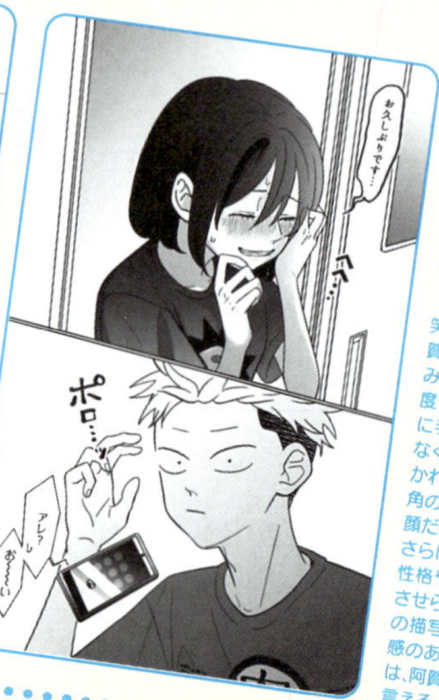

笑顔の描写

笑顔が好きだと話をしていた阿賀沢さん。笑顔の描写に注目してみると、顔に手を添える仕草が度々登場する。笑うときに口もとに手を添える癖のある西だけでなく、男女ともに顔周りに手が描かれているのがわかる。また、口角の上がり方から力が入った笑顔だということが伝わってくる。さらに、眉毛の角度からも人物の性格やシチュエーションが想像させられる。丁寧にひとつひとつの描写を追いかけることで臨場感のある人物像を紡ぎ出す表現は、阿賀沢さんの作品の魅力だと言える。

み思案なタイプの子が、真逆な本田の意見を素直に受け入れられていることのほうが、ファンタジーなのかもしれないですね。西は気が弱くてネガティブ寄りですが、本田に意見やアドバイスを言われたときに、そうかもしれないとすぐに思えることがフィクションで「そうなれたらいいよね」の要素かもしれないです。

——なるほど。平のように高校デビューをしたけれど、内面としては強いコンプレックスや劣等感を抱えた子が周囲の人間に受け入れられて、馴染む様子にも夢がありますね。

阿賀沢　中学から高校、高校から大学など、受験を経たことで自分と近い学力の子が揃う学校に通うことで、徐々に馴染みやすくなることは現実世界でもよくあることだと思います。平の場合、彼が周囲に受け入れられていくことが「こうなれたらいいよね」のファンタジー要素だと思われるかもしれないのですが、どちらかというと平の性格で、負の感情を全く他人のせいにしないことがファンタジーだと思って描いています。平は過去を思い出して色々と考えてしまうけれど、それを誰か受け入れてくれそうな人にすぐ依存して全部を語り出したり理解を得ようとはしないんですよね。描くときは、それが癖になってしまったら危ないよ、というラインを絶妙に超えないように気をつけています。また、平の場合はそもそも周りの友達は高校の段階で彼を受け入れているのに、本人だけが、周囲から見た自分と本当の自分のギャップで苦しんでいる状態なので、自分自身の問題が大きいですよね。周囲の人に受け入れられても解決にはならないから、平に関しては自分を受け入れられるまでを描いていこうと思っています。

——一方で谷くんは、鈴木たちと関わることで変化していく様子が印象的です。最初の設定にとらわれすぎず、流動的なところが、阿賀沢さんの作品をリアルだと感じるところだと思いました。

阿賀沢　そう言ってもらえてよかったです。作品紹介では、よく最初の設定を踏まえて、「はっきり言える物静かな男子の谷と空気を読みがちな鈴木」と言われるのですが、今は全然二人とも違った性格になっているので、大丈夫かなと不安でした（笑）。私は恋愛的な意味じゃなくても、人と人が居て、仲良くしていきたいなというときに、性格が違えば違うほどお互いに影響されて、変わる部分が多くあるんだろうなと思うんです。

——なるほど。ここまで色々とお話を伺ってきましたが、阿賀沢さんが人物の内面や立ち回りが気になるのはどうしてなのでしょうか？

阿賀沢　私自身、人がなぜそういう行動をするのかを考えるタイプだからだと思います。それに学生時代など、人の性格によって変化する振る舞い方や行動を考えなさ過ぎた記憶もあるからかもしれないです。私は感覚で人の言動の意味を深く理解することが難しくて全部、考えなくちゃと思っています。

——『正反対な君と僕』は、現代の子のリアルが描かれているなと思っていたのですが、意外と今の時代を意識して描いているわけではないのですね。

阿賀沢　むしろ私もびっくりしたんですよね。特に『氷の城壁』のときは、趣味で描いていた漫画でしたので、わざわざ漫画に描かれないような細かな人物の心情を描いてもいいのかなと思って描き始めたのですが、意外とコメント欄は共感する人の声が多くありました。そういう人もいる、そういう人に届けばいいな、程度で描き始めたのにも関わらず、思ったよりも受け入れられて、連載する分にはありがたいことですが「あぁ、そのくらい生きづらい世の中なんだなぁ」と思ったんです。自分が十代だったときよりも、今の子たちは相手の気持ちを考えられる想像力がずっとあって、大人なんだろうなと思うのと同時に、十代のうちから視界に飛び込んでくる情報が多すぎて窮屈に感じることもあるのかなとも思うんです。

——私たちもそう思います。それでは、最後に『正反対な君と僕』について、今後どのように描いていきたいかを聞かせてください。

阿賀沢　何度も繰り返し読んでもらえるような作品にしたいです。そのためには、もっとこの世界に浸っていたかったな、と思ってもらえるぐらいで終えるのが、一番作品としてきれいなのかなと思っています。ですので、どういう結末にしたらいい作品になるのかをずっと考えています。自分が思う最高の形で物語を終えられるように頑張りたいです。

——本日は貴重なお話をありがとうございました。また「季刊エス」に登場してください！　今後も阿賀沢さんの作品を楽しみにしています。

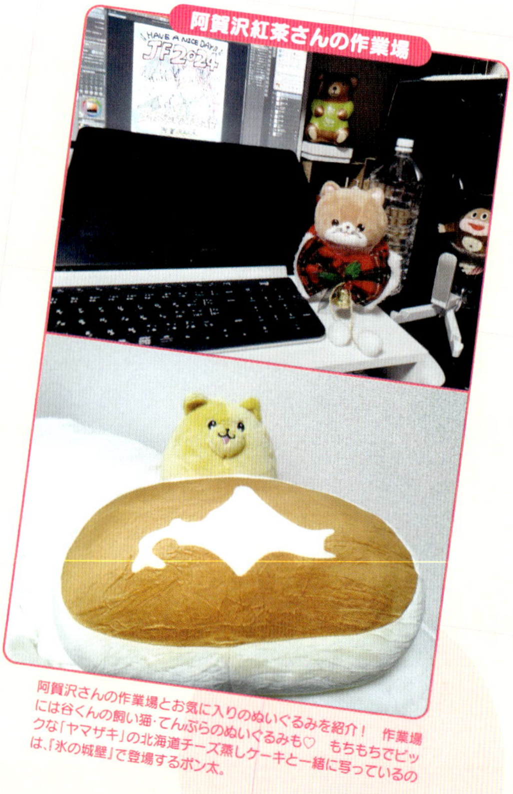

阿賀沢紅茶さんの作業場

阿賀沢さんの作業場とお気に入りのぬいぐるみを紹介！　作業場には谷くんの飼い猫・てんぷらのぬいぐるみも♡　もちもちでビッグな「ヤマザキ」の北海道チーズ蒸しケーキと一緒に写っているのは、『氷の城壁』で登場するポン太。

the making of 阿賀沢紅茶

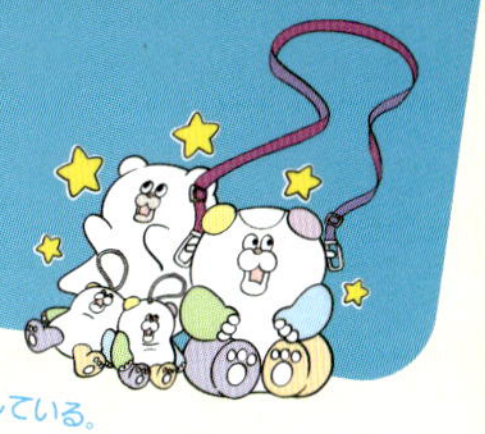

ここでは、阿賀沢さんが描いているネームと制作工程を一部紹介する。今回は第40話「初詣」を掲載。ソフトは「CLIP STUDIO PAINT EX」を使用している。

5巻・174ページ／ネーム

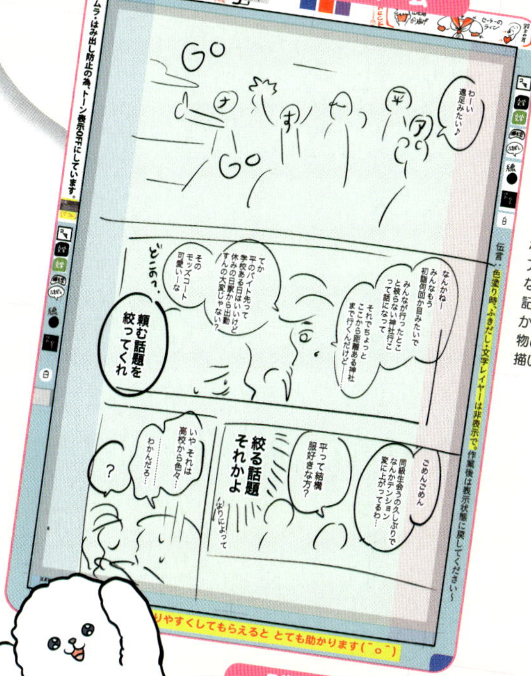

断ち切りの外に描かれた文字は、阿賀沢さんからアシスタントの方への伝言。また、断ち切られる場所はグレー色、左ページに配置されるときのノドはピンク色、右ページに配置されるときのノドは水色を敷いて、視覚的にわかりやすくしている。それだけでなく、上部には鈴木のピアスや山田の刈り上げなども共有事項として記載されているのがわかる。また、ラフでは人物の特徴をおおまかに描いて伝えている。

5巻・185ページ／ネーム

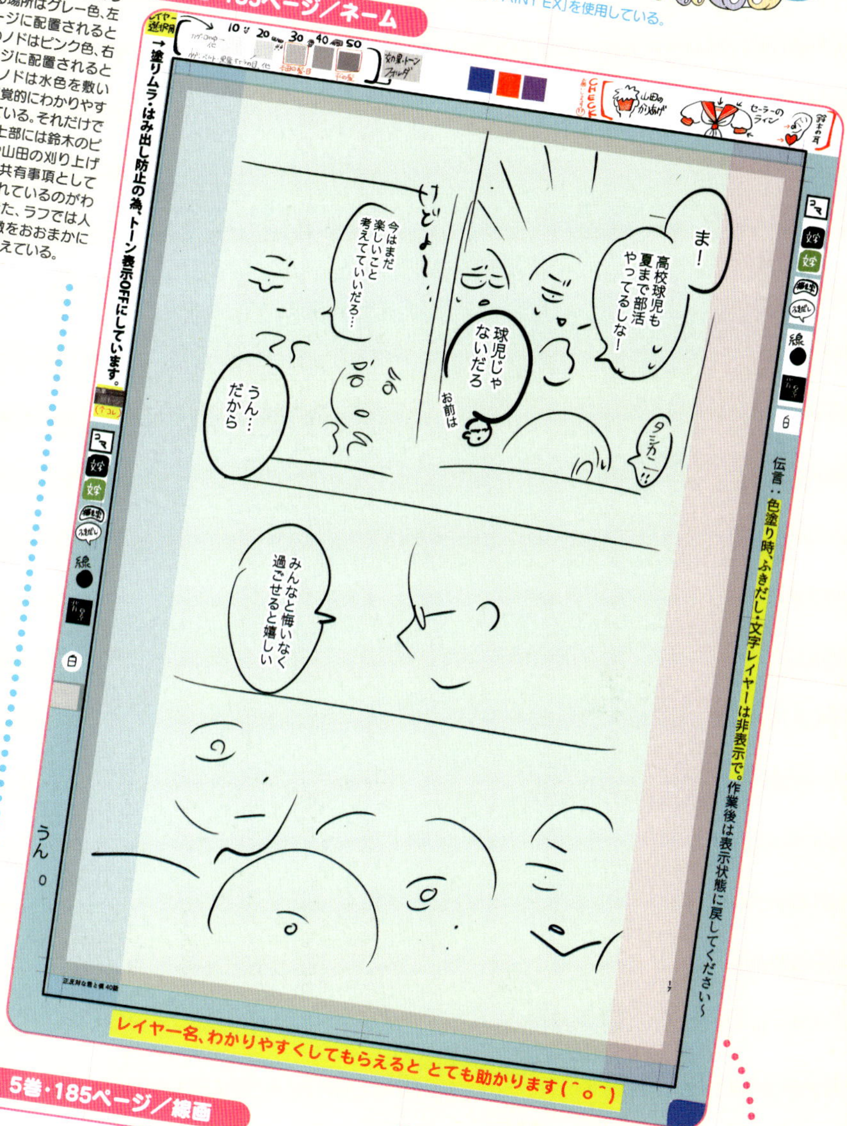

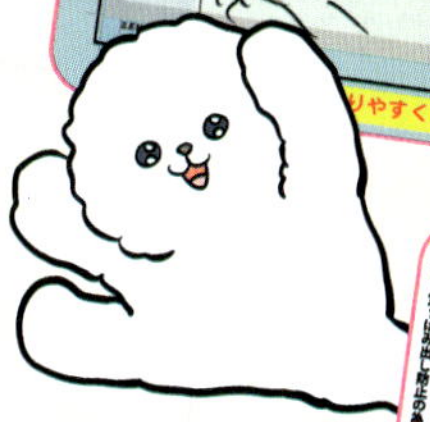

5巻・182ページ／ネーム

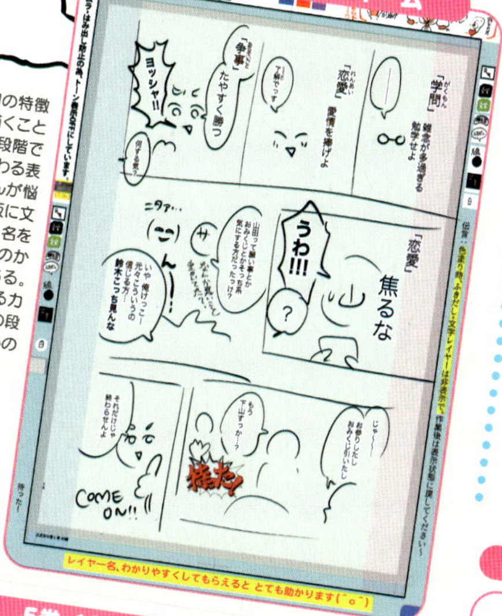

ネームは、人物の特徴をおおまかに描くことが多いが、この段階で描かなくても伝わる表情や、阿賀沢さんが悩んでいる表情は仮に文字でキャラクター名を書いて、誰を描くのかを伝えることもある。また、遊びで入れるカラー部分はネームの段階で配色されているのがわかる。

5巻・185ページ／下絵

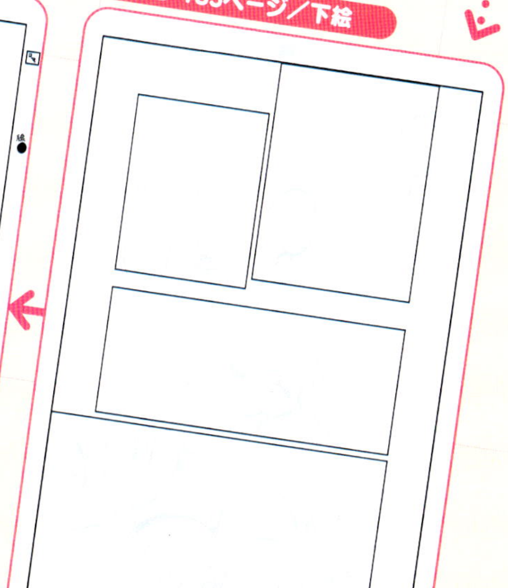

ネームを元に下絵を描く。ネームはあくまでも何をどのコマに描くのかというアタリのため、作画では無視する。下絵は水色を使用して描いた。カラーペンを使えるのは、デジタル作画のいいところ。

5巻・185ページ／線画

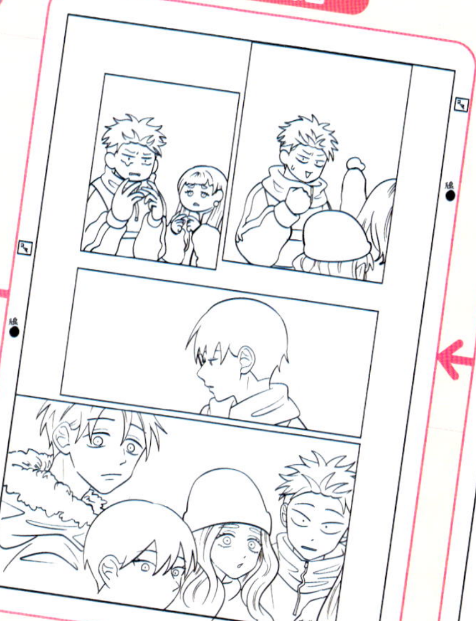

線画を描いた状態。谷のメガネは黒フレームのため、線画のあとの工程「黒ベタ&トーン」のレイヤーで一緒に描く。この後のトーン貼り、背景などの工程はアシスタントへ作業をお願いしている。

5巻・185ページ／完成

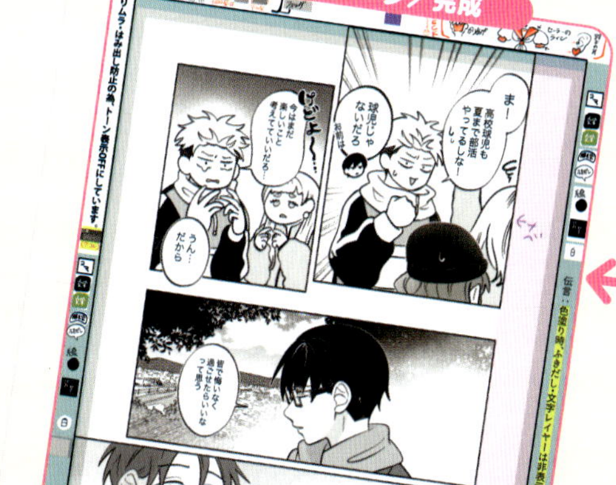

トーン、効果、背景を加えたら原稿の完成！　谷や佐藤など黒髪部分は、黒ベタの上から白いペンで色を抜いていた。また、阿賀沢さんの原稿は余白部分にカラフルな色で、わかりやすくアシスタントへの伝言を書いているのが印象的だった。これはデジタル作画でカラー原稿を制作できる良さだと言える。

作家さんたちのお気に入りアルバム

日々の生活のなかで、作家さんたちがとらえたお気に入りのシーンを写真とコメントで紹介！

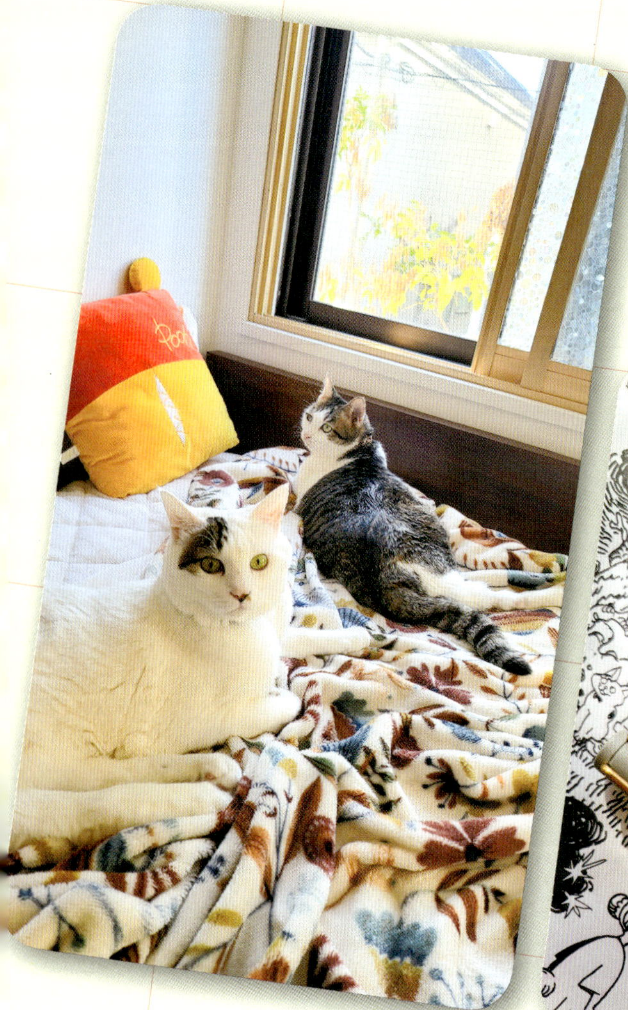

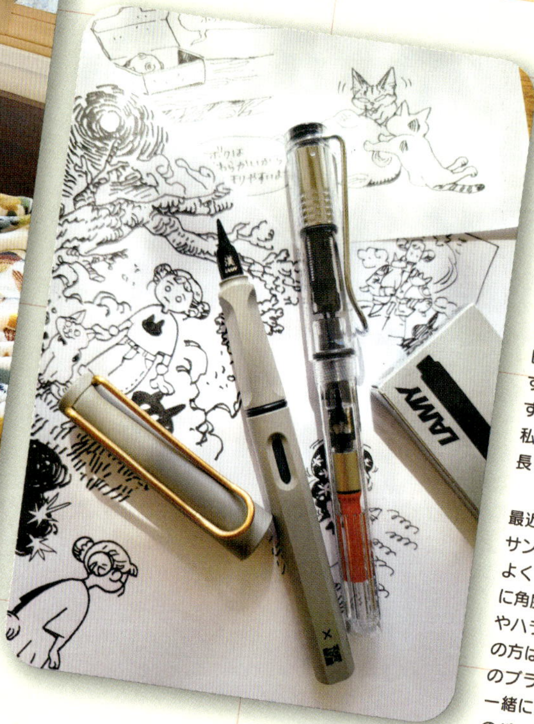

星野桂

漫画家。「ジャンプSQ.CROWN」にて『D.Gray-man』を連載中。「趣味の文具箱」に『ホシノカツラの文具LIFE』も執筆。
【Instagram】katsura_5600

下半身不随猫コンビの三太(3才)とチョロ(2才)です。2人合わせてサンチョロ！ 三太は植物を眺めるのが趣味で優しくイケメンボーイ。チョロは食べるの大好きお転婆ツンデレガール。ふたりとも毎日事件を起こしてくれて、仕事の邪魔もし放題ですが、私を一番笑わせてくれる最高の子ども達です。毎日2回の圧迫排尿は大変と思われがちですが私とサンチョロの絆をより深めてくれます。長く長く、一緒に笑っていられますように。

最近お気に入りのペンはLAMYの漢ニブ万年筆。サンチョロのイラストや漫画のプロットやラフはよくこれで描いてます。通常の万年筆より筆記時に角度を気にしなくてもスーッと描きやすく、トメやハライができるので、マーカーやミリペン好きの方はハマるのではないでしょうか。LAMY純正のブラックカートリッジを入れてコピー用紙と一緒に持ち歩くのがお気に入り。これでモノクロのパキッとしたイラストを描くと気持ちいいのよ。

いとうのいぢ

イラストレーター・キャラクターデザイナー。『天久鷹央の推理カルテ』、『灼眼のシャナ』、『涼宮ハルヒ』のシリーズの挿絵を担当し、ゲーム、アニメ、VTuberのキャラクターデザインなどで幅広く活躍している。2023年に兵庫県の加古川と東京の原宿で「いとうのいぢ展 ぜんぶ！」を開催。加古川市観光大使。
【X】id＝@itoww

昨年の夏に卵詰まりで生死の境を彷徨ったオカメパール女子のちまき(奥)と、うちに来てから病気知らずのノーマルオカメ男子のもなか(手前)です。二羽とも現在とっても元気で、7歳になりました。仲良くはないけど、いい距離を保ちながら共存してくれています。家具や壁紙など何でも齧って壊してしまうので、藁やラタン製のフォージングトイと呼ばれるボールを齧らせることでストレスを発散してもらっています。

先代のセキセイインコ達の縁もあり、鳥モチーフのグッズをプレゼントでいただいたり購入したりしてコレクションしています。最近紅茶屋さんでティーバッグとお菓子、小鳥の絵柄の小さいお盆を買いました。可愛くてお気に入りです。

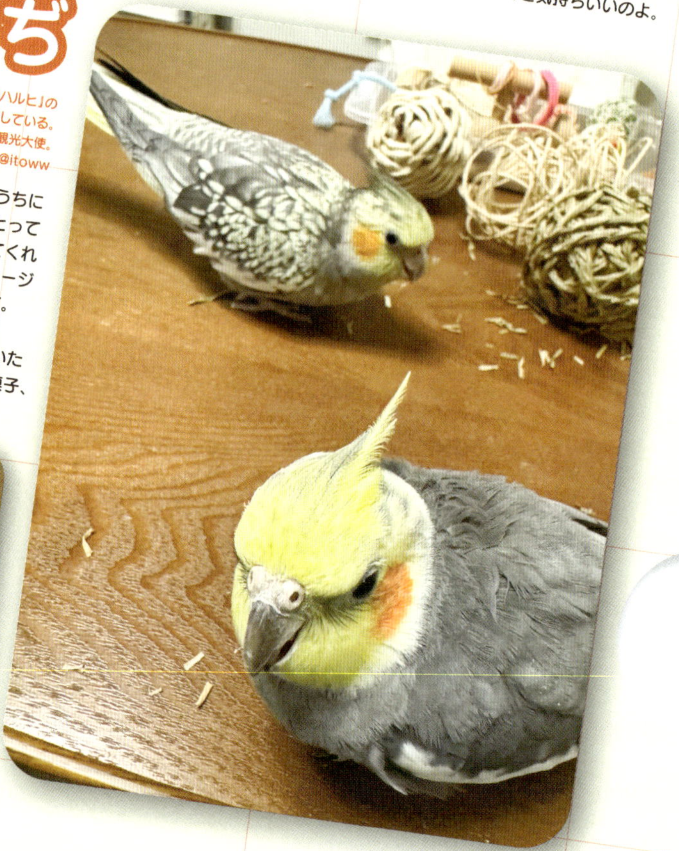

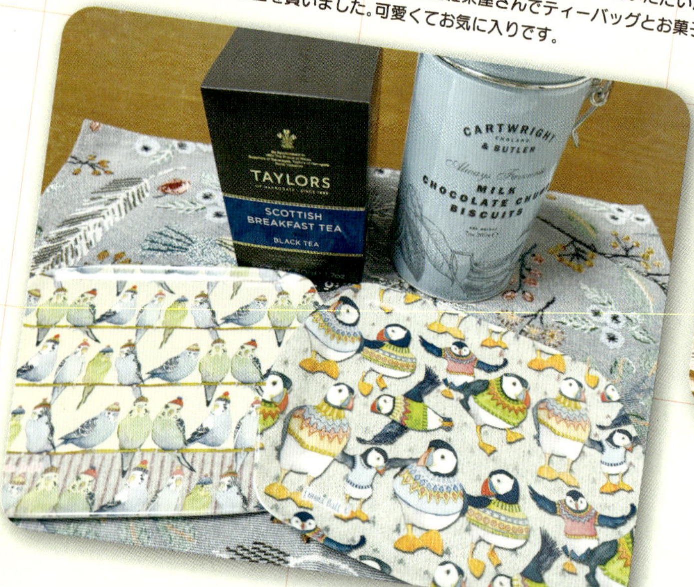

たなと

マンガ家。2012年『スニーキーレッド』でデビュー。スピンオフ作品『モーションエモーション』、『スニーキーレッド』続編・番外編がある。ほかにも、『PERFECT FIT』、『しるされしアイ』(以上、祥伝社)、『新装版 あちらこちらぼくら』(ホーム社／集英社)がある。現在、『.Bloom』(ホーム社／集英社)にて『あちらこちらぼくら(の、あれからとこれから)』、『ブルーバードリーダー』を連載中！【X】@sonokitomajima　【HP】http://thesongisyou.minibird.jp/

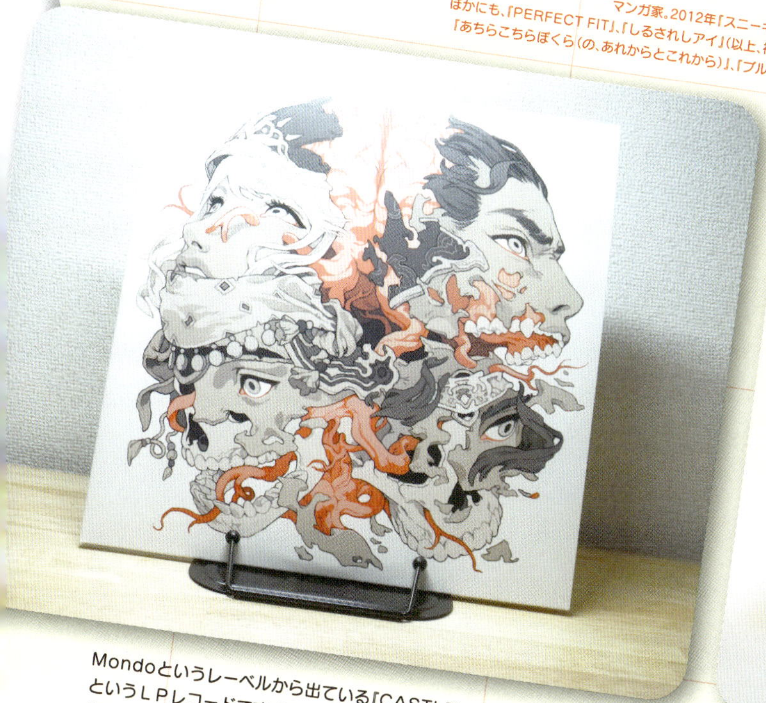

Mondoというレーベルから出ている『CASTLEVANIA III: DRACULAS CURSE』というＬＰレコードです。『悪魔城ドラキュラ』シリーズを大好きになった年にサントラが欲しくてwebをさまよっていたところ、幸いにも出会うことができました。アーティストのSachin Tengさんのジャケットイラストの格好良さに一目惚れ(反対の面にはドラキュラが描かれていて、そっちもすっごく良いんです)！　仕事場のいちばん目立つ場所に飾っています。手に入れてから一年以上経ちますが、いつ何時見ても最高で、格好良さに触発されてやる気が出ます。

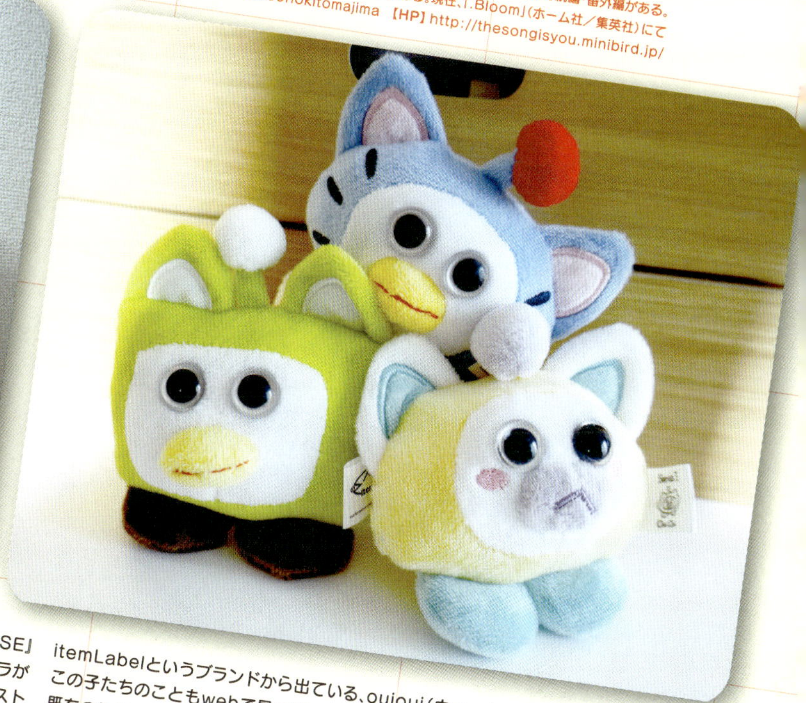

itemLabelというブランドから出ている、ouioui(ウィーウィ)というぬいぐるみ！この子たちのこともwebで見つけて一目惚れし、新シリーズ発売(発見当時、人気で既存のシリーズはすべて売り切れでした)のチャンスをうかがい続け最近ついにゲットすることができました。無事手元にやってきてくれて本当に嬉しい！　この３匹を眺めたり撫でたりすることや、itemLabel公式・世界中のitemLabelのファンの方々がSNSにアップしているouiouiたちの姿を拝見するのが最近の仕事の合間の楽しみです(＾。＾)

panpanya

マンガ家。これまでに『魚社会』『模型の町』『商店街のあゆみ』(以上、白泉社)などがある。『楽園 Le Paradis』本誌、web増刊にて作品を発表している。【HP】https://www.panpanya.com/

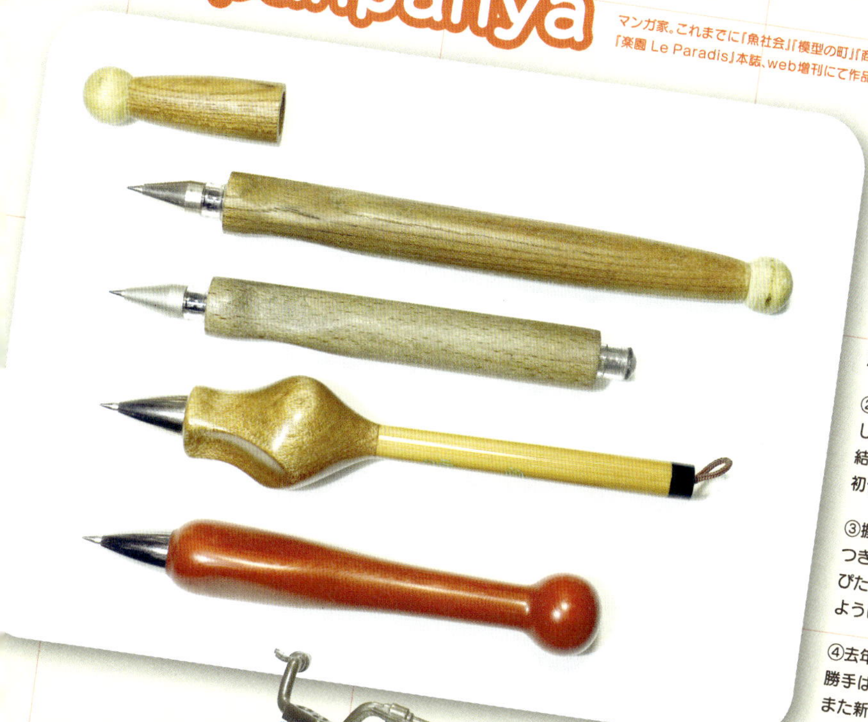

作ったボールペン

程々の太さがあって軸が三角になったボールペンが好きなのだが、なかなか気に入るものがないので趣味的に時々作っているものです。

(上から)

①初代。木の筒をベースに市販のボールペンの部材を組み合わせたもの。結構長く愛用していたが、ボールペン部材は樹脂製のため、繰り返し芯を交換しているとやがてネジ部が摩耗して壊れてしまうという問題があった。当該箇所が壊れて引退。唯一キャップも作ったが不要であることに気付いたので以降のペンでは省略することにした。

②二代目。初代をイベントで展示する機会があり、その間の代用品として作成。初代の残材を使い、構造は同じで作りを簡略化したもの。結局これが一番使いやすかった気がするが認めたくない気持ちがある。初代と同様ネジ部が壊れて引退。

③握ったときに完全にフィットする形状こそ最良なのでは？ という思いつきで作ってみたもの。ネジ部を金属製に変更し耐久性が向上。目論見通りぴたぴたにフィットするが、手とペンの間に適度にゆとりがないと思ったように線が引けないということを学んだ。お蔵入り。

④去年作った最新作で現在の主力。ベークライト製。ちょっと重いけど使い勝手は良好。これも金属ネジなので早々壊れないと思うが、気が向いたらまた新しいのを作りたい。

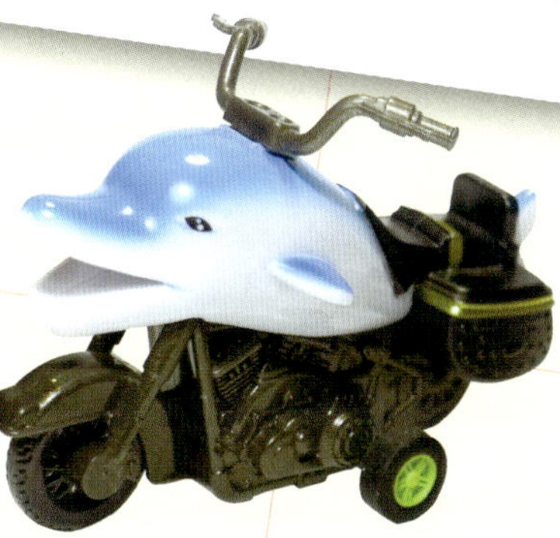

他、机の上にあったお気に入りの物品

◀イルカと三輪プルバックカーが合体したおもちゃ。変でかわいい。100円ショップにて入手。

▶ハンドスピナー。地味に噛み続けています。

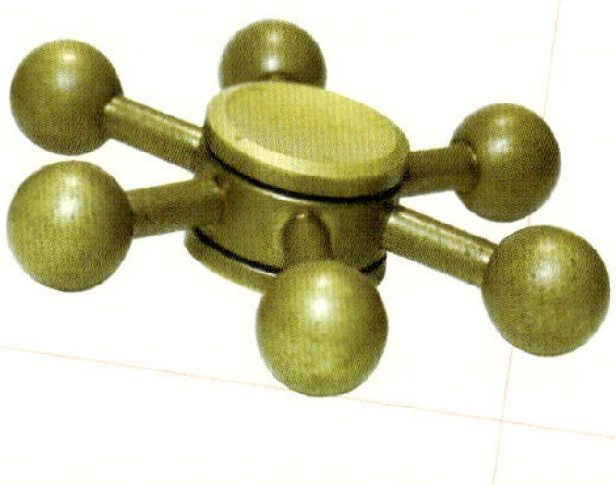

猫のミツ（右）

サビ猫を飼ってます。名前は"ミツ"漢字で書くと"光"。画家バルテュス氏の愛猫から取りました。我が家で飼ってる猫はどれも猫を愛した画家にちなんだ名前を付けてます。ミツは保護猫で怖がりで最初の数年は私にしか懐いてませんでした。そんなミツに私も依存してると思います。名前をもらった氏が少年の時に描いた『ミツ バルテュスによる四十枚の絵』とバルテュス展のマグカップ、節子夫人がアスティエ・ド・ヴィラッドとコラボレーションした猫の持ち手のマグカップは宝物のミツを連想する私の大事な物です。

ワーディアンケース（左）

多湿を好む小型の植物を育成するために購入したガラスのケース、今では植物ではなくクレステッドゲッコーをメインにした飼育ケースとなりました。これ以外にもいくつか植物や流木などを使いレイアウトをし、生体を入れたケースを管理してます。時々可愛い孵化したばかりの幼体がちょこんと居たりするのを親に食べられる前に回収して育ててます。閉じた箱庭のような空間、小さな世界を作るのが好きです。

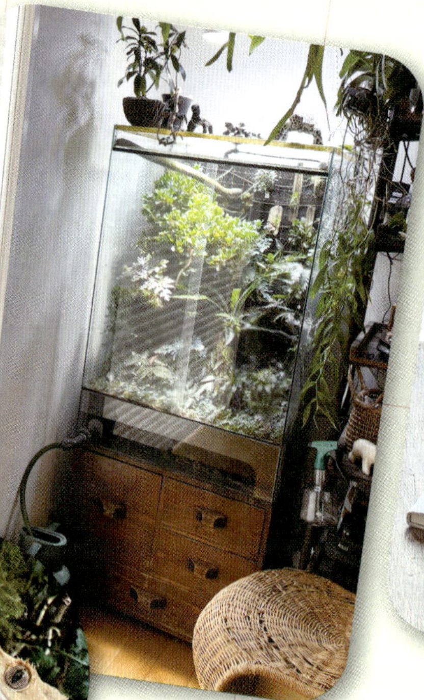

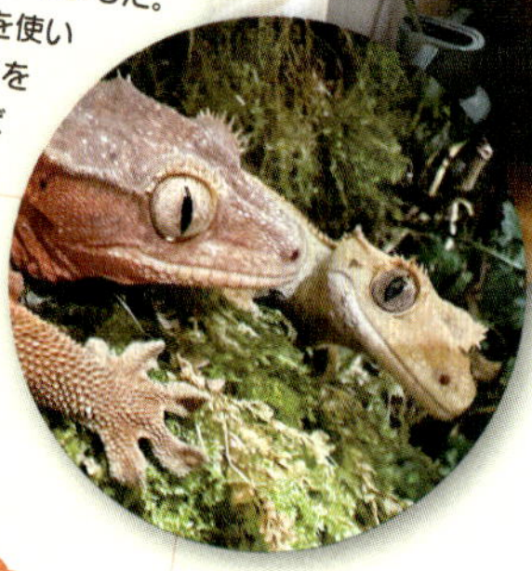

ワーディアンケースで過ごしているヤモリたち。

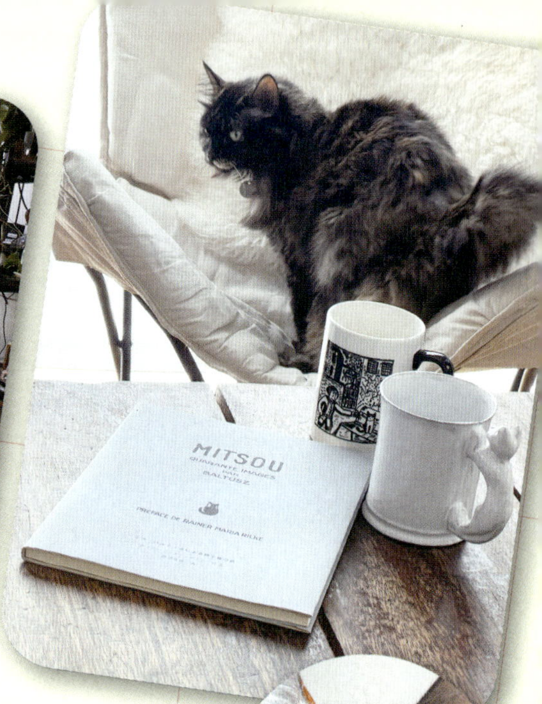

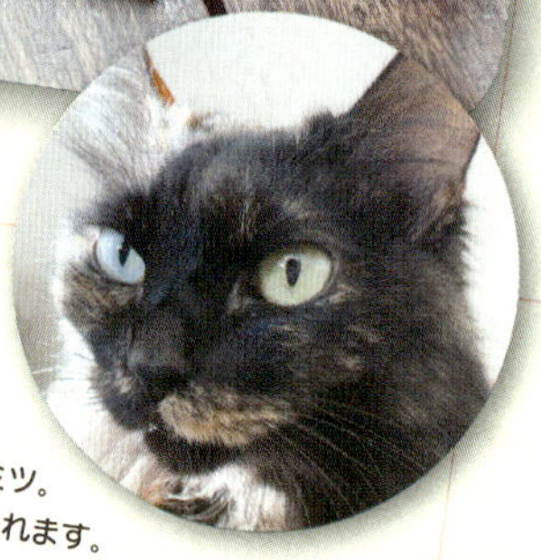

エピソードに登場するサビ猫のミツ。美しい瞳に引き込まれます。

尾崎智美

イラストレーター。アニメ作品の小物や衣装などのプロップデザインやキャラクターデザイン、ポケモンカードゲームのイラスト、児童書の挿画などを手がける。緻密な観察眼で生活感のある作品を発表している。「紙魚の手帖」（東京創元社）の「きみのかたち」（著・坂本司）の扉絵を担当中。
【X】@ozaki_t 【Instagram】@ozaki32 【Threads】@ozaki32

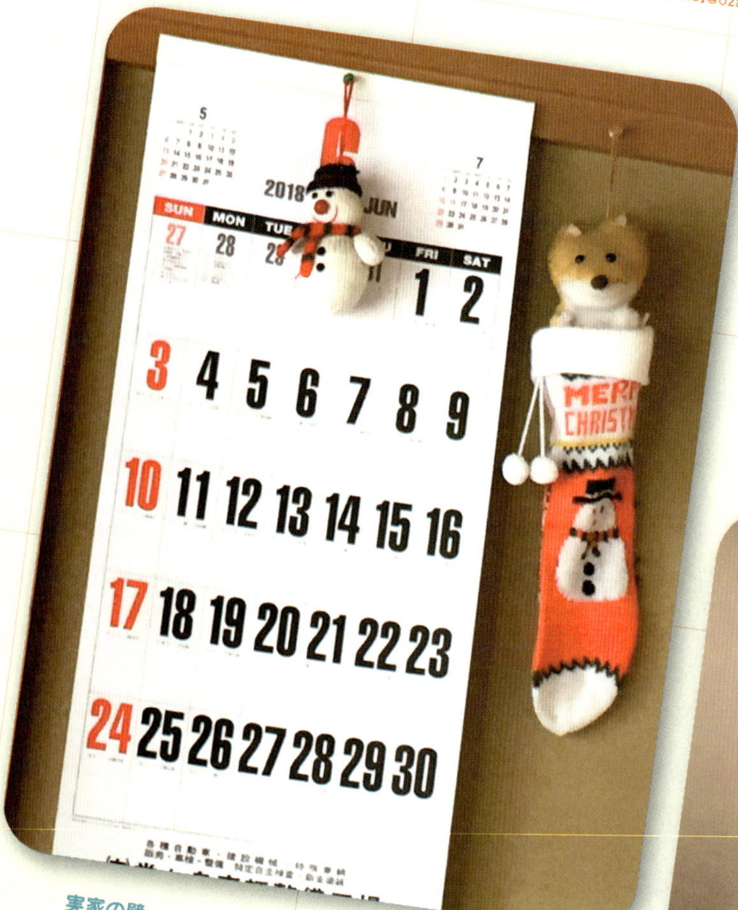

実家の壁

幼少期から実家の居間にぶら下がっている雪だるまとキツネ。季節に関係なくずっといてカレンダーだけが毎年最新のものに更新される。2024年現在も現役でぶら下がり中。

松本理恵

アニメ監督。テレビアニメ「プリキュア」シリーズなどで各話の演出を担当し、2010年に映画「ハートキャッチプリキュア！ 花の都でファッションショー…ですか!?」で監督デビュー。その後、『京騒戯画』『血界戦線』の監督を務めた。ロッテ創業70周年記念スペシャルアニメーション「ベイビーアイラブユーだぜ」ポケモンスペシャルミュージックビデオ「GOTCHA!」などMVも手がけている。新作を鋭意製作中。

自宅の壁

ニコラ・ド・スタールの絵。展示で遭遇し何となく気に入って複製を購入。複製はすごく小さくて不満だったが部屋でぼーっとしている時ちょうど目に入る位置にある為なんだかんだいい塩梅に馴染んだ。

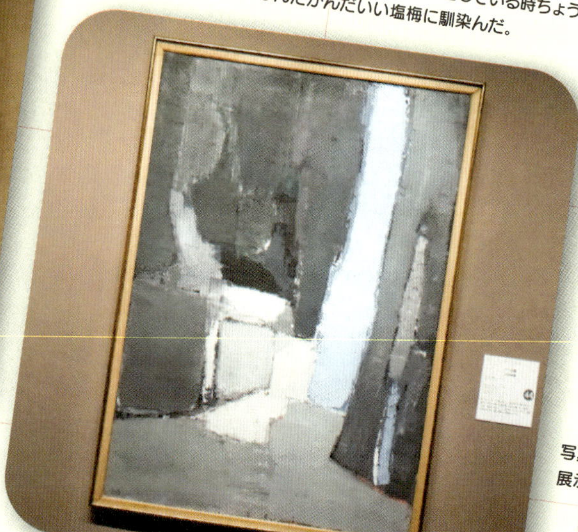

写真は松本さんが展示会場で撮影したもの

D[di:]／くわはらまい

作家・アーティスト・イラストレーター。アート、ファッション、小説、漫画、絵本、ライフスタイル・グッズのデザインなど多岐にわたって制作。2020年より東京から札幌に移住し、新たなフィールドで制作を続けている。
【Instagram】@deeth　【Instagram(日記アカウント)】@kimentonko　【HP】https://deeth.net/

2020年から故郷の北海道に戻り、札幌のはずれで制作を続けています。Instagramの日記アカウント@kimentonkoではそんなRelax田舎暮らし堪能ぶりを載せています。北海道では犬猫よりもキツネさんに遭遇します。他にも鹿、リスなどはそこらじゅうにいますが、やはり遭遇したときはワクワクしますね。このキツネさんはピクニックしていたら、マフィンの匂いにつられてかなり近くまで寄ってきたカワイ子ちゃん。始終、ぜんぜん食べ物狙ってませんよって顔して生アクビしていたのが印象的でした。(そして私がそっぽむいたときに横取りしようと近づいてくる)この場所は鵡川という小さな町にある公園なのですが、日本で唯一の恐竜の化石が見つけられたことでも有名です。北海道は化石もたくさん！　場所によっては河原でアンモナイトも拾えるとか。動物、恐竜、化石好きにはおすすめのプレイスで私のお気に入りの場所です。

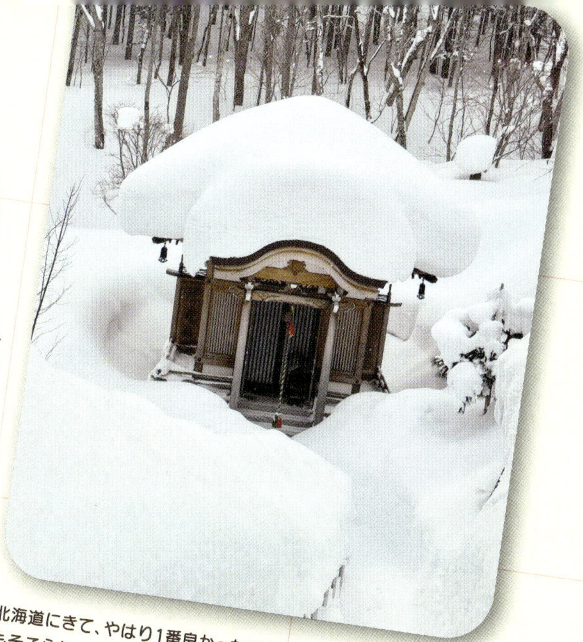

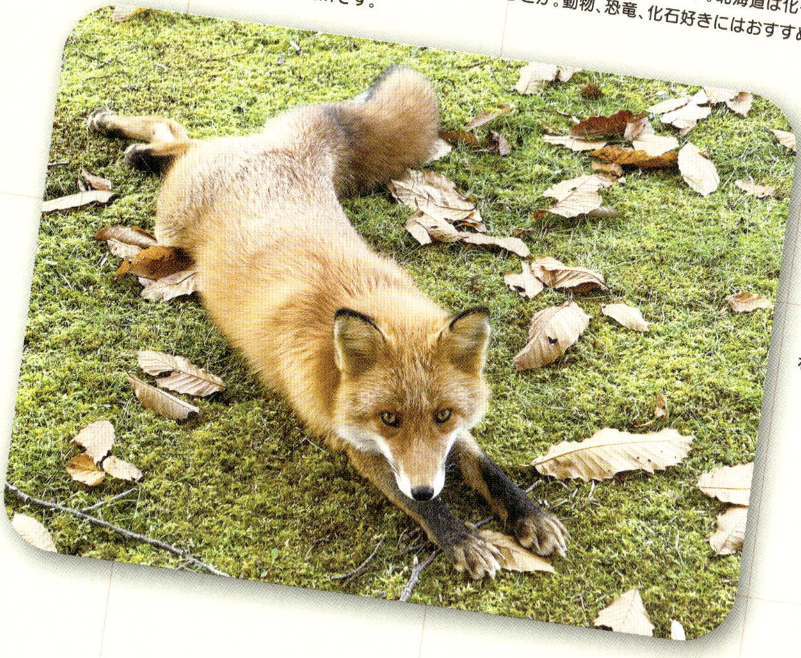

北海道にきて、やはり1番良かったのが、水が美味しい、水質がいい、温泉もそこらじゅうにある。だから、土も肥えてて食べ物が美味しい、ってことですかね。わりと札幌近郊にも湧水を汲めるところがあって、我々は毎週、龍神水というご神水を汲みに行きます。このお水で淹れたコーヒーやお茶、炊いたお米の味は格段に美味しいのです。ここは山の上なので、たまに道が悪いと車であがれないこともあるのですが、ほとんど人が来ない場所なので、雪が積もった日や紅葉の時期、雲から刺す光に包まれた森の美しさ、神々しさは息をのむほどです。この写真の日は、湧水汲みのお堂までの道にはてんてんとキツネさんの足跡がついていて、私たちが一番乗りなのがわかりました。

森俊博

グラフィックデザイナー・イラストレーター。オランダ在住。アナログな線画とグラフィカルな要素を組み合わせ、スタイリッシュでありながら人間味を感じさせる独自の世界観を構築。様々なアートワーク・デザインを一貫して手がける。2021年、活動10周年を記念した作品集『TEN』を徳間書店より出版。
【X】@104_02　【Instagram】@motograph104　【HP】https://www.motograph.net/

昨年からオランダで暮らしています。制作の合間に散歩をしたり、ふらっと電車やトラムで出かけたりします。運河沿いに歴史的な建物やかわいいお店が立ち並ぶ首都アムステルダム、近代的でユニークな建物が並ぶ港町ロッテルダム、伝統的な雰囲気が感じられる古都デルフトなど、どの街も日常のちょっとした景観が美しく、穏やかでのどかな時間を過ごせます。美術館やギャラリー、教会を巡ったり、図書館で本を読んだり、カフェでエスプレッソを飲んだり、週末に開かれるアンティークマーケットもお気に入りです！

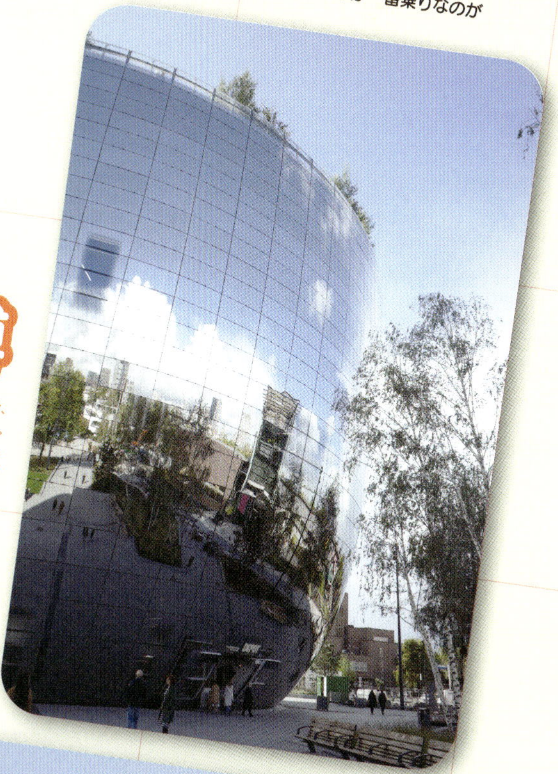

ロッテルダム Depot Boijmans Van Beuningen（上段）
アムステルダム（下段・左）　デルフト（下段・右）

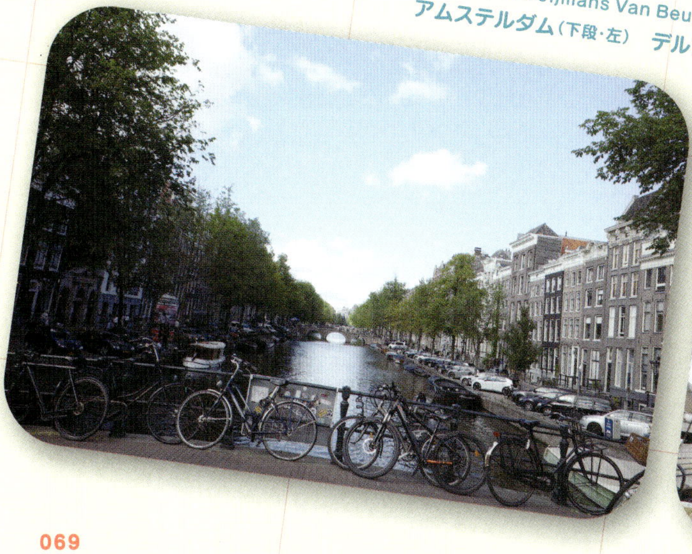

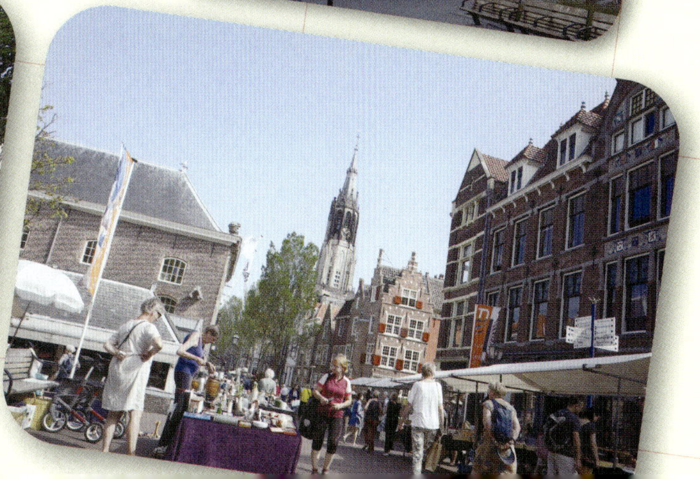

雨ノ森(あめのもり)とあ

モデル・グラフィックデザイナー・ウェブデザイナー・ハンドメイド作家。近年は、自身が手掛けたブランド「LORE」にて、ハンドメイドしたシルバーアクセサリーを中心に発表。これまで、新宿マルイ本館でPOP UP SHOPを開催したり、個展やデザフェスなどのイベントにてアクセサリー作品の販売をしてきた。不定期で通販でも販売をおこなう。

【X】@ame_02_x 【Instagram】ame02_x
【X(LORE公式)】@LorE____x_
【HP(LORE公式)】https://lore.theshop.jp/

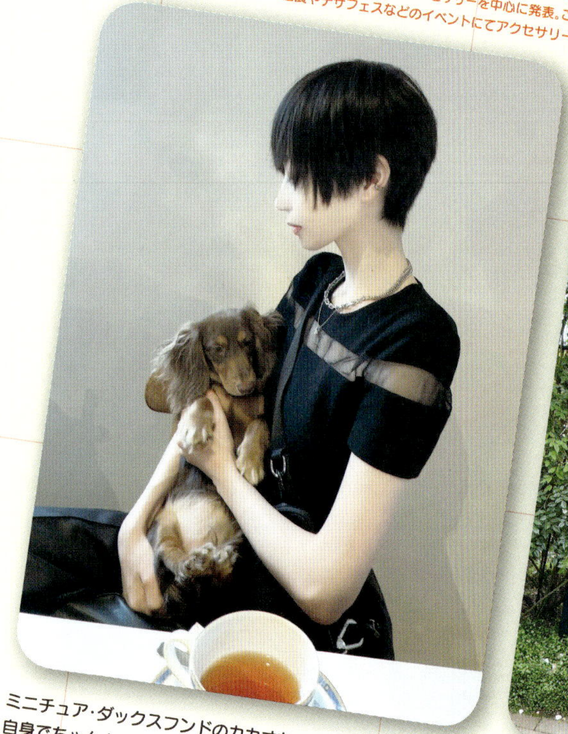

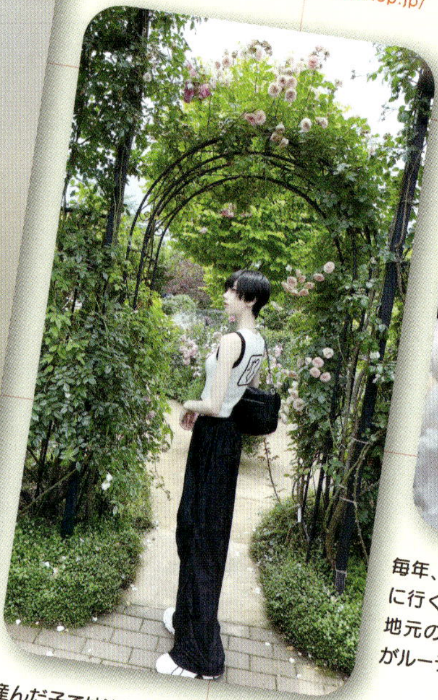

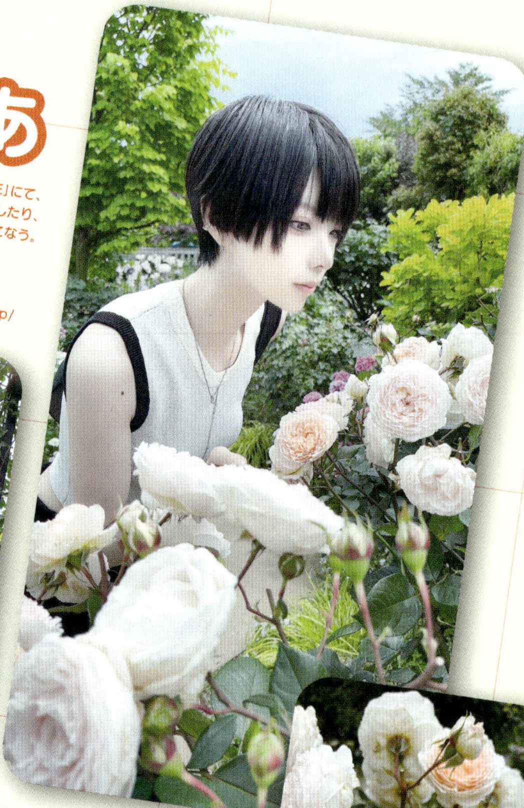

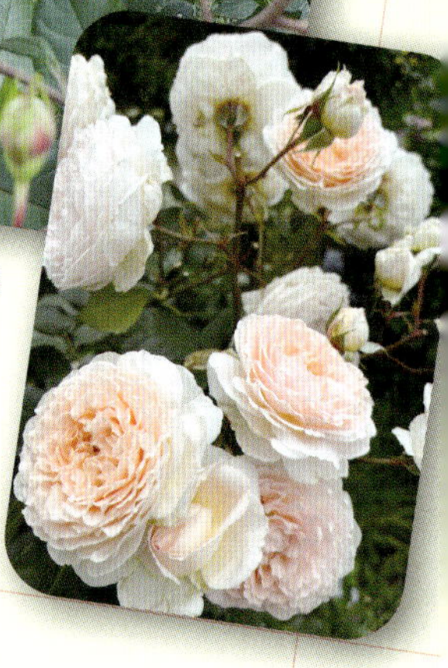

ミニチュア・ダックスフンドのカカオちゃん、♀の2歳です。お腹から産んだ子では決してないけれど、自身でちゃんと育てようと決心した子です。この子の為に毎日、奮闘しています。家族に助けられながら仲良く一緒に住んでいます。

毎年、その季節ごとに咲く花々を観に行く事が好きで、有名な場所から地元のお気に入りの場所を巡るのがルーティンになっています。

金子鈴幸(コンプソンズ)

脚本家・演出家・俳優。1992年生まれ、東京都出身。2016年に、明治大学 実験劇場を母体に発足した劇団「コンプソンズ」にて、ほぼ全作品の作・演出を務める。また、コンプソンズ以外にも他公演、映画、アニメの脚本などを手がける。2024年に『愛について語るときは静かにしてくれ』で第68回岸田國士戲曲賞最終候補ノミネート。現在、映画「瞼の転校生」(監督:藤田直哉　脚本:金子鈴幸)が上映中。
【X】@hanzawanaoki7 【X(コンプソンズ)】@compsons1206

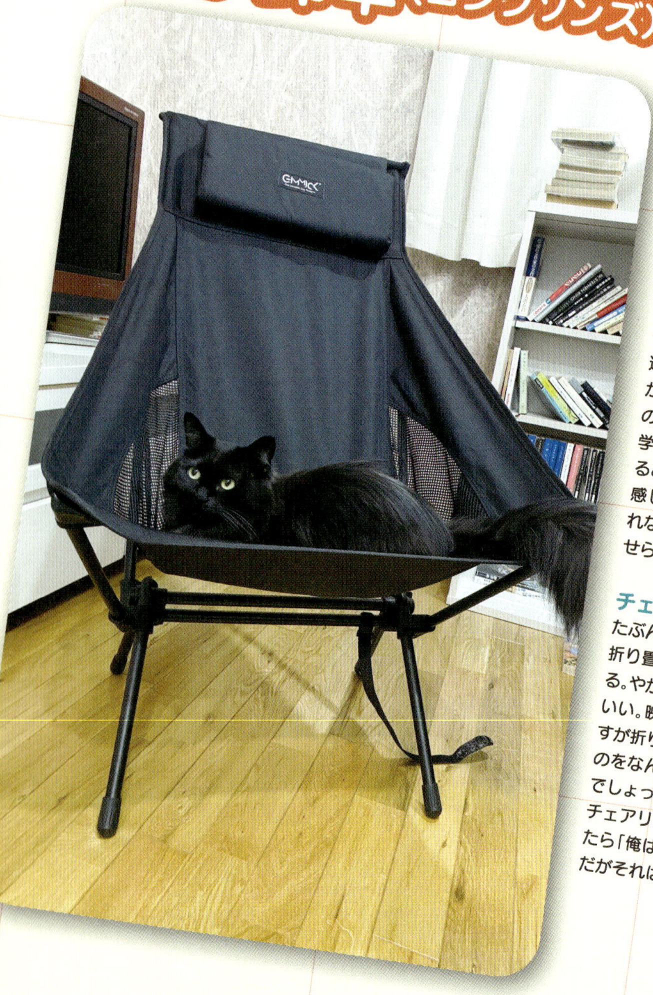

大江健三郎「万延元年のフットボール」

「いちばん好きな作家は？」と聞かれたらまず大江健三郎と答える。特にこの作品は高校生のときに読んでから、「線を引く用」と「読書用」の2冊を持っている。誰かに貸したりしてなくなったのもある。なぜ好きなのかと聞かれると意外と説明できない。その都度違うからだ。例えば思春期のときはグロテスクで過激な描写や、豊潤なイメージの力に惹かれた。20代のときは彼が語る物語そのものの面白さ、その「面白さ」が大江文学の「祈り」というテーマと不可分であることに、小説家としての足腰の力強さを感じ、書き仕事をはじめた自分にとって大いに学びになった。そして今は「何度読んでも新しいこと」かもしれない。自分が生きている社会と確実につながっているその現代性、先見性に驚かされ、感動させられ、考えさせられている。これから先も一生付き合うであろう圧倒的な作家である。

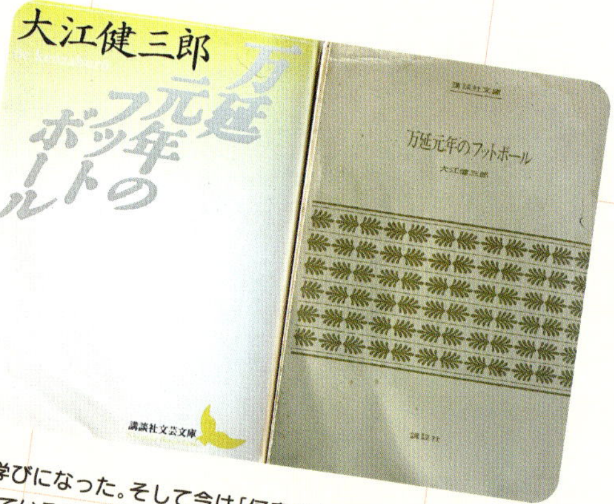

チェアリング用の椅子

たぶん3年前くらい。アウトドアにはまりたいと思って買った「チェアリング」用の椅子。すぐに組み立てられ、折り畳めるというのが売りだが、工程に知恵も力もまぁまぁ使う。だが座り心地がよい。猫もこのように寝ている。やがて洗濯もの置き場になってしまう。これはいかんと服をしまい、また椅子として使う。やはり座り心地がいい。映画もこれで観る。畳むのがめんどくさいけど、片付けようとしていざ畳むと部屋がすっきりして「さすが折り畳み椅子！」と感心してしまう。しかし私は去年、30にしてやっと実家を出て、子供部屋おじさんになるのをなんとか回避したのだが、この椅子は新居に持っていかなかった。実家に帰るとき(めちゃくちゃ近いのでしょっちゅう帰る。写真は実家の私の部屋である)たまに思い出して、このように広げてみる。座り心地はいい。チェアリングは一度も出来ていない。もうしたいとも思わないが、もし老人になった時にこの椅子がまだあったら「俺はチェアリングをしないまま死ぬのか」と思うのかもしれない。だがそれはそれでいい気もする。そういう距離感の椅子である。

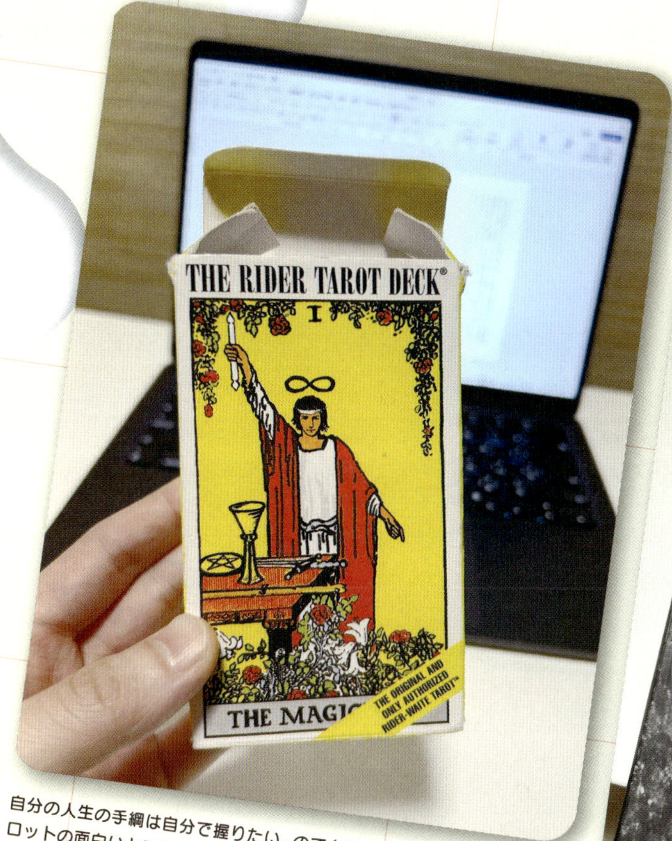

山本卓卓（範宙遊泳）

劇作家・演出家。1987年生まれ、山梨県出身。2007年より演劇集団「範宙遊泳」の代表を務め、全作品の脚本と演出を手がける。2022年に『バナナの花は食べられる』で第66回岸田國士戯曲賞受賞。2024年3月10日～3月28日、PARCO劇場にて上演される『東京輪舞』(原作:アルトゥル・シュニッツラー 演出・美術:杉原邦生)にて脚本を手がける。2025年2月～3月、KAAT神奈川芸術劇場プロデュースで、益山貴司演出のもと新作書き下ろし戯曲を上演。 【X（範宙遊泳）】@HANCHU_JAPAN

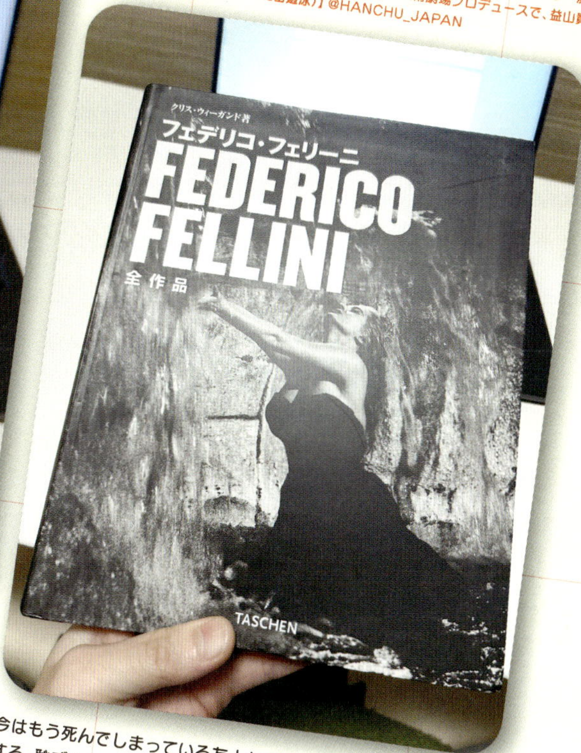

自分の人生の手綱は自分で握りたい。ので（？）最近タロットを買った。タロットの面白いところはカードの絵柄や配列から物語を読み解いていくような感覚。ここで培う物語読解力が演劇にも使える。娯楽というより鍛錬に近いので、人に占われるよりも人を占う方が好き。愛されるよりも愛したい真剣（マジ）で、の理論。スプレッドの形式とかにはまったくこだわりがない。感覚重視。「マイ・ライフ・ディレクテッド・バイ・ニコラス・ウィンディング・レフン」というドキュメンタリー映画でレフンをアレハンドロ・ホドロフスキーがタロットで占っていて、興味を持ったのはそれがきっかけでもある。

今はもう死んでしまっている友人からもらった誕生日プレゼント。20代半ばだった気がする。恥ずかしそうに「スグルはフェリーニみたいになったほうがいいよ」と言ってくれた。その時は純粋に喜んだけれど、いやいやフェリーニみたいな生き方はできない。モノそのものは変わらないのに、こちらが変われば見え方も変わる。思い出ってすごい。君の死もこの本に刻まれてしまった。君が君として生きたように、僕も僕として生きます。

くらもちふさこ

漫画家。1955年生まれ、東京都出身。1972年に「メガネちゃんおひとりごと」でデビュー。代表作は「いつもポケットにショパン」「東京のカサノバ」「天然コケッコー」「花に染む」など多数。現在「ココハナ」（集英社）にて妄想系スペシャル"絵"ッセイ「とことこクエスト」連載中。「デビュー50周年記念 くらもちふさこ展」は、2024年7月6日～9月1日に、福岡・北九州市漫画ミュージアムにて巡回展開催。 【X】@kuramochi_ten

いつの間にか、お守りのようにペンケースに入れ持ち歩いている自分のネームハンコ。小学校の卒業時に配られたものです。漫画家デビューが決まり、ペンネームを考えていた時に、たまたま目の前にあったそのハンコが決めてくれました。ハンコが好きだと、いつの間にか集めていたハンコ達を見て気付きました。そのうち集めるだけでは収まらず、自分でも彫り出してしまい、担当編集者さんにもプレゼントに押しつけてしまいました。

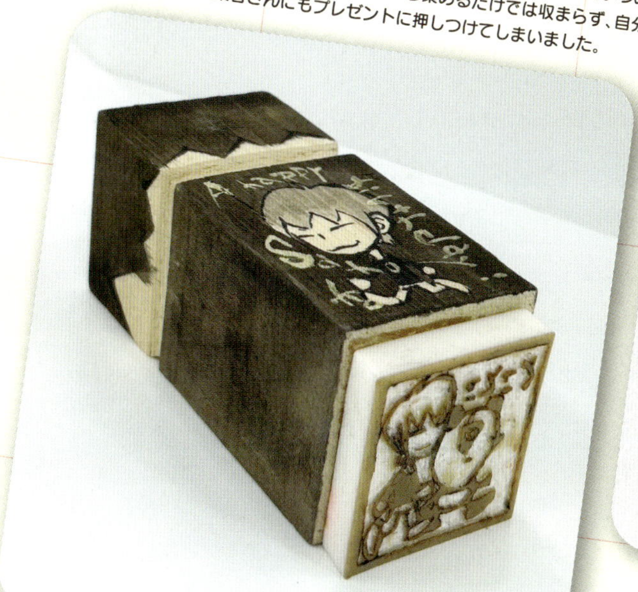

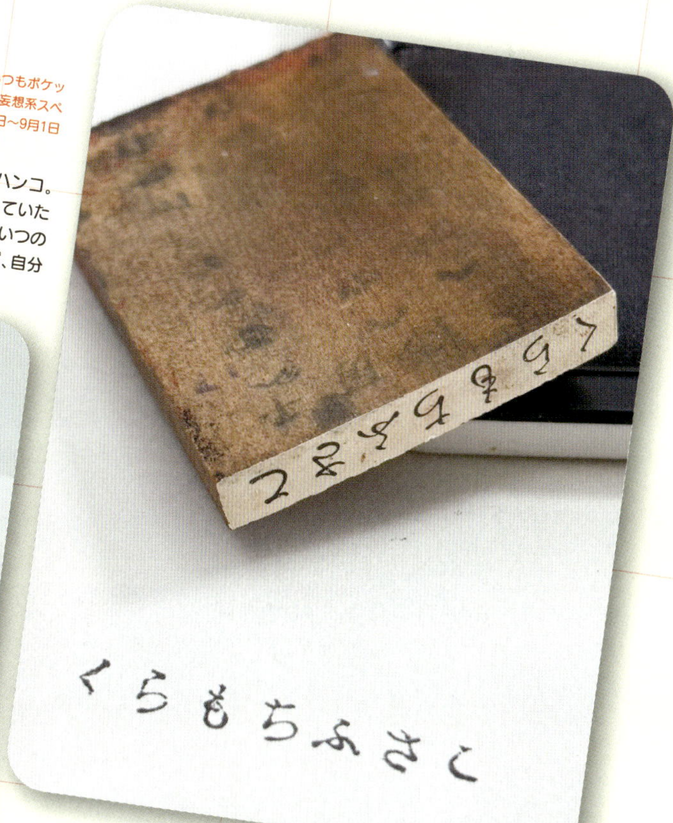

作品タイトル「似たもの同士」

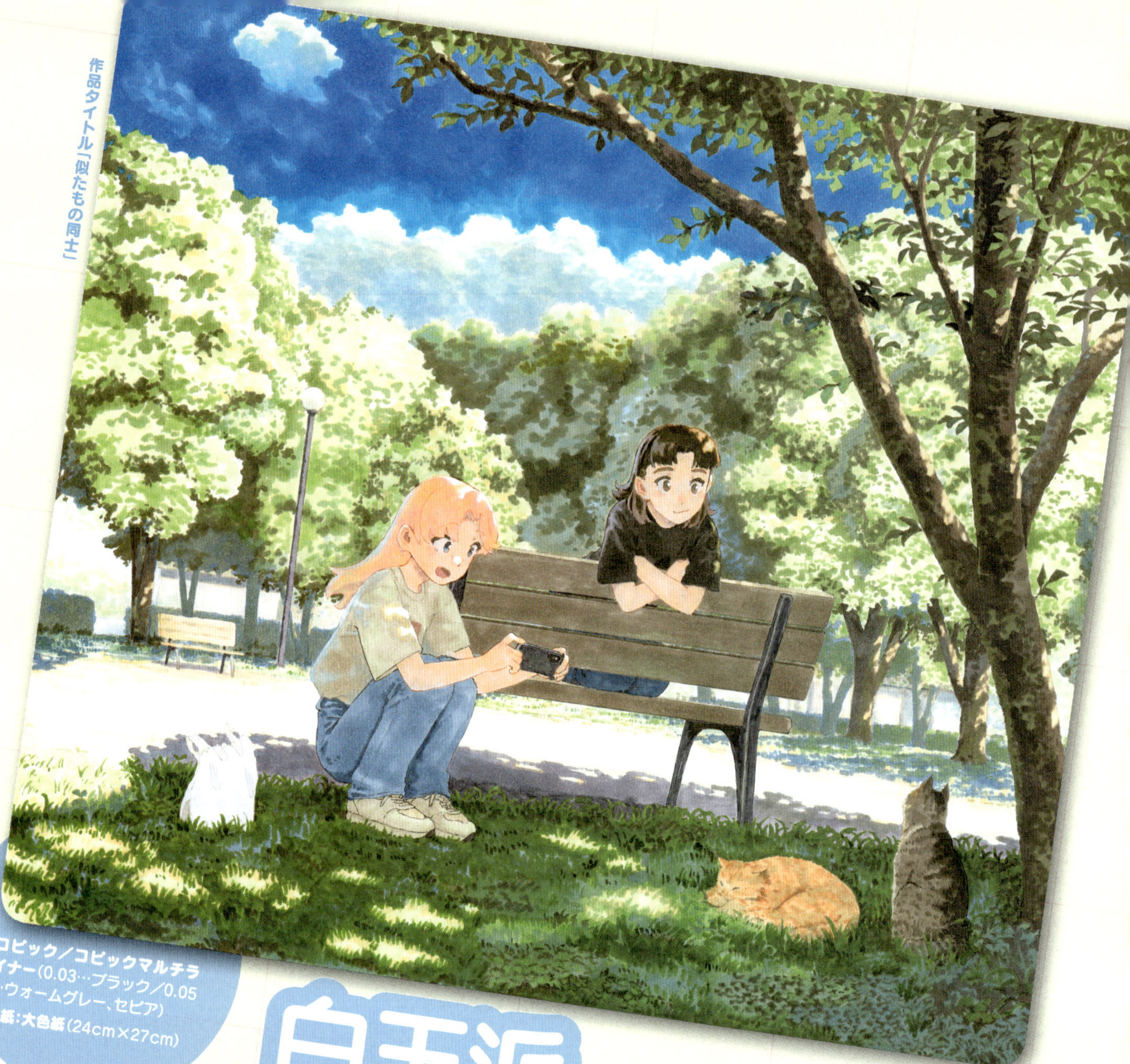

コピック／コピックマルチライナー（0.03…ブラック／0.05…ウォームグレー、セピア）
用紙：大色紙（24cm×27cm）

白玉派 making of コピック

主にコピックをつかい、柔らかい木漏れ日にゆらめく水面、生い茂る木々など、こまやかなペンタッチで心地の良い風景を描く白玉派さん。山や川、田園、庭園、古き街並みを過ごすキャラクターたちの、力の抜けた自然な表情からは和やかな交流が見られる。そんな作品を描きだす白玉派さんにコピックをつかった作品を描き下ろしていただいた。木々や光を表現する写実的な色の選び方、タッチの入れ具合、空気感の生み出し方など注目いただきたい。

白玉派（しらたまは）／イラストレーター。これまでに、「COPIC AWARD 2022」にて入選、「COPIC AWARD 2023」にて「コピックチーム賞」を受賞。SNSを中心に作品を発表しており、オークションサイトでは作品販売をおこなっている。

X（旧Twitter）＝@shiratamaha
pixiv ID＝3117808

COPIC AWARD 2023
受賞者記念
メイキング

「COPIC AWARD 2024」開催決定！

「コピックアワード」とは…
「世界中のコピックユーザーとつながる」ことをコンセプトにした、ウェブ上で作品を募集するコンテストです。2023の開催では、世界82カ国から3,900点を超える応募作品が集まりました。コピックを使用したオリジナル作品を広く募集しており、どなたでも無料でご参加いただけます。また、応募作品はコピックアワードの特設サイトに掲載され、自分の作品を多くの人に発信できると同時に、世界中の参加者の作品観覧もお楽しみいただけます。過去に開催された「COPIC AWARD 2023」では、今回メイキングで紹介する白玉派さんが「コピックチーム賞」を受賞されました！

「COPIC AWARD 2024」
・応募期間：2024年5月10日（金）12:00～2024年6月30日（日）23:59（※日本時間）
・参加料：無料

詳細はコチラ

応募方法や応募作品は公式サイトにてご確認いただけます。

HP:https://copicaward.com/ja/

X（旧Twitter）＝@COPIC_AWARD

Instagram＝copic_award

線画

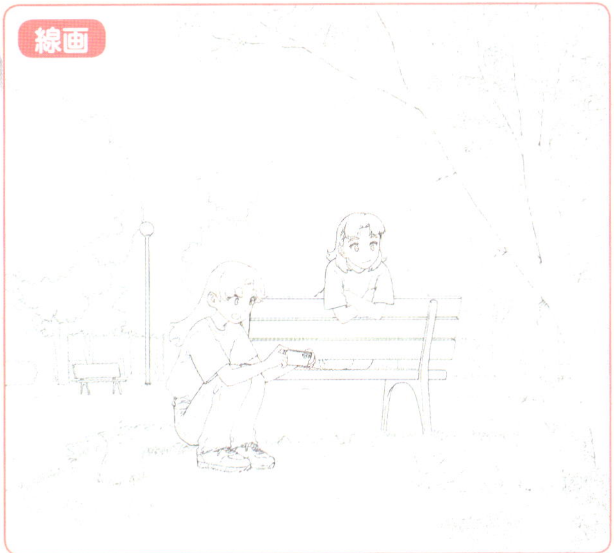

ラフをもとに、コピックマルチライナーのウォームグレーやセピア、ブラックで描かれた線画。背景の線画は主にウォームグレーをつかうことで、着彩したときに線画が浮かず色となじみがよくなる。また、着彩で葉の重なりを表現するため、遠景の木は線画でシルエットのアウトラインのみ描かれている。キャラクターは塗る色に合わせて、セピアやブラックにしている。

白玉派「塗ったあとにぼんやりしたらブラックで加筆することもあります。基本的にブラックは色が一番暗い部分や境界をハッキリさせたいときだけつかいます。」

ラフ

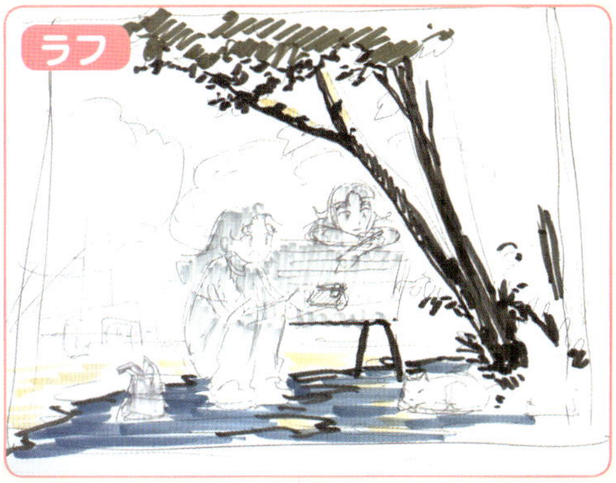

今号の特集テーマ「日常」をヒントに、描いていただいたラフ。公園の木陰でくつろぐ猫と女の子たち。ベンチに寄りかかったり、猫たちを写真に収めようとするおだやかな日常のひとときが描かれている。また、女の子の足元には買い物の帰りなのかレジ袋が地面に置かれており、たまたま公園に通りかかったような物語を思わせる。

空を塗る

使用色：B000／B16／B05／B02／G000／W1／B41

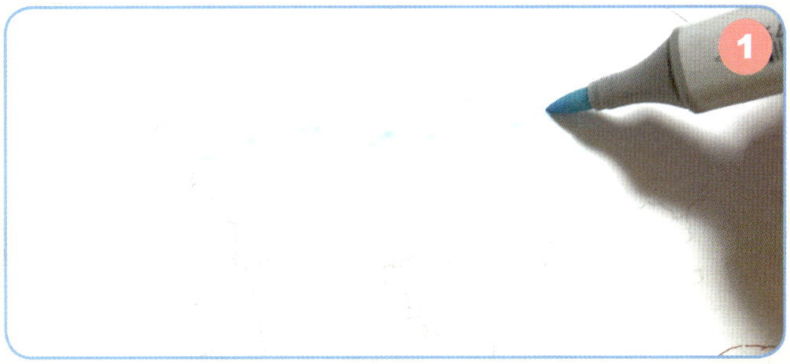

1

雲を描く。水色B000をつかい、モコモコとした雲のアタリを描く。軽い筆圧で、点を打つように線を描くとモコモコ感を表現できる。

白玉派「最終的に青空になじむように薄い色で描きます。おおまかな雲の位置は先に決めておいたほうが塗りやすいです。」

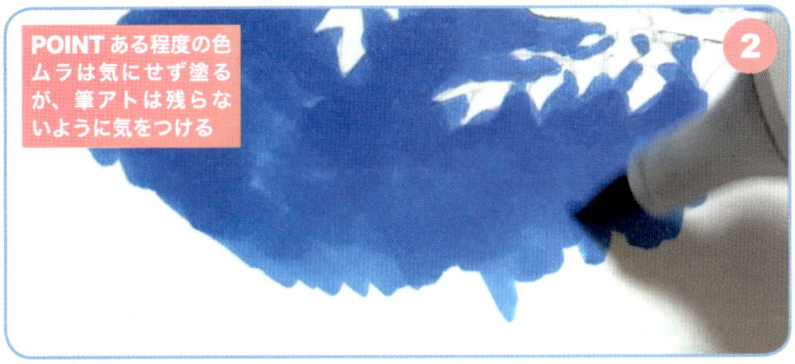

2

POINT ある程度の色ムラは気にせず塗るが、筆アトは残らないように気をつける

鮮やかな青色B16をつかい、青空を塗る。葉の隙間など細かいところから塗りはじめ、インクをたっぷりにつかい塗り広げる。ニブ先を紙から離さないようにしつつ、軽い筆圧で素早く上下に動かし、かすれた筆アトが残らないように塗るのがポイント。

3

②が乾く前に、空の下側を明るい水色B05でなじませながら塗る。また、薄い雲を表現するためにB16を重ね塗りする。

白玉派「一度塗りと二度塗りの濃さの違いで薄い雲を表現します。」

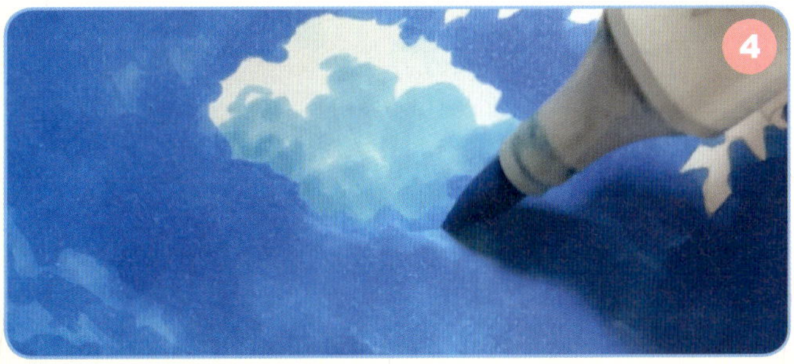

4

白く塗り残していた雲のカゲを塗る。とても明るい水色B02をつかい、軽い筆圧で上下に素早くニブを動かしつつ、雲の下側を塗る。また、雲のりんかくと青空をなじませる。

5

①でアタリを描いた大きな雲を塗る。とても淡いエメラルドグリーン色G000をつかい、軽い筆圧で、ザクザクとラフなタッチのカゲをランダムに入れる。

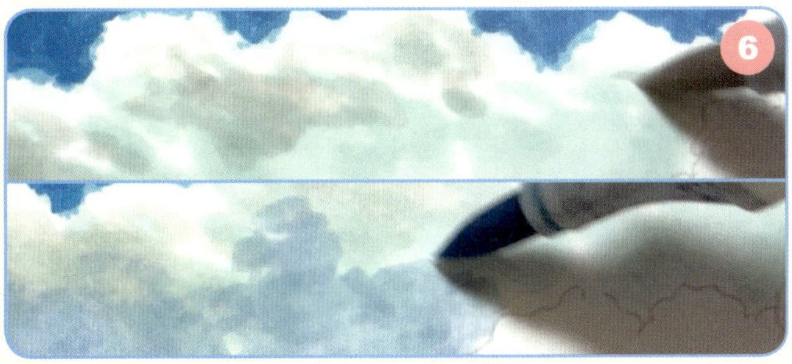

6

とても淡い灰色W1をつかい、ハイライトに近い部分にちょんちょんとカゲを入れる。その下にくすんだ水色B41を塗る。筆アトや色ムラをあえて少し残すことで、モコモコとした質感を表現する。

遠景にある木の葉を塗る

使用色：BG96／BG93／B32／YG63／G20／G43／YR20

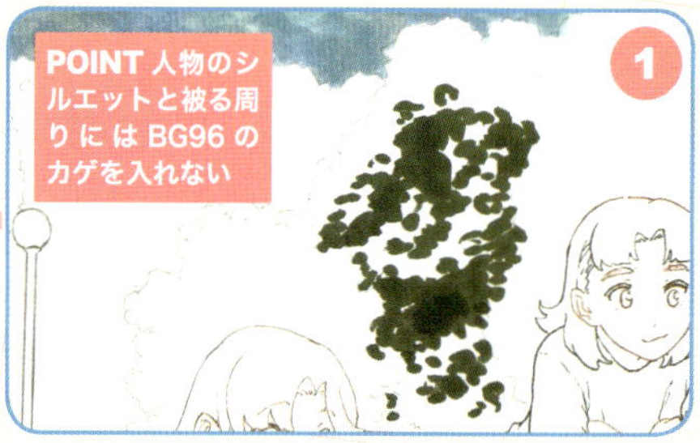

遠景にある木の葉を塗る。濃いカーキ色BG96をつかい、ニブ先を細かく打ちつつ葉のシルエットを描く。葉が重なる膨らみを意識して、余白をつくるのがコツ。

白玉派「ここで木の形が決まるので凹凸を意識して塗ります。」

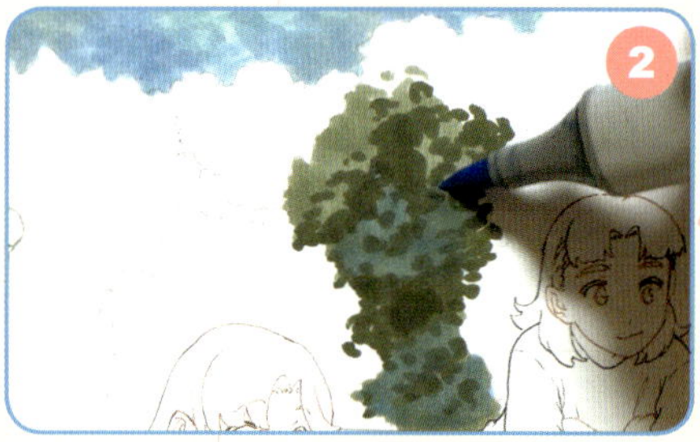

①で残した余白部分を埋めるように、淡いカーキ色BG93をカゲ全体に塗る。また、青空の反射光として水色B32を重ねる。

白玉派「BG96やBG93でスキマを作り、B32を強調することで空気感を表現します。」

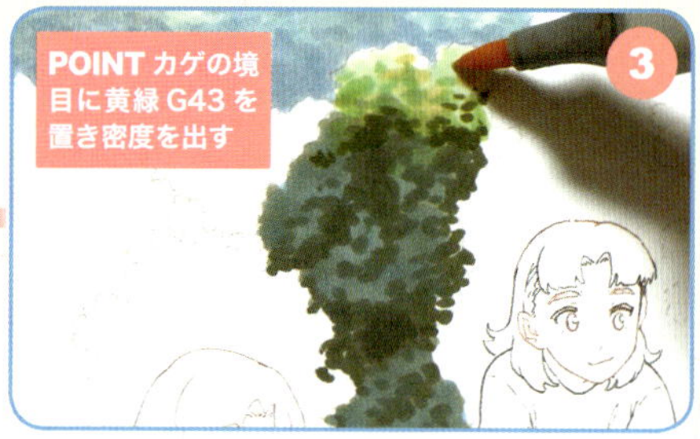

太陽光が当たる部分の葉を塗る。明るい黄緑色YG63や淡い黄緑色G20をつかい、①同様に葉のシルエットを描く。特に光が当たる上部は白く塗り残し、明るさを強調する。また、オレンジYR20をちょんちょんと置くことで、陽のあたたかさを表現する。

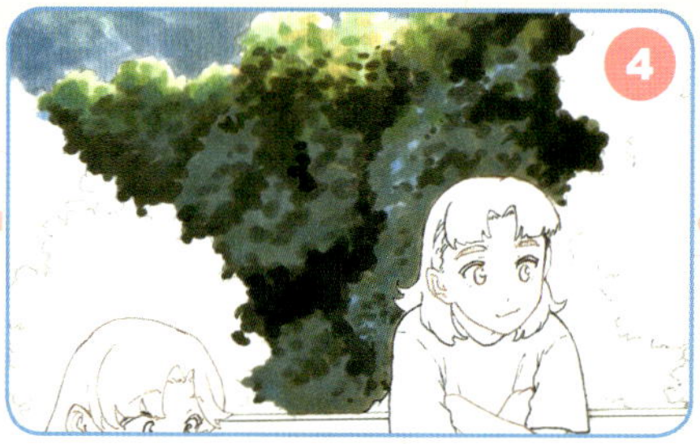

仕上げをする。太陽光が当たらない、一番濃いカゲが落ちる部分にBG96を置く。コントラストをつくることで、日差しの強さを表現する。

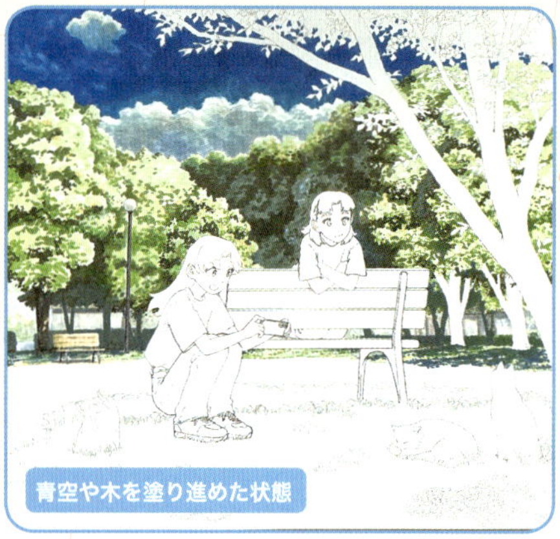

青空や木を塗り進めた状態

ONE POINT

コピックの濃い色から塗り始めることで、作品の空気感や質量にメリハリを生み出す白玉派さん。今回のメイキングでは木を描くときに、濃い色を始めにつかい葉のシルエットを描いている。

白玉派「濃い色は線画の延長のような感覚で描き込んでいます。最初に塗っておいたほうが、あとから塗る色に溶けてなじみやすいというのもあります。逆に、よりシャープにしたいときは、あとから濃い色で加筆することもあります。今回のメイキングで言えば手前の木の葉っぱなどがそうです。濃い色はムラも目立ちやすく修正もほとんどできないので大胆につかうのは怖いですが、つかいこなせば空気感や質量、メリハリを出すのにとても効果的です。」

手前にある木の幹を塗る

使用色：W8／BG99／W6／E74／E31／0番

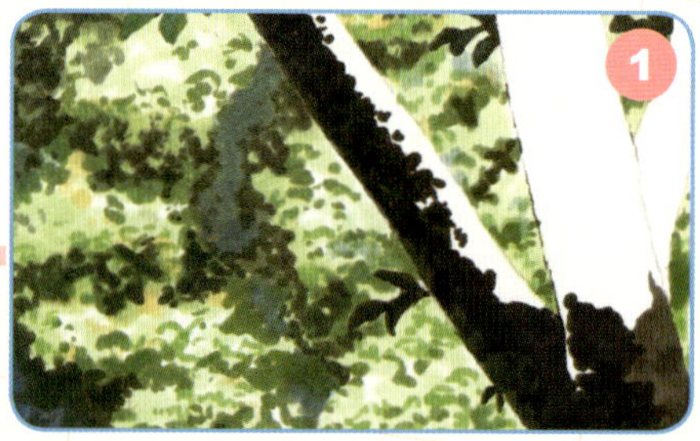

木の幹を塗る。とても濃い灰色W8をつかい、ちょんちょんとニブ先で幹の表面の凹凸を描く。カゲになる側面には濃いカーキ色BG99を上に重ねる。

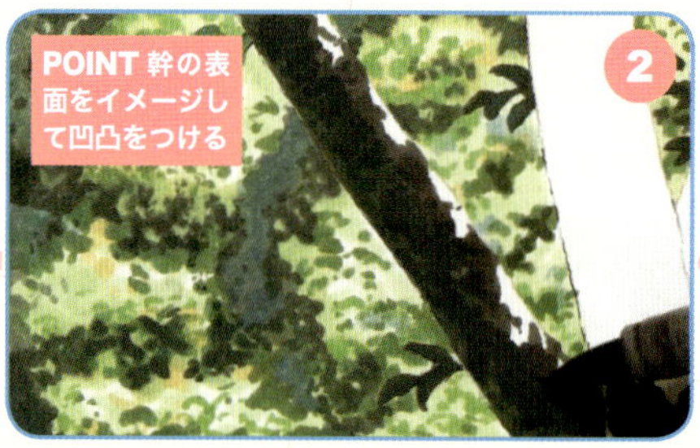

太陽光が当たる側面に、木漏れ日のカゲを塗る。明るい灰色W6をつかい、大小ランダムにカゲを入れる。次に、とても濃い焦茶E74を少しだけ上に重ねている。

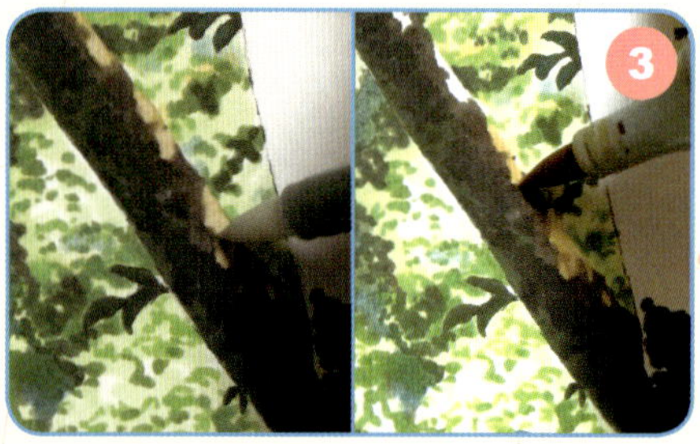

太陽光が当たる側面に強い光を描く。明るいベージュ色E31をつかい、残していた余白部分をベタ塗りする。インクが乾かないうちに0番をつかい、E31の中央の色を抜きながらぼかし、光が当たっている演出をおこなう。

草むらを描く

使用色：YG67／B95／BG96／G20／YR20

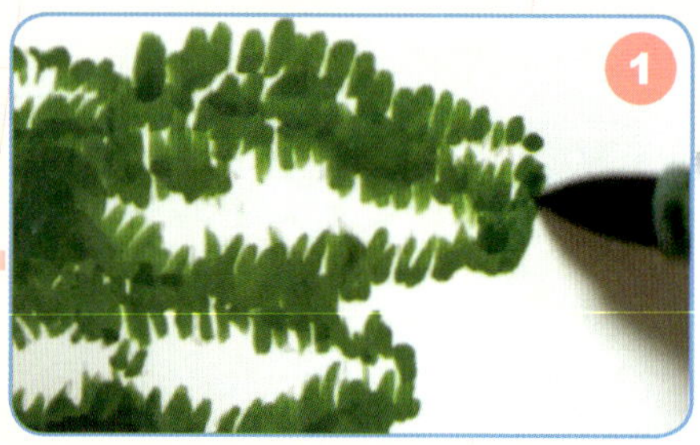

草むらを描く。鮮やかな緑色YG67をつかい、草の生える方向を意識しながら細かくニブ先を動かし、入り抜きを繰り返す。木漏れ日がある部分は丸く塗り残している。

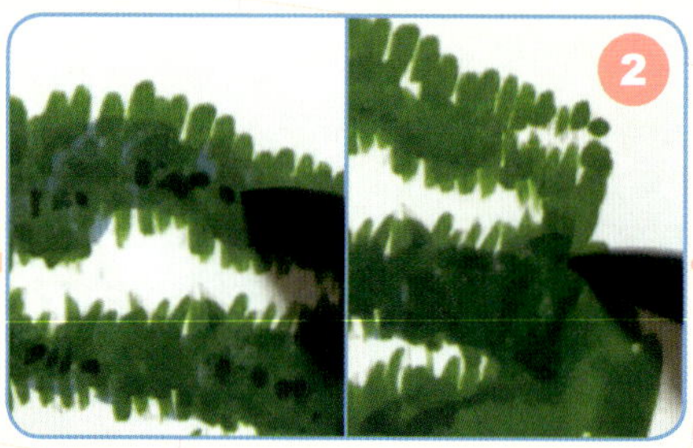

草むらの根元部分にくすんだ青色B95を重ねることで、やや湿度のある地面にする。また、一番濃いカゲはBG96でちょんちょんと描く。

白玉派「木の葉と同じように緑に隙間を空けて、上塗りした青色を際立たせる部分もあります。」

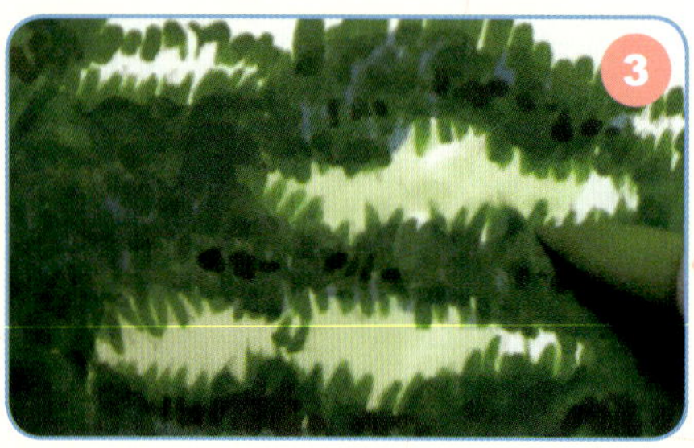

木漏れ日を描く。塗り残していた丸い部分にG20をベタ塗りする。仕上げに木漏れ日のフチにYR20をちょんと置く。

猫の写真を撮る、女の子を塗る①

使用色:V91/E01/R20/V93/W6/C6/B95/B32/E04/E74/RV32/YR20/B60/B41/G40

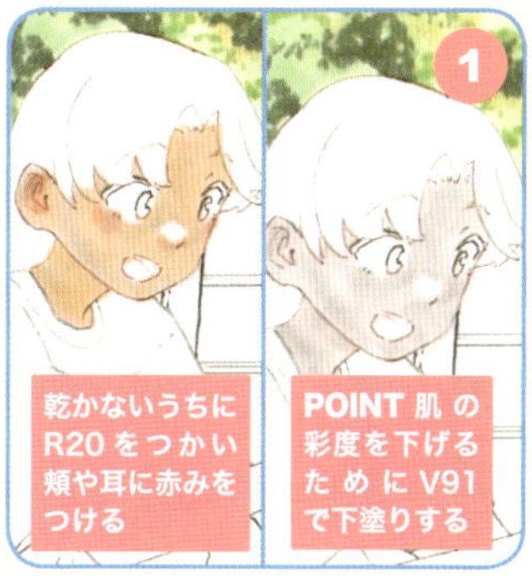

肌を塗る。鼻の頭や目は塗り残しつつ、くすんだ紫色V91をつかい下塗りをする。上からごく淡いベージュ色E01を全体に塗り重ね、朱色R20で赤みを足す。

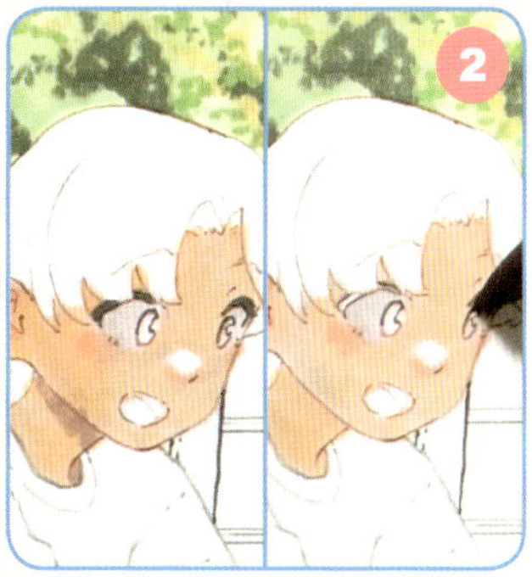

白目を塗る。肌と色がなじむように、下地につかったV91をベタ塗りする。次に、首元のカゲを塗る。くすんだ濃い紫色V93をちょんと置いた。

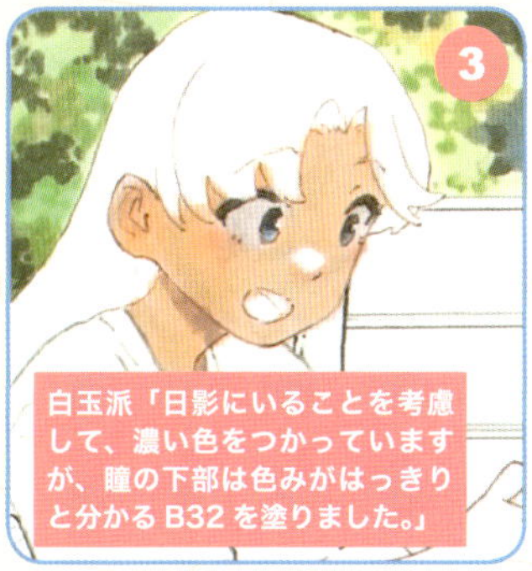

W6でまつ毛を塗る。狭い範囲を塗るため、ニブ先が触れるか触れないかぐらい慎重に置く。次に瞳を塗る。上から順に青みがかった明るい灰色C6→くすんだ紺色B95→淡い水色B32を塗る。

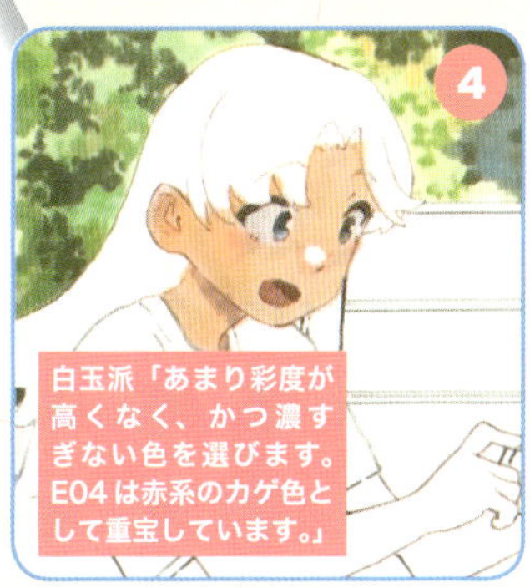

口の中を塗る。くすんだ朱色E04でベタ塗り。赤みがかった茶色E74で口の中のカゲを塗る。

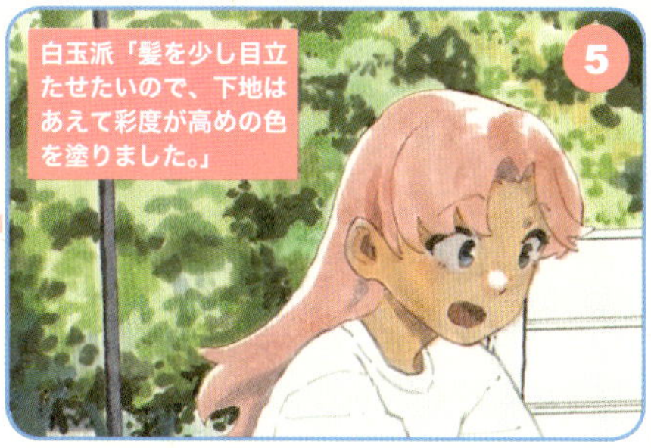

髪はカゲから塗る。V93をつかい、前髪の分け目や毛束のカゲを描く。次に髪全体を下塗りする。つむじあたりに落ちる木漏れ日を塗り残しつつ、くすんだピンク色RV32でベタ塗りする。

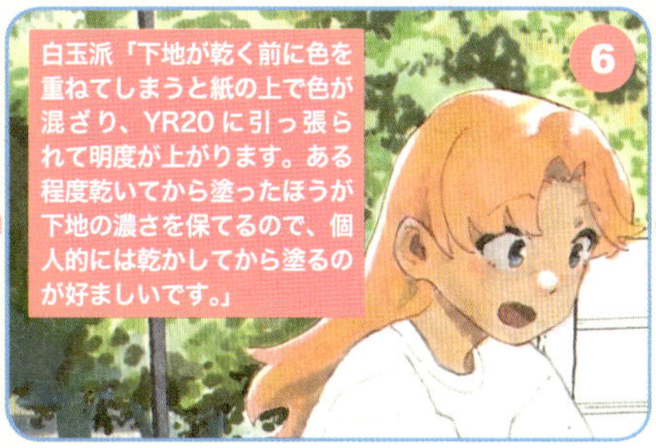

髪の下地をほどよく乾かし、毛先は避けつつオレンジ色YR20を均一に塗り重ねる。

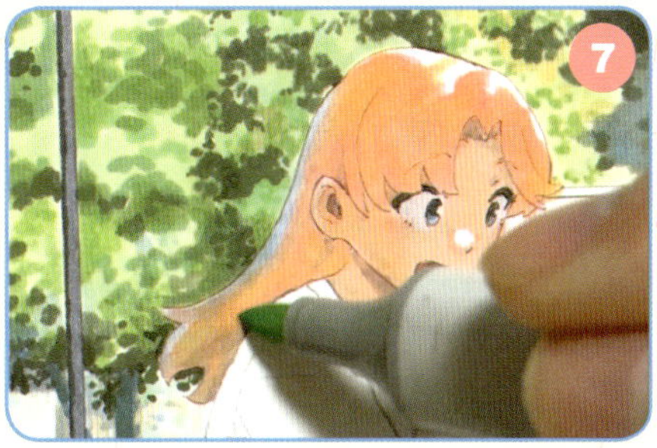

髪に環境光を塗る。青空の反射光として、向かって左側の髪に紫がかった淡い青色B60やくすんだ水色B41を塗る。また、毛先に草むらの反射光として、とても淡い黄緑色G40を重ねる。

猫の写真を撮る、女の子を塗る②

使用色:W3/B41/G40/YR20

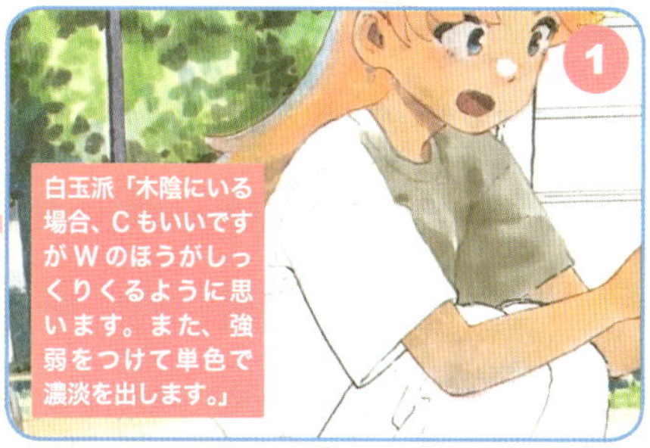

服を塗る。あたたかみのある淡い灰色W3をつかい、服の下地を塗る。また、インクを重ねてカゲを描く。

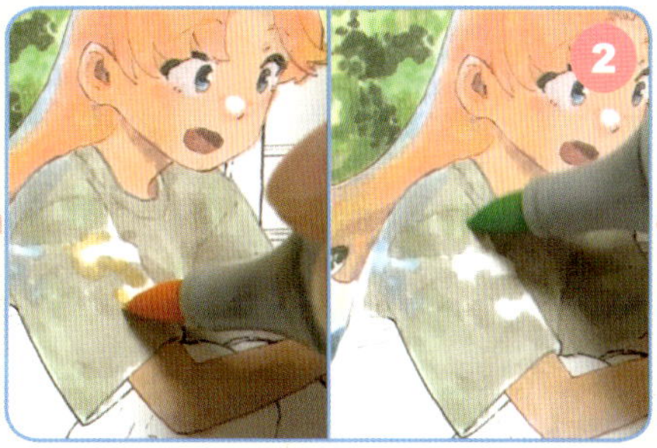

環境光を塗る。髪と同様に、背中にB41を、袖にG40をそれぞれ重ねる。また、YR20をつかい木漏れ日のフチをなぞる。

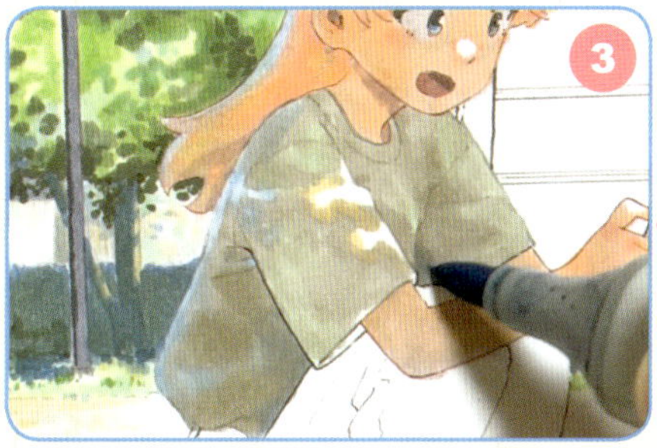

服のカゲを塗る。お腹やわきの辺りにB41を塗り、奥側にある濃いカゲを塗る。ぐっと奥行き感が増した。

まとめ

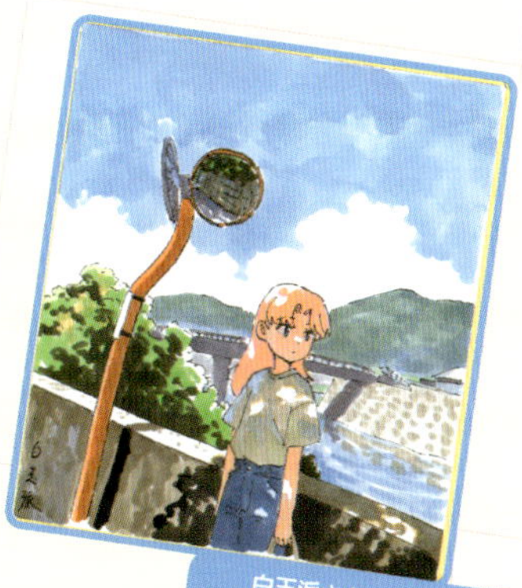

白玉派さん・直筆サイン色紙 1名様にプレゼント！

草むらでくつろぐ猫たちを写真に収める、買い物帰りの女の子たち。草木や木漏れ日がゆらめく、ゆったりとした時間が流れています。白玉派さんは、濃い色を塗るとき、インクがベタっと染み込みしすぎないように、基本的に軽い筆圧で着彩を進めています。また、肌や髪などの下地にはくすみ系の色を塗ることで、明るい色を重ねたときの明度をコントロールし、逆光の演出をしています。みなさんも白玉派さんのメイキングを参考に、太陽の日差しや暑さを感じる作品を描いてみてくださいね！

仕上げ

使用色:G20

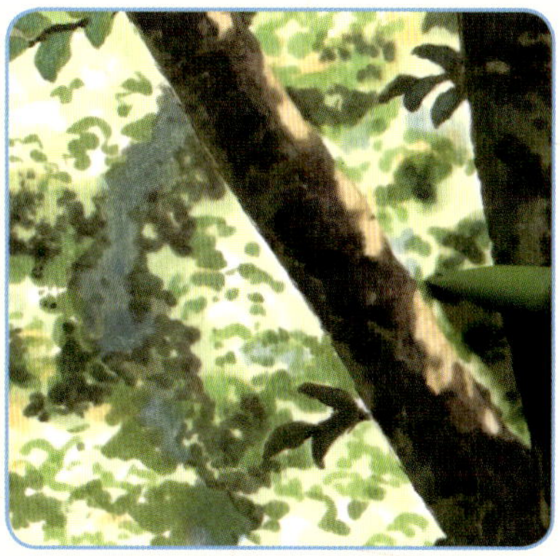

作品の仕上げとして、全体の遠近感を調整する。遠くにある木の葉にG20を重ねてピントがぼけているような演出を加える。手前にある幹がハッキリと際立った。

白玉派「奥の木々のカゲ部分と手前の葉っぱの色が被り、ごちゃごちゃになりそうだったので、G20で奥のカゲをぼかし、遠くのぼやけたような表現をしてみました。」

蒼川わか

making of「呉竹 顔彩耽美 アール・ヌーヴォーカラーセット」

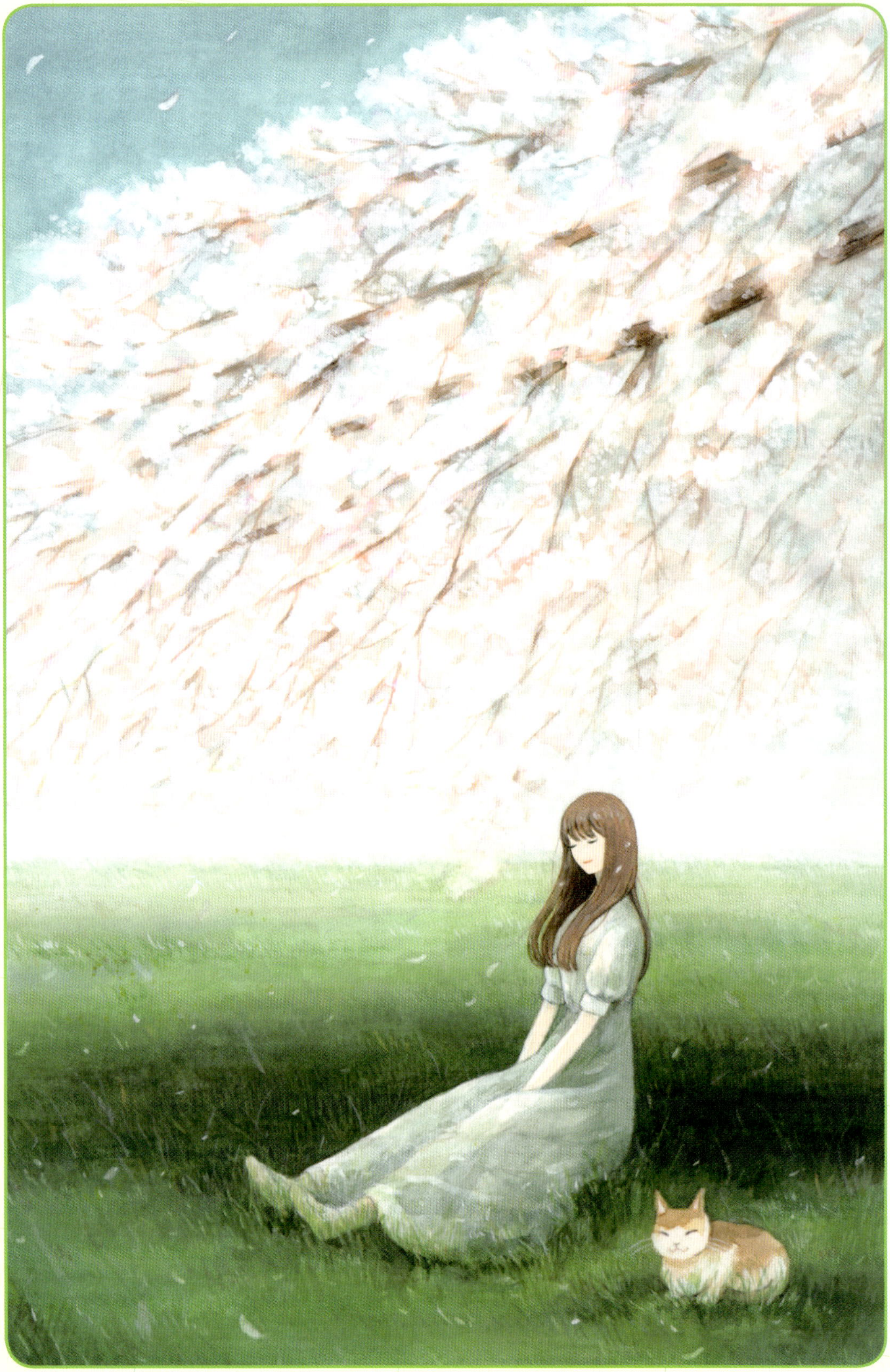

作品タイトル「桜の季節」

主に透明水彩をつかい、どこか懐かしさを感じる不思議な街並みやノスタルジックな風景を描く蒼川わかさん。おぼろげな記憶をゆっくりと辿るような、やわらかく揺れる像と空気の膨らみを捉えた描写が魅力的だ。そんな蒼川わかさんが、「呉竹 顔彩耽美 アール・ヌーヴォーカラーセット」をつかい、桜が枝垂れる草原でくつろぐ、少女と猫を描いた作品をメイキング。

個展「色彩の箱庭」

日時：2024年4月26日（金）～4月30日（火）／11時～18時（初日は19時、最終日17時まで）

会場：ART HOUSE

〒550-0014 大阪市西区北堀江1-12-16 2F

今回メイキングをした作品「桜の季節」も展示されます。

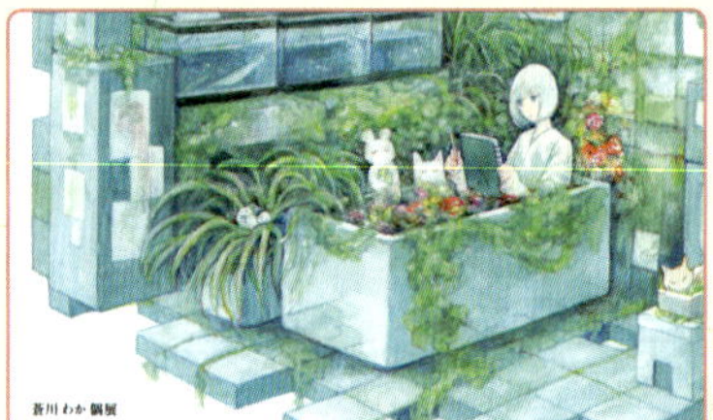

使用画材

顔彩耽美（アール・ヌーヴォーカラーセット、スターリーカラーズ）／ZIG Cartoonist MANGAKA（セピア、グレイ、ライトブルー…01）／カラーシャープペンシル（水色、ピンク色）／フィス水筆ぺん（小、中、大、平筆）／ZIG Cartoonist 白筆ぺん 超極細／細筆／面相筆

用紙：ウィンザー&ニュートン プロフェッショナル水彩紙 ブロックタイプ（細目、ナチュラルブライトホワイト、300g）

蒼川わか／イラストレーター。これまでに、レターセット『空時間の手紙』（リュリュ）や、書籍『迷い家の管理人』（著者：藍沢羽衣／ポプラ社）のイラストを担当。東京や大阪を中心に展示活動を行う。

X（旧 Twitter）＝@aokawa_waka
Instagram＝aokawa_waka
HP＝https://www.aokawa-waka.com/

線画

シャープペンシルの黒色、ピンク色、水色をつかい描かれた線画。顔彩を水彩絵具のように薄く溶いて色を重ねるため、なじみの良いシャープペンシルで線画を描いている。桜の奥に見える青空のガイドとして、水色のシャープペンシルで軽く塗りつぶしている。また、女の子の顔のりんかくや髪の奥側の線画にはMANGAKAのセピア（01）を使用。色を重ねて濃くなる部分やハッキリさせたい線はミリペンをつかう。

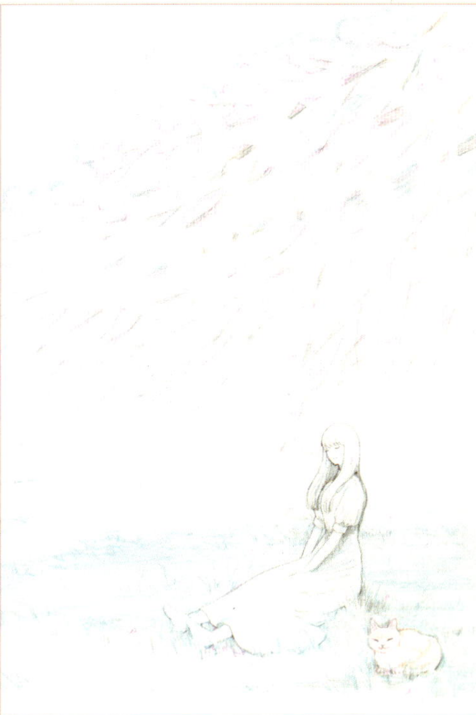

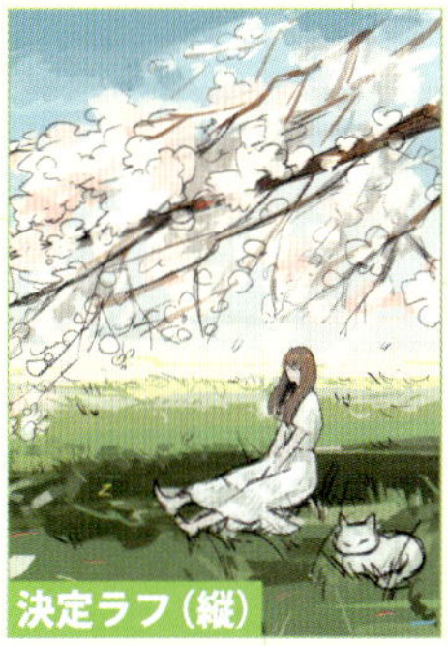
決定ラフ（縦）

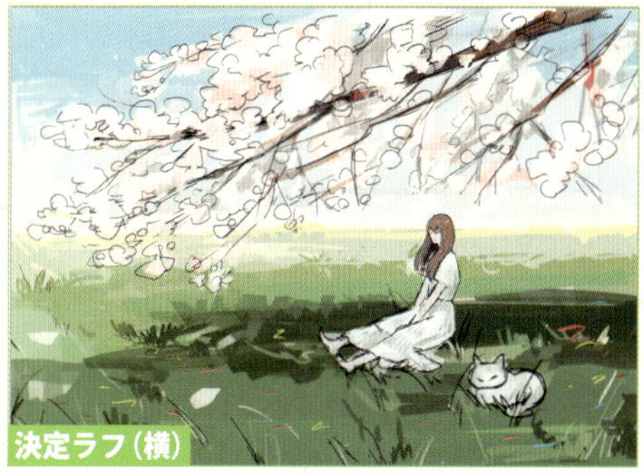
決定ラフ（横）

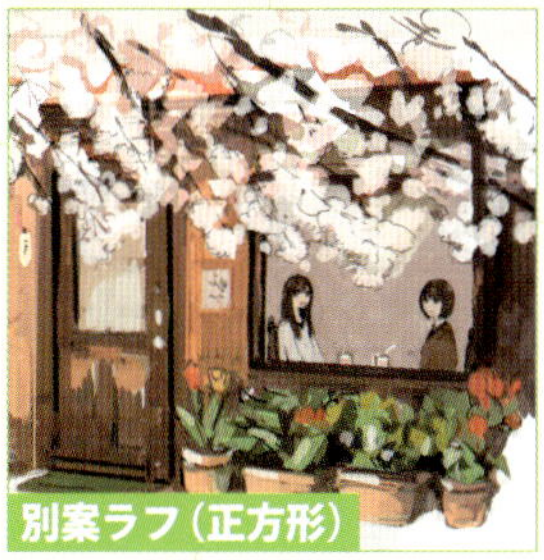
別案ラフ（正方形）

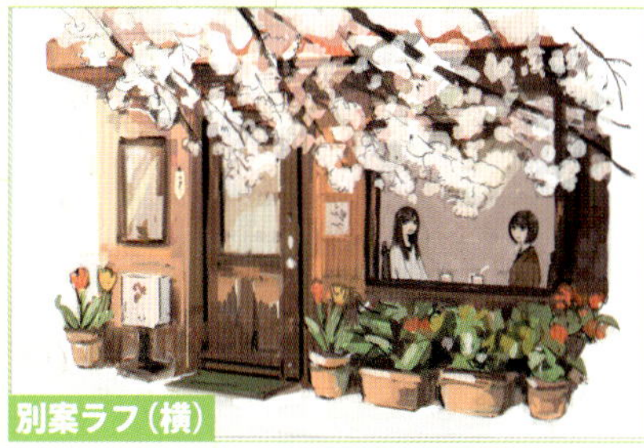
別案ラフ（横）

今回のメイキングのために描いていただいた2つのラフ。「別案ラフ」では桜が見える喫茶店の窓辺が描かれており、春の訪れを喜ぶような女性たちの明るい表情が魅力的だ。「決定ラフ」では、桜の木の下でのんびりと過ごす少女と猫が描かれており、青空や草原など爽やかな空気を感じられる。蒼川わかさんは、ラフで色を確認しながら着彩を進めている。

蒼川わかさんがメイキングで使用した画材

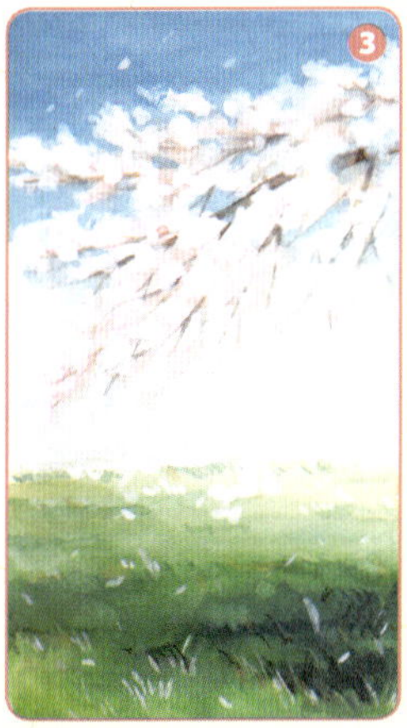

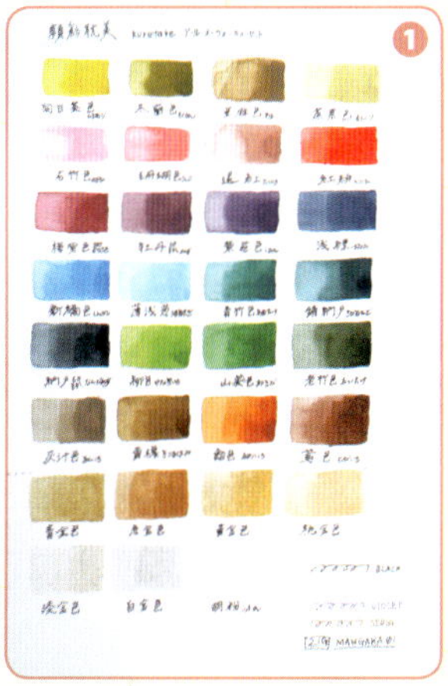

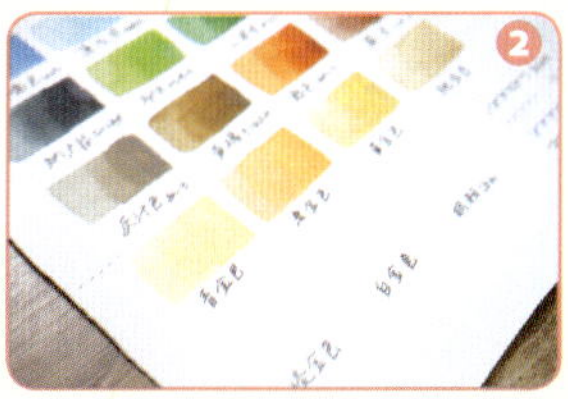

❶❷蒼川わかさんが作成した、顔彩耽美の「アール・ヌーヴォーカラーセット」「スターリーカラーズ」のカラーチャート。

❸作品を塗る前に、顔彩耽美をつかって塗り試した桜、草原、青空。白筆ぺん（超極細）でハイライトが入れられている。

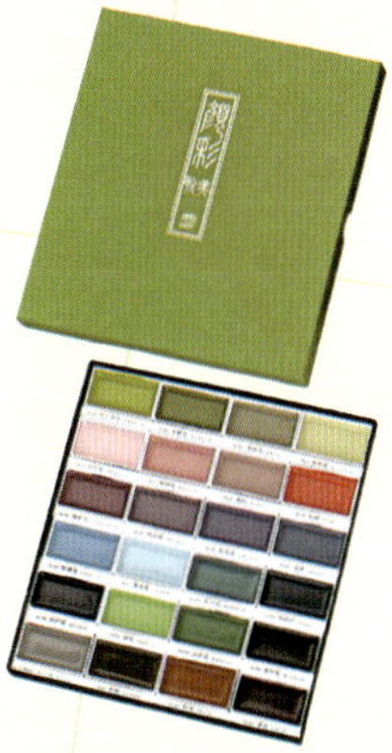

「呉竹 顔彩耽美 アール・ヌーヴォーカラーセット」

価格：3,080円（税込）
内容：24色セット

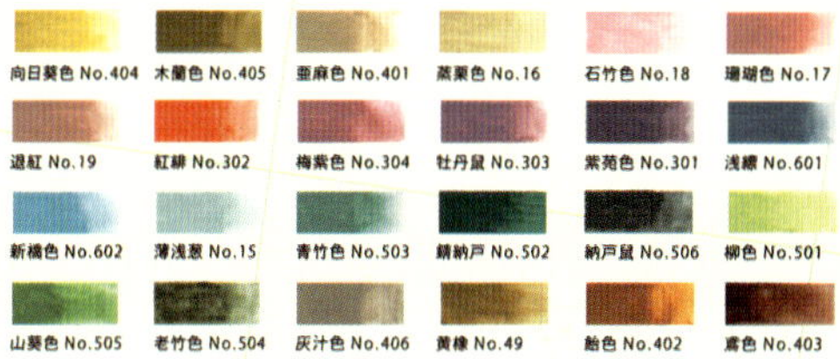

POINT 呉竹の創業当時に流行していたアール・ヌーヴォーをイメージした新色のセット。中間色を中心に、吟味し調色した色目のラインナップで洋画や人物画にも最適。

【顔彩耽美とは…】水で溶かして使用する固形絵具。鮮やかな発色ときれいなにじみ、溶けの早さが特長。水分量を調節することで、不透明で力強いタッチや水彩画のような透明感のある塗りなど幅広い表現が可能。

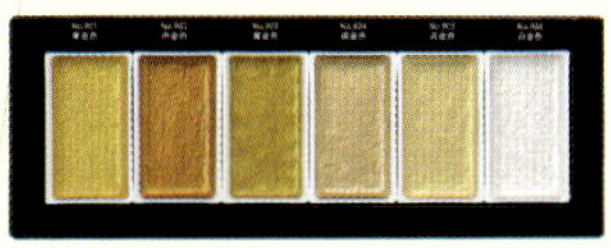

「呉竹 顔彩耽美 スターリーカラーズ」

価格：1,540円（税込）
内容：No.901 青金色／No.902 赤金色／No.903 黄金色／No.904 桃金色／No.905 淡金色／No.906 白金色

POINT 塗るとキラキラとした金色のタッチをつけることができる。隠ぺい性にも優れており、ハイライトやアクセントなど、作品の仕上げとしてつかうのがオススメ。

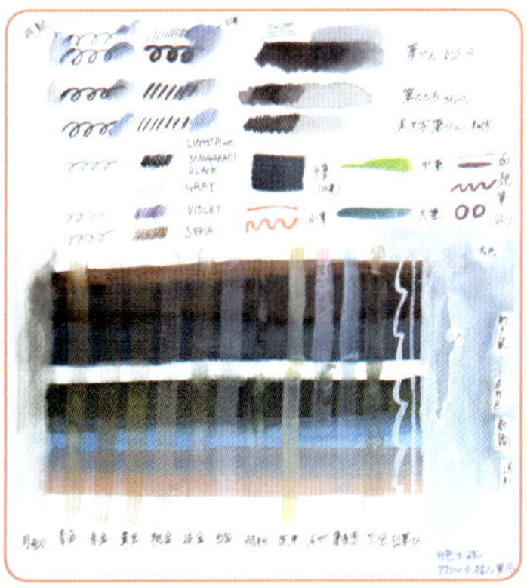

メイキングで使用する色の上に、顔彩耽美の「スターリーカラーズ」や白筆ぺん（超極細）を重ねて試し描きしたもの。また、MANGAKAやフィス水筆ぺんもそれぞれ描き心地を試している。メモとして、白筆ぺんのホワイトは「白色が強い、アクリルのような（こってりとした）質感」と書かれている。

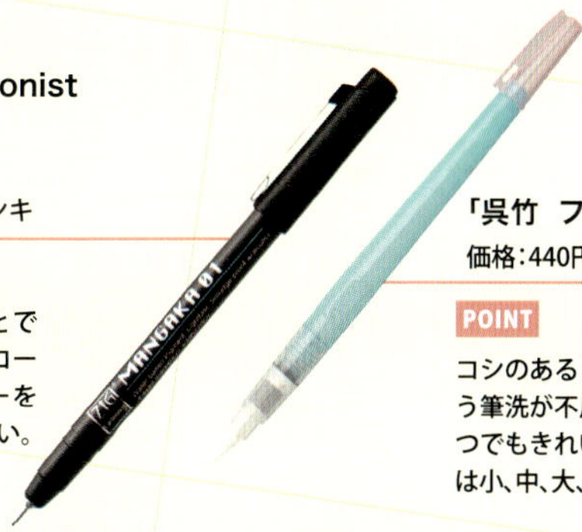

「呉竹 ZIG Cartoonist MANGAKA」

価格：198円（税込）
インキ：水性顔料インキ

POINT

インクが乾いたあとであれば、上からアルコールベースのマーカーを塗ってもにじみにくい。

「呉竹　フィス水筆ぺん（中）」

価格：440円（税込）

POINT

コシのあるしなやかな筆先。筆を洗う筆洗が不用で、ぼかしや混色をいつでもきれいな水で表現できる。筆は小、中、大、平筆の4種類がある。

草原を塗る

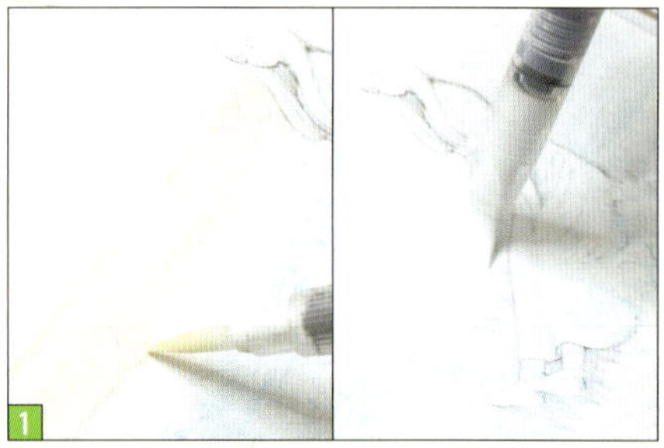

草原を描く部分に水を敷く。水筆ぺん（平筆）に［No.16 蒸栗色］をほんのわずかに取り、たっぷりの水でしっかりと溶かす。左右平行に筆を動かしながら草原全体に塗る。また、水筆ぺん（中）に［No.16 蒸栗色］を取り、陽が当たって明るい草原を左右平行に筆を動かしながら均一に塗り広げる。

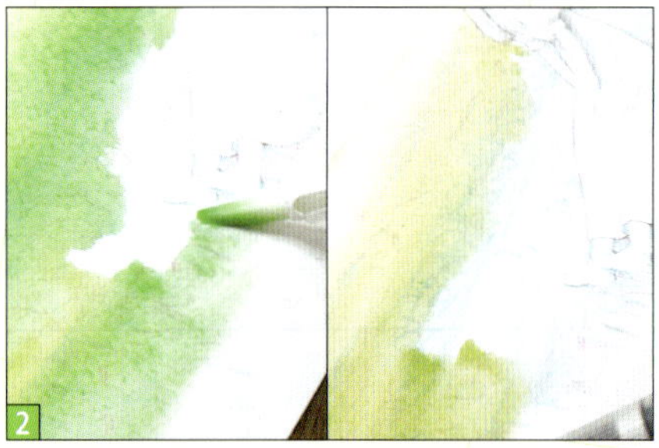

①が乾く前に草原の緑色を塗る。［No.501 柳色］を境目に、桜のカゲが落ちる草原に［No.505 山葵色］を塗る。水筆ぺん（中）に取り、色の境目をなじませつつ塗り広げる。鮮やかな色を組み合わせて、爽やかな空気感を生み出す。

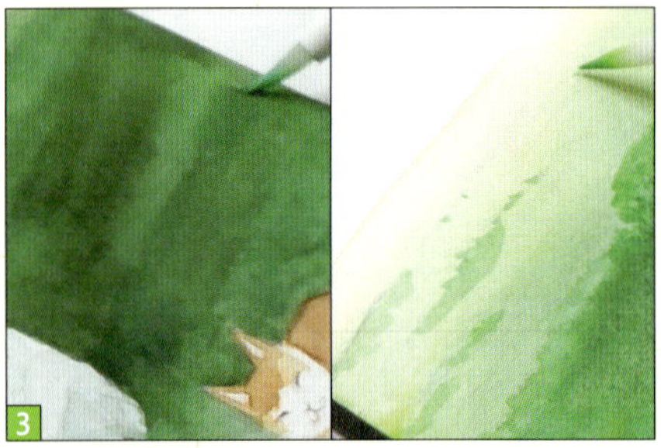

【［No.506 納戸鼠］＋［No.502 錆納戸］（少量）＋［No.504 老竹色］（少量）】を混ぜた濃い緑色で、カゲを塗りつつ草の流れをちょんちょんと描く。また、【［No.503 青竹色］＋［No.505 山葵色］＋［No.502 錆納戸］】を混ぜたとても濃い緑色を重ねて草原に深みを出していく。

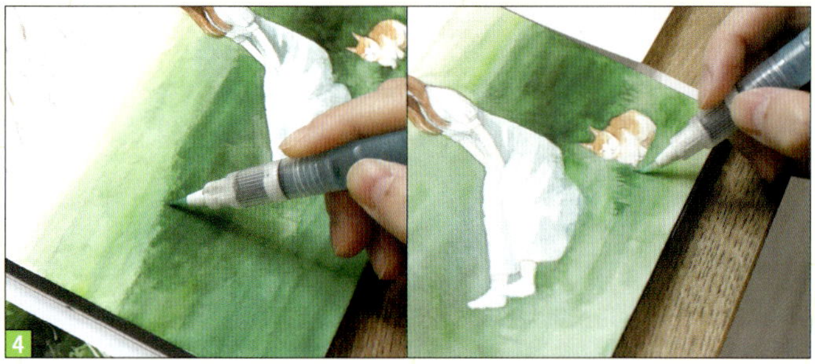

草の流れを描く。水筆ぺん（小）に［No.504 老竹色］を濃いめに取り、上下に細かく入り抜きをしながら筆を動かし流れを描く。水筆ぺんから水を少量出しつつ、草のフチを少しぼかしている。また、桜の木のカゲを塗る。【［No.503 青竹色］＋［No.505 山葵色］】を混ぜた青緑色を塗り重ねつつ、モコモコとした質感をプラスする。

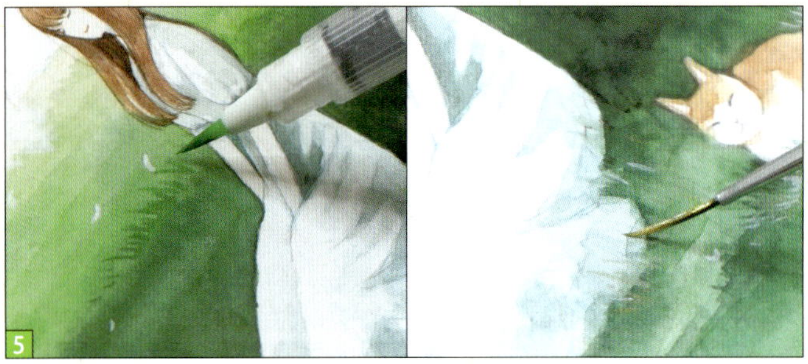

草のツヤを描く。［No.903 黄金色］や［No.906 白金色］を細筆に取り、草の表面にツヤツヤときらめきをプラスする。また、【［No.502 錆納戸］＋［No.505 山葵色］＋［No.504 老竹色］】を混ぜた緑色で、④で描いたカゲのフチに草の流れを描く。上記のような手順で、フサフサとした草の流れを緻密に描き、作品にただよう、柔らかでおだやかな雰囲気を表現する。

桜や空を塗る

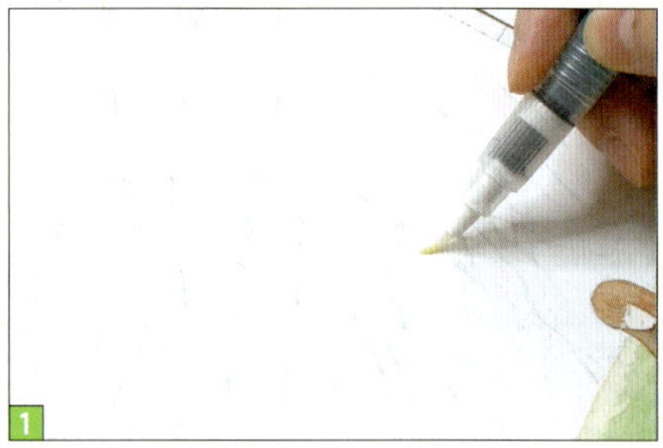

桜を塗る。【［No.18 石竹色］＋［No.17 珊瑚色］】を混ぜて、淡いピンク色をつくる。水筆ぺん（小）に取り、ピンク色で描いた線画の上に重ねる。モコモコとしたシルエットを描くように筆を動かすのがポイント。

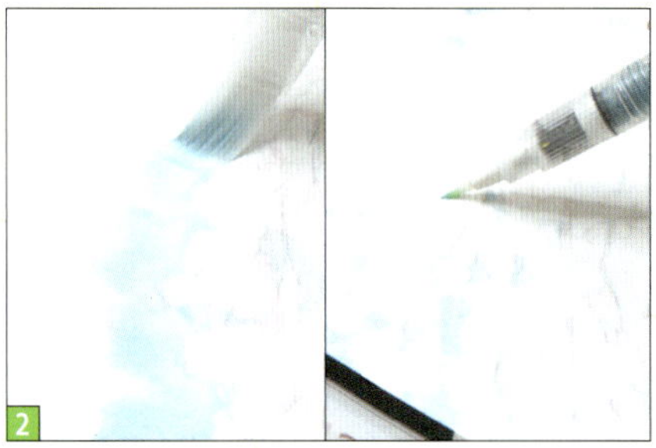

青空を塗る。［No.15 薄浅葱］を薄く溶かしたものや、【［No.15 薄浅葱］＋［No.602 新橋色］】を混ぜた濃い水色を水筆ぺん（小）に取り、花びらの間を塗り埋める。また、水筆ぺん（平筆）に同じ色を濃いめに取り、桜のモコモコとしたシルエットをフチ取るように塗る。

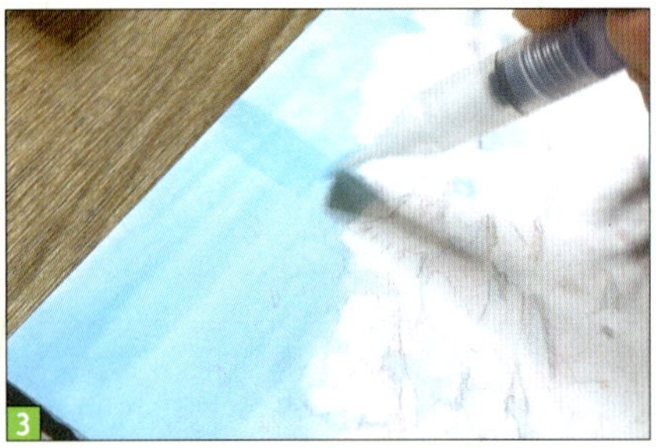

②と同じ色を水筆ぺん（平筆）に取り、左右平行に動かし青空を塗る。やや、水分量は多めだ。また、上下平行に平筆を動かし、水色を均一に塗り重ねる。晴れやかな青空が塗られた。

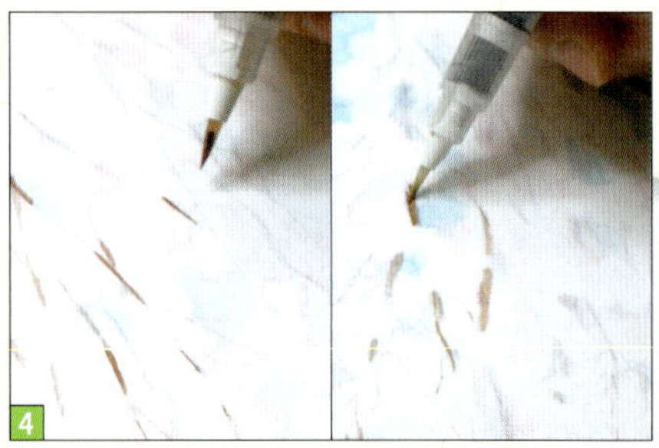

桜の枝を描く。【［No.402 飴色］＋［No.403 鳶色］】を混ぜた茶色を水筆ぺん（小）に取り、線画をなぞる。枝先は水筆ぺんでくるくるとぼかし、色をなじませている。また、水筆ぺん（小）に［No.403 鳶色］を濃く取り、細い枝をスッと描く。

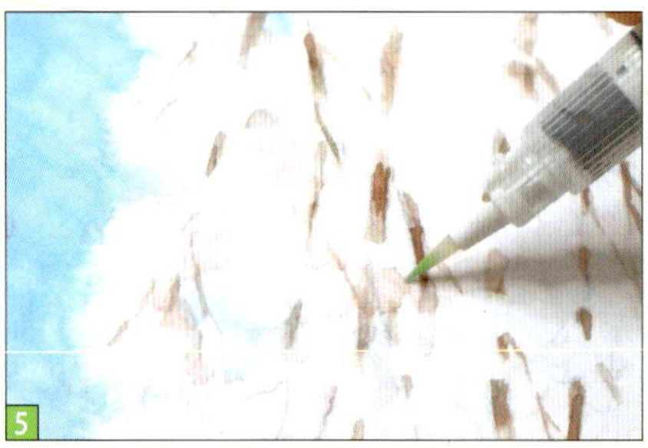

桜の厚みを描く。［No.19 退紅］を薄く溶かした色を水筆ぺん（小）に取り、ランダムなタッチで桜にモコモコとしたカゲをつける。水彩風の境界を残すことで、桜が重なっている厚みが表現できる。

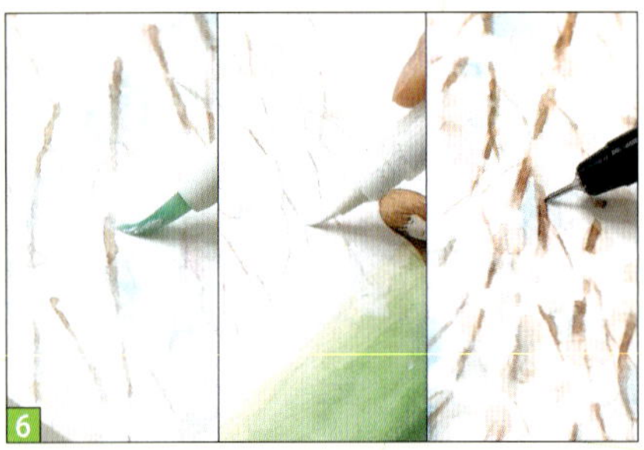

仕上げをする。MANGAKAのセピア（01）をつかい、枝に木目を描く。また、白筆ぺん（超極細）をつかい、インクは薄めにコントロールしつつ、くるくると重ねて桜のボリューム感を出す。舞い散る桜の花びらも描いた。また、【［No.905 淡金色］＋［No.906 白金色］】を混ぜた淡い金色を花びらに重ねきらめきをプラスする。

女の子を描く

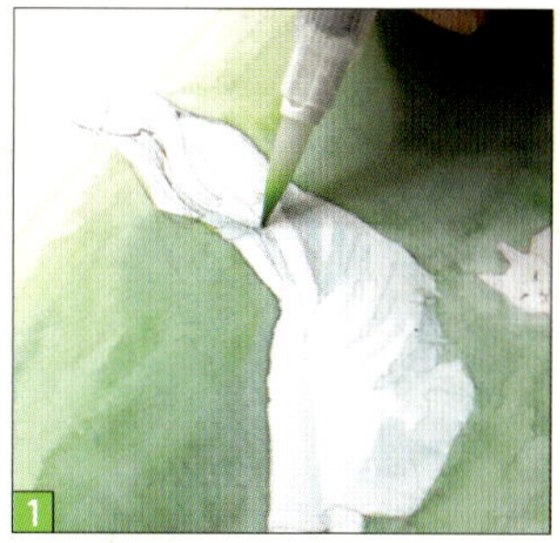

1 女の子の服のカゲを描く。[No.502 錆納戸]を使い捨ての別紙に薄く溶き、水筆ぺん（中）で取って色を置く。また、【[No.502 錆納戸]＋[No.506 納戸鼠]】を混ぜた紺色を濃いカゲとして塗る。

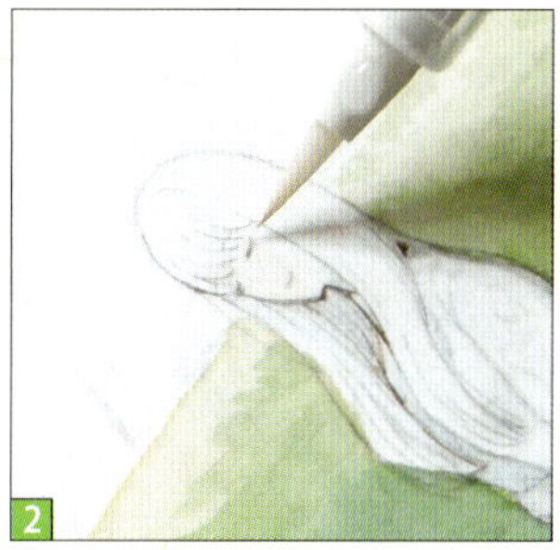

2 女の子の肌を塗る。【[No.16 蒸栗色]＋[No.18 石竹色]】を使い捨ての別紙に溶かし、水とよく混ぜ、淡いベージュ色をつくる。顔や腕、足首を塗る。

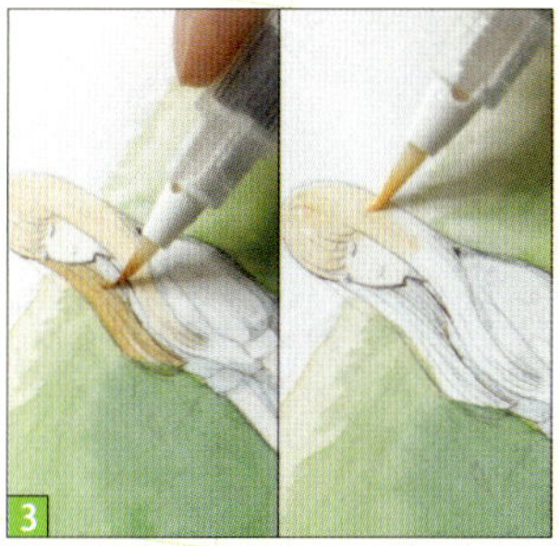

3 女の子の髪を塗る。【[No.402 飴色]＋[No.17 珊瑚色]】を混ぜて、淡い茶色をつくり、下塗りをする。また、【[No.402 飴色]＋[No.403 鳶色]】を混ぜた茶色を水筆ぺん（小）に取り、前髪や髪の奥側を塗る。

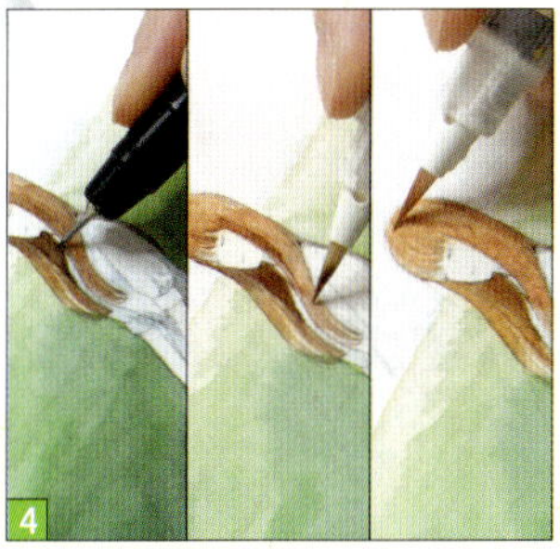

4 髪のツヤを描く。【[No.403 鳶色]＋[No.402 飴色]】を混ぜて濃い茶色をつくり、髪の奥側や前髪にツヤを描く。絵具が乾いたら、[No.403 鳶色]を濃く水筆ぺん（小）に取り、細かな毛束を描く。さらに、MANGAKAのセピア（01）で髪の奥側に線を加筆する。

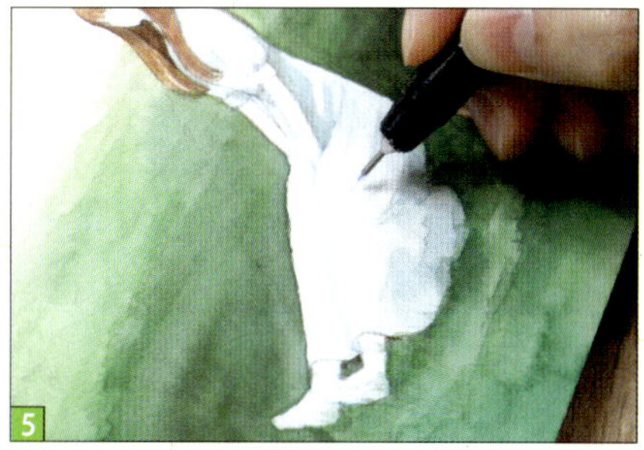

5 服のカゲを加筆する。服のカゲや白いワンピースと色なじみが良いMANGAKAのライトグレー（01）をつかい、細かな線を足したり、線画をなぞる。ミリペンの中でもなじみが良い色なので、少し加筆したい部分につかいやすい。

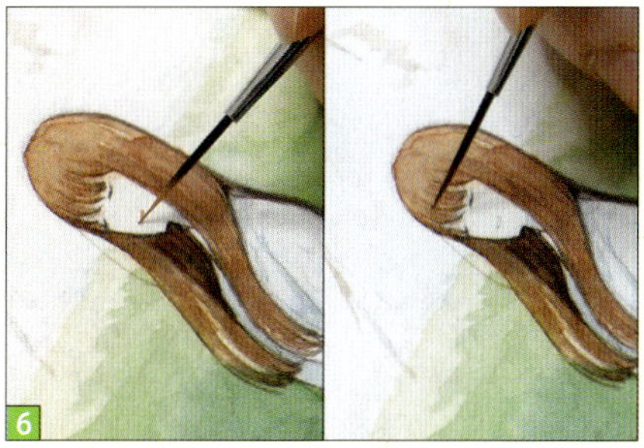

6 【[No.503 青竹色]＋[No.505 山葵色]＋[No.504 老竹色]＋[No.403 鳶色]】を混ぜたカーキ色を細筆に取り、まつ毛や髪の細かな毛束を描く。また、【[No.302 紅緋]＋[No.17 珊瑚色]】を混ぜた朱色で、ほほえむ口元を描く。

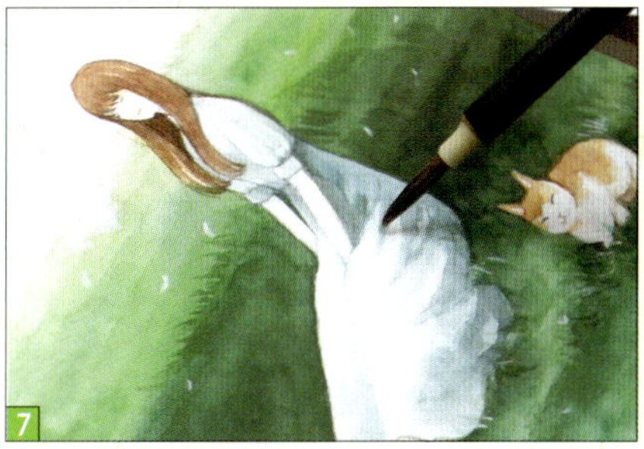

7 服の仕上げ。【[No.502 錆納戸]＋[No.504 老竹色]＋[No.403 鳶色]】を混ぜた青緑色で、濃いシワのシルエットを描く。絵具の濃度を変えつつ、カゲに細かなタッチを加えたり深みを出す。

茶トラ猫を描く

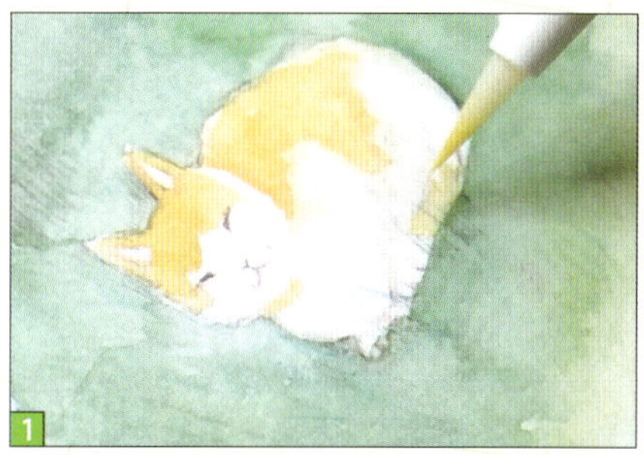

1 茶トラ猫の毛並みを塗る。[No.402 飴色]を薄めに溶き、水筆ぺん（中）で塗る。【[No.402 飴色]＋[No.16 蒸栗色]】を混ぜた明るい黄土色で模様を描く。

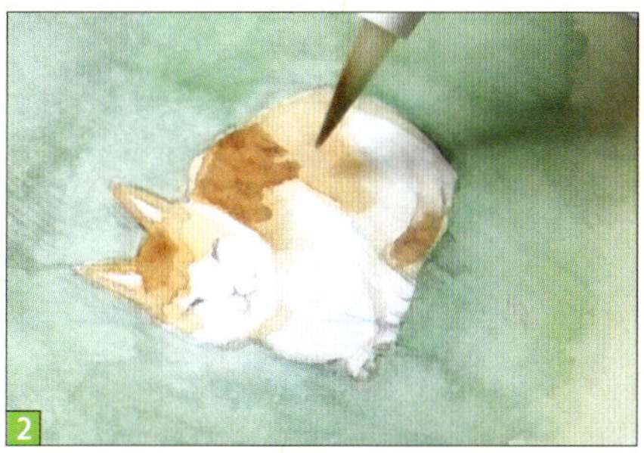

2 【[No.402 飴色]＋[No.403 鳶色]】を混ぜた茶色を水筆ぺん（小）に取り、さらに模様を加える。尻尾の先にも色を置いた。

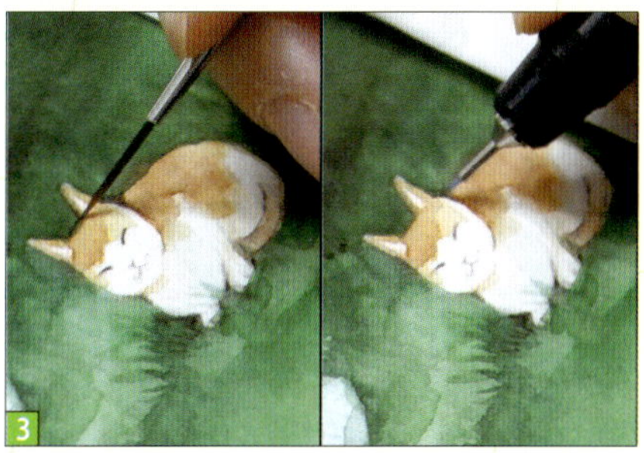

3 毛並みを仕上げる。MANGAKAのライトグレー（01）で毛並みをちょんちょんと描き足す。また、【[No.503 青竹色]＋[No.403 鳶色]】を混ぜた焦茶で耳や頭の線画を加筆し、シルエットを整える。

まとめ

春うららかな空気をまとう、女の子と猫の穏やかなひと時が描かれた作品の完成。桜が咲き誇り枝垂れる様子は美しく幻想的です。蒼川わかさんは、少しずつ何層にも顔彩耽美を重ねることで濃淡のタッチを加え、厚みや色の深みを表現しています。また、桜や草原など大胆に下地を塗る箇所もあれば、枝や葉を細かに描き込むなど、作品全体のバランスを確認しながら描き進めていました。蒼川わかさんのメイキングを参考に、みなさんも顔彩耽美で幻想的な風景を描いてみてくださいね！

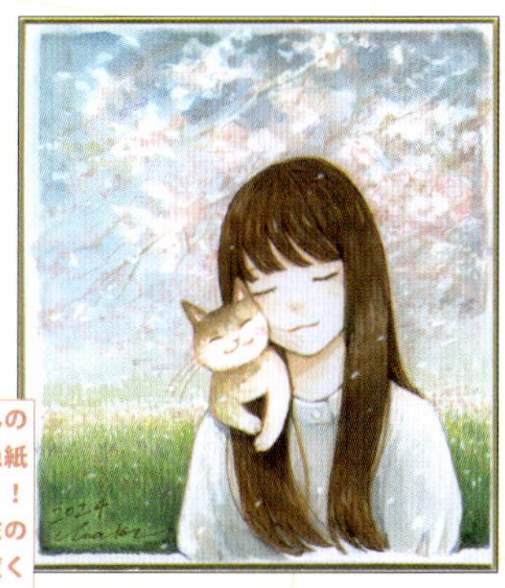

蒼川わかさんの直筆サイン色紙プレゼント！詳しくは巻末のハガキをご覧ください。

「呉竹 顔彩耽美 アール・ヌーヴォーカラーセット」など、呉竹画材をつかった蒼川わかさんの感想

蒼川わか　「アール・ヌーヴォーカラーセット」は、つかいやすい色がセレクトされているセットだと思いました。顔彩耽美は水に溶かすと優しく色が広がる印象で、普段つかっている透明水彩と近い感覚で塗ることができます。また、水分量をコントロールすると、じわっとしたにじみやハッキリとした線を描けるのが魅力的です。「スターリーカラーズ」の絵具は、多めの水に溶かして塗ると控えめなきらめきが表現できて可愛いです。ほかにも、MANGAKAのライトグレーは色のなじみが良く、少し加筆したい部分につかっています。また、白筆ぺんのホワイトは顔彩耽美を重ねても溶け出さないので、ハイライトなどの仕上げにつかいやすかったです。

もっと教えて…♡

七神マナのイラスト開発テクニック

真工房・近藤 × 七神マナ

イラストレーターの七神マナが気になるクリエイターへ、ビジュアル表現についてのヒミツを尋ねていく連載企画がS66号よりスタート！　いまよりも上手くイラストを描きたい、魅力的に表現したい人のために贈る対談&メイキング記事です。第19回は爬虫類や両生類のフィギュアを制作する作家「真工房」の近藤さんへインタビューを敢行！　作品ごとにデフォルメの割合を変えている近藤さんは、生物が持つカッコよさや可愛さ、個性を活かしたフィギュアを制作しています。今回は近藤さんがフィギュアをつくるようになった経緯から、制作した作品についてのお話を伺います。

――今回は爬虫類が大好きな七神マナさんが特に感銘を受けたという爬虫類・両生類のフィギュア作家「真工房」の近藤さんにご登場いただきます。まず、七神さんが近藤さんの作品に出会ったキッカケについて教えてください。

七神　私は爬虫類のなかでもトカゲが昔から好きだったのですが、実際に飼えるとは思っていなかったんです。小さい頃にニホンカナヘビを一時的に捕まえて飼ったこともあるのですが、餌やりがうまくいかず、すぐに自然に返したりしていました。もちろん世の中には爬虫類を飼っている人がいることは知っていたのですが、小さい頃の経験から私には難しい生き物だろうと思い、飼い方すら調べもしなかったんです。ですがある日、近藤さんが原型を担当した「ニシアフリカトカゲモドキとフトアゴヒゲトカゲ　おやすみシリーズ」(Qualia)というカプセルトイを家族が回してきてくれたんです。初めて見た時に、あまりの可愛さに衝撃を受けました！　同封されているリーフレットを見たら、カプセルトイで当たった子がフトアゴヒゲトカゲ(以下、フトアゴと表記)だと知りました。それから本物のフトアゴを検索して見たら、すごく似ているだけでなく、赤ちゃんとしての特徴が落とし込まれていると思ったんです。カプセルトイがあまりにも可愛かったので、自分でも回しに行ったら、次はオレンジ色のフトアゴが出てきました。その可愛さに再び衝撃を受けて自分でも同じ色のフトアゴを飼いたいと思い、爬虫類イベントに足を運ぶと、今度は近藤さんの造形作品がたくさん並んでいたんです！　そこで初めて、近藤さんがカプセルトイの原型師だと知りました。近藤さんは、いつ頃からフィギュアをつくられていたのですか？

近藤　もともと普通の大学に通っていたので、卒業後はサラリーマンをしていたのですが、病気で会社をすぐに辞めることになったんです。今後について考えていた時に、子供の頃は爬虫類がすごく好きだったこと、職人さんになりたい夢があったことを思い出しました。そんな

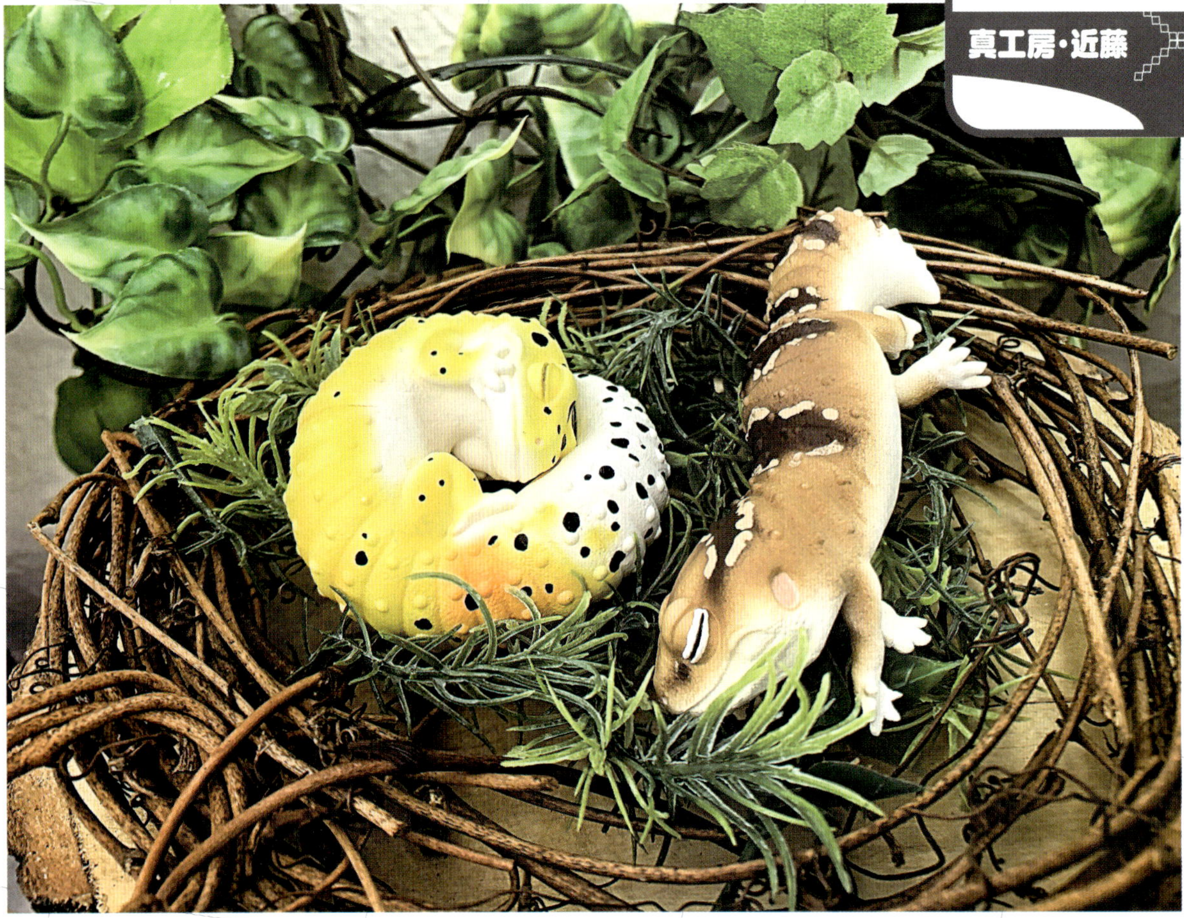

左:空想寝相レオパ
右:空想寝相ニシアフ

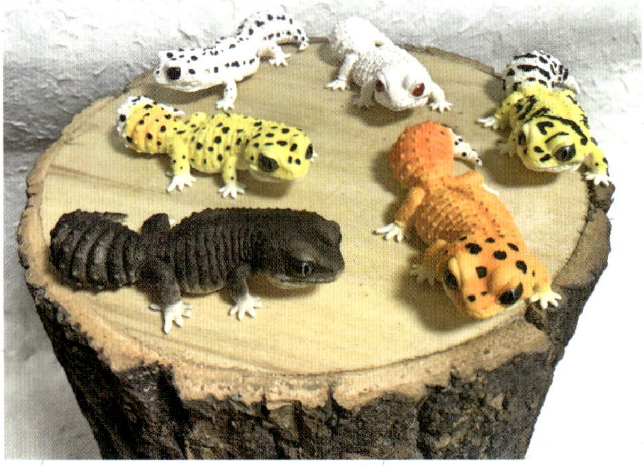

七神　私はレオパのブラックナイトも好きです(右図)。ブラックナイトはボディの中央が一番黒くて、周りの光を集めて光っているように見えますよね。それに絶対に水を弾くことが伝わってくる見た目が再現されているので、近藤さんのフィギュアのなかでもすごく好きです。

近藤　ブラックナイトは下地に、こげ茶に近い色を塗っています。この作品はかなりデフォルメが効いているのでリアル寄りのフィギュアよりも重ね塗りはしません。下地をガッツリ塗ったあとに上から下塗りよりも濃い、黒色を全体的に乗せています。

七神　まぶたなどは、白く塗り残しているのかと思っていました！

近藤　光で白っぽく見えていますが、実際にはこげ茶色がベースに塗られています。また、凹み部分にエアブラシを長い時間当てながら色を濃くしているので、その濃淡で色が柔らかく見えるのかもしれません。

七神マナ(ななかみまな)／2024年3月15日の運勢は～？　1位はぜんぶの星座！　どの星座のみんなもおめでとう♪　根本凪ちゃんのお誕生日だから最高にハッピーな1日だよ☆　何をやってもうまく行くし、ねもちゃんが生誕ライブをしているところに出会えちゃうかも！　サンリオピューロランドあたりに行ってみては？　ラッキーアイテムは【当日券】
X(旧Twitter)＝@h654r1

真工房(まさこうぼう)／主に爬虫類・両生類のフィギュアを手掛ける作家。リアルさを残しながらも、カッコよさと可愛さが絶妙なバランスで入り混じった作品を制作する。これまで、株式会社Qualiaから数多くのカプセルトイを発売。さらに、株式会社バンダイのカプセルトイ「いきもの大図鑑」の一部生物の原型師を務める。現在は、名古屋、大阪、東京で開催される爬虫類イベントやアート系イベントに出店し、新作発表をおこなう。3月23日～24日には、「ナゴヤレプタイルズワールド」に出店が決まった。今後の予定としては、5月18日～19日開催の「東京レプタイルズワールド」、6月22日～23日開催の「クリエイターズマーケット」へ出展予定。
X(旧Twitter)＝@masayaredick

ワルシリーズ
（左：ワルレオパ／下：ワルクレス）

七神さんが大好きだと話をしていた、爬虫類をヤンチャな姿としてキャラクター化したシリーズ。インタビュー中、ワルレオパで初めて表情をつけたと話をしてくれた近藤さん。それぞれの顔の角度やポージングからワルい雰囲気を感じる。七神さんがお気に入りのワルクレスの尻尾の付け根についたタマの膨らみにも注目！

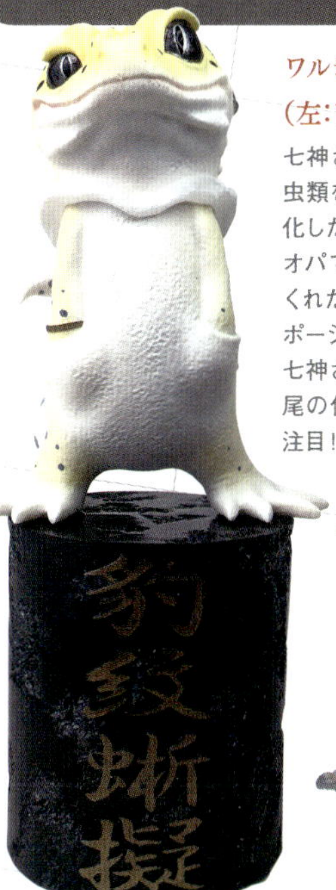

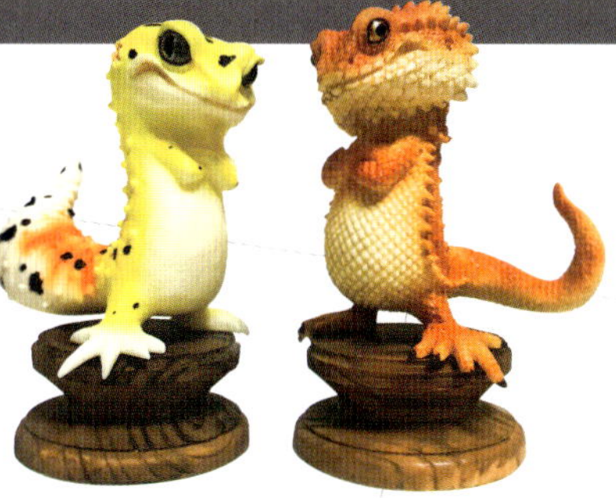

▲左：子生意気レオパ／右：子生意気フトアゴ

時、フィギュアをつくる専門学校があることを知りました。体験入学へ行くと、在学生がカッコいいドラゴンを制作していたんです。それを見て入学を決めたのですが、実際に学校へ通ってみると、ほかの必修科目や課題によってフィギュアの勉強をする時間がほとんどなくて。なんとか制作時間を確保して、学校にあるアトリエのような場所を占領しながらフィギュアをつくるようになりました。その当時はフィギュアをつくる原型師は、人間をつくらないと生活ができないという印象でした。ですから、『ONE PIECE』『ドラゴンボール』など「週刊少年ジャンプ」のキャラクターをつくりたいという憧れから制作を始めたんです。

――それから動物のフィギュアをつくりはじめたキッカケはありますか？

近藤　在学中に学生のみんなで「クリエイターズマーケット」へ出店することになったんです。そこで、オリジナル作品が必要になりました。何をつくろうかと考えた時に、自分が好きな動物をつくって販売してみようと思ったんです。その時はライオンやキリンなど、メジャーどころの大型動物をつくっていたのですが想像よりも売れず…。その半年後に、リアルなトカゲをつくって販売してみたら、今度は想像よりも良い反応をいただけました。お客さんのなかに、作家としても活動をしている方がいて、僕のトカゲを見て爬虫類イベントに出店しないのかと聞いてきたんです。そこで初めて爬虫類イベントの存在を知り、自分の世界が広がりました。

――初めはリアルな爬虫類だったんですね。

近藤　はい。ですが、リアル過ぎると本当に爬虫類が好きな人だけに向けたフィギュアになってしまうので、より多くの方に手に取っていただくことを考えた時に、デフォルメにチャレンジしようと思いました。僕のフィギュアは、最初にリアルな造形をつくっていたからこそ、リアルさを残した自然なデフォルメになったのかなと思っています。それに、ある程度リアルさを残したデフォルメにしないと自分でもしっくりこないんです。デフォルメをし始めたらイベントでお迎えいただく数も増えていき、もしかしたらフィギュアだけでも生活ができるのではと思えるようになっていったんです。

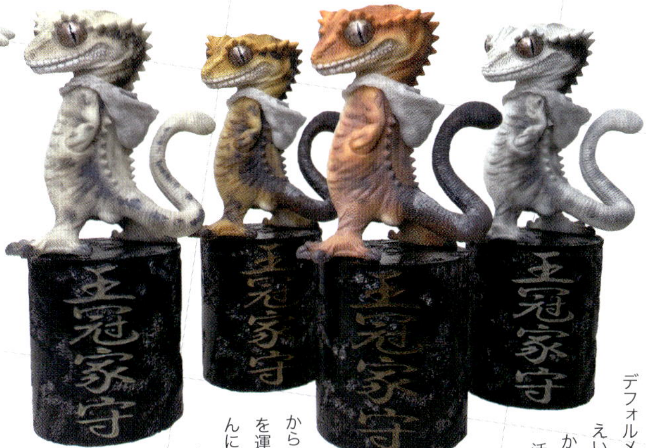

七神　実際に爬虫類を飼うよりも先にフィギュアをつくっていたのですか？

近藤　そうですね。爬虫類イベントのことを知ってから、何度か爬虫類ショップへと足を運んで見学をしていたら、店員さんに「手に乗せてみますか？」と声をかけられて。僕は、壁に張り付くヤモリが好きだったので、最初に手に乗せたのがクレステッドゲッコー（以下、クレスと表記）でした。初めてクレスの赤ちゃんを手に乗せたら感触が可愛すぎて！　まんまと店員さんの術中にハマって、その日に連れて帰ることにしました（笑）。

七神　もっちもちで可愛いですよね（笑）！　近藤さんがデフォルメをし始めた頃は、どのような作品をつくっていましたか？

近藤　顔はリアルだけれど、頭身が今より低くて頭が大きいデザインでした。ワルレオパよりも少し顔が大きいくらいだと思います。

七神　顔を大きくしてみようと思ったのはどうしてですか？　小さい頃に見ていた作品や好きだったものが影響していたりするのでしょうか？

近藤　子供の頃は絵のデザインについてあまり興味がなかったんです。最初にデフォルメをし出した時は、子供っぽくしたい気持ちがあったと思います。

七神　やっぱりそうだったんですね！　近藤さんの作品は見ていてすごく赤ちゃんらしさを感じます。近藤さんは目指すところとして、赤ちゃんの可愛さがありましたか？

近藤　そうかもしれないですね。今、飼っている子たちもみんな赤ちゃんから一緒に暮らしているので、もしかしたら自分では意識していない、無意識のところで出ているのかもと思いました。

七神　本来、爬虫類の赤ちゃんのボディは細いので、近藤さんのつくるフィギュアのように丸いフォルムの子は手塩にかけて育てている大人の証ですよね。近藤さんのつくるニシアフリカトカゲモドキ（以下、ニシアフと表記）は、ベビーフェイスだけど大人の骨格をしていると思います。顔と体のバランスに指が短いデザインは赤ちゃんのようですが、太いお腹や尻尾はすごく可愛がられている大人のようです。それがリアルな赤ちゃんになり過ぎない、とても可愛く見えるデフォルメだと思いました。それに、成長の過程を考えると実際にその時期があるかもしれない、と思わされるギリギリファンタジーなラインのバランスが本当に素晴らしいです。

近藤　リアルとデフォルメのバランスについては意識しています。少し飽き性なところがあるので、デフォルメ寄りにつくりたい時もあれば、ガッツリとリアルな作品をつくりたい時もある。今までデフォルメしていた形を改めてリアルに細密につくってみると、実際はこうなっているんだ、という気づきが毎回あります。それがまたデフォルメに生きていく。デフォルメ作品をつくる時は、リアルとデフォルメの割合を自分のなかで変えることを意識していますね。

七神　なるほど。また、ワルレオパの左右非対称に笑う表情のデフォルメから、近藤さんはカートゥーンアニメがお好きなのかと思っていたのですが、どうですか？

近藤　実際に海外アニメを見ることはないのですが、デザインは好きですね。あと、七神さんのベビーフェイスというワードで思い出しましたが、子供という意味だと、少し前に『僕のヒーローアカデミア』にハマっていました。堀越耕平さんの描く人物のデフォルメが大好きです。

七神　堀越先生も手を大きく描くデフォルメをしますよね。話は変わりますが、近藤さんの作品の瞳孔の位置もすごく好きです。私はウサギなど、サイドに目がついている生き物が好きなのですが、近藤さんのつくるデフォルメが強い作品は、本物の生き物に比べて目の位置が少しだけ正面に配置されていると思います。ですが、瞳孔を離れた位置に描くことで、目がサイドについているようにも見せてくれる。このバランスが特徴的だと思いました。瞳孔の位置を決める際に悩んだりはしませんか？

近藤　自分が〝可愛い〟と思う位置に描いているので、悩むことはないですね。完全に直感だと思います。ただ、デフォルメされた作品の瞳孔を描く時は、なるべく目が合うように意識しています。立体作品なので、どこかの角度で人と目が合うようにはしたいと思っています。

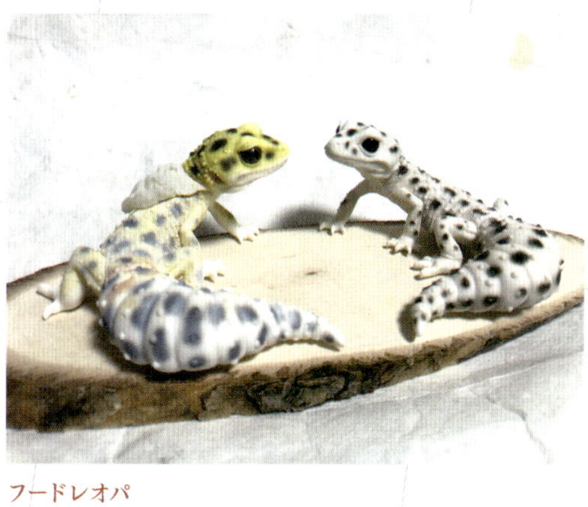

フードレオパ

パーカーのフードのように綺麗に脱皮をした時の姿をつくっている。ワルシリーズを制作するまえにつくっていた作品だそう。

七神　目はツヤ出しを塗っている子もいますが、ゴールドやシルバーをつかっている子もいますよね。フトアゴは特にゴールドをつかうことが多いと思いました。

近藤　ゴールドやシルバーは作業工程をシンプルにするためにつかい始めました。それに、リアルなフィギュアの目をメタリックで塗ってしまうと安っぽく見えてしまうんです。逆にデフォルメが効いたフィギュアにツヤを入れると、リアルになり過ぎて違和感が出てしまう。シルバーやゴールドなどキラキラした色をつかうことで、いい塩梅のキャラクター感が出るんです。

七神　近藤さんはゴールドのなかでもオレンジ寄りで、銅や古金に近いゴールドをつかうからこそ高見えするなと思いました。色味の話でいうと、塗るのが一番好きな生き物も知りたいです。

近藤　クレスが一番楽しいですね。地味な色を塗っている時のほうが好きだったりします。

七神　クレスがお好きなイメージはありますよ（笑）。私は近藤さんのつくるワルクレスが大好きなのですが、尻尾の付け根にちゃんとタマがついていて、男の子だという表現がされているのに感

王様クレス

クレステッドゲッコーと王様を組み合わせてつくったフィギュア。
モルフは左から、タイガー、レッドリリー、ダルメシアン。

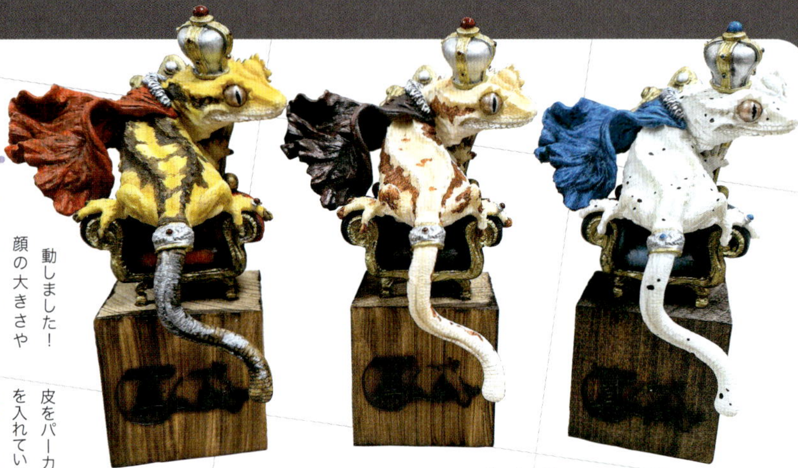

動しました！

顔の大きさや尻尾を動かす様子からも、イキっている若い男の子だということが伝わってきます。それに多くの爬虫類フィギュアは四つん這いのため、お腹のぽっこり感はつくれないと思うのですが、ワルクレスは仁王立ちすることでぽっこりしたお腹も見せてくれるのがめちゃくちゃ可愛いです。

近藤　クレスのタマは割と特徴の一つだと思っているので、表現として外せないポイントかと思いました。

七神　めっちゃデカいですもんね（笑）。ワルクレスのほかに、レオパやフトアゴもいるワルシリーズ（81ページ掲載）は脱皮する時がテーマだと思うのですが、どのようにしてアイデアを広げていったのですか？

近藤　この作品（81ページ掲載／フードレオパ）の派生として生まれたのがワルシリーズです。商業的な話なのですが、量産することを考えると制作時のパーツ数を抑えたくて。例えば、小生意気レオパ（81ページ掲載）は腕を組んでいるため、腕部分のバラのパーツを減らすことができますよね。このように少ないパーツでデフォルメ作品をつくりたいと思った時に、レオパは脱皮をするので脱皮中の皮と胴体の隙間に手を入れていてもいいのでは、と思いつきました。そこから、脱皮の皮をパーカーに見立てて、ポケットに手を入れているポーズにしたんです。

七神　脱皮した皮をフードに見立てつつ、正面はポケットのような切れ目だけがあればいいという、デザインの引き算がすごいです。違和感のない引き算の勇気に感銘を受けました。また、何もアイテムを持っていなくてもワルいことが伝わるようなニッとした表情とポージングも素晴らしいです。

近藤　つくればつくるほど引き算は難しくなりますね。僕も最初は少し要素を足したくなって、手にブレスレットをつけたこともありました。また、表情をつけたのはワルレオパが初めてだったと思います。今まで感情がハッキリと分かるデザインでつくったことがなかったので、やってみたいなって。

七神　SNSで初めて見た時にすごいなと思いました！　同時に、絶対に欲しいなと思ってワルレオパをお迎えしました。また、ワルシリーズの塗装はリアルな脱皮中のように、わずかに白みがかっているように見えます。外皮が一枚浮きながら剥がれていく様子を表現しながらも、ファッションとしても薄くて白いスケスケの服を着ているのかと想像させられます。脱皮は、ペットの健康状態が良い証なので、飼っているとすごく嬉しい瞬間だと思います。脱皮中をフィギュアにしようと思ったキッカケはありますか？

近藤　昔からフードがついた子をつくりたいとは思っていたのですが、パーカーらしくするためにフード部分をクリアパーツでつくりたくて。当時の環境ではクリアパーツに気泡が入ってしまい、上手くつくることができなかったのですが、現在は3Dプリンターを導入したので、フード部分のみ透明パーツで出力しています。ワルシリーズは3Dプリンターを使えるようになって、ようやく表現できるようになったデザインですね。

七神　脱皮をテーマにしたのはどうしてですか？

近藤　可愛いからですね（笑）。SNSでは本当にフードがついているように頭から綺麗に脱皮する子もいるのですが、自宅でうちの子の様子を見ていると、そんなに綺麗に皮を脱ぐ姿はなかなか見ることができないなって。それに、僕は脱皮中の子を触りたい気持ちはあるけれど触らずに我慢をしているので、フィギュアにしたら脱皮中の子を触ることができるなとも思いました。

――なるほど。ほかにも、フィギュアの世界ならできるかも、という表現をした作品はありますか？

近藤　ニシアフ（80ページ掲載：空想寝相ニシアフ）は体を伸ばして寝ることはあるのですが、横向きで手足を伸ばして寝ることはありません。少し前の空想寝相レオパでは、犬が仰向けの状態でくるっと丸くなって寝ているようなポーズをとらせたこともありました。

七神　空想寝相のシリーズは、確かに本来の寝方とは違うけれど、骨格的には無理のないラインだからこそ「こういう風に寝るかもしれないな」と思わされます。

近藤　こんな体勢は絶対に取れないだろうというポーズではつくらないと思います。自分のなかにある「もしかしたらこんな世界観がありえるかもしれない」というラインでつくっていますね。

七神　話は変わりますが、王様クレスに悪魔ガーゴ、フトアゴドラゴンなど、生き物とモチーフの合わせ方はどのようにして考えていますか？

近藤　名前からイメージしています。クレステッドゲッコーは和名だとオウカンミカドヤモリと呼ばれているので、最初は王冠をつけて王様をイメージしました。ガーゴイルゲッコーは、空想上の怪物・ガーゴイルをイメージして羽をつけました（82ページ掲載）。そこに少し悪側の雰囲気を足そうと思ったので、対になるようにクレスのほうには正義側のイメージを加えたんです。

七神　以前につくられていた忍者ヤモリは、ヤモリが足音もしないし夜行性という特徴から、夜を守るイメージで忍者にしたのですか？

近藤　そうですね。ニホンヤモリという名前から和風にしたいと思って、忍者とシャチホコを連想したんです。夜のイメージで、シャチホコの上にいるヤモリの忍者をつくりました。

七神　「ガーゴイルゲッコー＋死神」にしたのはどうしてですか？

近藤　ガーゴイルゲッコーの和名はツノミカドヤモリと言われています。和名にあるように、ガーゴイルの頭の上には突起があるんですよ。その大きな突起がツノのように見えることから、僕のなかに「ガーゴイル＝悪い」イメージがついたので死神を組み合わせました。

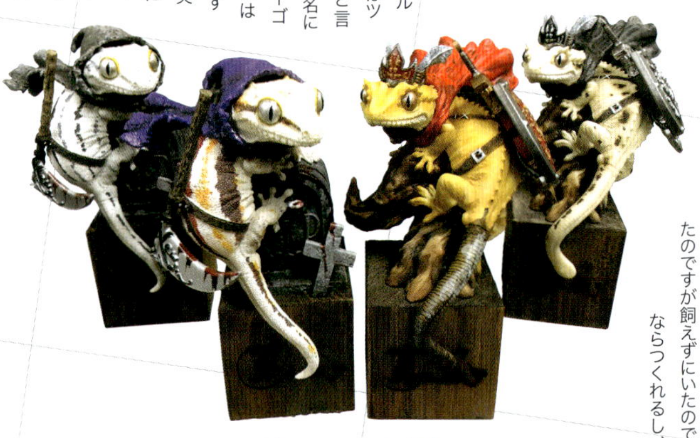

左：死神ガーゴ
ガーゴイルゲッコーに死神を組み合わせた作品。

右：勇者クレス
クレステッドゲッコーと勇者を組み合わせた作品。

七神　そうなんですね。王様クレスをつくる時、モルフ（※モルフとは：個体として確立された品種のこと）との相性は考えましたか？

近藤　考えています。王様クレスを初めてつくった時は、王様らしさを出すためにマントを赤色にしようと決めていました。赤色のマントに似合うモルフを考えた時にノーマルの色にタイガー（モルフ名）のような模様を入れるのがいいなと思ったんです（82ページ掲載）。また、体色が白いクレスの場合は白色のボディに似合うマントを考えて青色にしました。真っ白な体色に黒ぶちが入るクレスは当時は滅多にいなかったのですが、たまたまXで写真が流れてきたのを見て、塗りたいなと思ったことと、白いクレスが存在することを知っている人が反応してくれるかなと思ってつくりました。実際に僕も白いカラーの子はお迎えしたかったし、僕の周りでも欲しい人はいたのですが飼えずにいたので、フィギュアならつくれるし、お迎えできるなと思ったんです。

七神　近藤さんの作品をお迎えすると、実際に爬虫類を買った時のようにプリンカップのような入れ物に包んでくれますよね。リアルな爬虫類を気軽に買えない方も、本物の爬虫類をお迎えした時と同じ満足感が得られると思って感動しました。

近藤　もともとは別の入れ物だったのですが、お持ち帰りいただく最中に壊れてしまうこともあったりして。ちゃんとした入れ物を考えようと思った時に、僕は爬虫類イベントへ出店することもあるので、〝お迎えした感〟を出したいなと思ったんです。ほかにも、アート系のイベントでも絶対に反応していただけるので、それがキッカケで話題が広がることもあります。特に、お子さんがすごく喜んでくれます。生体を買ってもらえないけど、フィギュアなら買ってもらえる。本物のように包んであげるとお子さんはめちゃくちゃ喜んでくれるので、その姿を見ると嬉しいですね。

七神　カップを揺らさないように開ける瞬間は、飼っていても何度も味わうことはできないので最高です！　あとは、ポーズについてもお聞きしたいです。レオパはイライラしている時、猫のように尻尾をゆっくり揺らすと思います。これまで実際の生き物の動きを反映したポーズはありますか？

近藤　尻尾を振る仕草は飼っている人なら可愛いと思う動きですよね。クレスやレオパは特徴的な動きをすることはないので、単純に顔や体を観察したりすることはありますが、変わったポーズを

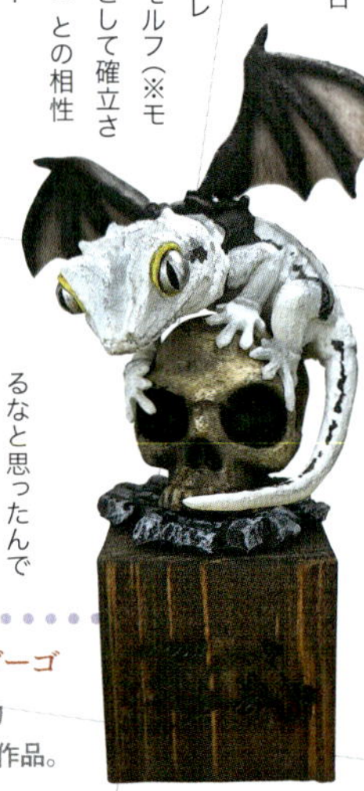

悪魔ガーゴ
ガーゴイルゲッコーと空想上の怪物ガーゴイルを組み合わせてくつった作品。

七神マナの描き下ろしについて

―― 今回は七神さんがカプセルトイのアイデアスケッチを描きます。カプセルトイの原型もされている近藤さんに、七神さんのスケッチを立体目線で添削して欲しいです。七神さんがお気に入りだと話をしていたQualiaさんのカプセルトイは、原型のほかに色の監修はどのくらいしているのですか？

近藤　塗装の見本は僕がつくっています。カプセルトイにはグラデーションの表現は難しいかと思い、最初は単色でサンプルを塗りました。ですが、グラデーションも再現できるということを知り、カプセルトイでも細かく表現してくれるんだと感動しましたね。「狛レオパ　マスコットフィギュア」では、石に入れた汚れの表現まで再現してくれています。Qualiaさんの努力とクオリティにはいつも感動しています。

七神　本当にすごいですよね。瞳孔の位置もすごく重要だと思うのですが、見本を渡すだけで再現されているのですか？

近藤　そうなんです！　会社内で何度も監修をしてくださっているそうで、僕のもとにサンプルが届く頃には、ほとんど直しがない状態です。

七神　えぇ～!?　凄すぎますね…。Qualiaさんでカプセルトイ化する時は、できないことやしてはいけないことなどありましたか？

近藤　一回も言われたことはないですね。むしろ、普段通りの作品をつくってください、とお話をいただくことばかりです。バンダイさんの方は原型のみで、塗装やパーツの分割はバンダイさんのほうでしてくださいます。

七神　なるほど。私は、絵を描くことはできるのですが3Dはつくれないので、3Dにすると成り立たないものや向いていないことを、今回は厳しめにダメ出しして欲しいです！　今回描く爬虫類は何がいいと思いますか？

近藤　七神さんも好きなフトアゴかレオパがいいかなと思います。僕としては、七神さんのアイデアでクレスを見てみたい気持ちもあります！

七神　そうしたら、クレスを描こうかな。もう一つ、私が飼っているフトアゴも考えたいので、合わせるテーマをお題として欲しいです！　近藤さんが好きなものを合わせてみますか？

近藤　う～ん、バスケはやっています。

七神　バスケはクレスと相性がいいですね！　クレスは枝に片腕でぶら下がることもあるので、もうダンクシュートを決めている姿ですもんね（笑）。

近藤　（笑）。それと、去年は植物にハマっていました。観葉植物やちょっとした庭木に盆栽をしていましたね。

―― 盆栽テーマ、良さそうな気がします！

七神　葉っぱを立体作品に絡められるかな…。ほかに好きなものはありますか？

近藤　RPGゲームは好きで、昔はよくプレイしていました。最近だと「STREET FIGHTER 6」のゲーム配信を見ています。

七神　でも、「格ゲー×爬虫類」は近藤さんがつくりそうですね（笑）。逆に、近藤さんがつくらなさそうなアイデアを合わせようかな。

近藤　それなら、女性らしいアイテムは出ないと思います。

七神　「女性らしさ＋爬虫類」いいですね！　爬虫類を飼うことは流行っていますし。もう一つはそれで考えてみます！

the making of 真工房

現在、近藤さんは３Ｄを使用してフィギュアを制作しているが、以前は粘土で原型をつくっていたそう。今回は、近藤さんが実際に３Ｄで出力した造形に加え、粘土で制作したラフ、粘土でつくった原型などを紹介する！

【３Dで原型を制作する】

近藤　ラフは粘土でつくっています。僕だけが形を理解していればいいので、少し歪んだりもしています。

七神　すごい！　つくり込んでいない分、すごく可愛いです。

近藤　ラフが可愛いと言われるとは思っていなかったので、びっくりしました（笑）。３Ｄに移行してからはラフで構想を固めてからモデリングをしないと、しっくりこない時があるので、この工程は結構重要ですね。

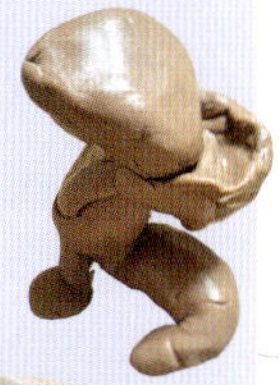

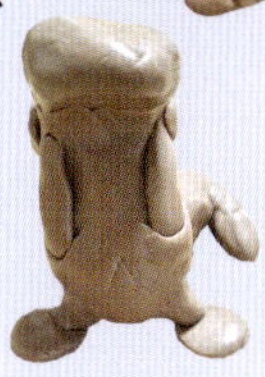

▲ワルレオパのラフ

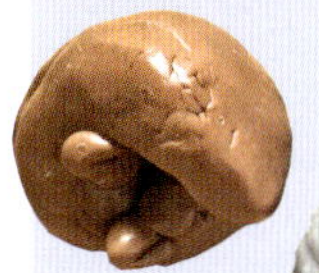

◀丸くなったレオパを表現したラフ

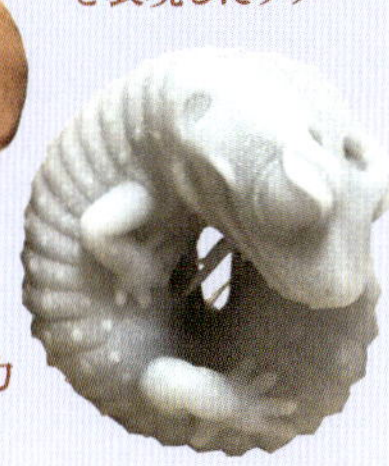

▶３Ｄ出力した造形

【粘土で原型を制作する】

右図が粘土で制作したフィギュアの原型。以前は原型を粘土でつくっていたため、手作業で細やかなディテールを表現していたそう。

近藤　オーブンで加熱すると固まる粘土で原型をつくっていました。

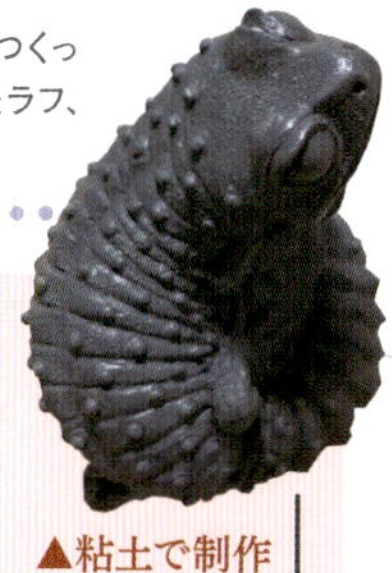

▲粘土で制作した原型

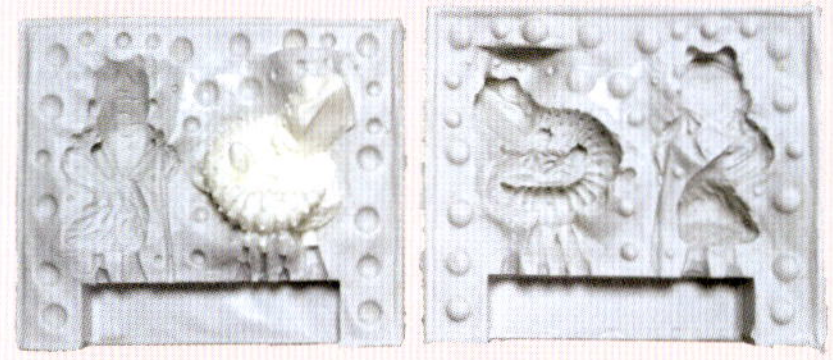

▲複製をするための型

シリコンで型を制作した。レジンを流して複製する。

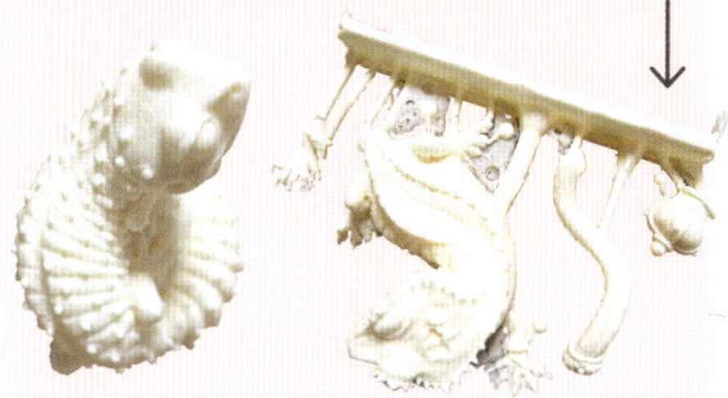

▲型から外した複製作品

バリと呼ばれる余分なパーツがついている。バリは細かくやすったりして外すそう。

していることで反映することはないです。

七神　顔を観察する時は、つくりや表情を見ていますか？

近藤　そうです。飼う前と一番印象が変わったのは表情だと思いますね。もともと爬虫類は無表情な生き物だと思っていたんです。ほとんどのヤモリは瞼がないので目がずっと剥き出しですよね。爬虫類のなかでも特に表情が変わらないのかと思っていたのですが、一緒に生活してみると寝ている時は目が奥まったり、ご飯を見つけた時は顔が変化したり、いろんな表情がありました。

七神　わかります！　食べ物を見た時の顔は可愛いですよね。近藤さんがSNSへアップしているおうちの子を見ると、顔が可愛い子を選んでいる印象があります。爬虫類を飼う方はカラーへのこだわりが強いため、背中の模様を見せる写真の撮り方が多い印象なのですが、近藤さんの載せるペットのお写真は大体、顔を斜め四五度にかしげていていますよね。顔が一番見えやすく、一番可愛くも見える。私も顔がすごく大事なタイプなので、近藤さんも顔がとても好きなんだなと思いながら見ていました。フィギュアを見ていてもその感性は繋がります。

近藤　そうですね、全部顔を撮っています（笑）。

七神　また、私は本物のレオパの上からも下からも閉じる瞼が大好きなのですが、近藤さんの作品にはそれが反映されていると思います。瞼が盛り上がっている造形が最高です！　瞼の開閉は実際に飼っていて気づいたのですか？

近藤　実際にも見ますが、いろいろなSNSで写真もすごく調べます。瞼については、飼う前からなんとなく動き方などは調べたりしていました。調べたら情報がたくさん出てくるので、「これを間違えたら飼っている人が嫌だろうな」というポイントは押さえるようにしています。ですが、ちょっとした表情などは実際に飼っていないとわからないので、そこは造形に生きていると思います。

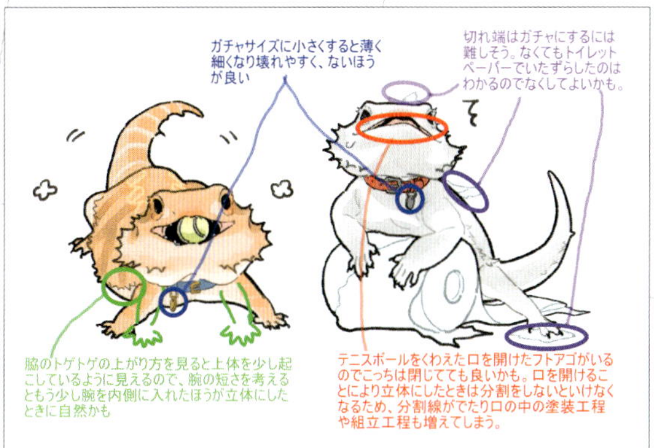

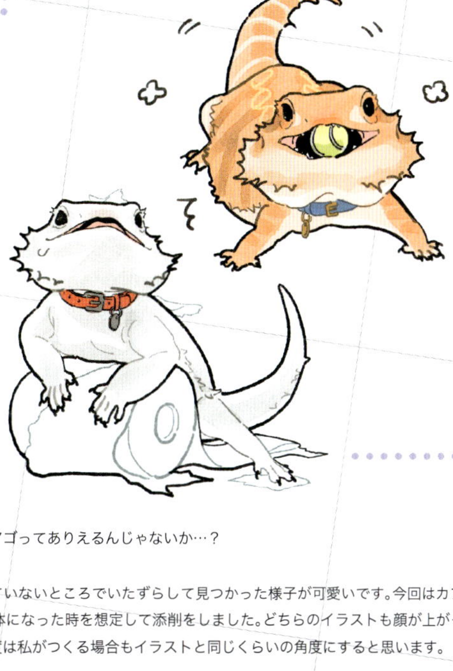

七神マナ　近藤さんが「フトアゴは爬虫類のなかでも犬寄り」と表現されていたのでなるほどー！　と思い今回は自分が得意な犬をテーマに欲しいフィギュアを考えてみました！　「懐く」があまりない爬虫類にとってはドリームな犬っぽい仕草ですが、ぎりぎりフトアゴならありえないことも無いんじゃないか…？　懐くフトアゴってありえるんじゃないか…？　「なつっこフトアゴシリーズ！」2124年発売予定です（笑）！

近藤　「なつっこフトアゴシリーズ！」良いですね！　犬のワクワク感と飼い主の見ていないところでいたずらして見つかった様子が可愛いです。今回はカプセルトイのスケッチということでしたので、サイズ的にもカプセルトイのサイズで立体になった時を想定して添削をしました。どちらのイラストも顔が上がっていて立体にした時に可愛さを表現できると思います。尻尾の上がり具合や曲がる角度は私がつくる場合もイラストと同じくらいの角度にすると思います。

第17回「ペンタブレットdeアート投稿コンテスト」グランプリ受賞記念

デジタルイラストメイキング

今号は第17回ペンタブレットdeアート投稿コンテストでグランプリを受賞した、サイユさんのイラストメイキングを紹介！月と太陽のモチーフがポイントの美しく妖艶な堕天使を描く作画工程と、サイユさんへのインタビューをお届けします！

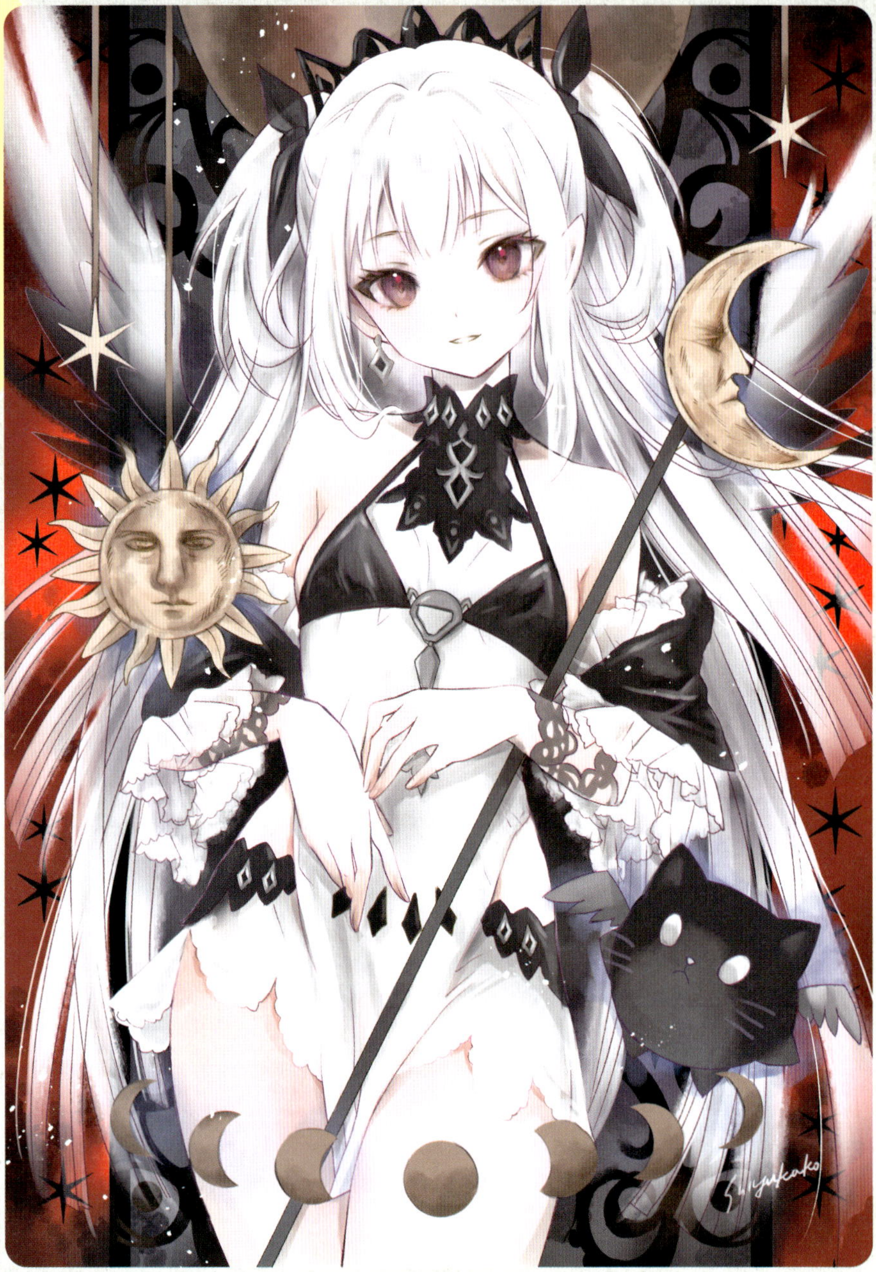

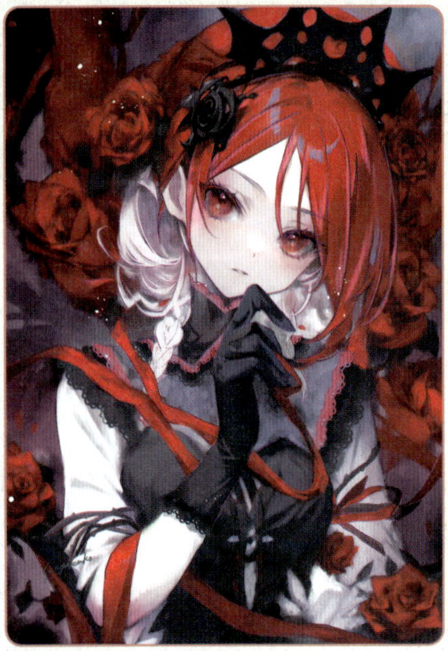

第17回ペンタブレットdeアート投稿コンテスト「グランプリ」受賞作品
「少女のまま時を止めた赤の女王。見た人の印象に残る、自分にしか描けない幻想世界を模索したイラストです。(サイユ)」
受賞賞品のWacom Cintiq Pro 17を使用した感想は、エスの公式Webサイトにて後日公開いたします。

──今回のメイキング作品はどのようなイメージで描き進めていきましたか？

サイユ　太陽と月をモチーフに、コケティッシュなゴシックの天使（堕天使）のイメージです。受賞作と似たカラーとブラシで描かせて頂きました。受賞は本当に驚きで投票してくれた方々、審査員の方々、本当にありがとうございます！絵にまったく理解のなかった父が、すごく喜んでくれました。何より嬉しかったです！

──やわらかい表情とマッチしたなめらかな線や、透明感のある色使いに引き込まれます。描くようになったきっかけを教えていただけますか？

サイユ　学生時代はアナログ画材を使っていました。デジタルは初任給でパソコンを購入してからです。二次創作から活動をはじめたのですが、当時は好きな作品と近い塗りでした。自分の絵はこれじゃないと思い、アニメ塗り、油彩風、水彩風など一通り試しました。今の塗り方は昔から描いているアナログ感のあるタッチが楽しいと思ったことがきっかけです。

──風合いのあるタッチもサイユさんの作品の魅力のひとつですよね。筆の動きを感じるタッチが美しいです。デジタルとアナログ画材、それぞれのお気に入りのポイントを教えてください。

サイユ　絵によって画材は使い分けています。デジタル画材は、塗り込みしやすく好きなタッチで描けます。アナログ画材は主に水彩とアクリル絵具を使っているのですが、紙の質感と偶然に生まれる色合いが良いです。どちらも完成すると制作の苦労が吹き飛びますし、幸福感がすごくあります。

──サイユさんが描くキャラクターには、可愛さと美しさが詰まっています。気合いを入れて描くパーツを教えてください！

サイユ　嬉しいお言葉ありがとうございます！　気合を入れて描くのは目です。作画も顔周りから進めていきます。納得できたら他の場所に移ります。大切にしていることは男女ともにキャラを美しく描くことです。もっと綺麗に描きたいので、常に試行錯誤を繰返しています。

──サイユさんが作品のイメージを深めたり、創作意欲を高めたりするときに、見たり、聴いたり、おこなっていることを教えていただけますか？

サイユ　ヨーロッパや日本の中世時代が好きで、美術品や装飾、衣装にすごく惹かれます。工芸品、建築、素晴らしい絵画がたくさんあるので、それらを見ているとドキドキして絵を描きたくなります。

──教えてくださりありがとうございます。今後、描いてみたいモチーフや、やってみたいお仕事、活動を教えてください。

サイユ　やってみたいお仕事はゲーム系です。ゲーム大好き！　描いてみたいのは、幻想世界の美しい住人達です。受賞作も今回描いたイラストもそんなイメージで描きました。自分にしか描けない世界をいつか実現したいです。今後の活動で新しく挑戦していきたいのは、アナログ原画の販売です。初夏に某印刷会社さんの自社レーベルから絵本のようなイラスト集を販売して頂ける予定です。今回の受賞を糧にして、一歩ずつ進んでいけたらいいなと思います。ありがとうございました！

作業環境
PC: Windows
描画ソフト・CLIP STUDIO PAINT、Photoshop 2023
ペンタブレット:Intuos4

step 1 > ラフ・下絵

肩のラインやくびれを見せる衣装デザイン。ひねりのあるポーズからも色気を感じる。

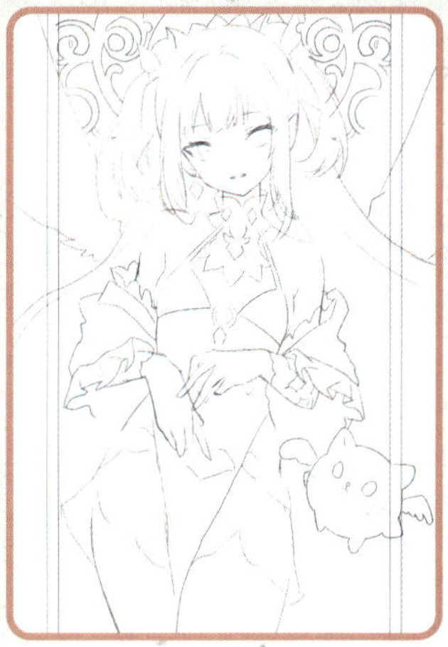

ラフから線を整理した、下絵にも使用する状態。依頼を受けて描く場合は、必要に応じてラフに色を乗せたものも作成するそうだ。背景の模様はアドリブで描画していくとのこと。

step 2 > 顔を描く

絵のなかで重要な顔を最初に描く。線画だけでなく彩色も行い、ほぼ完成させる。

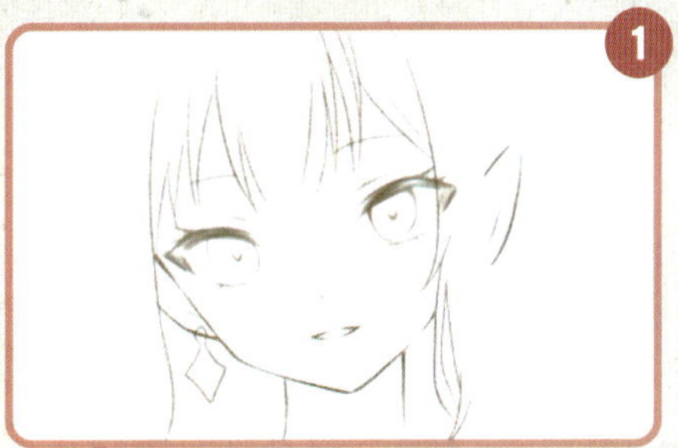

ラフ（右図）のレイヤーを水色で表示して、顔の周りの線画を描く。輪郭や髪の作画に【鉛筆】、瞳には【厚塗細筆】と、線画に使用するブラシを使い分ける。

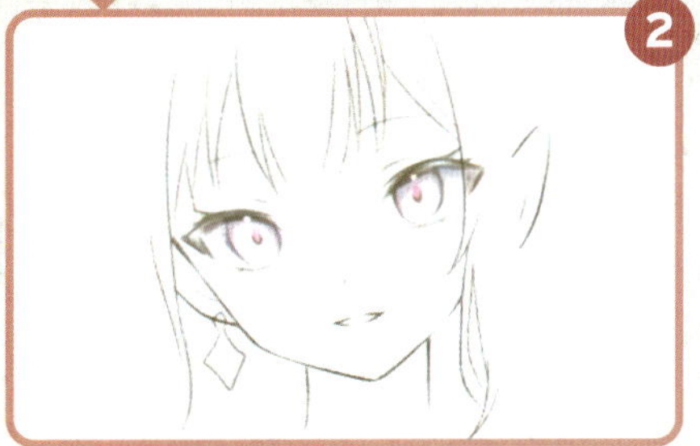

最初に瞳へ色を乗せる。【水彩】ブラシを使い、瞳孔に紫を置いたりカゲを乗せる。はじめは淡い色で塗るのがポイント。上まぶたに小さくハイライトを入れた。

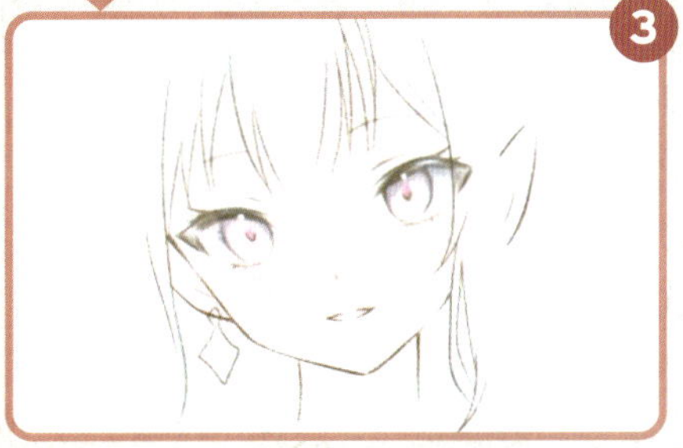

【水彩】ブラシで肌に色を乗せる。透明感のある肌になるように、淡い色をほんのりと乗せる。頬の赤みには【エアブラシ】を使い、筆跡がつかないようにした。鼻頭にハイライトのアタリも入れておく。

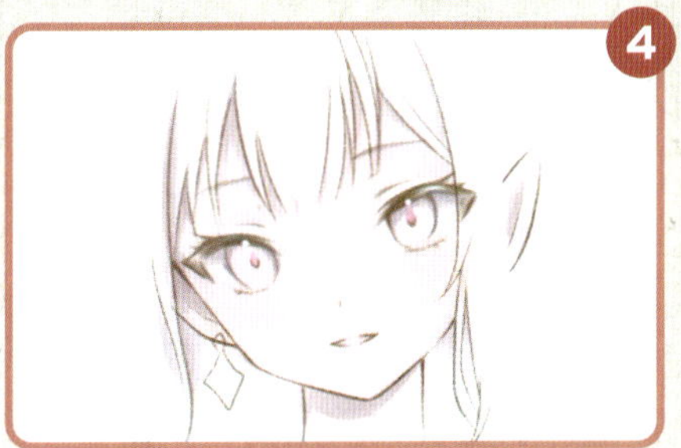

【水彩】ブラシで陰影をつける。カゲ用のレイヤー（乗算）に淡い紫色で塗る。首の下は濃いめ、目元は薄めなどパーツごとにカゲ色を変えて顔に立体感を出す。

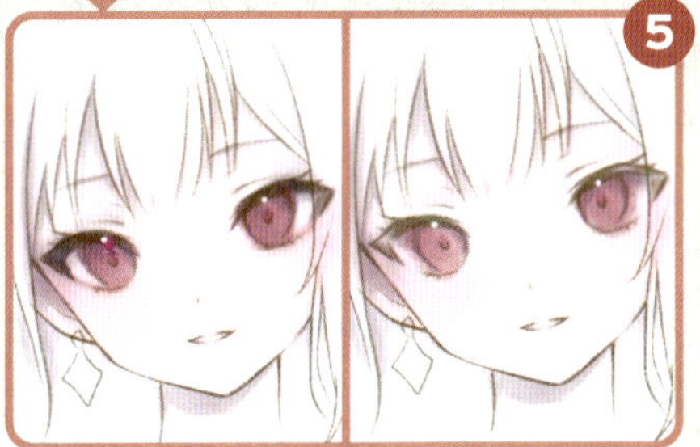

サイユ　瞳に色を足したらレイヤーを複製して、片方を少しずらすことで、ムラが出て濃淡が複雑になるんです。塗りのはみだしも整えすぎないようにします。

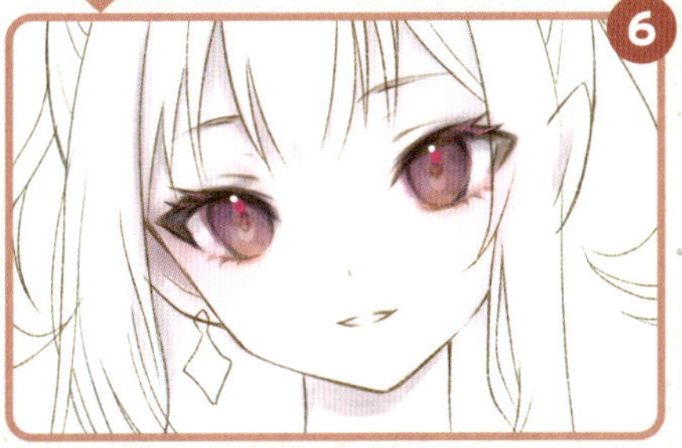

複雑な濃淡になった瞳。左右非対称の濃淡だが、ハイライトと瞳孔の位置が揃っているので違和感がない。細いブラシでまつ毛も整えた。
サイユ　顔が気に入らないと途中で描き直したくなるんです。自分のなかで顔周りの作画にOKを出せたら、他の場所に進みます。

point > 使用ブラシ

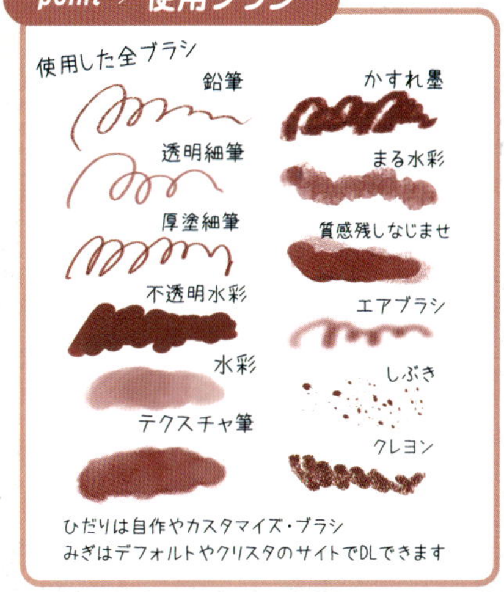

上図はサイユさんが今回のイラストで使用したブラシ一覧。線画用のやわらかいブラシや、にじみやかすれなどアナログ画材のような質感が表現できるブラシも使用する。デジタル作画は、多彩な画材のタッチを自在に組み合わせられるのも魅力。

step 3 > 全体を進める

顔周り以外は線画と塗りなどの工程にも分けて、全体的に作画を進めていく。

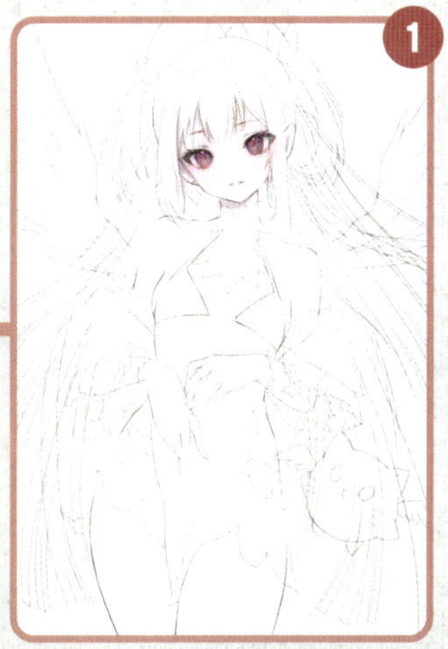

サイユ　顔以外の線画です。部位ごとにレイヤーをわけてサイズや角度を調整できるようにしておきます。髪は線の勢いを消さないようにはみ出しても気にしません。そでのレースは片側を描いたらコピーと【変形→ゆがみ】で配置します。複製しながら描くことで、左右のブレを軽減できます。

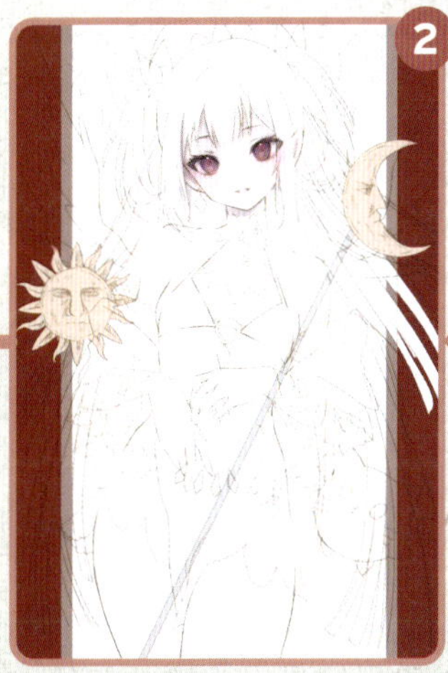

太陽と月の線画はアンティーク風を意識して描いたとのこと。今作はアナログタッチのイラストにするので、線画に不透明の【鉛筆】を使用した。ラスターレイヤーを使い、合成モードは「通常」。線画が描けたらメインカラーの赤色をキャラを挟むように置いた。

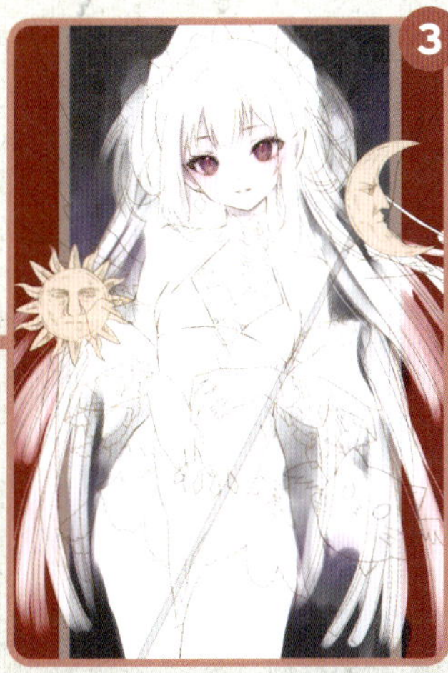

サイユ　新規レイヤーを作成して下塗りします。【不透明水彩】と【水彩】ブラシを使い、質感を変えます。あわせて細い箇所を描くために設定した質感の近いブラシ【不透明水彩→厚塗細筆】【水彩→透明細筆】も使います。メインのブラシの太さを変えるよりもスピーディーに描くことができるんです。

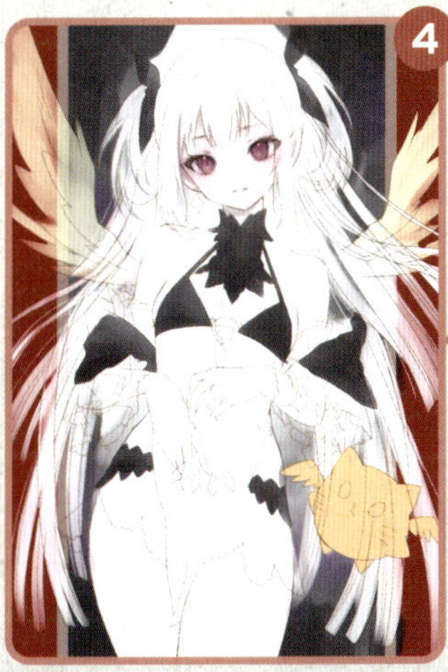

サイユ　【自動選択】で塗りつぶせないパーツは、はみだしを気にせず「ブラシで下塗り→はみ出しを整える」を繰り返します。完成をイメージしつつ陰影や濃淡をつけるのがコツです。翼と猫は仮に黄色で塗りました。他のパーツと見分けやすくなります。

step 4 > 髪の彩色

淡い髪色を生かすために濃淡は抑えつつ、毛の流れや立体感を出すのがポイント。

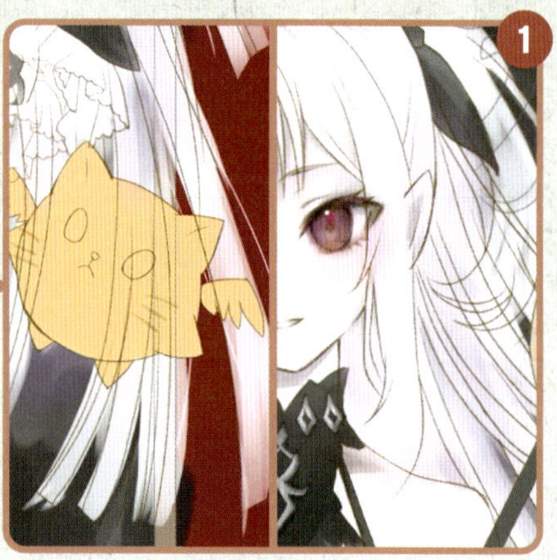

1 淡い髪色なので、ベース色はなく、陰影に色を入れる。奥側全体を【エアブラシ】で淡く塗り、パキッとしたカゲには【水彩】を使う。毛先はシャープなシルエットで塗りつぶした。

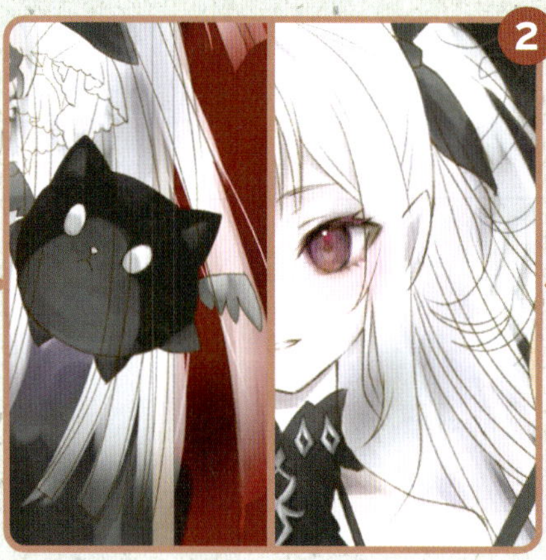

2 髪全体に【エアブラシ】で陰影を追加する。工程①よりもグレーがかったカゲが入り、落ち着いた色調になった。毛先は【消しゴム】を薄くかけて半透明にする。衣装や背景と馴染み、軽やかな印象になった。

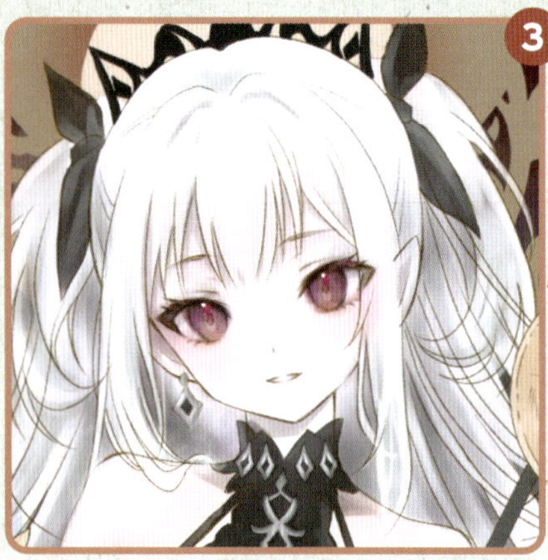

3 新規レイヤーを作成し、白色で細かい毛を描いた。カゲの上に描くことで髪のラインが見えやすくなる。黒いリボンや衣装、装飾には光沢を加えた。光が当たる場所を意識しつつ描いていく。

step 5 > 衣装の彩色

衣装のベースカラーによって異なるシワや透け感を描画するのがポイント。

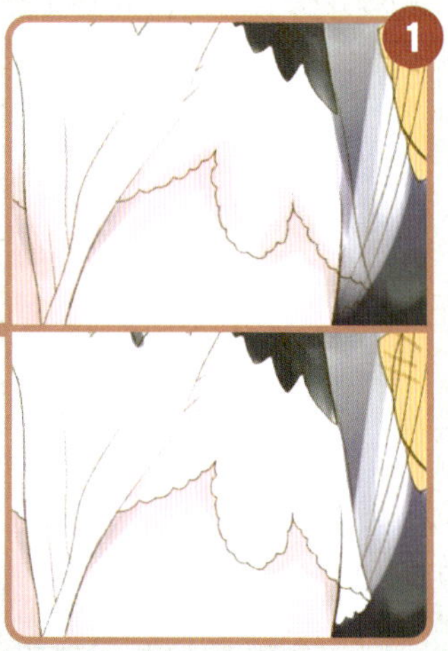

1 衣装のすそに沿ってカゲを入れつつ、少し内側まで肌の色を塗り広げた。衣装部分を全て白ベタにするのではなく肌を少し透けさせると、布が軽やかに見え、絵にも透明感が出る。

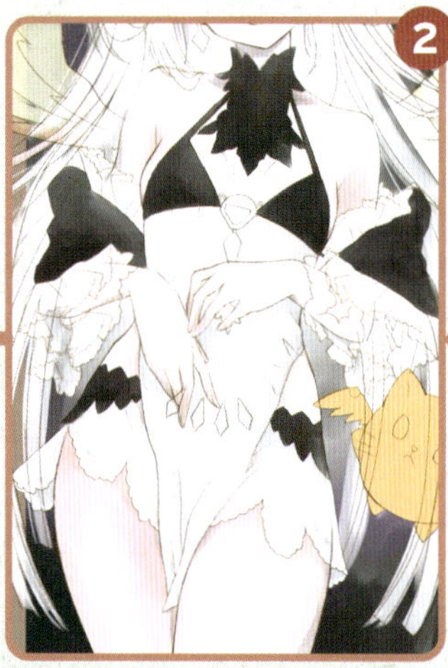

2 衣装の白い部分には薄いグレーでシワを加える。胸や腹部の凹凸を意識しながら細かいシワを描いた。ほかの塗りとのバランスが崩れて不自然に見えてしまうので入れすぎに注意する。

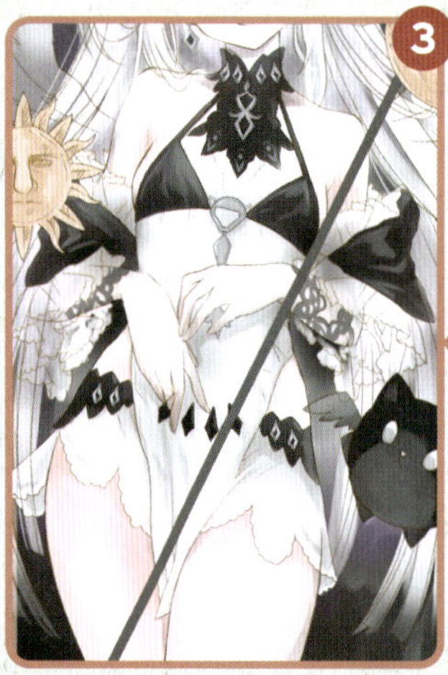

3 菱形の模様はひとつ描いて、【変形→回転】を使いながら複製する。左右対称の場合は半分描いて、もう片側に複製&【変形→左右反転】させた。ひとつずつ描くよりも統一感が出るとのこと。白い布には薄くグレーを乗せてシワと馴染ませた。黒い布に光が当たる場所には、【不透明水彩】でシワや光沢を加えた。

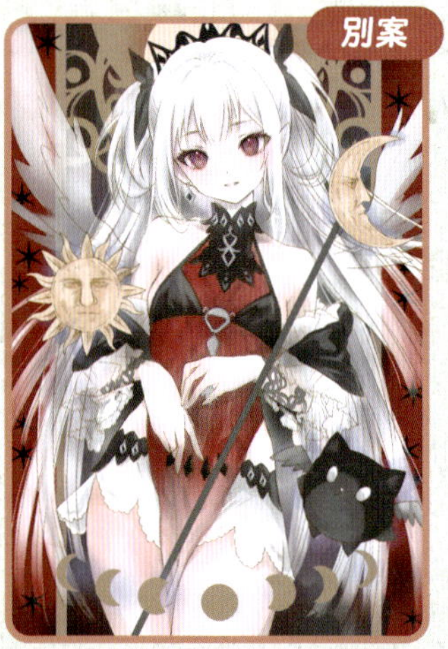

別案

サイユ　衣装を赤色にした塗り試しです。膨張色と縮小色の影響で彩色すると、線画の印象とは変わって見える場合があります。今回は強い黒色や赤色が入るので、描き込む前にバランスを確認しました。線と塗りでレイヤーフォルダーを分けているので、移動や調整、別色を気軽に試すことができます。

step 6 > 模様と翼を描く

絵の密度を高める背景の模様を描く。左右に広がる翼は人物を引き立たせつつ、背景に馴染みすぎない存在感を出すことがポイント。

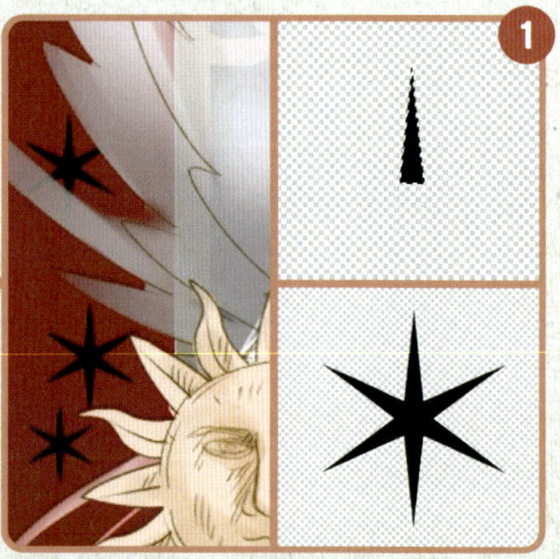

1 背景の赤ベタ部分に黒い星を散りばめる。星はPhotoshopで作成。【多角形選択】で細長い三角形をひとつ作り、それを上下左右に複製して対称に貼り付けた。ランダムに大きさを変えつつ配置する。

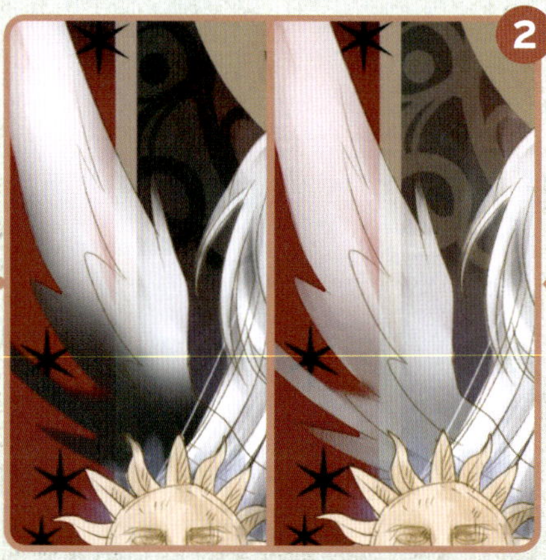

2 背景の流麗な紋様はアドリブで描く。最初は茶色で描いたが、全体のバランスを見て変更。翼には堕天使のイメージから黒色を混ぜた。モチーフが重なるところには薄紫色を乗せて埋もれないようにする。

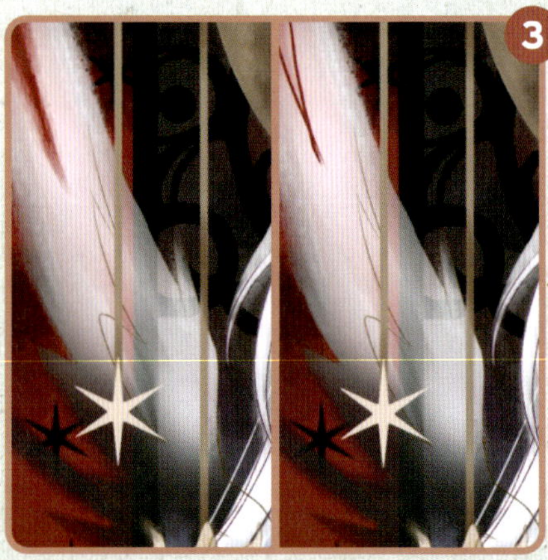

3 **サイユ**　全体の下塗りを終えたら、ミクストメディア風(水彩絵具やクレヨンなど複数の画材をひとつの作品に使うアナログ画材の技法)のタッチをつけます。髪と翼に【かすれ墨】【テクスチャ筆】【質感残しなじませ】という特徴があるブラシを選んで質感を加えました。

step 7 › 線画・カゲ調整

線画の色を変更したりカゲを加えるなど、イラスト全体を見ながら微調整していく。

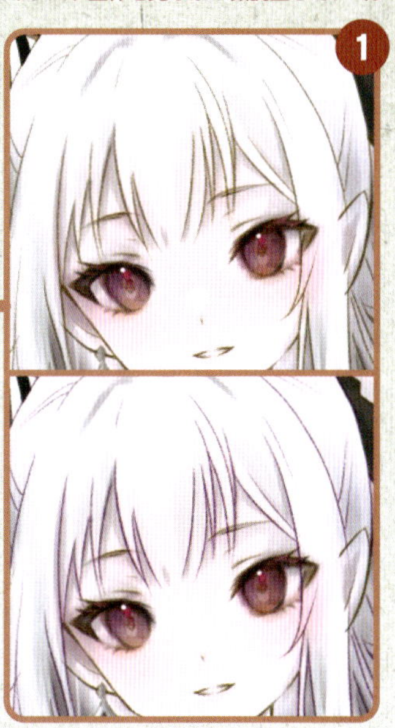

サイユ　人物の主線の色を紫色に変更しました。【透明ピクセルをロック】にチェックを入れるとスムーズに変えられます。

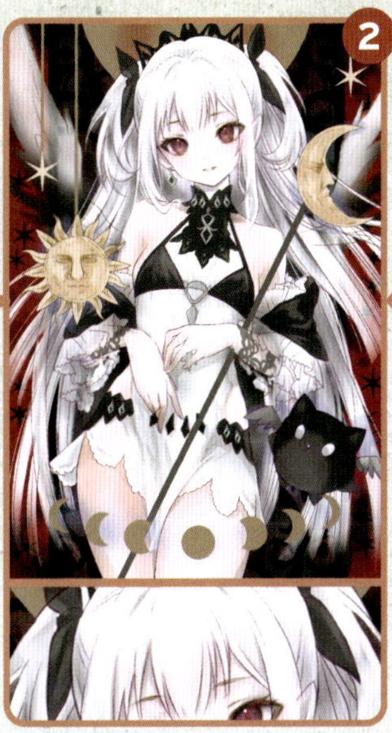

線画の色をさらに変える。光の当たる場所やカゲになる部分を3段階の異なる濃淡で塗り分けた。髪のハイライト部分やスカートのフリルなど、光が当たるところは【消しゴム】で線画を消す。

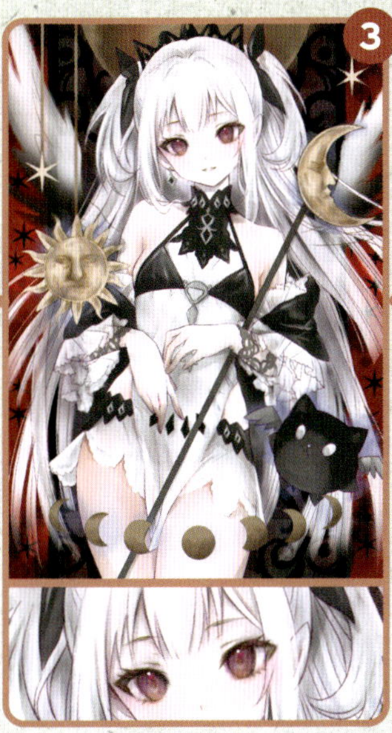

太陽と月のオブジェや満ち欠けしている月を【不透明水彩】で描き込む。厚塗りで明暗をつけることで、重厚さが加わり、アンティーク調となった。

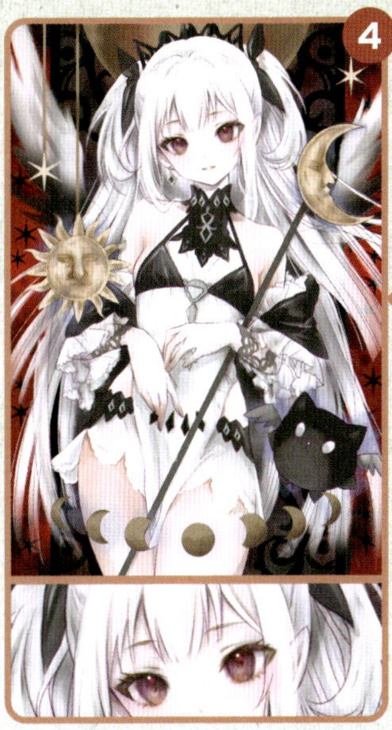

サイユ　背景の丸い天体を【不透明水彩】で加筆します。【まる水彩】で水彩境界のにじみ風のタッチを加筆して、【質感残しなじませ】で質感を調整する。

完成

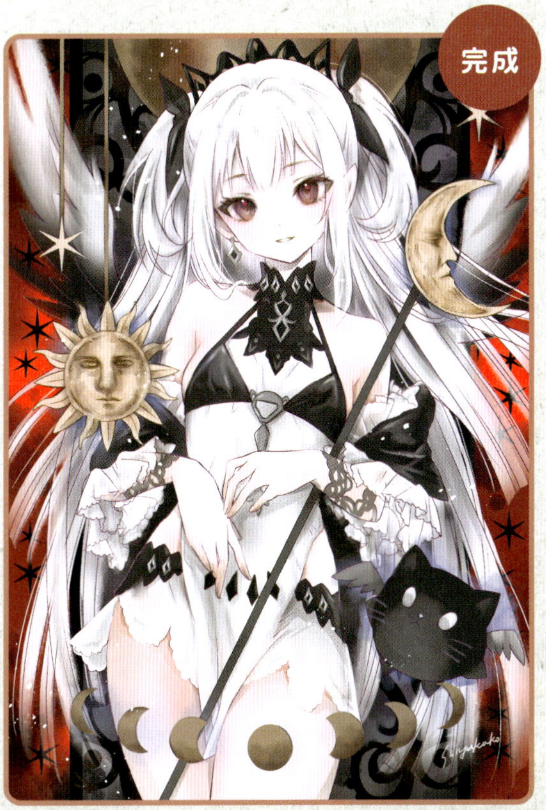

深みのある瞳や透明感のある肌、しなやかな仕草に引き込まれるイラストが完成！
サイユ　今回描いたイラストは、受賞作品と近いイメージになるような配色と塗り方で制作させていただきました。デジタル作品ですが、厚塗りや水彩をはじめとした風合いを加えることも意識した点です。また、紙媒体に発表する絵なので、印刷に出る色を意識して使いつつ、メインの赤色は印刷色域いっぱいまで使いながら彩色しました。テクスチャの入ったブラシを使いアナログ感を出すときは、画面を何度も引いたり拡大しながら全体のバランスをみて調整しながら描いています。

Profile

サイユ／イラストレーター。幻想世界やファンタジックな舞台に登場する少年少女を美しく魅力的に描く。デジタルだけでなくアナログイラストも制作。MVやグッズへのイラスト提供やLive2Dの立ち絵なども手がけている。

X【@saiyukako】　**pixiv ID**【67018455】

step 8 › 加筆・仕上げ

ハイライトを足したり主線の色を細かく変更し、ホワイトを散らして仕上げる。

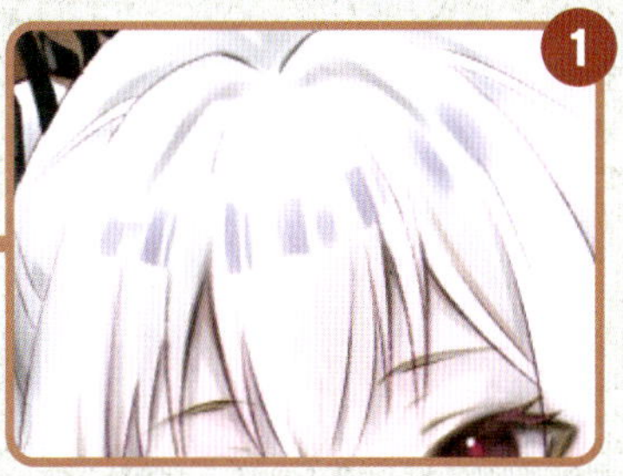

前髪にハイライトを加える。光沢を入れる位置に【不透明水彩】で、隙間を少しずつ空けながら紫色を置いた。細長い四角を描いて、消しゴムで形を整える。

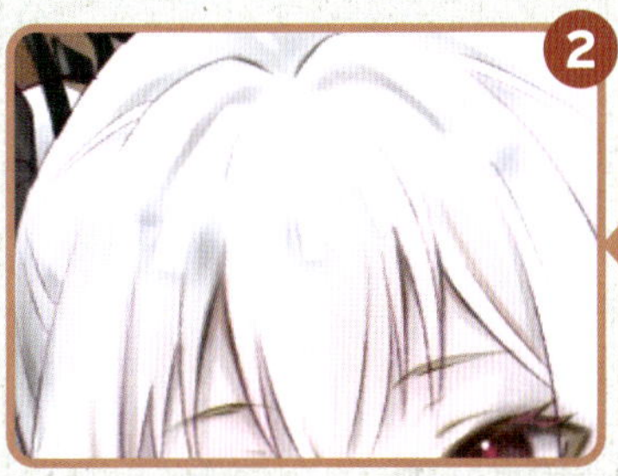

紫色で描いた光沢のレイヤーを【覆い焼き】に変更すると白く表示される。レイヤーを1枚下層に追加し、光沢の周りにグレーをふわりと乗せて目立たせた。

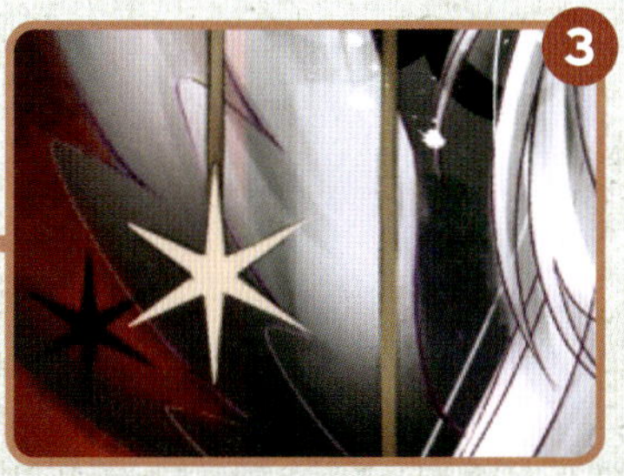

翼の加筆。【かすれ墨】や【クレヨン】で質感を加えた。塗りに厚みがでたことで主線が見づらくなったため、線の彩度と明度を調整した。

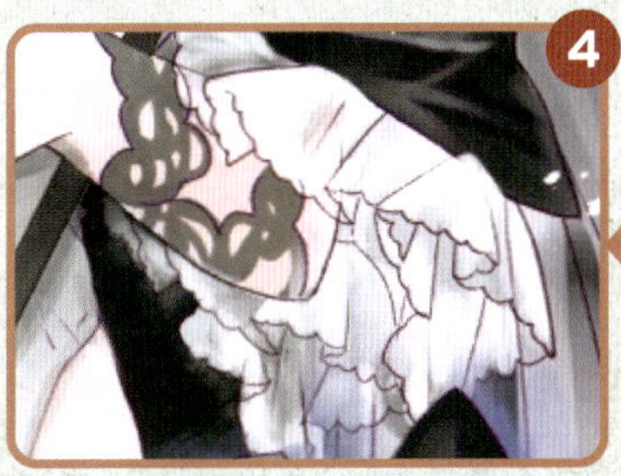

サイユ　布が重なる腕のフリルに白を乗せて透明度を下げ、布の厚みを表現する。スカートのカゲは【質感残しなじませ】を使って馴染ませています。

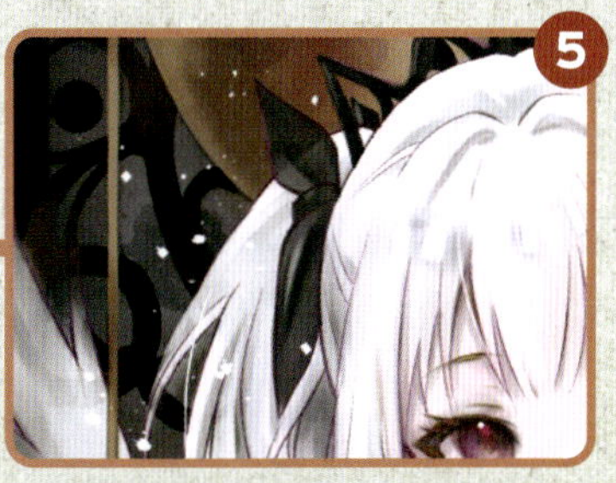

背景に不透明なホワイトでスパッタリングの表現を加える。大小ランダムな白色を乗せられる【しぶき】ブラシが便利。画面に情報量が増える。

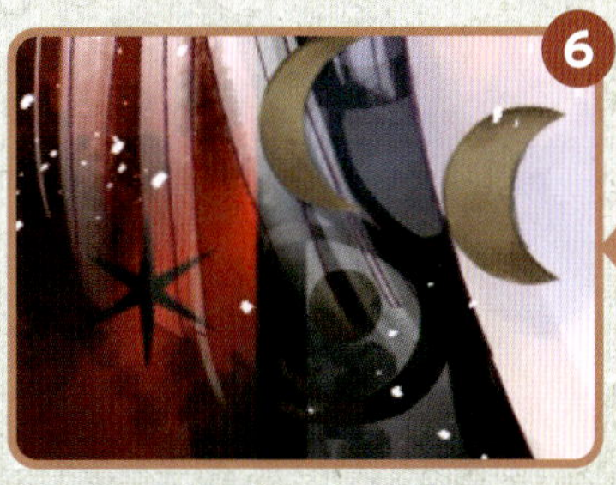

背景の赤みを調整し、線画とホワイト以外のレイヤーを結合する。はみ出した塗りを調整したり、全体のバランスを見ながら加筆する。最後にサインを入れて完成！

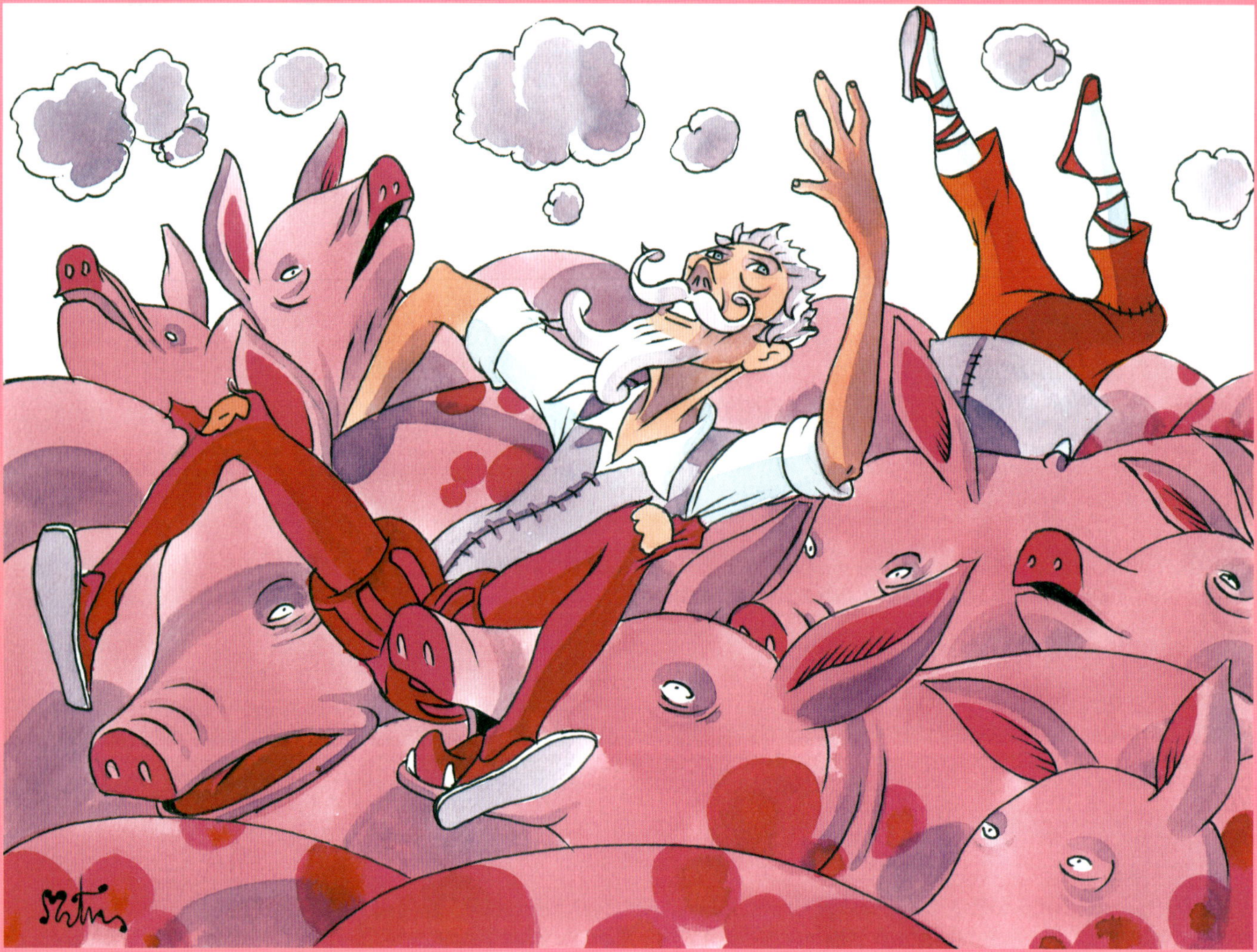

協力:ギャラリー白線、境めぐみ

ミゲル・アンヘル・マルティン
Miguel Ángel Martín

圧倒的な暴力と異常性愛を題材にした作品を描きつつ、スペインの国民的文学である『ドン・キホーテ』の挿絵や、感動的な漫画作品、映画や音楽のビジュアル、新聞の子供向け連載などで活躍してきたミゲル・アンヘル・マルティン。ポップでシンプルな画風を生かして、残虐な光景も可愛い物語も、自在に横断して描いてきた作家だ。日本のバンドCo/SS/gZとの交流をきっかけに、2016年に来日してギャラリーやライブハウスで活動をおこなったが、2024年も展覧会イベントのために来日。弊誌も2016年に続いて再び取材をおこなった。前回は、主にエクストリームな作風について伺ったが、今回は活動の初期から、新聞、雑誌、音楽業界などでの幅広い作品歴を聞いて、マルティンの稀有な作家性に迫る。

——前回の取材では、主にマルティンとインダストリアルミュージックについての話を聞きました。今回は幅広い作品歴を伺います。まず初期の活動について聞きたいのですが、マルティンがスペインの故郷レオンのバーで展覧会をおこなったときに、新聞社の人が見に来て、はじめての仕事に繋がったと聞きました。その展覧会では、どんな作品を描いていたのですか?

マルティン 一九八二年の展覧会ですね。エクストリームな、セックス&バイオレンスな作品でした(笑)。私の好きな「スーサイド」というバンドの、「二〇歳の青年が女を殺し、子供を殺し、自殺する」という曲、『フランキー・ティアドロップ(フランキーの涙)』をテーマにしたものです。

——あ…、最初から過激な作品を描いていたのですね。

マルティン そうだね。それを見に来た新聞「ディアリオ・デ・レオン」の編集者からイラストを描くように依頼されたんです。その後、一九八五年に新しい新聞「ラ・クロニカ・デ・レオン」が発行されて、そこにも参加しました。レオンで起きた犯罪をまとめた特別小冊子『Crónica negra』を担当しました。列車事故や焼身自殺のイラストも描きましたね。

——『Crónica negra』は、残虐な事件を扱った記事です。こういう連載が始まった経緯を覚えていますか?この時代のムードとして、人々は猟奇殺人などに興味を持っていたんでしょうか?

マルティン 当時のスペインの新聞には、必ずこうした「悲惨な事件」コーナーみたいなものがあったんです。「切断された手の謎」とかね。例えば「エルカソ」という新聞は、神父が子供たちをレイプしたとか、ひどい事件ばかりを扱っていましたよ。

ミゲル・アンヘル・マルティン(Miguel Ángel Martín)
1960年生まれ。スペインの漫画家。1992年刊行の作品集「PSYCHOPATHIA SEXUALIS」が伝説的ノイズバンド「ホワイトハウス」の曲名から取られた作品だったことから、アンダーグラウンド界で話題となり、残酷にしてキュートな作風はカルト的な人気を呼んだ。漫画、映画、舞台、TOY作品、展覧会など、その活動は幅広く、漫画賞を幾つも受賞している。スペインでは子供向けの新聞に漫画を描いたり、古典文学『ドン・キホーテ』の挿絵も手掛けた。単行本に『Total Over Fuck』『Brian the Brain』『Surfing on the Third Wave』『BUG Bicho』などがある。HPは(martincomic.com)

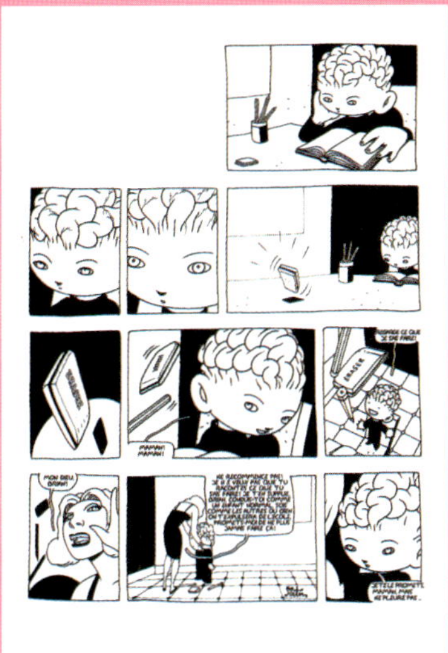

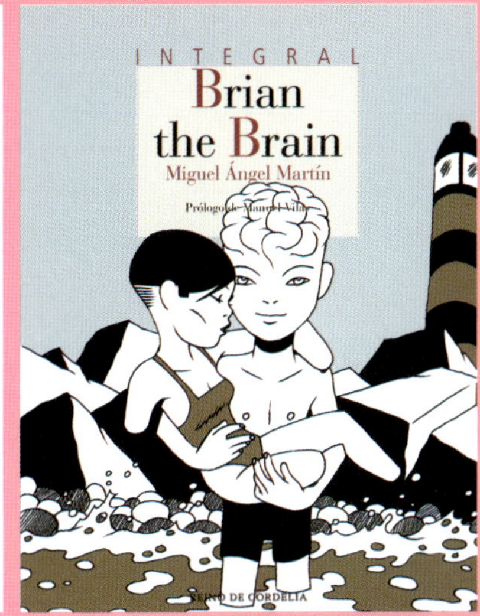

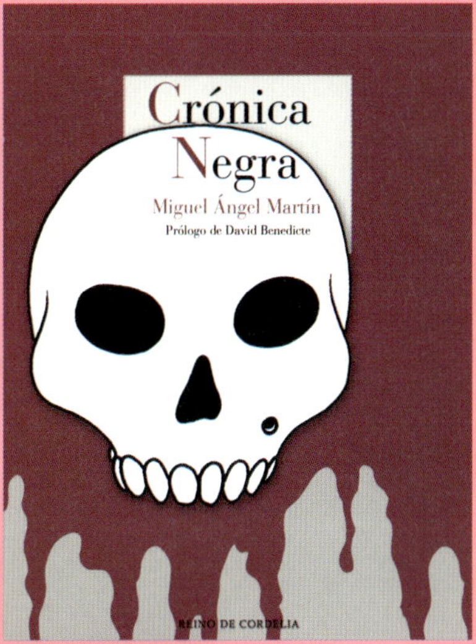

上段右：レオンで起きた残虐事件を1985年に新聞社がまとめた特別小冊子の挿絵集『Crónica Negra』。上段中、左：『Brian the Brain』はマルティンの名がヨーロッパで一般的に広まるきっかけとなった作品。脳が剥き出しになったブライアンは超能力を持っているが、その外見のせいで周囲から冷たく扱われることもある。風刺や皮肉を交えながら、孤独な少年をめぐる人間ドラマと冒険を描く力作。

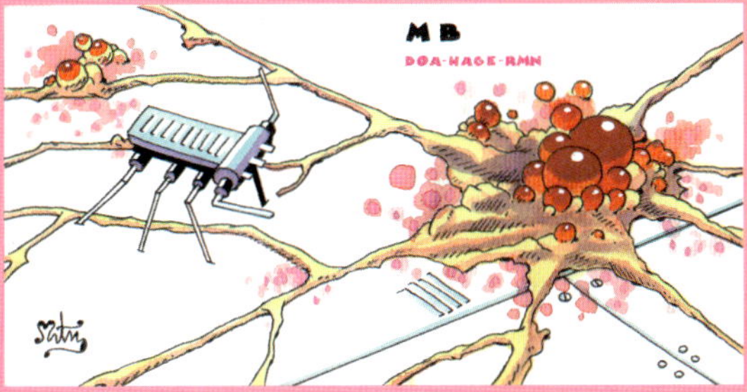

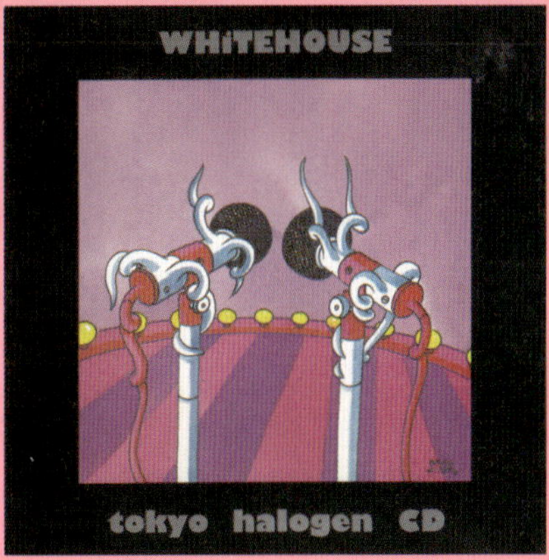

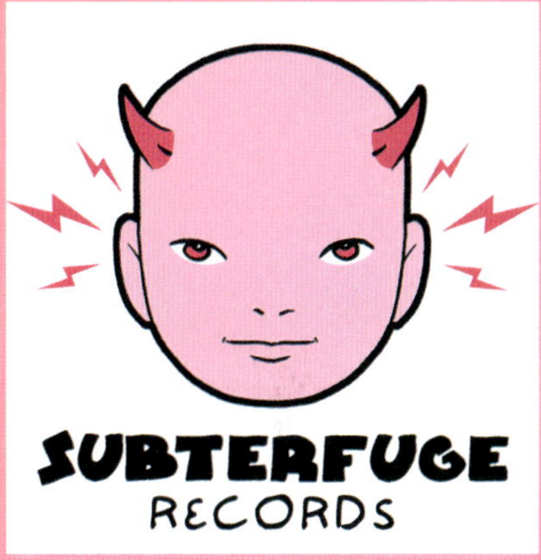

下段3枚：マルティンは音楽関係の仕事を多くおこなっている。「Subterfuge Records」は、マルティンが長年イラストを提供しているスペインのレコード会社。ツノの生えた子供はラジオのイメージキャラクターだ。ノイズ・インダストリアルミュージックのCDジャケットでは、ホワイトハウスの『Tokyo Halogen』(live in Tokyo 1994)、そして今年発売予定のマウリツィオ・ビアンキの新譜も手掛ける。

――そうだったんですね。当時のスペインではバッドテイストなエンタメを見る潮流があったのですね。ホラー映画を楽しむような…？

マルティン　ホラー映画は創作物で、こうした記事は現実の犯罪だから、客層が違うんですよ。私の漫画の多くは現実の犯罪を元にしているけれど、個人的にはホラー映画が好きです。スペインのこうした新聞の読者は、まあ、そんなにカルチャー好きではなくて、アートには興味がない「大衆」という感じかもしれません。ホラー映画はやっぱりクリエイターの表現だから、そこが違うんですよ。

――なるほど。ところで、同時期にマルティンはミュージシャンのポスターも描きはじめますよね。

マルティン　スペインのミュージシャンのポスターはたくさん描きました。最初は、レオンのロックバンドでした。私は当時、大学で法律を学んでいたのですが、学友が、あるバンドのメインギタリストのガールフレンドだったんです。授業は退屈で、私はいつも絵を描いていました。その絵を見た彼女が、「良い絵ね。私のボーイフレンドはミュージシャンで、漫画が好きなのよ」と言って、紹介された彼氏からポスターを描いて欲しいと依頼されました。残念ながら、そのバンドはその後二、三回ライブをして解散してしまったんですけれど。でも、そのポスターを見て、レオンにライブで訪れた、当時スペインで有名だったいろいろなバンドから依頼を受けるようになりました。ナチャ・ポップというバンドや、他にもいろいろなバンドを手掛けています。ちょうど今回日本に来る前に、ウェブサイト用に八枚の絵を仕上げました。サブタルヒュージというレコード会社（Subterfuge Records）の所属バンドのコンピレーションアルバムも手掛けています。もう二〇年以上の付き合いになります。一九九〇年代、このレコード会社の仕事のおかげで、私は若い人に知られるようになりました。彼らは、私のことを漫画ではなく、レコードで知っているんですよ。このレコード会社はラジオもやっていて、私の絵がそのアイコンになっています。

――そうでしたか。では続いて、一九八七年からの『Keibol Black』という作品について聞かせてください。

マルティン　一九八七年は私がレオンを出てマドリードに移った年です。そこから『Keibol Black』という漫画をはじめました。新聞の一日一コマの連載で二年あまり。物語が完結した後、一冊の本にまとめて出版されました。題材は、セックス以外の「ホラー映画、B級映画、暴力、アクション、アバンチュール、ファンタジー、モンスター、パラサイト」と、何でもありでした。とても暴力的で、エクストリームで、でもセンシュアルなユーモアのある、独特な内容に仕上がった作品です。

――『Keibol Black』は初期作品だと思うのですが、かなり自由に描けたのですね。その後の九〇年代は、雑誌「Zona84」、「TOTEM EL COMIX」、「El Víbora」に作品を描いていたと思います。スペインのオルタナティブコミックの状況はどんなものでしたか？

マルティン　『The Space Between』という作品を、毎回雑誌「Zona84」に四、五ページ描いて、シリーズが完結した段階で単行本にまとめました。これが本当にセックス、バイオレンスなどの過激な題材を全部入れて描いたはじめての漫画です。SFですが、クラシカルなSFではなくて、ウィリアム・バロウズやJ・G・バラードのようなSFです。エイリアンが出てきたり、宇宙や未来を描くわけではありません。バイオレンス、パラサイト、ポルノグラフィを描いた現代のSFです。

――バロウズは、例えば架空の惑星を異世界として見せるのではなく、ドラッグによる幻覚で現実を変質させ、それを異世界に見せるような作風ですが、そういった方向性に興味があったのですね。

マルティン　はい。出版社は私に「普通のSFを描け」と言いました。だって、SF雑誌でしたからね。でも、私はそんなSFは描きたくない。私が描きたいのは、セックス&バイオレンスですから（笑）。そこで、女性が宇宙ステーションから、エクストリームなTVショーを送信しているという設定にしたんです。読者は、「え？　これは何の話？」と思いますよね。彼らはいわゆる「スター・ウォーズ」を待っているのですから。でも、私は新しいSFを描きたいと思っていました。当時、私が影響を受けていたのは、ノイズ・インダストリアルミュージックです。だから、それらの音楽の中にある、ポルノグラフィ、チャイルド・アビューズ、ウルトラ・ニュー・テクノロジー、

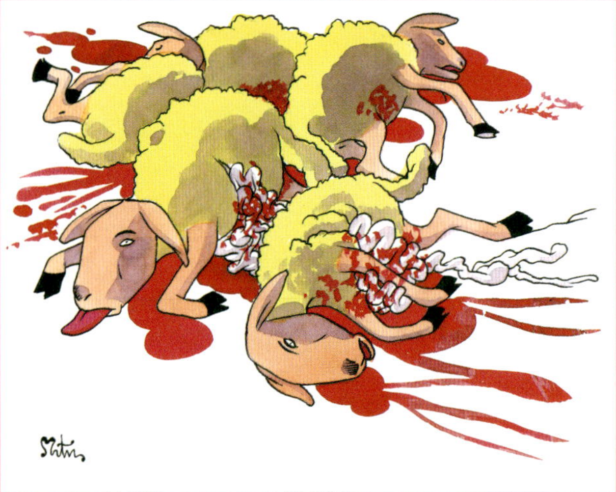

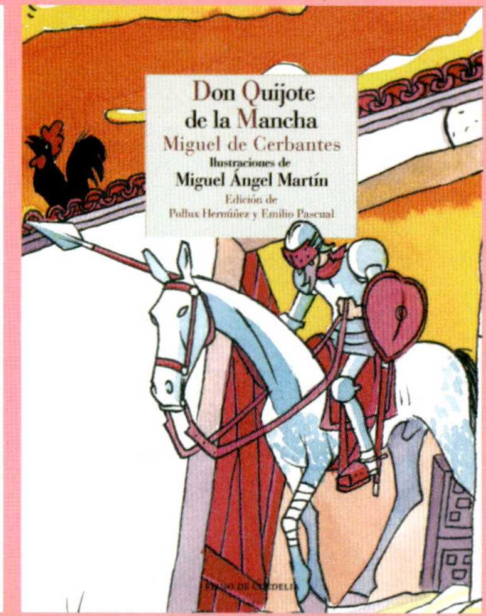

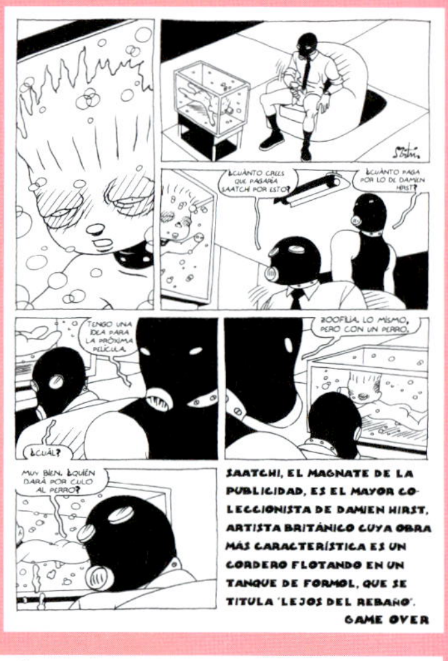

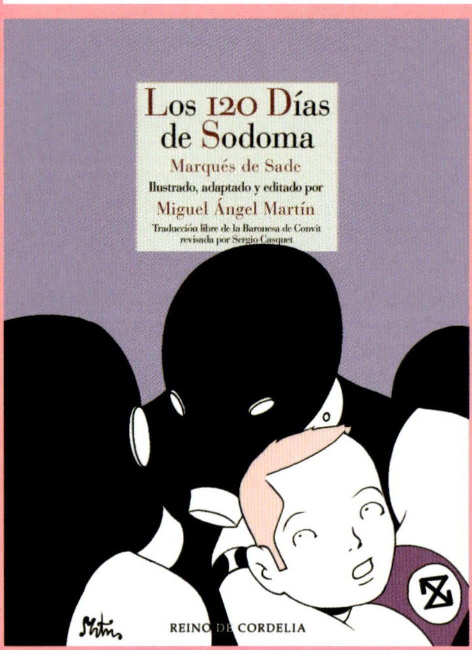

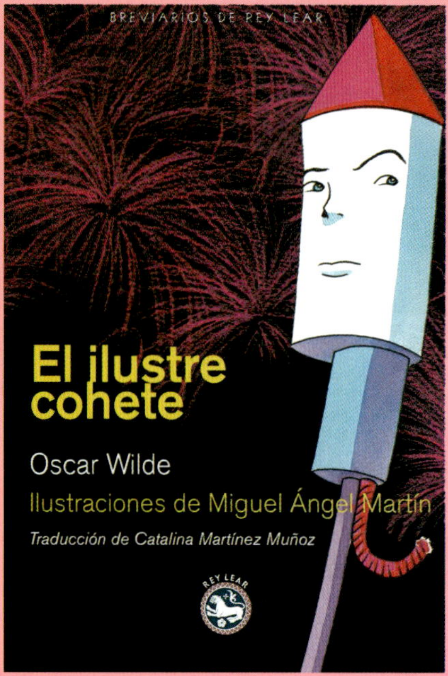

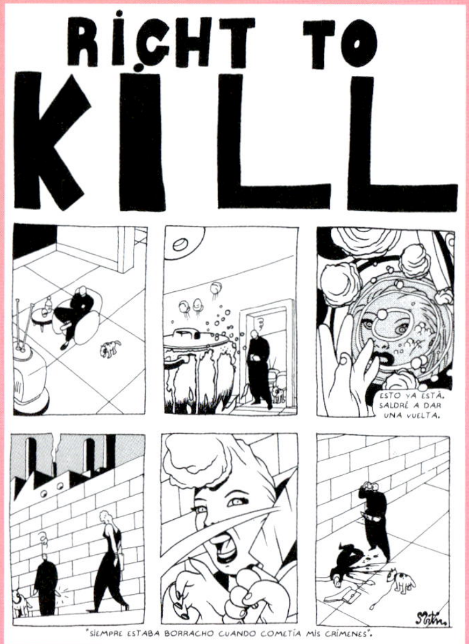

上段右:「THE SEX CHOICE FOR A NEW GENERATION」は『SNUFF 2000』に収録された短編。鎖で壁に拘束された男児の四肢を切断して凌辱する様をビデオ撮影するマスク男たちを描いた。マスク男は死亡した男児をホルマリン漬けにする。問題作として知られる作品。／下段右:「RIGTT TO KILL」は『PSYCHOPATHIA SEXUALIS』に収録された作品。タイトルはホワイトハウスの8枚目のアルバムから取られている。イギリスのシリアルキラー、デニス・ニルセンに捧げたアルバムだったが、マルティンの漫画もニルセンの殺害方法を彷彿とさせる死体の解体が描かれた。／上段中・左、下段2枚:マルティンはセルバンテスの『ドン・キホーテ』や、オスカーワイルドの『すばらしいロケット』、マルキ・ド・サドによる『ソドム百二十日』など、文学作品の挿絵も担当している。『ドン・キホーテ』は1400ページの大著で、2巻構成。カラーの挿絵が150枚以上収録されている。ここに掲載したのは、ドン・キホーテが軍隊と間違えて羊の群れに攻め込んだ場面。

バイオレンスなどを、作中の番組プログラムとして登場させることにしたんです。

――なかなかの強硬手段ですね。出版社から内容を変えるようには言われなかったんですか?

マルティン 「Zona84」で『The Space Between』の連載が終わった段階で、「雑誌を変えよう」と言われました。同じ出版社に「TOTEM EL COMIX」という雑誌があって、それはエロティックな漫画雑誌でした。私もそちらで描きたかったんです。そこで継続的に描くことになりましたが、ある時、出版された「TOTEM EL COMIX」を見ると、私の作品が載っていない。「なぜ?」と聞くと、「あなたの作品にはとてもオリジナリティがある。でも、私のモラルがあなたの作品を掲載することを許さないんです」と。

――「TOTEM EL COMIX」は過激な雑誌だと思いますが、それでも載せられない作品があったのですか?

マルティン そう。エクストリームすぎたそうです。没にされたのは、ペニスをチョン切られた男の子の話と、もう一つありましたね。それらは後日、私が自分で出版した本の中に収録しました。あなたが持っている本ですよ。

――すごく過激でしたね。特に「THE SEX CHOICE FOR A NEW GENERATION」が問題作と言われていました。鎖で壁に拘束された男児の四肢を切断して凌辱する様をビデオ撮影するストーリー。死亡した男児をホルマリン漬けにして、それを鑑賞しながらマスターベーションをする。ダミアン・ハーストの「ナチュラル・ヒストリー」のオマージュということでしたが、抗議が殺到して。ただ、マルティンはそういう作品ばかり描いているわけではありません。違うテイストが見られる『Brian the Brain』(ブライアン・ザ・ブレイン)についても聞かせてください。

マルティン 『Brian the Brain』は、「TOTEM EL COMIX」と同時期に描いていました。元となったのが、当時はスペインの全国紙だった『Diario16』で描いていた、『Happy Days』(『ハッピー・デイズ』)という、男の子と女の子とエレクトリック犬が出てくる子供向けの作品です。その主人公の男の子が通うゴースト・スクールのクラスで、一番頭の良い男の子がこのブライアンでした。

――『Happy Days』はいつ頃の作品ですか?

マルティン 一九九一年です。「Krazy Comics」という漫画のレビュー雑誌があって、それまでその雑誌には漫画は掲載されていなかったんですが、そこのディレクターから「ぜひ、うちで描いてください」と言われて、思い出したのが、『Happy Days』に登場するブライアンでした。そうして、一九九一年に『Brian the Brain』の一作目と二作目を「Krazy Comics」で発表しました。その後、一九九二年に彼らが新しい「Makoki」という漫画雑誌を創刊して、三作目からはそちらへ移りました。

――ブライアンは脳が剥き出しになった不思議な超能力少年です。マルティンがその人物像にひかれて、描きたいと思った理由は何ですか?

マルティン ブライアンならば、彼を通して、いろいろなことを語れると思ったからです。子供の問題について、

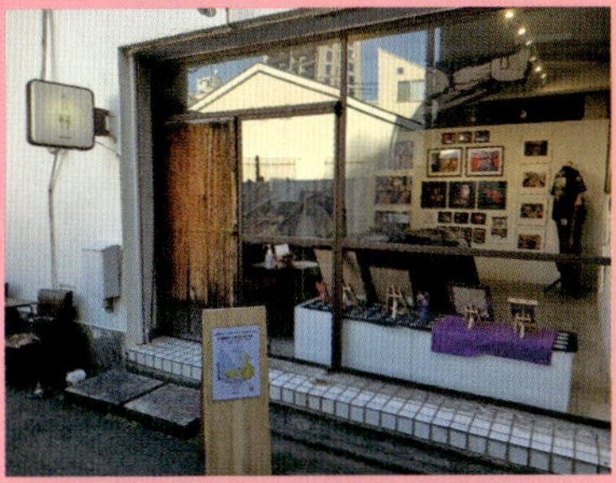

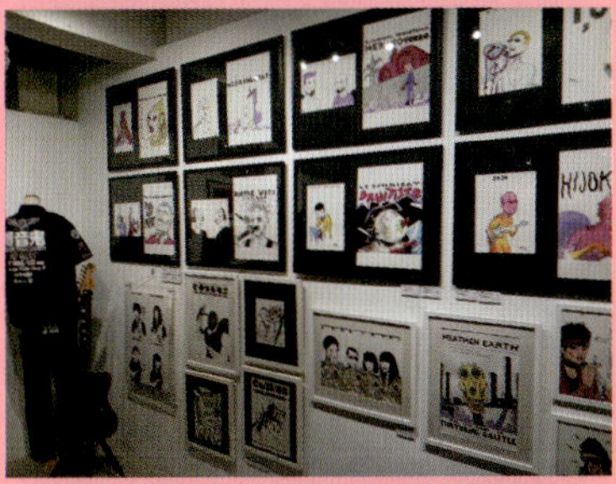

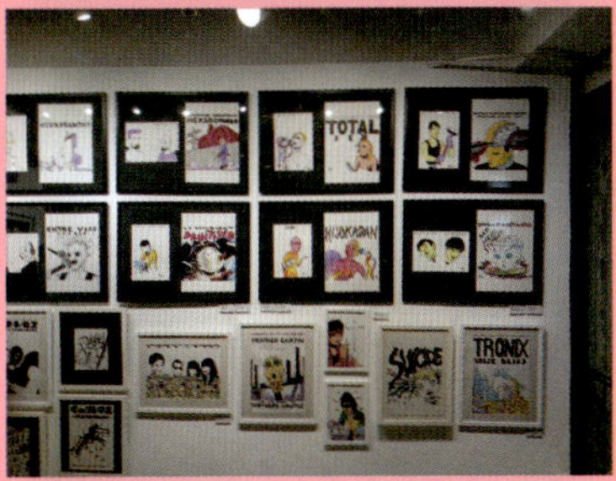

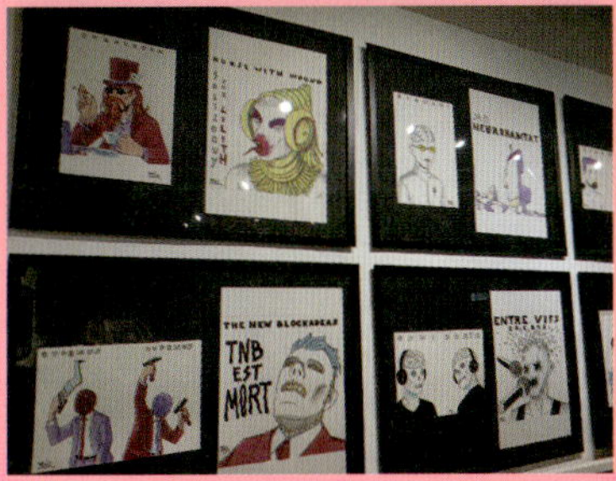

Miguel Ángel Martín x 平川啓子 x Co/SS/gZ
TRONIX-NOISE BLISS Exhibition
<<TORTURE SOUND SYSTEM WALL>>
回顧展　A tributute to ZERO[Co/SS/gZ]

東京・阿佐ヶ谷のギャラリー白線で開催された、ノイズ・インダストリアルミュージックをテーマにしたマルティンのイラスト展示と、平川啓子が撮影したコーパス・グラインダーズ（Co/SS/gZ）のゼロの写真展示。マルティンが描いたのは、ホワイトハウス（WHITEHOUSE）、マウリツィオ・ビアンキ（MAURIZIO BIANCHI）をはじめ、スロッビング・グリッスル（Throbbing Gristle）、ナース・ウィズ・ウーンド（Nurse With Wound）、非常階段などのミュージシャンをイメージした作品。本展は、マルティンからCo/SS/gZのZEROへの追悼の意を込めて実現した展覧会だ。

インテリジェンスについて、テレキネシスについて何でも。彼はとても頭が良い。しかし変わっているがゆえに人から愛されない孤独な子供です。私の作品の中で一番悲しいお話ですね。あれだけの人気作になるんですから、みんな悲しい話が好きなんですね（笑）。デビッド・リンチ監督の『The Elephant Man』（『エレファント・マン』）という映画があるでしょう？『Brian the Brain』は、『The Elephant Man』と同じ受け取られ方をしていると思います。イタリアでも「とても良い話だ」「とても悲しい話だ」「とても知的な話だ」と言われていて。「Makoki」は経営不振で廃刊してしまったから、最終的に「El Vibora」から出すことになりました。特別号という形で、一冊に三作が掲載されたものが九冊出版されました。

——『Brian the Brain』を見ると、マルティンの作品の幅の広さがわかりますね。

マルティン　例えば、イタリアで私の一冊目の漫画は発禁の警告を受けました。何年にも及ぶ裁判を経て、やっと私の作品を「自由に」出版して良いという許可が出ました。おかげで、今では大手の出版社から刊行され、みんなが私の作品について大っぴらに語れるようになりました。そんなイタリアでの私の二冊目の本が『Brian the Brain』だったんです。多くの人が、「え？　セックス&バイオレンスでもなければ、エクストリームでもないんだけれど…？　本当にマルティンの作品？」と言ってきて、私は一言、「そうだよ」と（笑）。みんなは、セックス&バイオレンスを描く作家は過激なものしか描かないし、感動ものを描く作家はそういった作品しか描かない、と思っているんですよね。

——なるほど。マルティンの絵は、可愛くてシンプルな線です。このシンプルさも、どんな題材でも描ける理由だと思います。

マルティン　そう評価してくれる人が多いです。「あなたの作品はとてもエクストリームでひどい話ばかりだけれど、絵はキュートできれいだ」とよく言われます。結果的に、それが私の個性になっていると思います。今でも覚えているのですが、「季刊エス」のはじめてのインタビューの時、あなたはとても嬉しいことを言ってくれました。「日本の漫画には、あらゆるジャンルがあり、どんな漫画もあるけれど、マルティンの作品は唯一無二だ」と。

——本当にそう思いますね。マルティンほど、幅広く横断して挑戦をおこない、自由な精神の作家はいないと思います。新聞では子供向けの漫画も描くし、セルバンテスの『ドン・キホーテ』、オスカーワイルドの『すばらしいロケット』の挿絵も担当されていますしね。

マルティン　面白い動物の漫画もありますよ。『Kyrie, New european』です。これはレオンの新聞で、『Keibol Black』が終わった後の次の連載作品です。自動販売機の前で、サラリーマンたちがコーヒーを飲みながら、世間話をするところを描いています。姿は動物なんですよ。これはマドリードで舞台化されています。小説の挿絵は、『ドン・キホーテ』の他に、マルキ・ド・サドの『ソドムの一二〇日』を描いています。その挿絵は、パゾリーニの映画『ソドムの市』よりもエクストリームですよ（笑）。オスカー・ワイルドの『すばらしいロケット』は、もともと私が一番好きな童話です。あとは、中世ドイツの作者不明の小説『エル・カンターレ・デ・バルタリオ』の挿絵も描きました。タランティーノの映画みたいに、バイオレンス、アクション満載の物語です。それは、水彩ではなく色鉛筆で描いています。他にも、ギリシアの詩集の挿絵、タロットカード、スペインで最も有名な詩人で私の親友でもある、サルバルト・クエンカの詩集も手掛けました。

——小説の挿絵もたくさん描かれているんですね。今回、来日してセルバンテス文化センターでおこなうイベントも、『ドン・キホーテ』に関連しているんですよね。

マルティン　オープニング・エキシビションで、『ドン・キホーテ』二巻本のために描いた、一五〇点の挿絵のうちの五〇点が公開されます。それに加えて、Co/SS/gZ（コーパス・グラインダーズ）の名越由貴夫のギターと私のライブドローイングをお見せします。ところで『ドン・キホーテ』の挿絵というと、みんな、ギュスターヴ・ドレを思い出します。とてもクラシックな画風。私の作品はそれに比べてカラフルでポップだから、万人受けはしないかもしれない。でも『ドン・キホーテ』について言えば、もともとはユーモアたっぷりのお話で、みんな笑いながら読んでいたんです。それが一〇〇年後、イギリスで「これは確かにユーモラスではあるが、それだけではない。文化的でインテリジェントな作品だ」と再評価されました。そのせいで、今は『ドン・キホーテ』はアカデミックで難しく、退屈な作品だと敬遠されているんです。私が挿絵を描くことによって、「マルティン、ありがとう。君の絵目当てで読んだら、すごく面白い本だった」と言ってくれる人がいて、とても嬉しかった。

——有名な「羊の群れを軍隊だと勘違いして戦うシーン」の挿絵で、死屍累々となった羊を描いていて、マルティンらしかったです。では最後に、現在の活動について教えてください。

マルティン　イタリアの出版社のために、ウェブ漫画を描いています。メインのキャラクターは、マイクを持ったモンスター。今回のギャラリー白線で展示した、ノイズバンドの非常階段の絵としても描いています。関係があるわけではなくて、漫画のために作ったキャラクターが非常階段の音楽に合っていると思ったので描きました。あとは新しいグラフィックノベルに取りかかっています。もうプロットは出来上がって、作画に入っています。こちらは、魔法使いのラブストーリーですね。そしてマウリツィオ・ビアンキのCDジャケットも描きました。

——インダストリアルミュージック界では伝説的な人物マウリツィオ・ビアンキですか。交流が続いているんですね。

マルティン　映画関連の仕事では、イタリアの『食人族2』（『Cannibal Holocaust: The Beginning』）があります。監督は亡くなっていますが、その脚本が公開されて、私はノベライズのイラストを描きました。これは、一〇〇部限定のリミテッド・エディションで、私は一部毎にオリジナルのイラストを描いています。今年もこんな風に多岐にわたって作品を描いていきますよ。

——漫画に限らず、小説、映画、音楽のためのイラストと精力的に活動を続けているのですね。これからも楽しみにしています。本日はありがとうございました。

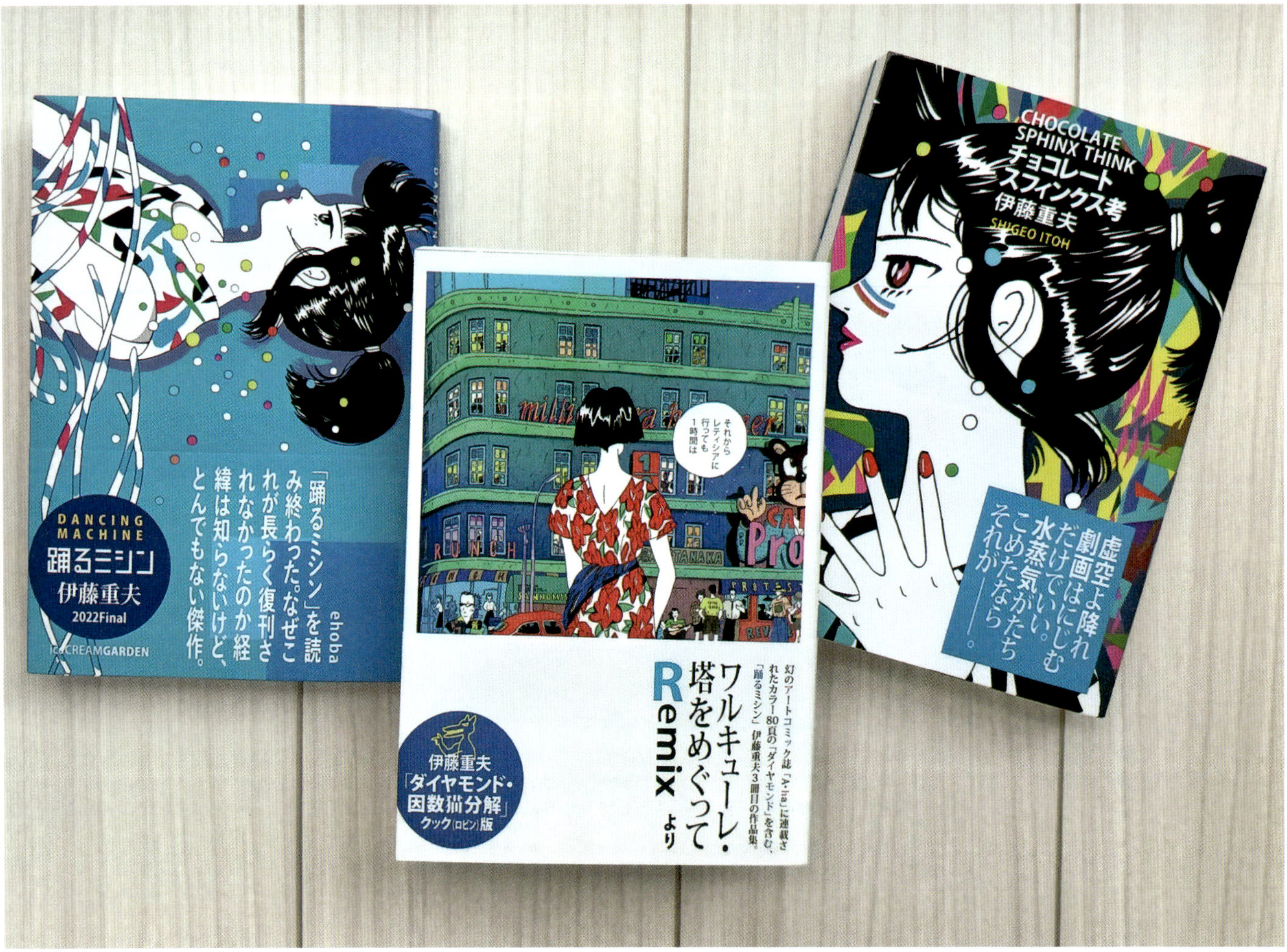

踊るミシン復刊会

1980年代に2冊の漫画単行本が発売され、寡作ながらも唯一無二の存在感を放った伊藤重夫の作品が、「踊るミシン復刊会」の活動によってほぼ全て読めるようになった。伊藤重夫の漫画で特に出色なのは青春期の物語。孤独のうちに思考が頭をめぐり、世界に触れるような劇的な内省と、他人を求めつつも決して踏み込まず、結ばれない関係の乾きを描いた。世紀の敗戦を経て、激動の1960年代が終わり、人が熱気を持ってぶつかったり、愛を語ることがなくなった時代。人々の一体感は消えて、焦がれるほどに求めるものもなくなった。でも確かに人々は明日を見て、日々を過ごしていた。伊藤重夫はそこにある気分を描いたように思う。断片化した世界がいつの間にか始まり、結ばれぬままに消えていく。不確かな生きる実感を、絵と言葉とコマの並外れた組み合わせで見事に活写してみせた。それは漫画でしか描けないことであり、漫画がその限界点でようやく描ける空気感だったと思う。人と人が隣り合わせていながらも、心を開いてつながることが出来ない。それを象徴するように、コマとコマは隣り合いながらも、別々の物語を奏でていく。セリフとは関係のない絵が入ったり、流れを断ち切るようなコマが挟まれたり、デペイズマンのような構成だが、それは単なる異和や驚異ではなく、他人とギリギリの距離でつながろうとする私たちの人生観を見るようでもあった…。伊藤重夫が『踊るミシン』を執筆してから今年で38年。今でも私たちは他人との距離感に迷い、自信を持ってテーマを主張する日々を送ってはいないと思う。今、伊藤重夫はどう読まれるのか。今回は「踊るミシン復刊会」代表の田中敦子さんにお話を聞きながら、復刊の道のりと、伊藤重夫作品の魅力を紹介する。

——私は伊藤重夫さんの漫画を一番読み返すくらいに好きでして、近年に復刊が続いたことをとても嬉しく思っています。今回は「踊るミシン復刊会」の代表で、伊藤さんと一緒に長らくデザイン事務所を運営されている田中敦子さんにお話を伺いたいと思います。『踊るミシン』の復刊は、二〇一七年頃に企画を実施されていますが、どのような経緯で進めていかれましたか?

田中 このような復刊が実現したのは、デジタルの環境とIT時代に突入したことがベースにあると思います。絶版以降も書評を書いてくれる人がいたり、ネットオークションで『踊るミシン』が二万、三万という値段になっていたり、ミクシィに伊藤重夫を語るコミュニティがあったり、今まで私たちには届かなかった情報を直接知ることが出来るようになりました。ただ、二万や三万なんてコレクター価格、本を読みたい人が出せる金額ではないですよね。だから復刊を考えるようになりました。ちょうどその頃、クラウドファンディングというシステムを知り、この方法なら宣伝も出来るし、印刷部数の検討もつけやすい。私たち個人規模で世に出せる環境が整ったことが、最大の要因です。

——昔の単行本のあとがきに、「単行本を出すのは嫌だと逃げ回っていたけれど、跋折羅社の三宅さんに説得された」と書いていらしたので、漫画を世に出すこと

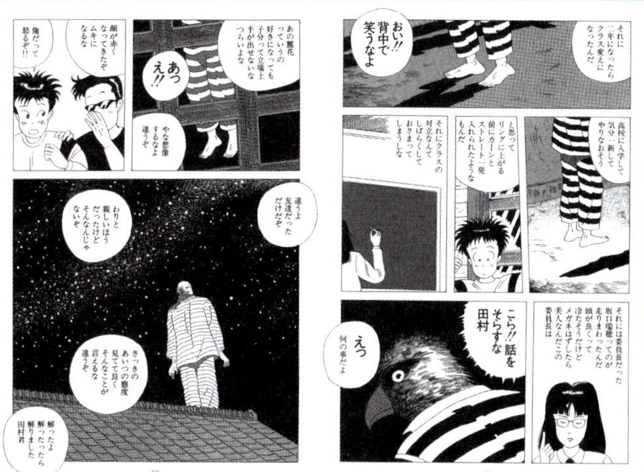

『踊るミシン』の序盤のページ。主人公の田村が高校時代の麗花との思い出を話しているのだが、漫画のコマを見ると、会話中の田村と友人の長井、話に出てくる委員長に加えて、謎の鳥男も描かれていることがわかる。現在と思い出のイメージの中に、現実か虚構かわからないものが差し挟まれている。鳥男の上半身のアップや、夜空を見上げる姿は、会話する田村たちの感情の動きに合っているようにも見えて、無関係に見える絵とセリフが、漫画としては結びついているようで興味深い。

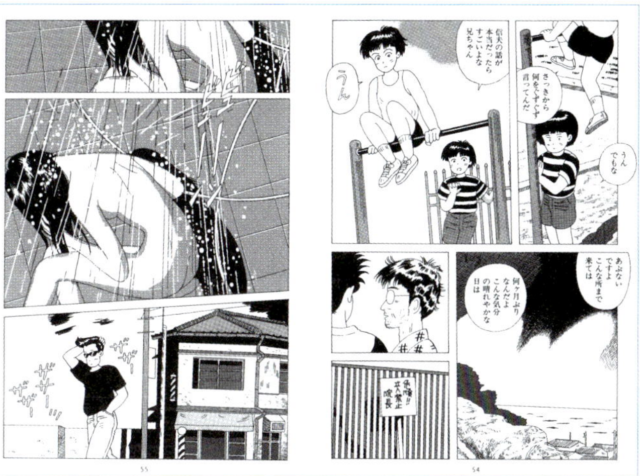

『踊るミシン』の一場面。鳥男の存在に思いを馳せる兄弟と、病院で大家さんと話す田村、シャワーを浴びる麗花、道を歩く長井の4シーンが描かれるが、互いにつながりはない。この後でそれぞれのエピソードの続きも描かれるが、物語として合わさるわけではない。取材文中でも語られているが、複数の主題が並行して進み、それぞれに展開しているようだ。ちなみに麗花がシャワーを浴びるシーンは、初版では1コマ構成だったので、2022Final版で新たに描き直された箇所だ。

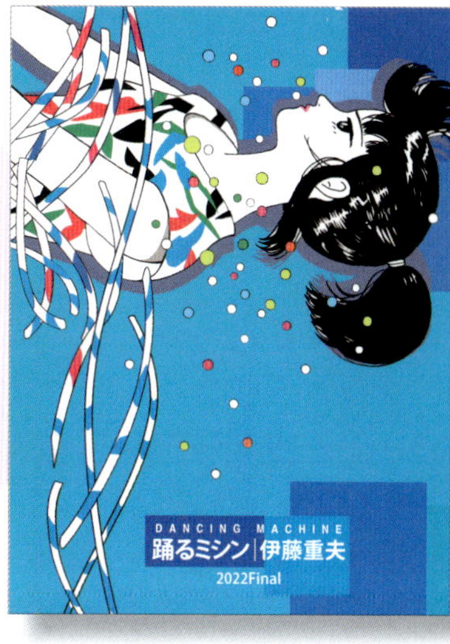

復刊第3弾で刊行された『踊るミシン』2022Final。2017年にMOTION GALLARYで最初の『踊るミシン』復刊プロジェクトがはじまり、「青版(Blue Edition)」が刊行されたが、そのときに買えなかった人たちからのリクエストが多く、再びの復刊となった。青版はB5サイズに近い大きさだったが、2022FinalはA5サイズ。中身の漫画原稿が20箇所くらい描き変えられている。

『踊るミシン』について

伊藤重夫による描き下ろし単行本で1986年に北冬書房から発売された。メインストーリーはバンド活動をする田村と、彼と高校時代からの腐れ縁である麗花の物語。二人は恋人同士ではなく、好きだと言い合うことはない。麗花は手首を切るなどの危うい行動をするが、そういう個人の深い感情も表沙汰にされることはない。並行して、頭が鳥である謎の「鳥男」を目撃する少年が登場するが、彼の訴えも誰かに届くことはない。さらに田村の部屋の押し入れにブラックホールが出現する話も語られるが、それが世界に影響を与えることはない。リアルで細やかな心の機微から、荒唐無稽な幻想譚までエピソードが次々と語られて、それらは想像するに劇的なのだが、現実には力を持たず、徐々に失われていくようだ…。ただ、「あった」という感慨は強くある。何を成し遂げるでもない青春期に感じる様々な「思い」の行き場とは。その中心を駆け抜けた、麗花の強さ、はかなさを感じてみてほしい一冊。

に思うところがあるのでは…と気になっていました。

田中　そういうわけではないと思います。復刊第二弾の『ダイヤモンド・因数猫分解』には新作の描き下ろしも入れましたし、構成のリミックスもしていますから。描いた後でも、彼はどこまでも手を入れたくて、終わりが見えないので、予定が立てにくかったんだと思います。

——復刊の企画がはじまる前から、伊藤さんは原稿をデジタル化されていたんですよね。すでに三〇年、四〇年経っていますから、一回データ化しておこうというお気持ちがあったんでしょうか?

田中　そうですね。紙の原稿は一コマだけ描き直して上から貼った箇所もあり、経年劣化で糊が変質して茶色くなったり、写植の文字がポロポロ落ちていました。だから、きちんと保存することを考えて、原稿をスキャンしていたんです。ニパターンの濃淡差があるデータを作ったケースもあります。少し濃いめに取り込んだら、線の太さにどういう違いが出るかを試すためにプリントをして、どちらが良いか比べていました。

——かなりこだわられていますね。線の太さは作品によっても違いがありましたものね。

田中　繊細な細い線で行くのか、力強い線で行くのかは、実際プリントでしか確認できないので。あとはモニターで八〇〇倍、一〇〇〇倍に拡大して、汚れを細かく消していっていました。

——本格的にデジタル化されていますね。『踊るミシン』を最初に復刊した時(二〇一七)は、どんな反響があったのかもお聞かせください。

田中　初版を持っていた人、噂では聞いていたが古本屋さんで高くて買えなかったという人、初めて知った人など、様々な層から反響がありました。第一弾の『踊るミシン』青版(Blue Edition)は半信半疑だったので、五〇〇部くらい刷って、クラウドファンディングで売り切る感覚でいました。でも途中で、ほんの少し書店販売もできました。以降、毎回、書店販売も見込んだ部数を決めることができるようになっています。

——第一弾の反響もあって、第二弾の『ダイヤモンド・因数猫分解』が実現したと思うのですが、『ダイヤモンド・因数猫分解』の作品選出や構成はどうやって決めたのでしょうか?

田中　カラーの『ダイヤモンド』は漫画誌『A*ha』の連載作品です。そこに「因数猫分解」などの単行本未収録作品を集めて作りました。

——雑誌掲載時と構成が変わったり、複数の作品が混ざったりしたのはなぜでしょう?

田中　順番通りにするのが嫌だったのかもしれません。作者の中では過去の作品ですし、新しく出すならリミックスしたかったのでしょう。『ダイヤモンド』は一話完結で、順繰りで成長物語のようにストーリーが展開していくわけではないから、順番も入れ替えが出来たのだと思います。彼の作品について、「唐突に会話がはじまって、別のものに話題が転換していく」とよく言われるように、もともと一話の次が二話である必然はない構成なんですよね。もちろん、一話、二話と順に読んでもらってもいいんですが。

——単行本化するときに、もう一度新しい作品にするという興味深い手法ですね。『ダイヤモンド』は、カラートーンであるパントンを貼って重ねてカッターで削ったりされていたそうですが、カラー原稿の状態は大丈夫だったのでしょうか。

田中　当時の編集者さんが、原稿を一話ずつ密閉して返してくれていたため、そんなにひどい劣化はありませんでした。汚れなどをレタッチするのに半年から一年はかかっていましたけれど。

——ベタ塗りの色表現は、今だったらパソコンのバケツ塗りで一発ですが、トーンを貼っていくのは気が遠くなる作業ですね。

田中　最初は紙の描画原稿に直にトーンを貼っていましたが、一箇所間違えたらその原稿が全部ダメになってしまうので、原稿の上に透明のシートを乗せて、それにパントンを貼ることもありました。アニメーションみたいな感じです。

——なるほど、セル画のようなページもあったのですね。

田中　今のクリエイターの方とは作り方が違うので、全然参考にはならないと思いますけれど。ともあれ、原稿は綺麗に保存されていたので、色自体をいじったりすることもなく進められました。

——復刊第四弾の『チョコレートスフィンクス考』は、内容を変えずに当時のままでしょうか?

田中　そうです。一番原稿が古いのでレタ

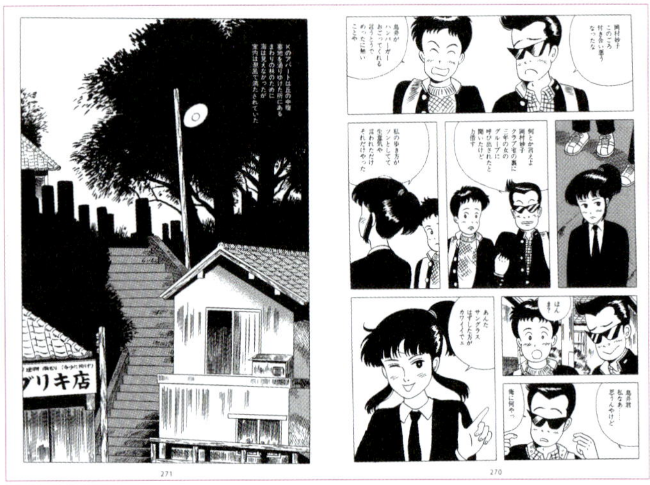

収録作の「チョコレートスフィンクスアゲイン」の最初のページ。会話途中の南たちが1コマめで描かれ、突然に物語がはじまる。そして、次のページは黒い影が広がる風景と妙子のモノローグ。対比的な構成で、動と静のコントラストも際立っている。このあと、妙子が年上の男Kについて語るシーンが続くが、それは影のあるイメージで、1ページめの勝気な会話とは印象が違う。妙子の多面的な姿が感じられるところだ。

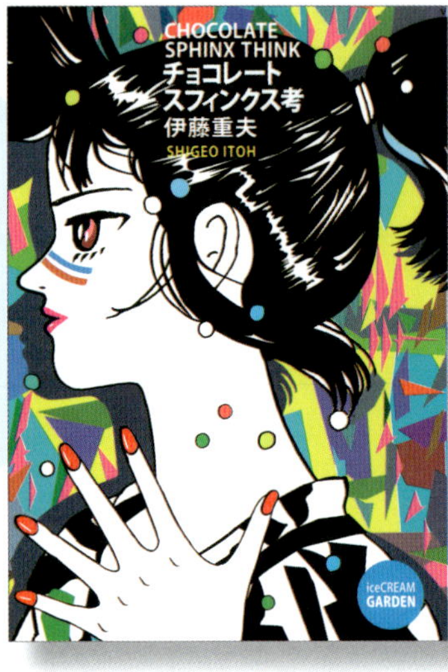

復刊第4弾の「チョコレートスフィンクス考」は、初版は1983年に跋折羅社から刊行されたもので、40年ぶりの復刊となった。伊藤重夫の初単行本であり、70年代に描かれた初期作品も収録されている。『ダイヤモンド・因数猫分解』では「塔をめぐって」が他の作品とリミックスされていたが、こちらではオリジナルの状態で読める。

「チョコレートスフィンクスアゲイン」について

1983年、単行本『チョコレートスフィンクス考』発行の際に描き下ろされた短編。高校生の南と、彼を翻弄する同級生の妙子を中心とした物語。後の作品『踊るミシン』では、寓話めいたくだりがエピソードとして挿入されていたが、本作では主人公たちのモノローグがとても印象的だ。日常のふとした瞬間に脳裏をよぎる思い。その想念は饒舌で、世界に触れるような思索性に富む。現実では軽やかに周囲と距離を取ってうそぶく素振りでも、内面には深い感受性と情緒が潜んでいる。スマホもSNSもない時代。青春期の人々がアクセスしたのは、匿名でつながった他人ではなく、自身の写しでもある宇宙だった。本作では妙子が「銀河系宇宙を盗んでポケットにしのばせている」と独白するシーンがある。彼女はそれを海に投げる。そして、「時間が経てば輝きを増すだろう」と言う。「自分がもっている間大切にして、毎日磨いていたんだから」、と。この突出した詩情を表に出さず、「変な子」程度の振る舞いで世の中と付き合う危うさ。敏感であればあるほど、この世は生きにくいだろう。強い感受性と現実生活の狭間でヒリヒリする生を描いた傑作。

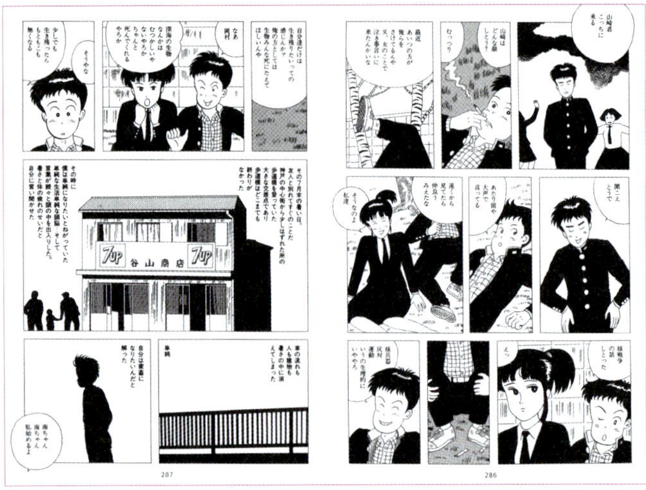

「チョコレートスフィンクスアゲイン」の一場面。南たちが「核戦争反対運動」を少し茶化しながら語るシーンの後に、南の独白が挿入される。「単純になりたいと願う」とめどない思考の流れが綴られる途中で、南は妙子に名を呼ばれて現実に戻る。次のページで、妙子はチェーホフの「かもめ」の劇中劇を演じる。それは終末観が漂う一幕。一連の流れが、「生命のなさ」の思考連鎖のようにも感じられて印象深い。

ッチには時間がかかって、トーンや網掛け、文字が剥がれているところは修正、復元していきました。

――なるほど。ブックデザインはどれも新たに作り直されていますね。

田中 そこでは「デザイナー伊藤重夫」が発動しました。『チョコレートスフィンクス考』の表紙絵も描き下ろして、デザインは何パターンも作り、復刊会のメンバーで意見を出し合いながらギリギリまでどれにしようか悩んでいました。

――『踊るミシン』も細かく変更されていて、二〇一七年の復刊時、それから五年後の二度目の復刊の際も、背表紙の麗花の絵は洋服が変わっているんですよね。

田中 そうですね。止めどなく、直しを入れているところはあります。

――八〇年代の刊行時は、『チョコレートスフィンクス考』がブルーのイメージで、『踊るミシン』はピンクのイメージでしたが、今回は両方とも青になりましたね。

田中 『チョコレートスフィンクス考』については、昔のままのイラストだと、ちょっと古さを感じてしまうので、「今ならこれだろう」というのを新たに描き直した感じです。「二一世紀バージョン」というか。

――線も太めで、表情も強く、キリッとしていますね。伊藤さんはデザイナーでもあるので、漫画の中のデザイン性も気になっています。街の看板をすごく描かれますよね。風景の中にあるグラフィックと言いますか…。

田中 看板については、「住宅街ではない、にぎやかな街の喧騒感」を表すために描いているそうです。街の面白いところを資料として写真に撮る作家さんは多いと思います。彼もいろいろ撮るんですが、それをそのままトレースするのではなくて、頭の中で引き算したり、組み合わせたりして、画面上に新しい街を作り出す。看板については、「これは住宅街ではなく、人が往来する街なんだ」というものを絵として作っていたわけですね。

――なるほど。興味深いです。伊藤さんの描く街並みはすごく印象深くて心に残ります。それでは、ここから少し漫画の内容について田中さんとお話ししたいと思います。私は伊藤さんが神戸をどう感じてきたか気になっています。田中さんは伊藤さんとデザイン事務所をずっと神戸に設けられていますよね。私は明石で育ったので、明石〜神戸間が遊び場で、ずっと街並みを見てきました。伊藤さんの漫画でホンキートンクやWEATHER REPORT、フィッシュダンスホールという店などが出てくると「あの店だ!」と思ったりしていました。個人的なイメージなのですが、稲垣足穂さんから、佐々木マキさん、伊藤重夫さん、同世代の村上春樹さん、その後の平中悠一さんたちが神戸を描いていますが、どこか、「世界や人間との関係から距離を置いた感覚」が共通している気がしていました。稲垣足穂と宮沢賢治の世界観が近いという人がいますが、まったく似ていないと感じる理由の一つも、そこにあると感じていまして。神戸のあの独特な感覚は何なのだろうと。

田中 私は大阪の南のほう、山に囲まれた地域の出身なんですよ。その私から見ると、神戸の人はあまり他者に干渉しない。距離を置くんですよね。「よそよそしい」というのではなくて、「飄々としている」というか。視線をずらせば、すぐ海が見える。海の向こうを眺めている…そういう視界の開放感という独特な感覚を持つ人が多い気がします。

――そう、人間関係にクールな感じを神戸の人に感じます。伊藤さんが描いている人物像もウェットではないですが、今の若い人も距離感を保って暮らしていますよね。今の人が他人に踏み込まないのは、また別の理由があるかもしれませんが、そういう感覚は現在もずっと消えずに残っているから、すごいと思います。

田中 読む人によって、解釈や感じ方はいろいろだろうし、同じ人でも年齢を重ねると感じ方が変わってくると思うんです。漫画の感想をいただくことがあるんですが、長年経って読み返した人は、自分のそれまでの経験などによって、描かれていない隙間の部分に、また違うものを感じることもあるようです。

――そうですね。そして、伊藤作品の漫画でしか出来ない物語づくりが好きです。話し手の語りが続いているシーンでも、絵としては見開きページで四つくらいの別の物語がコマ割りで同時進行していたり、回想シーンのコマに今の発話がかぶさったり、絵と文字とコマの組み合わせにとても厚みがあります。漫画の世界により深く入れて、浸る気持ちになれるんです。大友克洋さんはコマ割りについてジャズの構成に影響を受けているとお話されたことがありますが、メビウスは『B砂漠の40日間』についていてフリージャズのように描いたと語っていて、佐々木マキさんはビーバップくらいの自由さで描いているとおっしゃっていました。伊藤さんはどんな感覚なのでしょうか。

田中 それについて伊藤重夫に聞いてみたところ、「ソナタ形式だ」と。「ソナタに、第一主題、第二主題というのがあるように、複数の主題があって、それぞれの話が進んでいく」と言うんです。そして、「それらが、それぞれ展開していくんだけれど、だんだんぐちゃぐちゃになってしまう（笑）」のだそうです。主題同士が干渉し合ってあらぬ方向へ行ったり、混ざり合ってしまったり。そこが、「難解だ」と言われる点でもあるのでしょうが、読む人にとって、その時々で感じることや気になるポイントが変わるのも、「ソナタでそれぞれの主題が進んでいる」せいなのかもしれません。

――ソナタ形式とは、中心的な旋律である主題の提示・展開・再現で構成されるものですね。『踊るミシン』では、田村の物語、鳥男の物語という風に…。構成で言いますと、今回『ダイヤモンド』の話数の順番を入れ換えていますが、村上春樹さんは『風の歌を聴け』の四〇の断章を、最初に描いた順番からシャッフルして入れ替え、途中を抜いたりしていますよね。タルコフスキーの映画の作り方も同じで、撮影したものをどういう順番でつなぐのかの編集が大事だと言います。そういう語り方でこそ伝わるものがあるのだと感じていました。

田中 私は一読者として伊藤重夫作品を見ていて、「漫画で映画的手法をやっている」と思います。何度か映像化のお話をいただいたんですが、元が映画的なものだから、それをどう映画にするのか？ 悩ましいんじゃないでしょうか。

――そうですね。でも、読んでいると、映画で観たくなる人がいるのはすごく分かります。 それでは最後に最近の動向についてお話したいと思います。今年はアパレルブランドの「JUVENILE HALL ROLLCALL ジュヴェナイル ホール ロールコール」とのコラボもございますね。若い人のカルチャーにも広がっていく現象をどう感じておられますか?

田中 そのブランドを運営されている方も神戸出身で「昔自分が見ていた風景と漫画の中の風景がミックスされて、何とも言えない気持ちになりました」とおっしゃって、『踊るミシン』の絵柄を使って洋服を作りたい」というダイレクトメッセージが来たんです。不思議な感じですよね。『踊るミシン』が刊行されてから三六年、『チョコレートスフィンクス考』なんて四〇年も経つんですよ。 例えば、一九四七年に出た手塚治虫先生の『新宝島』を、四〇年後の一九八七年に読むみたいなものです。

――敗戦直後からバブルまでの時代変遷があるほどの長さということですね。

田中 劇画以降、漫画は大人も読むものになったじゃないですか。四〇年前も現代も、人は同じように悩んだり、迷ったりする。だから若者が喜んだり切なくなったりする感情って、四〇年経っても共通の部分があるだろうし、あまり年月を感じないのかもしれませんね。

――本当ですね。今新しく洋服になって、一〇代、二〇代の子が身につけてみても、感覚としてはフィットするところがあるでしょうね。

田中 Tシャツやスカーフに描かれているシーンは何パターンもあるんですが、WEATHER REPORTでのコンサートのモブシーンが選ばれているのを見た時は「そう来たか!?」と唸ってしまいました。また、曽我部恵一さんのレコードジャケットは『踊るミシン』の「永久ミント機関」の麗花の強烈な横顔ですが、「鮮烈でカッコ良い！」と思いました。シーンを切り出したら、また違う力が出てくるんだなあと思います。 こういう展開も楽しみにしています。

――伊藤さんの作品が広がっていって、私たちも今後を楽しみにしています。今日はいろいろなお話を伺えて良かったです。ありがとうございました。

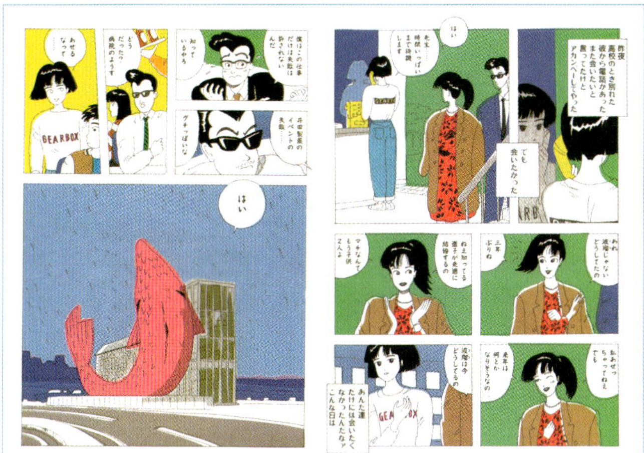

「A*ha」に掲載された「オレン時」。復刊プロジェクトでは、『ダイヤモンド・因数猫分解』Complete Editionだけに収録された。ミュージシャンのポスター撮影をするカメラマンたちの物語。ここに登場する「フィッシュ・ダンスホール」は、1987年に鯉のオブジェとともに建てられたもので、脱構築主義建築家のフランク・ゲーリー設計。80年代の神戸を代表するハイセンスな風景として人気を呼んだ。

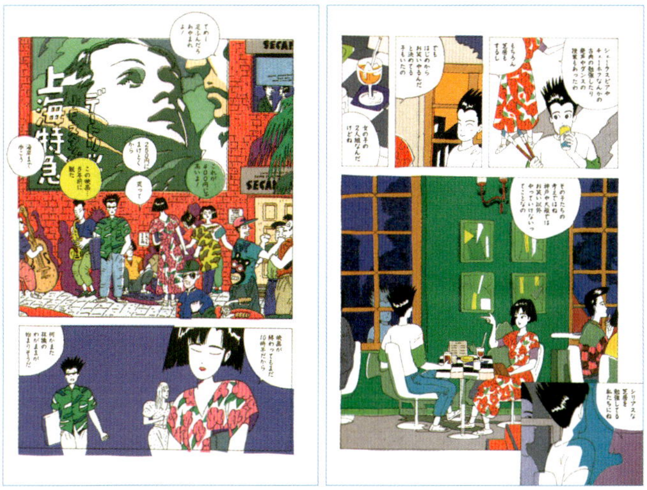

「A*ha」に掲載された『ダイヤモンド』の2話と4話より。『ダイヤモンド・因数猫分解』に所収。舞台女優とデザイナーの男子をメインとした物語で、伊藤重夫のカラー連載となった貴重な作品。パソコンで着色することができなかった時代ゆえ、色のついた部分はカラートーンを貼って仕上げている。ヒロインの林檎の花柄ワンピースや、お店の内装と外壁は複雑な色分けだ。細やかにトーンを切って重ねる制作がおこなわれたことが想像できる。非常に美しいカラーリングだが、途方もなく手間がかかったという。

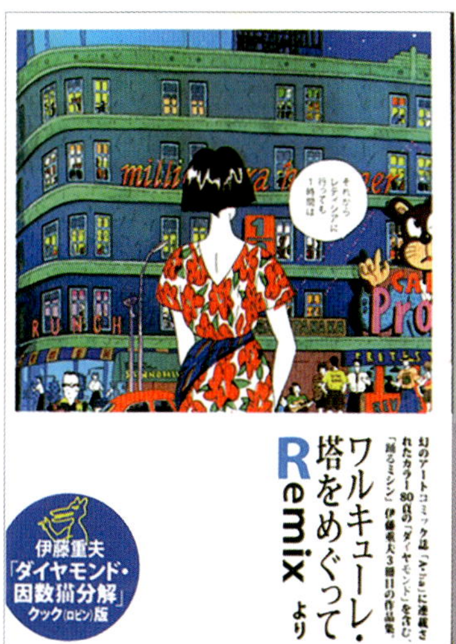

復刊第2弾で刊行された『ダイヤモンド・因数猫分解』は、伊藤重夫の未単行本作品をまとめた作品集。「A*ha」に連載されたカラー作品『ダイヤモンド』をはじめ、「COMICぱく」に掲載された「ママレードのプリンセス」、そして、「因数猫分解」、「コートにすみれ」、「1922年のアインシュタイン」、「ワルキューレ1」、「塔をめぐって」という短編がREMIXで掲載されている。扉ページをなくし、別の漫画が途中で挿入されるなど大胆な構成も見られる。『1922年のアインシュタイン』はこの単行本のために描き下ろされた新作。

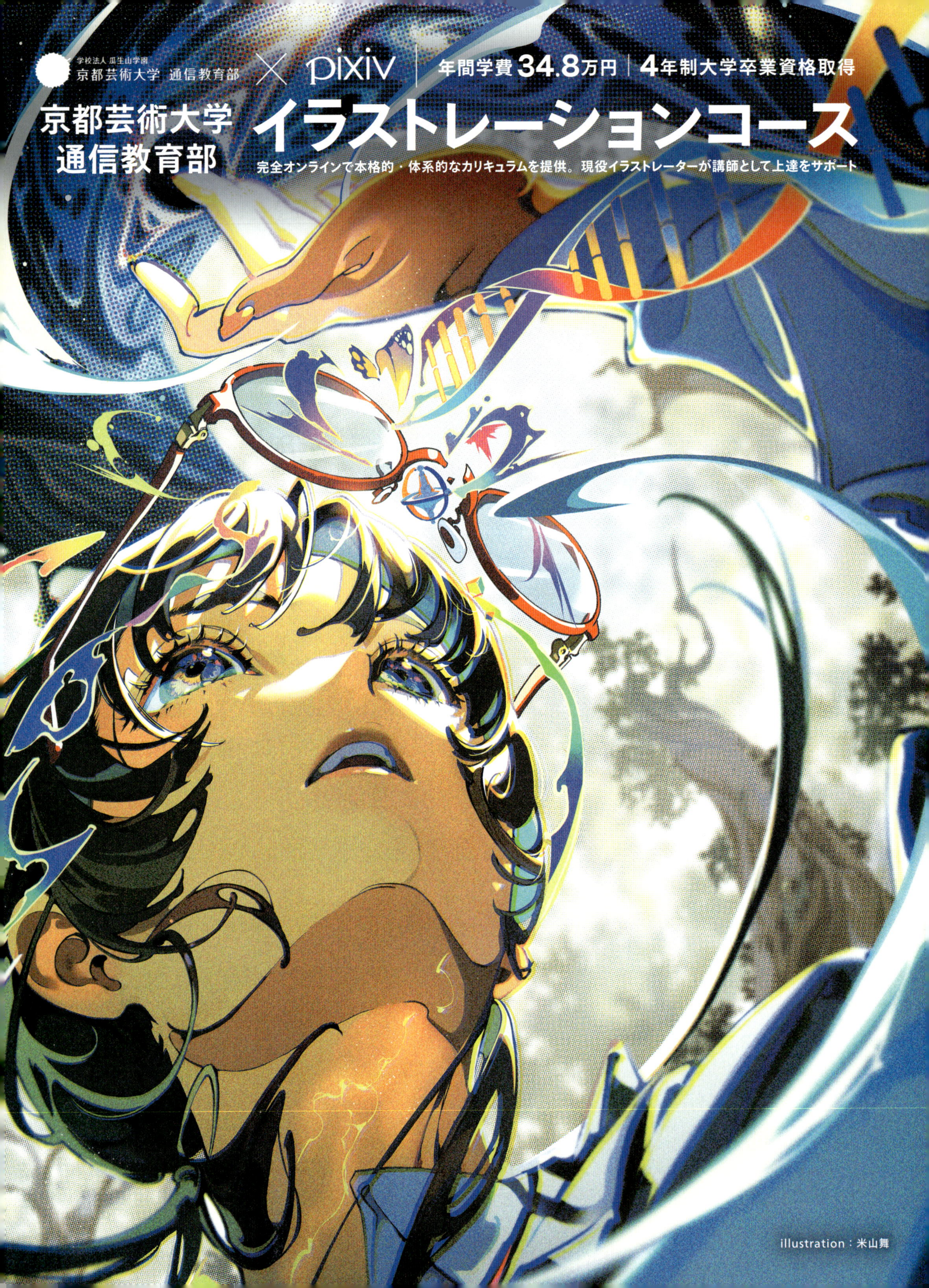

学校法人 瓜生山学園
京都芸術大学 通信教育部
× pixiv
年間学費34.8万円
4年制大学卒業資格取得
京都芸術大学
通信教育部
イラストレーションコース
完全オンラインで本格的・体系的なカリキュラムを提供。現役イラストレーターが講師として上達をサポート
illustration：米山舞

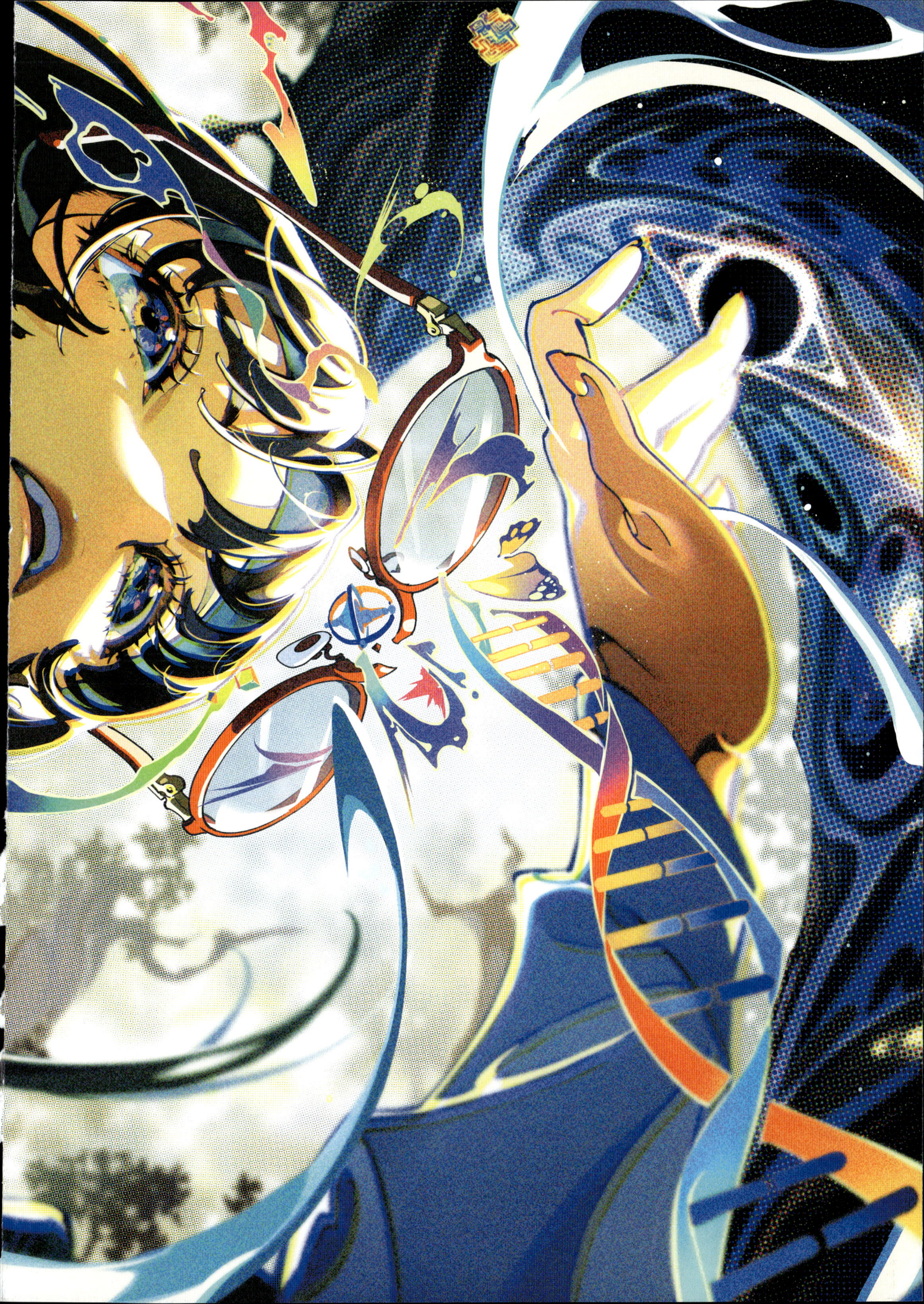

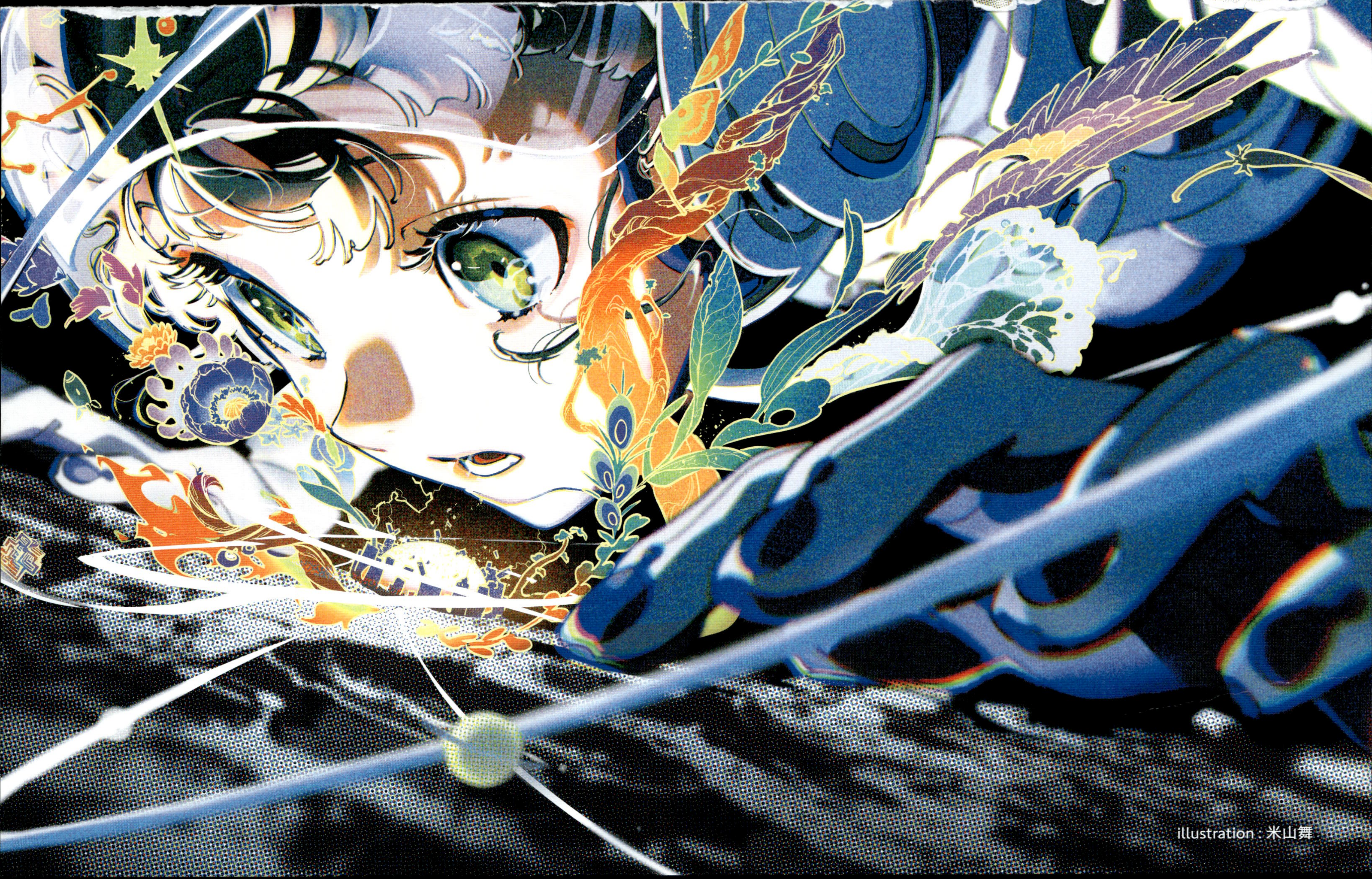
illustration : 米山舞

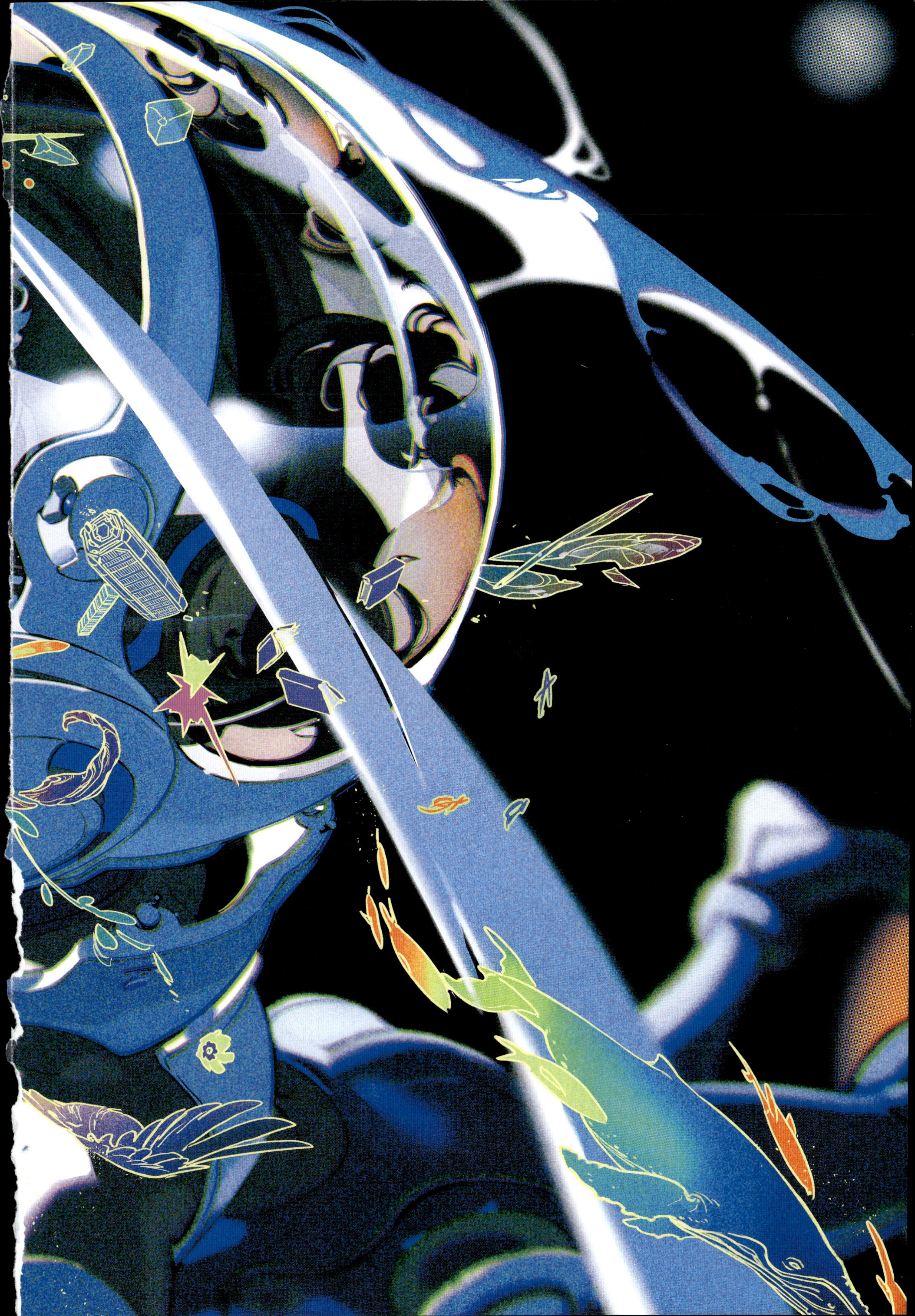

学校法人 瓜生山学園
京都芸術大学 通信教育部 × pixiv

京都芸術大学 通信教育部 イラストレーションコース

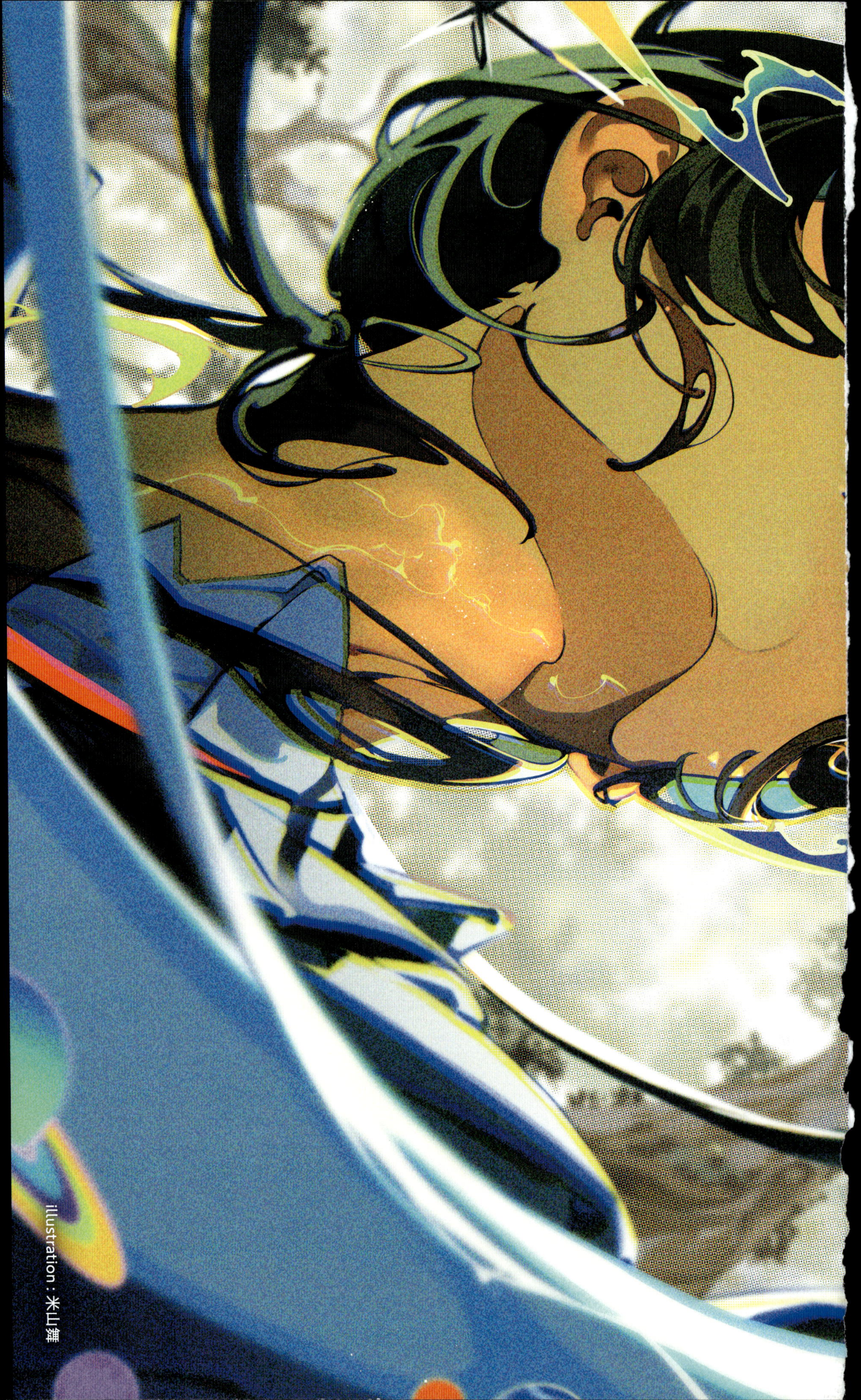

Kyoto University of the Arts

Illustration Course

京都芸術大学 通信教育部 イラストレーションコース

4つの特徴

1 "完全オンライン"で学士を取得

文部科学省に認可された正規の4年制大学。入学から卒業まで通学不要で、完全オンライン型で学びながら卒業資格の取得を目指すことができます。

- ☑ 18歳以上で大学入学資格があれば、誰でも入学可能
- ☑ 出願資格によって3年次編入学が可能。卒業まで最短2年

2 大学ならではの専門的なカリキュラムで上達をサポート

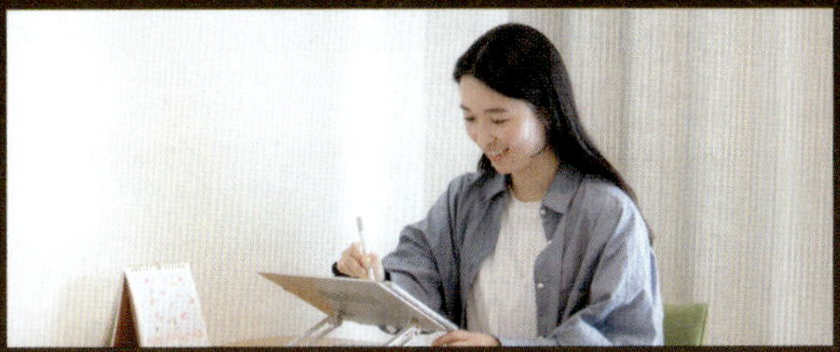

「知識を得る」「作品を描く」「評価（添削・講評）を受ける」というサイクルを網羅した独自のカリキュラムで、着実に上達を目指すことができます。

- ☑ ピクシブ株式会社と連携したオリジナル動画教材
- ☑ さまざまなスキルの実践を促す課題で、イラストを描くことを習慣化
- ☑ 現役イラストレーターによる、学生の長所を活かし向上を促す、丁寧な添削・指導を実施

3 現役イラストレーターが講師

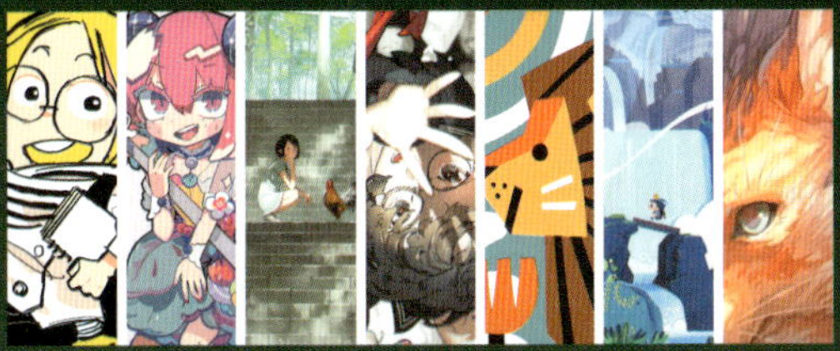

幅広いジャンルで活躍する現役イラストレーターが、知識と技術を惜しみなく伝授します。

代表的な講師（一部抜粋） 米山舞 / 吉田誠治 / 寺田てら / サタケシュンスケ / ア・メリカ / 砂糖ふくろう / タカヤマトシアキ / 山村れぇ / しまざきジョゼ

- ☑ 現役イラストレーターの実際の制作過程を元に学べる動画教材
- ☑ 業界知識やキャリア論など、イラストレーターとして生きるために必要な観点を身につける授業も

4 年間学費は34.8万円

通学形式の大学や専門学校と比べて学費を大幅に軽減し、学びやすさを実現。

- ☑ 初年度のみ「入学金30,000円＋入学選考料20,000円＋学生教育研究災害傷害保険料140円」が別途必要です。
- ☑ 学習にはパソコンやタブレット、各種アプリケーションが必須です。お持ちでない方は、別途購入いただく必要があります。

卒業生の成長例

Before

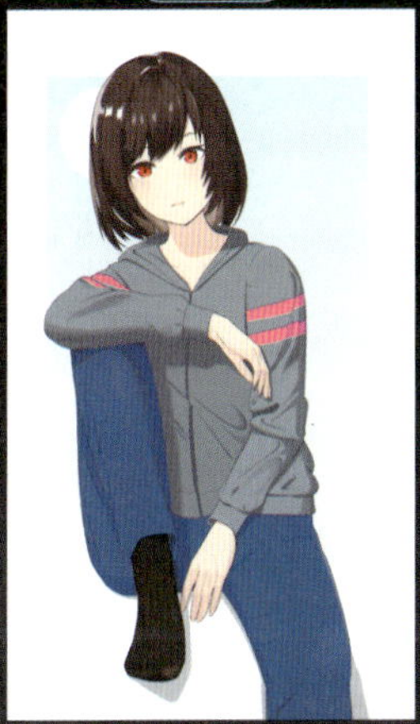

After

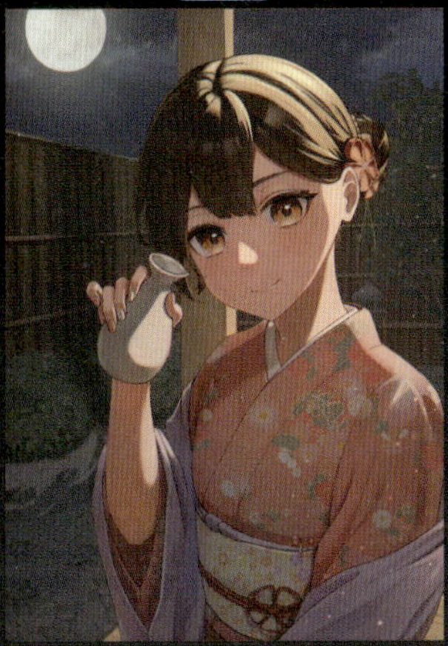

キャラクターの衣装や小物、背景の描き方やライティングの技術まで、イラストを描く際に欠かせないテクニックを、基礎からしっかりと身につけることができます。

2023年卒：Kamota さん

イラストレーションコース特設サイト

カリキュラム詳細や最新情報をチェック！

https://tenohira.kyoto-art.ac.jp/illustration/

Artist Spotlight 編集部が注目する作家＆作品を紹介

いぬぬい 造形作家 inunui

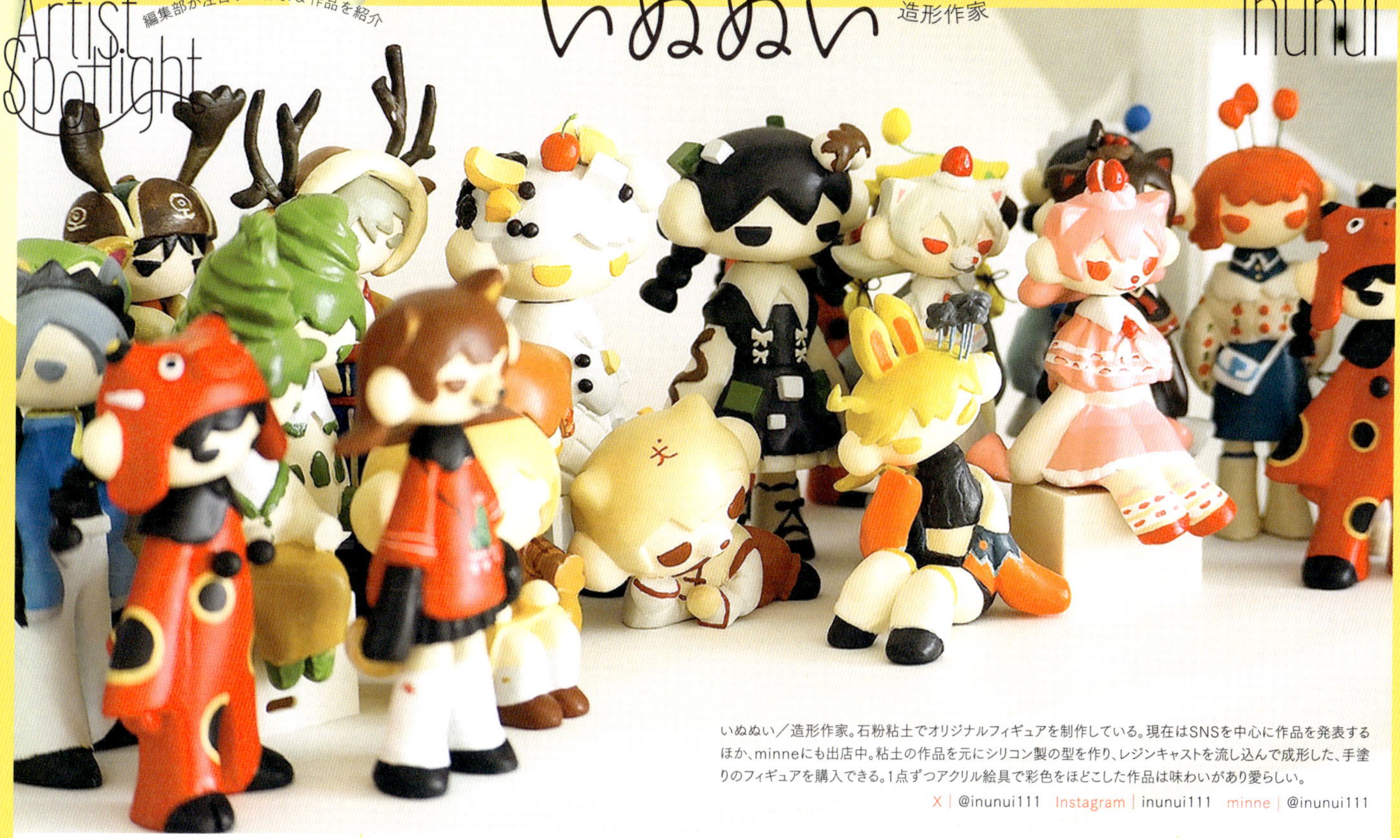

いぬぬい／造形作家。石粉粘土でオリジナルフィギュアを制作している。現在はSNSを中心に作品を発表するほか、minneにも出店中。粘土の作品を元にシリコン製の型を作り、レジンキャストを流し込んで成形した、手塗りのフィギュアを購入できる。1点ずつアクリル絵具で彩色をほどこした作品は味わいがあり愛らしい。

X | @inunui111　Instagram | inunui111　minne | @inunui111

Q1 いぬぬいさんが立体造形に興味を持ったきっかけと、実際に造形・フィギュア作品を作るようになったきっかけを教えてください。

幼い頃から漫画や映像から現実の空間にキャラクターが出て来る想像をよくしていて、絵画表現でも架空のデフォルメキャラクターが現実の景色に介入する、どこか違和感のある光景を好んで描いていました。学校ではデッサンや油画をやって、家では好きなキャラクターのファンアートを描いていたのですが、ある時に家で描いていた好きなキャラクターが「いくら描いても平面から現実世界には出てこない」という事実に絶望したんです。どうしても画面から出てきて欲しくて、小さくデフォルメさせた姿を粘土で作ったことが立体表現の始まりです。油画の方はその後も続けていたのですが、キャラクターが現実世界に介入するテーマを平面に描くのと、粘土で表現したキャラクターを現実世界に生み出すのはほとんどイコールなのではないかと気付きました。それ以降、二〇二二年頃から油画で意識していたテーマを粘土での表現に取り込んだ、オリジナルキャラクターの立体造形を制作しはじめました。

Q2 最初の造形作品を教えてください。

チューリップのフィギュアです。好きなモチーフの植物をデフォルメせずに作ることも考えましたが、人型でも可愛いと思い花瓶のようなビジュアルになりました。

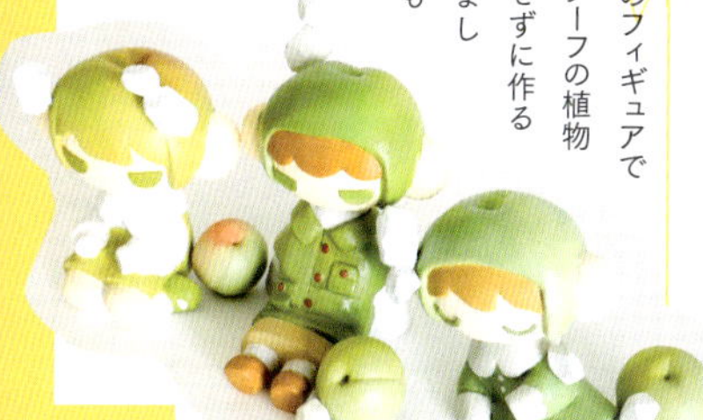

梅

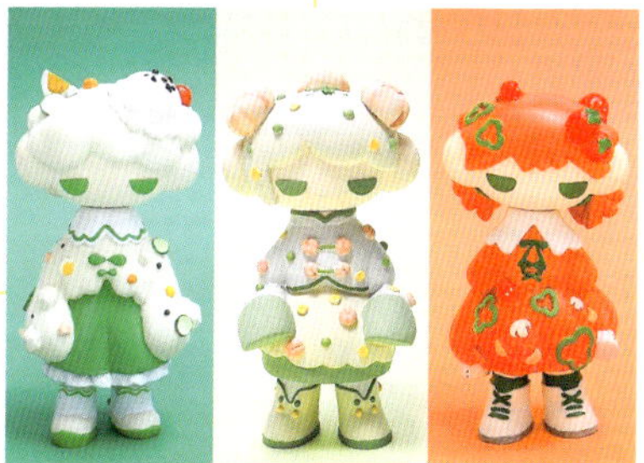

左から）ポテサラ／エビピラフ／ナポリタン

Q3 食べ物や動物のモチーフの選び方、デザインに取り入れる際に意識されていることを伺ってみたいです。

できるだけ親しみやすい普段目にする身近なモチーフを取り入れています。私の作品を見たあとに日常生活でそのモチーフに遭遇した時に、少しだけ慈しむ気持ちが大きくなる装置になればと思い制作しています。

Q4 キャラクターの瞳が単色で表現されているところも、いぬぬいさんの作品だと感じるポイントです。また、口もあまり描かれていません。妖精や神様のような存在なのかな…と想像が膨らみます。表情を描くときに大事にされていることをお聞かせいただけますか？

生々しさや人間らしさが出ないようにする過程で目を半月形にして、あまり目が合わないようにしました。口を省略し、手もほとんどの場合隠しています。人間のフィギュアというよりは、もの（モチーフ）に少しだけ人間の要素を見出す、もの主体の生物を意識して制作しており、アミニズム的な側面が強いキャラクターとして存在させています。モチーフ自体は親しみやすくしていますが、それを取り入れたキャラクターは親しみやすくなりすぎないように意識しています。私自身も埴輪や土偶、仏像など、意思や感情が不明瞭な存在に惹かれます。

Q5 単体ではなく複数のキャラクターで構成されたシリーズも多いですね。

シリーズごとに数体ずつ制作するので、例えば「いちご」というテーマを決めたときは真っ先に赤い苺を連想するので赤い苺を主体にした一体をまず決定します。その対になる一体として白い苺の二体目を決め、二体並べた時のポージングを吟味して決定した後、服のデザインを決めていきます。一体で完結するデザインというよりは、二体並べたときに一番気持ちいいデザイン、色を意識しています。

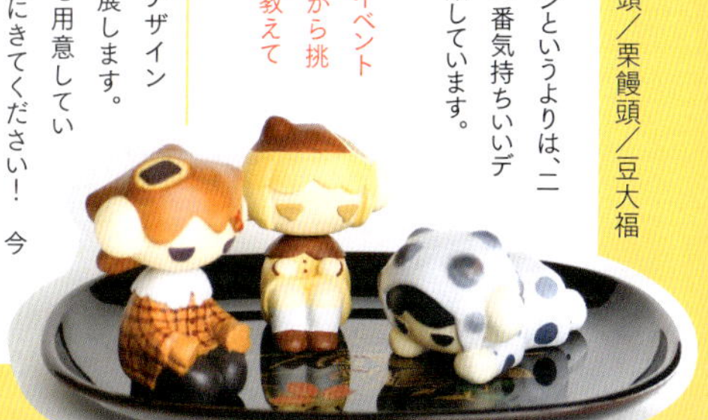

左から）もみじ饅頭／栗饅頭／豆大福

Q6 今後、出られるイベントや展示会、これから挑戦したいことを教えてください。

五月十八日にデザインフェスタに初出展します。たくさん作品を用意していますので是非見にきてください！　今後は商品のパッケージをモチーフにした作品などを手がけてみたいです。他の作家さんとのコラボなどもしてみたいと思っています。

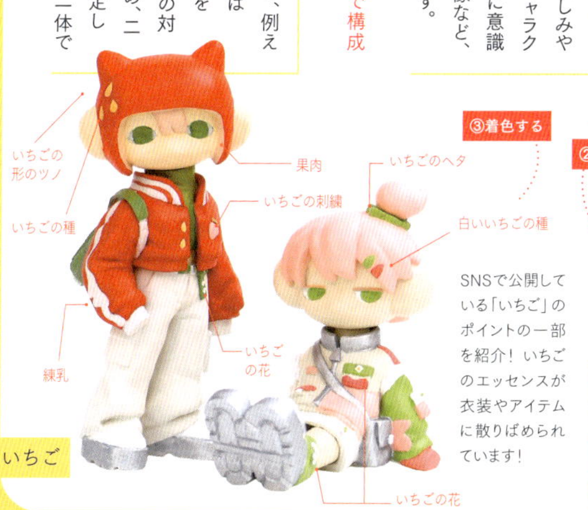

いちご

SNSで公開している「いちご」のポイントの一部を紹介！ いちごのエッセンスが衣装やアイテムに散りばめられています！

制作工程

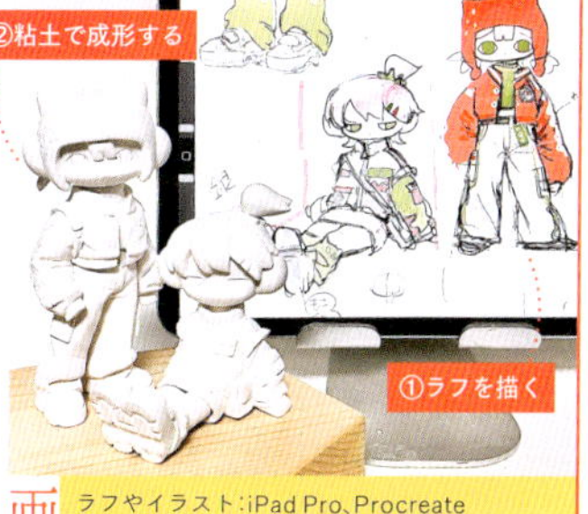

画材

ラフやイラスト：iPad Pro、Procreate
成　形：ラドールプレミックス、スパチュラ
削　り：アートナイフ、紙やすり、スポンジやすり
塗　り：ホルベイン アクリリックカラー
仕上げ：パジコシーラーツヤ消し

青すぎる、青

監督 今関あきよし インタビュー

美大の卒業制作も手につかず、自分がどうあれば良いのか思い悩む女子学生・美巳の姿をとらえた『青すぎる、青』。鹿児島からさらに南をのぞむ佐多岬を舞台に、広大な青い空と海を映しながら、青春期のふさいだ心と、何かを超え出ようともがく姿を描いた作品だ。監督は弊誌に幾度となく登場いただいた今関あきよし。美巳たちが過ごす日常をつぶさに切り取りながらも、その世界に重なるように幻想的な体験をしのばせるミステリアスな物語が印象深い。近年も旺盛に活動する今関監督に、『青すぎる、青』と制作中の数編の企画のお話をあわせて伺い、その映画世界の魅力に迫る。

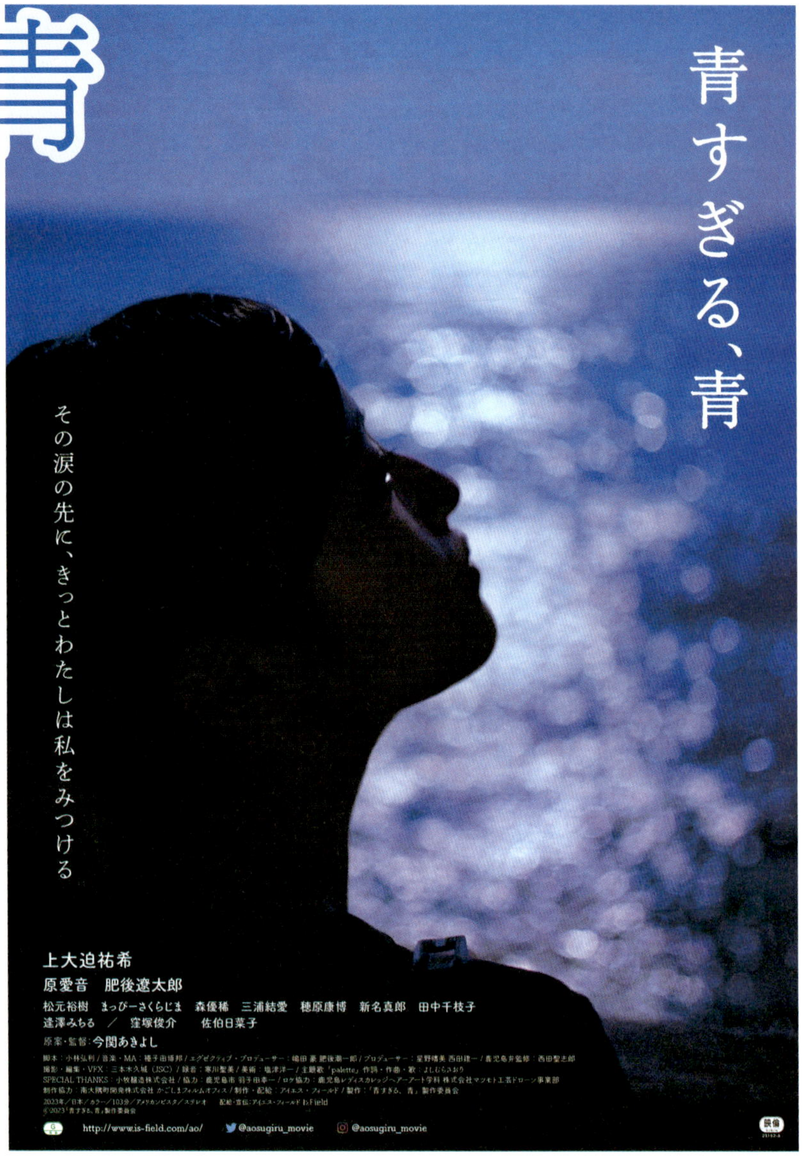

STORY

『青すぎる、青』

唯一の家族である父を亡くし、一緒に暮らす伯母ともうまく向き合えないままでいる美巳。美大の卒業を前にしながら、何を表現すればいいのか悩む彼女は、ある夜、不思議な光る物体と出会う。そして、そのことをきっかけに、普段は聞こえないものや見えないものなど、「向こう側の世界」を感じるようになってしまった。それは美巳にとって、どんな意味を持つのか。さらには美大生の友人や、伯母の知らない一面にも触れることになり、どんどんと戸惑いが増えていく…。青春期の不安定な自己と、うまく現実と繋がれないもどかしさ。鹿児島の青い空のもとで、懸命に自分を探ろうとする少女の姿に迫る物語。

――『青すぎる、青』は、どういうきっかけで作られた作品ですか？

今関　「鹿児島で映画を撮って欲しい」という話をいただいたんです。前作の『釜石ラーメン物語』の広がりもあって、地方から、「うちで撮れないか？」というお話が幾つか来ました。「町起こし」というわけではないけれど、大林さんも尾道でやっていましたよね。あれは意図して作ったわけではないけれど、結果的に町起こしになった。とても先駆的で、あの後づけで「町起こし映画」みたいなものが生まれましたよね。それで今回は鹿児島からお声がかかって、僕がよくお世話になっているアイエス・フィールド所属の上大迫祐希も鹿児島の出身なので、そこを合わせて「アイドル映画」みたいなものを考えられないかと思いました。鹿児島にイメージハンティングに行って、美味しいものを食べて、土地を見て回ったんです。そうすると鹿児島は本当に面白かった。桜島を中心に海があって、市内と南側の佐多岬では結構距離があって、文化的な違いもある。フェリーが日常で使われている光景も面白い。それと、偶然にも上大迫と映画の物語がリンクしていたところがあるんです。彼女は美術系の学校に行っていて、ちょうど卒業制作時期でした。「何をやったら良いですかねえ？」と話したりしていて、自分のルーツを巡る旅をしながら、故郷や、自分自身の日常などの写真をフィルムカメラで撮って、一冊の写真集にしていました。

――上大迫さんが演じた主人公の美巳は、まさに美大の卒業制作中で、序盤では鹿児島の土地を撮っていました。すごく重なっていますね。

今関　まさにでしたね。彼女の卒制は良い写真集でしたよ。鹿児島の離島におじいちゃん、おばあちゃんがいるんですが、そこの風景も良かったです。それで、大学を卒業する年齢って、いろいろ迷う時期じゃないですか。大人と子供という意味ではなくて、夢と現実のちょうど狭間というのかな。リアルにお金を稼ぐ生活をはじめるときで、自分は今までどうだったのか？　それは将来にどうつながるのか？　と、自分を考えなければいけない時期。もちろん、中学、高校の時にも、「自分とは何か？」という独特の問いはありますが、それは自分と友人を比べたり、存在理由に思いを巡らせたり、宇宙まで考えが及んでしまう何かだったりする。大学卒業時はそれとは違って、もう少しリアルで、地に足のついた悩みを持つと思うんです。自分に何が出来るのかを考えたり、思い描く夢と現実の間をフワフワする。今回の主人公は、その意味では少し子供っぽい子です。「有名な会社に就職できれば良い」という発想もないし、「どうしようかな…」という段階の人物像。そしてもう一人「希良」という友人を設定していて、彼女は結構ハキハキしたタイプ。その対比で物語が出来るかな、と思いました。それから、鹿児島という土地について言うと、桜島と、南へと延びる海と陸の地形が僕にとっては宇宙っぽかったんですよ。ちょっと惑星っぽいイメージがしました。今回UFOっぽいものを出していますが、これは、大きく言えば何でも良かったんです。不思議さをまとわせたかっただけなので。

――光を帯びている幾何学的な形体のものですね。

今関　あれはCGではなくて、全部アナログで作っているんですよ。おみこしを担ぐように、ライトをつけたオブジェを動かしています。脚本を担当した小林君と昔やっていた自主映画の気分を、今の女優さんたちと一緒に味わって、ちょっと原点回帰する映画作りでした。あと、タイトルが先行だったんですよ。鹿児島から帰ってきて、ストーリーはまだ明確ではなかったけれど、タイトルだけ先に浮かんだんです。空もきれいだったし、海も美しかったし、「なんかずっと青を見ていたな…」という印象から、『青すぎる、

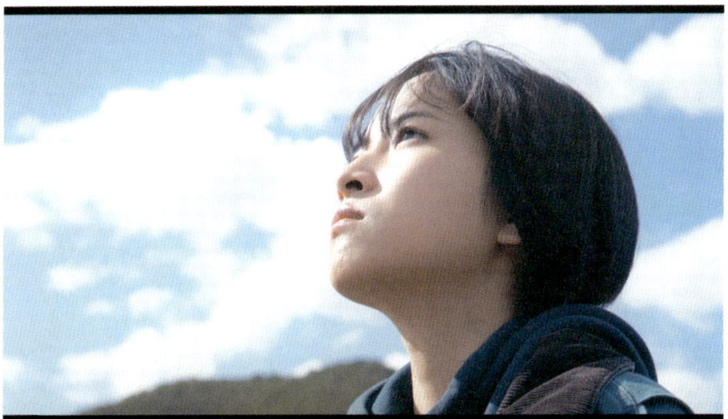

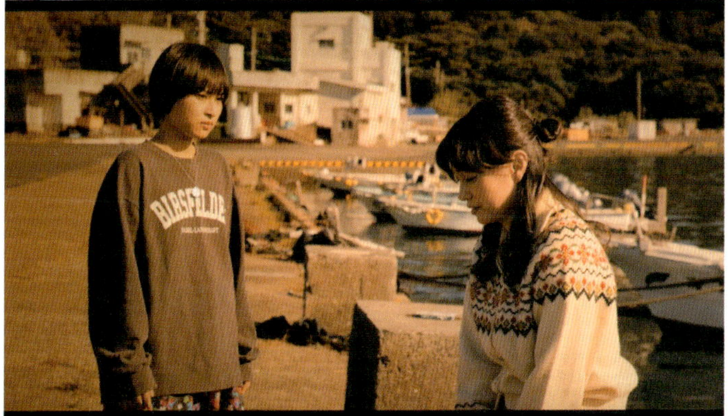

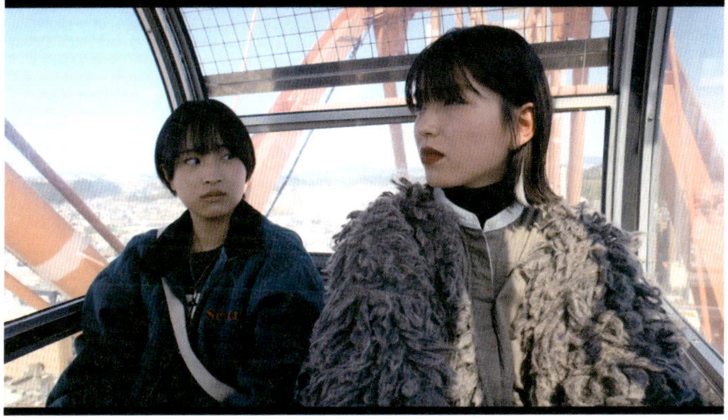

『青すぎる、青』

上大迫祐希　原 愛音　肥後遼太郎

松元裕樹　まっぴーさくらじま　森 優稀　三浦結愛　穂原康博　新名真郎　田中千枝子
逢澤みちる　／　窪塚俊介　佐伯日菜子

監督・原案：今関あきよし

脚本：小林弘利／音楽・MA：種子田博邦／エグゼクティブ・プロデューサー：嶋田 豪 肥後潮一郎／プロデューサー：星野晴美 西田建一／鹿児島弁監修：西田聖志郎／撮影・編集・VFX：三本木久城（JSC）／録音：寒川聖美／美術：塩津洋一／主題歌「palette」作詞・作曲・歌：よしむらさおり／SPECIAL THANKS：小牧醸造株式会社／協力：鹿児島市 羽子田幸一／ロケ協力：鹿児島レディスカレッジヘアーアート学科 株式会社マツモト工芸ドローン事業部／制作協力：南大隅町開発株式会社 かごしまフィルムオフィス／制作・配給：アイエス・フィールド／製作：「青すぎる、青」製作委員会

2023年／日本／カラー／103分／アメリカンビスタ／ステレオ／G

配給：アイエス・フィールド

※上映情報は、公式SNSなどでご確認ください。

＜公式WEBサイト＞http://www.is-field.com/ao/

＜公式Twitter＞@aosugiru_movie　＜公式Instagram＞@aosugiru_movie

青』としました。そこからストーリーを逆算して、漠然とキャラクターが見えてきて、場所は鹿児島の市内と南端に振り分けたストーリーにしたいと小林君に伝えました。

――鹿児島のロケで印象的な場所はありましたか？

今関　名山堀の辺りは良いよね。あと、その近くにあるのがレトロフトです。アーティストが中心に住んでいるアパートで、何をやっても良いんですよ。あの建物の屋上を見つけた時に、「ここなら、ドラマが出来るな」と思いました。屋上からは鹿児島ＮＨＫや桜島が見えて、横には山形屋が見える。そして、佐多岬の方はかなり遠い場所で、市内の人でもあまり行くことがないようです。同じ鹿児島なのに、ずいぶん違うと思いましたね。そこでガジュマルの木を見つけたのですが、あそこだけでも映画になるような良い場所でした。僕は場所からイメージを得ることが多いんですよ。『恋恋豆花』を撮った台湾もそうだし、ウクライナのクレヴァニもそうでした。その場所から想起されるイメージで映画が展開することが多いですね。

――なるほど。そんな鹿児島で美巳が不思議な体験をするところから本作ははじまります。日常世界ではない、どこか向こう側に気持ちがいく様子を感じられました。

今関　男の子の声や姿、運動会の音など、普通は見聞きできないものが美巳には聞こえたり、見えたりします。脚本の小林君と話したのは、完全なファンタジーではなくて、日常に根づいたファンタジー。「潮の匂いがしながらもファンタジー」というのが、僕の好みではあります。何か不安定だったり、心がモヤモヤしているときは、実際に見えていないものを見たり、感じられないものを感じたりするでしょう。そういう敏感な時期を描いてみたいと思いました。

――美巳のモヤモヤには家族も影響していますね。父親が亡くなってしまう。そして、突然に家にやってきた伯母さんとわだかまりがある。でも、伯母さんの過去の話を聞いて、それぞれの人生に大変なことがあることを知ったりもする。

今関　大人にもある混沌とした何かを彼女に見せたいと思いました。大人の面倒くさいことを垣間見せて、だんだんと分からないものが増えていく。その方が良いと思うんです。明快に答えが出ることは、この世の中、そうそうないじゃないですか。それでも生きていかなければならない。大人にならなければいけない。突然に現れたＵＦＯも同じで、あれが何だったのかに答えを出しても意味はないんです。「全部放り投げて終わろう」というのが、小林君と僕の中にはありました。はっきりした映画の方が若い人に受けるとみんなは言います。でも昔は、「観てくれたあなたにお任せします」という、余韻を持った終わり方の映画が多かったじゃないですか。今は、それだと文句を言われるというけれど、たまには良いんじゃないの？　と。ストーリーだけを観るために映画はあるわけじゃない。ただ、スクリーンの中に、「こういう女の子と男の子が存在していた」ということをリアルに感じられる体験も良いだろうと思います。

――本当ですね。そして終盤では美巳の思いが溜まっていって、佐多岬へと走っていくシーンが印象的でした。思いが先行して身体が動いてしまう感じがします。

今関　ただ目的地に行きたいだけだったら、車を使った方が速い。でも、何か飛び出したい…青春っぽいというのかな。若い頃、いろいろなことを悩んで、夜中に意味なく、うろちょろすることがありますよね。ただ、自動販売機でジュースを買ってくるだけだったりするんだけれど。衝動みたいなものですね。身体を使い切りたいという感覚。両親のこと、これからのこと、そういう日常の

MAKING

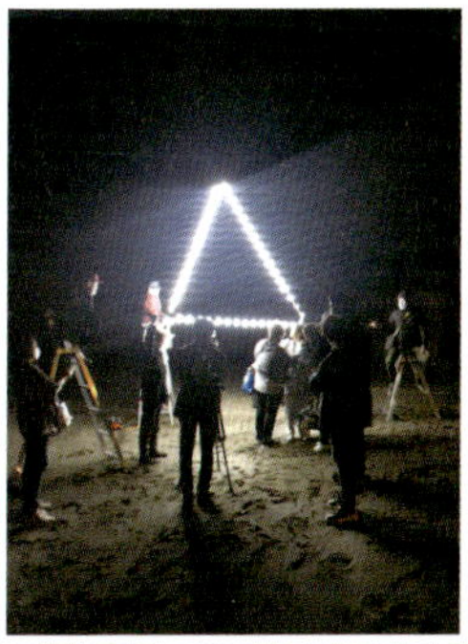

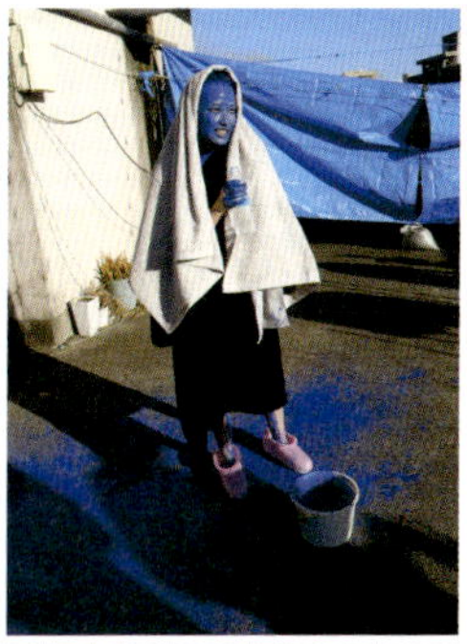

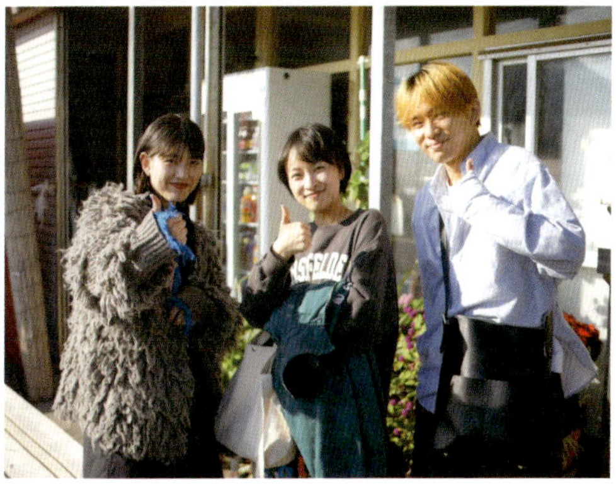

『青すぎる、青』
撮影風景

夜の佐多岬で美巳の前に現れた光る物体は、実物大で本当に作られたもの。幻のような存在が、実際に形を持って美巳役の上大迫祐希の前に登場したことは、映画を作る上で特別な力を持ったことだろう。また、青い絵具も、しっかりとリアルに映える色だったことがメイキング風景から感じ取れる。この物質的な存在感が、映画の幻想や抽象を作り上げるのだと思うと興味深い。友人の希良役の原愛音と上大迫祐希が仲良くする様子も微笑ましい。

うざったいものがまとわりついて、整理出来ない。一番面倒くさい時期ですよね。大人になれば、それを論理立てて、一つずつ解決するんだろうけれど、この頃は、答えを求めて考え続けてしまう。同時に幾つも考えこんでしまったら、すごくパニックになると思います。大人になると、「考えても仕方がない。時間が解決する」と言って捨ておいて、「これだけどうにかしよう」と割り切ったりするけれど、そういう整理を、まだ「するのが嫌だ」という頃なんじゃないかな。

――走ることで、まとわりつくものを突破したい！　という思いですね。

今関　『LAIKA/ライカ』でも観覧車を出したけれど、高いところも良いんですよね。展望台から街を見渡すことで、モヤモヤしたものを発散できたりする。内向的とは言わないけれど、抱えてしまうタイプの子だから。希良とはそこが違う。こういった内面に迫るのは、やりたかったことです。そして最後は青いペンキを被って…。これも大変でした。三日くらいは青が取れませんでした。鼻や口の中にも絵具が入ってしまったから、鼻をかむと、ずっと青い色が出ていたようです。アクリル系の絵具で、結構強いんですよ。でも薄めてしまうと、肌についたときに汚い青になってしまうから、ちゃんと「ブルー」になるものを選んだんです。

――青はタイトルになっていますし、本作のテーマですよね。作中で希良がそれとなく触れるイヴ・クラインは青について「宇宙の神秘的なエネルギーに通じる最も非物質的で抽象的な色」と表現していますよね。今関さんの青のイメージはどういうものですか？

今関　「青すぎる、青」の究極は「宇宙」ですね。高い山に登っていくと、どんどん空が黒くなっていく。酸素マスクをつけて登るような山は、頂上は真っ暗です。「青すぎる、青」は「宇宙」なんだけど、黒ではない。黒は光のない世界ですから。あと、今回とらえた青は「湿度がある青さ」です。

――希良は、キャンバスに青を引き寄せようと何枚も描き続けて、美巳は自分が青になったという違いも印象的でした。

今関　希良も、美巳がただ走っていたように、ただ青に走っているだけだと思いますよ。無我夢中で、「青」なんです。探求しているというよりは、「ただ青」。美巳が青になってしまうのは、ヤケクソ気味な終わり方ではあるけれど、「吹っ切れた感」を出したいと思いました。例えば「悩んで悩んで死を選ぶ」というよりは、「転んでちょっと血が出てしまった」という感じなんですよね、あの青は。

――なるほど。序盤の美巳は自分の過ごした土地の写真をいっぱい撮っていたので、日常のいろいろなものを、自分の世界に繋ぎとめようとしているのかな、と思ったのですが、最後にそのすべてを吹っ切り、突っ走りましたね。その先の宇宙みたいなものが卒業制作になったんですかね…。空や海の青を含めて、鹿児島の映画を見ることができて良かったです。

今関　そうですね。観光映画ではなく、「撮っていたら、写っていた」風に見せられて良かったです。「フェリーから見える桜島」というようなナチュラルな感じで出来ました。

――そして、『しまねこ』という映画も準備中と聞きました。どんな作品ですか？

今関　今、絶賛仕上げ中ですが、すごく面白いですよ（笑）。

――舞台は岡山県の北木島。石の島として有名ですね。

今関　岡山の瀬戸内海にある島ですね。石で有名で、靖国神社の柱石も北木島から運んだものがあります。この作品はぜひ見て欲しいと思っています。全編、字幕つき。女の子がニャーニャー言っているだけに見えるけど、ちゃんと、濃いドラマがあるんです。

――セリフが日本語ではなくて、ニャーという鳴き声だというのはホントなんですか？

今関　そうです。主人公の三人が、猫の鳴き声でニャーと言って、言葉は話しません。捨て猫の話で、結構切ないんですよ。字幕も普通に出すだけなら誰がしゃべっているのか分からないから、「この子はピンク、この子はミントグリーン」というように色をつけて、文字が出る場所も変えています。三匹が同時にニャーニャー言っていたら、誰がしゃべっているか分からないでしょう？　発想したのは良いけど、実際にやり出すと大変だった。

――どうして、その島で、猫にしようと思ったんですか？

今関　島に行ったときに猫がいて「何でこんなにいるの？」と聞いたら、「漁村だから、ここに捨てたら良いんじゃないか、と捨てていく人がいるんですよ」と。ひどいでしょう？　魚があるから、猫は生きられるだろうという勝手な思い込みです。現実には、飼われた猫は、泳いでいる魚は食えません。魚が嫌いな猫もいますしね。今回は捨て猫たちを主人公にしているのですが、虐待されて捨てられたのに、やっぱり主人を想っている猫がいたり、いろいろなドラマを描きます。

――それが、猫語で語られるわけですね？

今関　世界初の猫語映画ですから（笑）！　全員が完全に猫語を暗記したんですよ。適当にニャーニャー言うだけだったら、相手が何を言っているのか分からなくて芝居にならないんですよね。「ふざけんなよ！　お前、あの時食べたよな？」「あ、そういえば食べた」という会話を猫語に変換していて、脚本には日本

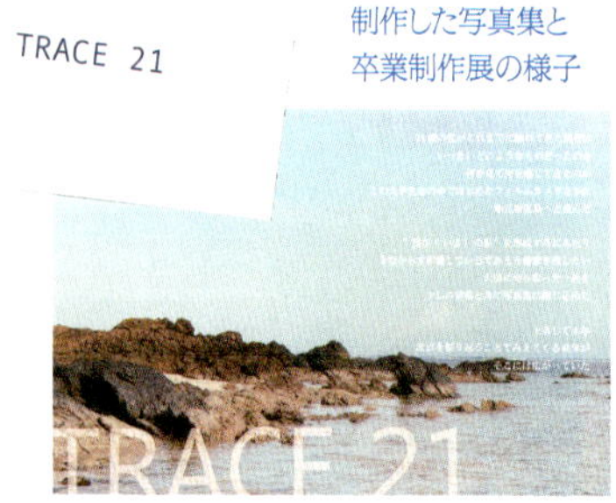

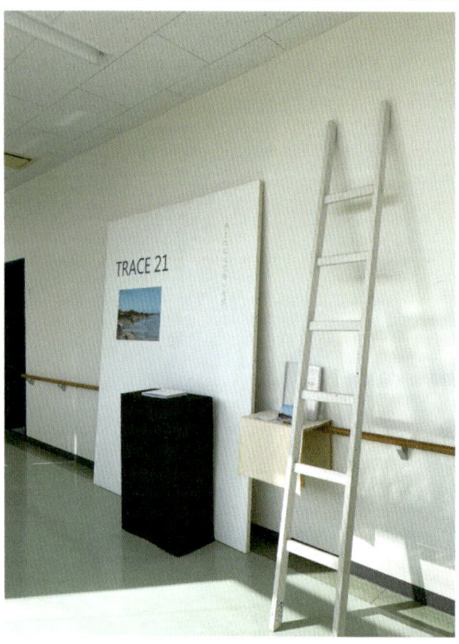

制作した写真集と卒業制作展の様子

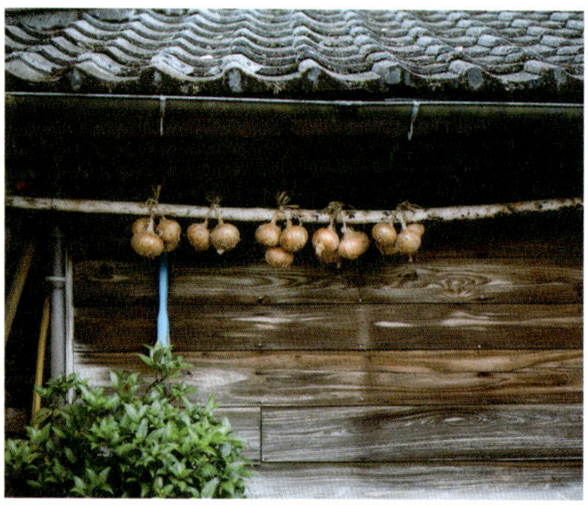

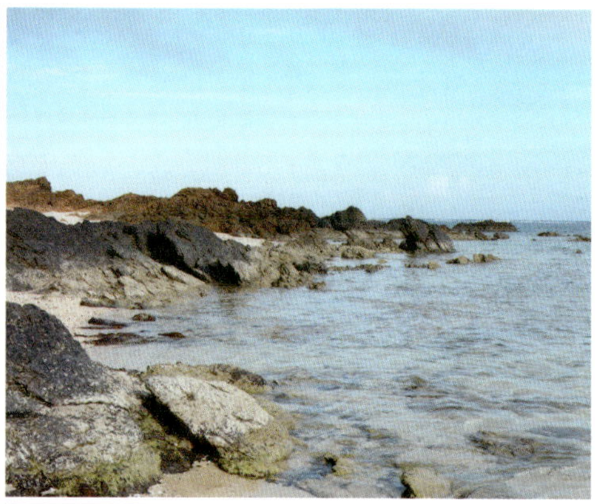

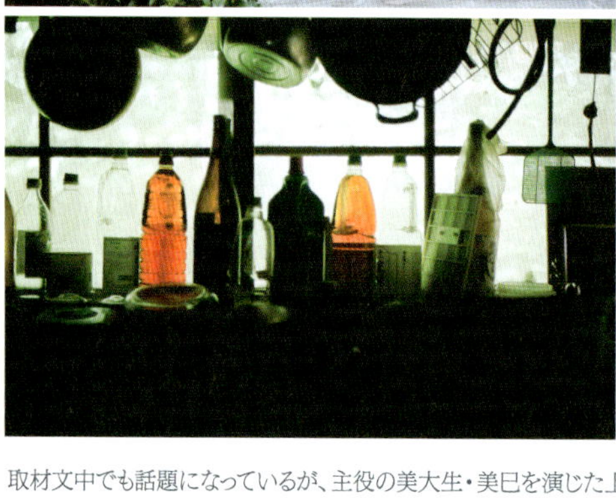

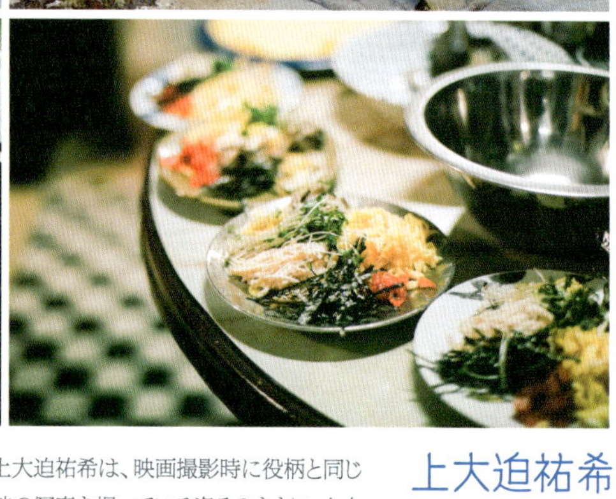

上大迫祐希 写真作品

取材文中でも話題になっているが、主役の美大生・美巳を演じた上大迫祐希は、映画撮影時に役柄と同じ「卒業制作をつくる」状態にあった。映画の序盤で美巳が身近な土地の写真を撮っている姿そのままに、上大迫祐希も卒業制作のために鹿児島の風景を撮っていたという。映画公開記念として、地元の鹿児島と東京の二か所で写真展も開いていて、彼女の表現活動の一つにフィルムカメラがあると言えよう。

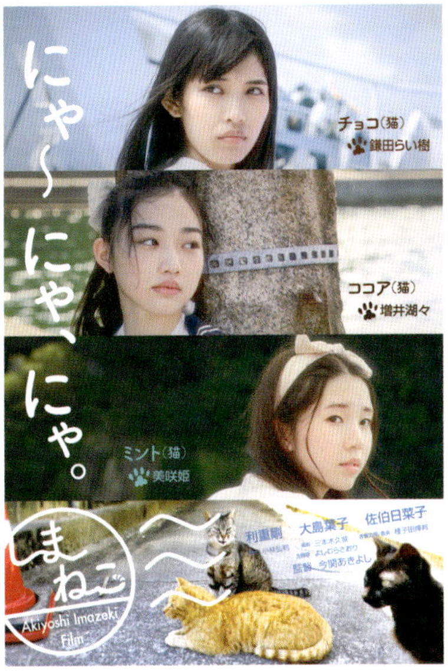

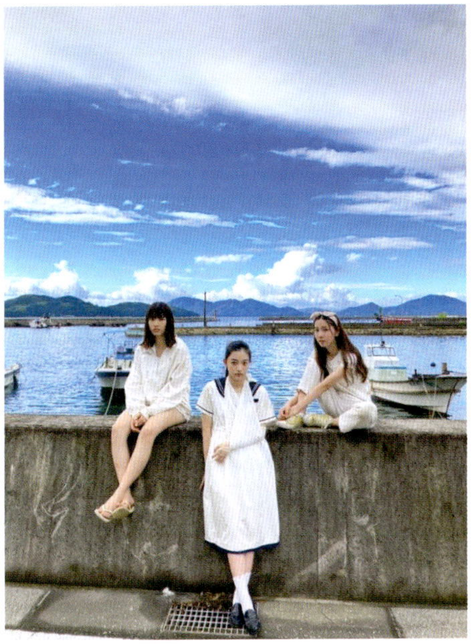

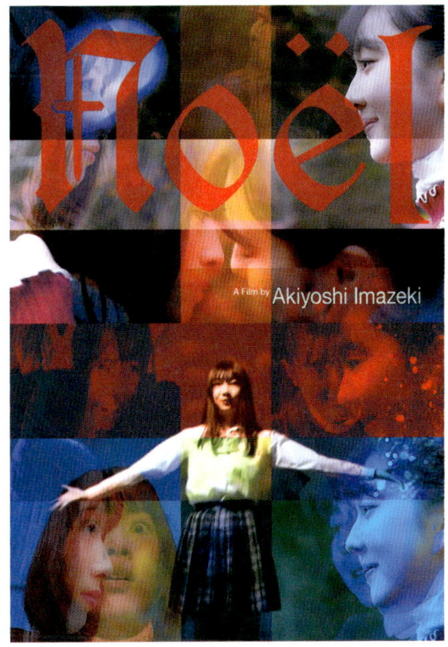

『しまねこ』

『しまねこ』は岡山県の北木島を舞台に、3匹の捨て猫の姿を描く作品。猫は3人の少女たちが演じて、セリフは全編「ニャー」という猫語。それゆえに字幕が付くという異色作。鎌田らい樹、増井湖々、美咲姫が猫を演じる。

『Noël（ノエル）』

『Noël（ノエル）』は、学校で飼育していたウサギを殺してしまった少女たちを描く短編のホラームービー。実験的な照明の使い方も見どころ。上田彩華、仁科かりん、ナナエと、スーツアクターとして原田親が出演。

『しまねこ』、『Noël (ノエル)』、『イェン(顔)さんの仕事』の上映情報は、今関あきよし監督のSNSでチェック! 【X】@kalinaringo

語と、ニャーニャーという猫語を並べて書いています。セリフの内容とニャーが一致していないとダメなんです。最初は、僕も適当にしゃべれば良いや、と思っていたんだけれど、練習したら、出来ない！ それはそうか、意味がなければ感情も入れられない。これは日本語もきちんと決めないとダメだな、と。あと、実際の猫は「ニャー」とはあまり言わなくて、「ミー」とか「グギャー」とか、犬みたいな発音もします。脚本の小林君は猫を飼っているので、「小林君、悪いけど、猫語も書いてくれる？」と伝えて、細かく文字にしてもらいました。だから、その脚本を完全に暗記しないと芝居が出来ないんです。現場で「このシーンを通しで撮るよ」と言って、「ギャー」とか「ニャー」とか言って喧嘩していたとき、ふと芝居が止まってしまった。「すみません、この子、セリフが抜けました」「どこ？」「三行目のニャーです」「え？ ニャー？ どこだ…ああ、ここが抜けたのね？ じゃあ、この前のニャーから行こうか」みたいな（笑）。言葉の分からない外国で映画を撮っているようなものですよ。でも、若い子は頭が良いから、最終的には全部入れてくれました。

――すごいですね。どんな風になるのか観るのが楽しみです。

今関 たぶん、最初の五分くらいは「ん？」と思う。でも慣れてくると、本当に普通に見られますよ。主役の三人とも、「意外と普通に見られますね」と言っていました。

――それが映画のマジックですね。そして、『Noël（ノエル）』というホラー映画も準備中なんですよね。

今関 もうすぐ完成します。だいぶ前に撮っていて、完成が遅れていました。ウサギの呪いの話です。小学校時代に、飼育係の女の子二人がウサギを殺してしまったんです。そのトラウマを持っている女の子たちの友情や嫉妬の感情がホラーになっていきます。心理ホラーと言えますが、ウサギの着ぐるみも出てくるし、「怖がって良いのか、どう見て良いのか分からない」みたいな映画にしたいと思っています。結構カオスです。

――カオスなホラーですか。そしてもう一作、台湾で撮影した作品があるとも伺いました。

今関 それも編集はほぼ終わっています。台湾で活動する手描きの映画看板師のドキュメンタリーです。日本も含めて、世界的にもそういった職業の人はほぼいなくなりつつあります。でもこの顔（イェン）さんは、リアルに毎週毎週描いている。今回は映画『THE FIRST SLAM DUNK』を描いているところを撮らせてもらいました。描きはじめから、描き終わって、それが映画館にかかるまでを撮っています。イェンさんは一八歳からずっと看板を描いていて、今は八〇歳近くかな。映画以外の看板もあって、グッチなどの広告看板も描くし、イギリスのロックバンド「コールドプレイ」の看板も描く。もう有名なので、「台湾テイストの手描きで描いて欲しい」とオファーが来るそうです。政治家も選挙ポスターを依頼しているし、ウィル・スミスも会いに行っています。今回のドキュメンタリーは『顔（イェン）さんの仕事』というタイトルで、イェンさんの故郷にも行って、生い立ちをたどったりしています。あと印象的なのは、こういった映画の看板を描く仕事は、仕上げた絵が残らないんだよね。次の作品をその上から上書きして描いてしまうから。「もったいないと思わない？ これは残したいということはない？」と聞いたら、「たまにある」と。今時だから、ちゃんとスマホで撮って残してはいるけれど、三回くらい上塗りした方が描きやすいんだそうです。その状態が一番安定して描けると言っていました。だから絵はどんどん消えてしまう。描き方については発見もあって、絵を描く人は特に面白いと思いますよ。僕も単純に撮りたくて撮った作品だから、作っていて面白かった。早く皆さんに見せたいですね。『しまねこ』と『顔（イェン）さんの仕事』は、本当に自分がやりたかった企画なんです。作れて良かったなあ、と思います。

――今年はたくさんの作品を見られそうで楽しみにしています。近年はハイペースに制作されていますね。

今関 ベトナムでも一本撮りますよ。企画が動いていて、三月くらいにロケハンに行きます。三〇分くらいの短編ですけれどね。

――『青すぎる、青』に続いて、『しまねこ』や『顔（イェン）さんの仕事』も楽しみにしています。本日はありがとうございました。

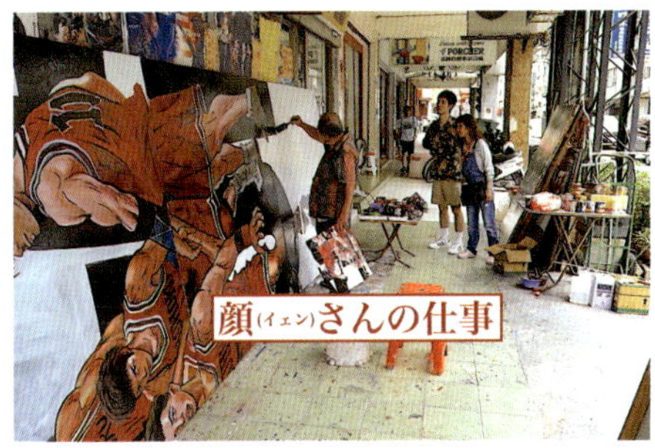

『イェン(顔)さんの仕事』

『イェン(顔)さんの仕事』は、台湾で50年以上も看板絵師として活動するイェンさんの姿をとらえたドキュメンタリー。映画の看板を絵具で描く仕事は世界的に衰退しており、貴重な記録となっている。

いまぜき・あきよし／1959年生まれの映画監督。映画作家の故大林宣彦に師事。高校時代の1975年頃から自主制作で8mm映画を作り始める。『アイコ十六歳』で商業監督デビュー。『グリーン・レクイエム』『ツルモク独身寮』『すももももも』などの話題作を手掛け、海外を舞台にした『カリーナの林檎～チェルノブイリの森～』『クレヴァニ、愛のトンネル』『LAIKA/ライカ』『恋恋豆花』や、近年は『釜石ラーメン物語』『青すぎる、青』を発表して旺盛な活動を見せている。

こんばんは！『Shop S』キャストの絵寿美子です！本日も素敵な商品をたくさん取り揃えて、ご紹介いたします～！

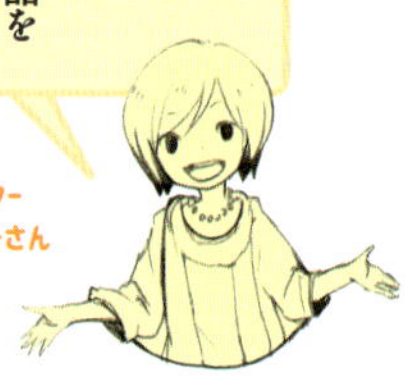
ナビゲーター 絵寿美子さん

今回、ご紹介するのはコチラ！2024年3月1日(金)より放送を開始の、「サイエンスSARU×MBS オリジナルショートアニメ大作戦！」です!!

アニメーション制作会社「サイエンスSARU」のイチ押しクリエイターが90秒アニメを制作♡

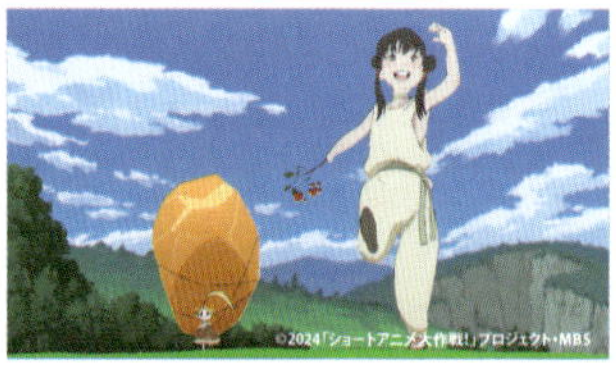

「オオクニヌシとスクナビコナ」

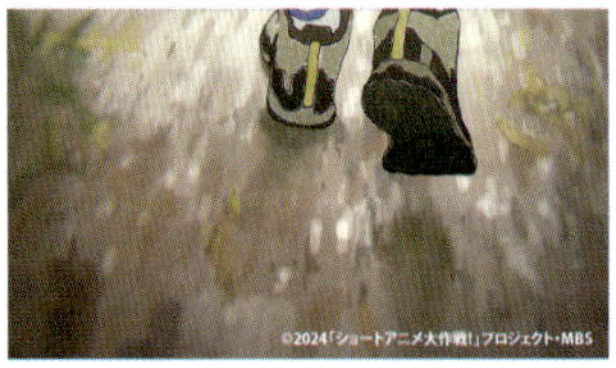

「パンテオンの鳥」

参加クリエイターは「オオクニヌシとスクナビコナ」の横山彰利（監督）×森久司（キャラクターデザイン原案）、「MOON」の木下絵李（監督）、「パンテオンの鳥」のEunyoung Choi×村越麻海（監督）などです♬

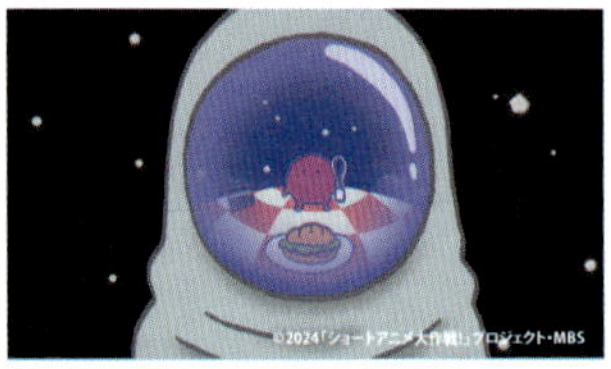

「MOON Episode 1 Sandwich」

アニメは深夜1時50分ごろ、MBS／TBS系全国28局ネットスーパーアニメイズムおしり枠にて放送中です！

また下段にある、宇宙のどこかで暮らす生きものたちの日常が描かれた作品「MOON」をご覧くださいませ～。ときおり見える、ワンちゃんのお顔に癒されますねぇ♡

「ショートアニメ大作戦！」公式HP

MOON

「MOON Episode 2 Camping」

3月15日(金)
25時50分頃放送
〈スタッフ〉
監督：木下絵李
キャラクターデザイン：木下絵李
絵コンテ：本橋茉里
演出・アニメーション：Nick McKergow
美術監督：河野 羚
色彩設計：辻田邦夫
撮影監督：富崎杏奈（アニモキャラメル）
編集：金堂公亮
音楽：Louie Zong
音楽プロデューサー：遅沢 淳（GRANDFUNK INC.）
音響監督：木村絵理子
アニメーションプロデューサー：崎田康平、橋本拓明

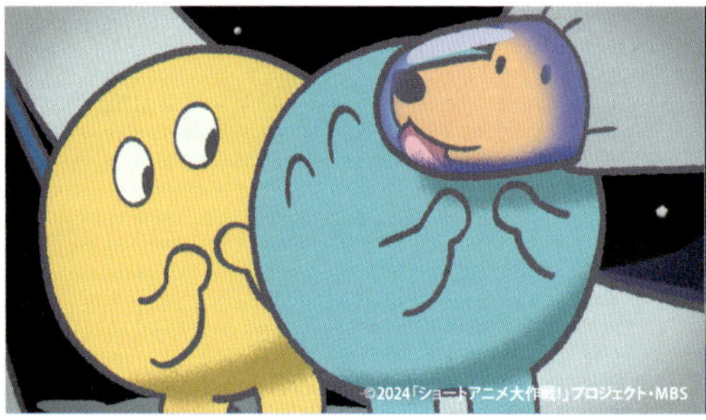

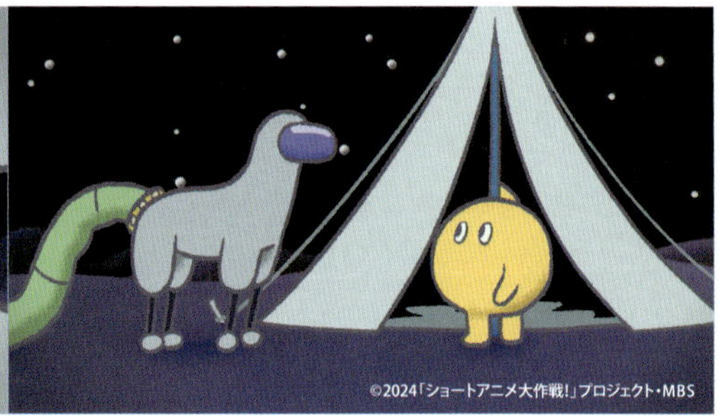

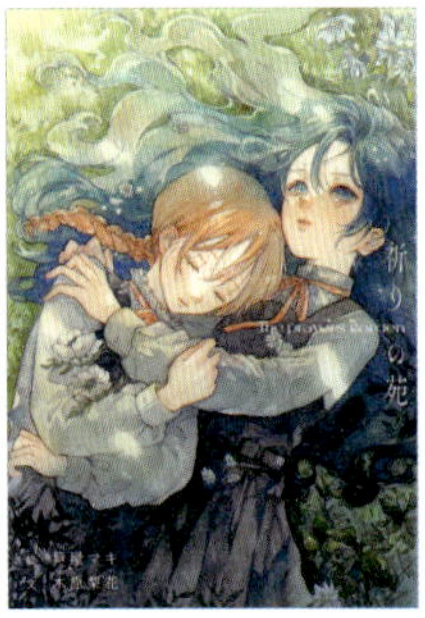
『祈りの苑』
原作：木原梨花
作画：芦屋マキ
価格：3,300円（税込）
発行：主婦の友社

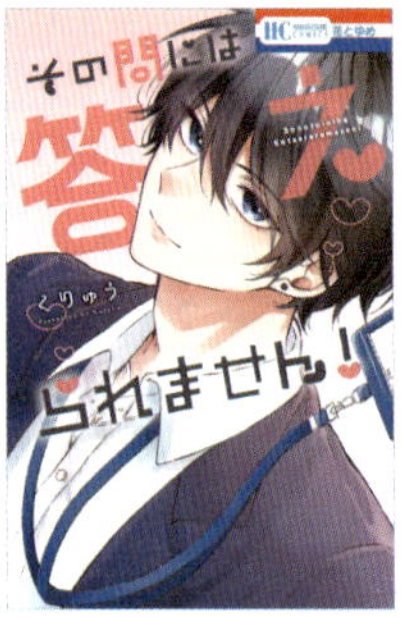
『その問には答えられません！』
著者：くりゅう
価格：528円（税込）
発行：白泉社

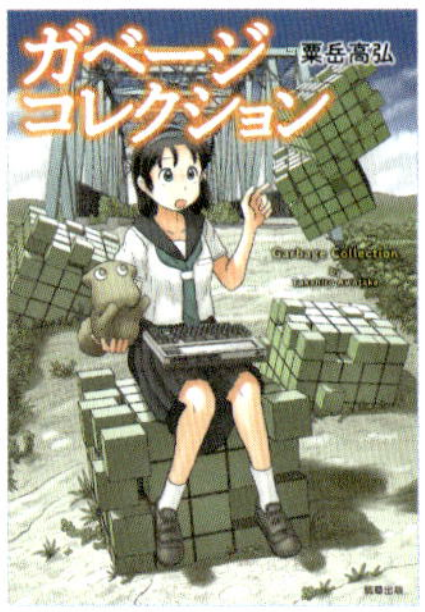
『ガベージコレクション』
著者：粟岳高弘
価格：1,100円（税込）
発行：駒草出版

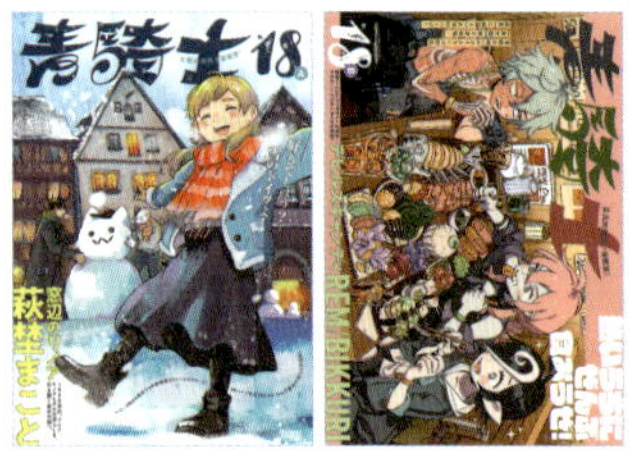
「青騎士　第18A号」「青騎士　第18B号」
編：あすか編集部
価格：660円（税込）　発行：KADOKAWA

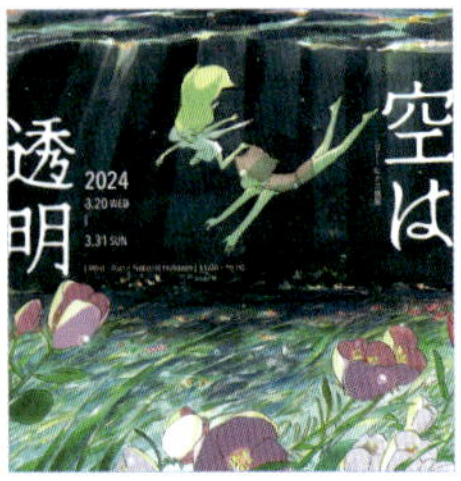
ゴトーヒナコ個展「空は透明」
■日時：2024年3月20日（水）～31日（日）
【店頭営業日時】毎週水-金、土日祝：11時～18時／月火：定休
【夜の特別営業日】3月21日（木）、28日（木）：18時～21時
■会場：Picaresque Art Gallery
〒151-0053 東京都渋谷区代々木4-54-7

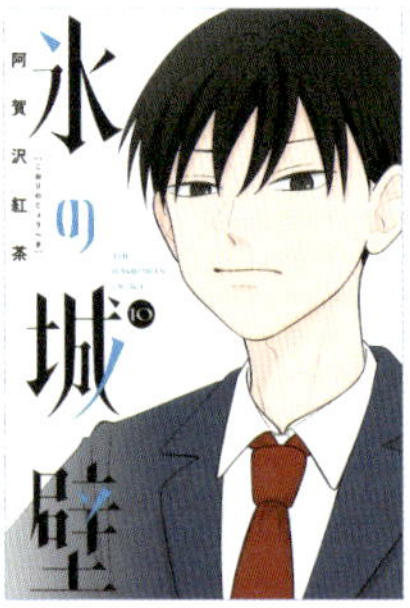
『氷の城壁』10巻
著者：阿賀沢紅茶
価格：990円（税込）
発行：集英社

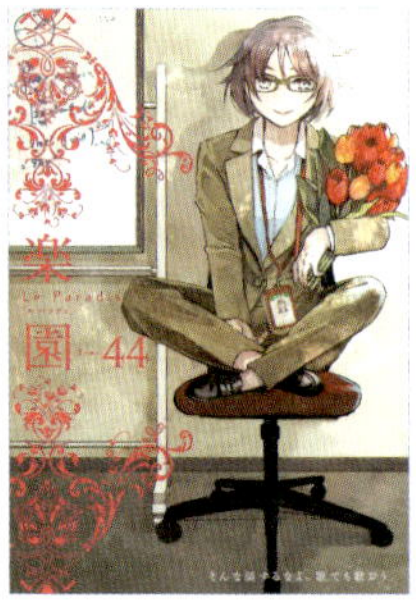
「楽園 Le Paradis」第44号
価格：968円（税込）
価格：白泉社

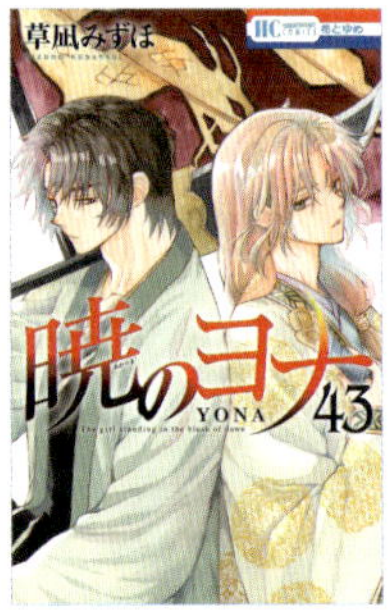
『暁のヨナ』43巻
著者：草凪みずほ
価格：528円（税込）
発行：白泉社

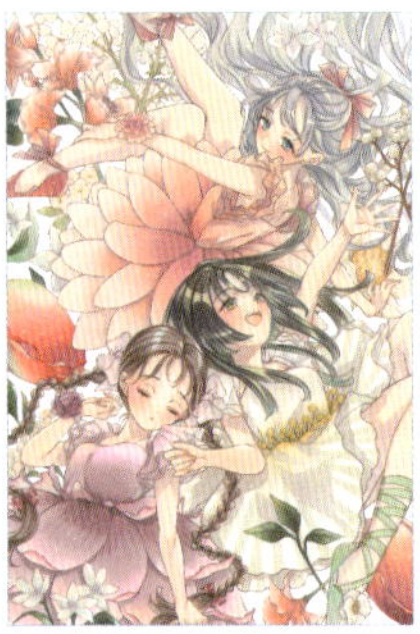
りーりん個展「Bouquet」
■日時：2024年3月12日（火）～3月17日（日）／11:00～19:00（初日13:00open、最終日16:00close）
■会場：キチジョウジギャラリー
〒181－0001 東京都三鷹市井の頭3-32-16 セブンスターマンション105

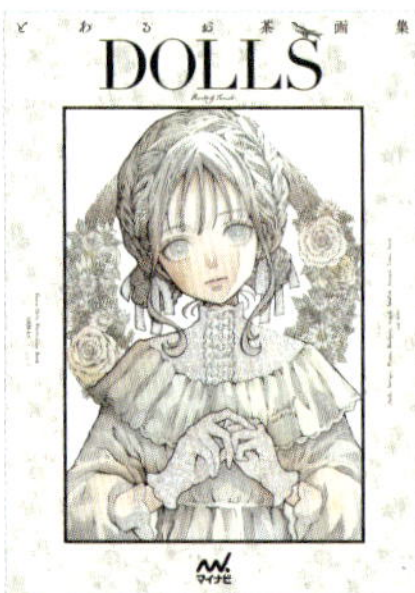
『とあるお茶画集 DOLLS』
著者：とあるお茶
価格：3,663円（税込）
発行：マイナビ出版

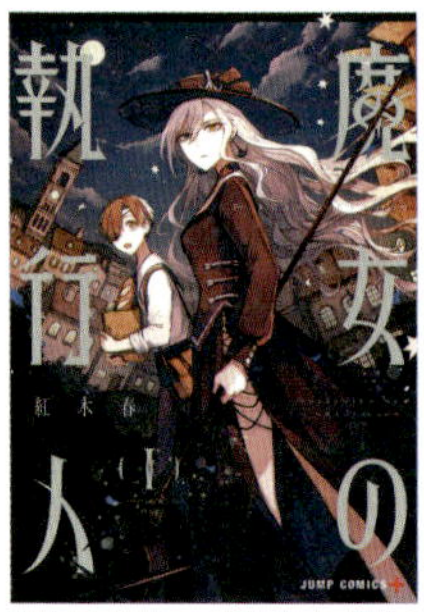
『魔女の執行人』1巻
著者：紅木春
価格：748円（税込）
発行：集英社

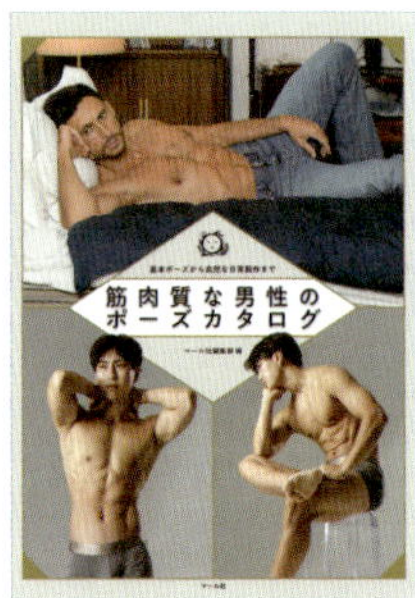
『筋肉質な男性のポーズカタログ』
マール社編集部 編
価格：2,860円（税込）
発行：マール社

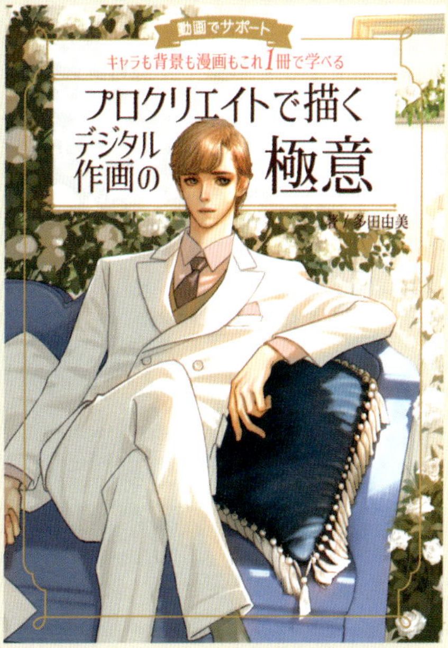

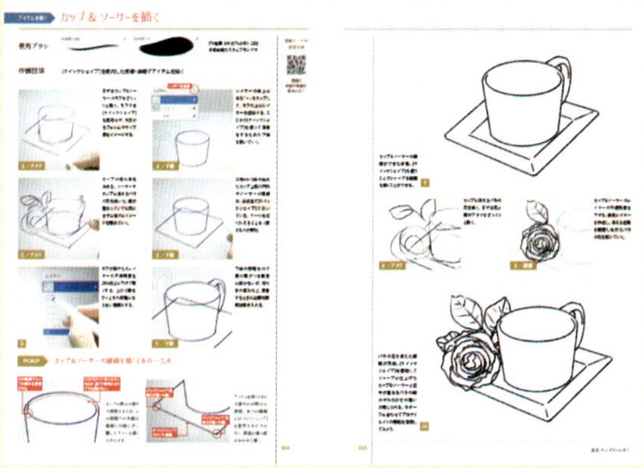

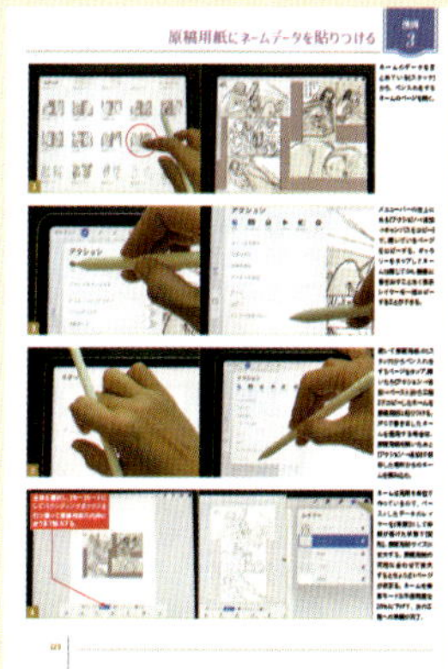

iPad だけでキャラも背景も漫画も描ける！ 動画で手厚くサポート！

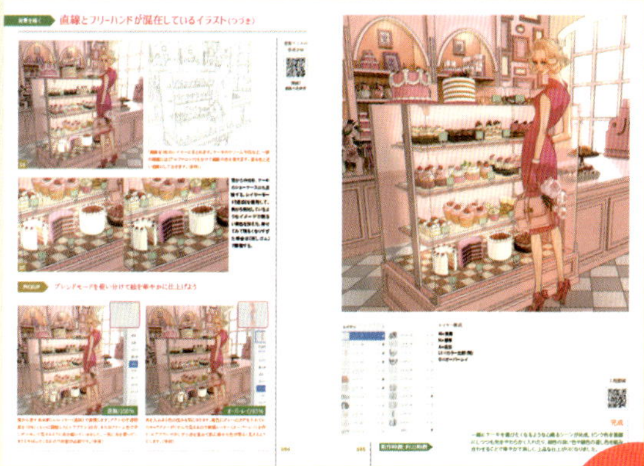

長年プロクリエイトを愛用する多田由美ならではのイラストや漫画制作に特化した活用術を余すことなく収録！ キャラクターのポージング、構図づくりの考え方、アオリとフカンの背景描写、光を描くときのコツ、ネームの作り方、漫画のペン入れ時に意識することなど、作画の極意を丁寧に解説！　実際に描く様子が見られる動画へのリンクも掲載しています。テキスト＋動画で学べる、かゆいところに手が届く技法書です。

動画でサポート
キャラも背景も漫画もこれ 1 冊で学べる
プロクリエイトで描く デジタル作画の極意

仕　様：B5 判（257 × 182mm）
　　　　ソフトカバー
　　　　フルカラー 160 ページ
価　格：本体 2,200 円＋税
ISBN：978-4-7562-5868-7 C0071
著　者：多田由美
発行元：パイ インターナショナル

【刊行記念】スペシャルワークショップ　2024 年 3 月 23 日・24 日開催！
詳しくはチケット販売サイトをご覧ください

3/14 発売！

イベント詳細

販売サイト

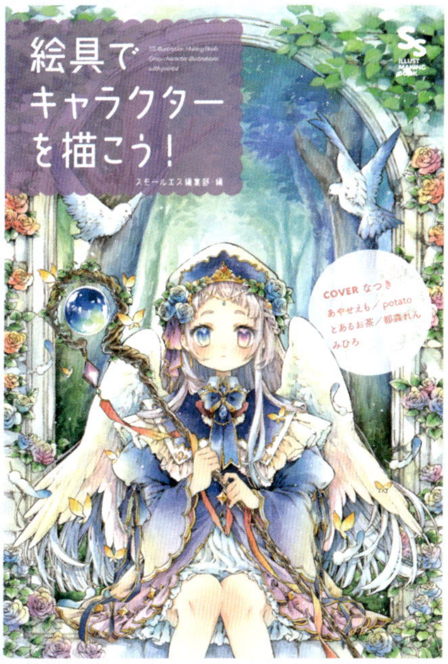

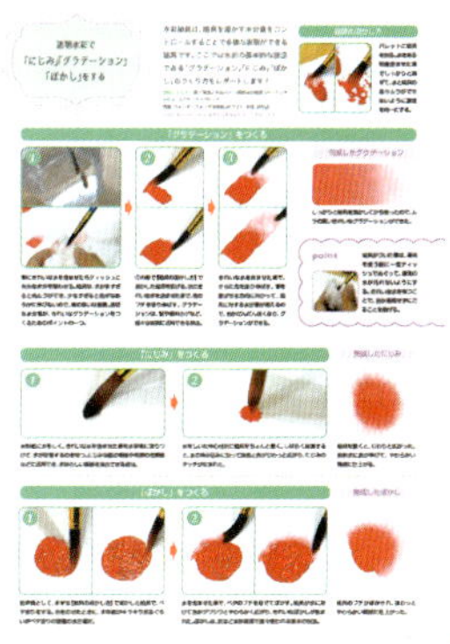

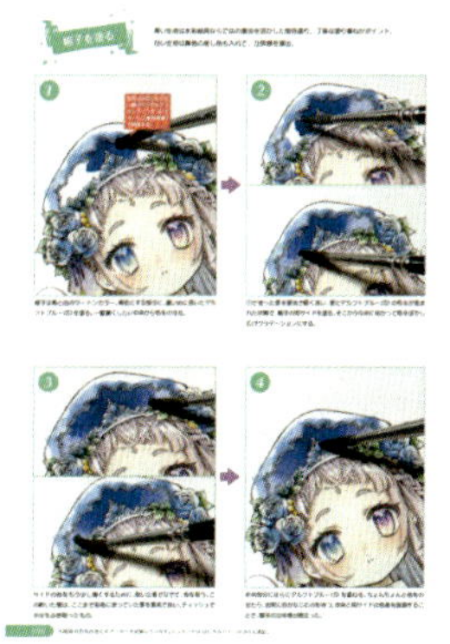

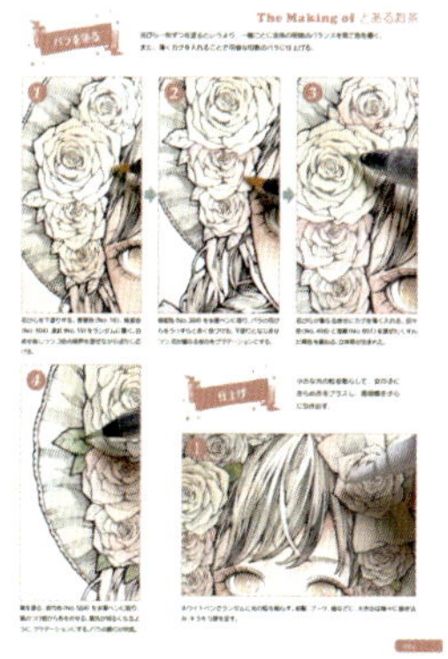

水彩・アクリル・顔彩…いろいろな絵具で、キャラクターを描いてみよう！

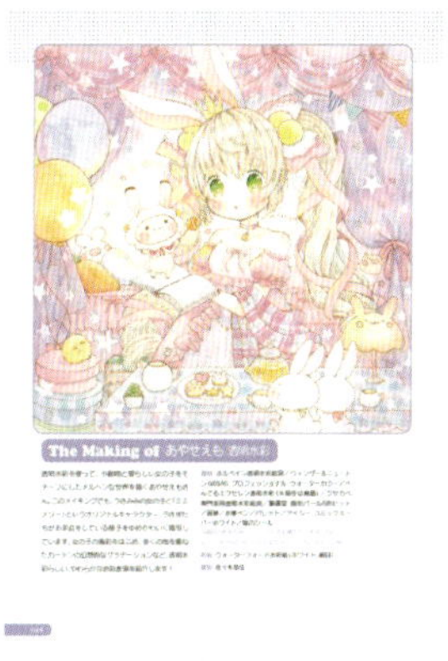

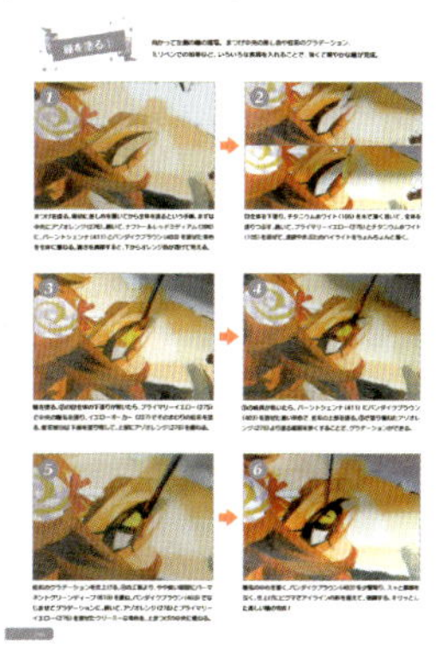

透明水彩やポスターカラー、つけペンを使いファンタジックなイラストを手掛ける作家・なつきの、表紙イラストメイキングをじっくり掲載！　また、人気作家 5 人による透明水彩や固形水彩絵具、顔彩、アクリル絵具などを使用したイラストのメイキング工程、イラストギャラリーページ、テクニックに焦点を当てた Q&A を掲載！

絵具でキャラクターを描こう！
~SS イラストメイキングブック ~

仕　様：B5 判（257 × 182mm）
　　　　ソフトカバー
　　　　フルカラー 112 ページ
価　格：本体 1,400 円＋税
ISBN：978-4-7562-5836-6 C 2071
編著：スモールエス編集部
発行元：パイ インターナショナル

好評発売中

販売サイト

◎表紙イラスト＋メイキング担当　なつき（透明水彩・ポスターカラー・つけペン）
◎メイキング収録作家　あやせえも / potato / 都森れん / みひろ / とあるお茶

okamaの楽しいまちづくり vol.20

街のこだわりカフェ 16

カラフルなおかしの国からメカニックな未来都市、
幾何学模様の惑星や温室のような学校など、
okamaさんが描く世界は、
見た事のないデザインに満ちあふれています。
「街のこだわりカフェ」をテーマに
店内の様子を描いていきます。
カフェの特徴やスタッフの衣装、看板メニューや
グッズなども考え、紹介していきます！

和菓子カフェ こさえ

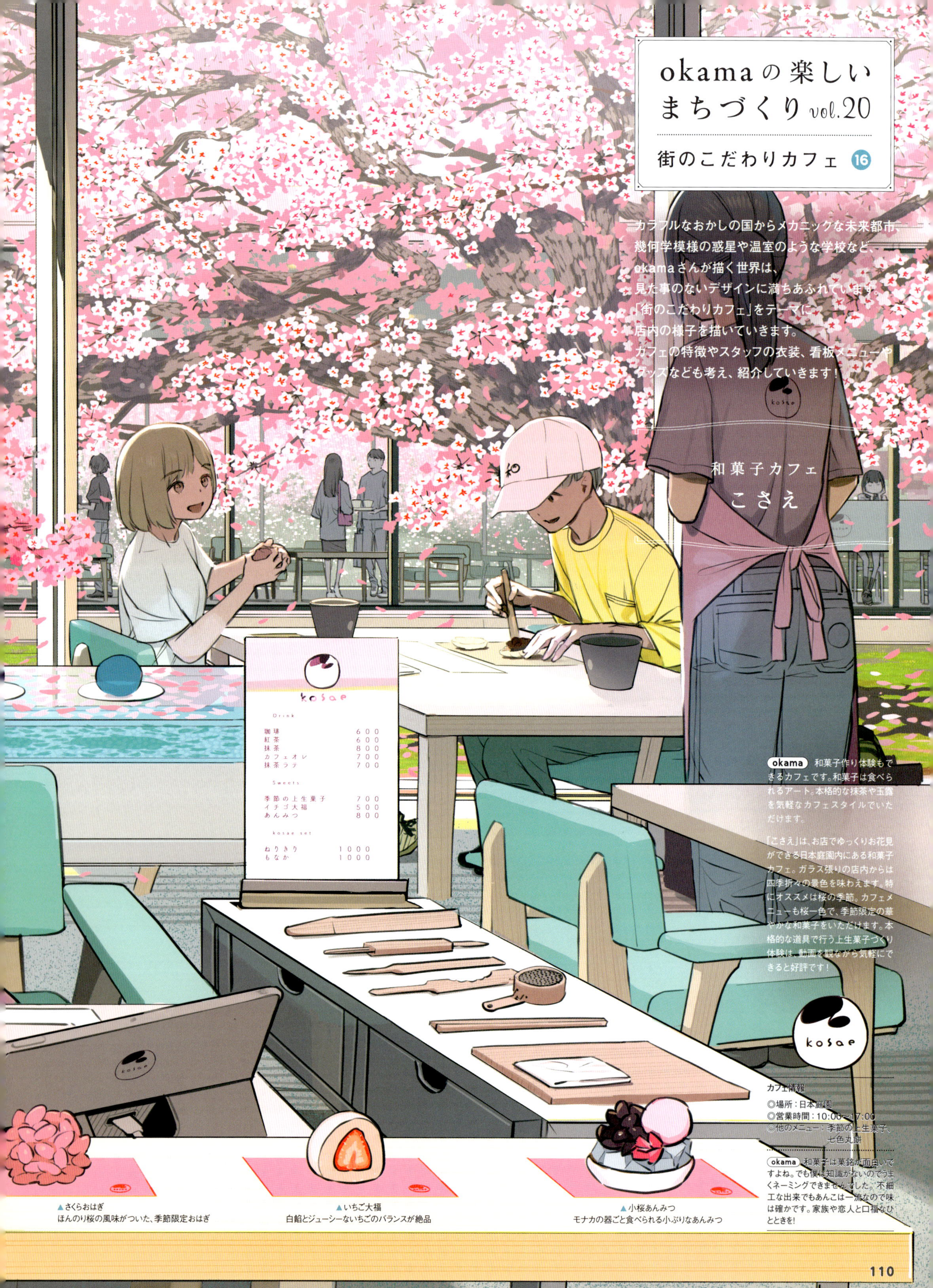

▲さくらおはぎ
ほんのり桜の風味がついた、季節限定おはぎ

▲いちご大福
白餡とジューシーないちごのバランスが絶品

▲小桜あんみつ
モナカの器ごと食べられる小ぶりなあんみつ

okama 和菓子作り体験もできるカフェです。和菓子は食べられるアート。本格的な抹茶や玉露を気軽なカフェスタイルでいただけます。

「こさえ」は、お店でゆっくりお花見ができる日本庭園内にある和菓子カフェ。ガラス張りの店内からは四季折々の景色を味わえます。特にオススメは桜の季節。カフェメニューも桜一色で、季節限定の華やかな和菓子をいただけます。本格的な道具で行う上生菓子づくり体験は、動画を観ながら気軽にできると好評です！

kosae

カフェ情報

◎場所：日本庭園
◎営業時間：10:00～17:00
◎他のメニュー：季節の上生菓子、七色丸餅

okama 和菓子は菓銘が面白いですよね。でも僕は知識がないのでうまくネーミングできませんでした。不細工な出来でもあんこは一流なので味は確かです。家族や恋人と口福なひとときを!

近況……okama【漫画】単行本1巻が発売中の『無冠の棋士、幼女に転生する』(うほごりくん・原作)を「ヤンチャンWeb」で月刊連載中! 「どこでもヤングチャンピオン」でも読めます。【書籍】季刊エス連載をまとめた『okamaの楽しいキャラづくり』も好評発売中。電子書籍版はAmazon(kindle)、BookLive!、ebookjapanなどで購入できます。

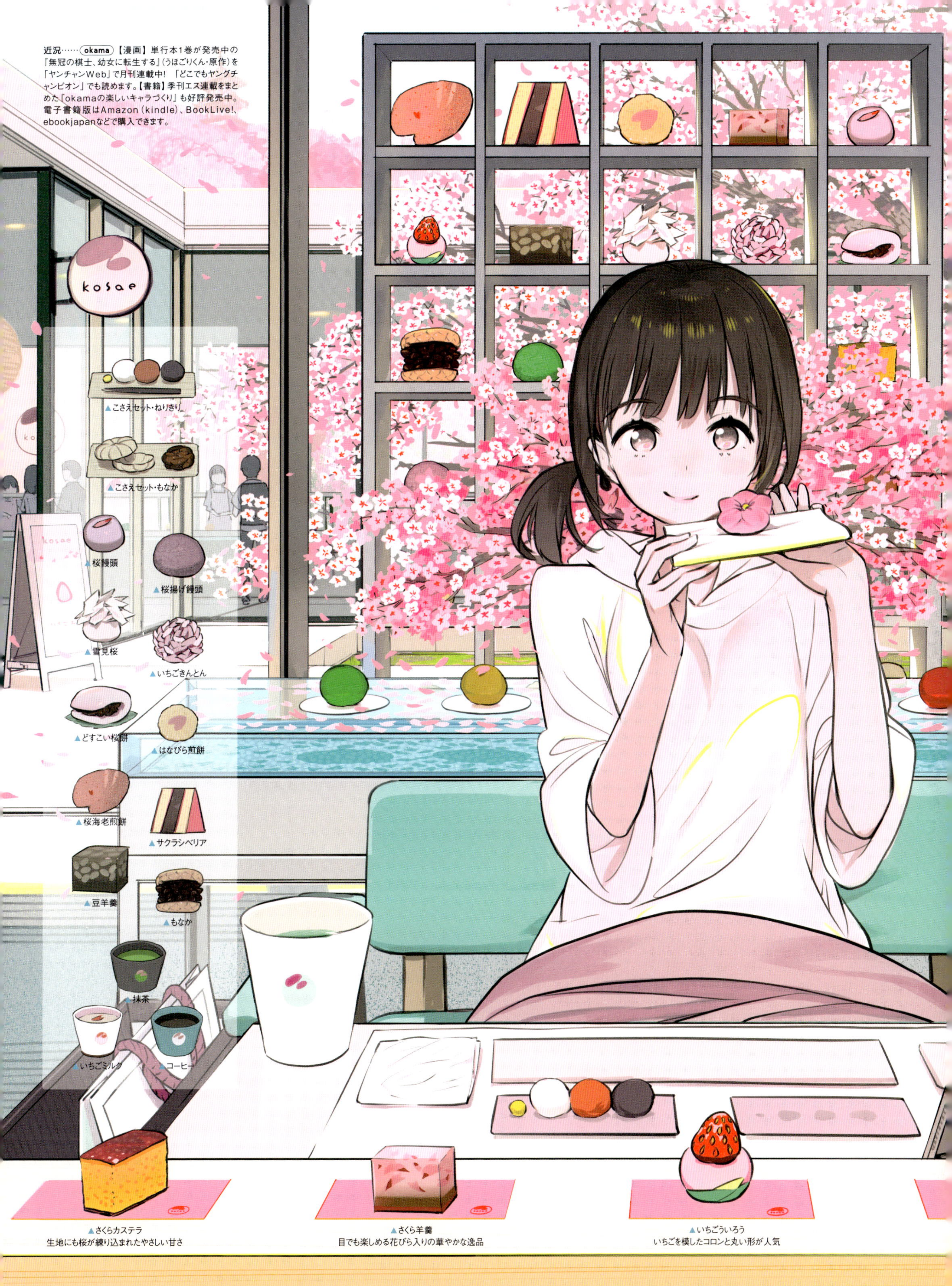

田中将賀のキャラクター赤ペン講座

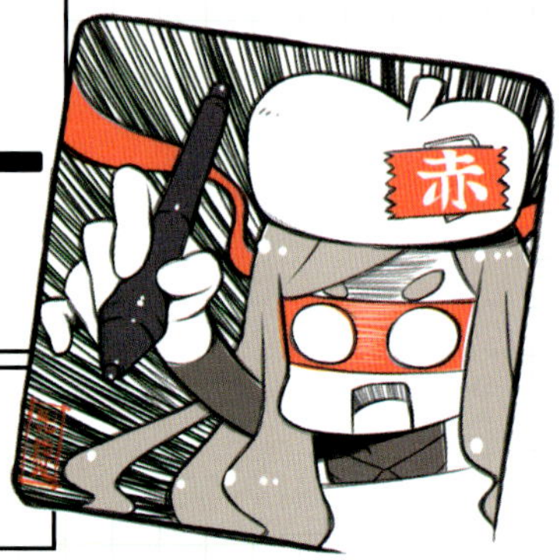

第30限目
「画面の余白について考えてみよう」

受講生
晴まひるさん

2024年秋にキャラクターデザインをつとめる新作長編作品『ふれる。』の公開が発表された田中将賀さん。これまでも『あの日見た花の名前を僕達はまだ知らない。』『とらドラ!』『君の名は。』『シン・エヴァンゲリオン劇場版:||』など数々のアニメで仕事をしている経験をふまえてアドバイスしてくださる特別講座です。田中さんならではの人体の構造や人の仕草、構図など多岐に渡って教えてくださいます。第30限目は、デザインの仕事に携わりながらイラストを制作している「晴まひる」さん。キャラクターイラストをプロの人に見てもらえる機会になればと応募くださいました。長年絵の仕事に携わる田中さんが自身の経験を交えつつ丁寧に噛み砕いて説明していきます。受講生の絵を元にパースの考えや手の描き方などを時間をかけて解説してくれるので、書籍や動画よりも理解度がアップしますよ!

田中将賀さんのお答え

晴さんは遅筆なことも気になるということでした。自分の気が済むまで描くなら、制作時間は関係ありません。ただ、プロを目指したい、絵でお金をもらって生活していくならば、完成まで数ヶ月かかるスピードは、イラストレーターよりも画家に近いと思いました。僕の場合は、一概には言えないけど、1枚の絵に使う稼働時間は1〜2週間です。それは現実的な時間ではなくて、並行する仕事を加味すると約1ヶ月です。今は劇場作品の制作を仕事のメインにしているので、3ヶ月では厳しい。半年くらい必要だな…といった感じで複数の仕事を抱えながら絵を描くときは、具体的な制作時間を意識することが大切なんです。ラフ、下絵、塗り、それぞれに必要な日数を勘定できると、絵にかかる時間が明確になります。闇雲に手を動かしていても早くならないので、締切や納期の存在は大きいですね。経験も詰めますし、単純に「追い詰められない限り本気を出せない」からです(笑)。仕事の経験が増えるほど修羅場もくぐり抜けますし、そのときの経験がスピードに直結すると言えますね。例えば「あと5分で締切なのに、原画を3枚も描かないといけない！」となったら、描かざるをえないんです。上手い下手は二の次で、描いて完成させることが最優先。自分が納得できない、アイデアが浮かばないことも関係なく、締切は容赦なく来ます。手を動かして完成させるしかない…そのときにやっと、早く仕上げられる描き方になるんです。脳筋な考え方ですけど、案外そんなものなんですよ。

それを晴さんに置き換えてみますね。ネットや本の講座を見たり、早く描ける方法も知っていると思います。でも、それを実際にやってみたことはあるでしょうか。時間をかけて描いていたら、早く描く状況はなかなか訪れません。それならば作れば良いので、例えば1時間で描くワンドロに挑戦する。失敗してもいいですから。自分のスピードが体感できるようになり時間の勘定ができるようになると、完成させたいクオリティへの要求と時間の使い方がシビアに考えられるようになります。そういうトレーニングも趣味で絵を描くなかに取り入れてみてはいかがでしょうか？　独学でたどり着くのは難しいものです。僕自身も教わったことはなくて、友達や同期と話すなかで気づいたり、先輩のラフから絵の描き方を盗みました。仕事中も自分の世界に籠らず、周りの会話に耳を傾けながら気づきやヒントをもらっていました。アニメーターをして20数年経ちますが、今でも気づくことはたくさんあります。見聞きしたなかで気になったことを向上させていくのも良い方法だと思います。

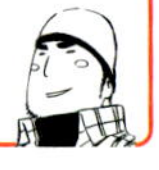

角度を揃えて描く

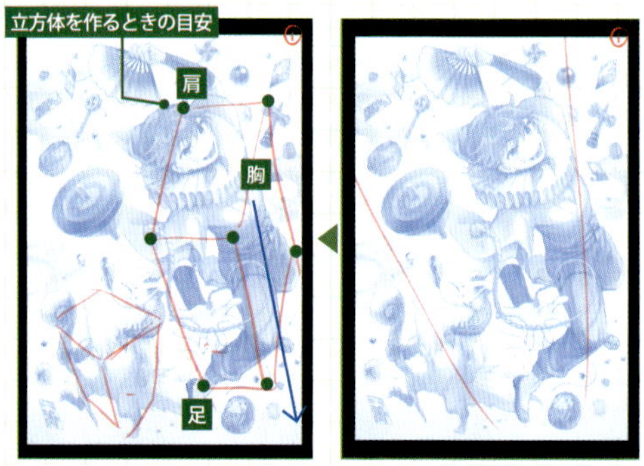

人物の向きが絵の流れと逆なので、動きが弱いと感じました。フカンの角度を揃えるためにも、まずは立方体を使ってサイズや角度を捉えてみましょう。

ラフの段階で絵の流れを確認しましょう。フカン構図にする場合は手前が広い逆ハの字のような流れです。ここに絵を乗せられると迫力や動きが生きます。

柔らかいポーズに変える着目点

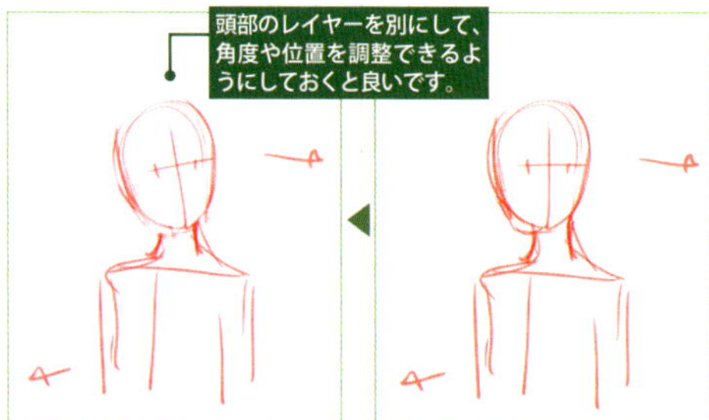

不思議なことに、他人の絵を見ると、柔らかい絵と硬い絵を見分けられるんですよね。それは自分の体験として自然な姿を見ているから。首の角度もそのひとつで、人は無意識なときに頭が少し傾きます。力を抜いたときの自分の首が垂直ではないことを試してみると発見がありますよ。

キャラクターのポーズが硬く感じるのは、固定観念で考えて描いているためです。例えば上図のような体と顔の向きが逆の場合、生理的に目線と体のラインを水平垂直で考えてしまう傾向があります。それが不自然さ、絵の硬さに繋がる要因です。

デザインされた状態を想像しながら描く

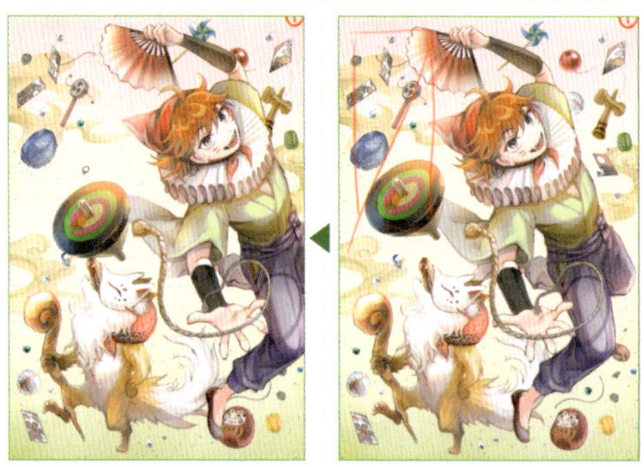

移動すれば余白ができて、そこにタイトルや文字が入りますが、構図は崩れます。そんな風に移動されるのも嫌ですよね。考察した上で決めた構図なので、そのまま使ってほしいと僕は思います。なので、デザインを想定して余白を作れることが大事なんです。

躍動感が弱いのは、絵が詰まっていることも要因のひとつ。「余白」も絵の一部なので、意識してみてください。デザインが入った状態を想定すると余白を考えやすくなりますよ。この絵に入れるなら左上ですが、メインで見せたい独楽と重なっています。

晴まひるさんのお悩み①-1枚目

「モチーフの見せ方や、目を引く構図について伺いたいです」

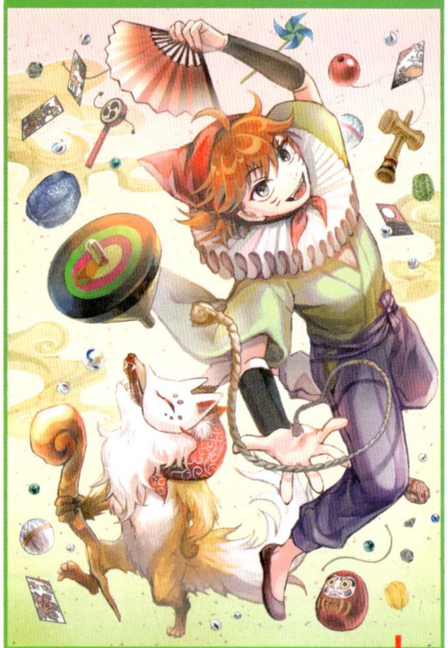

意識すると良いポイント

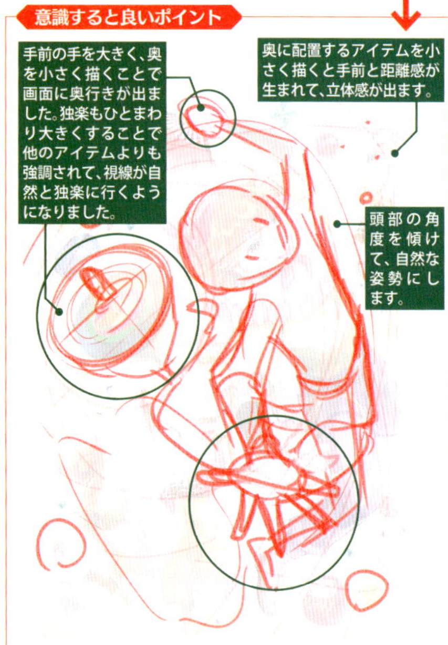

この絵では男の子が独楽を回す曲芸を見せたいのだと感じたので、手の演技を大きくしました。ポージングを考えるときは、テレビドラマよりも演劇を見る方が参考になると感じます。なぜかというと、テレビや映像は画面に寄ったり引いたりできるので、お芝居を大袈裟にしなくて良いからです。舞台演劇はカメラの位置が肉眼かつ自分の座席になるんです。距離のある客席へ伝えるためにメイクが派手になったり、お芝居も大きくなります。話しながら歩いたり、体全体で感情を表現しますよね。日常とは離れた動きも、舞台で見ると馴染んでいます。その感覚はキャラクターを描くときにも繋がると感じます。多少大袈裟に見えるポーズや動きの方が、見る人に伝わるんです。

晴まひるさんのお悩み③

「思っているよりもフカン構図にならず、キャラが映えませんでした」

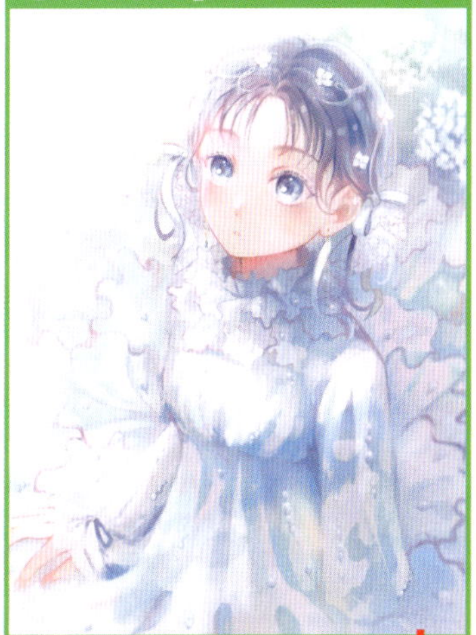

晴まひるさんのお悩み①-2枚目

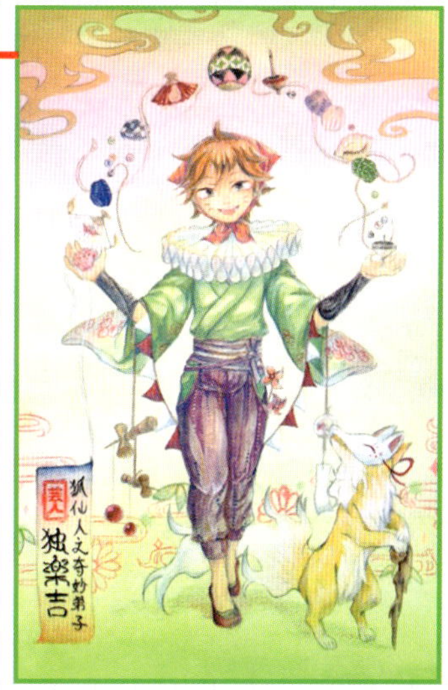

昔まひるさんが学生時代にキャラクターデザインコンテストのために描いたイラスト。右ページのイラストはこのデザインを元にリメイクした。

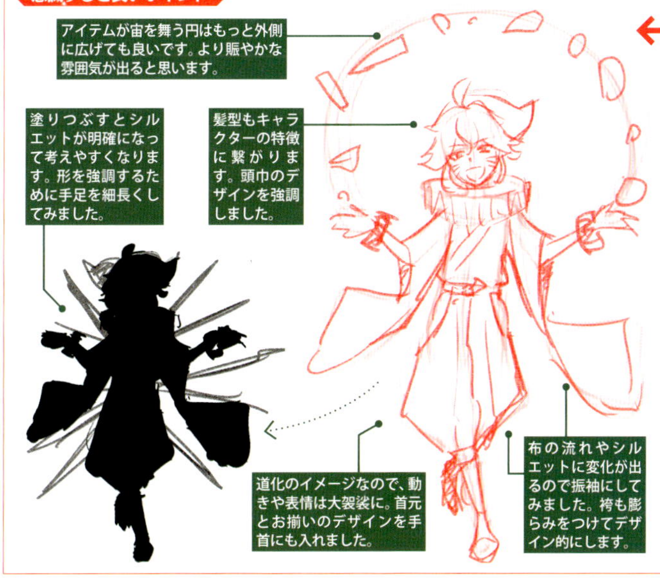

意識すると良いポイント

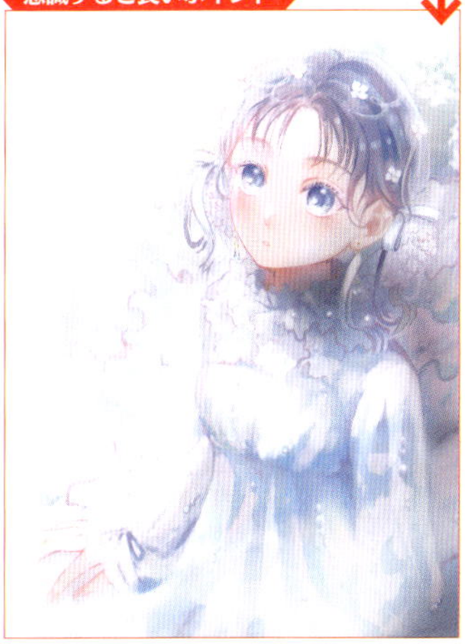

余白があるように見えますが、画面の中央に顔があるので、余白の存在が弱くなっています。右上を空けたいので全体を右側へ移動しつつ縮小もしました。移動後のほうが、目線の先が気になる空間になったのではないでしょうか。フカン構図らしさも増しています。特別なことはせず移動とサイズ調整のみですが、印象が変わりますよね。物語性も出たと思います。はじめは手癖で配置しても良いので、位置やサイズを変えて余白を作ってみましょう。空間の作り方や使い方がわかれば、ラフの段階からイメージに近いものが描けるようになりますよ。

晴まひるさんのお悩み②

「楽しげだけど少し妖しい雰囲気を伝えたかったです」

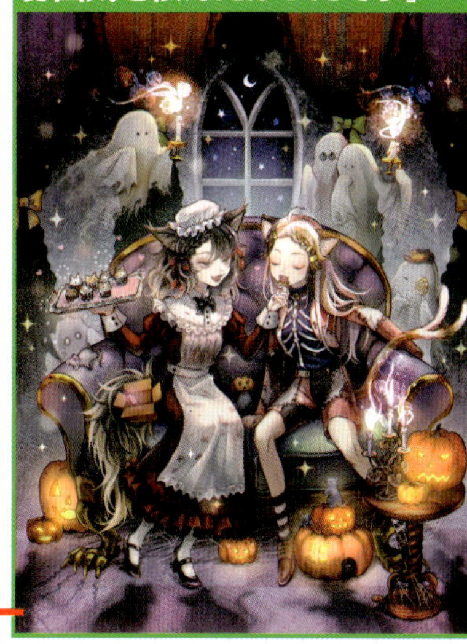

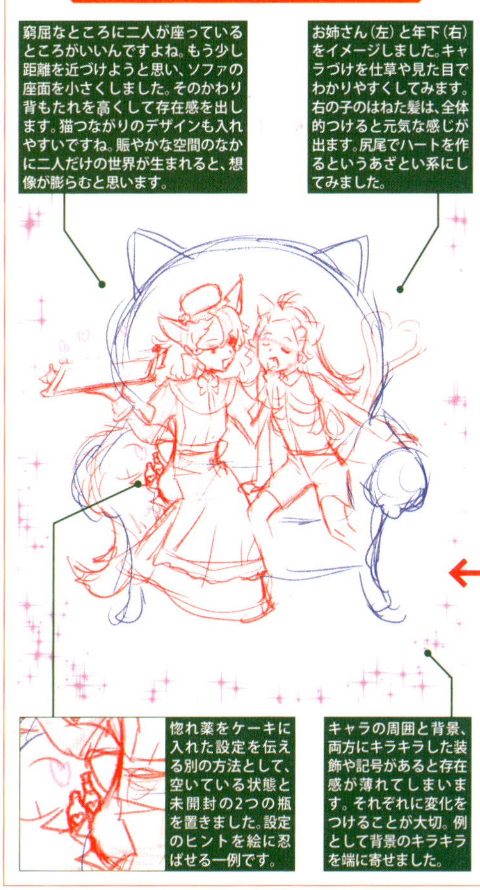

細部に遊びを加える

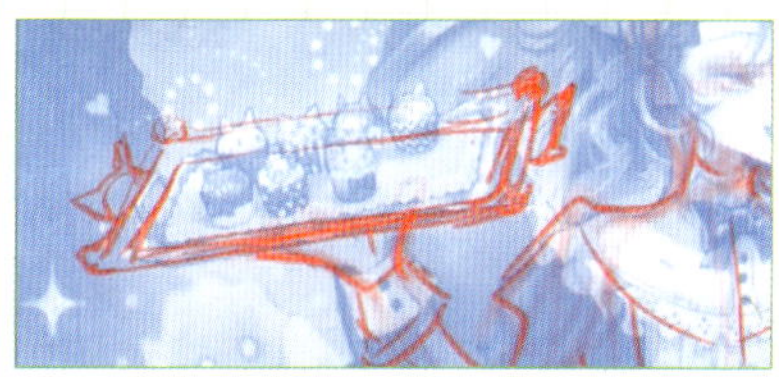

トレーの持ち方でもキャラクター性を出せるんです。手のひらより指で持つほうが器用でプロっぽいです。世界観にあわせてトレイにも猫っぽいデザインも足してみました。

受講を終えて

晴まひるさんからの感想

顔だけではなく体の仕草による「表情」や、キャラクターをより魅力的に伝える構図など、私の絵の世界観に寄り添いながら添削いただきとても嬉しかったです。添削をしていただきながら、業界のお話なども伺い、今後自分がどんな心持ちで描いていきたいか・絵を通して誰に何を伝えたかったのかを改めて考える機会となりました。もっとお話しを聴きたかったです！ 学び多き、有意義な時間でした。ありがとうございました！

赤ペン講座YouTubeのおしらせ

赤ペン講座の収録の様子を動画で見られます

どんな風に収録しているのか気になる方も多いはず。近年の講座から、少しずつ動画を作って公開していきます。チャンネル登録や通知をオンにしていただけたら嬉しいです！

田中将賀さんと絵の仕事の話をしたい、アドバイスをしてもらいたい方を随時募集！

- ●講座は基本的にスカイプを通しておこないます。
- ●季刊エスの誌面に、添削する絵やアドバイスが載ります。

参加条件

- ・スカイプ環境がある方
- ・2時間程度、連続してスカイプできる環境や時間をとれる方
- ・パソコンで画像が開ける、見られる方
- ・スカイプ用にヘッドギアを持っているか内蔵PCをお持ちの方 大きな音を出せる、聞こえても良い環境で会話できる方

●見てもらいたい作品を編集部にお送りください！

受講イラストは自作のオリジナル作品に限ります。

※版権作品が届いた場合、受講用にオリジナル作品をご用意いただきます。

必要点数：1〜3枚程度

応募方法

・アナログで応募

ハガキ〜A4サイズに描いたイラストをお送りください。
※作品は返却いたしません。原画のコピーでも結構です。

・データで応募

jpgまたはpsd形式で、季刊エスの特設サイト【http://s-ss-s.com/s/】の応募フォームより、お送りください。

・アナログで応募される方は、作品の裏面に以下をお書き下さい

① 郵便番号　② 住所　③ 氏名　④ペンネーム　⑤年齢、学年
⑥ 連絡先（電話番号、メールアドレス）
⑦ どんな悩みや、改善したいことがあるか、知りたいこと全般
⑧ 受けられる時間帯（平日や休日、お昼、深夜など）

・送付先

150-0041　東京都渋谷区神南1丁目13-3 アーク神南ビル2F
季刊エス編集部「赤ペン講座」係

※投稿イラストと同封する方は封筒の表書きに、コーナー名「赤ペン講座」を追加してください。

受講者には田中将賀さん作「赤ペンちゃん」ステッカーをプレゼント！

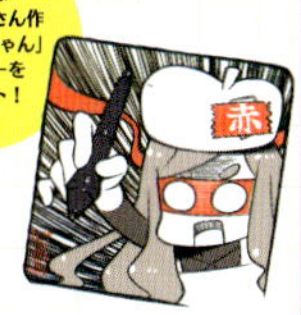

絵を学ぶ学生（専門学校・美大生）や独学で勉強している方、絵の仕事をしている方も参加OKです。お気軽にお送りください！ アニメーション原画なども受け付けています！

随時募集しておりますが、次回の第31回締切は、2024年4月12日（金）・収録時期は、4月下旬〜5月中旬頃を予定しています。

お願いする方にのみ、編集部から連絡をします。1号につき、1〜2名の掲載となるので、応募者がそれ以上集まった場合は、次号以降にお願いする可能性もございます。ご了承ください。

是都のおかしの描き方

特別編　オレンジパンケーキ

さまざまな画材用紙を作るミューズから
イラスト向きの新しい色紙が発売されます！
現在発売中の4種類に引き続き、パッケージに
是都さんのイラストがあしらわれることになりました。
今回は、そのパッケージイラストのメイキングを紹介。
ジューシーなオレンジの果肉と美味しそうな焼き目のついたパンケーキ。
ホイップクリームからイメージしたフリルスカートなど人物の彩色もお届けします。
4月に発売する「ランプライト220g」を使った描き心地にも注目ください。

使用用紙：ランプライト220g
温かみのある白色度とほどよい凹凸の紙肌。色鉛筆の塗り重ねや混色も美しく仕上がる。

※メイキングに登場する色鉛筆の中で、色辞典（トンボ）シリーズのものは色番号で表記しました。他に、Uniも使っています。

ラフ・下絵を描く

1
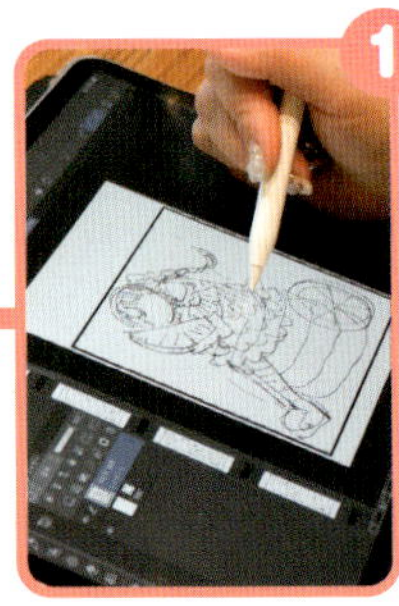
iPadとCLIP STUDIO PAINTでラフを描く。最近はキャラクターイラストのラフをデジタルで作っているとのこと。パンケーキをソファに見立てたデザインをに決定！

2
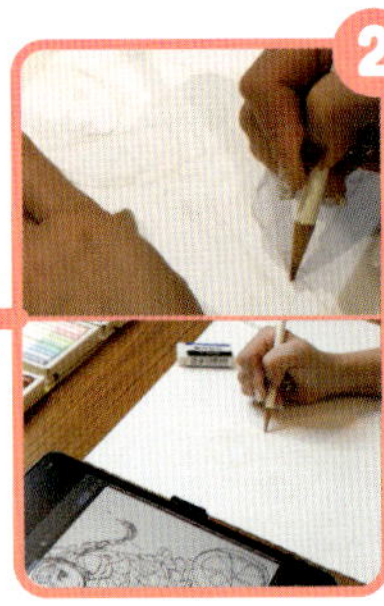
部屋を少し暗くして、iPadに表示された画面を紙に写す。ランプライト220gはしっかりと厚みのある用紙だが、透かすことができた。茶色（DL2）で大まかなアタリを取る。

3

iPadに表示したラフを見ながら、引き続き茶色（DL2）で下絵を描く。細かい服のシワや髪型などはこの段階で決めた。

4

下絵が完成。パンケーキに添えた輪切りのオレンジは、重なる部分を消しゴムで消してから描き加えた。丈夫な紙なので消しゴムにも強い。

女の子の肌や瞳を塗る

1
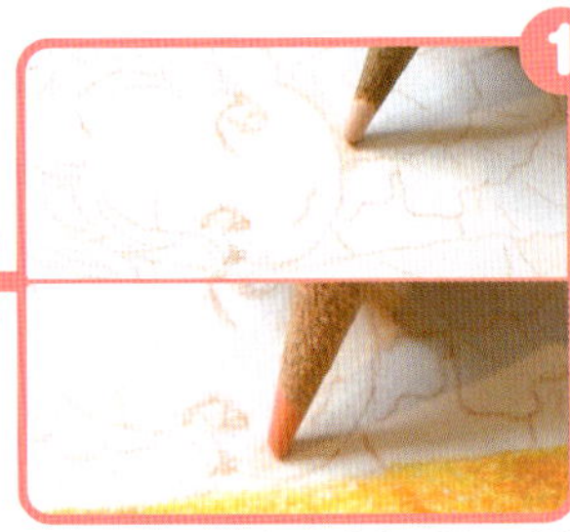
淡いピンク色（VP3）を肌全体に乗せる。色鉛筆をクルクルと回しながら均一に色を置く。ピンク色（P3）で頬の赤みを塗る。

2
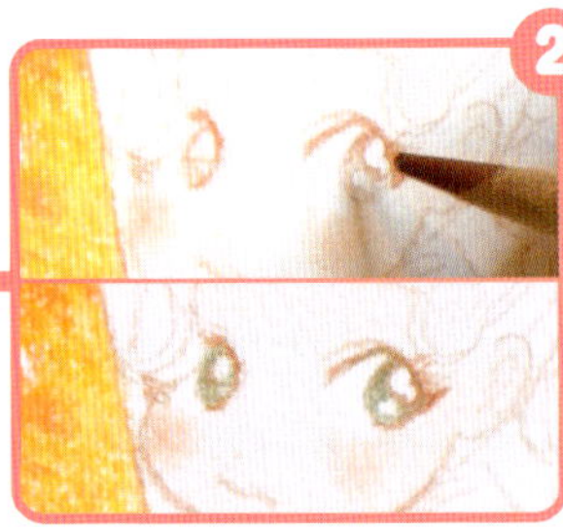
上まぶたと瞳の輪郭、まつ毛を、赤茶色（D13）で描く。ハイライトを避けつつ黒目にもD13を置いた。上から青みのある緑色（DL5）を乗せる。

3
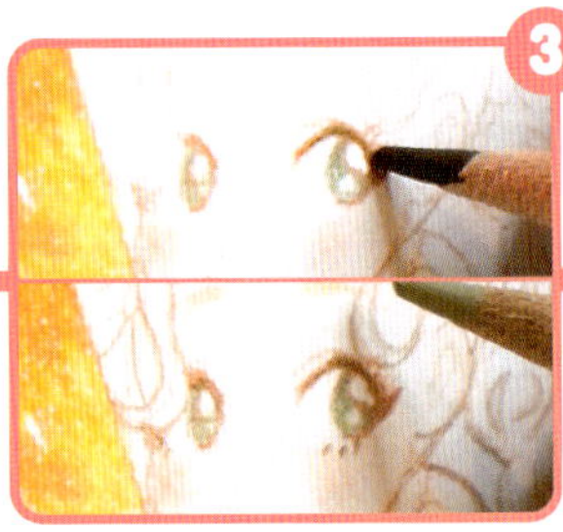
濃い茶色（D2）でアイラインを強調する。黒目にも塗ったベージュ色（DL3）で眉毛をなぞった。濃くなりすぎないように筆圧を加減する。

4
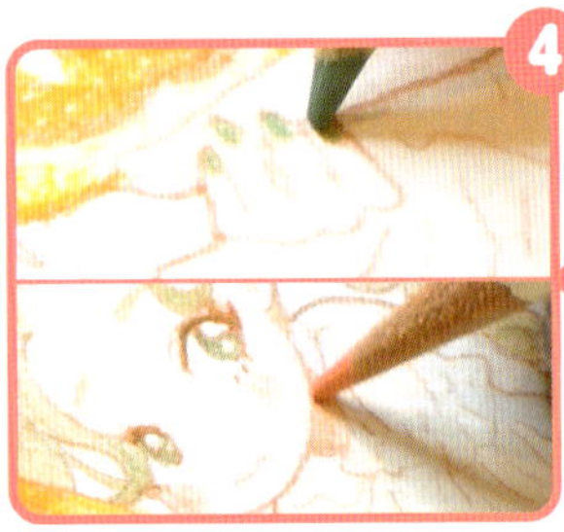
ネイルは瞳にも使った青みのある緑色（DL5）。葉っぱの色なので相性が良い。一番濃い首のカゲにピンク色（P3）を足した。

髪を塗る

1
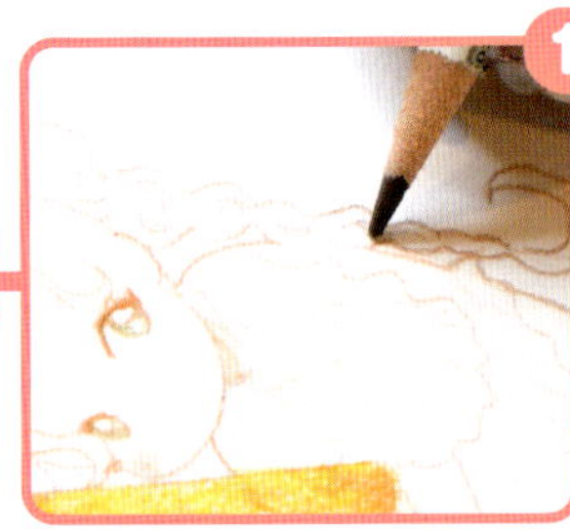
濃い茶色（D2）で髪のアウトラインを整える。三つ編みの描写やカールした前髪、生え際を描いた。

2
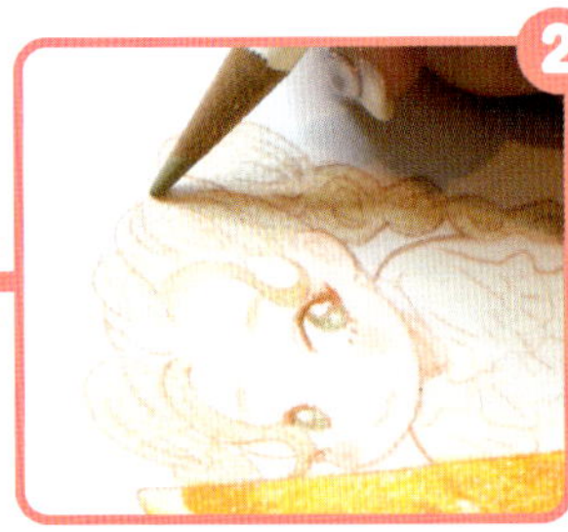
髪全体をベージュ色（DL3）でベタ塗りする。このDL3は、まゆ毛にも使用した色。共通する色を使うことで統一感が出る。

3
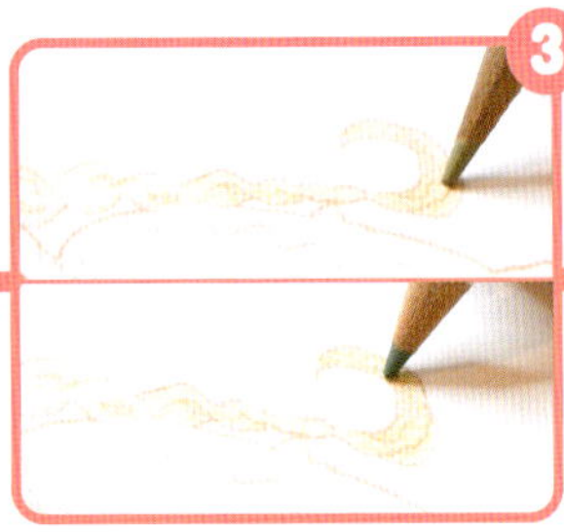
毛先をグラデーションにする。もう一度ベージュ色（DL3）を毛先に重ねる。その上から青みのある緑色（DL5）をふんわりと乗せた。

4
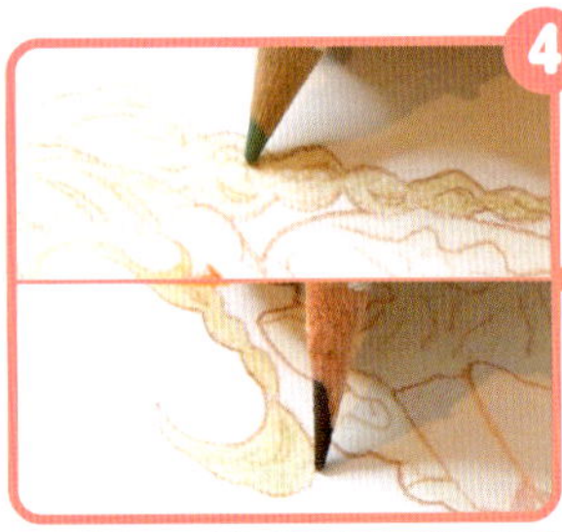
DL5で髪で三つ編みの編み込み部分に色を乗せる。ベージュ色（DL3）を髪全体に乗せてムラを抑え、最後に濃い茶色（D2）で輪郭を描く。

服や靴を塗る

1
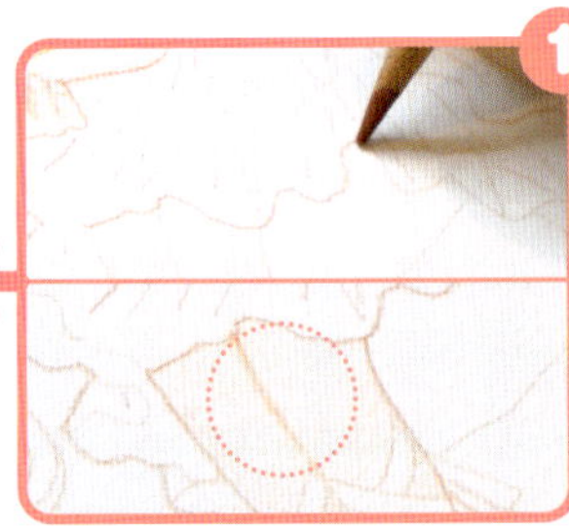
赤茶色（D13）でフリルの輪郭をなぞって見やすくしたり、足の輪郭を描いたりする。肌が接触する赤丸部分はオレンジ色（Uni）を重ねた。

2
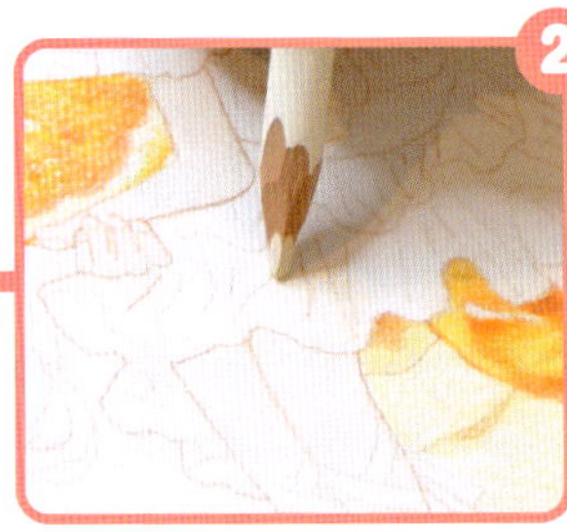
フリルのスカート全体を薄いクリーム色（VP4）でベタ塗りする。薄い色かつ、スカートは1色のみで彩色するのでしっかりと色を乗せる。

3
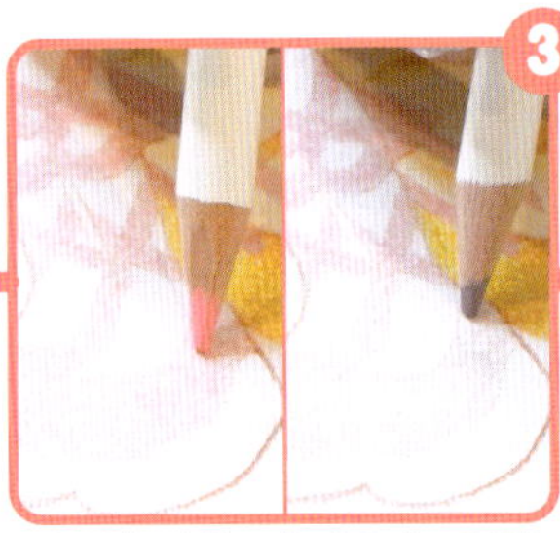
リボンと靴はお揃いの色で塗る。ちょうど良い色がなかったので、くすんだピンク色（LG1）とピンク色（P1）を重ねて混色を作った。

4
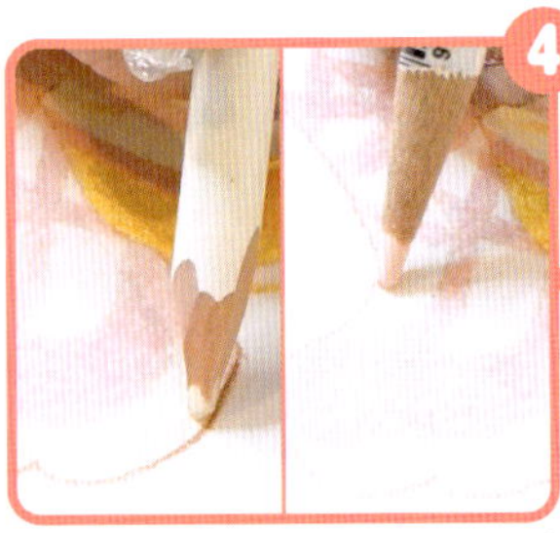
肌にも使った淡いピンク色（VP3）を乗せて、白いソールはベージュ色（DL3）と淡いクリーム色（VP4）を重ねて表現した。

オレンジを塗る

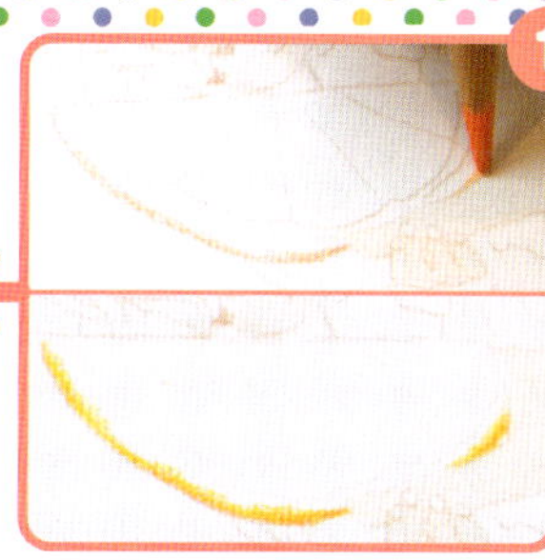

1 みかん色（V2）でオレンジの皮の輪郭線を引く。その内側に黄色（Uni）を塗り、さらに上からV2を乗せて2色を馴染ませる。内側に塗り広がらないように注意する。

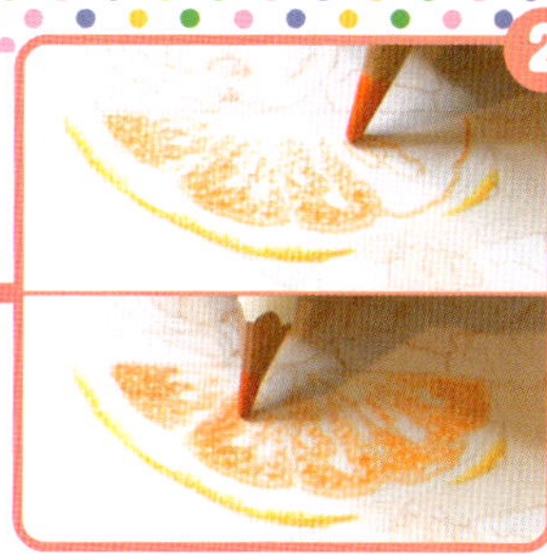

2 果肉部分はひと房ごとにオレンジ色（Uni）でツヤを描いて、その外側を塗りつぶす。果肉の内側にみかん色（V2）を重ねると、色に奥行きが出て密度のある果肉を表現できる。

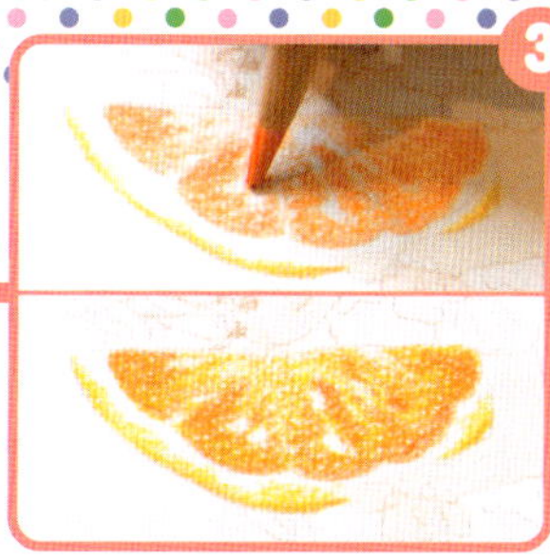

3 さらにオレンジ色と黄色（Uni）を交互に重ねて色を馴染ませていく。色を重ねていくとハイライトの面積が徐々に縮んでいくので、最初は大きめに残しておくのがポイント。

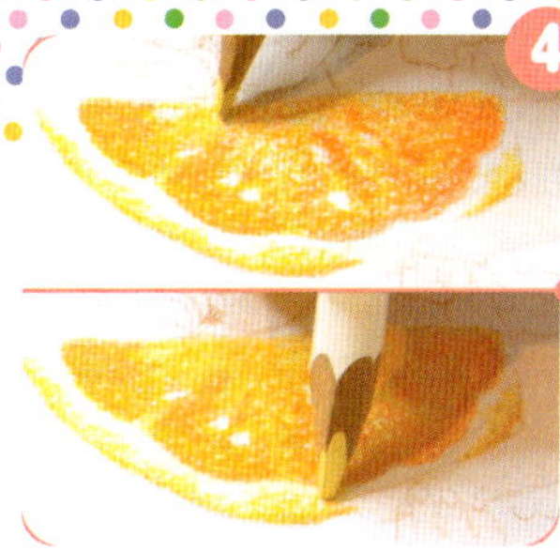

4 ホワイトを避けた果肉と、皮と果肉の間の白い綿状の部分に明るい黄色（P4）を塗る。彩度が上がり鮮やかになった。果肉や皮の凹凸とランプライトのほどよい紙目がマッチしている。

パンケーキを塗る

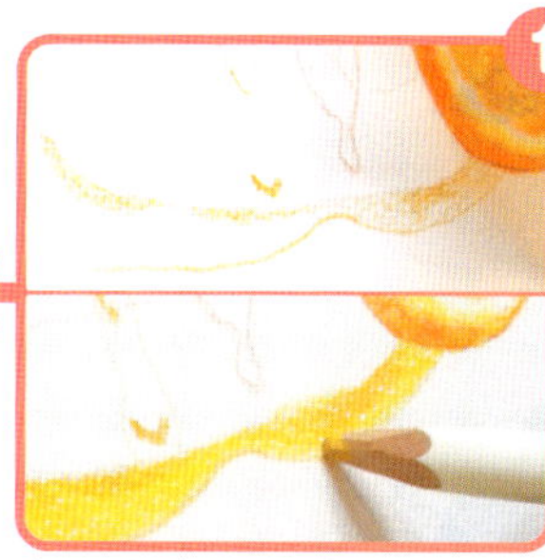

1 パンケーキは先にシロップを彩色する。キャラメル色（D14）で、パンケーキの下に溜まっているシロップのカゲに色を乗せ、上から明るい黄色（P4）や黄色（Uni）を重ねる。

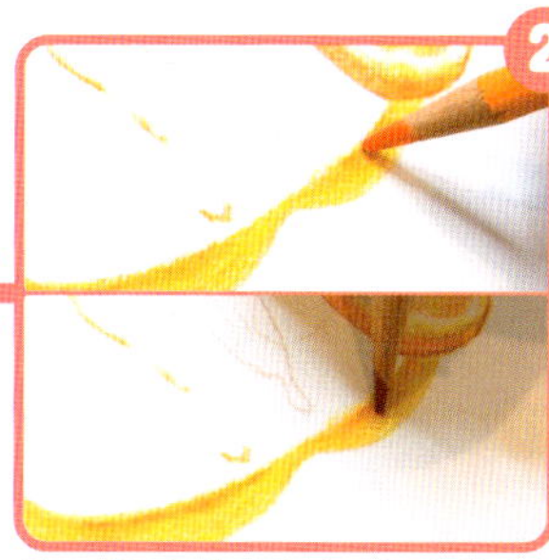

2 オレンジ色（Uni）でパンケーキのカゲになるところを濃いめに塗り、さらに濃い茶色（D13）でカゲを足して立体感を出す。

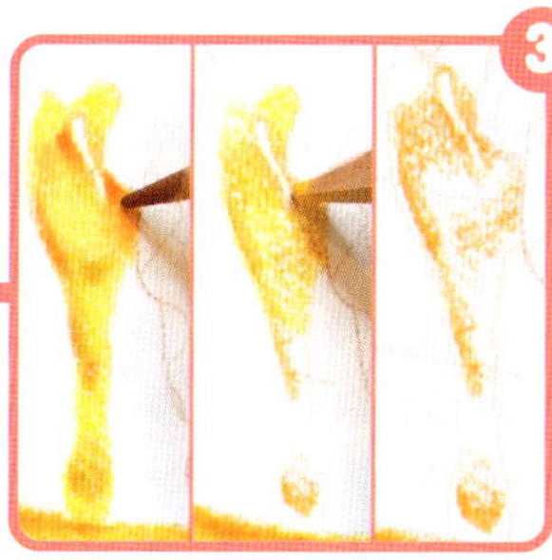

3 同じように垂れている部分のシロップを塗る。ツヤを残しつつ先にカゲを塗り、上から明るい色を乗せていく。最初に置いたカゲ色が透けて、透明感のあるシロップになる。

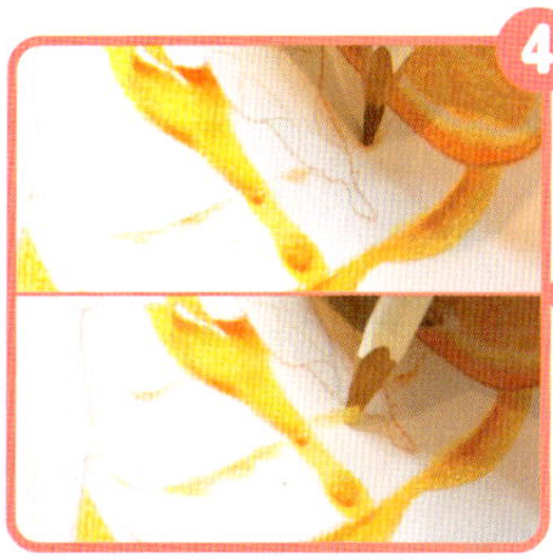

4 パンケーキの焼き目を描く。焼き目を赤みのある濃い茶色（DL1）で塗り、上から明るい黄色（P4）を乗せる。隙間から少し見える焼き目をしっかりと描くことで美味しそうな見た目に。

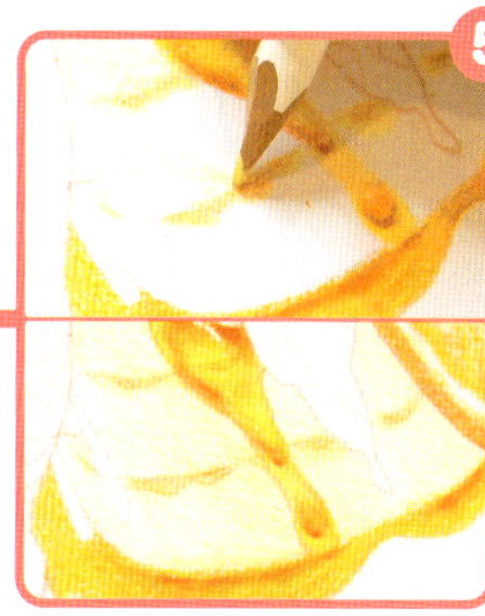

5 パンケーキの側面を明るい黄色（P4）でベタ塗りする。パンケーキの生地部分はマットな質感なので、ツヤは入れない。光沢感のあるシロップとの質感の違いが表現できた。

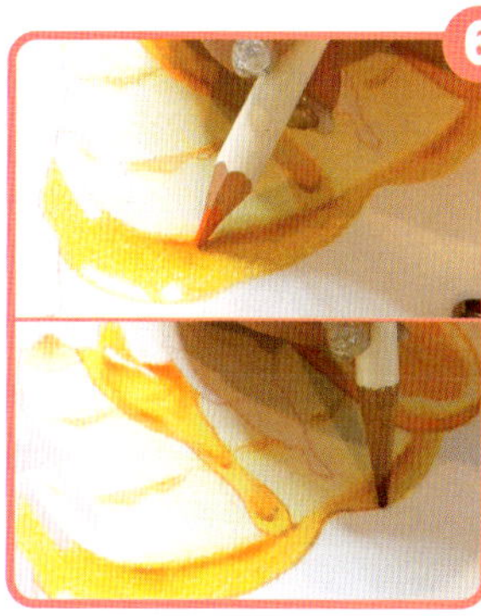

6 パンケーキ全体に色が入ったので、バランスを見て色を追加する。パンケーキのカゲをシロップに追加し、輪郭を引いてシルエットを際立たせた。

輪郭を描く

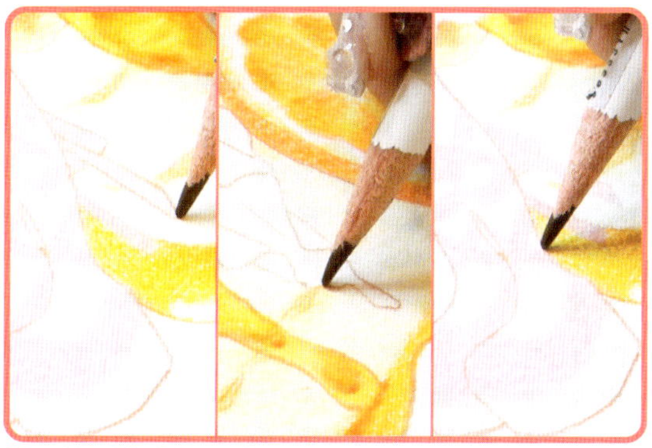

最後に小物や衣装の輪郭をこげ茶色（D2）でなぞる。線が太くならないように、カッターナイフで鉛筆を削ってからラインを引いた。すべての輪郭をなぞるのではなく、各アイテムの外側のラインに限定することで、平面的になりすぎない。

完成

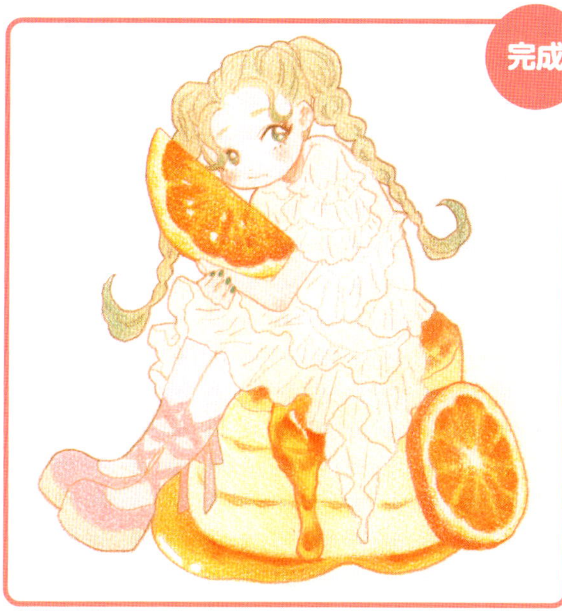

みずみずしいオレンジを抱えた女の子が完成！ パンケーキの焼き目やツヤのあるシロップも美味しそうです。今回のメイキングはランプライト紙で描きました。ホイップクリームを意識したフリルのスカートの淡い色、何度も色を重ねたオレンジやシロップ、どちらも綺麗に色が乗っています。発色の良さもポイントです。

ランプライト220gを使用した感想

是都　ランプライト紙は紙目が少しあるのですが、細い線もなめらかに引くことができたのが良かった点です。色鉛筆で彩色したときに淡い色・濃い色ともにムラにならずしっかりと色が乗りました。リボンや靴など、複数の色を重ねて混色したところの色が綺麗に出たことも嬉しかったです。

中村佑介のシゴトバ探訪

第54部屋目

ゲスト：平泉康児

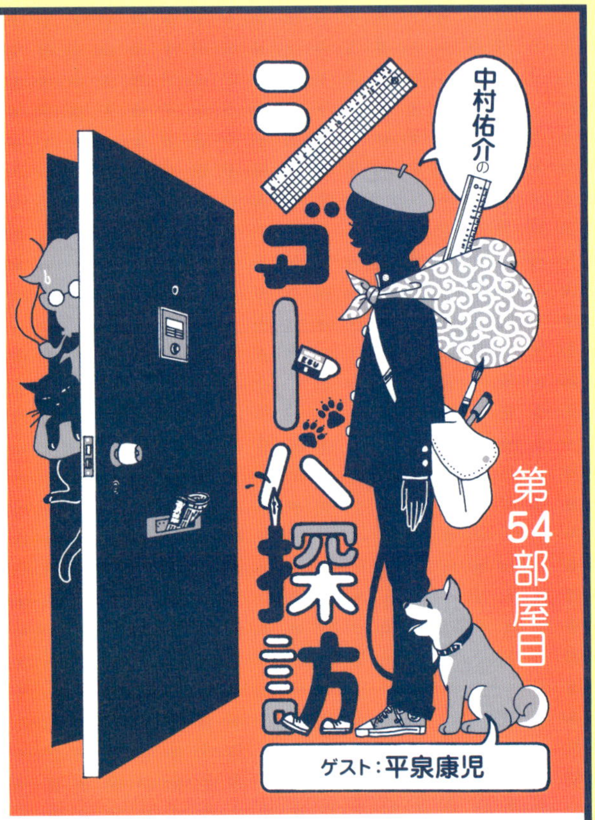

イラストレーター・中村佑介が様々な仕事場に押しかける「中村佑介のシゴトバ探訪」。第54回目となる今回のゲストは図録『ILLUSTRATION』シリーズを手がけるフリーランス編集者の平泉康児さんです。平泉さんが雑誌「MdN」を編集されていた頃からの旧知の間柄ということでSNSでの対話はある二人。けれど、もっとじっくりと腰を据えて、イラスト界を総括するような話がしたい、という中村氏の希望のもとZoomでの久々の対面が実現しました。昨今、取り沙汰されるAI問題などにも触れながら、二人でイラスト界の過去と今を見つめ、未来を考える、イラストを愛する者にとって学び多き対話をお届けします。

平泉 ご無沙汰しています。SNS上でなく、こうして直接お話をするのはかなり久しぶりですよね。

中村 デザイン誌「MdN」の取材で、東京駅で写真を撮ってもらった時ぶりですか？

平泉 そうですね。「MdN」の『PORTFOLIO』という連載コーナーにご出演いただいて。ちょうど二〇〇九年に中村さんの初画集『Blue』が発売されたタイミングでした。

中村 十五年くらい前ですが、すごく覚えてます！ 編集さんが写真まで撮るんだ～と驚いたので。早速ですが、『ILLUSTRATION』シリーズは今年で一〇周年？ 十一周年ですか？

平泉 最初の一冊目が出たのが二〇一三年なので本当は十一周年になるんですけど、一冊目は別の出版社から出しているので、翔泳社から出すようになって一〇年です。

中村 どちらにしてももう長いですね！

平泉 もう本当におかげさまですね。創作文化の土壌が豊かであるからこそ、今に至るまで楽しく続けられていると、ありがたく思っています。

中村 『ILLUSTRATION』シリーズを始める前に、平泉さんはもともと「MdN」編集部にいらっしゃいましたけど、「MdN」って最初はPCのノウハウ雑誌でしたよね。それが、だんだんとデザインやイラストのハウツーに特化していき、二〇一〇年代の僕が画集を出したぐらいの頃からは、イラストレーターやアニメーション作家を取り上げるような方向性にシフトしていきました。平泉さんが辞められたのはその前後だと思うんですけど、その変化をどうご覧になっていましたか？

平泉 二〇一〇年頃は、まだ他にもデザイン誌はいくつかありましたが、それこそ「デザインの現場」が休刊してしまうような状況で、雑誌がデザイン一本でやっていくことは難しいのかもしれないな、とうっすらとではありますが感じていました。

中村 八〇～〇〇年代くらいまでは、家庭にPCがどんどん普及していく時期だったし、情報を得られる場もまだ紙媒体しかなかったですが、ネット記事やYouTubeから得られる情報がこれだけ増えると、もはや専門誌が売れなくなるのは、しょうがないことだろうとも思います。それで「MdN」も紙で出ていた最後の数年は、当時の本信（光理）編集長によって、デザインのハウツー記事ではなく、すごく凝った特集をやるようになりましたよね。

平泉 より広い読者層に向けて、雑誌の方向性を大きく変えた印象ですよね。僕自身は「MdN」がリニューアルする前に辞めていたので、完全に外側から見ていた印象になりますが、リニューアル後は「デザイン」を切り口にしながら漫画やアニメ、音楽といったポップカルチャーを中心に幅広いテーマで独自性の高い特集を組んでいました。

中村 でしたね。平泉さんは、なぜ「MdN」を辞めようと思われたんですか？

平泉 僕は二〇〇六年から二〇一二年まで「MdN」に所属していたんですけど、月刊誌の編集という仕事はなかなかにハードなもので、ちょっと体調を崩しちゃったんですね。

中村 雑誌は激務ですもんね。もともとは書籍志望だったとか？

平泉 いえ、最初から雑誌志望でした。それで「MdN」を辞めたあとは一瞬フリーランスでの活動期間なども挟みつつ、改めて出版社に入り直しました。今現在はまたフリーランスに戻って活動しています。

中村 その移った出版社で『ILLUSTRATION』の一冊目を出したわけですね。

平泉 そうです。そこで編集した本が『ILLUSTRATION』の一冊目でした。実は『ILLUSTRATION』を作ろうと思ったのは「MdN」在籍時に担当していた『ARTIST FILE』という連載がきっかけなんです。中村さんにも大昔に出ていただきましたけど、その連載で毎月二組のクリエイターを紹介するという仕事が、むちゃくちゃ楽しくて。「まだ誰にも知られていない隠れた名店」のようなクリエイターを見つけた時は、本当にワクワクしましたね。こればっかりやっていられたら幸せだなという思いを形にしたのが、まさしく『ILLUSTRATION』の始まりでした。

中村 平泉さんが『ILLUSTRATION』シリーズを編集する上で気をつけていることや、他のイラスト年鑑との差別化はどう考えられていますか？

平泉 「あらゆる文化圏の絵を追う」というところでしょうか。とにかく僕がいいなと思った作家さんを文化圏や枠組みにとらわれずボーダーレスに紹介する。今の日本のイラスト界って混沌としていて、本当に多様なスタイルがあるじゃないですか。世界的に見ても、日本ほど表現の幅が豊かで面白い国って他にないんじゃないかと思います。

中村 それは僕も感じています。面白いなと思うのが、例えば六〇代以上のイラストレーターの方とお話をすると、僕たち世代のギャラは低いとおっしゃるんですよ。「それしか貰わなくて食っていけるの？」って。でも僕より下の世代というのは、それこそ「MdN」や「デザインの現場」みたいな専門誌もなくなり、商業・広告的にはさらに縮小傾向にあるわけじゃないですか。けれどその一方で、コミケやコミティア、デザフェスであるとか、個人のイベントが昔より盛り上がっているんですよね。要は個人で作品集なりグッズなりを作って稼ぐというのもそうだし、みんなが改めて、「楽しいから絵を描いているんだ！」という初心に立ち戻っていると思うんです。例えば今回の『ILLUSTRATION 2024』に載っている作家さんだと、僕は洗さん、こまちみゆたさん、莉穂さんと仲が良いんですけど、その三人もガチガチに商業でイラストレーターを目指しているわけではなく、けれど面白い作品を描いている方たち。それは僕からすると異質というか、僕の大学時代と比べると、イラストに対する考え方がものすごく自由になっているように感じられて。そういう自由度まで含めて一冊にまとまっているのが、まさに『ILLUSTRATION』だと感じるし、今のこの空気というのは、絵の世界により広がりを持たせてくれるように感じるんです。ただ多様だからこそ炎上もしちゃうんですけどね。要はもともと商業を目指していなかった場合、そこでのルールを知らずにやっていることが結果として炎上につながってしまう時もある。平泉さんとしても、ブックマークを付けているけれど、『ILLUSTRATION』で紹介するには難しいと感じる作家さんもいるんじゃないですか。

平泉 やっぱりネットの情報しかない、素性がよくわからないという怖さのようなものも多少はありますよね。でも、だからこそ自由だし、日本ならではの何でもありな豊かさはあると思います。

中村 なんでしょうね？ 想像力の豊かさというのかな。自己顕示欲とは違うんですよね。自己顕示欲だったら、それこそ僕みたいに本名フルネームでインターネットの世界に出ていくと思うんですけど、そうでない方のほうが多いので。僕はアマチュア時代からハンドルネームって使ったことがないんですよ。

平泉 そうなんですか？（驚）

中村 そうなんです。なぜなら喜びも悲しみも全部、僕のものにしたいので。自分そのもので身を投じないと、それを一〇〇％受け取ることはできないと思っています。だから二〇〇〇年代なんて、全員がハンドルネームで掲示板に書き込んでいるなか、僕一人、別に何者でもないのに本名フルネームで書き込んでいましたね（笑）。

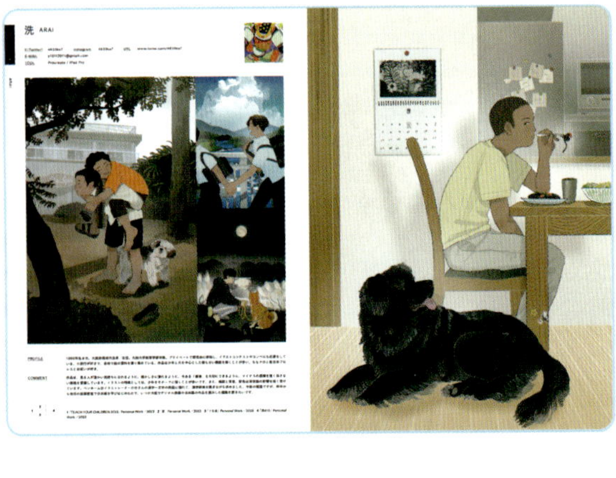

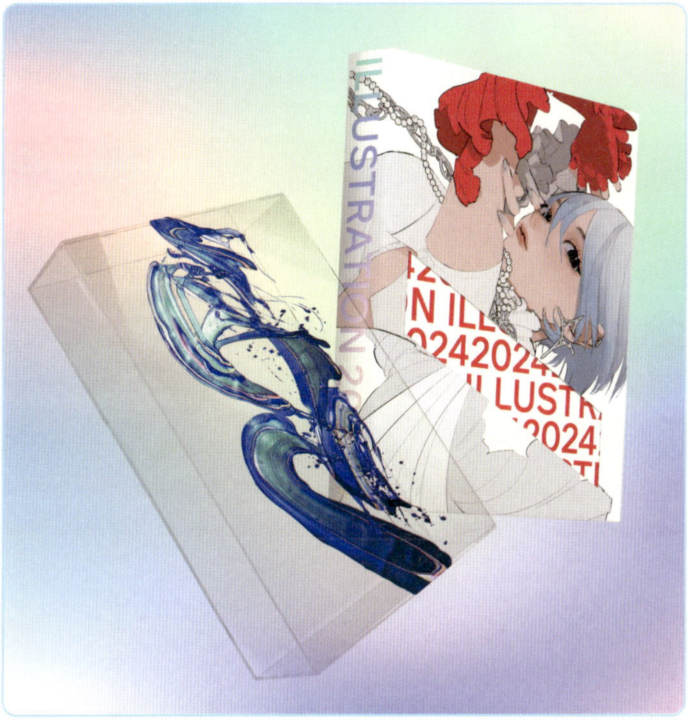

限定特別版　はくいきしろいのペイントが施された1点ものの特製アクリルケースが付属。500部限定。

通常版

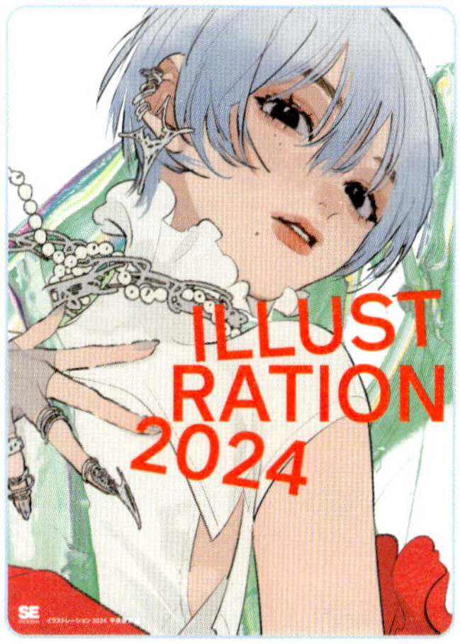

ILLUSTRATION 2024

平泉さんが企画・編集を手がける「ILLUSTRATION」シリーズの10周年記念号。イラストレーションの「今」を切り取るというコンセプトで、ジャンルの枠にとらわれない多種多様な作家150名が紹介されている。カバーは「tamimoon × はくいきしろい」によるコラボビジュアル。

平泉　名前を出して活動するのって、うまくいった時は手柄を総取りできるけど、何かあった時のリスクも背負うことになるので、ある種の腹をくくる必要がありますよね。

中村　でも平泉さんだって、ご自身の名前で活動されているじゃないですか。そこが仕事をする上での責任や信頼につながると僕は考えちゃうんですよね。僕はこれからの時代、そこをぼかすのは絶対にダメだと思っていて。やっぱり誰が責任者かわからないままに発信される言葉というのは、どんなに心を込めたものだとしても響かないのかなと。

平泉　個人で背負っていないと、血が通っている感じがしないということですよね。

中村　これだけ個人がSNSで意見を発信する時代ですからね。個人でなく会社の名前で発信するというのは、一ユーザーからしたら、どうしても卑怯に見えると思います。そういう意味で、僕が『ILLUSTRATION』の強さだと感じるのは、編集者が名前を出しているところ。平泉康児という個人の名前が出ているからこそ信頼感があるというか。そこが『ILLUSTRATION』の良いところだと思いながら、ずっと見ています。僕は今、コミュニケーションの場としてはDiscordを使っているんですけど、昨日も平泉さんと対談をするという話をしたら、若いイラストレーターの方々から色々と質問が集まったので、あとで伺いますね。

平泉　ありがとうございます。

中村　それで、先ほどの商業のルールを知らずにやっているという話だと、僕自身も最初の画集『Blue』を出す時にそういうことがあって。例えば写真であったり、もともとある絵を模写して作品を制作することって、練習としてはまっとうなやり方で、元の著作者が何も言わなければ表に出ないし問題にもならなくて、昔からそういうことはありました。それで僕がエス編集部から画集を出す時も、天野編集長からそういう描き方をしている絵があったら教えてほしいと言われて。実際に初期の作品には、背景の練習のために写真を見ながら描いた絵が二点あったので、画集を出す前に許可取りをして、最後にクレジットを入れて発売しました。だから僕はそれがルールだとそこで気づけましたが、やっぱり、これだけ多種多様な出自の、たくさんの上手い作家が出てくると、もはやそこを見抜くのは難しいわけじゃないですか。しかも、それが炎上につながることもある。そういうことがより根深くなってきたのが昨今のAIの問題だと思うんです。

平泉　今起きている生成AIの問題は、トレスの比ではない深刻さだと感じます。

中村　平泉さんは、いつも、すごい責任感でAIに関する発言をSNSでされてらっしゃる。平泉さんの「作家さんを守らなきゃいけない」という態度は、まだ食えていない若いイラストレーターたちにとっても、大きな励みになっていると思います。

平泉　そう言っていただけると救われます。『ILLUSTRATION』のような創作文化の土壌が豊かであるからこそ成り立っているような本を作っている立場で、その土壌を揺るがすような画像生成AIの問題にまったく触れずに知らん顔というわけにはいかないですよね。自分の感覚だとどう考えても「おかしい」としか思えないようなことが罷り通ってしまっているので、本当に頭がクラクラしてくる問題なのですが……。

中村　しかも自分だって家でアレクサを使っておきながら、「AI反対！」ってどの口が言っとんねん！　というセルフ突っこみもありますしね（笑）。例えば今使っているZoomにしても、AIが自動的に音声調整をしてくれているわけだし、テレビゲームの敵キャラにしたって古くからAIだったわけで。そういうなかで、ついに自分のところにも来たなと近年感じています。最初は「たかが機械が描く絵でしょう？」と油断していたわけじゃないですか。それが今やものすごいスピードで進化して、人間が描いたものと見分けがつかなくなってしまった。

平泉　画像生成AIの本格的なものが世の中に出始めたタイミングが二〇二〇年の夏〜秋頃ぐらいだったと思います。Stable Diffusion（ステーブル・ディフュージョン）が出てきたのがその頃ですね。

中村　Midjourney（ミッドジャーニー）もですよね？

平泉　そうですね。それらの高精度な画像生成AIツールが出てきて、あれよあれよという間に、今や生成AIかどうかの見分けもつかなくなってしまった。

中村　だから、例えば看板に書かれている文字が人には考えられないようなものであるとか、そういうところで見分けるしかない。人物を見ても、もはやAIかどうかわからないですよね。それで現状、平泉さんとしてはそこに抗っているわけですけど、例えば一〇年とかの長いスパンで考えたら、もはや抗えないかもしれないことも同時によぎります。だからAIがもっと一般的に、イラストレーションの広告などに使われるようになった時に、どういう態度を取るべきかという問題になる。だってメールやLINEが出てきた時だって、僕らは電話の温かみを忘れてしまったのか、なんて言っていたはずなんですよ。Kindleが出てきた時には紙の手触りが大事なんだと言っていたはずだし、サブスクが出てきた時だって、店に足を運んでCDを手に取るあのドキドキ感がいいんだと言っていたはずで。それなのに、アーティストにはあまり還元されないサブスクを使用している、みたいな矛盾した気持ちが僕自身にもあって。そもそも絵を描く人にお金を払わなければいけないと考えた時に、じゃあ、なんでみんなLINEをタダで使っているんだっ

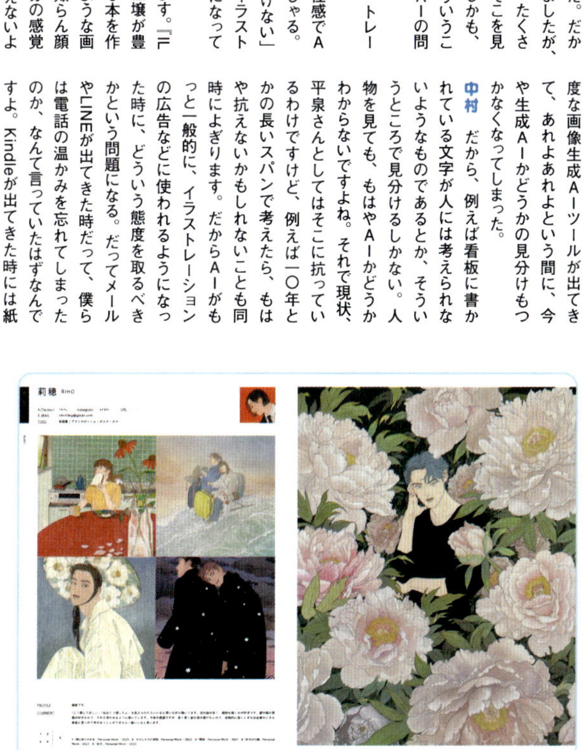

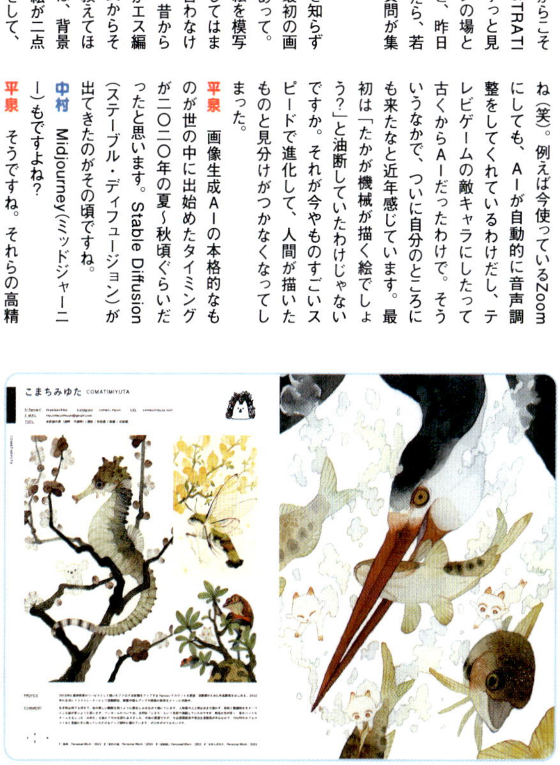

「ILLUSTRATION 2024」には、中村氏の友人であるイラストレーターの洸さん、こまちみゆたさん、莉穂さんの作品も紹介されている。

け？　という問題に立ち戻ると、生活が便利になればなるほど、自分たちの仕事が奪われていくことはわかっていたはずなんですよ。だから作家目線だと著作権的に反対でも、消費者目線で考えるとAIを跳ねのけることは不可能だとも思っている。平泉さんはどう予測していますか？

平泉　自分の見立てだと、今後は各国で生成AIへの規制が敷かれていくと思っているんです。例えば去年ハリウッドでも俳優や脚本家たちによって、生成AIへの規制を求める歴史的にも大規模なストライキが起きましたよね。そこでエキストラの方たちに対しても、一回分のお金だけ払って以降はスキャンしたデータを勝手に使わせてもらう、というやり方はダメになった。

中村　そんなことをしていたら誰も協力してくれなくなりますからね。

平泉　そうなんです。このほかにも、TikTokで流行っているような、声優さんや歌手の声を無断で使った「#歌わせてみた」みたいな動画だって明らかにダメですよね。本人たちには無許可なわけですから。イラストに関しても、無断で作品のデータをネットから無作為に取り込んで生成AIとして出力しているという現状は、他人のアイデンティティをオモチャにして弄んでいるようなもので。これが何の規制もされないなんてことは、ありえないと思うんです。だから、どこかのタイミングで必ず法律が制定されるなりして一定の歯止めがかかるだろうと僕は思っています。

中村　だからこそ今が踏ん張りどころですね。とは言え、やっぱり絶対に隠れて使うケースは残りそうですね。例えば図案の多い書籍で予算がない場合に、さすがに表紙にAIを使わないにしても挿絵には使うとか。漫画の背景だって、今ですらAIを使っている人はいると思うんです。

平泉　それはそうだと思います。背景だったら、生成AIで出したものを加工して使えば気づかれないと思うので、隠れて使う方はきっといるだろうと思います。

中村　堂々と「AIで作りました！」ではなく、AIを八五％ぐらい使っちゃってるけど…みたいな人が出てきては炎上するんだろうなって。それがもはや見抜けないぐらいの精度になって、炎上すらしなくなるのかもしれないですけど。そうなった時に最初の話に立ち返るんですけど、やっぱり個人が見えることが大事だと思っています。AIやトレースをどう見分けるかという時に、これからは作家やイラストレーターの絵以外の人間自体の情報や、リアルタイムでの創作が、その作家が生きて自分で描いたという証明になり付加価値として大きくなっていくんじゃないかと思っていて。例えばみんながTikTokやYouTubeで、絵を描いている途中の動画を上げたりしているけれど、それはAIにはまだなかなか真似できないことじゃないですか。たぶんそういうところで、消費者やクライアントへの信頼を獲得していくんじゃないかとぼんやり考えています。

平泉　確かにメイキング動画を出される方は増えたなと思います。

中村　メイキング動画だけでなく、ライブペインティングやサイン会、講演会やイベントなど、その人が生きて存在していることを実感できると、すごく安心感があるというか。その一方で、こうやって新しい技術が出てくる時というのは、新しい創作が生まれるポイントだとも思うんですよね。例えば写真が出てきた時に写実的な絵画が一気に減ったけれど、それで絵画がつまらなくなったかと言えば、そうではないから。僕らは創作さえも瓜二つに真似できるということを、これまで体験したことがなかったじゃないですか。トレパクも人の手ではやはりズレる。けれど今後それがAIによって当たり前にできるようになったら、これからの新しい世代の方たちは、全然新しいことを始めるんじゃないかという期待もあって。例えば、金属の質感をリアルに表現することは、もはや無価値になっていくだろうし、もっと自分だけの視点を持たないといけない流れになると思う。要は流行りを追いかけない。流行りの絵柄はAIで瞬時に真似できてしまうわけだから、そこを避けることで、どんどん絵の世界が多方向に広がるんじゃないかと思うんです。そういう意味では、これから一〇年、二〇年先の未来を楽しみにしているところもあるんですよね。たぶん一般的な美しいとされる人間をモチーフで描く人も減ると思う。なぜなら生成AIであれだけ上手い美少女イラストが作れるとなると、整った人間を描くことの価値もどんどん下がっていくと思うので。

平泉　中村さんは生成AI界隈で使われている「マスピ顔」という俗語はご存知ですか？

中村　初めて聞きました。

平泉　生成AIで画像などを作る時には、プロンプトと呼ばれる指示ワードのようなものを入れて生成するんですけど、そこで「masterpiece（マスターピース）」と入れると一気にクオリティが上がるというのがあって。

中村　プロ級に仕上げてください、ということですか？

平泉　直訳すると「傑作」なんですけど、要はとにかく人気の絵柄に寄せるということです。そうやってできた生成AIっぽい美少女顔を総称して「マスピ顔」「マスターピース顔」と呼ぶんです。ただ、そのマスピ顔に近しい作風でもともと描いてらっしゃるイラストレーターの方もたくさんいるはずで。

中村　要は読み込まれた元の素材になっている方たちということですよね。それなのにAIっぽいと逆に言われてしまうと。

平泉　そうなんです。つまり価値が棄損されてしまっているわけです。マスターピースであればあるほど、AIっぽいと思われてしまうという、本当に目眩がしてくるような酷い事態に陥っている。

中村　僕からすると、強い武器を与え過ぎちゃったという感覚ですね。せめてトレース台くらいにしてくれよと。そもそも今のお絵描きソフトからして、もう色々な機能が揃い過ぎていて、僕はAIと変わらないじゃんと思っているんですよね。水彩で塗っていないのに水彩で仕上げたようになるとか、それだって搾取の構造で、画材屋さんに謝れ！　と思わなくちゃいけないような。

平泉　僕はデジタルの描画ソフトを使って、アナログ風の表現をすることに関しては、まったく否定的な見方はしていないんです。むしろ表現の幅が広がっていいんじゃないかとさえ思います。そこは「MdN」を作っていたくらいですから。だからツールの機能には肯定的なんですけど、生成AIに関しては道具の範疇を明らかに超えていると感じるので。

中村　僕はそうは思わないんですよ。だってお絵描きソフトだって、自分でやらなくても光源設定や色合わせができるわけじゃないですか。線がたどたどしければスムーズにしてくれるって、それは描けないものを描けるようにしているわけですから、根本的な使用者としての欲求は同じだと考えています。もちろん、そことは絵の価値や素晴らしさは別問題ですよ。ただ搾取の構造としては既にもうそこから始まっていたと思うんです。

平泉　僕が思うに、色々ある便利な作画ツールと、生成AIのもっとも大きな違いは、著作者の権利、著作物を無視しているかどうかだと思っています。

中村　要はお絵描きソフトに入っている背景素材は、使っても権利的に何の問題もないものだということですよね。

平泉　そうです。それに対して、生成AIは他者の権利を侵している可能性がとても高い。だから僕は生成AIに関しても、ちゃんと元にしたデータの使用許可を権利者から取っているのであれば問題ないと思っているんです。

中村　でも、それは無限にあるから絶対に無理ですよね。

平泉　そうでしょうね。生成AIのサービスをリリースしている企業も、元にしているデータセットの中身を明かそうとしないんですよね。ちなみに、中村さんがDiscordでやり取りされているお絵描き仲間の間では、生成AIについてはどう話しているんですか？

中村　若い子たちも「怖い」とは言ってますね。ただ「季刊エス」の読者もそうだと思うんだけど、それは仕事を取られる恐怖ではないと思うんですよ。彼ら彼女らからすると、イラストは楽しんで描くものという側面が大きいんです。だから楽しく描いて、コミティアに参加して、SUZURIでグッズを作って、それでもしプロになれたら嬉しいけど、別になれなくてもいいです、というスタンスは多い。そういう子たちは顔出しもしていないし、名前もペンネームなので、要は絵柄や作風こそが自分たちのアイデンティティなんですよ。それがそっくりそのままドッペルゲンガーを作られる技術があるよと言われると、自分の趣味や生き甲斐を奪われそうで怖いということだと思います。

平泉　ちなみに、生成AIには特定の作家の絵柄を再現できてしまう「LoRA」と呼ばれる機能があるんですけど、仮に中村さんがそれを作られたとしたらどう感じます？

中村　でも、既に僕のところにも僕の絵柄のAI絵は送られてきてますよ。でもあまり似てないんですよ。僕の絵は一切カゲがついてないから、立体感を読み込めないのか再現しにくいみたいで。ただ、この三、四年で絶対にもっと精度の高いものが出てくるだろうとは思っています。それに対して僕自身は結構どうでもいいと思っていて。というのは、僕はすでに打ち砕かれているんですよ。二〇〇〇年代に僕そっくりの絵がどれだけ書店に並んでいましたか？　愚問ですよ、既に二〇年前に散々やられていますよという話で。その時に、誰も助けてくれなかったし、「あ、業界は搾取してもお金が欲しいんだな」と諦めてしまった部分がある。

平泉　自分じゃなくても絵柄が似ている他の誰かでいいんだと。

中村　そうです。だから今後、もし自分のAI絵がどんどん作られたとしたら、たぶん学生時代のように、絵具で絵を描いて展覧会をして、原画を販売して暮らしていこうと思っています。商業イラストレーターは辞めるんじゃないかな。今は求められているからやりたいと思っているけれど、そうなってしまったら求められていないということなので。

平泉　人気者の宿命というか。中村さんは既に自分の絵柄・アイデンティティが侵されるような経験を何度もされてきたわけですよね。

中村　だから、もう鋼のメンタルですよ（笑）。ただ二〇年前はまだ若かったし、画集も出していないような状況だったから。それで自分の仕事が奪われるとは思わなかったけれど、あの時に好意に見える搾取というのも、たくさんあるんだと気づきました。そこで思うのが、やっぱりお金は大切だということ。イラストの合評会をやっている時も、とにかく本を買え、画集を買え、雑誌を買え、あなたがお金を稼ぎたいと思うなら、自分で買わないとその重みはわからないはずだから、と一番に伝えています。だから僕自身も何もサブスクには入っていなくて、代わりにちゃんと物を買っているんです。感情ではなく具体的に行動として抗っていきたいです。

平泉　そうなんですね。確かにおっしゃる通りですね。

中村　さて、そろそろDiscordで集めた質問も伺っていいですか？　まずは第一問です。「『ILLUSTRATION』に掲載する作家さんはどのように決めていますか？」

平泉　「ひと目でその人の絵だとわかる個性・作家性」というのをもっとも重視しています。そういった個性が確立されているような絵って、SNSでも瞬間的に目に留まりますし、サムネイルのような小さなサイズで見ても判別できますよね。

中村　それはわかります。絵の上手さが何かと言えば、リアルに描くとか、そういう話じゃないんですよね。見せ方の上手さというか。SNSだと特にそこは重要ですよね。では次の質問です。「『ILLUSTRATION』に載っている作家さんの九割は、日頃からストックしている作家候補のメモから声をかけているというお話を聞いたのですが、それはどんなふうに管理しているのか教えてください。」

平泉　iPhoneにデフォルトで入っているメモ帳アプリですね（画面を見せる）。

中村　わ！　本当だ！　これは見せられない。

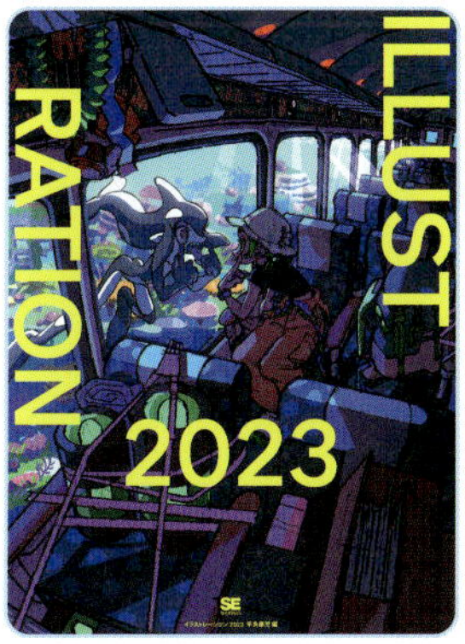

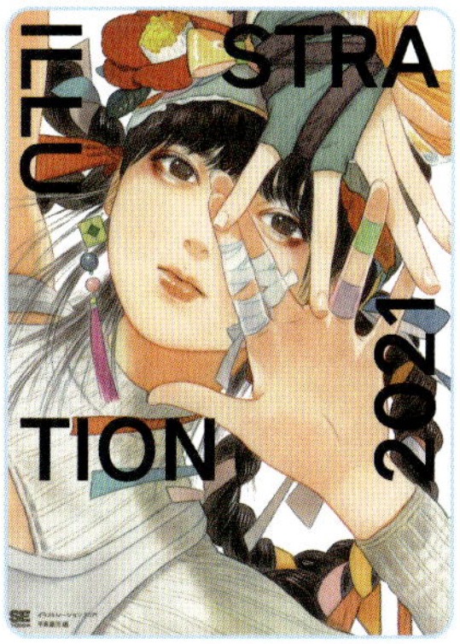

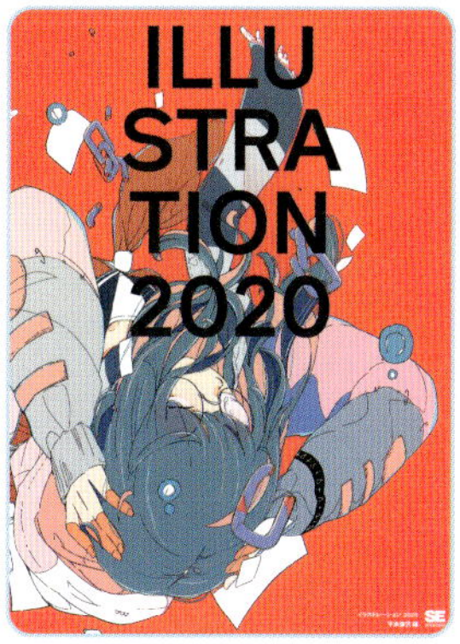

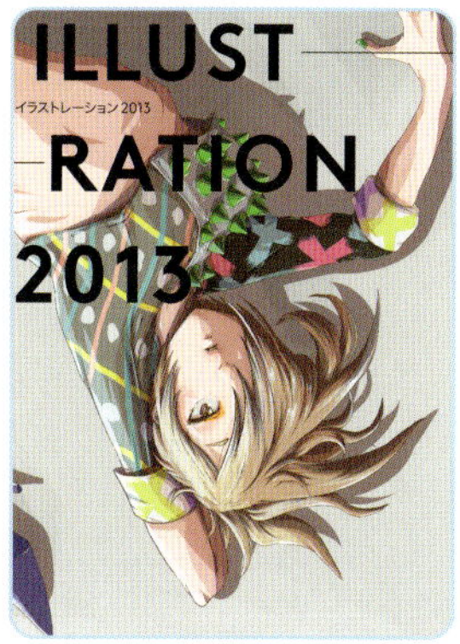

歴代の『ILLUSTRATION』シリーズより表紙をピックアップ。こうして並べてみても、多様な作家が登場していることがわかる。シリーズ1冊目となる2013年版の表紙はYKBX、2020年版はダイスケリチャード、2021年版はLittle Thunder、2023年版ははなぶしが手がける。

五段階の星マークが付いてる！

平泉　星五つは声をかけることがほぼ確定している方で、迷っている時は三つとか四つとか。常にチェックしているので、このメモ帳は毎日必ず何人か増えていきますね。

中村　チェックしている人のリポストで新たな面白い人も見つかったりしますもんね。では次の質問です。「平泉さんが感じるこの一〇年のイラスト業界の変化を教えてください」とのことです。『ILLUSTRATION』の一冊目を出した二〇一三年と今を比べると、状況は変わりましたか？

平泉　二〇一三年は、もうこれ以上は掘れないというくらいに作家さんを掘り尽くし、探し尽くしたつもりだったんですけど、今はもう土壌が豊かになり過ぎて掘り尽くせないほどです。表現の幅、多様性が、あの頃に比べてずいぶん広がったように感じます。SNSも当時と比べると、まったく別ものになっているというか。専業ではない魅力的なイラストレーターが非常に増えた印象です。それこそ趣味で描いていたらネットで話題になったというような作家さんがたくさんいる。最近の『ILLUSTRATION』に載っている方たちも、専業イラストレーターという方は少ないのではないかと思います。

中村　むしろ他にお仕事を持っていて、副業でこの金額を超えちゃいけないからギャラは受け取れないとか、そういう感じの方もいますよね。

平泉　そうなんです。本業で堅い仕事をしつつ、自分の楽しい趣味にアイデンティティを置いているというのは、生きていく上での大きな心の拠り所にもなると思うんですよね。

中村　本当ですよね。だから商業作家ではないけれど、めちゃくちゃ上手い人ってこんなに多いんだと最近知りました。そのあたりの変化は「季刊エス」の高橋さんから見るとどうですか？

――確かにエスやスモールエスに投稿してくれている上手な絵描きさんたちも、昔に比べると必ずしもプロ志望というわけではなく、趣味で楽しく描きながら、イベントや展示で作品集や原画、グッズを売ったりして活動している人たちが増えている印象です。あとは、ある時期からいわゆるファッションイラストレーターということではなく、ファッションセンスの良い、ものすごくスタイリッシュなイラストがどんどん増えてきて。今やそれが一過性の流行ということでなく、定着して当たり前になったと感じます。

中村　そう！　昔はそんな服、現実に着ている人なんていないでしょ！　というのが「季刊エス」の投稿ページの可愛さ、魅力だと思っていたんだけど、そこは変わってきたよね。もともと、なぜそういうことが起きていたのかと言えば、コミック系のイラストレーターさんが影響を受けているのが、やっぱりアニメや漫画だけだったのが大きい。アニメや漫画って、もちろんスタイリッシュにすることもできるんだけど、キャラクターの描き分けに重きを置いた結果が、例えば孫悟空のあの髪型なわけで。それが今や僕もコミティアに行ってびっくりするのが、なんでみんなこんなにおしゃれなの？って。BL好きの女の子とかも、みんなもうファッションデザイナーみたいな感じで、僕が一番ダサくて恥ずかしくなるぐらいですよ（笑）。

平泉　みなさん本当におしゃれですよね……。ファッション感度がものすごく高い。

中村　これはインターネットの恩恵ですよね。インターネットで、どこにいてもリアルタイムの流行を知ることができるので、地域と都会の情報格差がなくなったことが大きいと思います。

――それから絵描きの子たちの憧れの仕事として、一〇年ぐらい前までは小説やライトノベルの表紙を描きたいという声が多かったけれど、今はミュージックビデオをやりたいという声をよく聞くようになりました。

平泉　イラストと音楽の結びつきは、ここ数年でより密接になっているように感じます。ミュージシャンのランキング上位のMVを見てもほぼ何らかのイラストが使われていますし。

中村　YouTubeに上がっているMVなんかも一枚描いてくれたらこっちで動かしますんで、みたいな感じで、昔と比べるとわりとラフにアニメをつくっている感じですよね。それはたぶん今活躍しているのが、ニコニコ動画の土壌で育ってきた子たちだからで、これがレコード会社が考えるアニメだと、たぶんフルでバリバリに動かすことになっていたと思う。では続いての質問です。「『ILLUSTRATION』の掲載候補の作家さんは主にどこで探していますか？」

平泉　今はほとんどSNSです。Twitter（X）とInstagramがメインですね。実は僕、コミケにもコミティアにも行ったことがないんですよ。それは僕が人見知り気質ということもあるのですが、実際にその人に会ってしまうと、なんらかの情や忖度のようなものが働いてしまう気がして……。こういう本を作っている立場としては、一定の距離感を保って、できるだけフラットな状態でありたいという気持ちがあります。

中村　互いに忖度が産まれないようにと。では次の質問です。「これからのイラストレーション市場はどう変化していくと思いますか？」

平泉　今はSkeb（スケブ）のようなコミッションサービスや月額の支援系サービスといったクリエイターエコノミーの環境が充実しているので、イラストを描く人たちにとってすごくいい時代になったと思います。一昔前だったら、「装画や広告イラストをやったら一人前」といったある種のロールモデルがあったけれど、今はプロじゃないかもしれないけどファンさえ付けば、それで活動を続けていける時代になりましたよね。そもそも、プロアマの境目や区分けというのも曖昧でナンセンスなものになっているように感じます。

中村　うんうん、本当に。昔はプロじゃない人の絵を見たいと思ったら「ファンロード」「季刊エス」「コミッカーズ」の投稿コーナーしかなかったもんね。あとはお絵描き掲示板か。でも、今はいくらでもそういう場がありますからね。

平泉　しかも商業の仕事となると、何かしらお題があって、必ずしも描きたいものを描けるわけじゃない。けれど今は自分が描きたいものだけを描いて、好きと言ってくる人がいれば成り立つので、絵描きにとって豊かな時代という気がします。

中村　やっぱり、「この人はこれが好きなんだ！」とわかるイラストって、見ているこちらも感銘を受けますよね。楽しそうなんですよね。

平泉　おっしゃる通りで、『ILLUSTRATION』で作家さんを探している時も、その人の「好き」が伝わってくるような絵って目が留まるんですよね。「これを描かずにはいられなかったんだな」というのは、絵から滲み出て伝わってきますからね。

中村　伝わってきますし、それを突き詰めると、他の人の価値観をインストールしたわけじゃないので、誰とも違う魅力的な絵になるはずなんです。けれど、どうしても人間って強くないから、今はこういうモチーフやタッチが流行っているとなると、じゃあ取り入れてみようかな…となるんですよ。最近多いのはとりあえずクリームソーダを描いておくみたいな。でも好きで描いているわけじゃないから弱いんですね。好きでクリームソーダを描いている人には絶対に敵わない。だから、とにかく自分の欲望に忠実で、好きなものを恥ずかしがらずに出せる人は強いと思いますね。そういう人は会って話しても面白いですしね。

平泉　わかります。僕も「好き」を突き詰めているような絵には強く惹かれますね。

中村　ですよね。そういう絵は絵に関わっていない人にも魅力的に伝わると思うし。では最後の質問です。「毎年誰が『ILLUSTRATION』の表紙を飾るのかワクワクしています。表紙のイラストレーターさんは何を決め手に選んでいるのでしょう？」

平泉　『ILLUSTRATION』シリーズは「多様性」を大きなテーマに制作しているのですが、多種多様な作家さんのスタイルや異なる文化圏を包括・象徴できるような表紙というのは意識しています。それから、任天堂のゲームのような万人に愛されるメジャー感・王道感というのも目指しているところで、表紙の作家さんを選定する際に意識しているポイントです。

中村　インパクトはあるけれど嫌悪感は湧かない人ということですよね。

平泉　そうですね、そこは大事にしつつ、最終的にはこれまで絵を見続けてきた中で養われた勘みたいなところで決めている感じですかね。最後、なんかフワッとしちゃいましたけど（笑）。

中村　いえいえ、ありがとうございました。今日は『ILLUSTRATION』の平泉さんと「季刊エス」の高橋さんが同席してくださったことが何より嬉しかったです。イラスト誌同士だから、もしトークイベントに呼ばれるとしたら、普通はどちらか一社になるじゃないですか。でも、こういうふうに出版社やジャンルをまたいでお話を聞ける機会というのは本当に刺激的で、今日は僕にとってアベンジャーズを観ているようでした（笑）。

平泉康児

フリーランスの編集者。つくば市生まれ、在住。猫好き。デザイナー向け専門誌「MdN」の編集、出版社勤務を経てフリーランスとして独立。おもな仕事に、『ILLUSTRATION』シリーズ、画集『IMV』シリーズの企画・編集など。

中村佑介

1978年生まれ。大阪芸術大学デザイン学科卒業。ASIAN KUNG-FU GENERATIONのCDジャケットをはじめ、『謎解きはディナーのあとで』、『夜は短し歩けよ乙女』などの書籍カバーも数多く手がけるイラストレーター。作品集『Blue』『NOW』（ともに飛鳥新社刊）は画集では異例の13万部突破。そのほかの著書は『みんなのイラスト教室』（飛鳥新社刊）、ぬりえブック第二弾『COLOR ME,too』（徳間書店刊）、『PLAY』（飛鳥新社刊）など。中村佑介カレンダー2024（飛鳥新社刊）発売中。

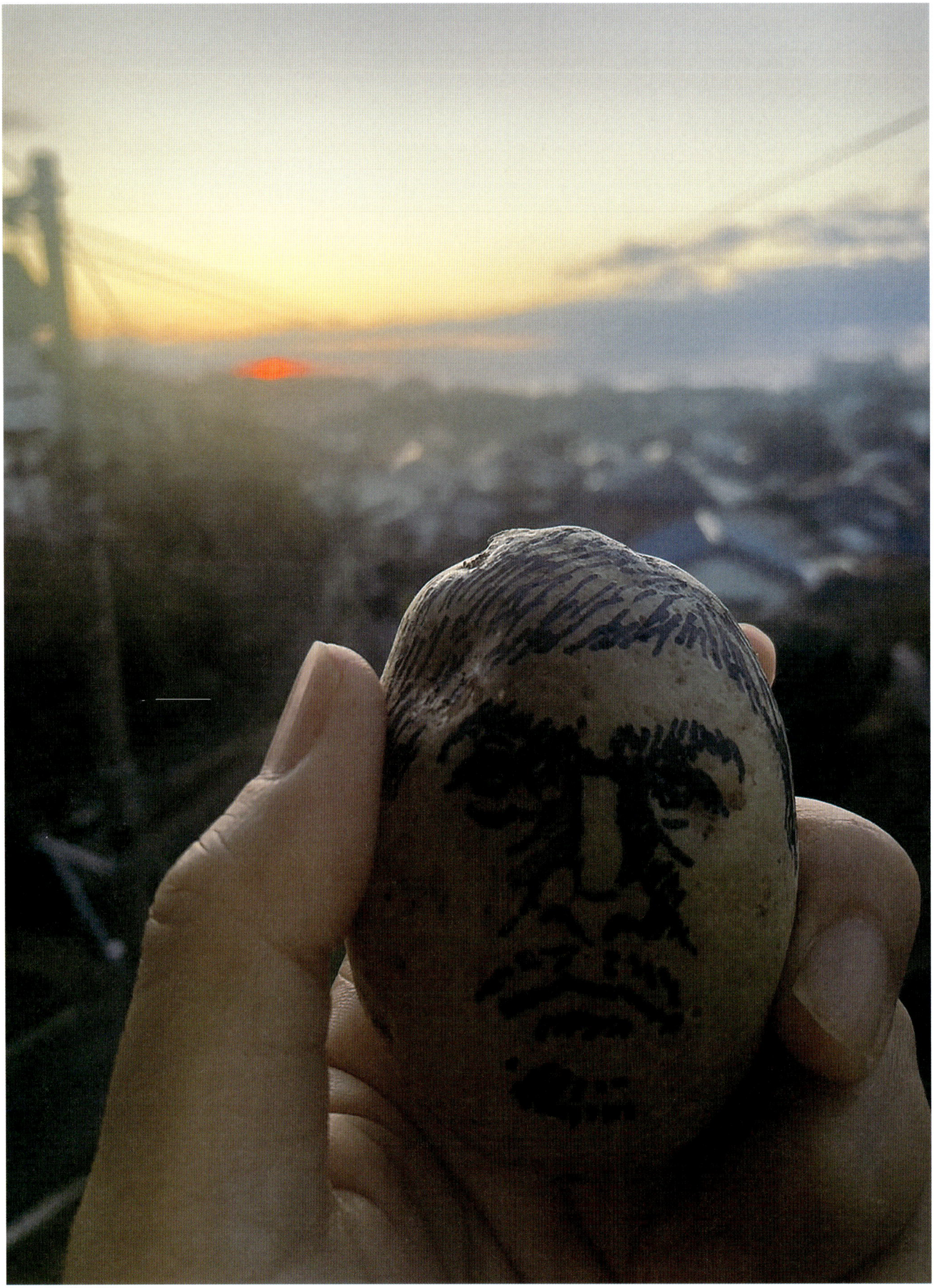

直感通信

小田島等×長尾謙一郎

第48回目

小田島　ダウンタウンの〝松ちゃん〟こと、松本人志さんが大変な状況になっているよね。〝性的行為強制疑惑〟とテレビや新聞は報じ、ご本人は今、一切テレビ等には出ていない（二〇二四年二月現在）。被害者女性と裁判をやるぞという臨戦態勢の模様。はてさてケンちゃんね、今回の顛末、今のところどんな感慨を持ってはりますのん？

長尾　裁判って長いんでしょ？　年齢的にもこのまま引退かなと。でも、松本人志の天才性を目の当たりにしてきた僕ら世代的には、もうとっくの昔に「どこかに行ってしまった」と感じている人も少なくないんじゃないかな？　ここ十五年は明らかにソフトランディングに入った。「ダウンタウンのごっつええ感じ」から「VISUALBUM」にシフトした時代は本当にワクワクしたなぁ。

小田島　僕は一九八二年の昼下がり。小学校の頃、テレビ朝日の「ザ・テレビ演芸」という番組でダウンタウンを初めて観たような気がする。駆け出しの新人として漫才を披露するも、司会の横山やすし御大にはめちゃくちゃ怒られていた。「子供の遊び」「芸とは言えへん」といった手厳しい指摘。ほとんど放送事故状態（笑）。子供の私はまったく知らないその若い二人に対し、内心「頑張ってくれ！」と思ったな。八〇年代、関東からダウンタウンはまだ見えざるものだった。あまりテレビにも出てこなくて。関西では「4時ですよーだ」というレギュラー番組をやっていて、とんねるずくらいの人気を誇っているという噂だけは伝わってきていたけれど。ケンちゃんは、愛知だとどうだったの？

長尾　愛知では「夕焼けの松ちゃん浜ちゃん」という新喜劇はやっていたけど、伝説の「4時ですよーだ」は観れなかった。俺が大阪に住み始めた九〇年代始めは、関西人の若者のほとんどが「4時ですよーだ」の話で持ちきりだった記憶がある。その時、とっくに番組は終わってしまっていたんだけど、相変わらず皆その話をしていた。俺も頑張って「夕焼けの松ちゃん浜ちゃん」の話でなんとかついていこうとするんだけど、「『4時ですよーだ』は全然ちゃうねん！」って変に熱のこもった目で諭されるんだよ（笑）。

小田島　ダウンタウンが徐々に全国を巻き込んでいく中で、松ちゃんはどんどん自身の笑いをアップデートしていくよね。特にフリートークにおけるその斜に構えた態度。年長者にわからないように同年代の視聴者へと投げる〝裏のサイン〟みたいなものに長けていた。批評的な〝含み笑い〟みたいな態度を尼崎の兄ちゃんがやりだすという。ああした態度そのものが日本人の日常会話に与えた影響は強いと思う。しかし、こうしてタレント、芸人としての松ちゃんの技芸や功績を讃えてしまうとSNS的にはNGであるか？　つまり、山下達郎さんの言う「アーティストと作品は別ものである」という問題。要は「素敵な歌を歌いもしますが、実際は人間であるワケで性欲だってあるしお金も欲しい」という現実はあると。

長尾　ここ数年でその理屈は通用しない時代になってしまったように感じるね。とは言え、自分自身の話になると、かなり真面目な私生活を送ってきたように思うので「アーティストの私生活と作品は別物」というロジックに恩恵を預かることはあまりなかったかも。所謂、女性に対してまだ特別な眼差しを捨てきれていない。自分にとって好きになった女性は相変わらず女神なんです。いつも女神の面影を探しているんです。それが、少し寂しくて。しかし、本題に戻ると「芸人は女遊びをしてナンボ」と昔から言われているけど、なんとなく漏れ聞こえてくる二丁目劇場以降の芸人さんの遊び方は、俺は嫌い。気持ちが悪い。今回の松本人志氏の件にしても節操がないと思う。オダジは「アーティストの私生活と作品は別物」について、どう考える？

小田島　まあ、実際に別のものですよね。音楽作品は音波ですしね。絵画はキャンバスや絵具であるからして、生身の人間そのものではない。作者の実生活、心情の全てが作品になっているわけではない。それに性に対して悪しきイメージは無いんですよ。人間である以上、清濁入り乱れていて、若ければ若いほど欲望は強いワケですから。しかし、ここからの時代、かつてあったような同意の無い〝奔放な性〟というものはアカンでしょう。それは今のフェミニズムの追い風とも関係があるだろう。松本人志の今回の顛末にはそういった時代の状況も伺える。男性的マッチョイズムの転倒？　と言うべきか。

長尾　七〇年代に尼崎で幼少期を送った松ちゃんの悪ガキの感性は、当時、初めて触れた視聴者にはかなり猥雑なものとして映ったはず。しかしそこに「ダウンタウン」と名付けたのは素晴らしいパッケージングだと思う。一気に物語性が帯びる。話は少し逸れるが、今日たまたま大学で、クラス一の男前が描いた漫画を読んだんだけどこれが興味深くて、作中で女性がやけにぞんざいに扱われるんです。そういう面白さもあるのかもしれないけど、なんだか僕は泣きそうになってしまったな。ああ、漫画はモテない男が描くものなんだとつくづく悟ってしまった。芸人さんもここ二〇年でモテすぎたのかもしれない。もともと、芸人って女性にキャーキャー言われるような元型ではないからね。人々から蔑まれ、権力者に指をさして好きなことを言える人だったはず。それが完全に今は正反対だよね（笑）。今回のゴシップは、芸人がついに袋小路に入った時代の分岐点かもしれないね。

小田島　そもそも、なぜ男性は女性を被虐することになっちゃうんだろう？　ペニスというものの本来的な〝剣〟のような形状、構造があるでしょう？　ヴァギナは柔らかなものだよね。この根本構造からサディズム側とマゾヒズム側に分別されるということか。その二つは異なるものだが、性交渉により同化するわけだよね。そうすると場合によっては子供を宿したりする。この二構造に人間の野生的衝動が発生すると均衡は崩れ、あらゆる〝すったもんだ〟に及んでしまうと。例えば男尊女卑。その根源ってこの辺りにあると思うんだ。あと、太平洋戦争における軍国教育の名残り。コレが昭和的男性性を作っていったのだろうな。二〇二四年の今日、女性は社会的にも経済的にも力を持ち、結婚や子育てだけが人生では無いという風潮の高まりと共に、男女の性的争いは民主的ルールのまな板の上に乗っているというわけです。ここで僕が気になるのは長尾君の連載『バックホームブルース』における、主人公の〝パパ野郎〟のあり方なんだ。彼の人間像を、野放図で旧型の腕っぷしの強い昭和の生き残りみたいに仕上げてあるでしょう？　私からすると大変懐かしい、近所に必ず一人は居たタイプの男。その姿はどこか、松本人志と重ね合わせて見ることもできる。このフェミニズム全盛の世に、ケンちゃんはどうしてこのキャラクターを提示したんだい？

長尾　まず、今描いている柑二郎というキャラは女性を蔑視するような人間性ではないなあ。どちらかと言うと、女性を神聖視している古い文学的な男じゃないかな？　松ちゃんとはタイプが違う。ただ、前時代的な人間であることは間違いない。ここ一〇年で常識やモラルのアップデートが起きて、一般的にはクリーンな社会が作られているように思われているけれど、そこを懐疑的に見ている自分もいるわけで。漂白されていく社会の中で取り残されて傷ついている人も、罪の意識を抱く人もいるだろうし、また今後だとAIも関係してくる。人間が人間であるというアイデンティティを肯定できない時代になったらどうなるんだろう？　と。コメディが時代の変わり目にできることは、戸惑っている人や傷ついた人、無力感を抱いている人に優しく寄り添うことじゃないかなと。所謂、「業の肯定」が必要なんじゃないかと考えて描いている。しかし、この新しいモラルや常識の出どころや思惑が少し気になる。政治的にさらに扱いやすい人間を増殖させているようにも見える。国破れて山河ありって言葉があるけど、どんな世界になっても常に自然とはどんな状態であるか意識していたいな。

小田島　柑二郎は愛くるしいよね。コロナ禍の数年、ソーシャルディスタンスを取っている間に、人と人の間に猜疑が生まれてしまったように思わない？「他人は私に病原体を感染させ、私の家族をも破壊するはずである。それ以上近くに来ないで」というような、強固なベールを人間存在の上に被せた。その時に「私があなたに迷惑をかけてしまう」と考えるなら、なかなかの平等性、慈愛の精神の持ち主だと思うんだが、他人を病原体みたいな目で見てくる自分勝手な人間もたくさん見てガッカリした。印刷が存在しない、聖書を書き写していた写本の時代。聖書を眺めるための装飾物にしてはならないと、声に出して読むことを教会は推奨していたそう。それが今や聖書はAIが読み上げてしまう。その中でも残っていく習わしがあるのは、変化に対する畏怖もあるだろうね。印象派の自然回帰の風潮にも同じ祈り、人間性の原点への回復を感じる。宗教や政治や事変を描いた大仰な絵を捨てて、主役のいない裏山や小道を描いたわけで。言わば、フォークの発見。今や世界は加速主義の只中にあって、この自然回帰の暇が無いよね。私たちは一体どうしたら良いのだろう。前進なら良いし、変化も致し方ないけど、加速とは此れ如何に。

長尾　そういえば、はっぴいえんども高度成長期に失われていく懐かしい日本の風景をモチーフにしていたね。「男はつらいよ」も失われていく古き良き日本人をテーマにしていたように思う。この連載で何度も語られているけど、往々にして芸術作品は社会との関係性で作られていくわけで。社会は絶え間なく変化を続け、それに呼応するように芸術作品もうねり続ける。きっと、ダウンタウンもあの時代の日本人にとって、どうしても必要な表現であったのだろうと考える。

小田島　うん。笑いは何処にでも潤滑油のように侵入していくものだよね。音楽もそうかもしれない。

長尾　コメディアンが天下人のようなポジションに立ったのは、ビートたけしが初めてだったと俺は思うのだけど、ダウンタウンはその流れの頂点であり、ジンテーゼだったんだろうな。何故あの時代、人前で笑いを生み出せる人間が天下人になれたのか、いま冷静に考えてみても良いように思う。笑うことは幸福や快感とつながっているし、もちろん皆が望んだヒーロー像であったはずだろうが、そこに政治的な思惑はなかったのか、ふと考えてしまうなあ。今回の松本人志の騒動は、なんとなく祭りの後の感慨なんだよな。お役目の終焉。とは言え、九〇年代から〇〇年代のダウンタウンの革新性には瞠目するものがあった。個人的には「トカゲのおっさん」の長回しオフビートコントはショックだった。何よりコントに「切なさ」「哀愁」「涙」を取り入れたのはビートたけし以降の笑いでは初めての試みだったのではないだろうか？

小田島　そうだね。そしてダウンタウンの〝シュール〟は中島らもと宮沢章夫の影響もあったに違いないね。

長尾　関西のお笑いの歴史は、中世に始まった〝にわか〟という、即興性の高い今で言うコントや漫才が源流にあるのだけど、近代になると笑いに物語性や芸術性を加えた小演劇が流行していき、その頂点に藤山寛美の笑いと涙が混在した松竹新喜劇があるわけなんだけど。その〝にわか〟から藤山寛美の笑いと涙の人情喜劇の歴史的変遷を、松本人志は一人でやってのけたのかもしれないね。

小田島　なるほど、そうだね。今日は笑いについての考察にもなった。三度繰り返して論じていこう。

（小田島等／長尾謙一郎）

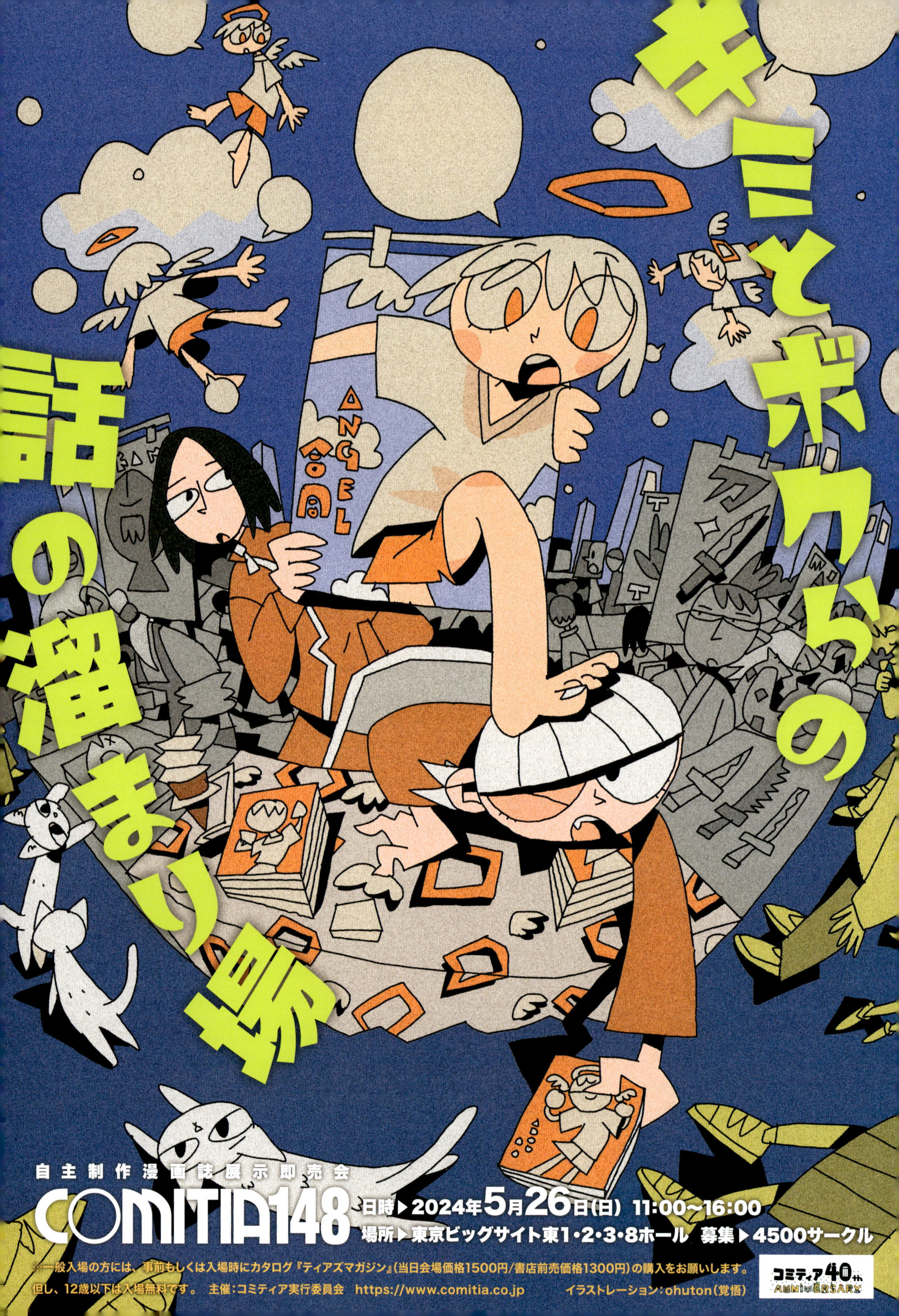

キミとボクらの
話の溜まり場
ANGEL
自主制作漫画誌展示即売会
COMITIA148
日時▶2024年5月26日(日) 11:00〜16:00
場所▶東京ビッグサイト東1・2・3・8ホール 募集▶4500サークル
※一般入場の方には、事前もしくは入場時にカタログ『ティアズマガジン』(当日会場価格1500円/書店前売価格1300円)の購入をお願いします。
但し、12歳以下は入場無料です。 主催:コミティア実行委員会 https://www.comitia.co.jp
イラストレーション:ohuton(覚悟)
コミティア40th ANNIVERSARY

ゆかしなもん教授による、永遠のおんなのこカルチャー講義！

昭和ガーリーカルチャー大学

文＝ゆかしなもん

44時限目

80年代の鉛筆カルチャーについて思いを馳せるの巻

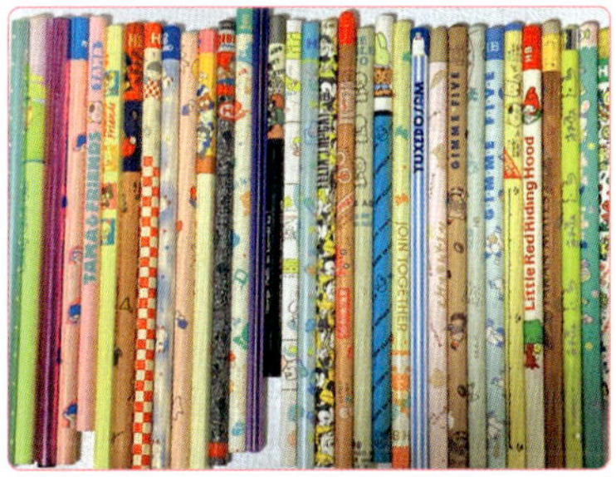

80年代ファンシー鉛筆コレクション！ どの鉛筆もラブリーで勉強が楽しくなっちゃう♪

おはこんばんちわ〜、ゆかしな教授です！ 今日は80年代の「鉛筆」がテーマです。なぜ急に鉛筆なのか⁉ それは、先日私が小学一年生の息子と一緒に、某ショッピングモールの文房具売り場に筆箱と鉛筆を買いに行ったのがきっかけでした。現代の小学校は厳しくて、絵やキャラクターのついた文房具は完全に禁止というところも多く、息子の小学校も同様に禁止。私が小学生時代を過ごした80年代はファンシーグッズカルチャーが最高潮で、私の小学校ではキャラクターの文房具は使いたい放題。小一のころは当時大人気の「Dr.スランプ アラレちゃん」の筆箱を意気揚々と使ってました。これがすごくお気に入りで♪

確かに、今の文房具売り場にはキャラクターメインのものよりもスタイリッシュなデザインのものやシンプルな無地のタイプが比較的多く、筆箱も鉛筆も、息子はブナンに無地のものをチョイスして購入しました。しかも今の鉛筆って、2Bが主流なのね！ HBがメインストリームだと信じて生きてきた私にはちょっとしたカルチャーショックでもありました。

昭和期の子供向け鉛筆テクノロジーといえば、まず形。基本は円形か六角形だけど、奇をてらってなのか、三角や四角、星形なんてのもありました。ただし、すごく書きにくかった思い出(笑)。大きさは、つまようじみたいに折れそうなミニマム鉛筆や、逆に30cmぐらいある太くて巨大な鉛筆もありました(主に観光地のお土産として流通)。80年代の「香り」ブームの影響もあって、鉛筆そのものがフルーツのいい香りがするっていうものや、鉛筆の芯がレインボーカラーのものもあったっけ。さらに、変わり種では軸の部分がぐにゃぐにゃ曲がる鉛筆なんてのも(どうやって書くんだよ)！ 文房具のテクノロジーが進化した時代だけに、見た目やおもしろさに特化した鉛筆がたくさんリリースされていました。「子供たちを喜ばせたい」という文具業界の「こだわり」と「愛」を感じたものです(涙)。

ある新聞記事によれば、現在の鉛筆の生産量はピーク時(1960年代)に比べて約7分の1になったといいます。シャープペンシルの台頭に少子化、さらにPC、スマホの普及で「手で書く」という行為が少なくなったことが主な理由のようですが、確かに私自身鉛筆で何かを書く機会がめっきり減りました。そんななかで、息子の鉛筆を私もなんとなく使うようになり、鉛筆独特の書き味、書きやすさってやっぱりいいな〜って見直しています！ 鉛筆の木や芯の香りも好き！ 本誌の読者の皆様のような絵を描くアーティストの方にとっても、鉛筆って大切な道具ですよね。だから、鉛筆文化って、生産量は減っても絶対になくならないのです。私のコレクションには昭和期のファンシー鉛筆がたくさんありますが、久しぶりに引っ張り出して1本1本眺めながら、小学生のあの頃を思い出してみるとしましょうか。

ゆかしなもん
主に70〜80年代の昭和ガーリーカルチャーを懐古＆発信する「昭和的ガーリー文化研究所(http://lineblog.me/yukacinnamon)」所長。小学30年生でもある。2010年より、同名の武露愚(ブログ)をスタート。ムック本「80'sガールズ大百科」にライターとして参加したほか、共著本『ファンシーメイト』も手掛ける。著書に「'80sガーリーデザインコレクション」「'80sガーリー雑誌広告コレクション」「'80s少女漫画ふろくコレクション」(発売：グラフィック社)がある。2023年5月には「ゆかしなもんの'80sガーリーカルチャーガイド」(グラフィック社)を発売。

S SAY COLUMN

演劇 3rd EYE

—演劇を観る心眼、授けましょう—

文＝徳永京子

vol.1 コトリ会議

例えば、大きな渦に巻き込まれて脳が揺さぶられ、未知の領域に運ばれるスペクタクルな快感。あるいは、静謐な集中力の中で、自分でも存在を知らなかった感性のスイッチを押され、深い覚醒を知るインナーワールドの愉楽。

良い演劇を観て味わえる醍醐味もいろいろあって、先に挙げたのはほんの二例だけど、コトリ会議で体験するのは完全に後者。出てくるのは不器用で愛すべきキャラクターばかりだし、ナンセンスなドタバタシーンもたくさんあって笑えるし、話の設定は竹林とか畳敷きの休憩室なのに、気が付くと全身の神経を束にして細く尖らせ、サーチライトのようにして舞台の暗闇を注意深く照らしている。そこに広がっているのは、孤独と同義語の圧倒的な宇宙空間だ。

コトリ会議は2007年に結成され、当初は大阪を中心に公演を行なっていたものの、近年は静岡、東京など活動拠点を緩やかに広げている。創作の過程も独特で、戯曲を書いているのは山本正典だが、演出は劇団員全員で行なう。大阪の劇団と聞くと、喜怒哀楽のはっきりしたエンタメ系をイメージする向きもあると思うが、この人達はむしろ喜怒哀楽に届かない〝未満の感情〟や、アウトプットし損なった〝不発の言葉〟ばかりを扱っている。何しろ劇団名の〝コトリ〟とは、控えめに発せられた小さな気配のことなのだ。

このコトリ会議が大胆な新作を仕掛けてきた。その名を、1ヵ月たっぷり公演『雨降りのヌエ』という。昨年10月に大阪扇町にオープンした劇場、扇町ミュージアムキューブのオープニングラインナップの掉尾を飾る企画として、タイトル通り1ヵ月丸々会場を借り、30分の短編5本のうち2作ずつを日替わりで上演。公演を行なっていない時間帯は「公演以外企画」として、連日10時から22時まで会場をオープンし、各劇団員がやりたい企画を行っている。その内容は、麻雀、デッサン、ひとり芝居、トークとさまざま。肝心の公演の内容は、〝兄〟の死を告げられたその家族という共通項を持つもののシチュエーションが全く異なる4編と、自分達の劇団をモデルにしたロードムービー人形劇。各話のタイトルからすでにコトリワールド全開で『第夜話』『第空話』『第形話』『第蓋話』『第糸話』と名付けられている。

時間を気にせずふらりと会場に立ち寄って、その日の「公演以外企画」からコトリ会議を想像してもらうのも良いが、公演自体が30分の短編2本という気軽に観られるコンパクトなパッケージなので、ぜひそちらに挑戦してほしい。最初の1本でハマって全作制覇したくなる可能性は高い。すでに公演は始まっているので、早めに出かけて！

Photo：河西沙織(壱劇屋)

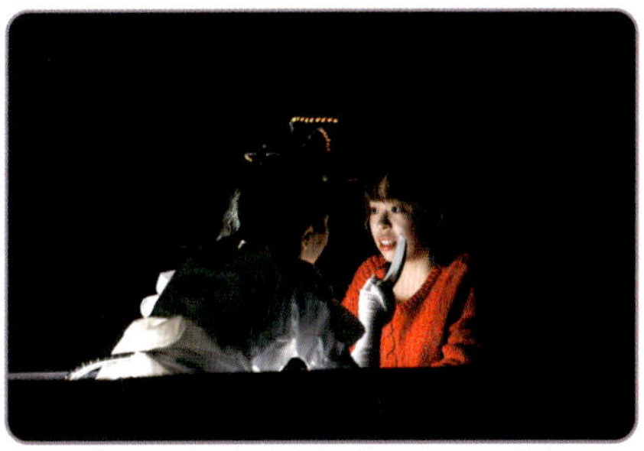

1ヵ月たっぷり公演『雨降りのヌエ』
会期：3月9日〜3月31日
会場：扇町ミュージアムキューブ CUBE05
〒530-0052 大阪府大阪市北区南扇町6-26
料金：<前売・当日共通／全席自由>一般：3,000円／大学生・専門学生割：1,000円／遠方割：1,000円(近畿2府4県以外にお住まいの方)／高校生以下割：500円
作：山本正典　**演出**：コトリ会議　**出演**：大石丈太郎、川端真奈、三ヶ日晩、花屋敷鴨、原竹志、まえかつと、山本正典、吉田凪詐、若旦那家康

徳永京子
演劇ジャーナリスト。朝日新聞首都圏版に劇評執筆。演劇専門誌act guideに『俳優の中』連載中。ローソンチケットウェブメディア『演劇最強論-in』企画・監修・執筆。東京芸術劇場企画運営委員。せんがわ劇場外部演劇アドバイザー。読売演劇大賞選考委員。緊急事態舞台芸術ネットワーク理事。著書に『「演劇の街」をつくった男─本多一夫と下北沢』、『我らに光を─蜷川幸雄と高齢者俳優41人の挑戦』、『演劇最強論』(藤原ちから氏と共著)。

S-mono Software Hardware Materials etc

水彩画や色鉛筆などにオススメの コットン100%国産水彩紙!!

Doアートペーパー/Beアートペーパー

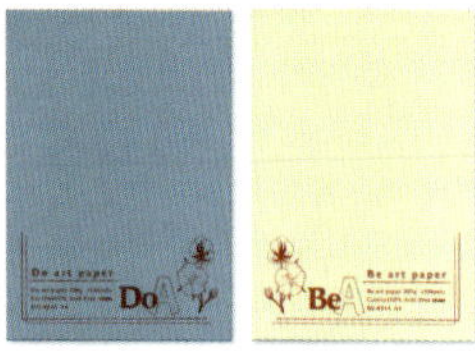

コットン100%ペーパー
209g/㎡・中性紙
ナチュラルホワイト色
(各紙共通)

パッド:
サイズ、価格、天糊・15枚入
A3規格:2,970円(税込)
A4規格:1,650円(税込)
B5規格:1,100円(税込)
シート:サイズ、価格
4/6判(1,091mm×788mm)
Y目 726円(税込)

Do art paper [ドゥーアートペーパー](左)
適度なザラつきのある紙肌と柔軟性を持った風合いある表面が特徴で、自然な水彩表現が可能です。

Be art paper [ビィーアートペーパー](右)
滑らかな紙肌(細目)と柔軟性を持った表面が特徴で、絵具も適度に吸い込み、発色に優れます。

ミューズ
オンラインショップ

● 株式会社ミューズ ☎03-3877-0123(代)
● www.muse-paper.co.jp

muse DRAW ON OUR EXPERIENCE

「Wacom One 液晶ペンタブレット 13 touch / 12」新発売!

デジタルクリエイティブに挑戦したい人に向けた新しい「Wacom One シリーズ」が登場。購入してから開封、使い始め、さらにスキルを磨くところまで、Wacom One が寄り添ってサポート。多彩なチュートリアルやサービスが付いた、初心者にぴったりのモデルです。

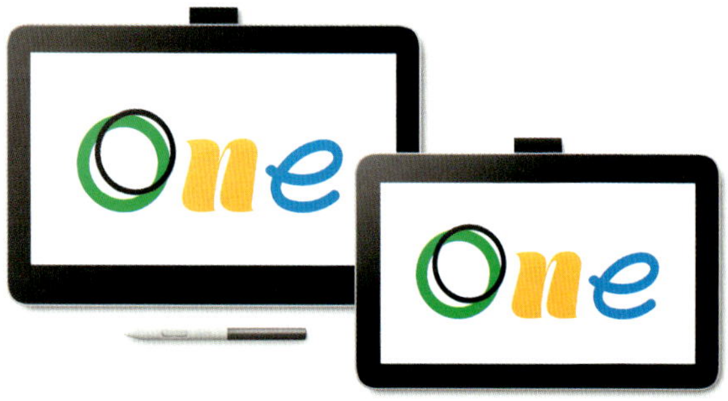

■製品情報
・製品名:
Wacom One 液晶ペンタブレット 13 touch / 12
・型番:DTH134 / DTH121
・液晶パネル表示サイズ:13.3 型 / 11.6 型
・筆圧レベル:4096 レベル
・マルチタッチ:DTH134 のみあり
・価格:オープン価格

■対応システム・接続
・パソコンへの接続
USB Type-C (DisplayPort Alternate Mode) or 3 in 1
(HDMI、USB-A、電源)
・対応システム
Windows® 7 以降 (最新の SP 適用)
macOS 10.13 以降

*1 コンピュータに標準装備されたUSBポート以外での動作は保証していません。
*2 専用ペンによる入力が可能なタブレットPCなどのコンピュータでの動作は保証していません。
*3 電子マニュアルのダウンロードにインターネット接続が必要です。

●株式会社ワコム ☎03-5337-6701(平日9:00~20:00/土曜日10:00~18:00※日祝を除く) ● www.wacom.com

特殊水性顔料「マルチインク」採用 大切な作品、もう色褪せない、ブラッシュペン

ステッドラー ピグメント ブラッシュペン

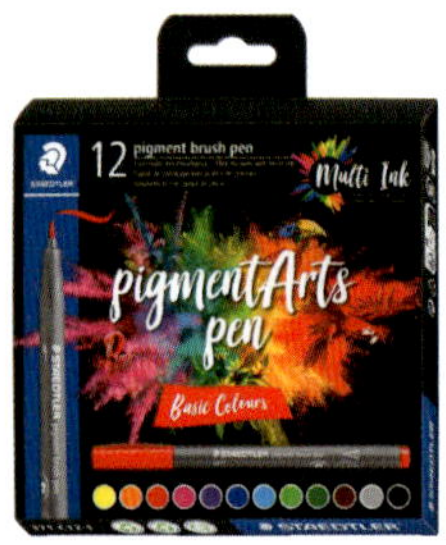

卓越した耐光性、速乾性、耐水性を兼ね備え、描いた作品も永く楽しみいただける「マルチインク」は、AP マークに準拠し、身体にも安全な無臭で長時間でも安心して描いていただける「特殊水性顔料インク」です。

色数・単色全36色 1 本 価格:330円(税込)
12 色セット 価格:3,960円(税込)/24 色セット 価格:7,920円(税込)
36 色セット 価格:11,880円(税込)*ドイツ製

●ステッドラー日本株式会社
●https://www.staedtler.jp

呉竹 顔彩耽美

アール・ヌーヴォーカラーセット

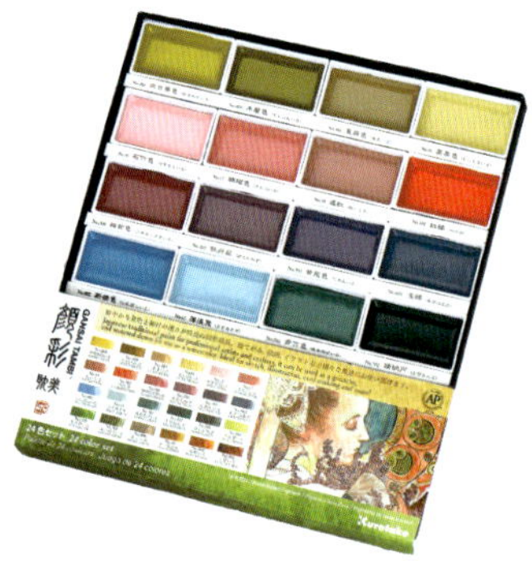

顔彩耽美は水に溶けやすい色鮮やかな顔彩です。
中間色を中心に吟味し調色した色目のラインナップです。

価格:24 色セット/3,080 円(税込)

● 株式会社 呉竹 ☎0742-50-2050
● https://www.kuretake.co.jp/

スマホ・タブレット パソコンで描ける

CLIP STUDIO PAINT PRO

クリップスタジオペイント プロ

デジタルでお絵描きするなら
みんなが使っている安心定番のペイントアプリ!

[Windows/macOS/iPad/iPhone/Galaxy/Android/Chromebook]

CLIP STUDIO PAINT PRO
[一括払い] Windows / macOS
5,000 円(税込)
[月額利用プラン] Windows / macOS
iPad / iPhone / Galaxy / Android / Chromebook
初回申込み時最大 3ヶ月無料
年間契約で最大 7ヶ月分お得
100 円 / 月(税込)~

- リアルで自然、思い通りの描き味
- ペンも UI も自由自在にカスタマイズ
- 無限に追加される数万点のブラシ・素材
- スマホなら毎月30時間ずっと無料

[CLIP STUDIO PAINT 公式サイト] www.clipstudio.net/

● 株式会社セルシス ● www.celsys.com/

レンブラント透明水彩絵具

120色ドットカード

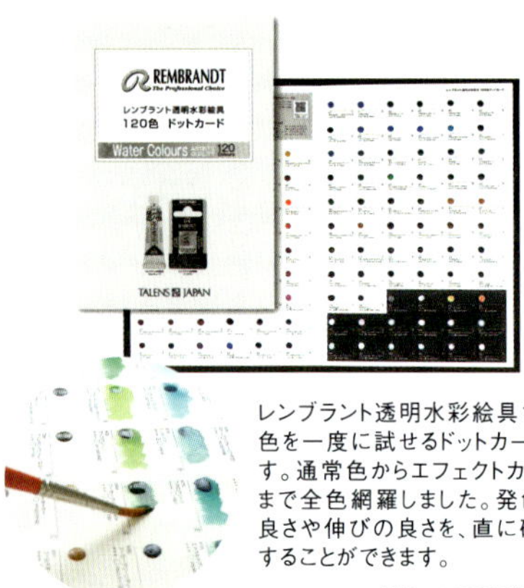

レンブラント透明水彩絵具120色を一度に試せるドットカードです。通常色からエフェクトカラーまで全色網羅しました。発色の良さや伸びの良さを、直に確認することができます。

価格:5,500 円(税込)

● 株式会社ターレンスジャパン ● www.talens.co.jp/
@talensjapan @talens_japan

同人誌からオリジナルグッズまで 高品質・格安印刷でお届けします!

同人誌印刷・同人グッズ制作なら コミグラ

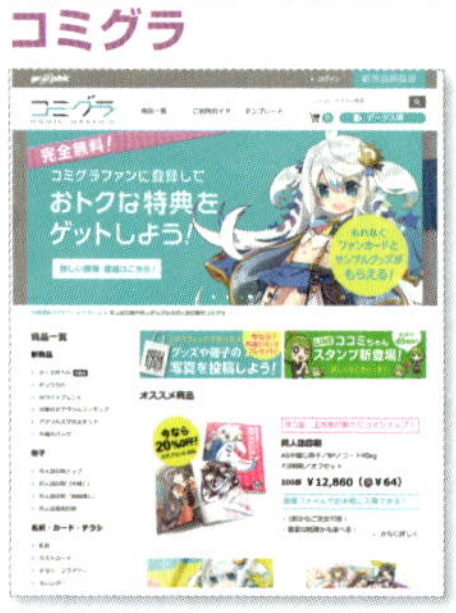

同人誌やイラスト集はもちろん、iPhoneケースやアクリルバッジ、キャンバスプリントなど様々なグッズが作れます。各種イベントでも多くの絵師様にご愛用いただいております。当社自慢のフルカラー印刷であなたの創作活動を応援します!

24時間いつでも
注文・入稿受付 OK

[コミグラ] www.graphic.jp/comic/

新規会員登録ですぐに使える500円分のポイントをプレゼント! さらに初回ご注文納品時のアンケートに回答して500ポイント!

● 株式会社グラフィック
● www.graphic.jp/

gr@phic®

水彩画に要求される透明感と 色の純粋さをとことん追求した 新しい透明水彩絵具

ターナー透明水彩絵具

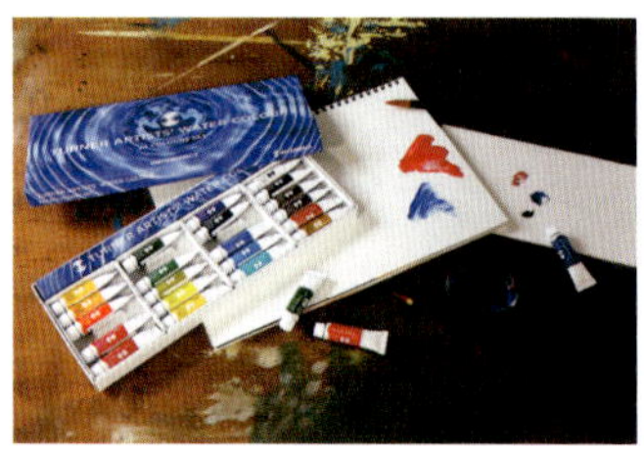

全 54 色のうち 37 色が単一顔料で作られており、混色しても色の濁りがほとんどなく、自然な色調、深みと奥行きのある仕上がりになります。また、耐候性にも優れた顔料を選びぬき、描いたままの美しい色彩を長期間保つことができます。

価格:単色 (5ml) 全 54 色/各 209 円~418 円(税込)
24 色セット(5ml):4,895 円(税込)

●ターナー色彩株式会社 ☎06-6308-1212(代表)
●https://www.turner.co.jp

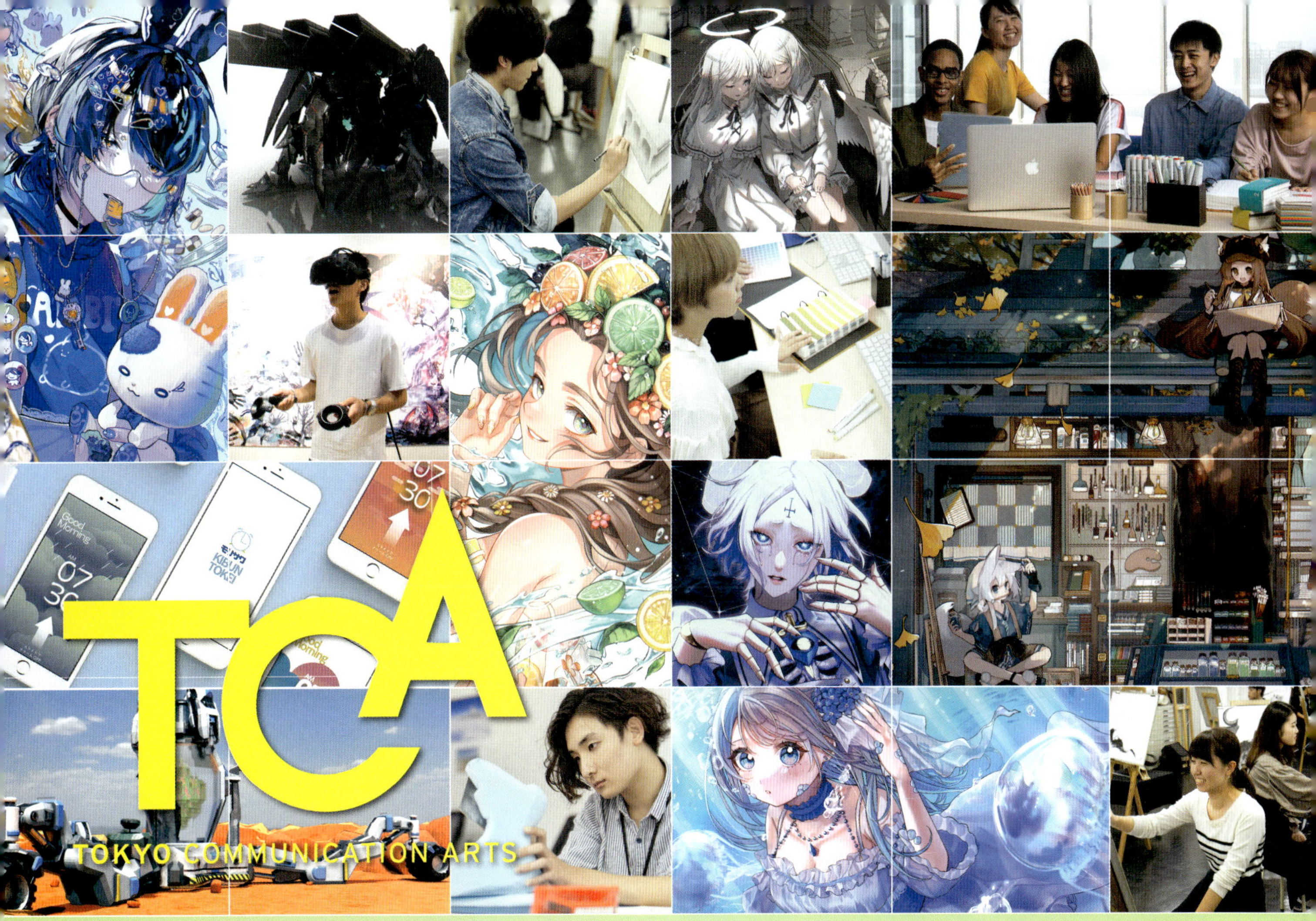
TCA
TOKYO COMMUNICATION ARTS

金賞

6ポイント

[花園のアトリエ] 静岡県・咲久亜

使用画材：透明水彩

花を描く絵師のアトリエは現実と空想が入り混じった花園。これから何を描こうかというワクワク感や草花のざわめきを感じてもらえたら嬉しいです。

現実と空想が混じり合った絵師のアトリエを花園に見立てて描いた作品。額に収まった絵の花と、額からはみ出た本物の花。どちらが空想でどちらが現実と言えるのか？ 不思議のアトリエにいる絵師の瞳の輝きも魅力的。ワクワクした表情に、絵を描くことの素晴らしさが伝わります。全体の構図も華やかで見事です（ノ）

第36回 starS

季刊エスの投稿コーナーStarSとSpaceSに、たくさんのご投稿ありがとうございます！今後もページ増でお届けします！

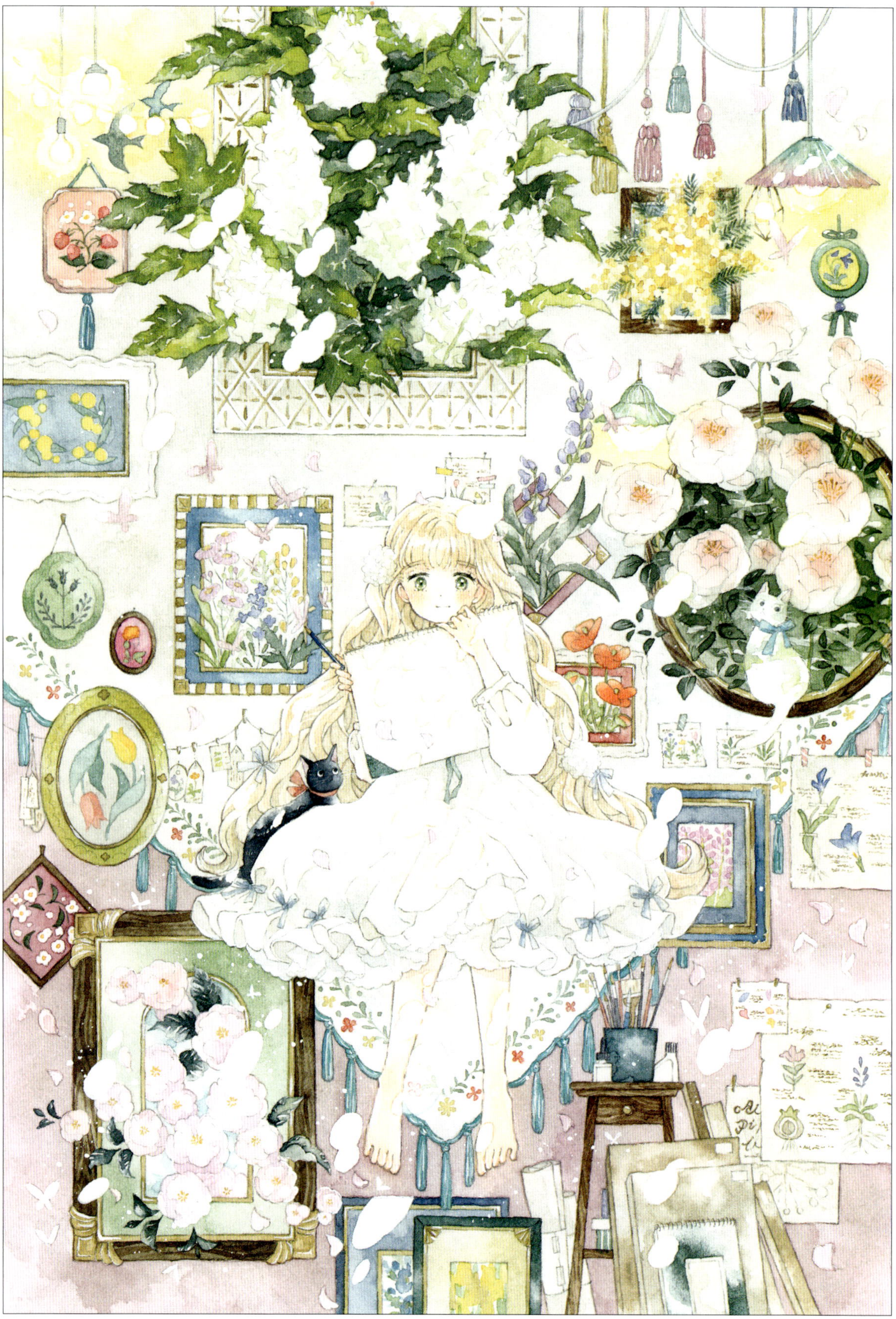

今回の審査員

今回の審査員

アルペジオさん
デザインの仕事をしている。

しらかばさん
動画やLive2Dに携わる仕事をしている。

月食さん
ゲームイラストに詳しい。

西門さん
キャラクターデザインやデザイン系のイラストに詳しい。

ぱてぃーさん
児童小説編集者。

ぐしゃっぴーさん
ギャラリー関係者。

おさむさん
詩とダンスの関係者。

ノピさん
本誌編集長。

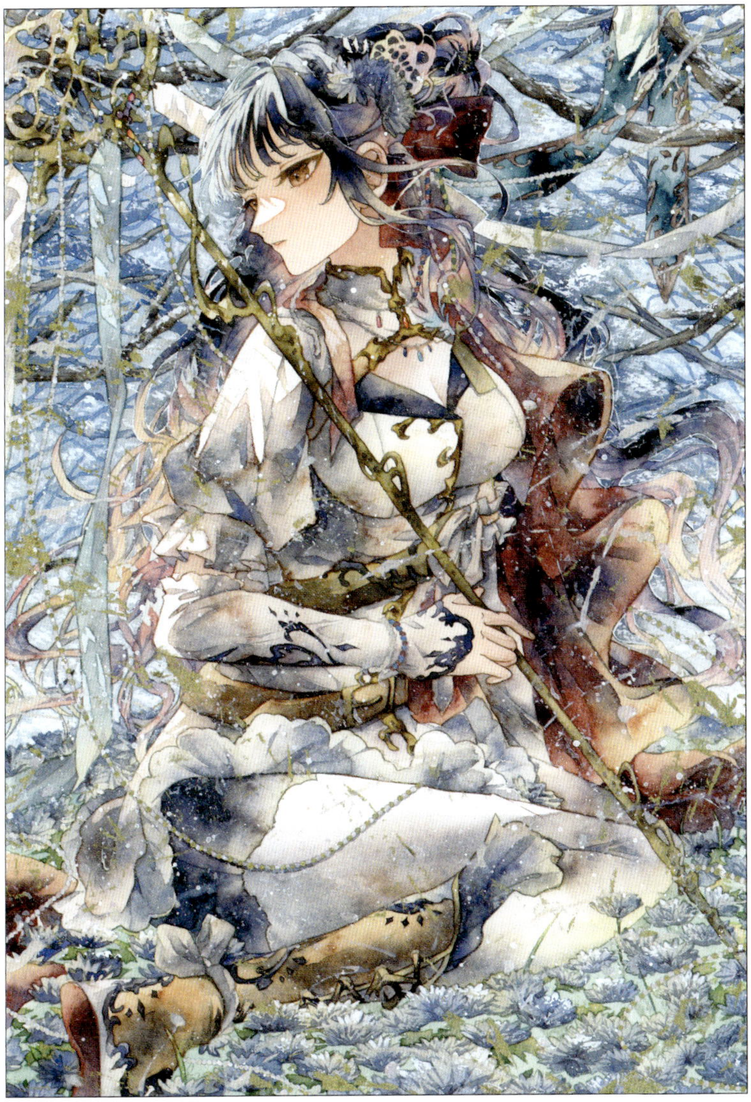

[銀色の世界で] 大阪府・potato

銀賞

5ポイント

使用画材:透明水彩、コピックマルチライナー

どこかの寒い国のお姫様…なイメージで描きました！　思いやりのある優しい性格ですが、普段静かで落ち着いているので、周りの人からは冷たい雰囲気に見られることが多く気にしています…（笑）人と打ち解けれるように、皆が喜ぶような事や友達になれるきっかけを模索中です！

寒い国のお姫様は、優しいけれど物静かなため、冷たい人と思われがちだそうです。人と打ち解けられるように模索中とのこと。それを思いながら表情を見ると、複雑な内面が想像できて味わい深いです（ノ）

[天才のアトリエ] 東京都・百八

使用画材:
CLIP STUDIO PAINT

天真爛漫な芸術家の少年が絵画制作をしている後ろで、同居人の少年が掃除をする羽目になっている様子を描きました。小物の描き込みに力を入れて、楽しい印象の絵を目指しました。

臨場感のある難しい構図、ドラマチックな光の演出、細部まで行き届いた巧みな描写、そして何よりキャラクターが非常に魅力的に描かれていて、素晴らしいです。楽しく魅入ってしまいました。ふたりの関係性や物語を色々と想像してしまいます（ば）

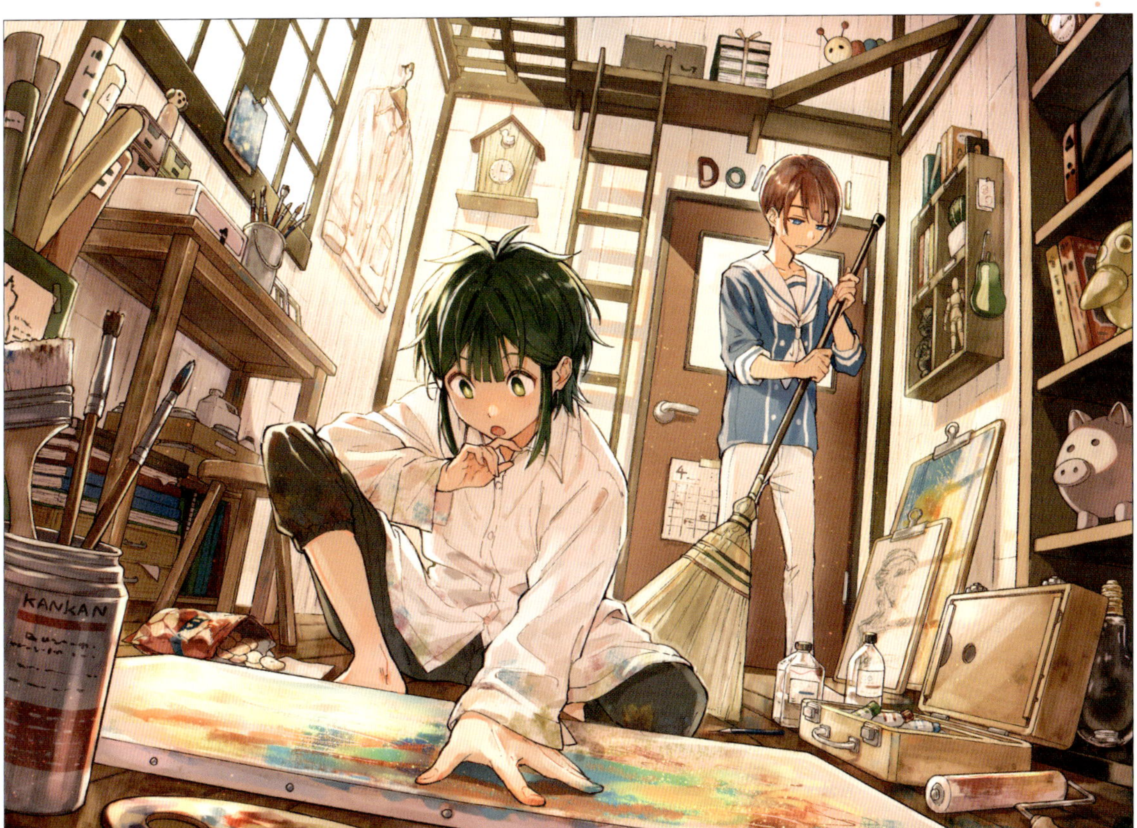

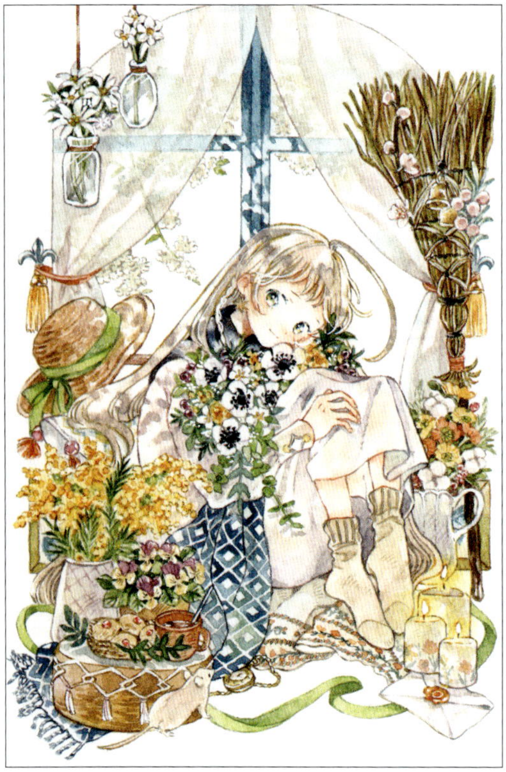

[あなたに花束を] 京都府・陽向

使用画材：透明水彩

冬の眠りから目覚めた春への祝福と喜びを描きました。

暖色と寒色のバランスが素晴らしい作品。ミモザやアネモネなどの草花から春の訪れを感じさせます。また、ぬくもりを感じるアイテムに囲まれた素敵な空間に座る少女の可愛らしい表情にきゅんとします…！（ア）

銅賞 4ポイント

[滲みの向こう側] 長野県・万翔葉

使用画材：アクリルガッシュ４色

にじみの向こう側に見える世界を描きました。

わずか４色のアクリルでペールトーンの世界に作品を彩った見事な一枚。白い朝顔が絡んだ退廃したメリーゴーランドに、見つめ合う人物たちからは、ノスタルジックな物語を想像させられる（ぐ）

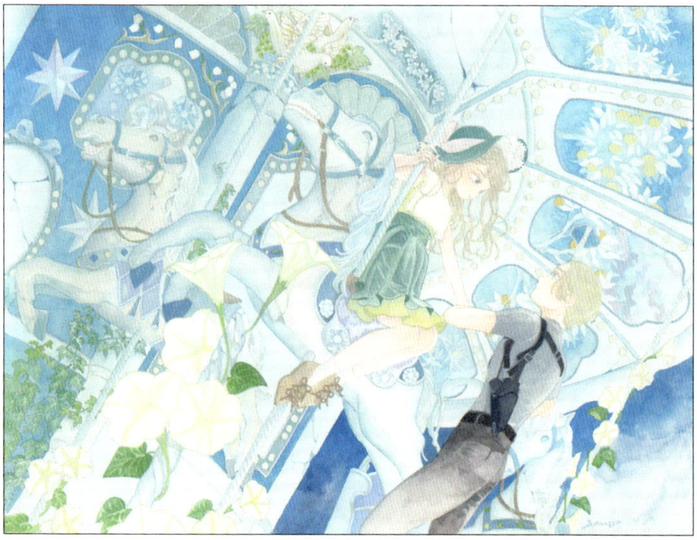

[辰年 レトロ]長野県･唯

使用画材：コピックマルチライナー、絵墨、透明水彩、色鉛筆

ガオガオ元気な干支絵を(^^)

黒いベルトで少しスパイスが効いた着物ファッションをした、女の子と小さな龍がとってもキュート！　やわらかな塗りとツヤっとしたハイライトが質感をよく表現しています（し）

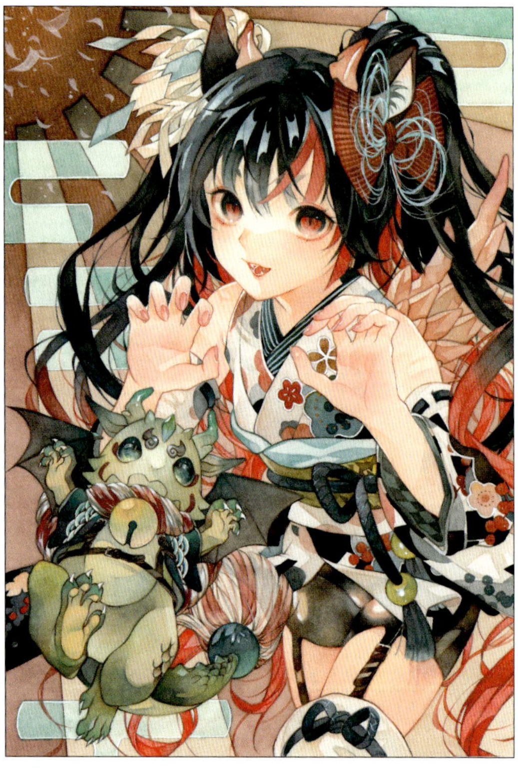

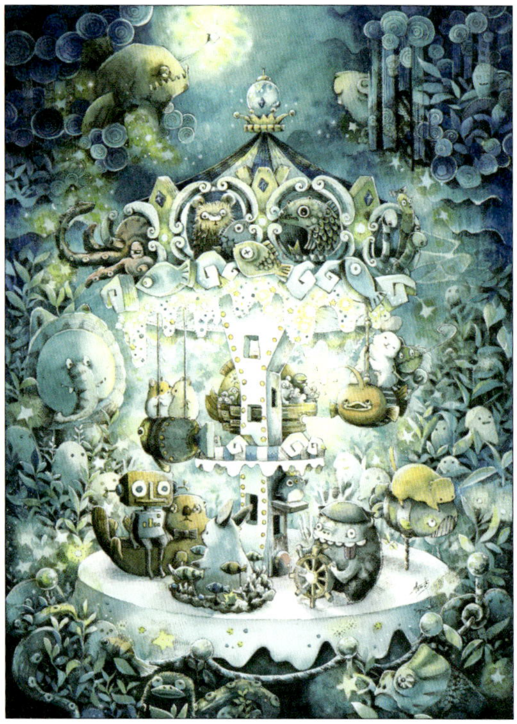

[待ち合わせはメリーゴーランド]
はしむすび＆みずき（合作）

使用画材：ウォーターフォードナチュラル、透明水彩、ミリペン

はしむすびとみずきによる共作になります。海底にこのような場所があったら楽しいのになぁ…をイメージして描き込んでいきました。

不思議な生き物たちがいっぱい集まって、どんな子がいるのかなぁと探してしまいます。メリーゴーランドの幻想的なきらめきや、海底を思わせる青色にうっとりします（お）

優秀賞

3ポイント

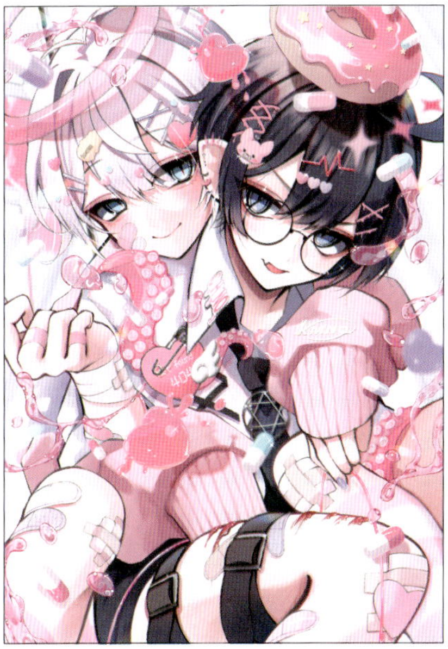

[indulgence] 京都府・上ノ旬

使用画材：アイビスペイント

お互いに大好きと大嫌いが渋滞してとてもつらい双子。

互いに愛憎なかばの双子を描いた作品。絶妙な表情が魅力的。ダークなモチーフを色とデザインでポップに仕上げるセンスが良い（ノ）

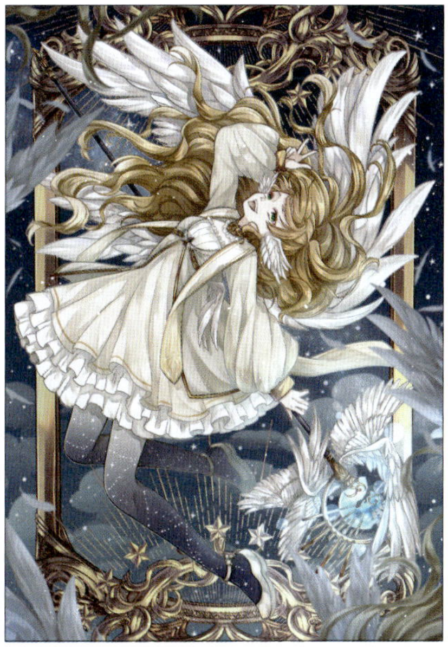

[ユダ] 石川県・なかだ絵眞

使用画材：CLIP STUDIO PAINT

天使に紛れて天界を攻撃しにきた堕天使っていう設定があります。

手前に見える天使たちは既に攻撃されてしまったのか、こちらをあざ笑うかのような笑顔がどこか不気味で不敵な印象（し）

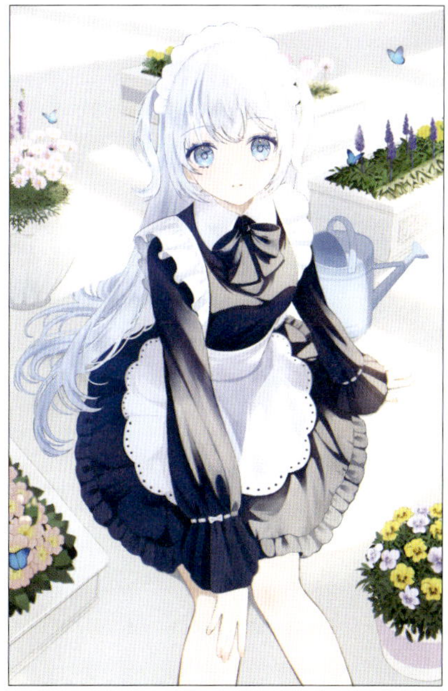

[maid] 大阪府・ruruka

使用画材:CLIP STUDIO PAINT

大好きなお花に水やりをして少し休憩しているメイドさんを描きました。

美しく鮮やかに咲く花と蝶に囲まれ、静寂に身を委ねる可憐なメイドさん。透き通るような瞳に、思わず見惚れてしまいます♡（月）

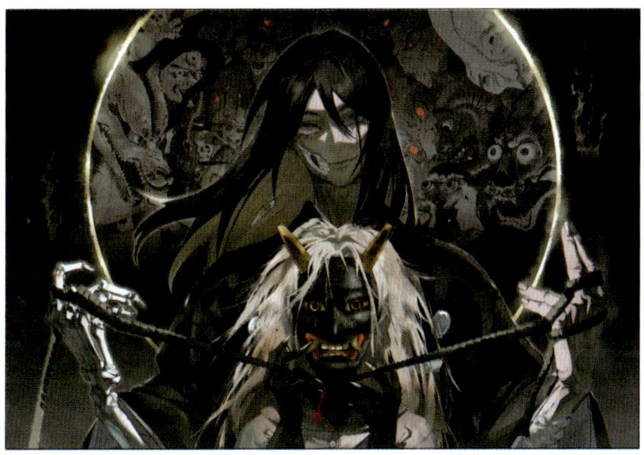

[暗夜行] 愛媛県・丼

使用画材：SAI、CLIP STUDIO PAINT

金環日食をイメージしました。

青年の無機質な美しさと不気味さに唾を飲んだ瞬間、鬼へ目が行き思わず声が漏れました！怖いのに目が離せない、不思議な魅力にとり憑かれます（西）

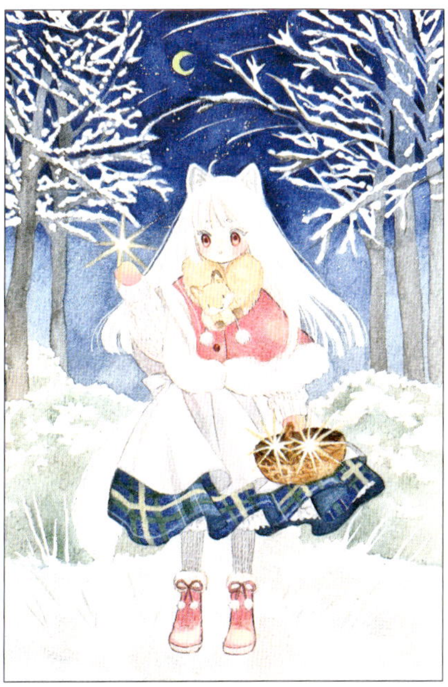

[白狼の子、星あつめ] 岡山県・真優

使用画材：透明水彩

クリスマスツリーに飾るお星さまを集めている白狼の女の子を描きました。

ツリーに飾る星を集める少女。枝に積もった白い雪が鮮やかな夜空に浮かびあがる様子が幻想的。狐の形のマフラーが好き！（ぐ）

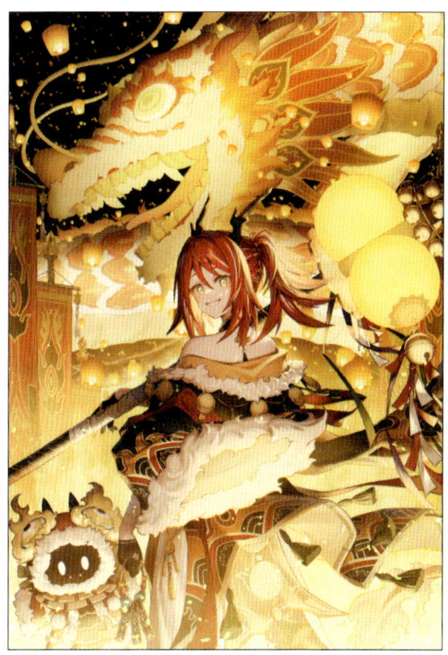

[龍翔ける] 広島県・syow

使用画材：

Photoshop CS5、CLIP STUDIO PAINT

絢爛豪華で迫力のあるイメージで制作しました！

龍と赤髪竜娘が際立つような色彩に画面構成が見事。その場の音や温度が伝わってきそうな迫力ある構図が、かっこいい！（ア）

優秀賞 3ポイント

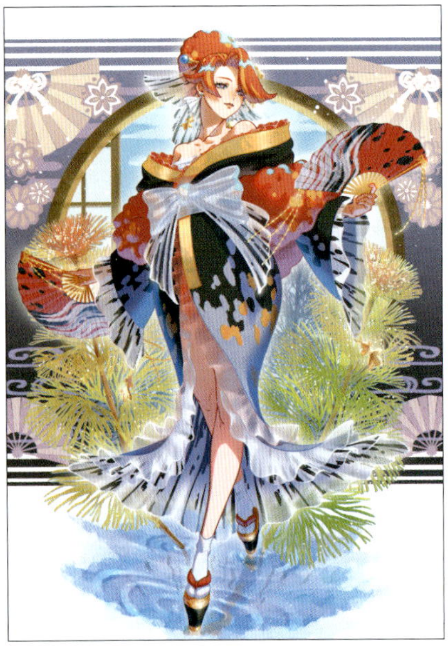

[お錦] 福島県・あげ藻

使用画材：CLIP STUDIO PAINT

京錦という金魚をモチーフにしたキャラクターを描いてみたイラストです。自分だけのキャラクターを生み出すこと、透けた質感のフリルや画面の構成を試行錯誤するのが楽しい一枚になりました。

まさに金魚という趣きで、ヒレを思わせるひらひらとしたリボンや裾のフリル、髪のデザイン、水草の装飾など、浮遊感と清涼感があって、華やかで可愛いです（ば）

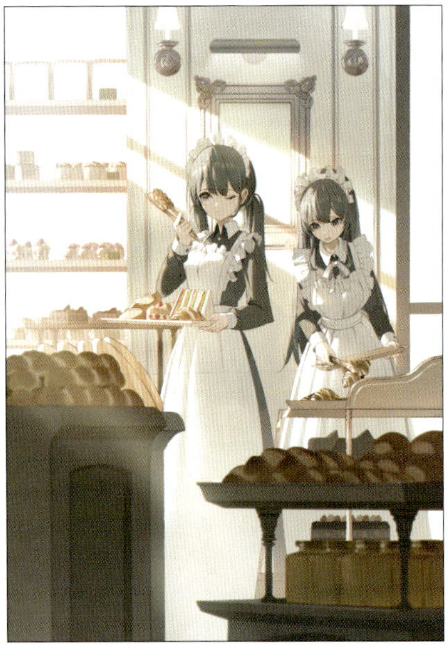

[そんなに食べれるんですか ...？]
東京都・栞しい

使用画材：CLIP STUDIO PAINT

お腹が空いているときはいくらでも食べられる気がします。

できたてのパンの香りが漂うような空間。色づかいとしてはやわらかな印象ですが、二人の表情や装飾は描き込まれていていることで視線誘導がされている（し）

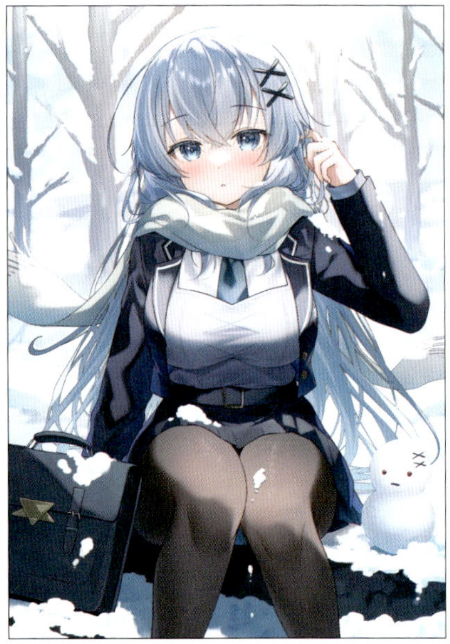

[雪の日] 埼玉県・餃子ぬこ

使用画材：CLIP STUDIO PAINT

雪だるまを作って待ちぼうけ

雪だるまをつくって待ちぼうけな女の子の、むっちりとした体やとろんとした表情が好き♡　タイツのサラサラとしたディテールが◎（お）

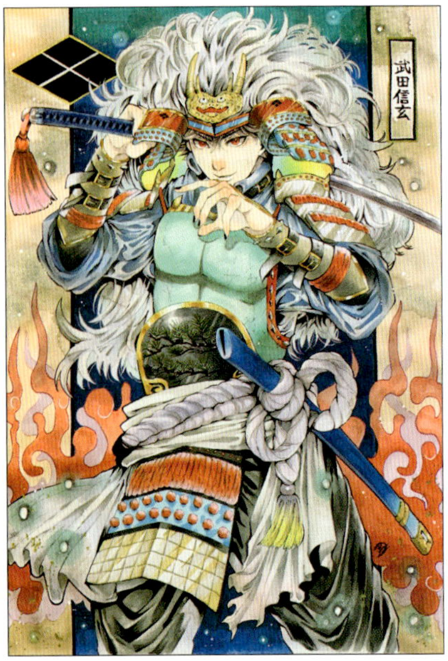

[風林火山] 新潟県・朔

使用画材：コピック、絵墨、ZIG クリーンカラーリアルブラッシュ、コピックマルチライナー、ホワイトペン、金ペン

武田信玄様をイメージして描きました。武者絵のような雰囲気にしたかったので、彩度が高くなりすぎないように気をつけ、絵墨で下塗りをして古紙のような色味を出したつもりです。

しっかりと立体感をとらえた線と多色でありながら絶妙な彩度にコントロールされた色づかいで、非常にバランスの良い仕上りです。力強く色気があります（ば）

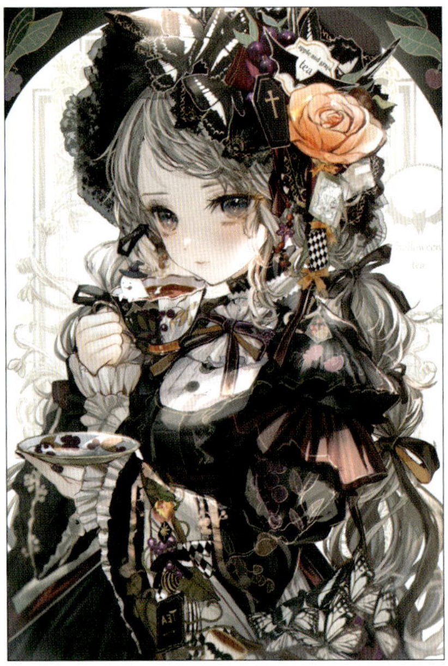

[黒×ゴシック紅茶の妖精]
兵庫県・こもりひっき

使用画材：CLIP STUDIO PAINT、Photoshop

黒×ゴシックなベリーの香りの紅茶をテーマにデザインした、妖精ファッションイラストです。

ベリーな香りの紅茶をイメージした衣装は、色、アクセサリー、テキスタイルと、細やかなデザインが生きて圧巻の完成度です！（ノ）

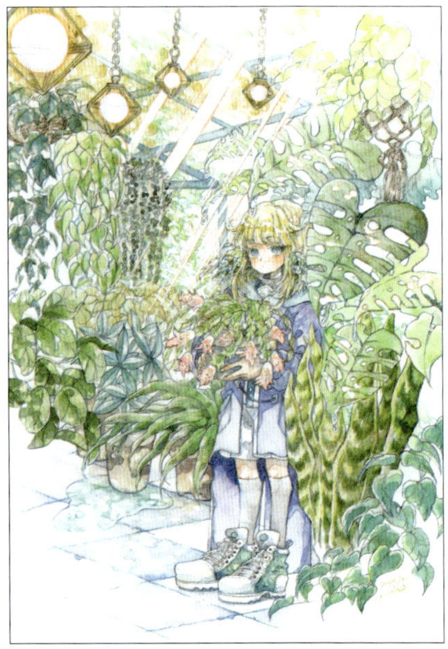

[僕のサンルーム] 宮城県・星宙みか

使用画材：透明水彩、色鉛筆

陽光を浴びて生き生きとするグリーンが好きです。シャコバサボテンの花が咲いて嬉しかったので描きました。

温室に差し込む光が綺麗。この世界に行ってみたいです。少年が抱えたシャコバサボテンの赤色が、周辺の緑と対比し、際立っているのも良い（ア）

佳作 2ポイント

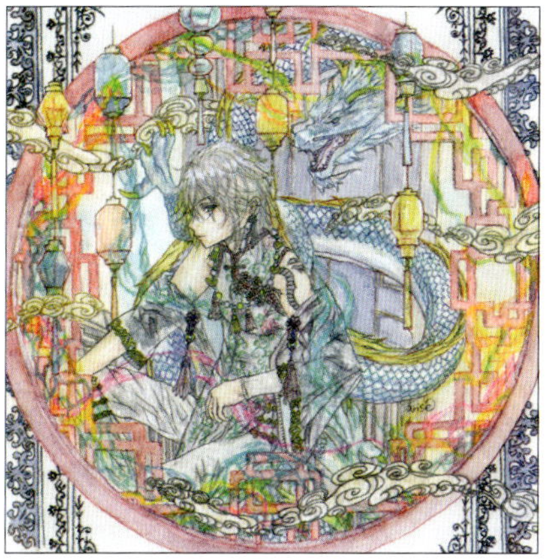

［竜神を纏う］福岡県・arise

画面いっぱいに描かれた小物のデザインから楽しい雰囲気を感じる。カラフルな色づかいに、色鉛筆のタッチも良い（ぐ）

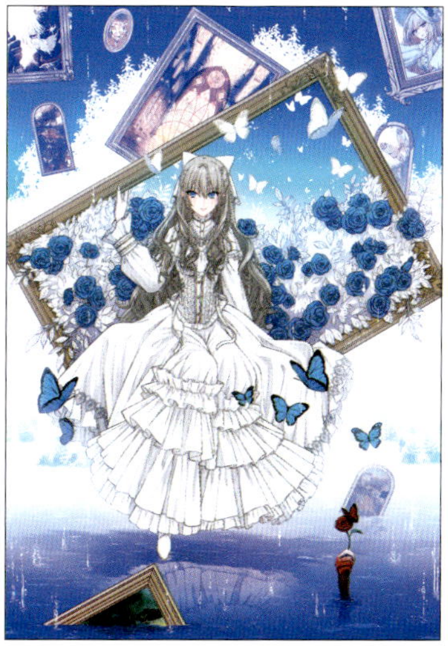

［絵画の少女と届かぬ恋心］
沖縄県・桜庭綾人（黒一隼人 改め）

青いバラが溢れる額に腰を下ろす少女。細やかに描かれたクラシカルな白のドレスから描き手のこだわりを感じる（ぐ）

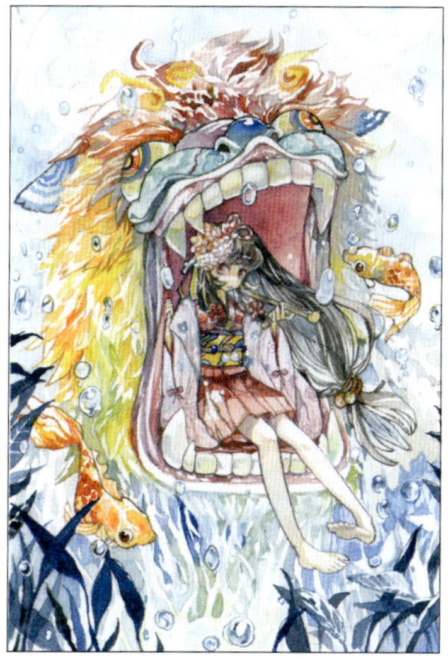

［とある泉の主］大阪府・econoco

鮮やかなタテガミと瞳を持つ獅子舞が強烈なインパクト。口の中に腰を下ろす少女の姿はドラマティックで、着物姿が華やか（お）

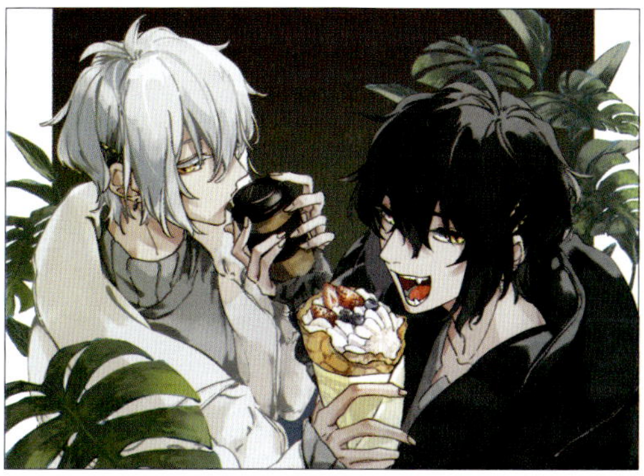

［カフェ］岐阜県・くまちょ

サイドが長くふんわりした髪に鋭い目や口の表情が印象的。ボトルを二人で持って飲み合っている様子も良いです（ノ）

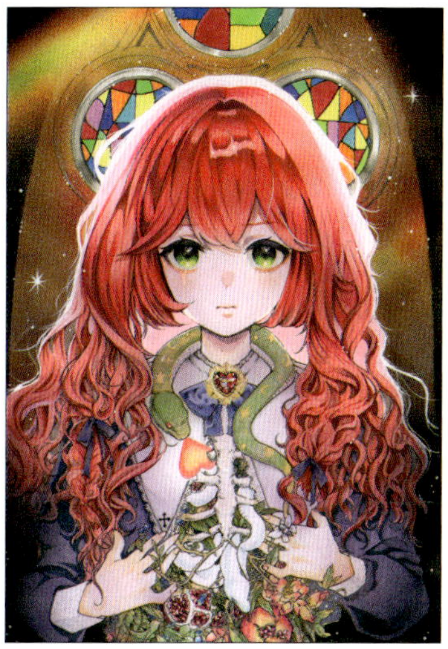

［胸のうち］神奈川県・sushidog

透明感のある肌、瞳、髪の塗りがとても綺麗。コピック ABS やホワイトによる光のきらめきから、神々しさを感じる（お）

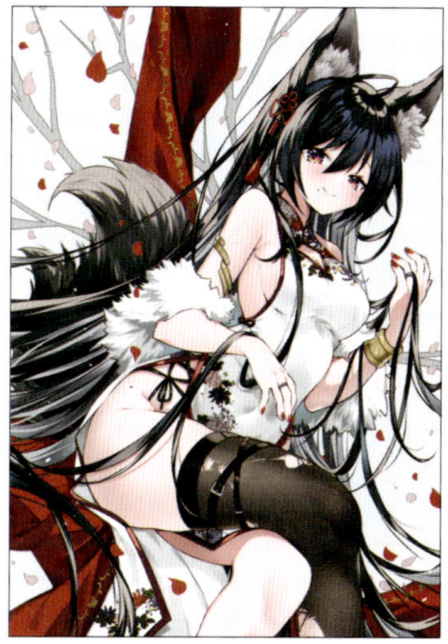

［格闘家けもみみ］広島県・とうか

スリットから覗くリボンや破けたタイツ、メリハリのあるボディがセクシー。余裕な笑みから彼女の強さを感じる（ば）

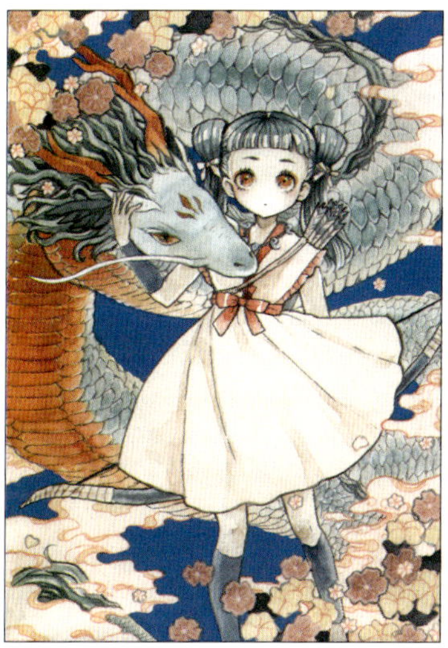

［龍の落とし子］東京都・萩原ぎんいろ

日本神話に登場する神武天皇をもとに描いた作品だそう。少女と龍の真っ赤な眼差しに目を奪われる（ぐ）

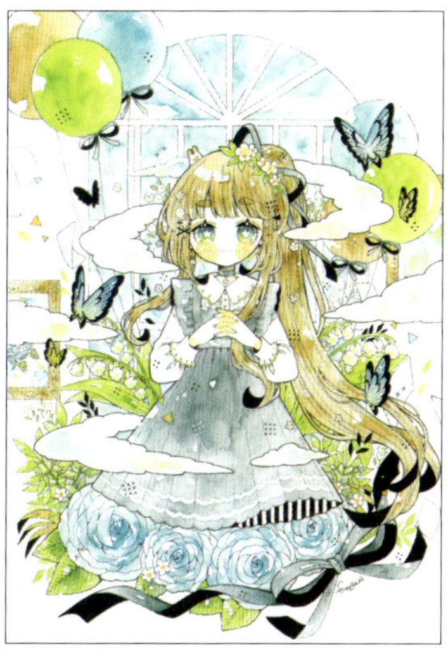

［きらめきのカケラ］福井県・FUYUKO

絞られた色数でまとまりがありながらも、華やかさを感じる配色によって、可愛らしい場面が描かれています。頭の上から覗くうさぎが可愛い！（ア）

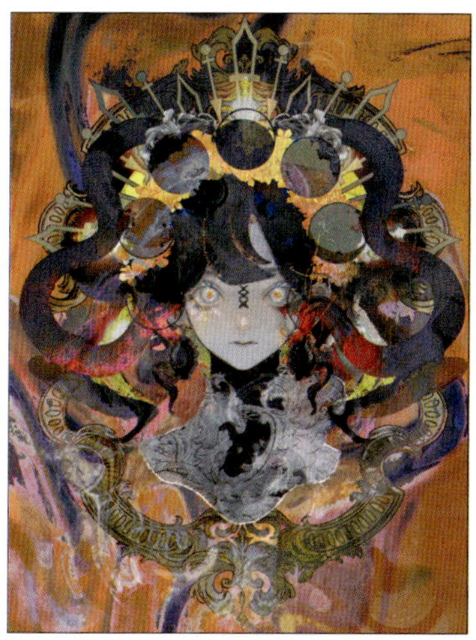

［火炎］東京都・はむメロン

幾重にも重なるテスクチャと色彩が良い質感を出しています。目が離せなくなるような瞳の模様に惹かれます（ア）

佳作 2ポイント

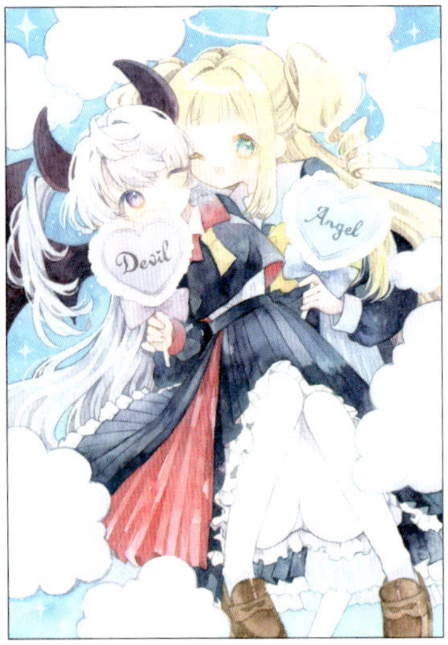

［どっちがお好き？］岩手県・くりせゆう

正反対だけど仲良しな悪魔ちゃんと天使ちゃん！ほっぺたを寄せ合っているポージングがキュートです！（ア）

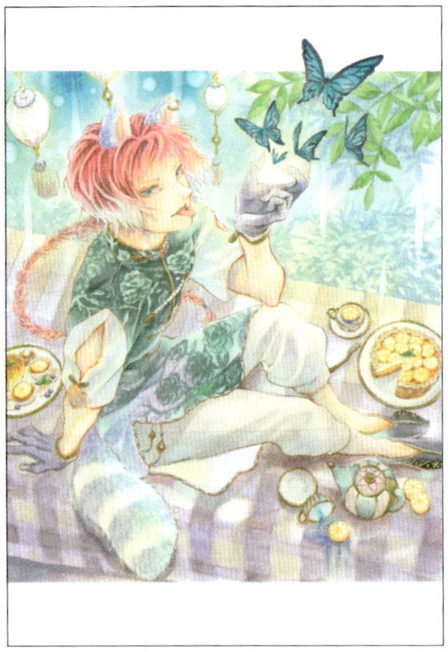

［Cheshire cat］埼玉県・参崎シュリ

舌を出したいたずらな表情にドキッとする作品。画面外に舞っていく蝶により、幻想的な世界に誘われる（し）

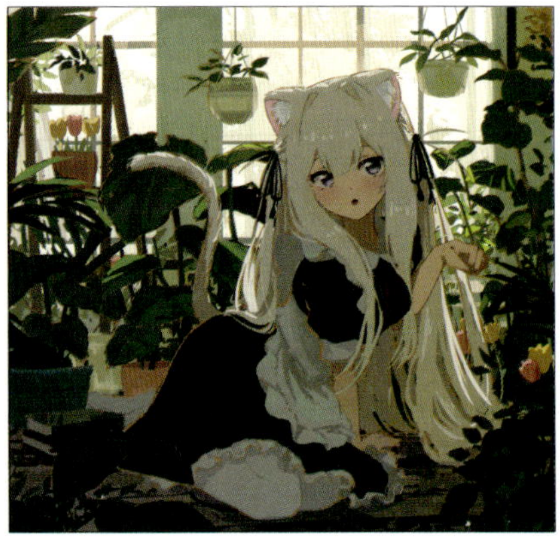

［ヌコ］埼玉県・ヌコン

まどから入る光に緑が多い空間が心地いい作品。短く丸いシルエットのネコ耳にＳ字ポーズが可愛さを高めている（し）

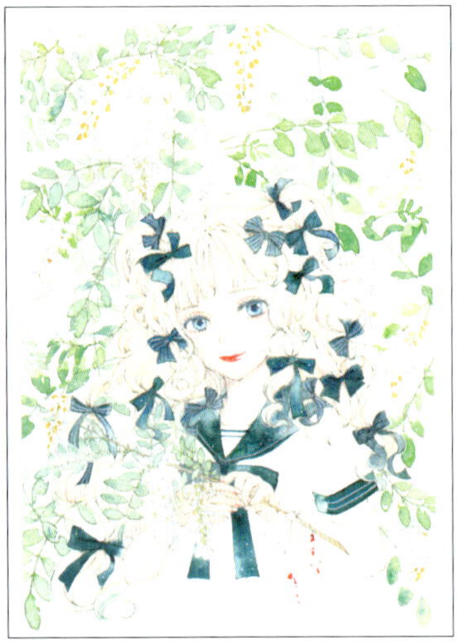

［a fake］宮城県・福

緑豊かな優しい雰囲気と対比した、真っ赤な唇とリボンや指先に付いた赤色が仄暗さを含み、ドキドキします（月）

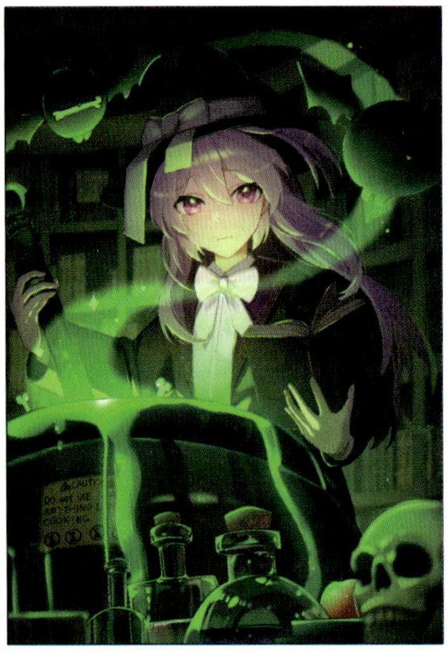

［見習い魔女］神奈川県・タパス

毒りんごを作ろうとする魔女は不安そうな表情。全体を覆う緑のカラーによって、怪しさが出ていて明暗も良い雰囲気（ノ）

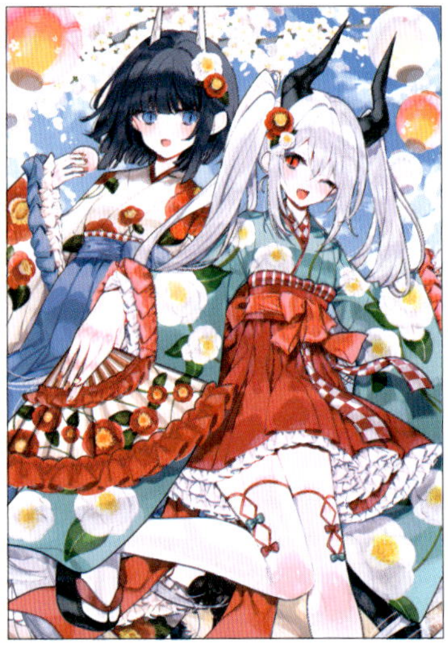

［龍神少女とお正月］神奈川県・Qu6o

花柄の和装とフリルで華やかさを演出。女の子たちの魅力が高まって目を引く一枚（ノ）

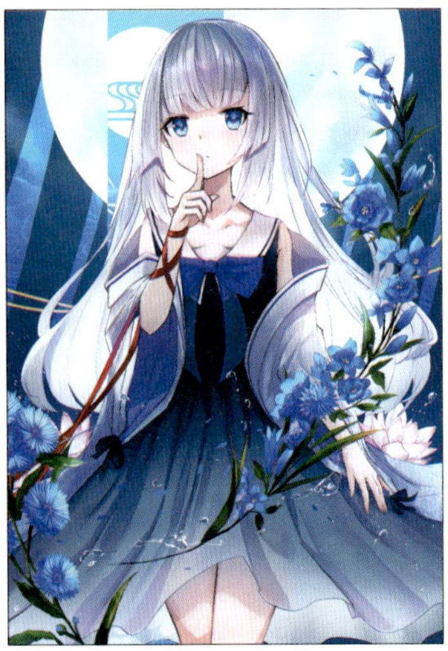

［月想観］大阪府・New3kin

青く落ち着いた画面の中に腕の赤いリボンが映えています。逆光で光る後ろ髪も透き通っていて美しいです（し）

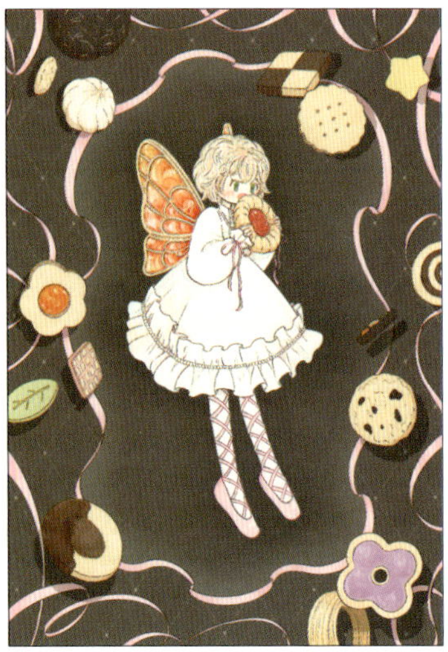

［クッキーの妖精］大阪府・融月りる

小さな体で人間用のクッキーを頬張る姿にキュンとします！　飴のようなツヤツヤの羽も個性的なデザイン◎（し）

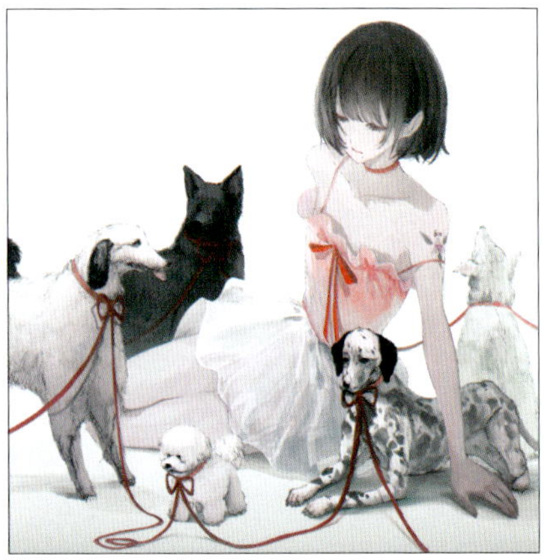

［🐶］東京都・あかれもん（あおれもん 改め）

赤がにじんだようなドレスに、結ばれた赤いリボンが目を引く。犬種による描き分けも上手い！（ば）

佳作 2ポイント

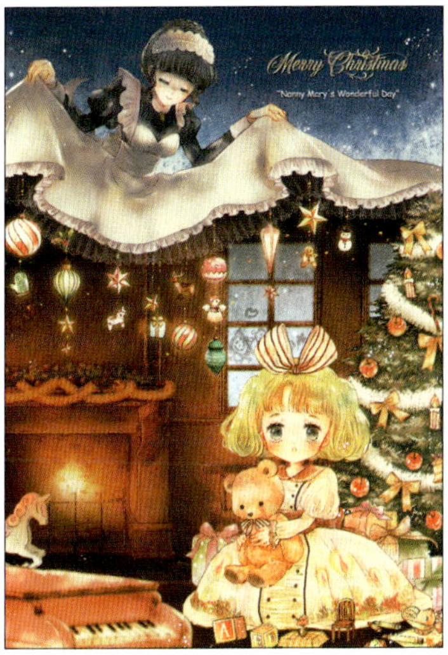

[ナニー・メリーのすてきなクリスマス]
群馬県・あお

絵本のようなあたたかさを感じる作品。人物の生き生きとした表情も◎　どこを見ても小物がすごく可愛くてときめきます♡（ぐ）

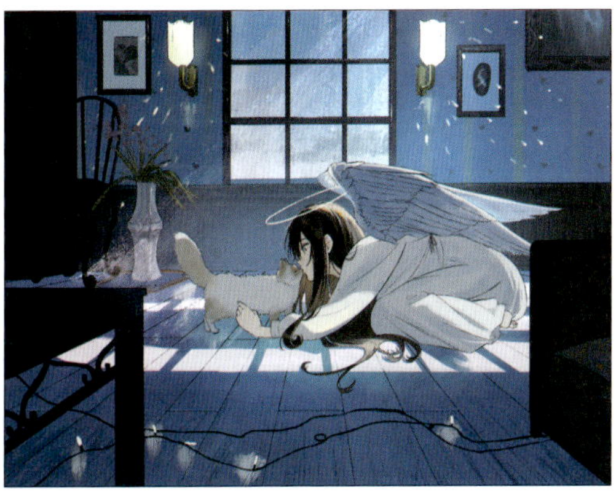

[おやすみの挨拶] 栃木県・こまる

天使と猫が自然に生活する様子がとても素敵です。淡い青の光も雰囲気たっぷり（ノ）

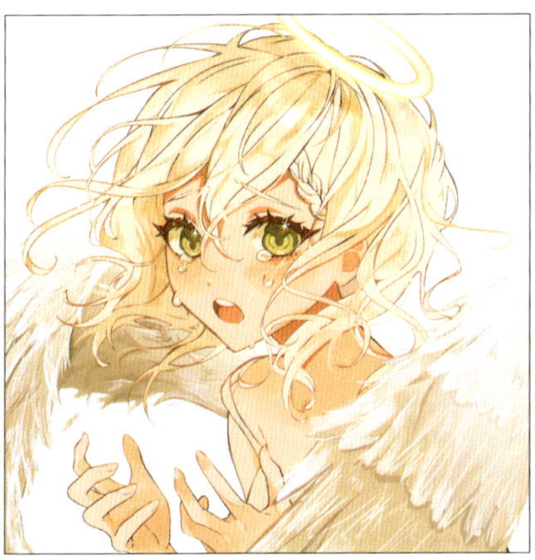

[天使] 福島県・綺咲ゴンザレス

ボロボロと大粒の涙をこぼす瞳が印象的。空を掴む手や、後ろ風を受けて髪や翼が揺れる流れも綺麗です（お）

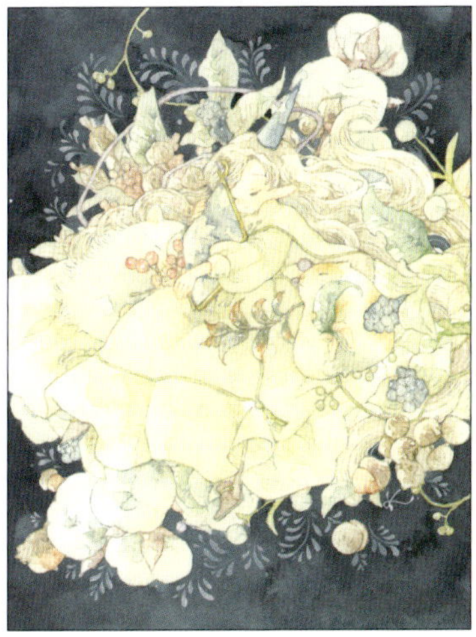

[ねむり静か] 愛知県・kurone

小動物と一緒に眠る小さな少女。アンティークカラーに包まれた繊細で優しい世界に目を奪われる（ぐ）

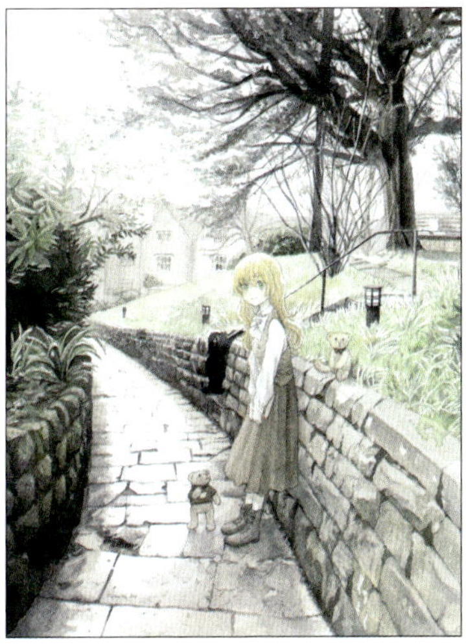

[いつかのさんぽ道] 大阪府・ひまつだあき子

思い出の中をゆったりと歩いているような懐かしさを感じる一枚。ブロンドの少女とテディベアの小さな交流に惹かれる。遠景にある木々の描写が素晴らしい（お）

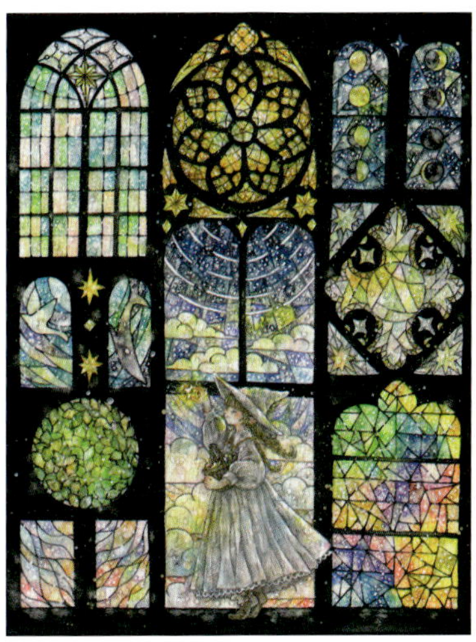

[彩りの仕合わせ] 栃木県・黒猫のら

ひとつひとつ違う柄、違う色のステンドグラスが印象的。魔女の子の白いドレスに反射している描写も美しい（し）

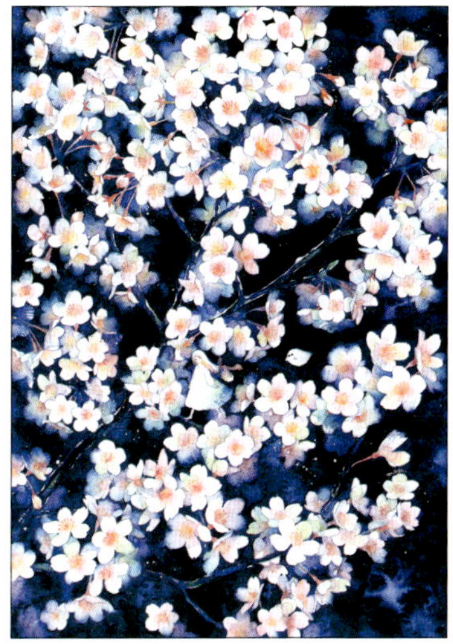

[夜と歩く] 大阪府・七生まゆ

桜の中をふわりと歩く小さな少女。あとを追ってくる小さなオバケも可愛らしい。青色に桜の花びらが溶け込むようなタッチが好きです（お）

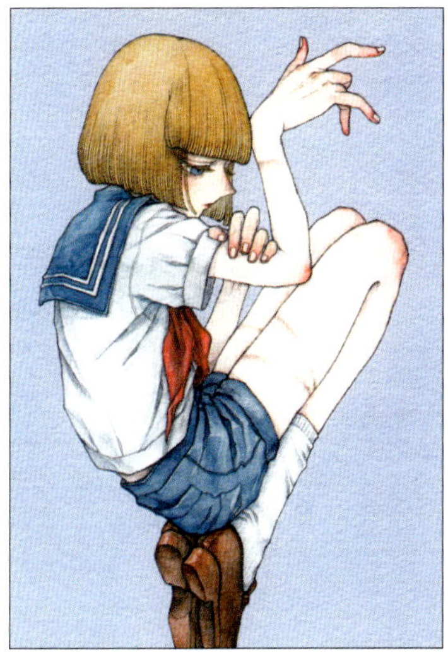

[Ivan] 石川県・庭一

指先や目線、シワの一つまで繊細にこだわりぬかれている少年の姿が妖しく美しいです（ば）

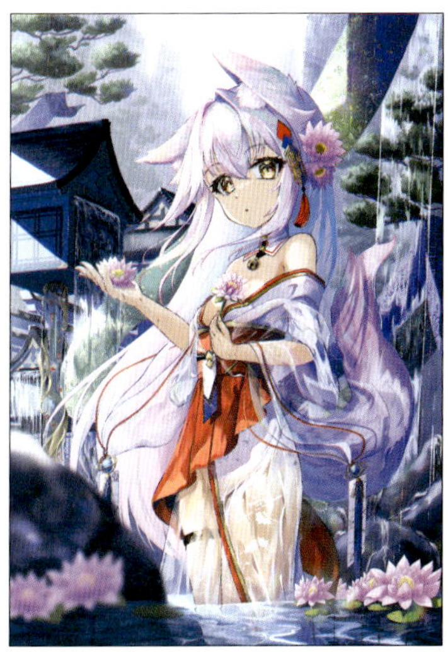

[朝露の少女] 神奈川県・Σウルフ

丁寧に描かれたひとつひとつのモチーフから、世界観がよく伝わってくる。朝露らしい髪色の配色も素敵(西)

入選 1ポイント

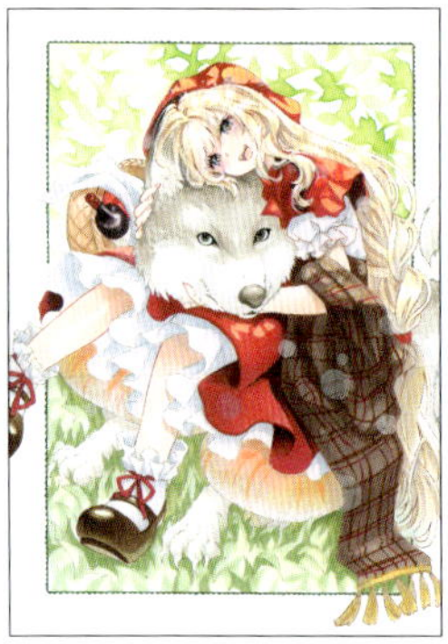
[赤ずきんちゃん] 千葉県・33
狼と赤ずきんのデフォルメが効いた足先が好きです！ きらめきを感じる色塗りも◎（ぐ）

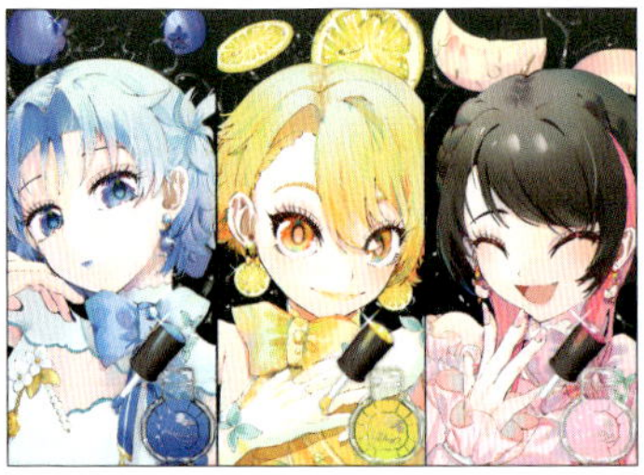
[Lipgloss] 新潟県・木乃伊みいら
ぷるつやリップのモデルの少女達が、まるで宝石のようにキラキラと輝いていて眩しい〜！（月）

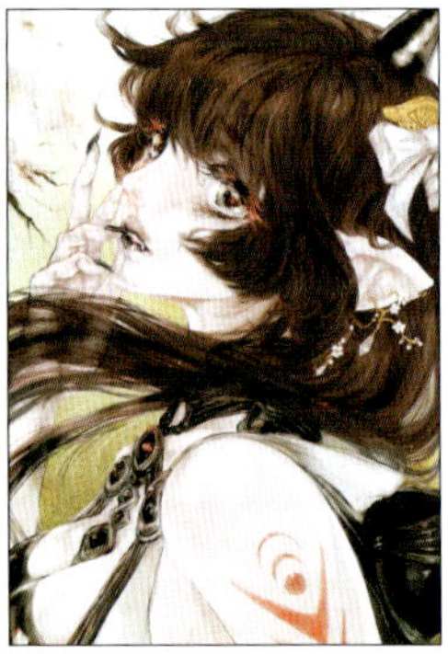
[鬼・黒・梅] 秋田県・あいうねこ
肉感的な唇や手の表現が色っぽい。エルフ耳にあしらわれたアクセサリーも華やかでキュート！（ぐ）

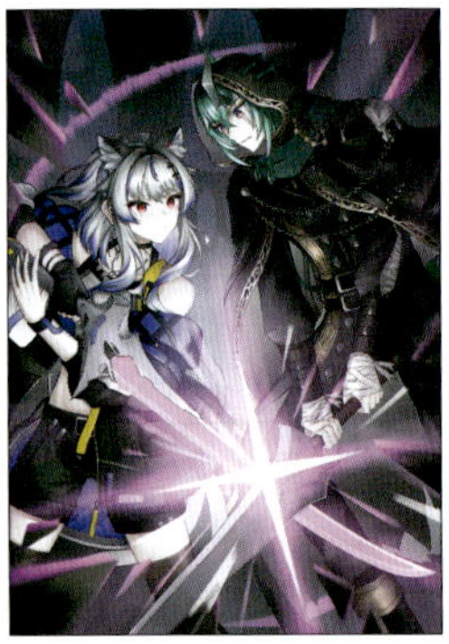
[新光] 東京都・バチカンザリガニ・16歳
互いに剣を交え、真剣な表情の二人。エフェクトの広がりで重い剣の衝撃を感じます（し）

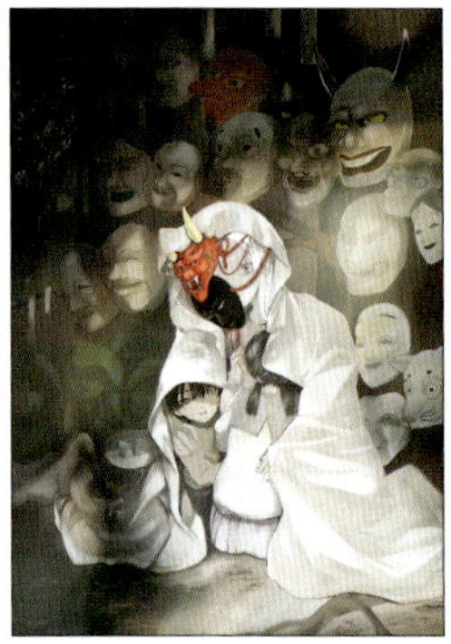
[隠れ鬼の森] 秋田県・ハルツバキ
怖がる子供たちと背景の怪しげなお面、白い霞も神妙なドラマ性を感じさせます（ノ）

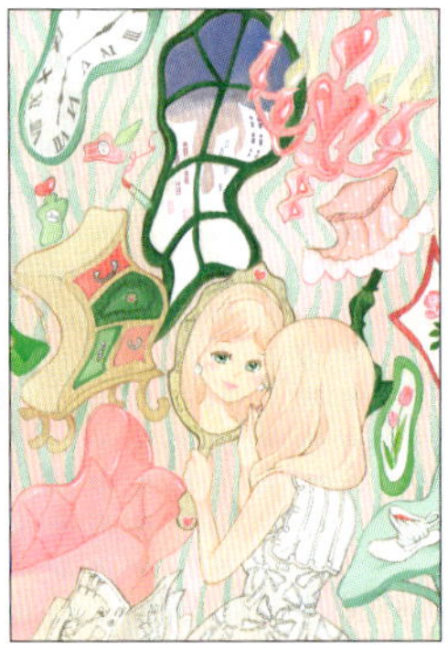
[歪み] 埼玉県・新倉なつな・38歳
ファンシーなカラーリングでありながらもどこか不気味さを感じる一枚。少女のお洋服も素敵（ぐ）

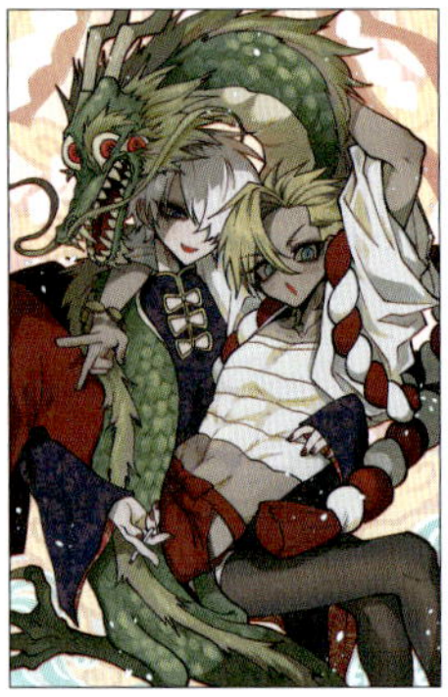
[‼賀正新年‼] 埼玉県・82
三眼龍に絡まりくねる二人の姿がえっちすぎる‼ 褐色っ子のムキムキなお腹♡（お）

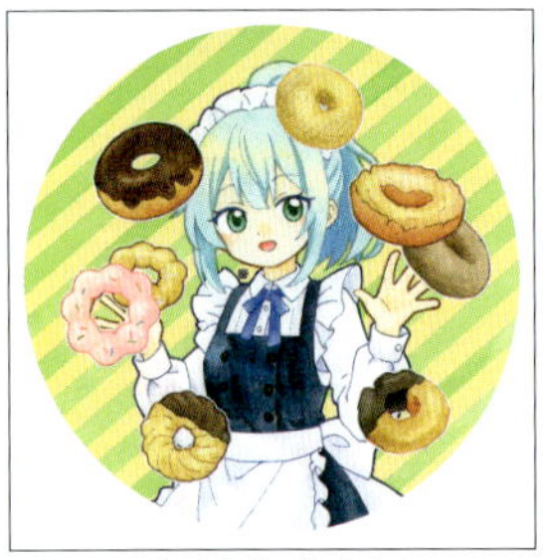
[ドーナツタイム] 京都府・梅山えみ
美味しそうなドーナツと可愛いメイドさん。私にもひとつください！ と言いたくなる（し）

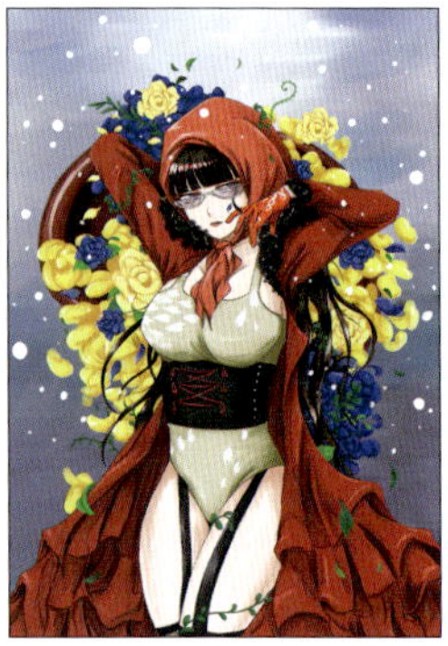
[魅力] 新潟県・ビビすけ・18歳
女性の仕草が艶やかな一枚。バラに見立てたてられたファッションからも色気を感じる（ぐ）

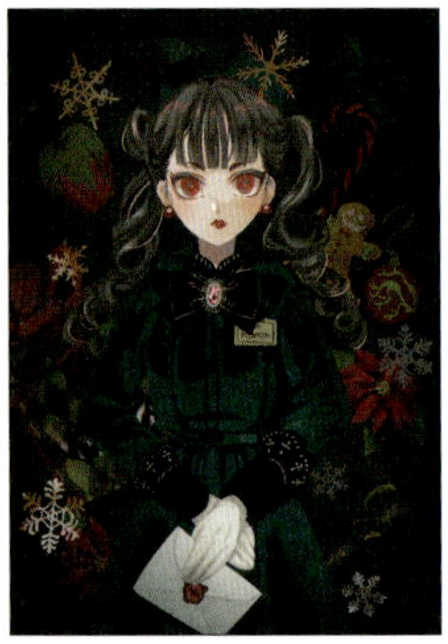
[真夜中の百貨店・クリスマス催事への招待状] 千葉県・anじぇら
人物像や背景にレトロでダークな美意識がある。強い眼差しも絵に存在感を出して良い（ノ）

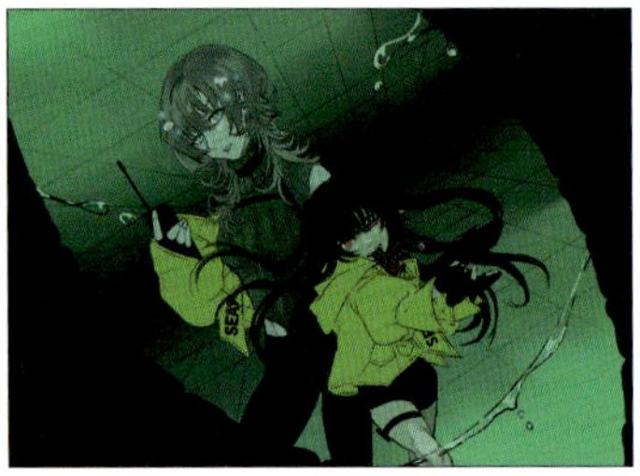
[非常事態] 静岡県・ト丼与澄
謎の多い空間でチグハグな成長をした二人。協力して生き残る、熱い展開を想像します（し）

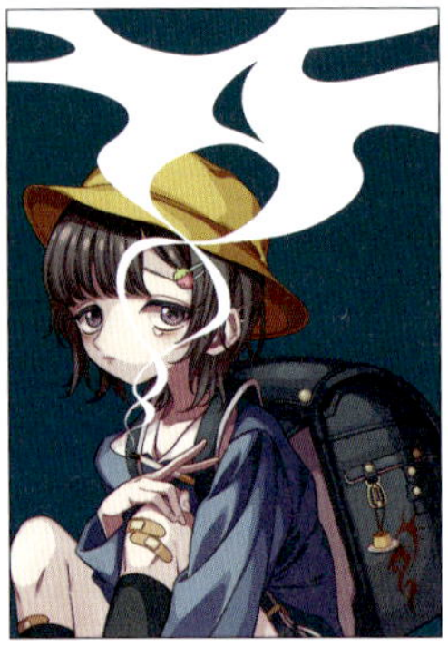
[煙草] 宮城県・四ノ未まぐ
膝を抱えるように座る人物のタバコから漂う煙の白抜きが効いている。タレ目な瞳も◎（ぐ）

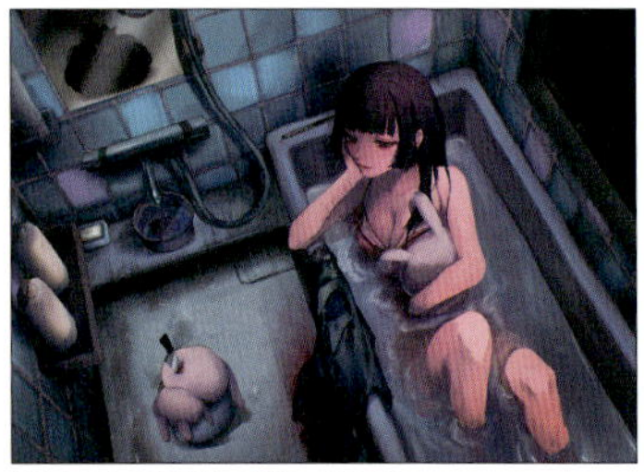
[記念日] 新潟県・望冬・20歳
浴槽に浸かる女の子の表情が意味深。刃物が刺さったうさぎにも驚くが鏡に映るのは…（お）

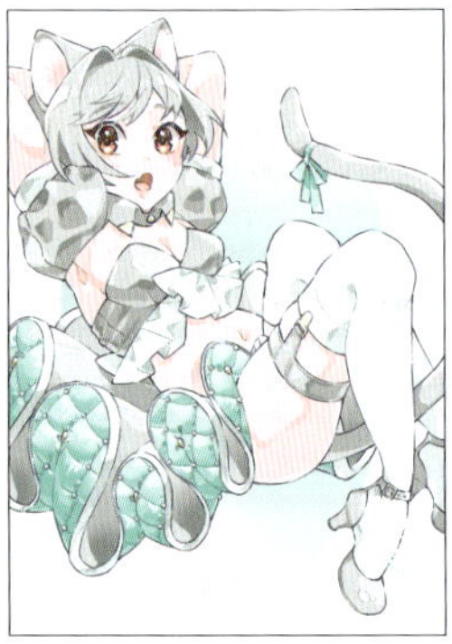
[ふわり] 山口県・ひよ
キルティング素材のスカートが個性的！ 猫型のハイライトもワンポイントでキュート♡（し）

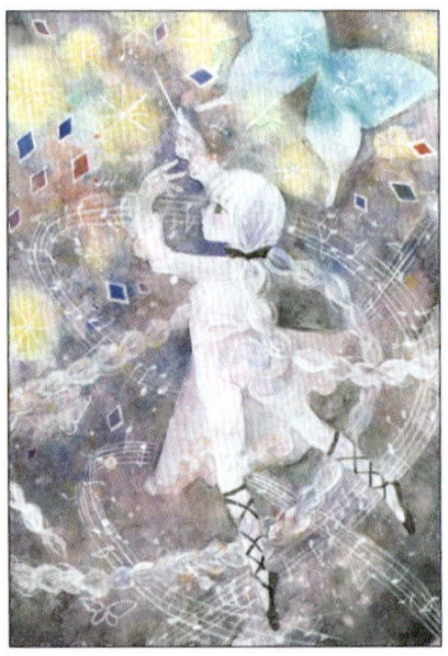
[星奏でる魔法使い] 神奈川県・工藤麻里子
踊るように音楽を奏でる魔法使いの子。原画ならではのきらめきも見応えがありトキメキました♡（ぐ）

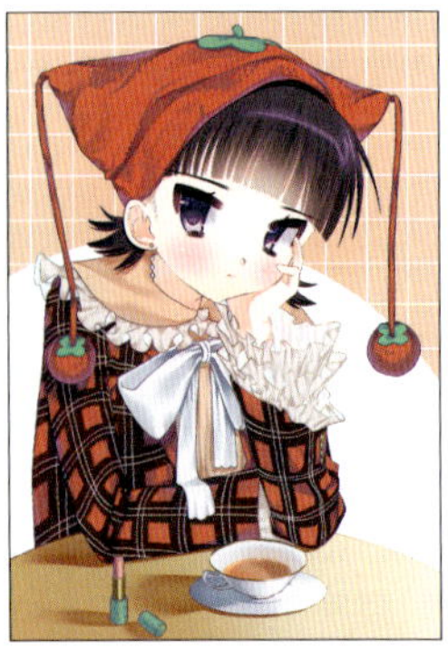
[大人になりたい] 愛知県・ChiLL
ボンボンのついた猫耳帽子がかわいい！ 頬杖でこちらを見つめる瞳にドキッとします（ア）

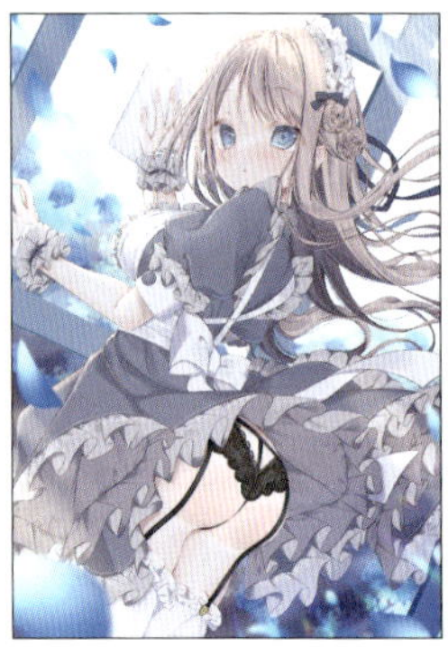
[・・・あ。] 東京都・時任せつな
風でスカートがめくれたことに気付くメイドちゃん。大人な下着のギャップも萌えです！（し）

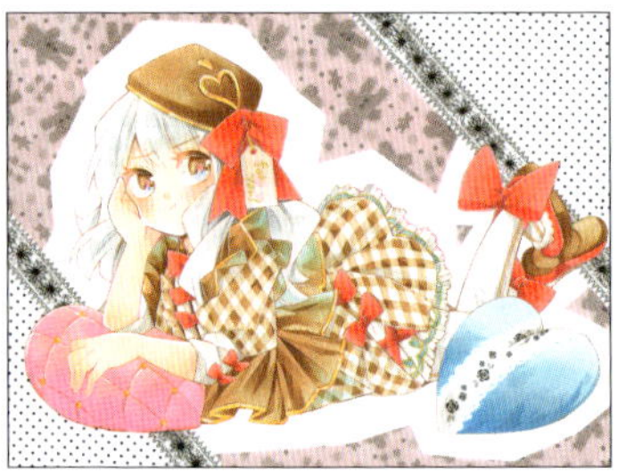
[無題] 神奈川県・るりるり・38歳
バレンタインチョコを擬人化した作品。ギンガムチェックに赤いリボンがとってもキュート！（ぐ）

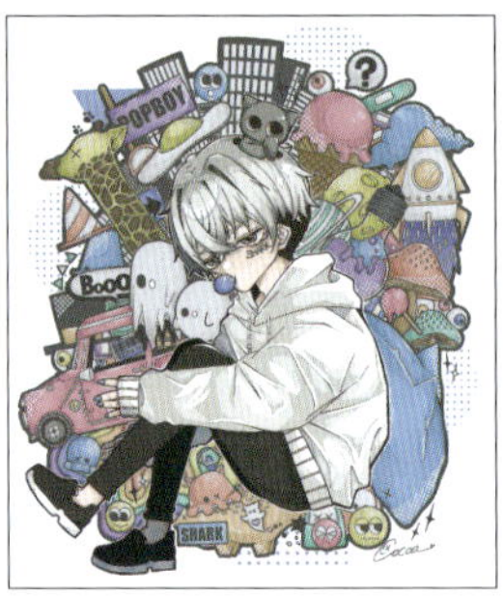
[好きと街と生き物と] 京都府・cocoa
背景のアイテムが自由に配されて楽しさを感じる。好きなものこそ力になる良い絵（ノ）

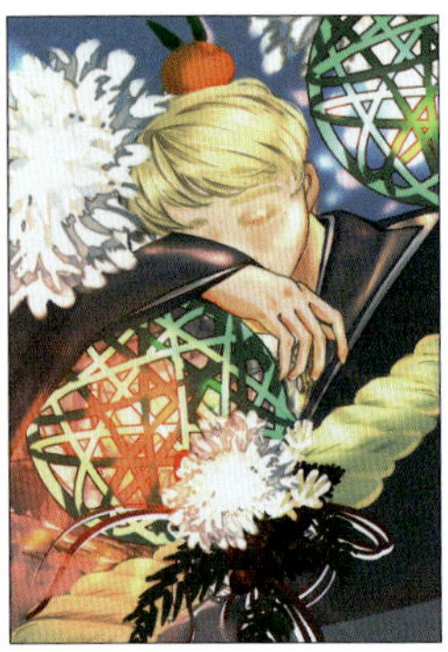
[お正月] 福島県・フルーツ
竹鞠を抱え、頭に乗ったみかんには気付いているのか、心地よく眠る姿が微笑ましい（し）

入選 1ポイント

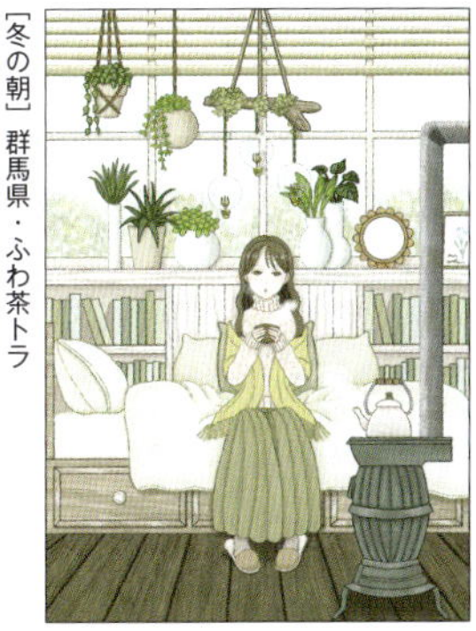

［冬の朝］群馬県・ふわ茶トラ
緑と白を基調としたインテリア。好きな色に囲まれながら過ごす自分時間は最高！（し）

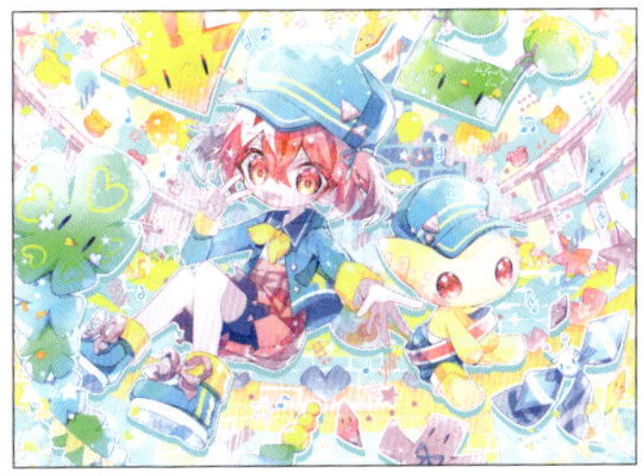

［わんだふる☆POP◎わーるど♪↑↑↑］富山県・天音れもん
笑顔溢れるキラキラポップな世界に、見ているこちらまで釣られて笑顔になっちゃう！（月）

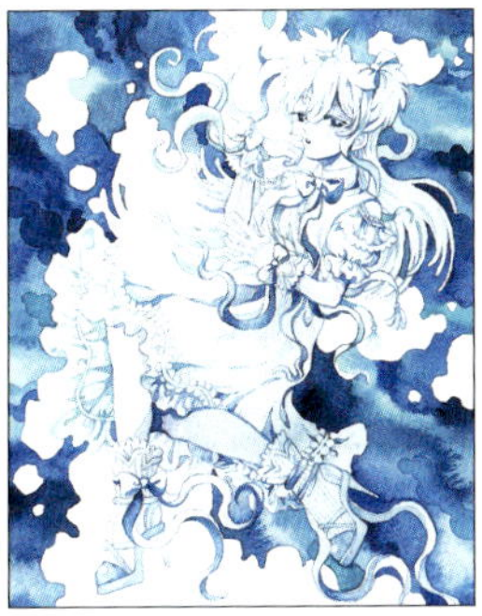

［雲のように］福岡県・七瀬なごり
青と白だけで細やかな衣装を見せて、濃淡とにじみで人物と背景の差を出していて見事です（ノ）

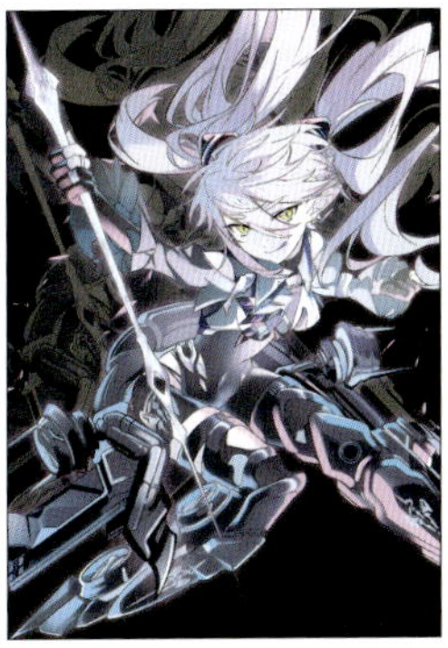

［暗躍］福島県・G-3・20歳
メカ脚がかっこいい！躍動感溢れるポージングとメカ部分のパース感の丁寧さが良き！（ア）

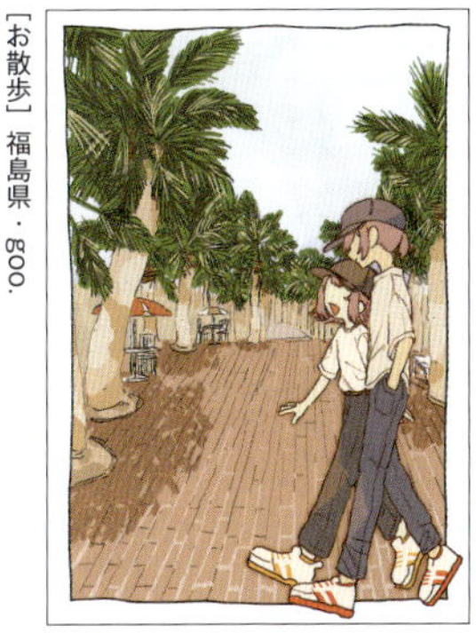

［お散歩］福島県・goo.
温かな配色から南国の空気感が伝わってきます。お揃いルックでどこに行くのかな？（ア）

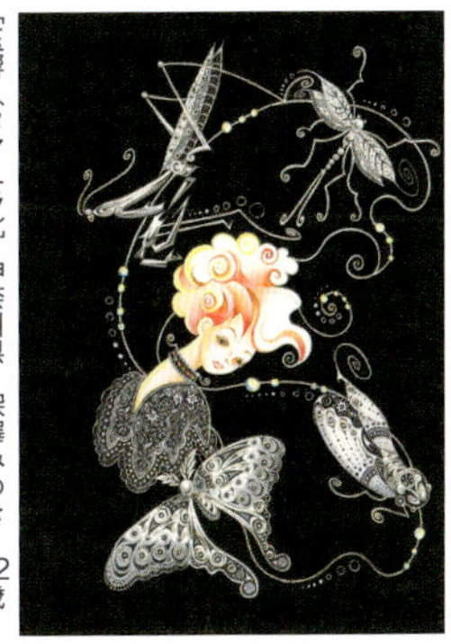

［玉響（タマユラ）］神奈川県・深澤みゆき・62歳
黒色の背景に浮かび上がる繊細に描かれた生き物にレース模様は圧巻。次回も楽しみにしています（ぐ）

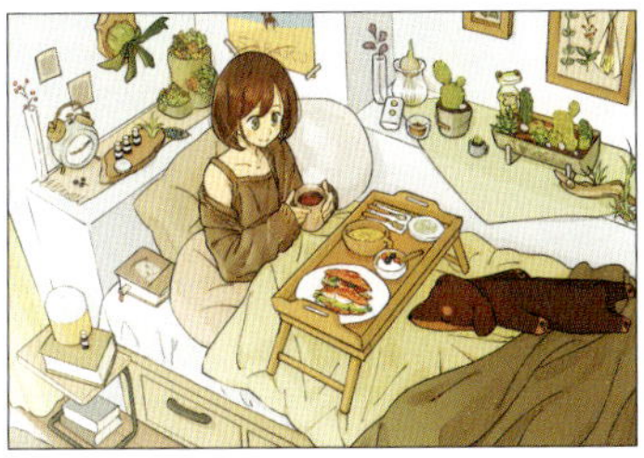

［二度寝の準備］秋田県・松峰
穏やかで温かい理想の暮らしです。二度寝前の朝食を頂いてる様子とのこと。幸せだ～！（ア）

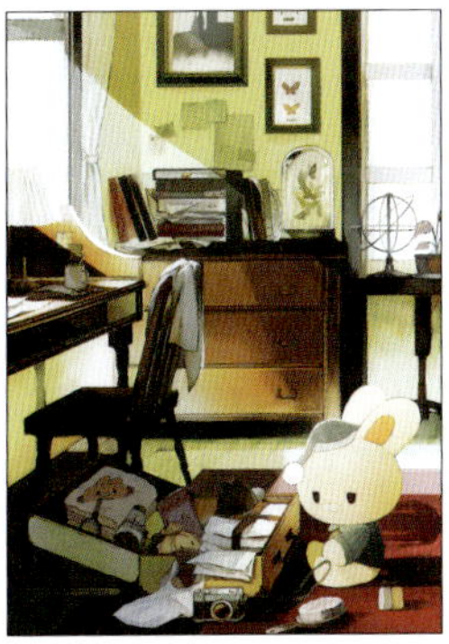

［探偵うさぎボコチーノの寝起きパッキング］東京都・ボコ・チーノ
寝起きだからか半目なお顔で荷造りをする探偵うさぎ。ほかの物語も見たいです！（ぐ）

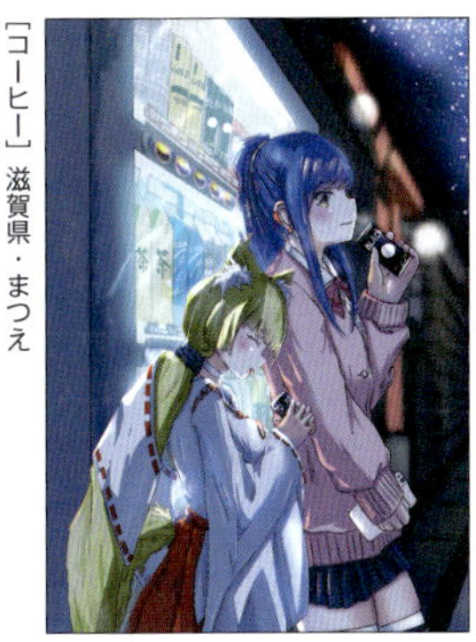

［コーヒー］滋賀県・まつえ
ブラックコーヒーを飲んだお狐巫女さんの「にがーい！」と言いそうな表情が好き（お）

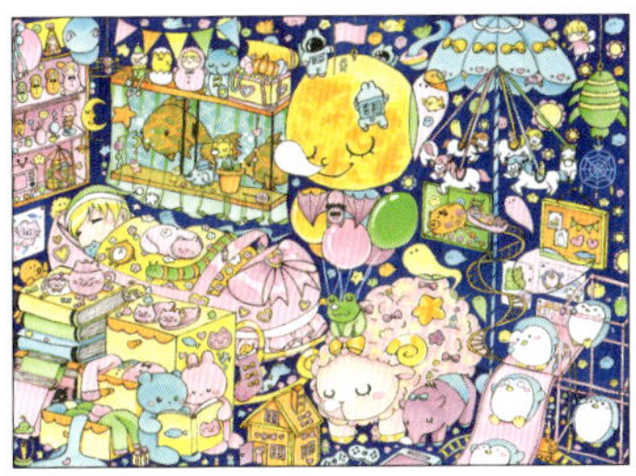

［真夜中の子供部屋］北海道・夢現まーや
どこを見ても楽しい一枚。描かれる作品世界に遊びに行きたくなるような夢のような絵（ぐ）

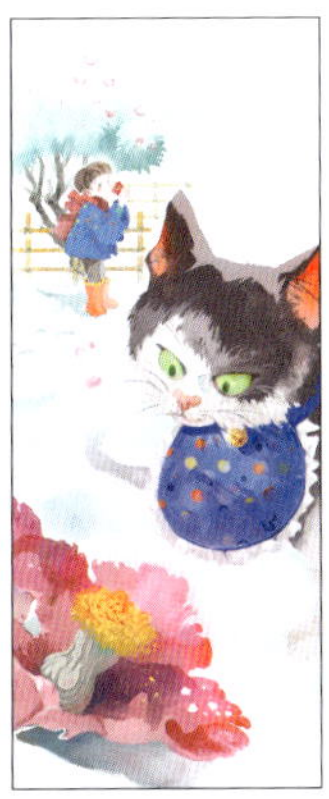

［猫と椿］滋賀県・緒川
雪景色に紅と藍色が映えて素敵！　花の蜜を吸っている子どもと猫ちゃんが可愛い♡（月）

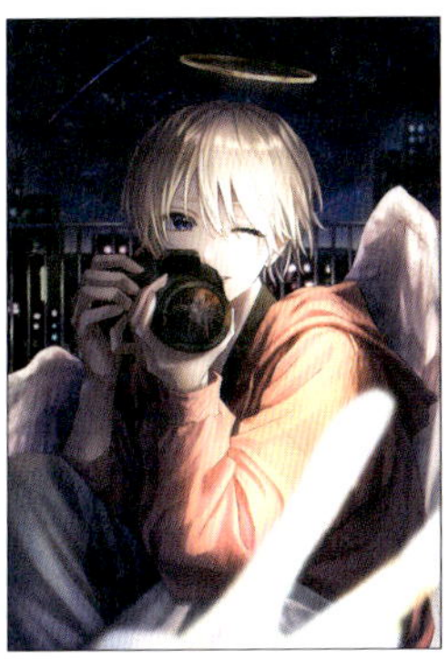

［遺したいもの］京都府・kasegi
カメラのレンズに映り込むのも、手を伸ばした天使。二人がどんな関係なのか想像が膨らむ（し）

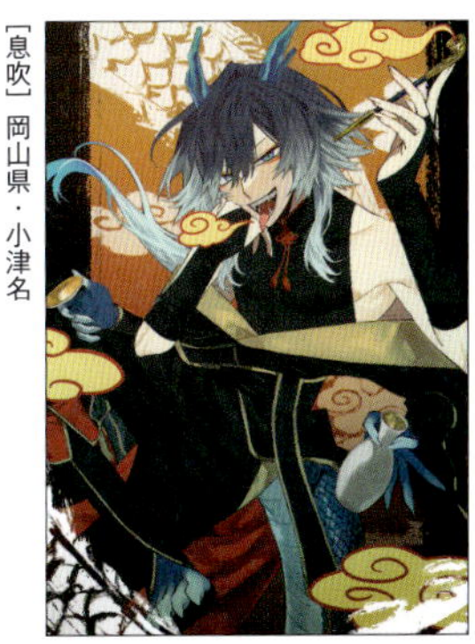

［息吹］岡山県・小津名
鋭い牙と長く伸びた舌がイイ！　足を組む態度のデカさもたまらない（お）

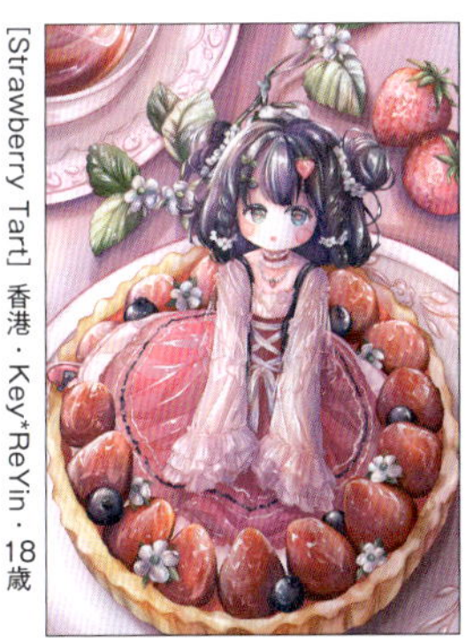

［Strawberry Tart］香港・Key*ReYin・18歳
ケーキの上に座る愛らしい少女。いちごのディテールが丁寧に描かれた見事な一枚（ぐ）

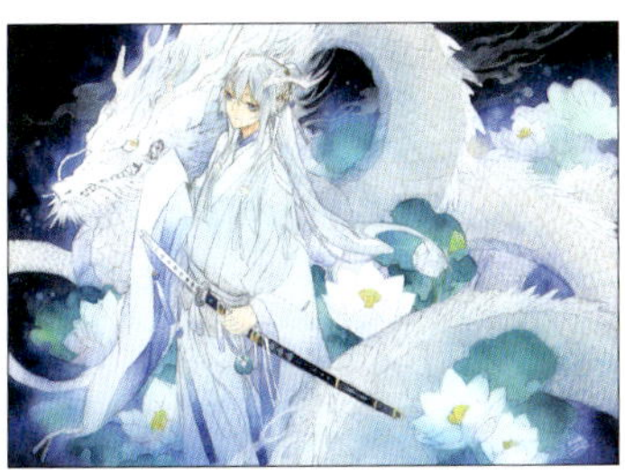

［龍鱗］高知県・春鴇
美しい男性と荘厳な白龍。寄り添う二人は相棒か、はたまた同一人物か。物語性のある作品（し）

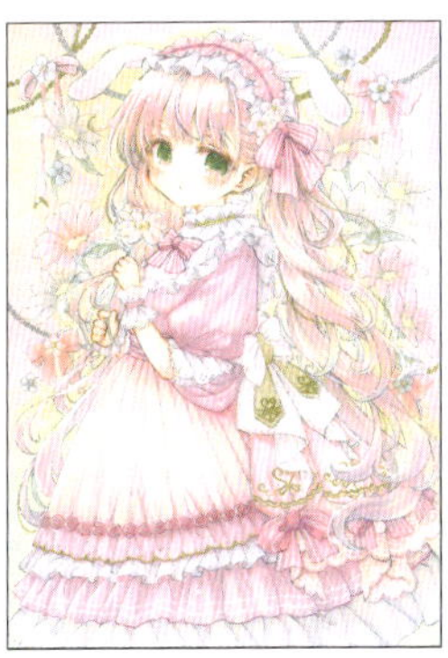

［春ちゃん］北海道・マルム♪
フリルとリボンが沢山あしらわれたドレスが、甘くて可愛くて、キュンとしちゃいます！（月）

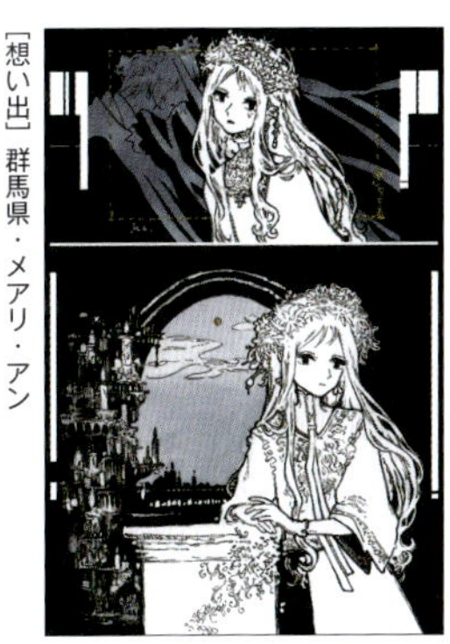

［想い出］群馬県・メアリ・アン
どこか物憂げな表情の人物に心惹かれる。ペンタッチが好きです（お）

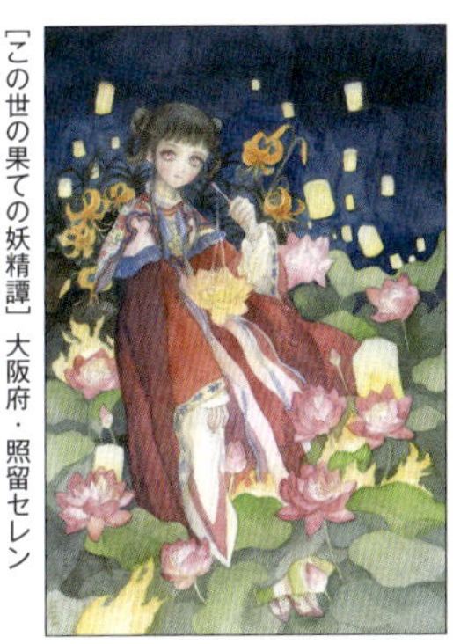

［この世の果ての妖精譚］大阪府・照留セレン
柔らかい火の揺らめきや空に昇る天灯が緩やかな時間を感じさせる。美しい情景に惹かれます（し）

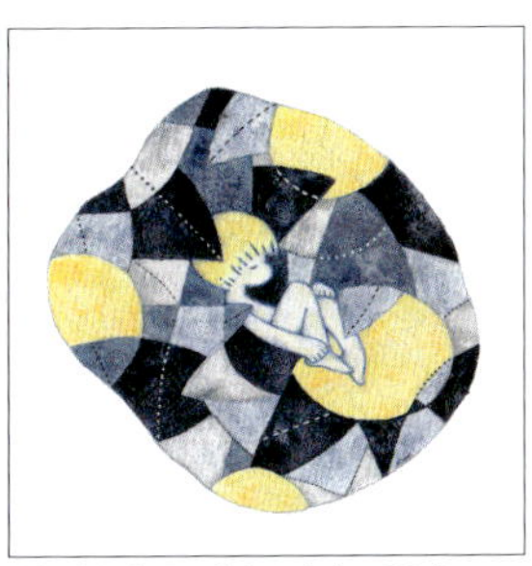

［橘始黄］鹿児島県・桜木みなも・26歳
橘という柑橘が色づく様子をイメージした作品。和紙の紙肌を生かした色づきが素敵（ノ）

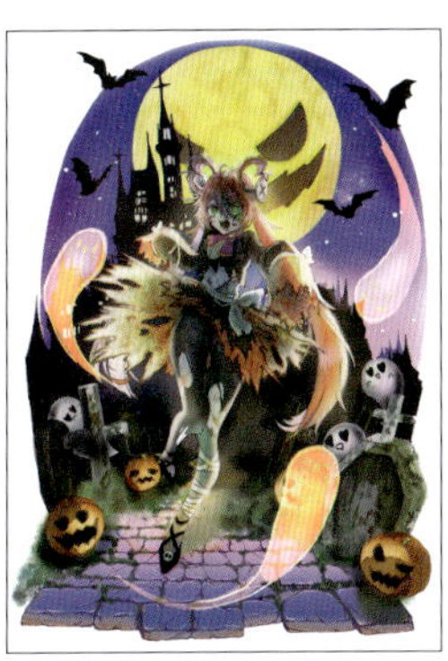

［墓場のアイドル］福岡県・Iwi
ゲームの立ち絵を想定したそう。ビリビリと広がったスカートがキャラクター性を強めている（し）

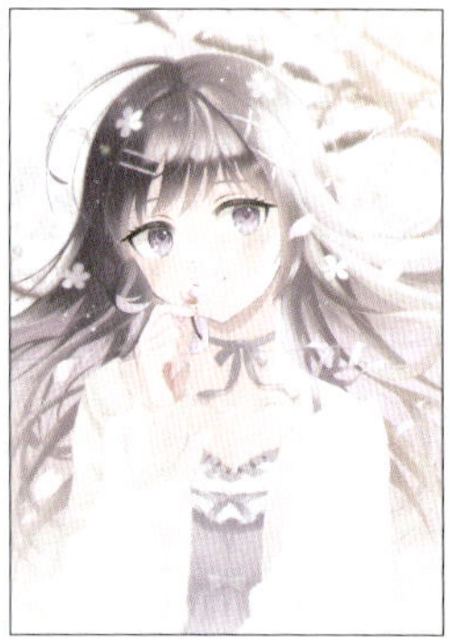

［❀桜舞う❀］神奈川県・Misa
柔らかな桜色が素敵！ ふわりと舞う花びらと髪が綺麗で、優しい風が吹いているよう（ア）

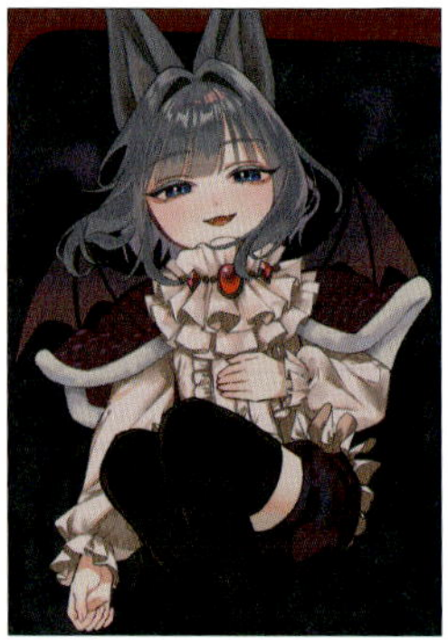

［理性的］千葉県・心崎霖雨
コウモリさんのこちらを見下ろすような視線に釘付けになる。ごろんと寝転ぶ姿も◎（お）

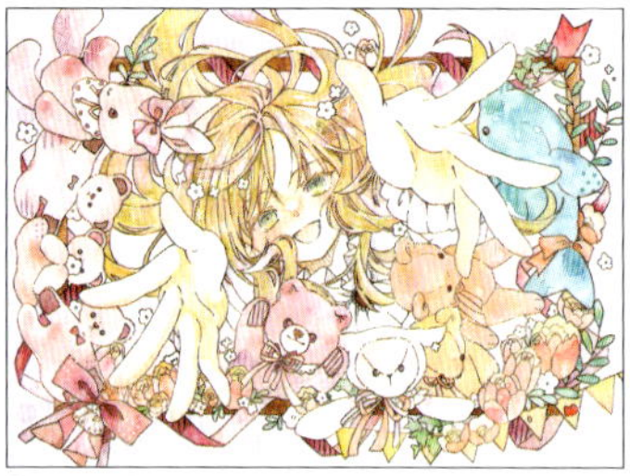

［ようこそ］神奈川県・秋瀬
ぬいぐるみと一緒に明るく迎え入れてくれる少女。この子たちがいれば寂しくない！（し）

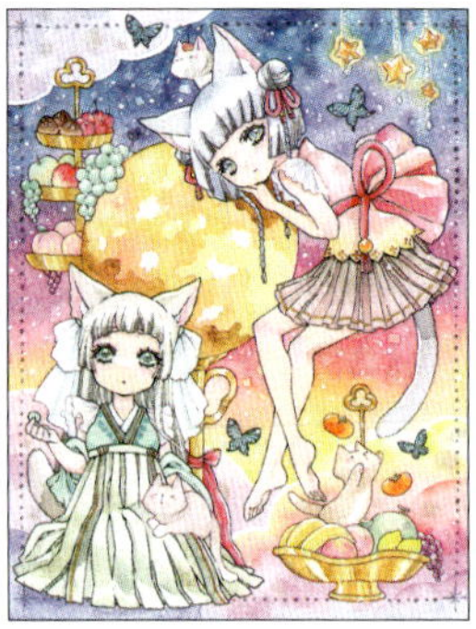

［ハーベストムーン］東京都・めしゃこ
秋の実りと夜空を描いた、彩りあざやかな作品。猫耳少女たちのきらきらな瞳がキュートです！（ア）

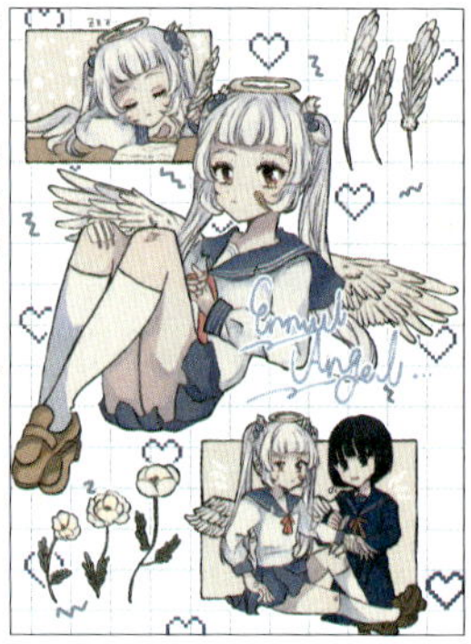

［天使ちゃん］大阪府・ももねこ
きゅるんとした瞳にトキメク一枚。デザイン的な背景にレトロカラーが可愛らしい（く）

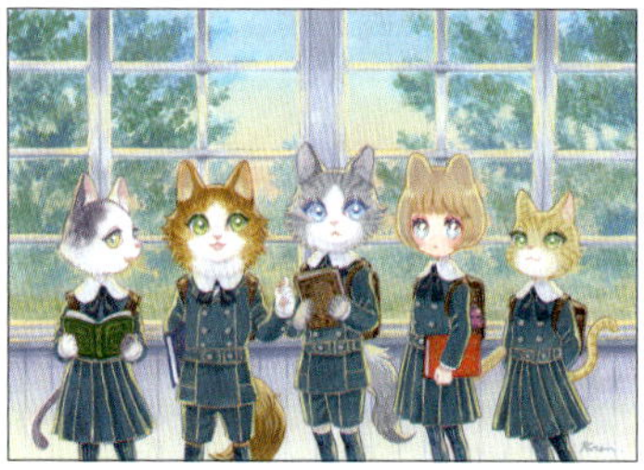

［ねこのなかにひとり］島根県・七海りろん
耳も尻尾もあるけど何が違う女の子。それでも仲良さげに話す猫たちに友情を感じ癒されます（し）

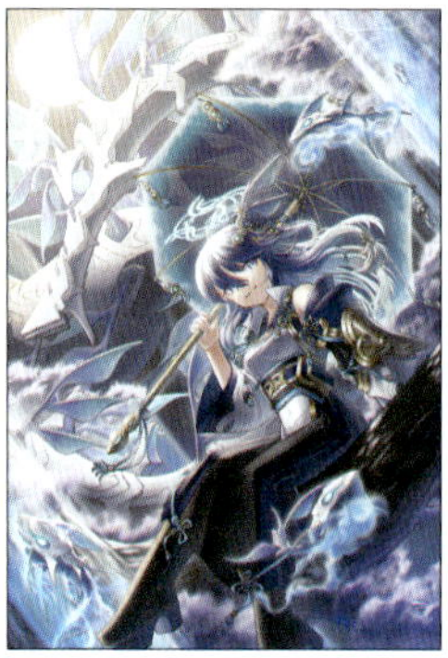

［瑞龍迎］広島県・RLYØ
メカニカルな龍に加え、人物の衣装や傘まで世界観表現としてデザインされて魅力的（ノ）

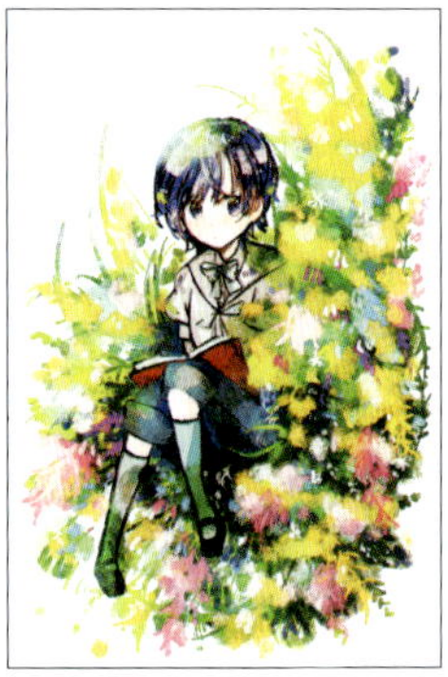

［緑］大分県・真崎奈津芽
フサフサとした春の花々が美しい。強めのコントラストが暖かな日差しを表現している（し）

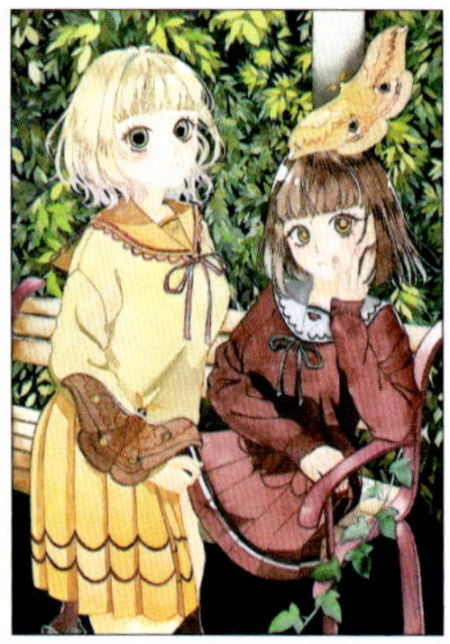

［秋の公園］長野県・水蒼のこめ
瞳やセーラー服に、蛾の模様や色が使われていてオシャレ♡ こんな洋服が欲しい！（月）

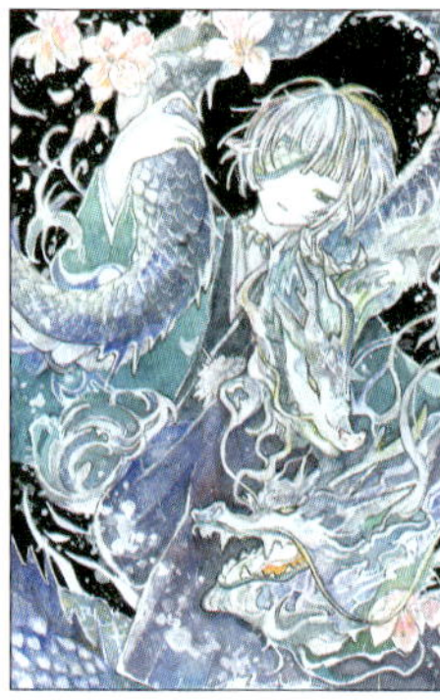

［龍神、青に咲く］愛知県・senri
龍の青く輝く鱗や背景に描かれた波が美しい。春らしい桜の花びらが効いています（お）

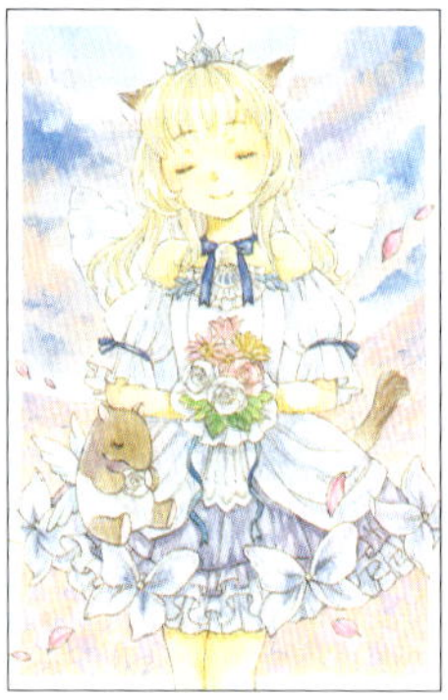

［夢の中なら何にでもなれるの］神奈川県・ゆうみ遥
夢の中ではプリンセスな猫ちゃん。そっと寄り添うバクの子もモチモチでキュート♡（し）

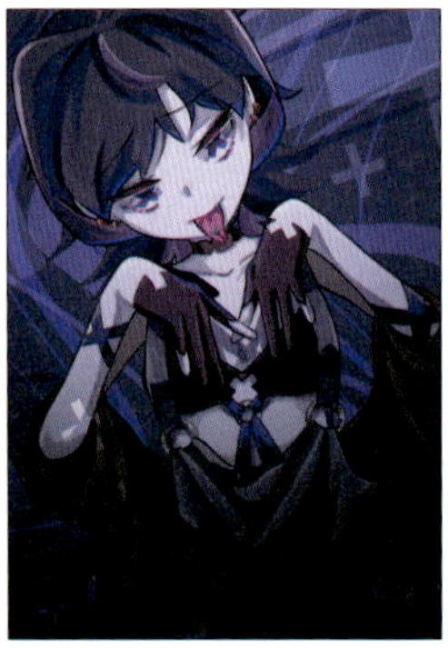

［ペケ印］埼玉県・裏坂創・19歳
衣装や瞳のバツデザインが面白い。仄暗いトーンは少女のバックグラウンドを想像させられる（し）

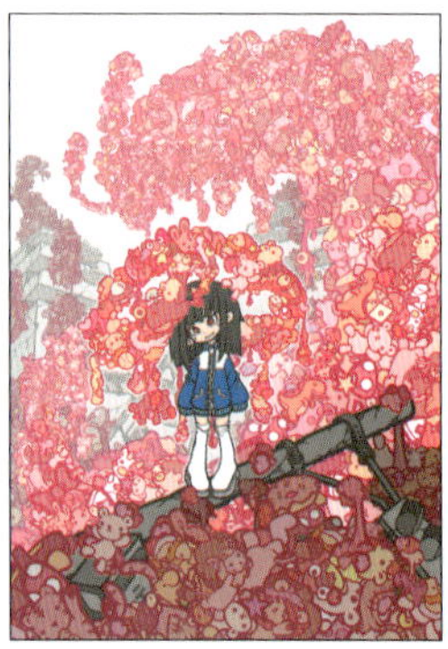

［廃れた街で僕と遊ぼう］京都府・ゆずも
廃墟に可愛いものが積みあがってうごめく様子が鮮烈。人物の謎めいた顔も良い（ノ）

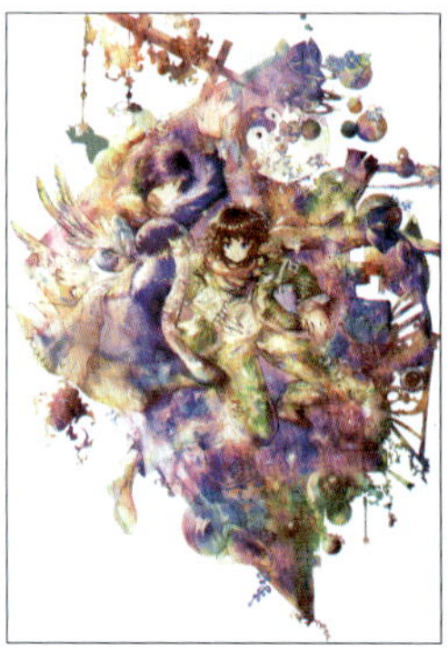

［煌めきの少年たち］岡山県・水野カスミン
幻想的な色づかいがきらめいて美しい。ペンギンたちがふわっと浮かんでいるのが可愛い（お）

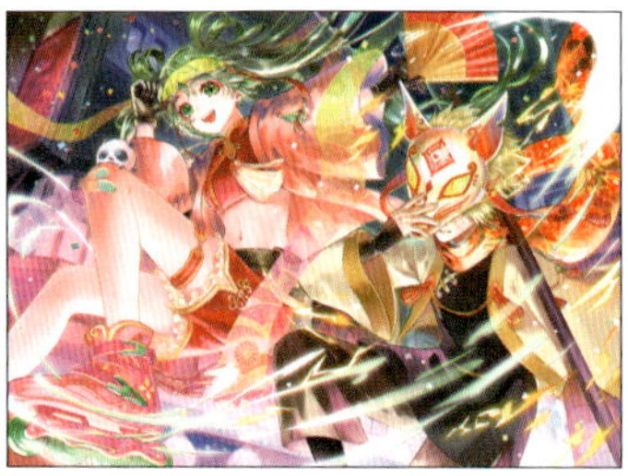

［美女と野獣のパレード］神奈川県・山吹花音
サイバーチャイナの装いが魅力的な姉弟です。二人にはどんな物語があるのでしょう？（ア）

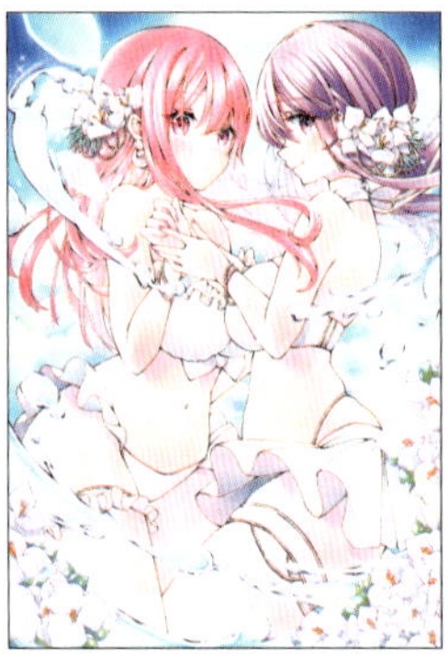

［Sacred］大阪府・tentekomai
白い水着に身を包んだ二人。透明感を感じる肌が水の中できらめいて可憐さを引き出します（し）

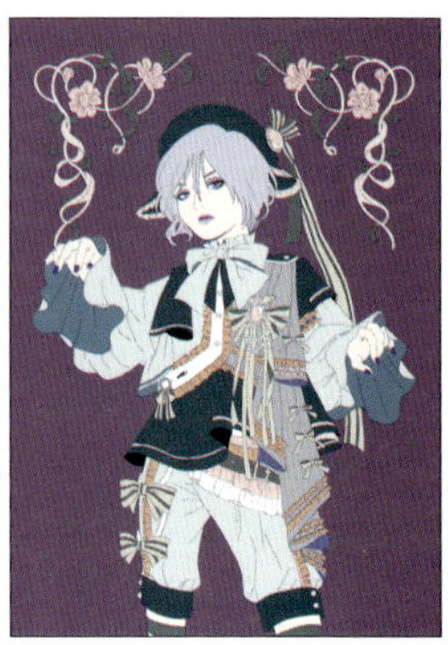

［僕を甘く見ないで］栃木県・凛麗・49歳
こちらへ向けられた視線が妖艶でドキッとします。落ち着いたシックな色彩も良いですね（ア）

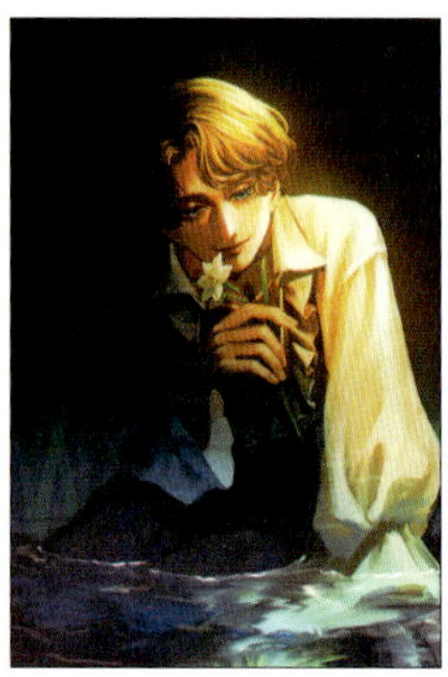

［Narcissus］香川県・ugly
ナルキッソスの忘我的な様子がよく出ています。温かな光も幸福感があって良い（ノ）

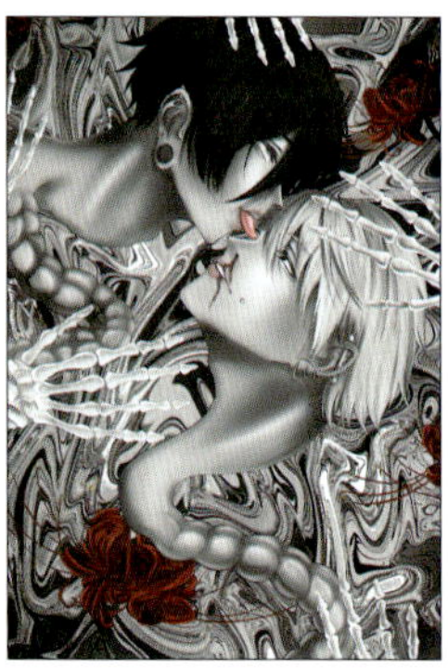

［耽美な少年の虚像］東京都・瀬名くん
首から下が人間ではない二人。妖しさや不気味さの中に、美しさや耽美さも感じさせられる（し）

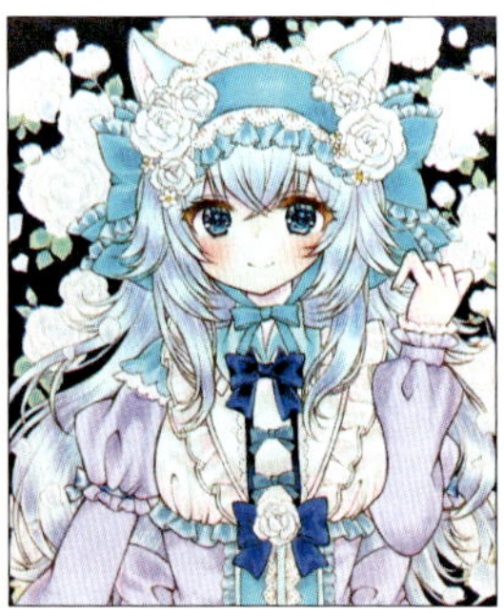

［ブルーローズ］長崎県・ゆにこ
ヘッドドレスが素敵！ 青い瞳も吸い込まれそうです。カゲに入れたピンクの差し色も綺麗（ア）

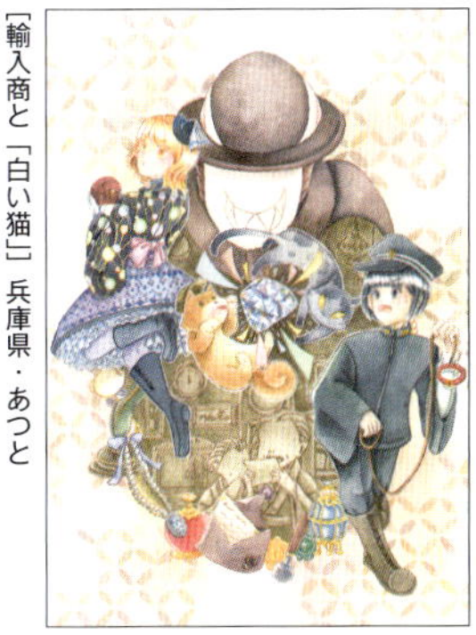

［輸入商と「白い猫」］兵庫県・あつと
探偵乙女への新たな依頼は一体!? 人物や動物たちの表情から楽しげな様子を感じる（ぐ）

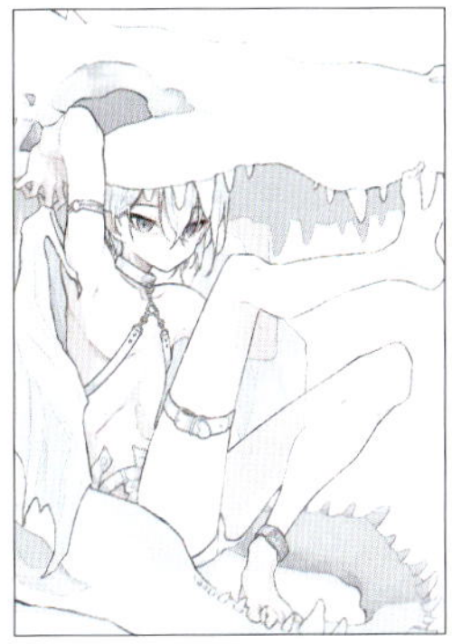

［竜］滋賀県・よいち
色白な身体に着けられたハーネスがセクシー。足の指で牙を挟む仕草が好き（お）

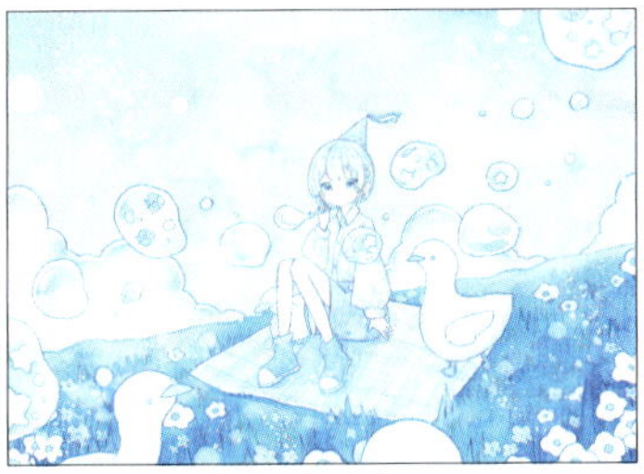

［朝に瞬く光の泡］大阪府・月架
朝の澄んだ空気を感じる一枚。シャボン玉をする人物とアヒルの関係性が微笑ましい（ぐ）

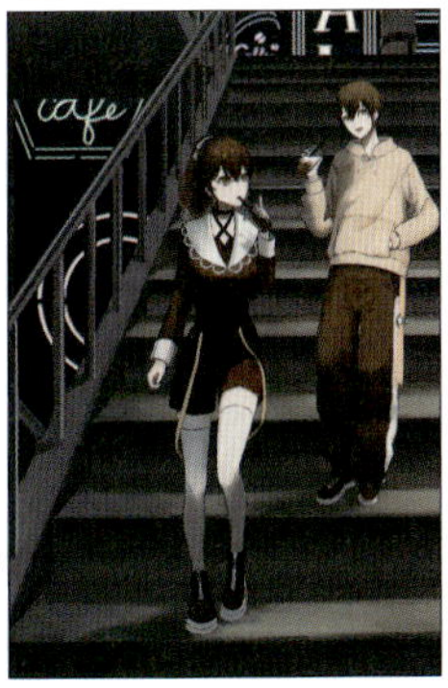

［それ美味しそう］岡山県・星宮みやび・20歳
珈琲な二人。手前の子は大人びたブラック。奥の子はミルク入りで甘めな雰囲気があります（ア）

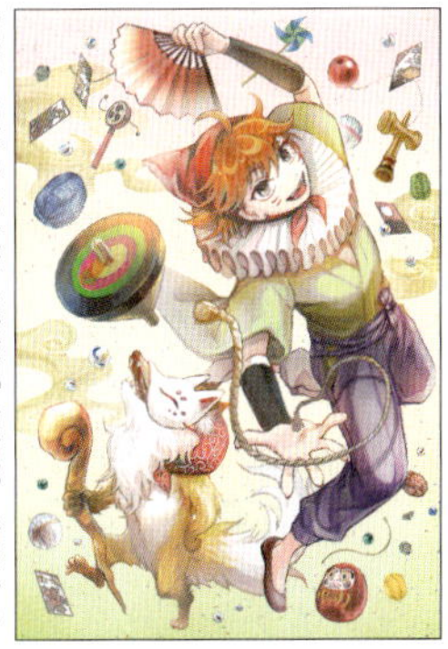

［狐仙人之奇妙弟子芸人独楽吉］東京都・晴まひる
狐と人物の楽しげに舞う姿が◎ 周囲に舞う玩具も絵を華やかに見せている（ぐ）

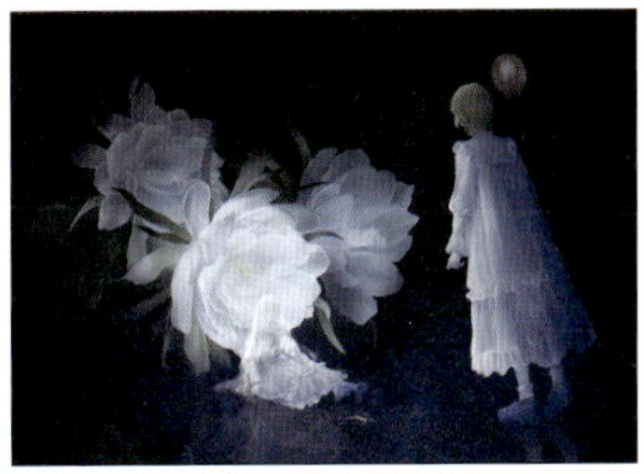

［夜に愛された少女］宮城県・虚月はる
暗闇に浮かび上がる白い花と二人の少女。その存在感と謎めいた光景に想像を刺激される作品（ノ）

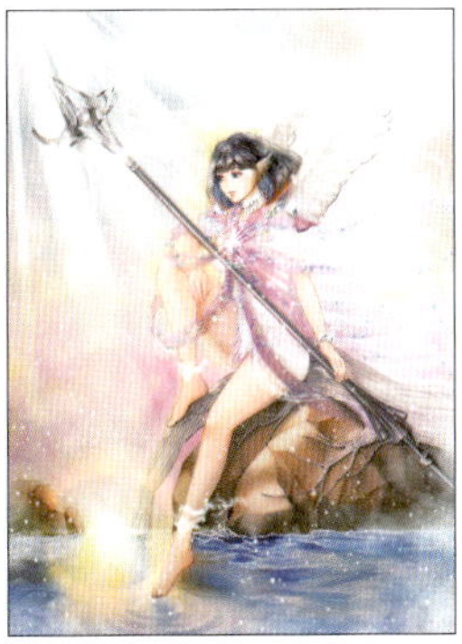

［Summer Snow］福岡県・エムエムアイ
夏の雪という神秘的な現象を、神々しいキャラを交えて表現した印象深い作品（ノ）

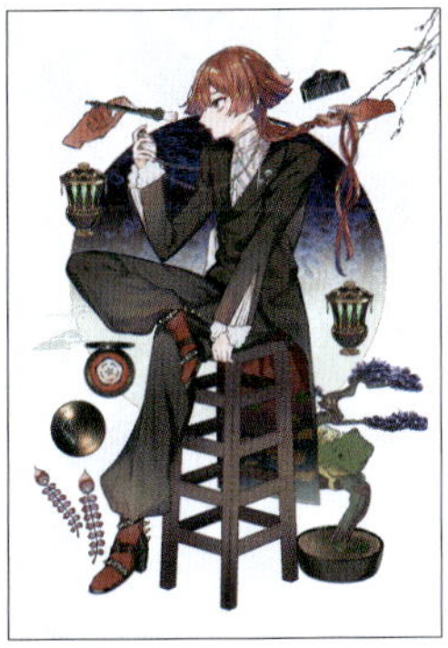

［身支度］奈良県・よりしろいち
メイクをされつつ時間を気にする人気カメレオン俳優。個性的な衣装も似合ってる！（し）

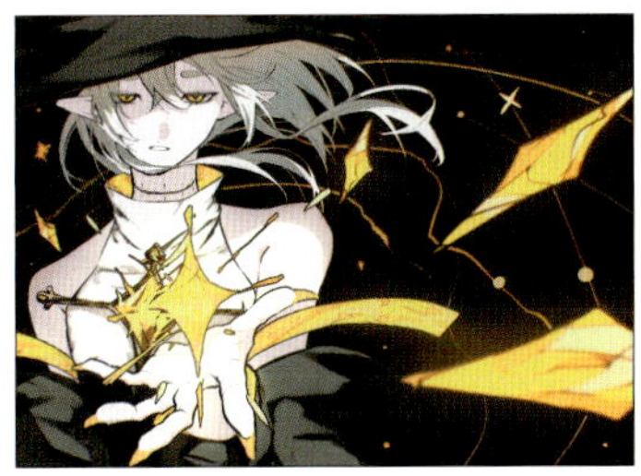

［星よ］愛知県・赫坂
黒にバキッとした濃い黄色が映える一枚。キラキラと弾け飛びながら散る星は躍動感があって◎（し）

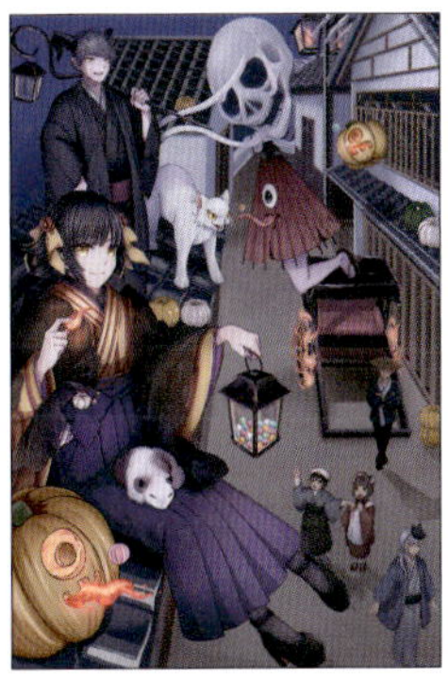

［ハイカラ鬼とハロウィン夜行］岡山県・ろーれらい
ハロウィン要素と大正ロマン要素が上手くマッチしている。飴に夢中なカボチャが可愛い（し）

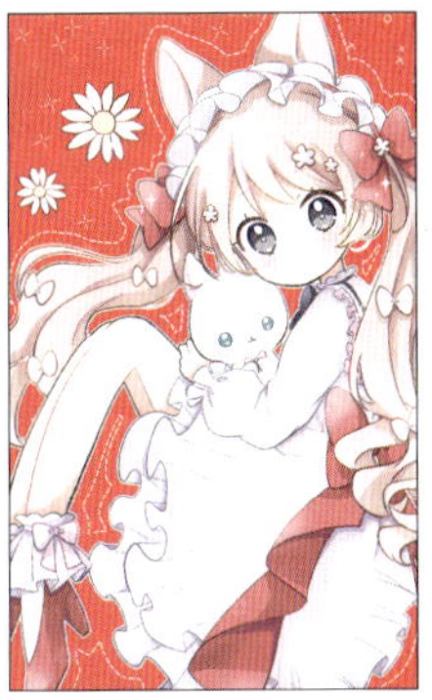

［寂しがりなうさぎ］福岡県・青羽星乃
きゅっとうさぎを抱く、寂しがりやな女の子。コロンとしたタッチに癒されます…！（お）

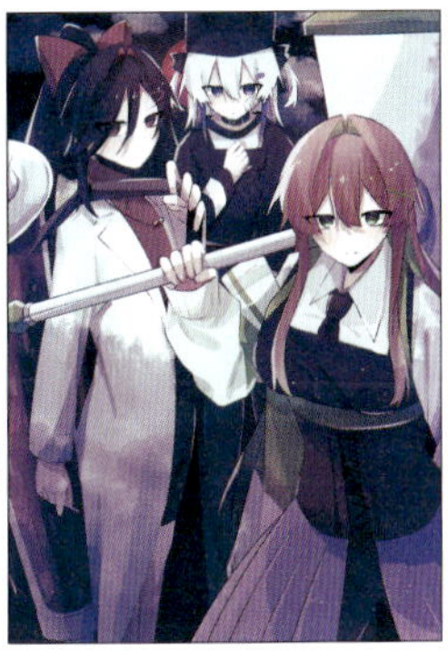

［正当防衛］神奈川県・かねなし・18歳
戦う三人組の女の子。性格が違いそうな、それぞれの戦闘シーンもぜひ見てみたいですね（ア）

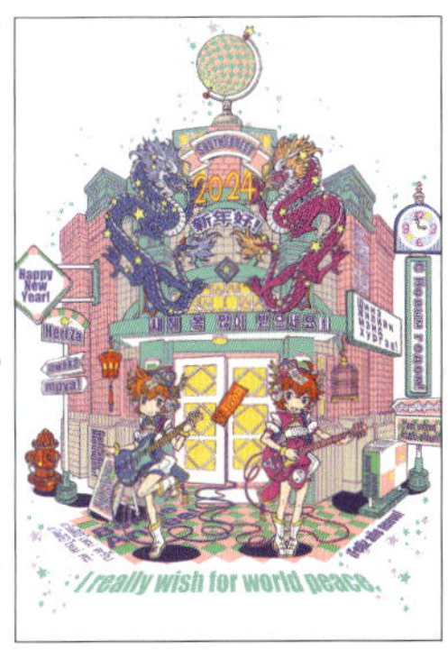

［世界の言葉で伝えたいこと］大阪府・中島みなみ
キョンシー風の魔法少女衣装を着た二人組。世界の言葉で新年を祝わいながらの深夜ライブが素敵（月）

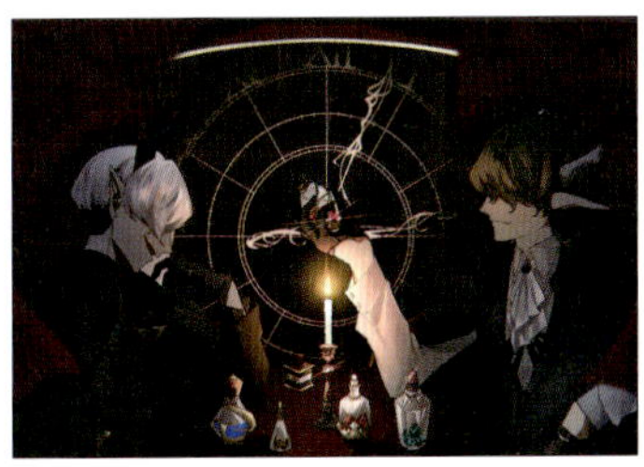

［悪魔の宴］福島県・庵冥
怪しげな会話を耳にしてしまったような不気味さが伝わってくる…。目隠しが◎（お）

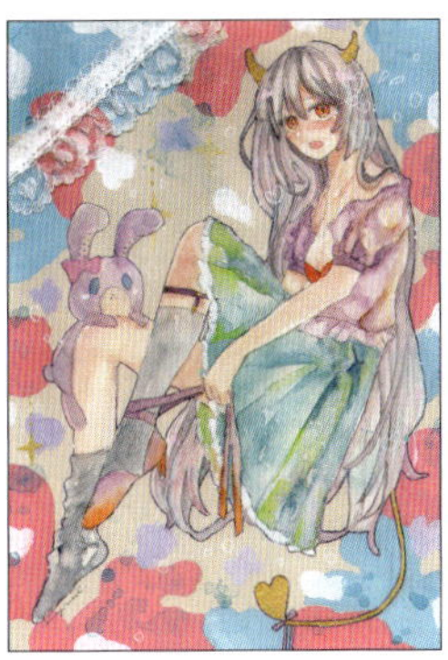

［ちょっと待って］東京都・くなぎうみ
彼氏に置いて行かれて焦る少女。それでもオシャレをする乙女なところが可愛いです（し）

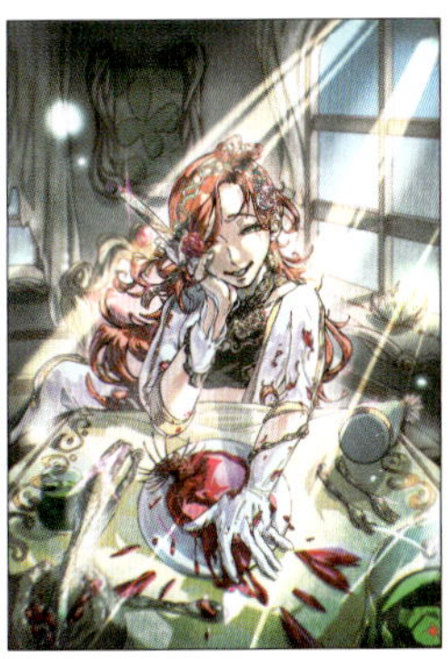

［舐めたほこり］新潟県・化2。
ミステリアスな表情に鮮烈な色づかいは、見るものに強烈な印象を残す作品だ（ぐ）

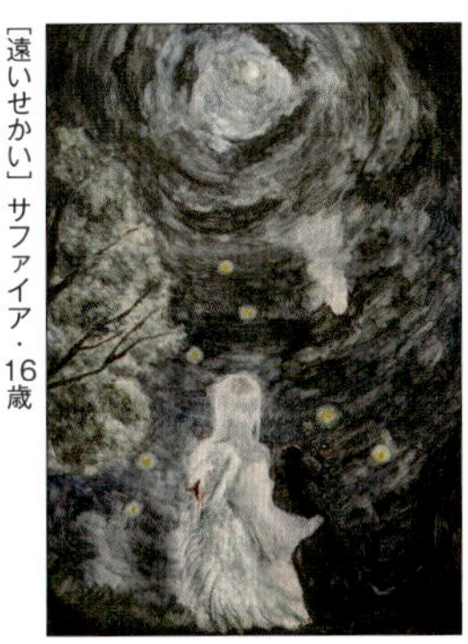

［遠いせかい］サファイア・16歳
まがまがしくも見える濃密な空を透明水彩で表現。深みのある雰囲気が素晴らしい（ノ）

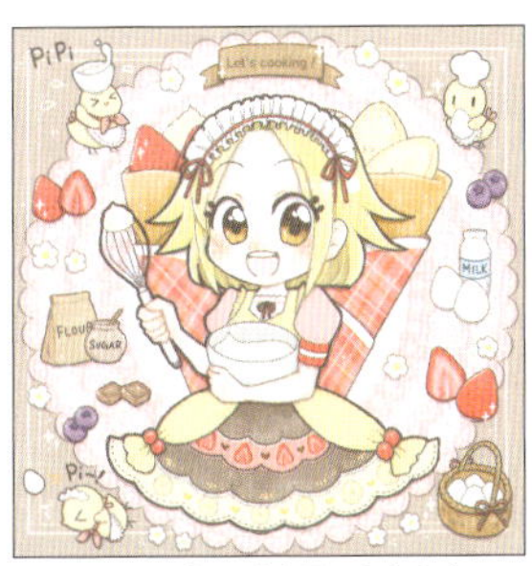

［Let's cooking！］和歌山県・ゆんゆん
オール手描きのレースがすごい！ アシスタントのひよこちゃんたちが可愛らしいですね！（ア）

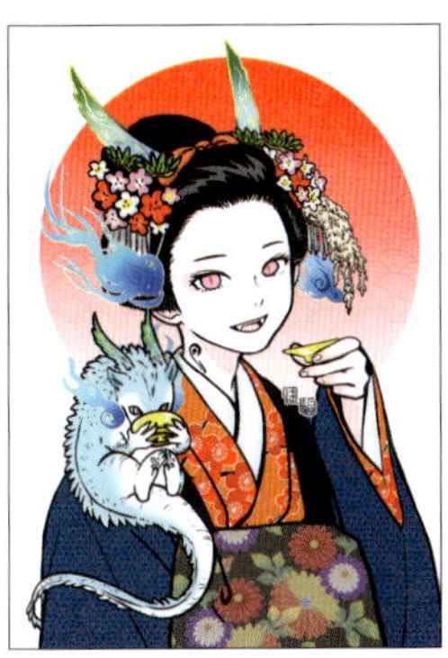

［青龍一献］福島県・伊藤駒・48歳
神酒を楽しむ孟章神君の子たち。ニカッと笑う笑顔が素敵です（お）

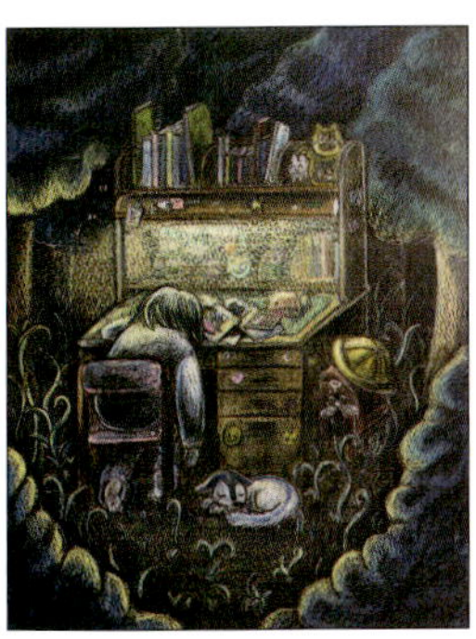

［朝と夜のあいだ］大阪府・田中童夏
色鉛筆ならではの世界観が唯一無二だと感じます。気づけば目が釘付けになっていました（西）

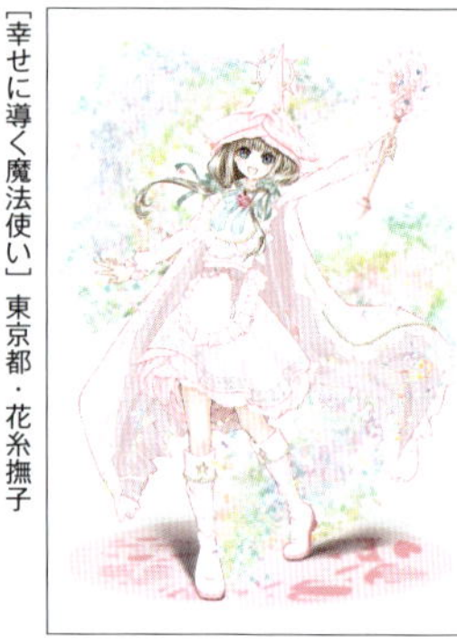

[幸せに導く魔法使い] 東京都・花糸撫子
幸せの花言葉や魔法陣など、象徴を込めたデザイン。表情やポーズでも体現していて良い（ノ）

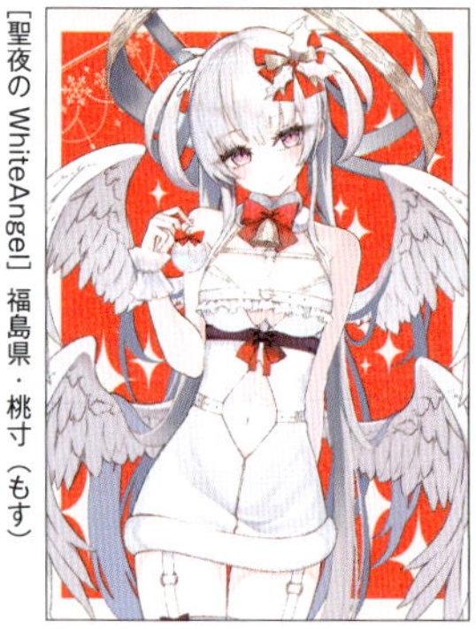

[聖夜の WhiteAngel] 福島県・桃寸（もす）
プレゼントリボンを意識した衣装がセクシーでキュート。背景の赤も白を引き立て魅力倍増♡（西）

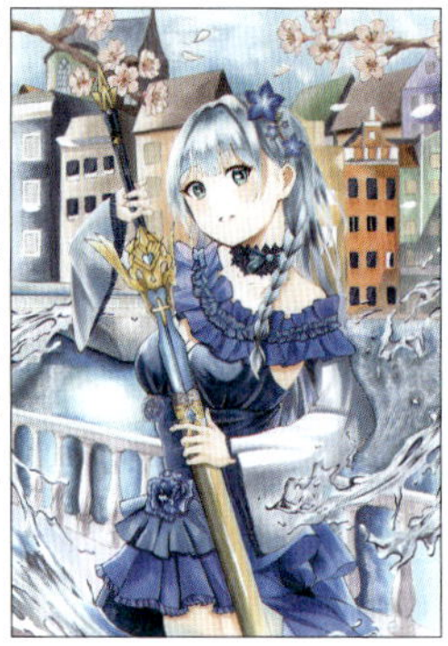

[水を操る少女] 神奈川県・サムサウス
水を司るような女の子が剣を抜く姿が魅力的。周囲に広がる水の描写も◎（お）

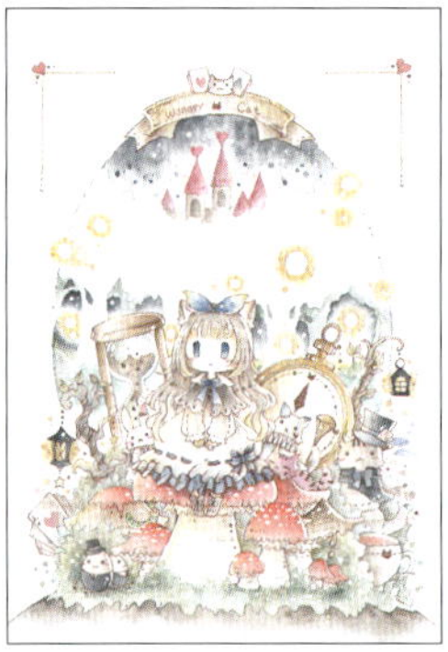

[wonder cat] 千葉県・毬藻
可愛らしくて手のひらに乗せたくなる世界観！ やわらかく淡い水彩のタッチに癒されます（ア）

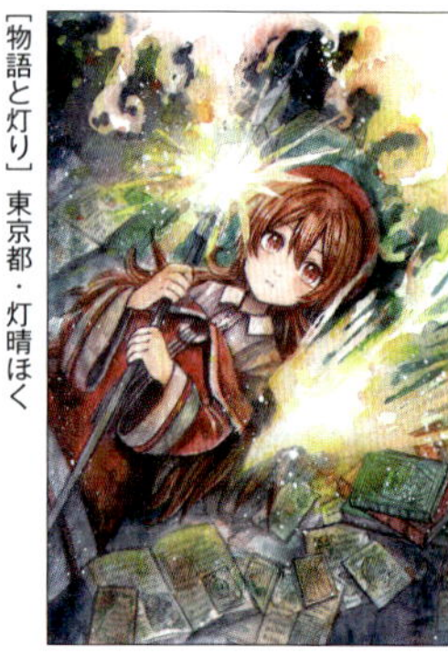

[物語と灯り] 東京都・灯晴ほく
本の中の街灯など光と影によって生み出される幻想的な色彩は、見る人の心にまで灯りを宿す作品（西）

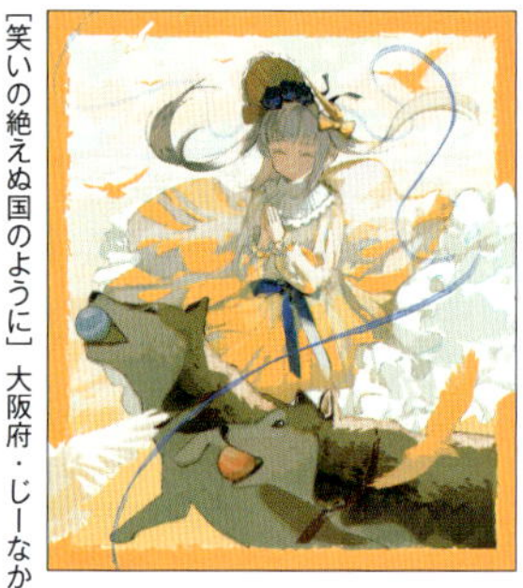

[笑いの絶えぬ国のように] 大阪府・じーなか
少女の笑顔からピュアな印象を抱く。ラフっぽさを残したタッチからも温もりを感じる（ぐ）

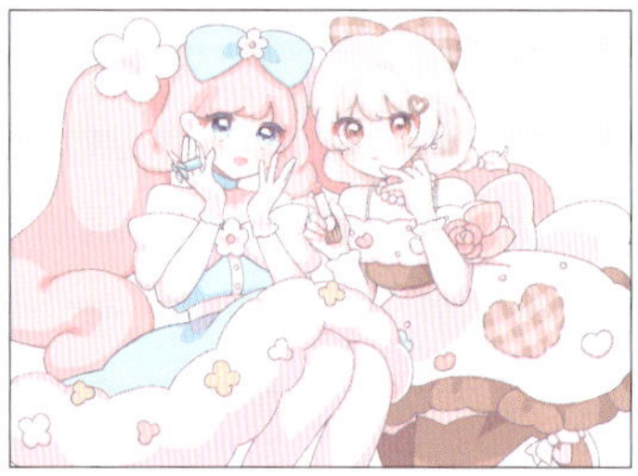

[ロロモカ] 福岡県・のじ
もこもこで可愛い！ 仕草や表情に個性が出ていながらも二人の仲の良さが伝わります（し）

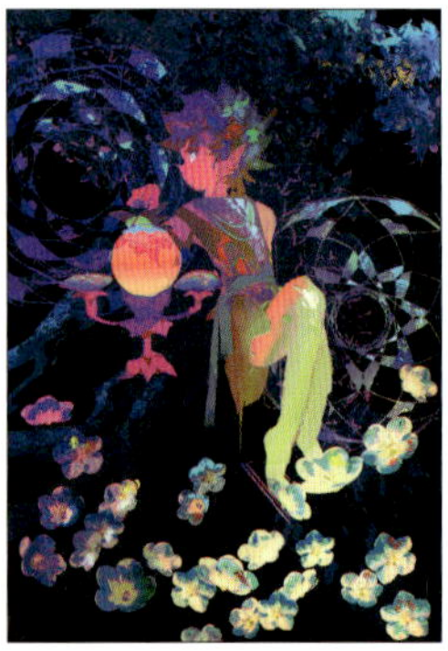

[芸能の妖精] 岡山県・皆幸
深みのある青に浮かび上がる妖精と手前の花の色合いがキラキラとにぎやかで良い（ノ）

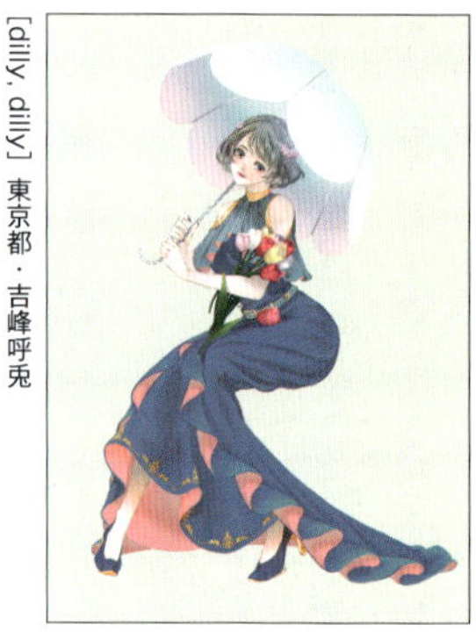

[dilly, dilly] 東京都・吉峰呼兎
チューリップと桃の花がモチーフの作品。内側のピンク色がヒラヒラと見えて綺麗（し）

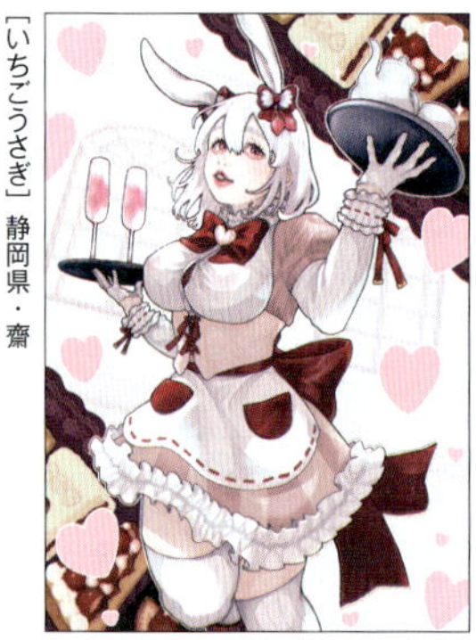

[いちごうさぎ] 静岡県・奢
肉感的なボディに表情から、うさみみメイドさんのおっとり感が表現されていてイイ！（西）

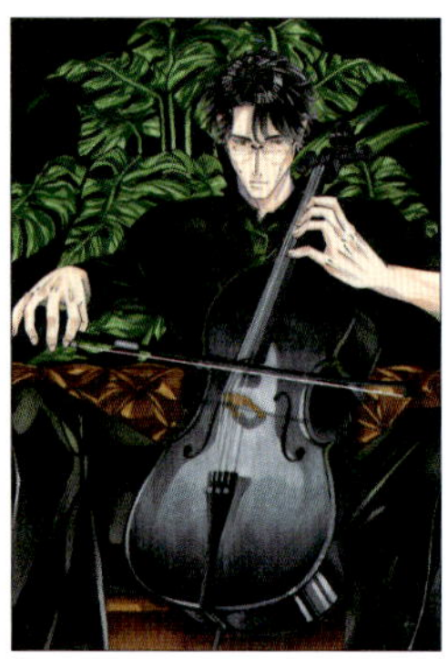

[Supermassive black hole] 埼玉県・統原一
大部分が黒であるにも関わらず、ディテールやモチーフが浮かび上がる描写技術は圧巻（西）

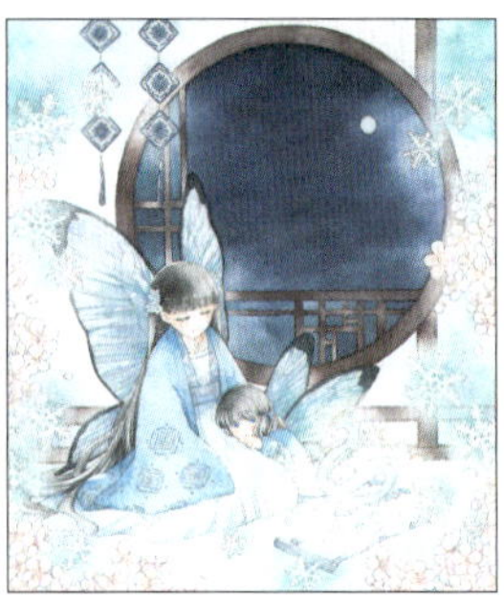

[龍と妖精のものがたり] 東京都・セキ
小さな龍に怯えつつ興味をひかれる妖精の女の子が可愛い！ 和やかで愛しい空間です（し）

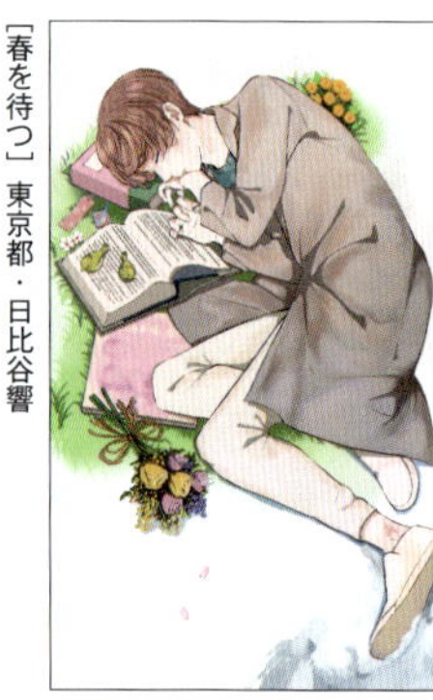

[春を待つ] 東京都・日比谷響
心の安らぎを求める人物を描いた一枚。冷えた足元に体を抱え込む仕草から心情を想像させられる（し）

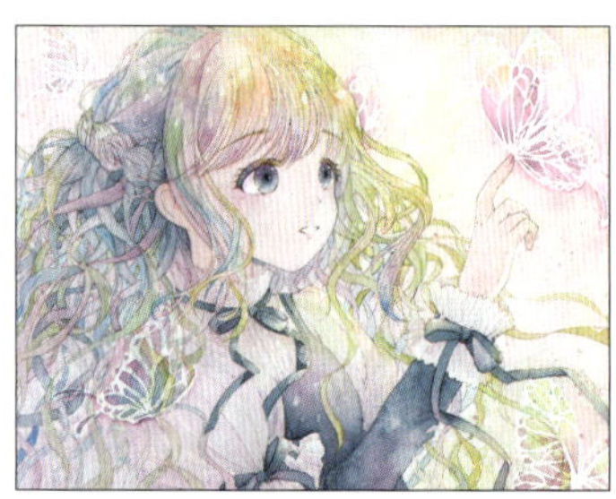

[小さな幸せにたくさん出会って] 兵庫県・ねずみ
淡い色合いで描かれた、飴細工のような繊細な雰囲気に、虜になっちゃいそうです！（月）

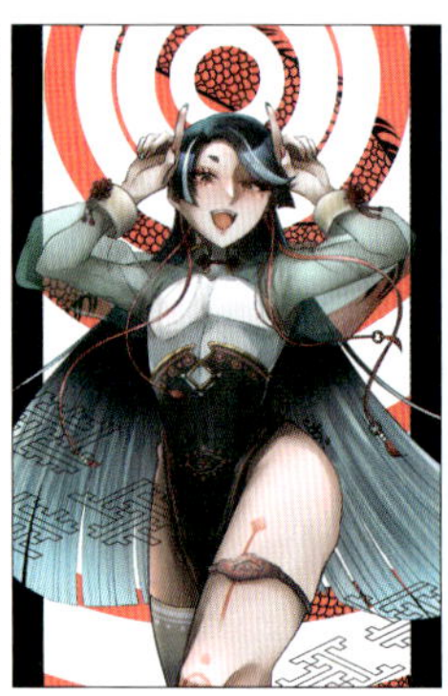

[蛟] 新潟県・とどめき
まっすぐ切り揃えられた髪が広がる様子が綺麗。大胆な衣装と元気な表情が可愛い（し）

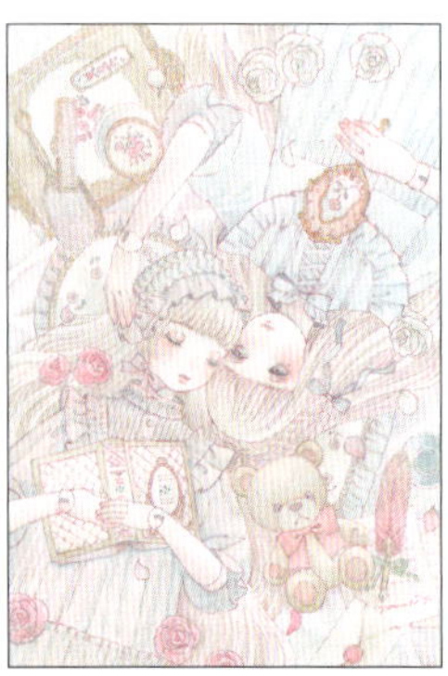

[この日々が永遠に続いたなら] 愛知県・吉野ぽむ
寄り添う双子の姉妹人形。淡い色合いや緻密な作画も小さな甘いお菓子を連想させられます（し）

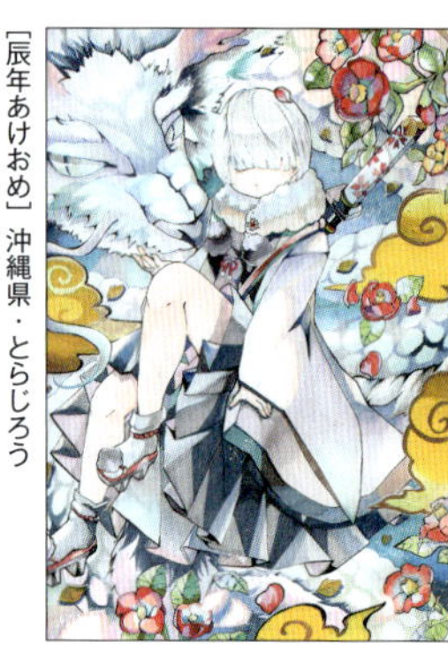

[辰年あけおめ] 沖縄県・とらじろう
華やかな画面が目を引きます。むちっとした柔らかそうな脚にこだわりを感じます！（し）

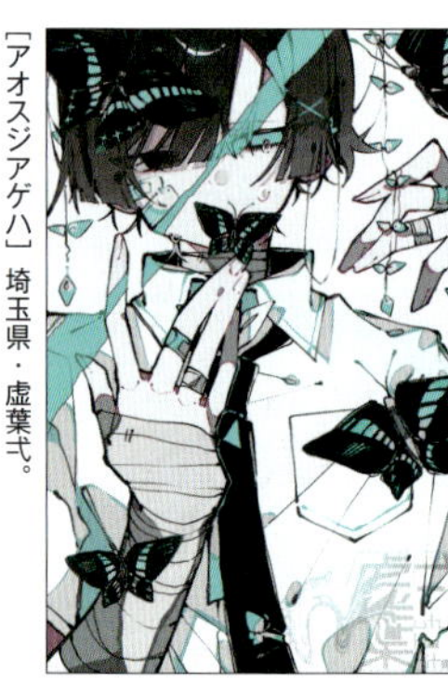

[アオスジアゲハ] 埼玉県・虚葉弌
手の仕草が艶っぽく、印象的な一枚。ツタのようなものが枝垂れている表現も素敵（ぐ）

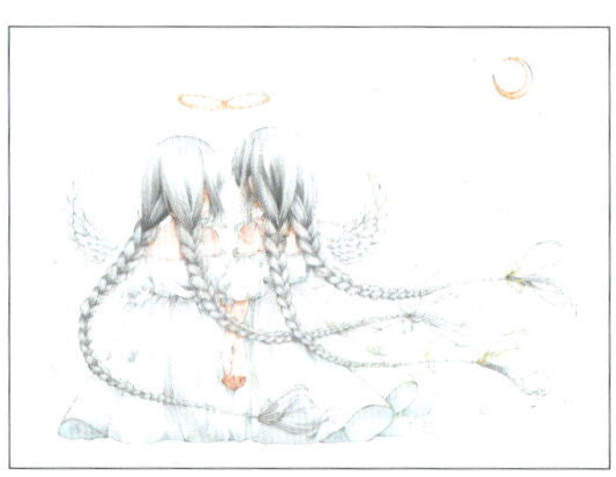

[寂しくないように手をつなごう] 兵庫県・ねこの庵
翼が生えた同じ背格好をした天使たち。ぎゅっと握られた手に相手を想う優しさと決意を感じます（ア）

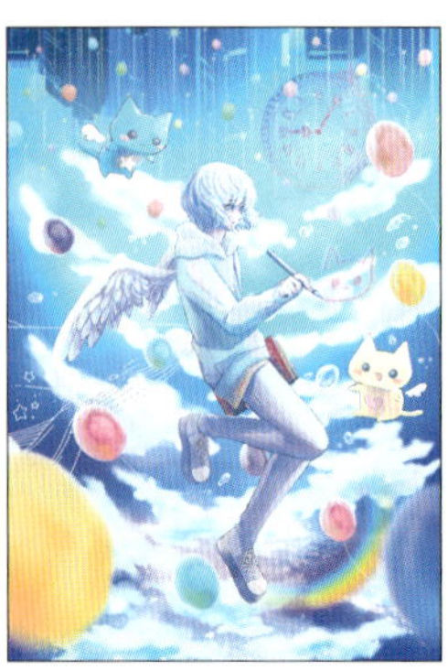

[僕の創る世界] 福島県・猫餃子・18歳
男の子の優しげな表情が好きです。風船のカラフルさが青の中に良い差し色となって効いています（ア）

入選

1ポイント

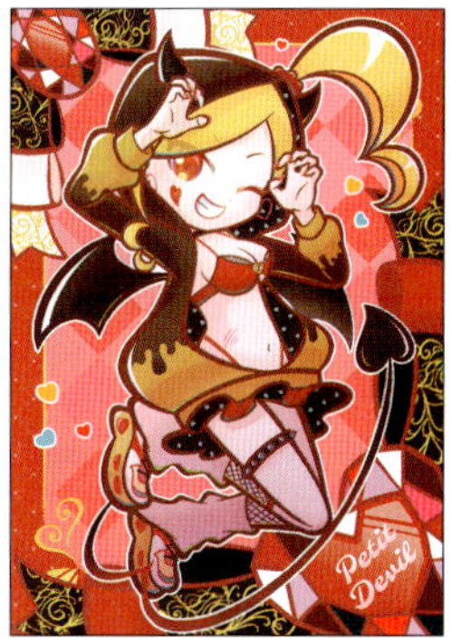

[Petit Devil] 静岡県・なしみ
魔界の可愛いファッションブランド！ 音符のような髪型も元気なイメージが伝わってくる！（し）

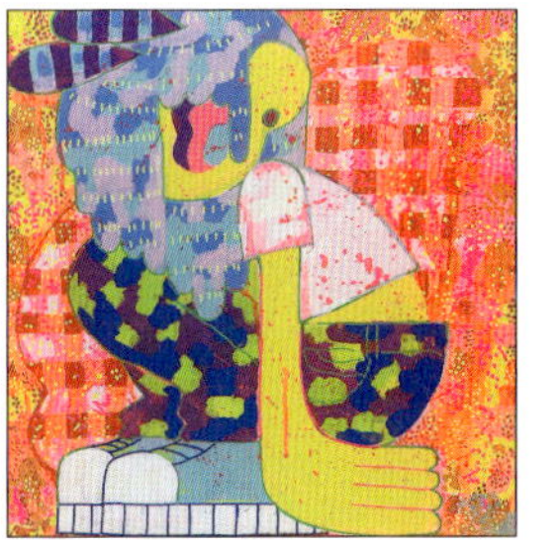

[休憩] 愛知県・あけだ にちほ・30歳
ピンクの背景に座り込む人物のシルエットが浮かび上がってくるような色づかいが良い（ぐ）

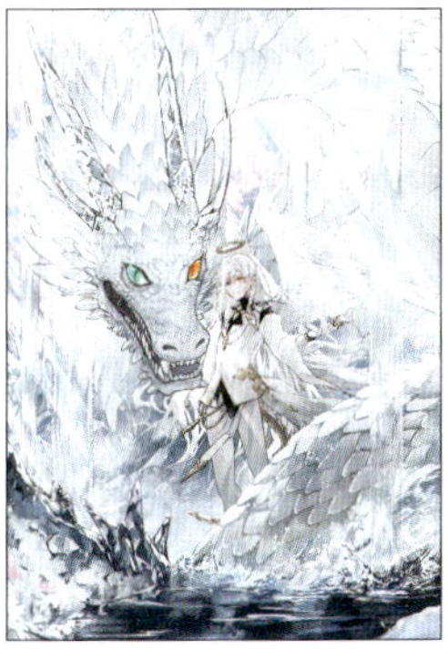

[白龍光臨] 愛媛県・白峰かな
荘厳な白龍を司る青年。桜や滝が神聖さを演出しています。オッドアイの瞳が麗しい（ア）

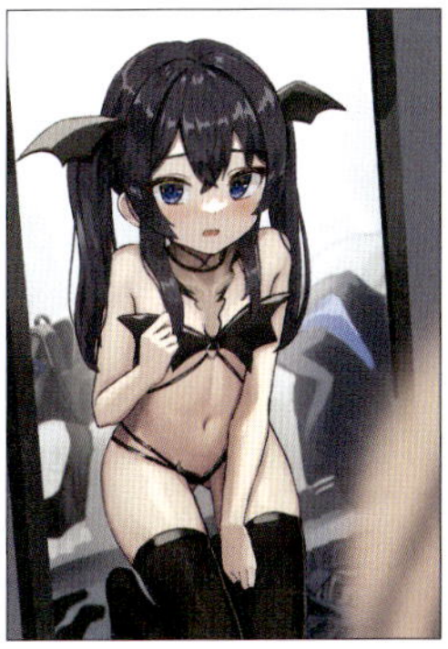

[自室でこっそりサキュバスの仮装をしちゃう子] 千葉県・京葉あーす氏・18歳
際どいコスプレ衣装をこっそり着てみたものの、やっぱり恥ずかしがる表情が可愛い（し）

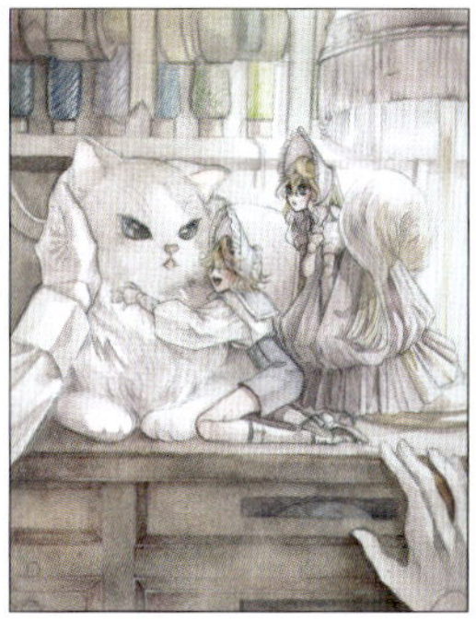

[それは優しい時間] 滋賀県・紅華
ふわふわネコチャンとの優しい時間。モフモフな尻尾と胸毛（？）の表現から愛を感じる（ぐ）

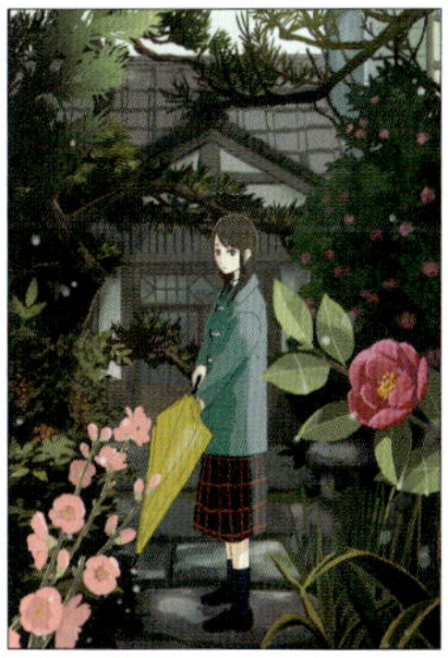

[春時雨（はるしぐれ）] 福井県・飛車
玄関を遮るように伸びた松の枝は窮屈そうで、少女の心情を表しているようにも見える（し）

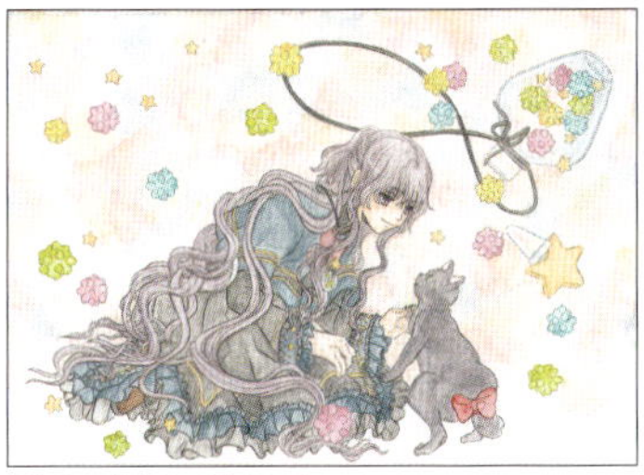

[半分こだよ] 千葉県・たつのこ
魔法の金平糖を半分にして寿命を調節…。どこか寂しくも甘く温かな気持ちになります（月）

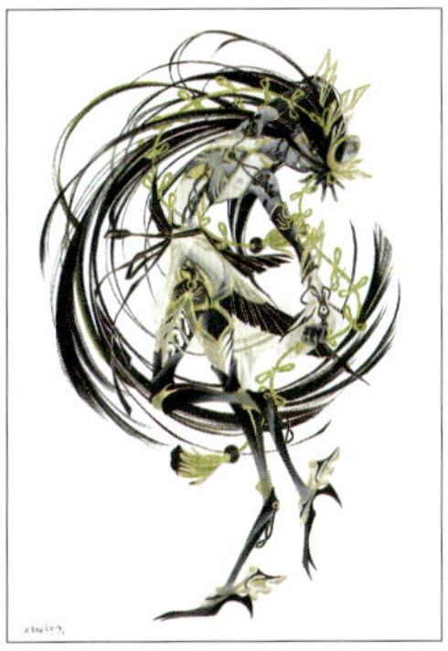

[迦陵頻伽] 長野県・なの子／70
洗練された線の美しさによって紡ぎ出される圧巻の作品。円のようなシルエットも◎（ぐ）

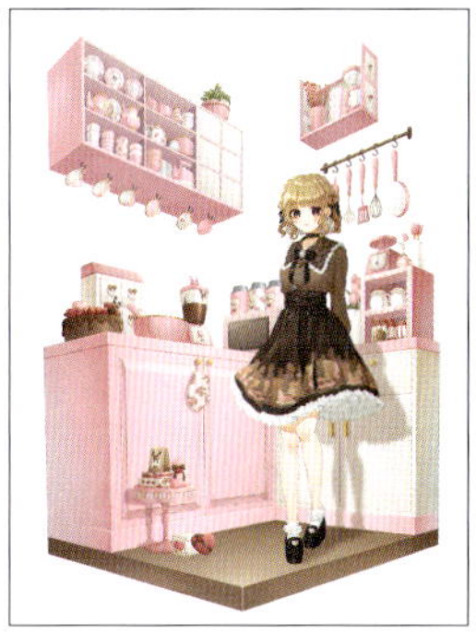

[pink kitchen] 埼玉県・望宮もちこ
バレンタインカラーの可愛らしい一枚。お洋服や小物のディティールが凝っていてラブリー！（ア）

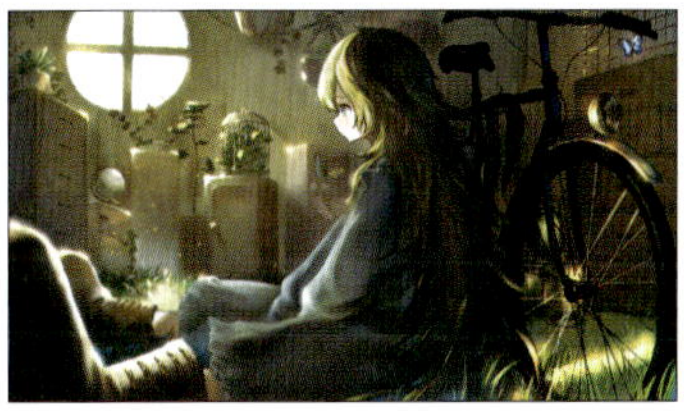

[ひみつきち] 埼玉県・かやきしいか
憧憬を抱く空間。光の差し込みが美しい。秘密基地で少女は何を思うのでしょうか？（ア）

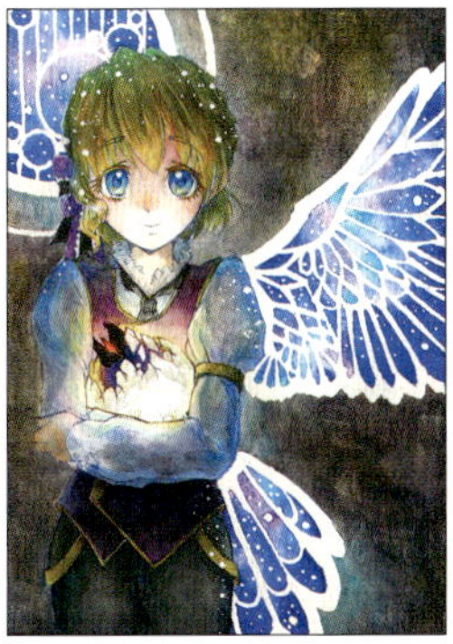

[月の卵] 埼玉県・ねじねじ
月灯りと青の色彩がきらびやかな作品。月から孵り夜を壊す生物という設定が好きです（ア）

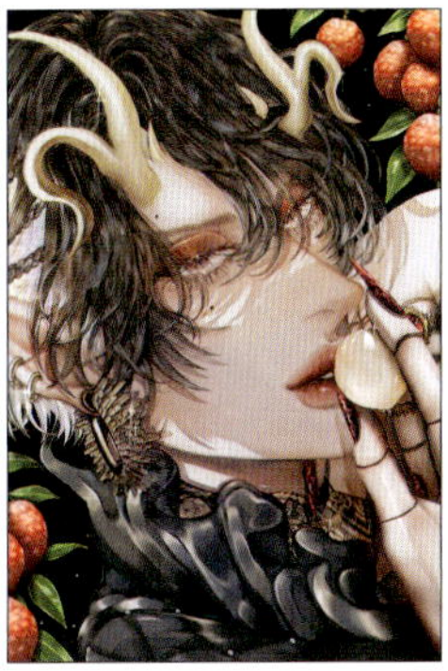

[茘枝] 静岡県・紅灑
果実を唇に寄せる仕草が艶めかしい。重厚感のあるタッチに惹かれます（お）

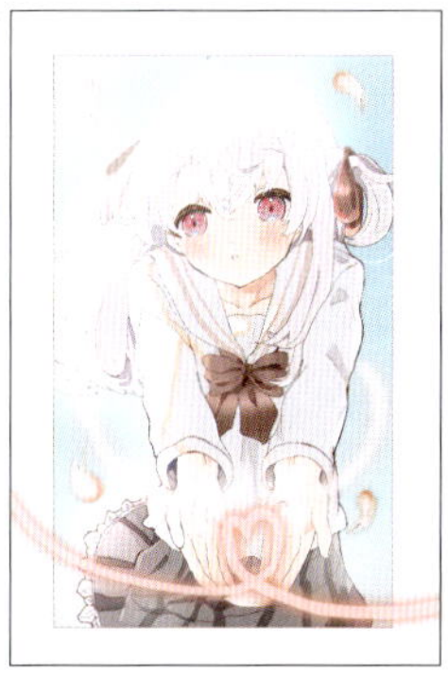

[白い春] 神奈川県・のにのー
ぼやんとしたお顔に白髪の柔らかな髪が女の子の可愛さを引き立たせている（ぐ）

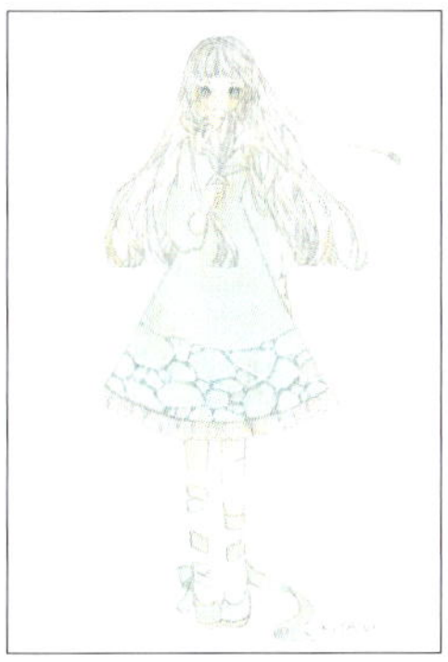

[みちる] 東京都・北の
女の子の姿から儚さを感じる。女の子の真っ直ぐな眼差しに胸を打たれます（西）

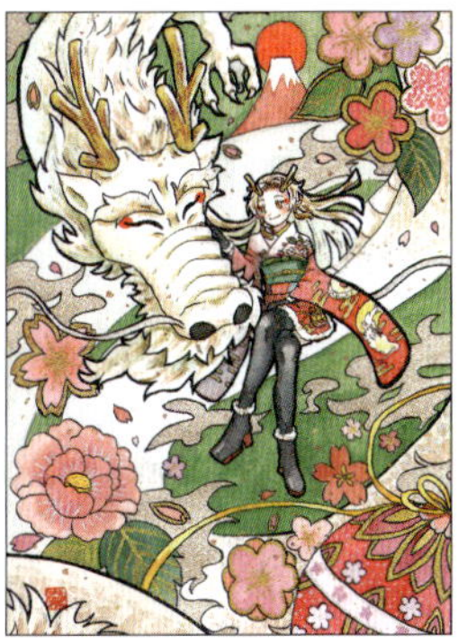

[白龍と共に] 埼玉県・祭燈
メインを太くフチ取り、デザイン的に見せながら、水彩の柔らかさも生かしていて美しい（ノ）

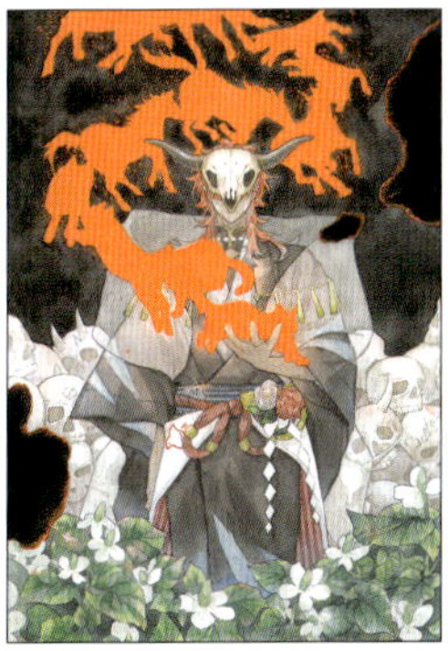

[火が回る] 京都府・遙々壱
炎の表現に隠語の動物を用いており、赤のシルエットが目を引く、鮮烈な作品です（ア）

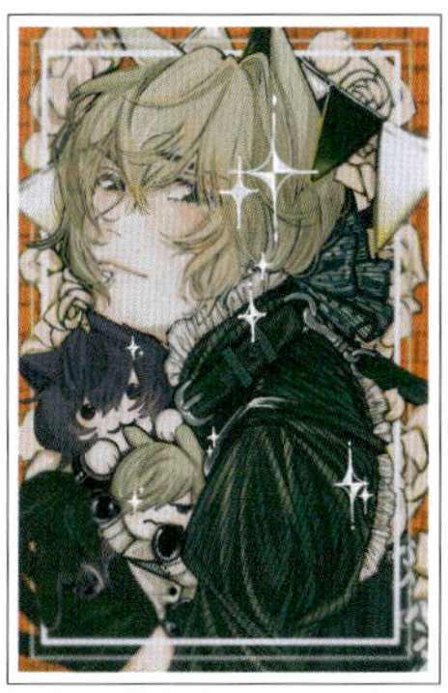

[sweet!] 京都府・油田
表情が最高！ 有無を言わさず飼いたくなるような甘さと美麗さに思わず心を射抜かれます（西）

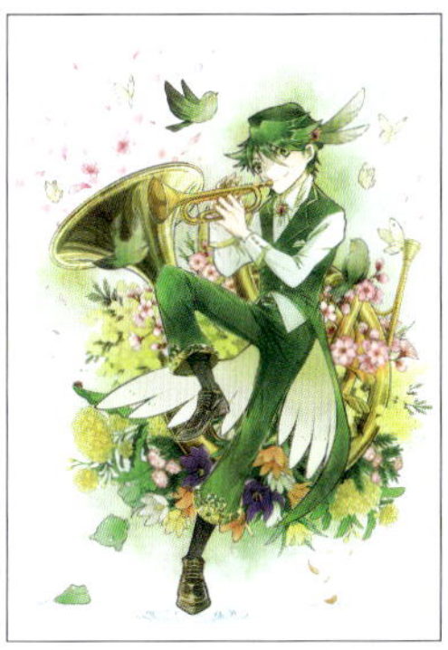

[春色プレリュード] 神奈川県・削木・32歳
花が咲き乱れる様子はまさに春の訪れ。もちもちのカエルやメジロたちに思わず触りたくなる！（し）

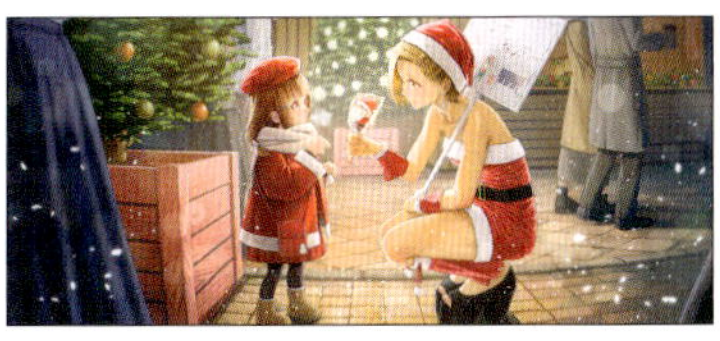

[泣かないで] 東京都・SushiMaou
ギャルと女児の心温まるワンシーンを描いた作品。ライティングもドラマティック！（ぐ）

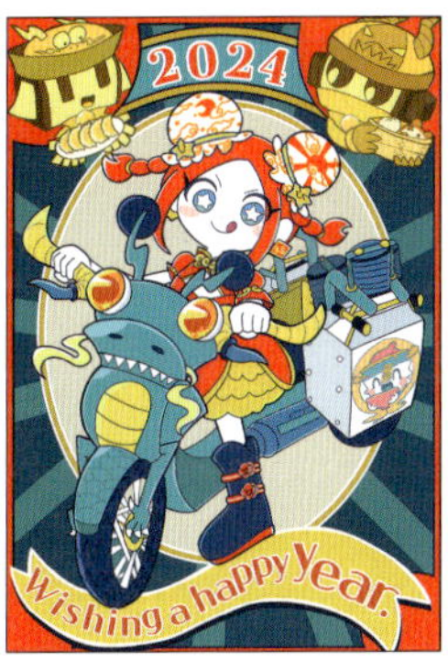

[二〇二四] 新潟県・はーコ
ハッピーな一年を運んでくれる女の子。龍をモチーフにしたバイクのデザインが秀逸！（し）

注目賞 4ポイント

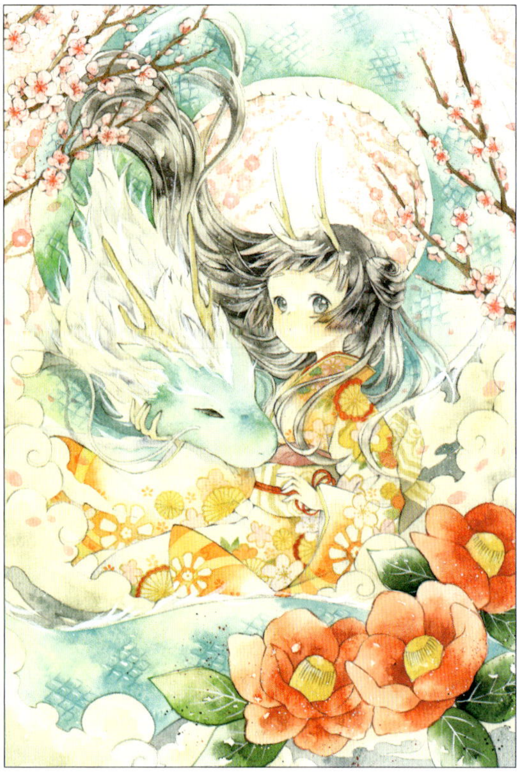

[辰年のはじまり] 大阪府・ほずみきりん

使用画材：透明水彩

新年を明るく迎えられるよう華やかなイメージで描きました。

龍の動きに人物の髪の流れから、心地のいい風を感じる一枚。桜、椿、着物の柄など丁寧に描かれたモチーフが素晴らしい（ぐ）

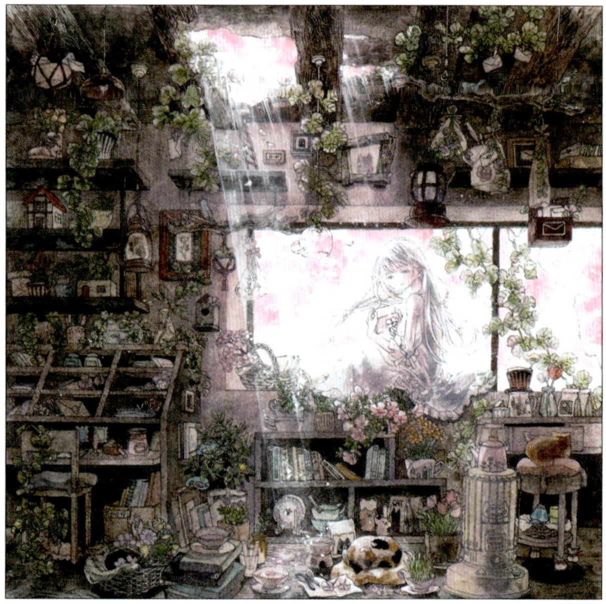

[春の手紙] 栃木県・mg3/めぐみ

使用画材：Be art paper、ミリペン、透明・不透明水彩

別れの手紙や出会いの手紙が行き交う季節

明暗の演出が巧みです。植物に侵食された記憶の集積のような仄暗い部屋と、ピンク色の光の世界のコントラストが美しいです（ぱ）

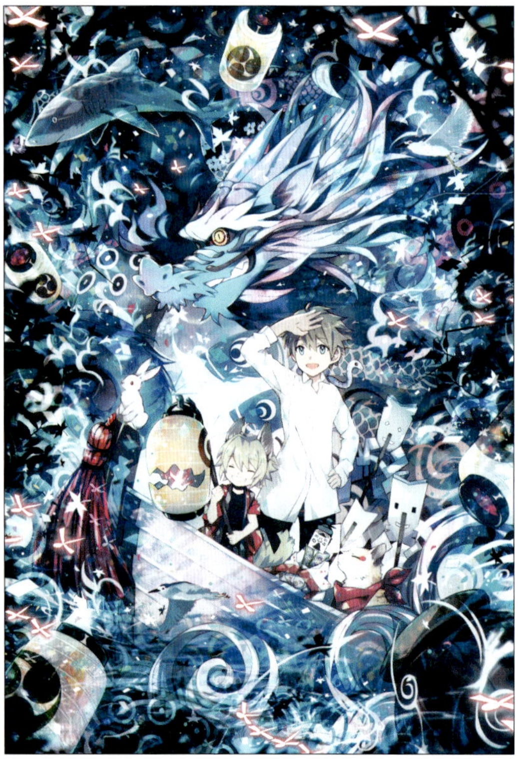

[異界] 東京都・サトツキ

使用画材：Photoshop

有象無象うごめく世界、その先には…。

様々な生き物や式神、神話生物たちが船を運ぶように進む様子が圧巻。どこに何がいるのか細かいところまで見るのが楽しい作品（し）

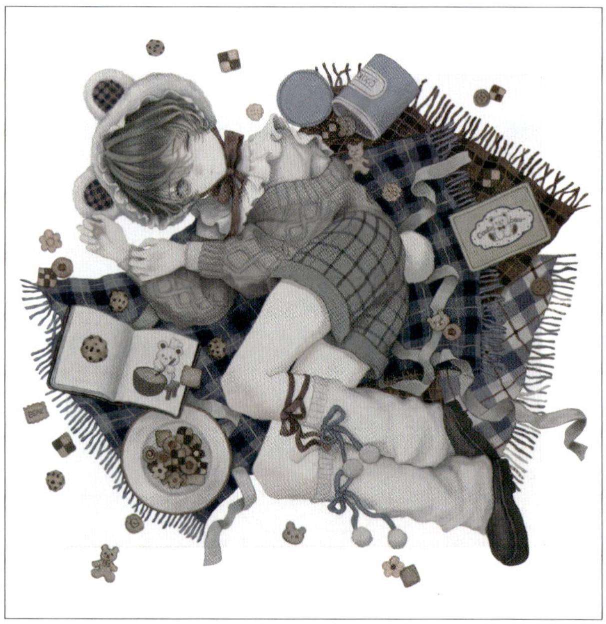

[Cookie bear] 大阪府・白ノ

使用画材：アクリルガッシュ

秋の季節感を意識したシックな配色で、クッキー缶のおまけのくまのぬいぐるみの擬人化、という設定で少年を描きました。

くまのぬいぐるみの擬人化で、ふわふわをソックスや被り物で表現して可愛さ満点。アクリルの描写力も圧巻で色づかい見事！（ノ）

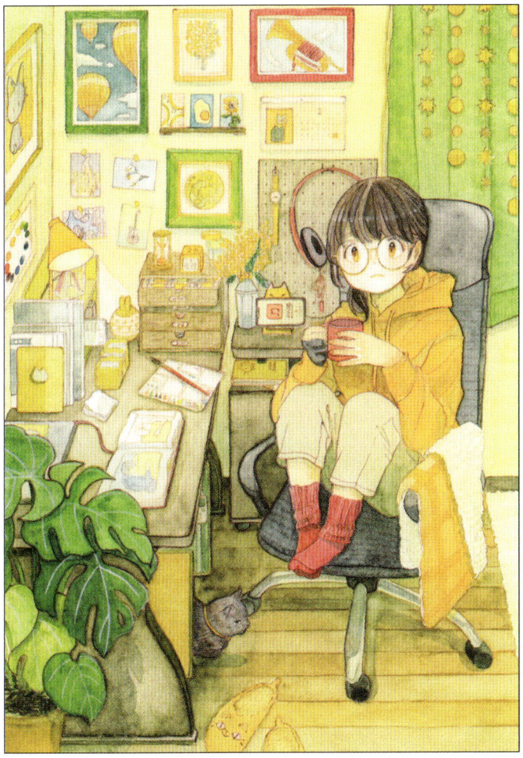

[ニニのアトリエ] 三重県・mis@

使用画材：透明水彩、色鉛筆

好きな絵に囲まれながら創作を頑張る女の子の絵を描きました。

絵がたくさん飾られたアトリエ。暖色でまとめた配色と柔らかなタッチゆえ、実在感がありながらも絵の魅力が高い作品（ノ）

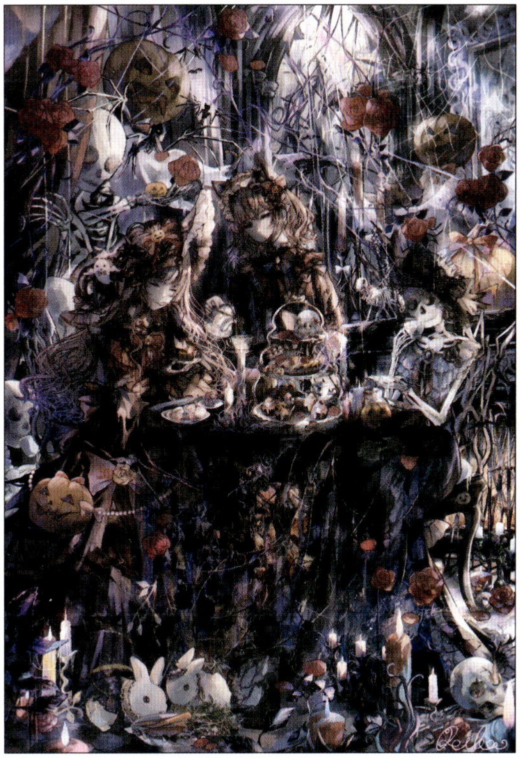

[ハロウィン🎃パーティー] 埼玉県・彩咲れいか

使用画材：CLIP STUDIO PAINT、Photoshop

ハロウィンパーティーをするものたちのイラストです。

蜘蛛の糸やバラの蔓などが絡まる空間で、お茶を楽しむ貴婦人たちの優雅な姿に惹かれる。退廃的なかすれたタッチが素敵です（お）

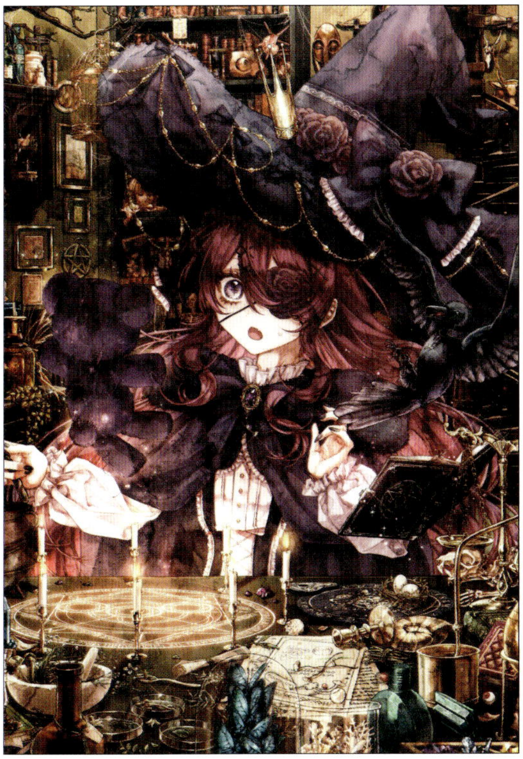

[はじめまして、ぼくのともだち。] 広島県・梦踏京

使用画材：CLIP STUDIO PAINT PRO

お友達がほしい少女とぬいぐるみのお友達を描きました。

背景や小物の描き込みの丁寧さに「愛」を感じます。どこを切り取っても世界観に溢れた魅力的なモチーフが描かれていて圧巻です（ア）

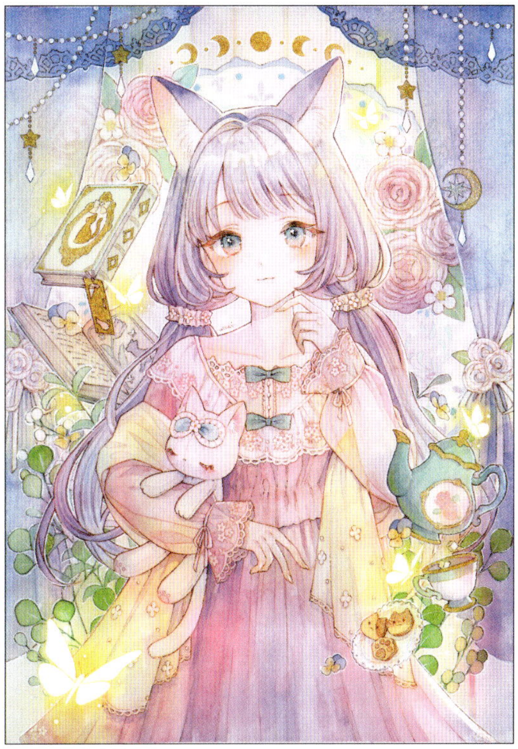

[おやすみのまえに] 大阪府・waki

使用画材：アルシュ水彩紙、透明水彩、アクリルガッシュ、カラーインク、色鉛筆

眠る前のリラックスタイムをイメージしました。柔らかな雰囲気と猫モチーフがお気に入りです。

眠そうな瞳から猫のぬいぐるみとクッキー、レースにリボンにお花まで、描かれているモチーフがとにかく何もかも可愛いです（ば）

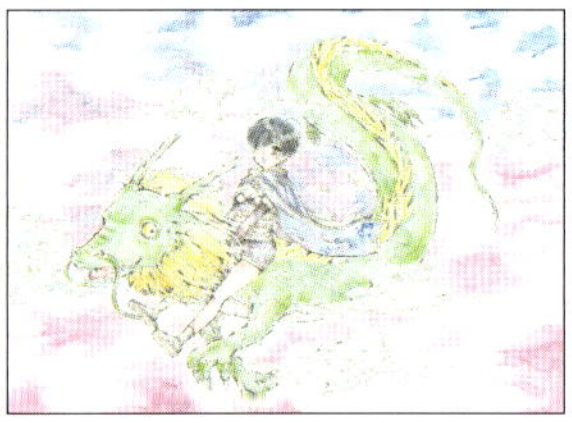
［夢幻飛行］東京都・豊代さや

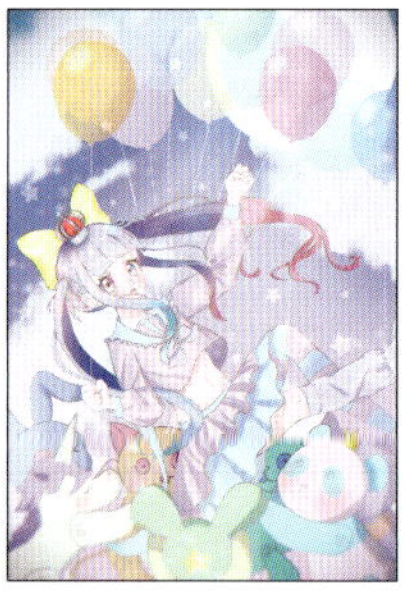
［stuffed princess］千葉県・yuu.・16歳

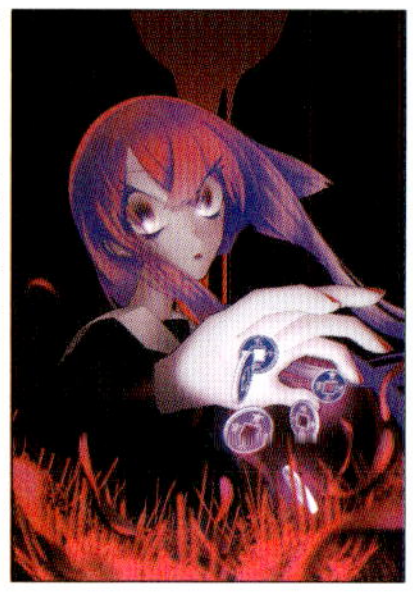
［230円の復讐］福島県・&ん

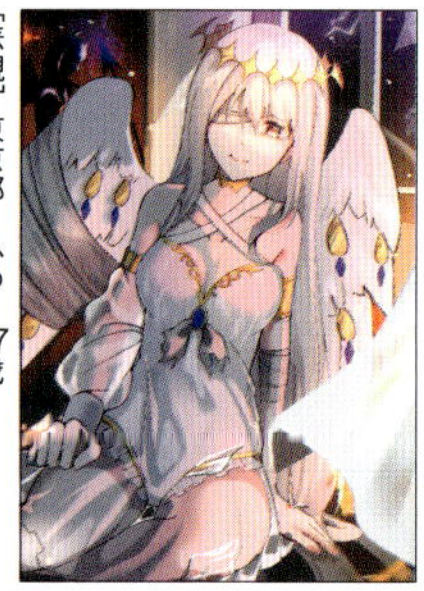
［悲観］東京都・ふゆ・17歳

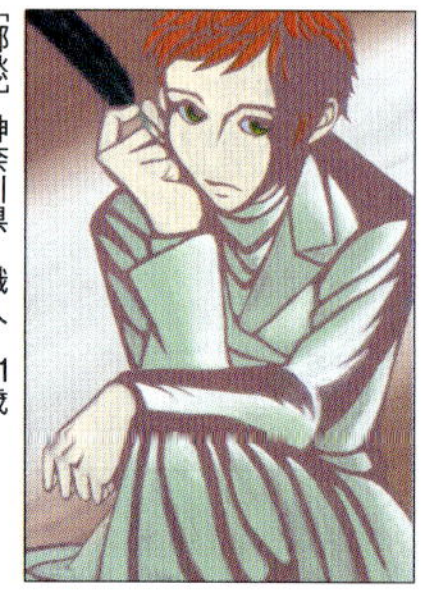
［郷愁］神奈川県・織人・51歳

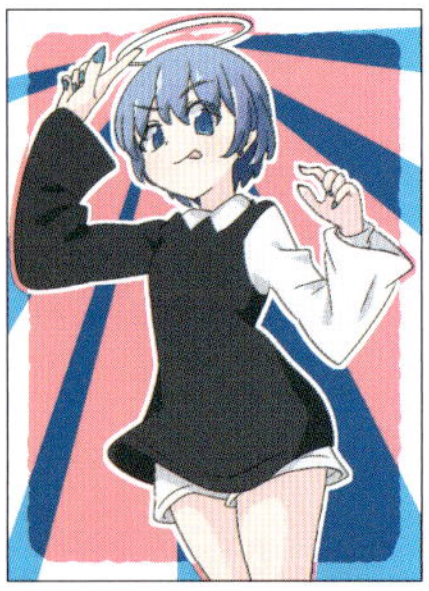
［天使ちゃん］高知県・あおな

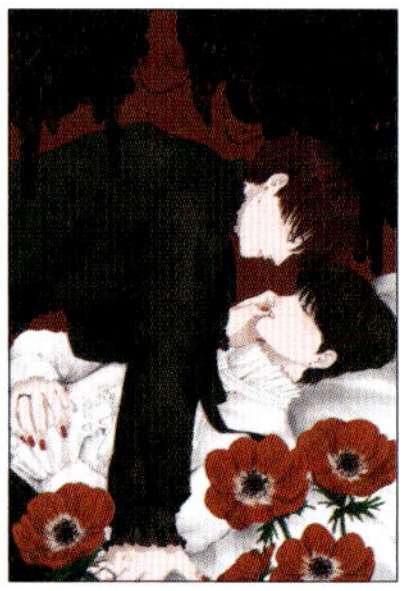
［血の化粧］広島県・3るkey

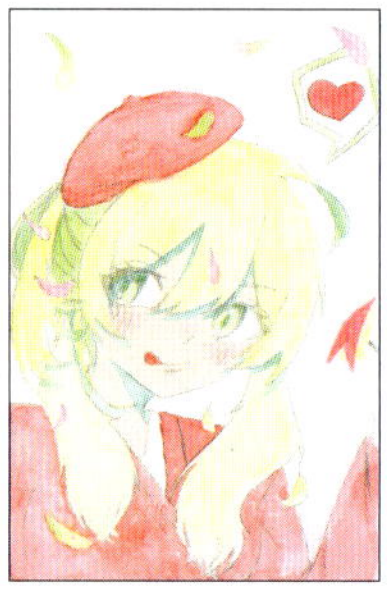
［無題］愛知県・梅干し・14歳

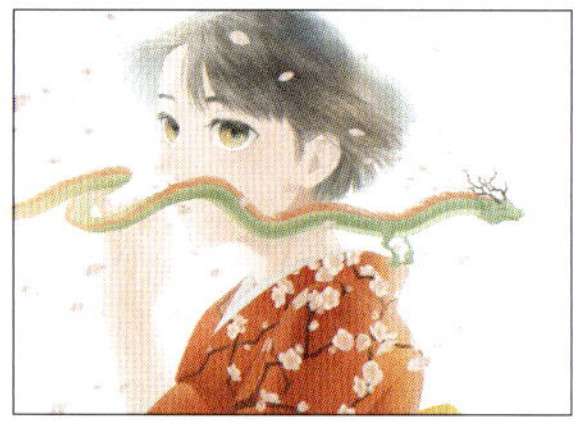
［春が来たりて］滋賀県・丙エイジ

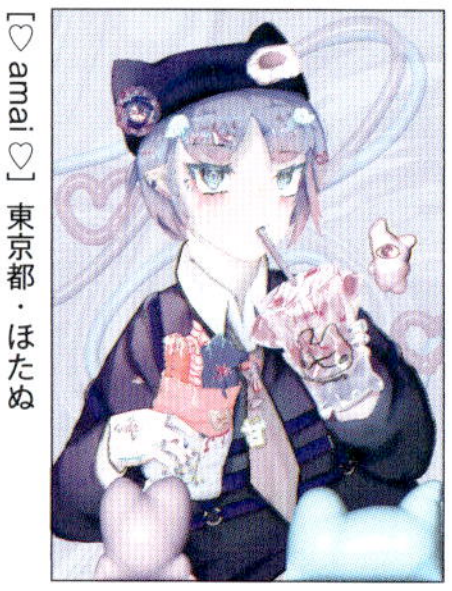
［♡amai♡］東京都・ほたぬ

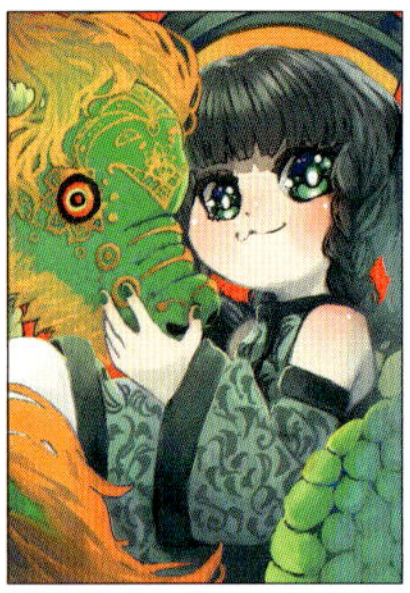
［辰娘］青森県・ほほと

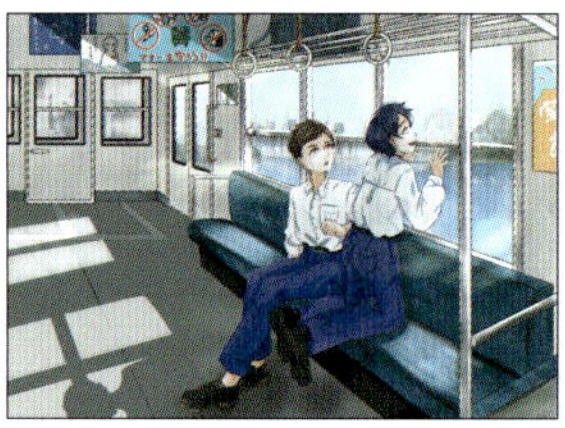
［旅のはじまり］徳島県・福見りん・19歳

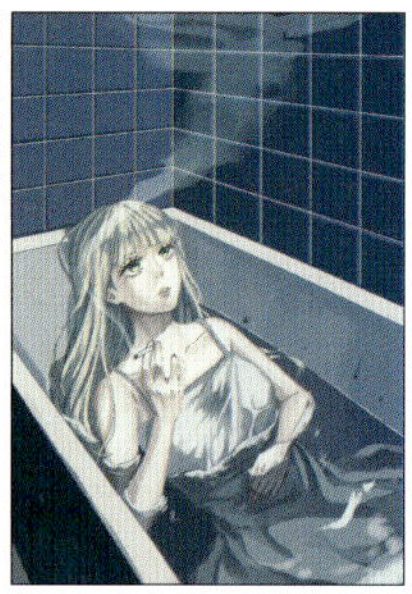
［空白］東京都・アカネ

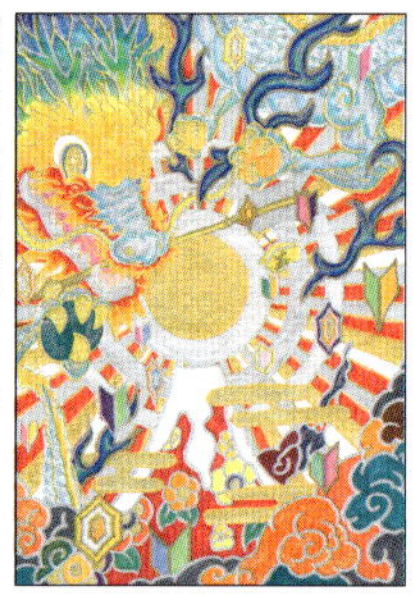
［祝2024年、辰年!!!］茨城県・天使のサンダル

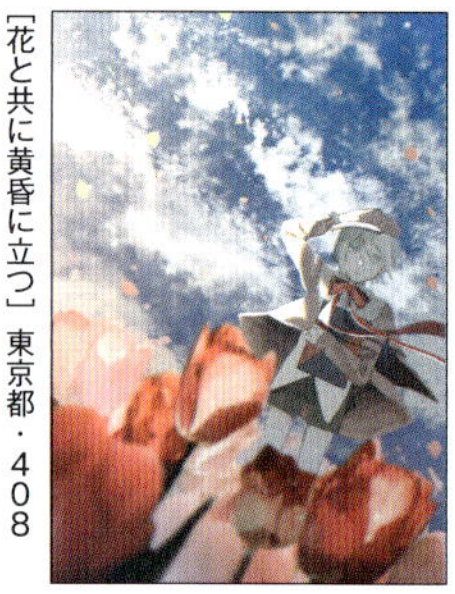
［花と共に黄昏に立つ］東京都・408

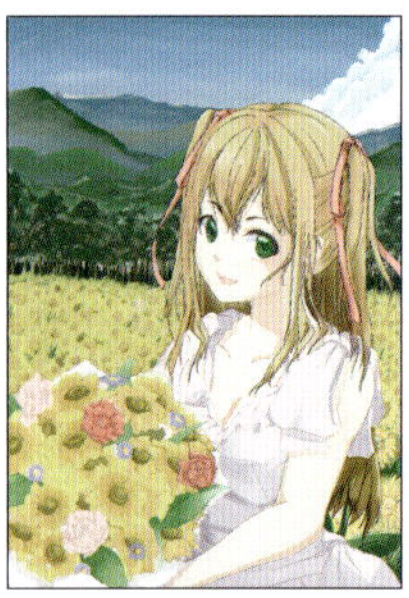
［ひまわり］愛知県・あや

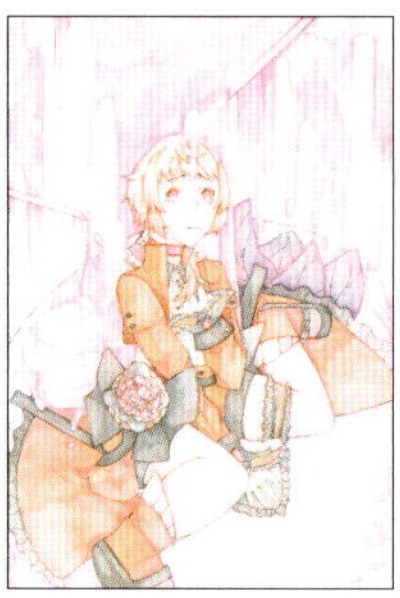
［食べちゃいたいぐらいかわいい］岐阜県・狐坂

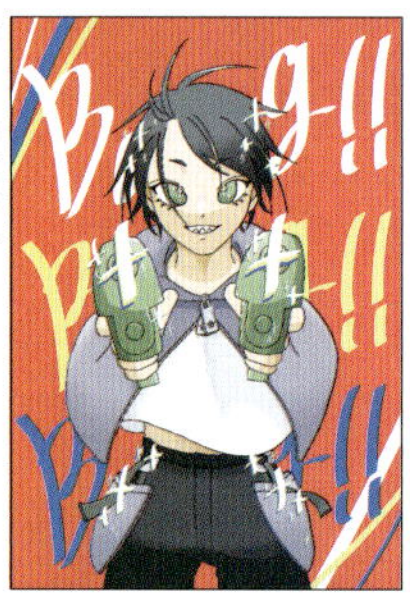
［Bang!!］福島県・Ayami

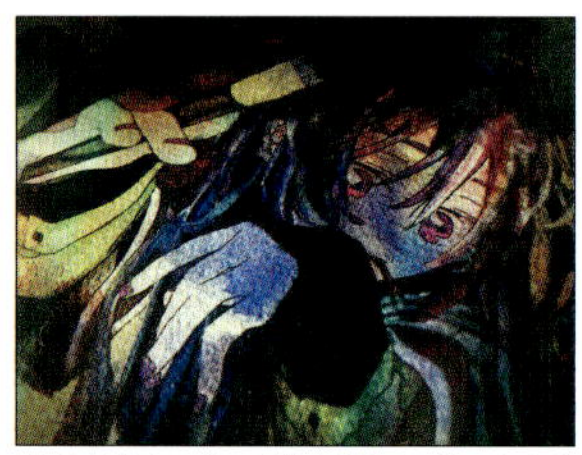
［おえかきちゅうです］長野県・藤田さもり

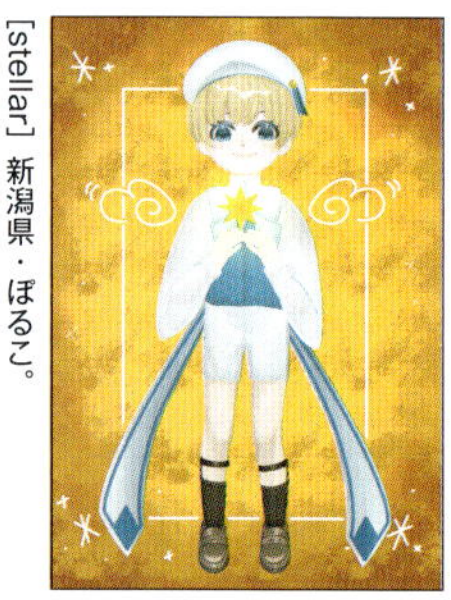
［stellar］新潟県・ぽるこ。

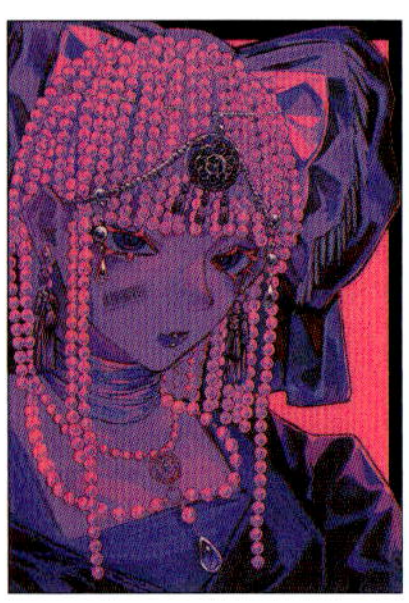
［無題］福島県・Bora

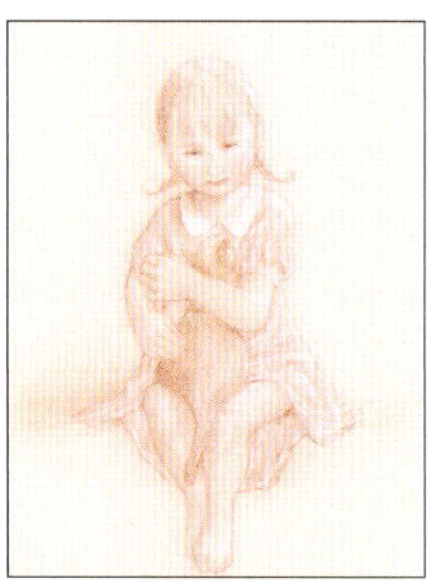
［膝に乗る猫］京都府・まーのん

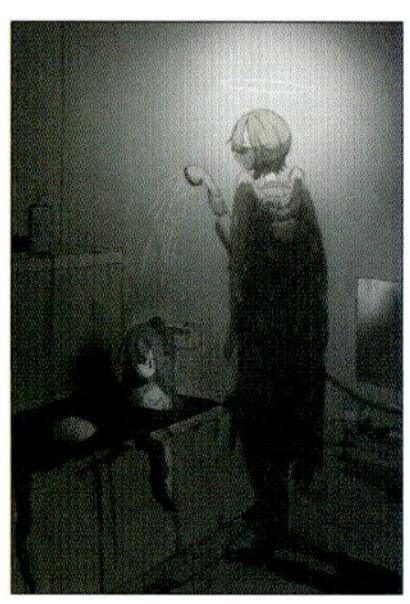
［身支度］新潟県・いわゆる肉片

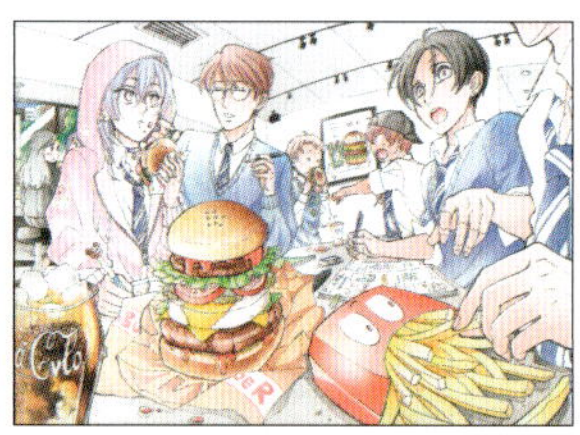
［みんなで勉強会！］
大阪府・大井淑世・36歳

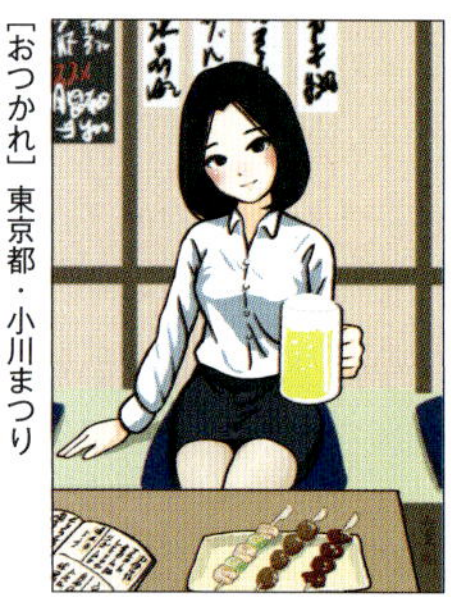
［おつかれ］東京都・小川まつり

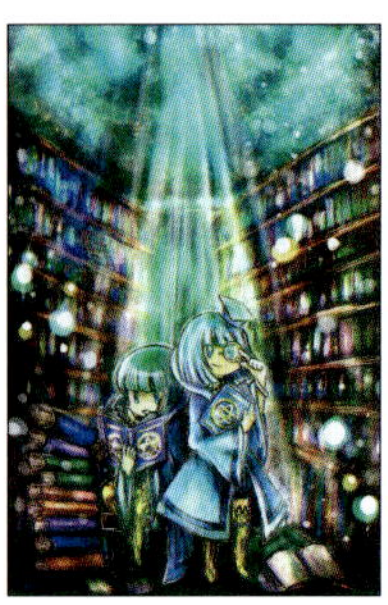
［天空図書館］東京都・えいみー

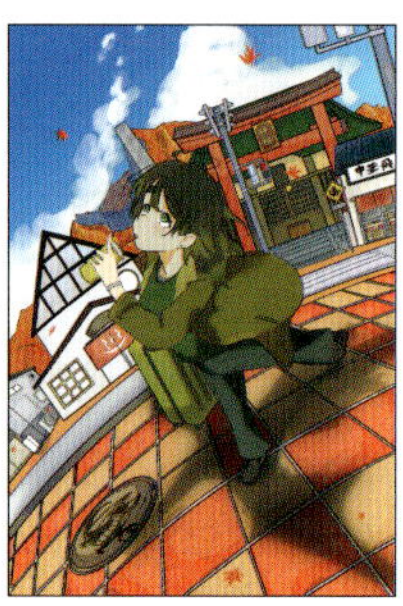
［観光旅行～竜の街～］新潟県・星大コーヒー

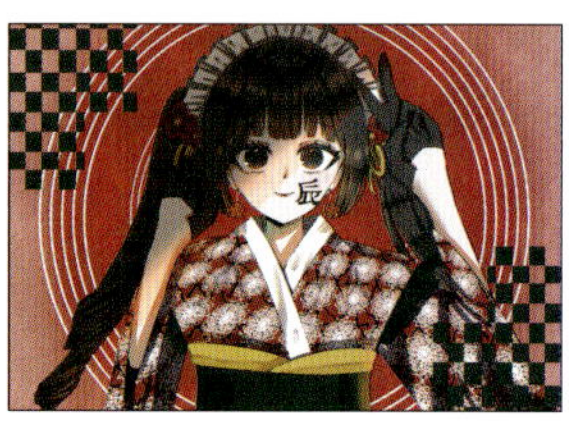
［あけおめ］愛知県・小春

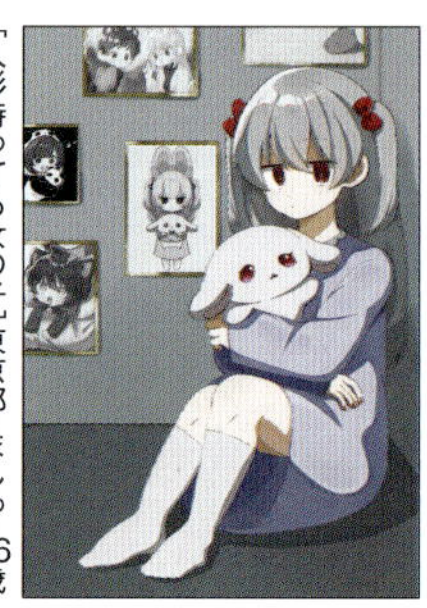
［人形持ってる女の子］東京都・ましゅ・16歳

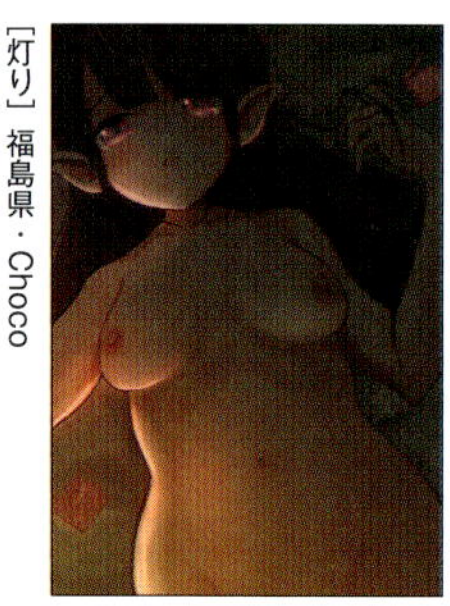
［灯り］福島県・Choco

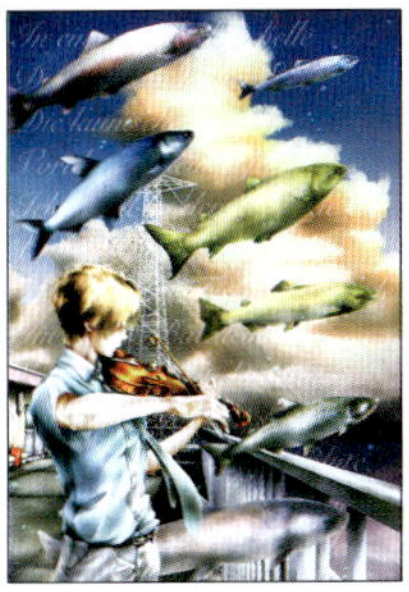
[鱒の歌、奏でる君] 東京都・えんの・23歳

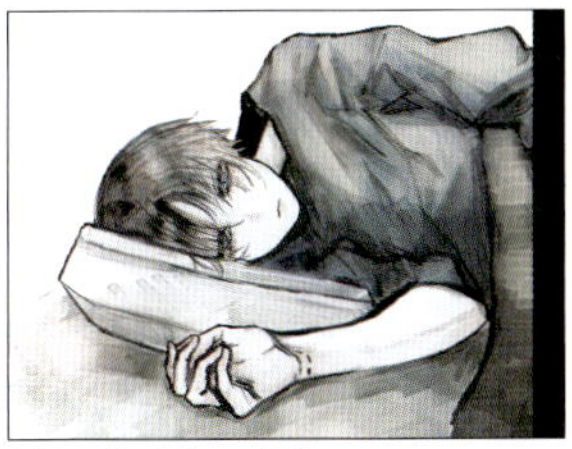
[寝起き] 千葉県・坂本

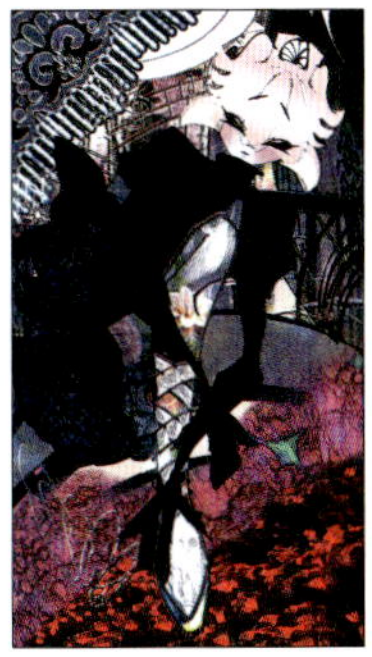
[明暗] 神奈川県・dolce毒

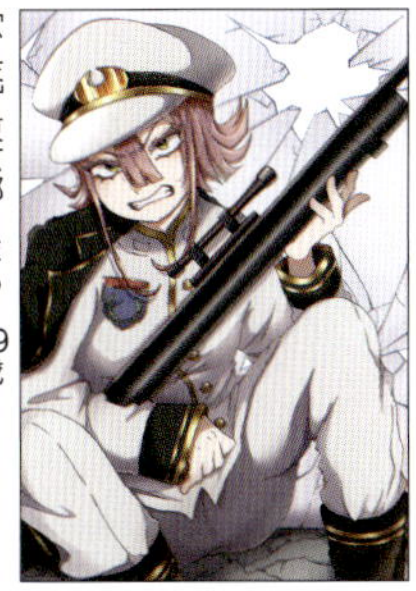
[少佐] 東京都・まる・19歳

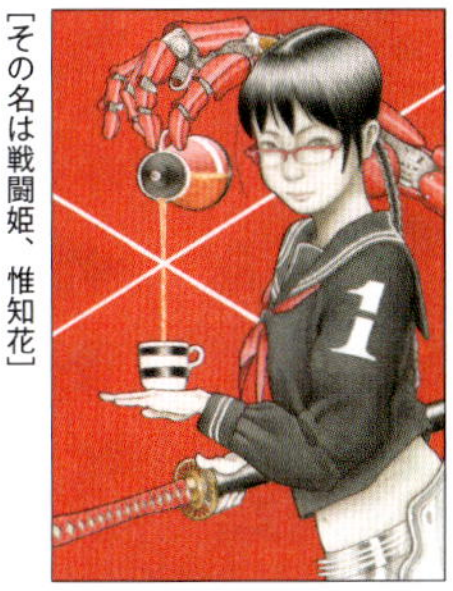
[その名は戦闘姫、惟知花] 兵庫県・Buchberg

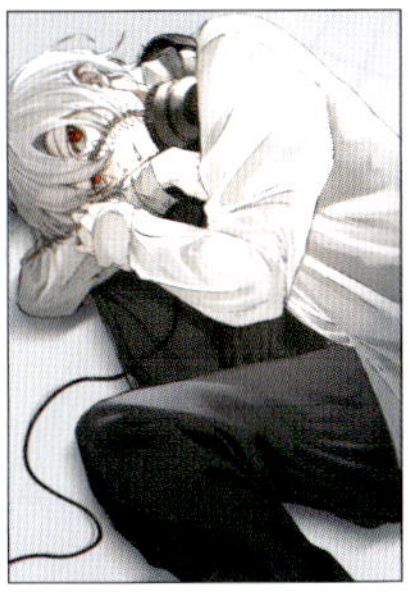
[百足の虫は死して僵れず] 愛知県・Eye.

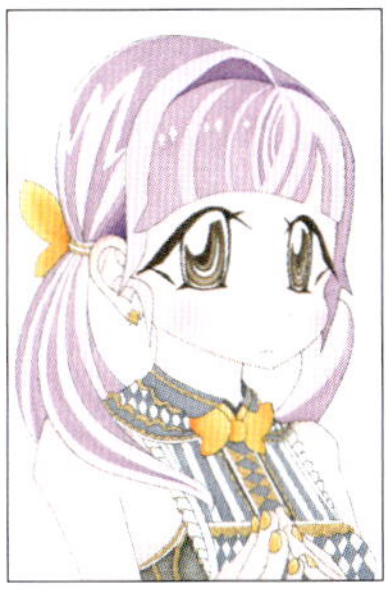
[髪色紫娘図] 東京都・品一奈落

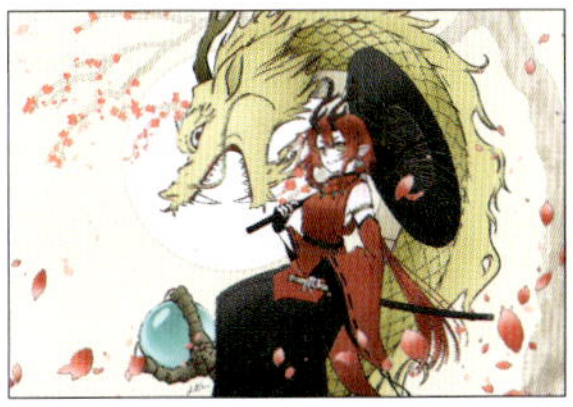
[2024年] 大阪府・彩藤ありさ

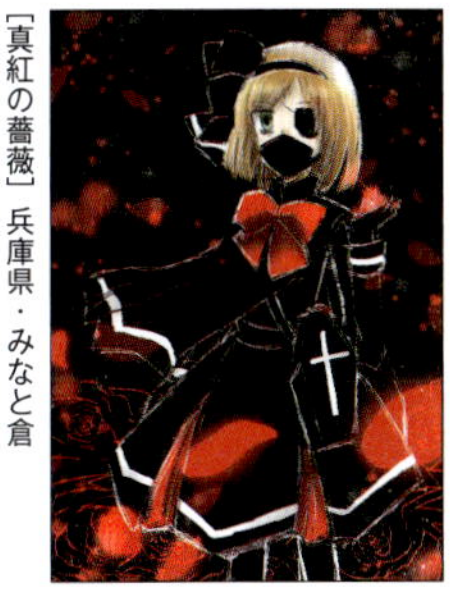
[真紅の薔薇] 兵庫県・みなと倉

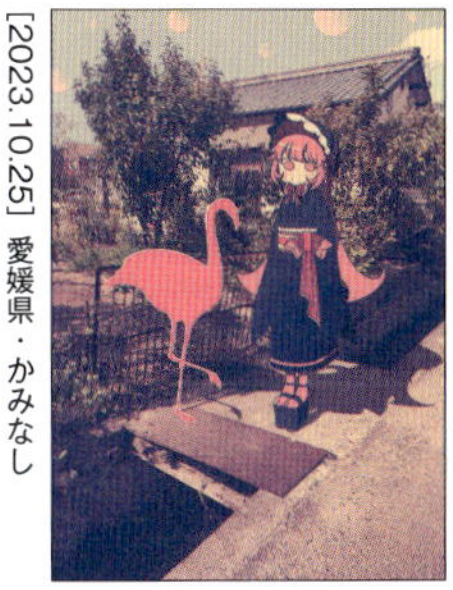
[2023.10.25] 愛媛県・かみなし

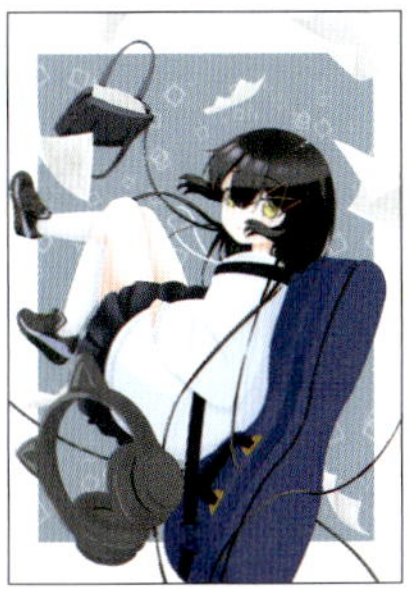
[音楽] 岡山県・かんきつ

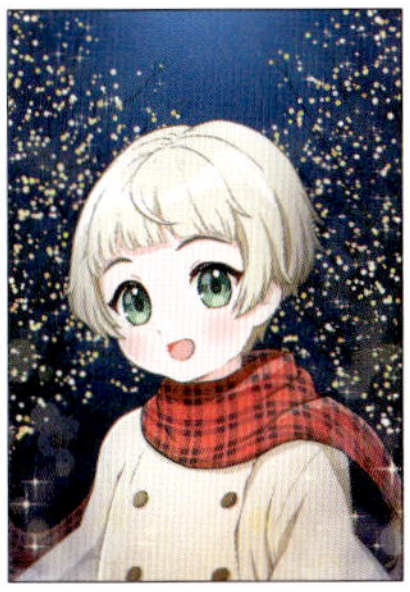
[冬の街の夜] 千葉県・HarimaKanbe

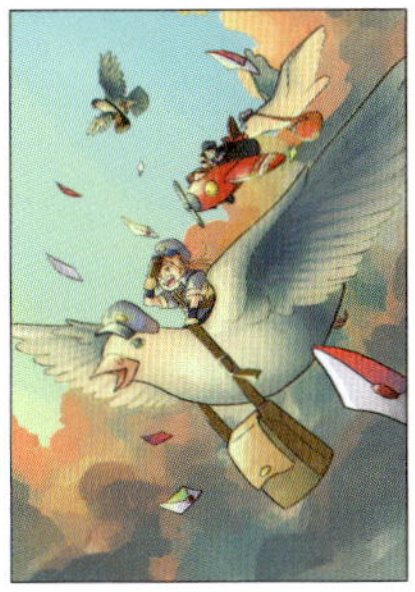
[帰り路] 新潟県・みのる

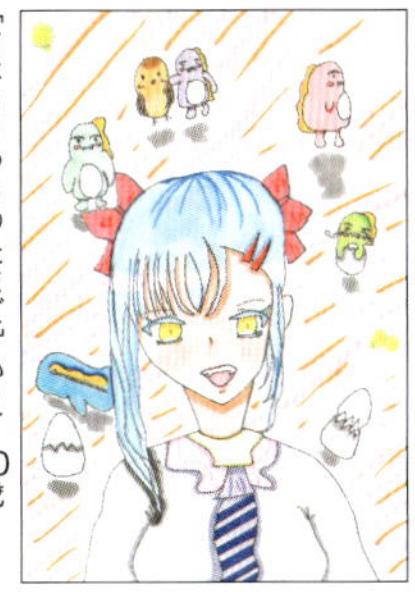
[きょうりゅうのたまご] かえ・10歳

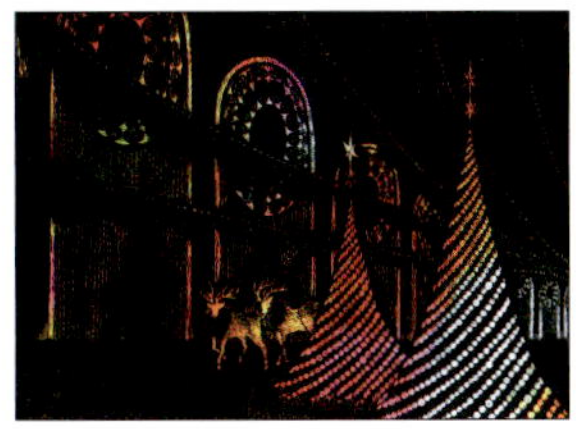
[煌灯] 北海道・佐口想

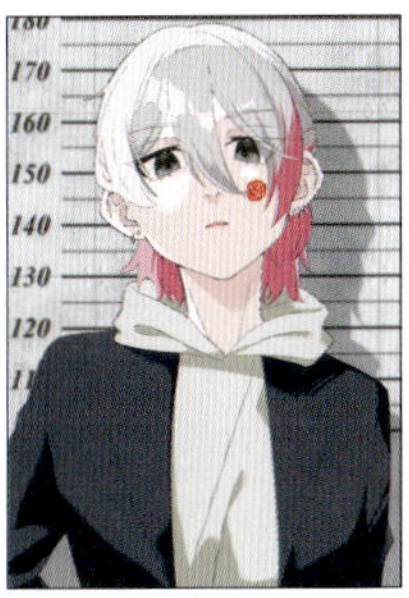
[泥棒] 香川県・めもん

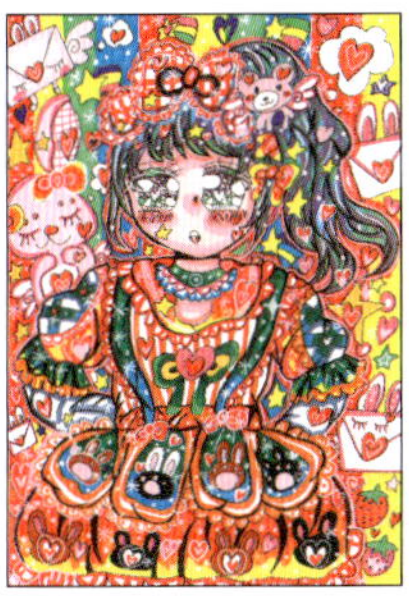
[きらめきレインボー] 東京都・ひろくまひろみ

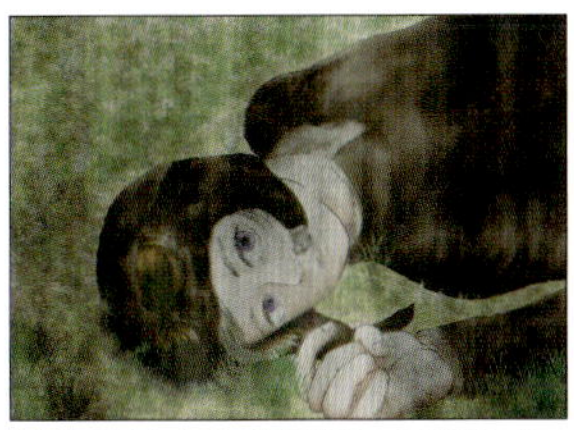
[空から落ちた。] 神奈川県・回廻めいか

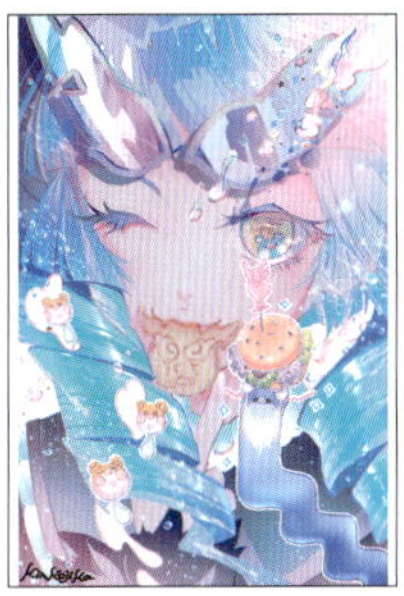
[あけましておめでたぬ] 埼玉県・キンコジカ

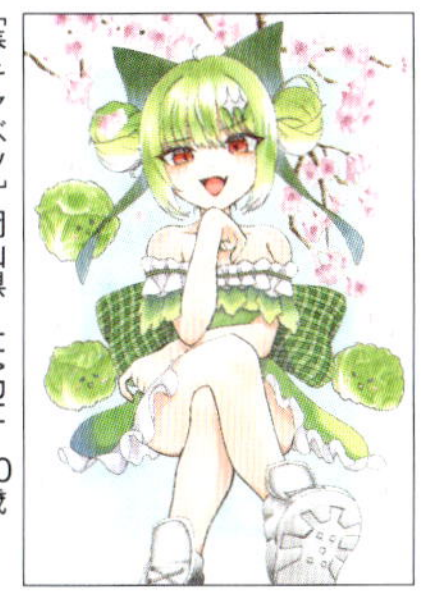
[春キャベツ] 岡山県・HARU・20歳

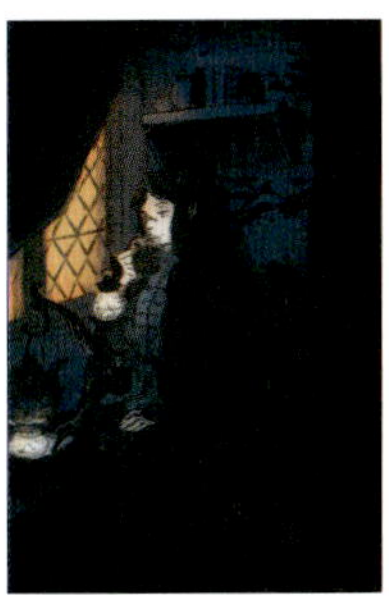
[魔法使いの憩いの小部屋] 大阪府・HK

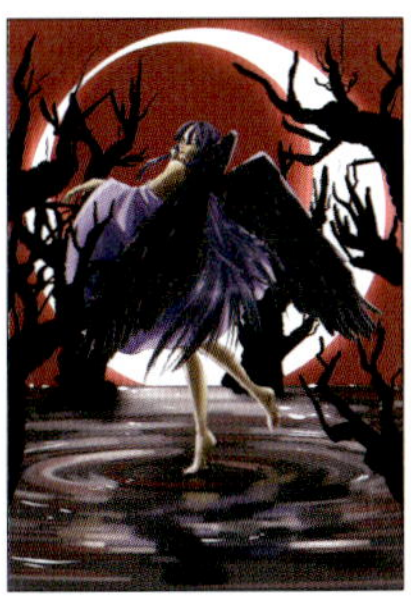
[濡れ鴉] 埼玉県・冷鬼

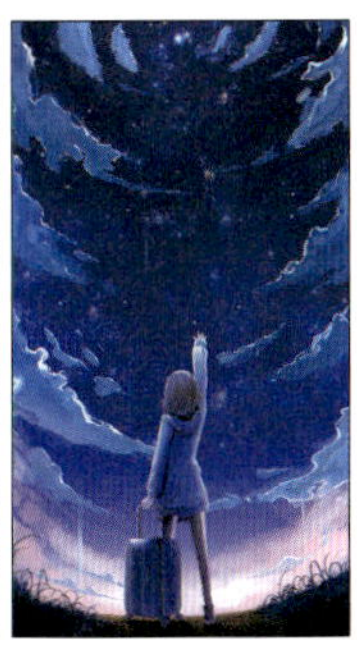
[あの一等星を掴むまで] 千葉県・くろねこおるた

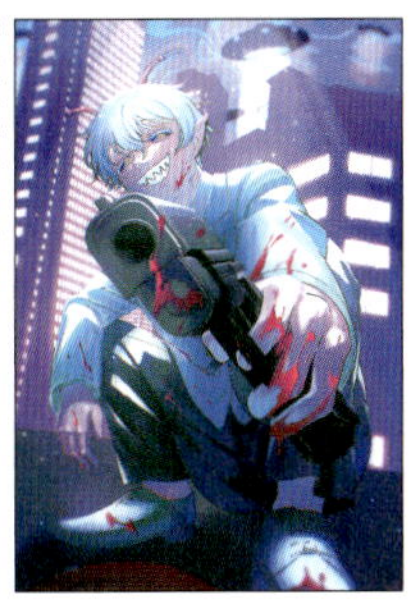
[侵略者] 新潟県・もたろの

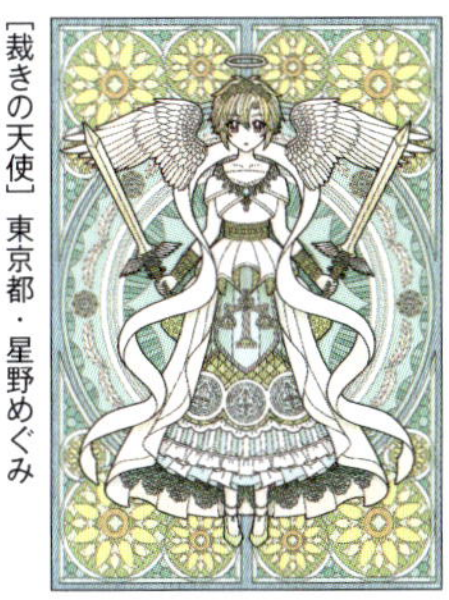
[裁きの天使] 東京都・星野めぐみ

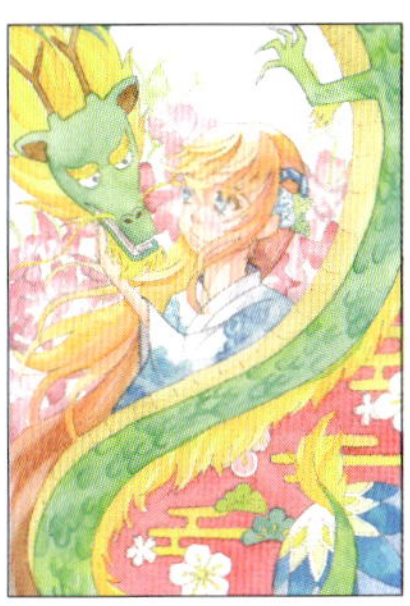
[竜と少女] 愛知県・ゆめみ花

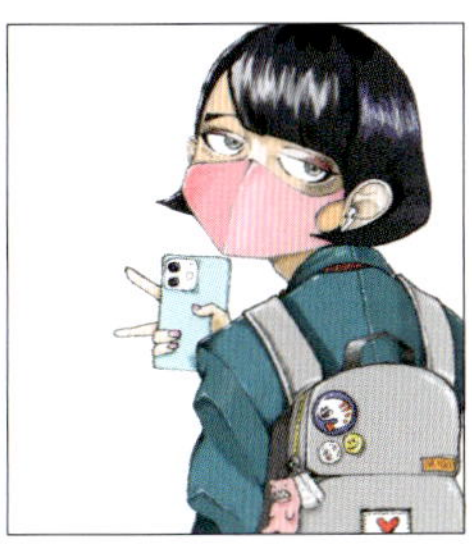
[またね] 福島県・クロバ〇・18歳

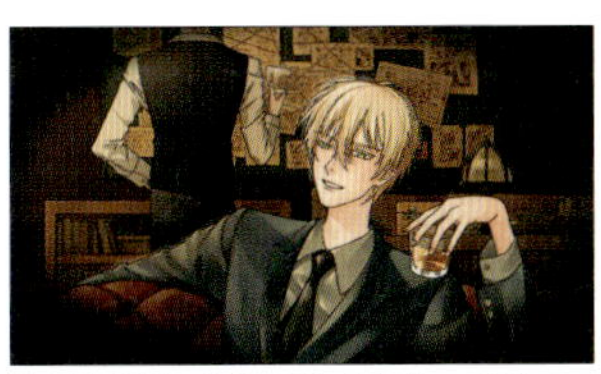
[探偵事務所へようこそ] 東京都・一鐸亥玄

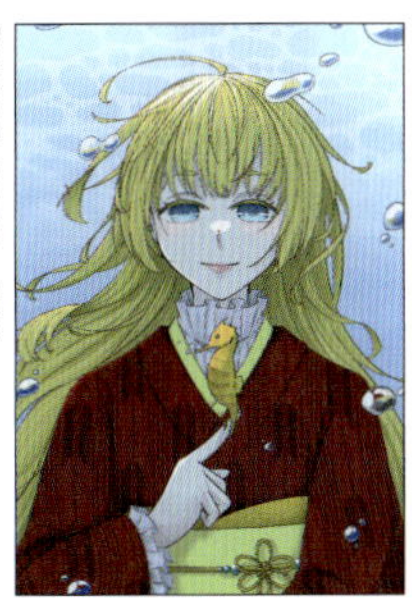
[揺蕩う] 香川県・青雨

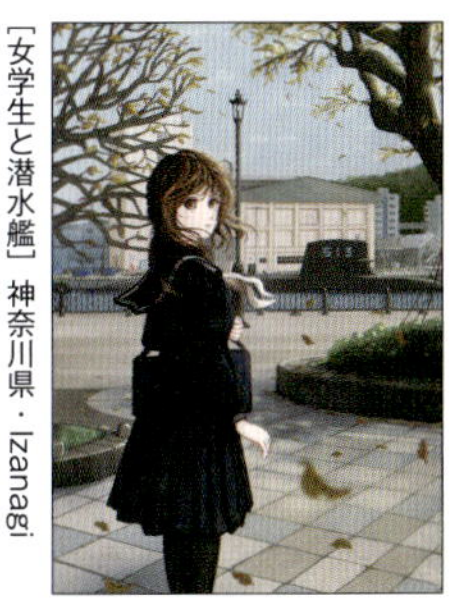
[女学生と潜水艦] 神奈川県・Izanagi

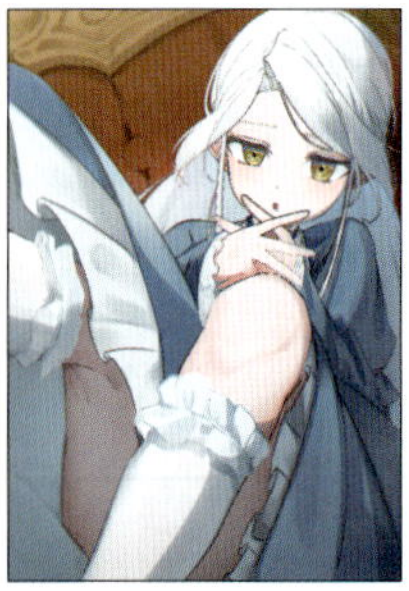
［……こう?］兵庫県・kabe

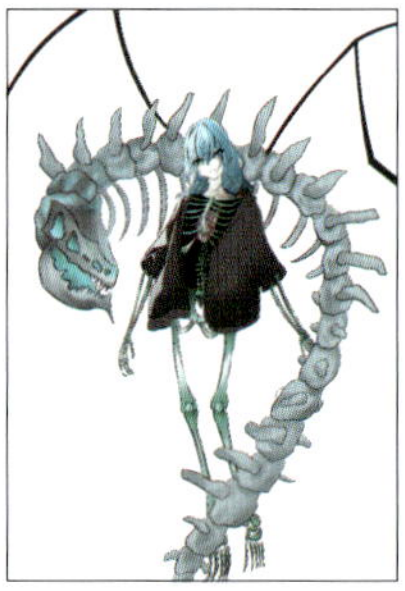
［bone］福島県・りきゅうる

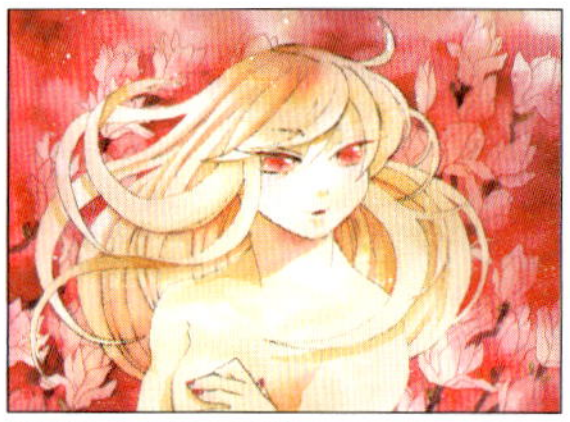
［木蓮］東京都・異邦

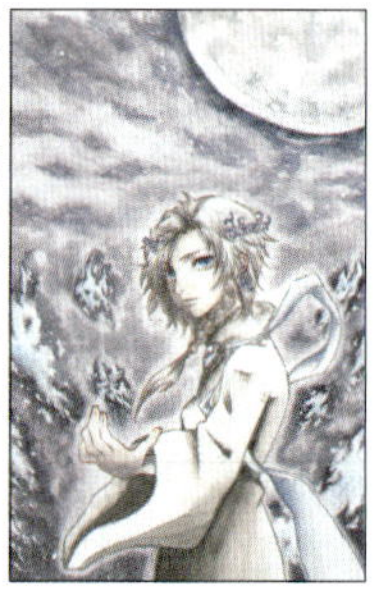
［黒の魔術師］福島県・蒼名光

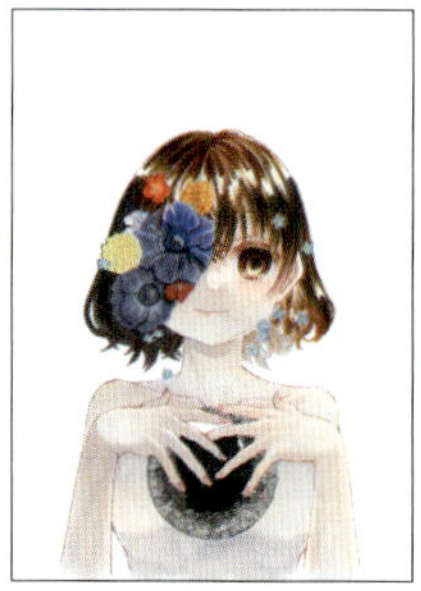
［笑顔で隠して］神奈川県・ここねこ

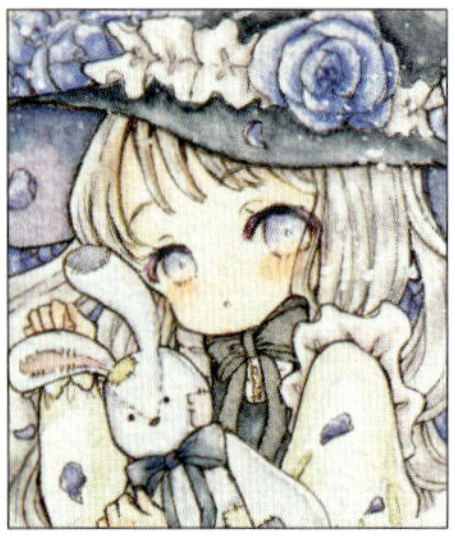
［暖かな時間］兵庫県・ことり

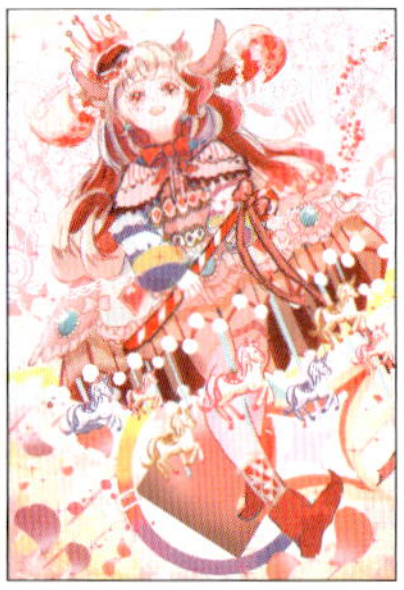
［赤色サーカスちゃんのドレス］群馬県・男爵いもらー

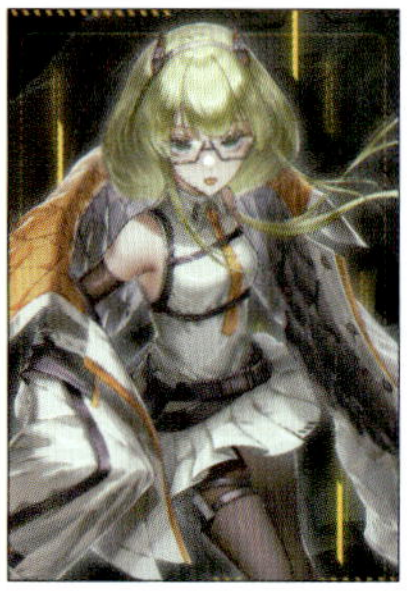
［女の子］愛知県・kaz

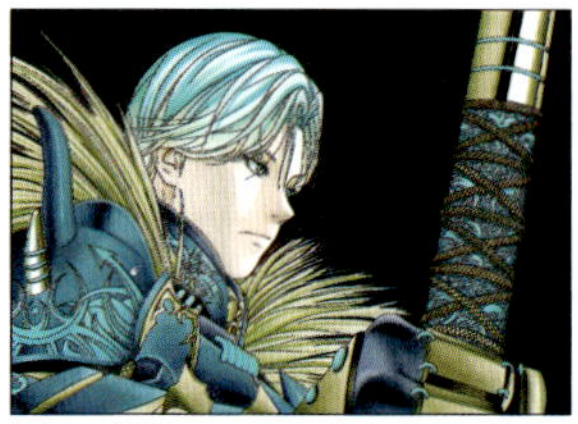
［キングダムアーミー第３回 The King「3/7」］岡山県・ラッキー

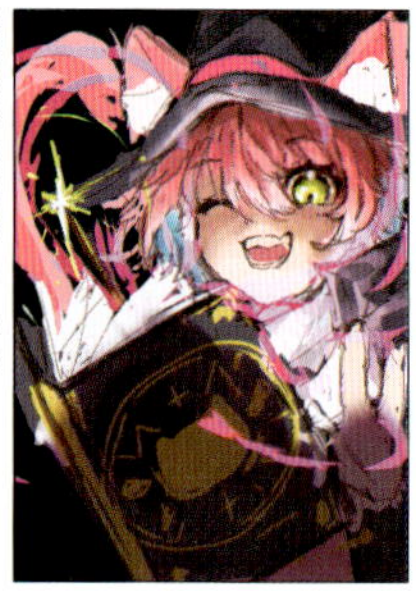
［猫魔女］福島県・りんご。

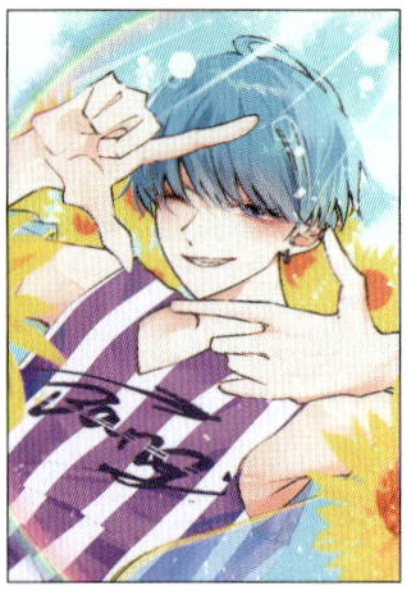
［SUMMER TIME］福島県・KISA

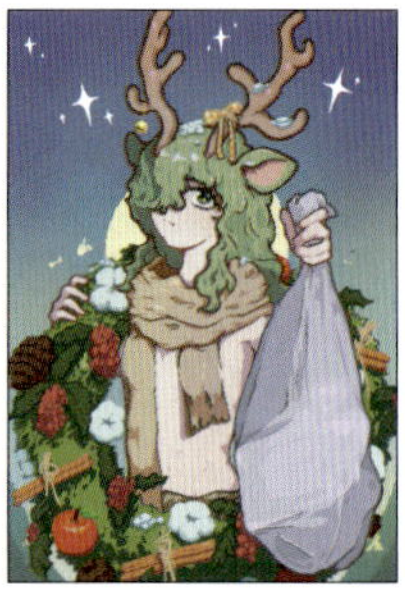
［トナカイドルイド］岡山県・るうなあるちゅ

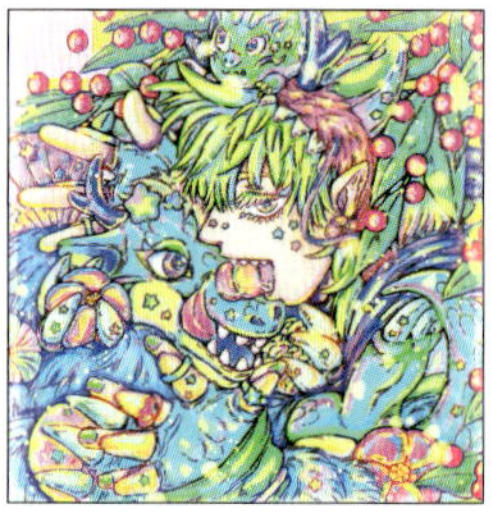
［辰年］秋田県・ヒビュウ

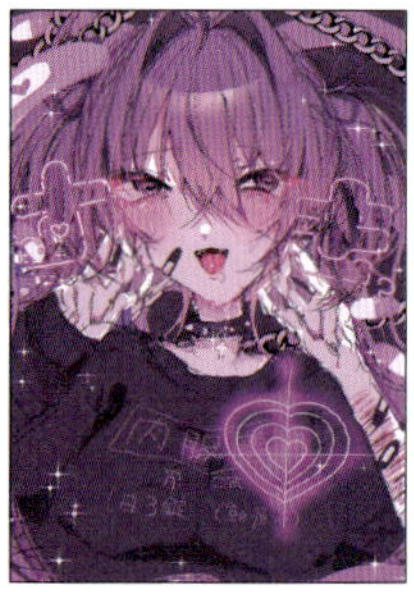
［すき?］福島県・中野ぷりん

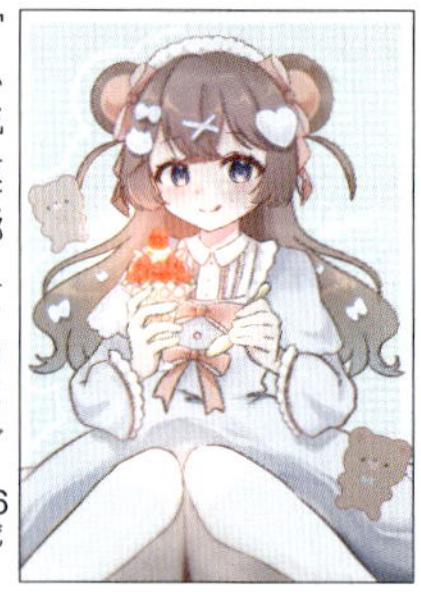
［parfait］東京都・サイコうさぎ・16歳

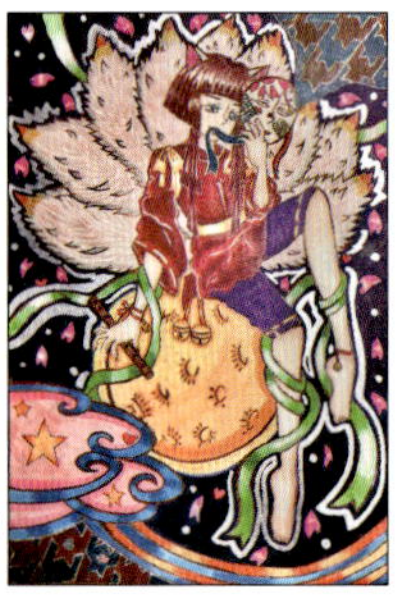
［魅遊］北海道・珍地球レアアース・28歳

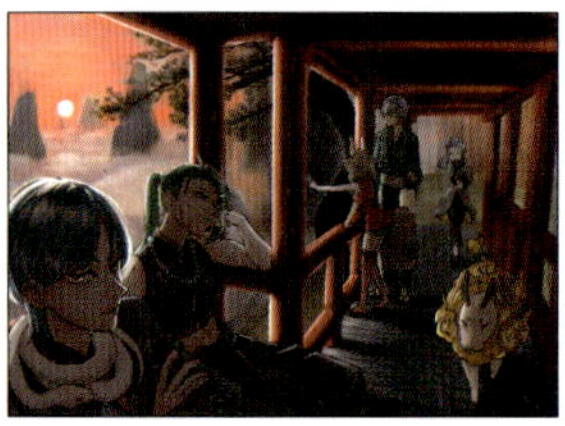
［夕日］新潟県・もじゃぽん・19歳

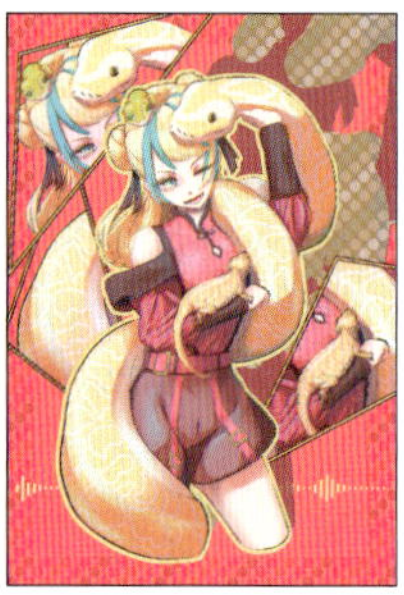
［じゃれあいたい］新潟県・レミント・21歳

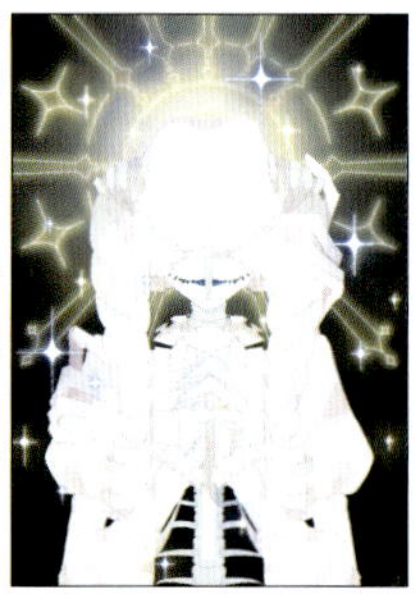
［冥婚］東京都・すごく眠いうさぎ

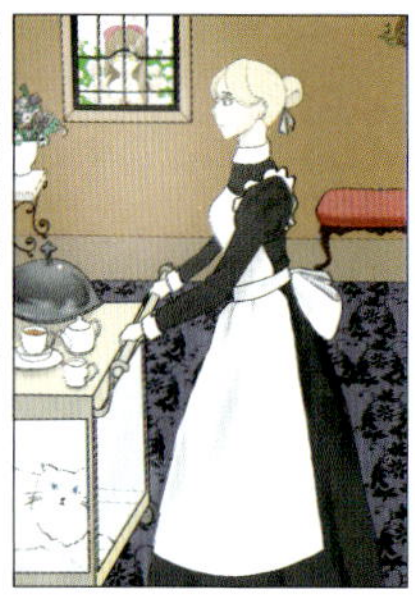
［猫愛好家］東京都・Maki

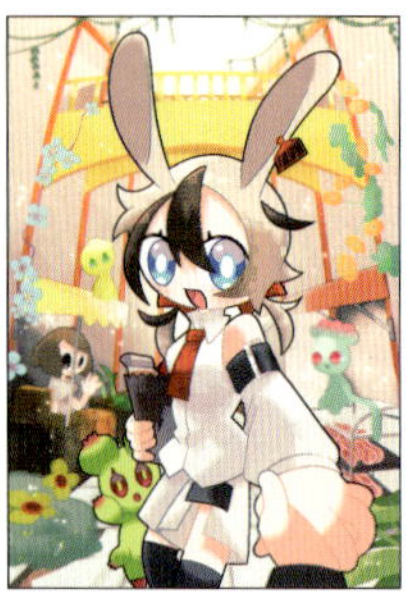
［お買い物に行こう〜!］福島県・MITSUKADO

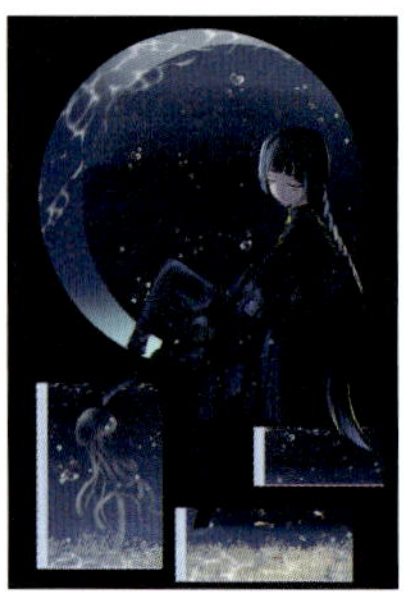
［Neon aquarium］福島県・せきう

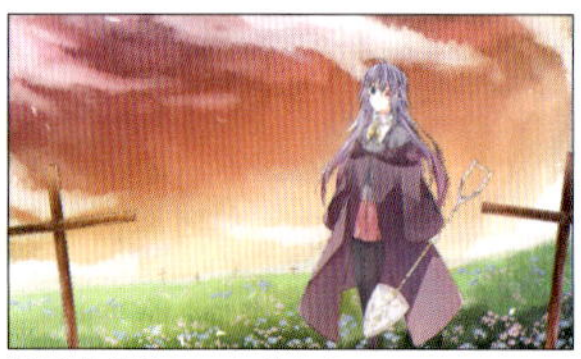
［假想］新潟県・ネギもち

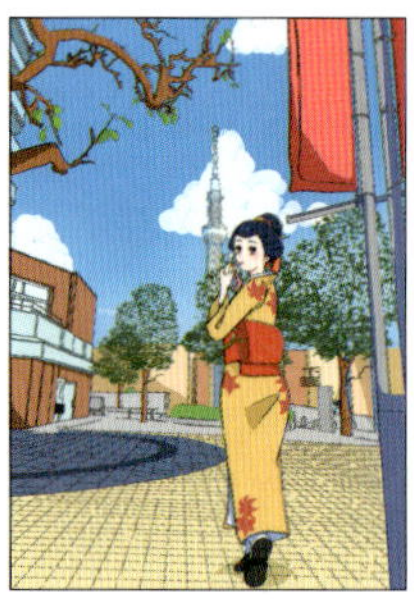
［はんなりさん食べ歩き］新潟県・一ヶ夜日向葉

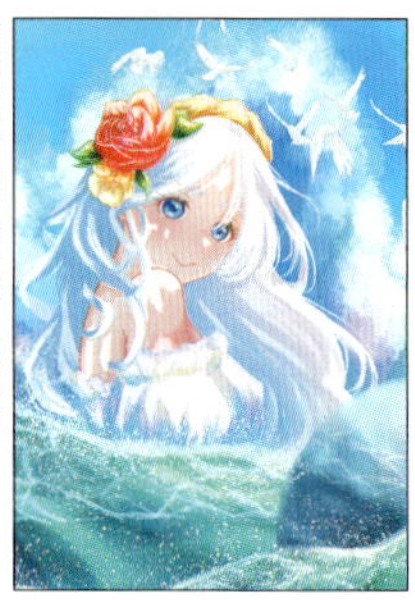
［白髪の少女］福島県・鏑木庵

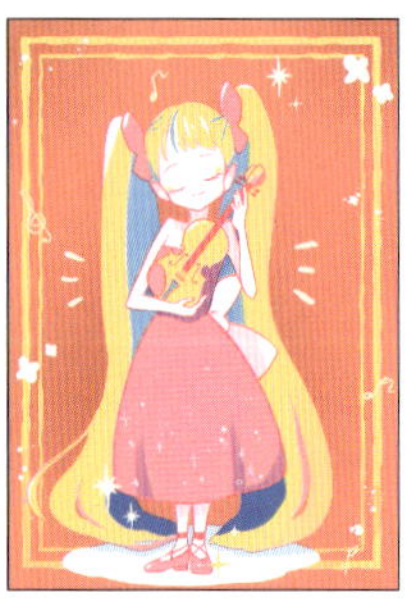
［ヴァイオリンガールオンステージ］埼玉県・一ツ星ついん

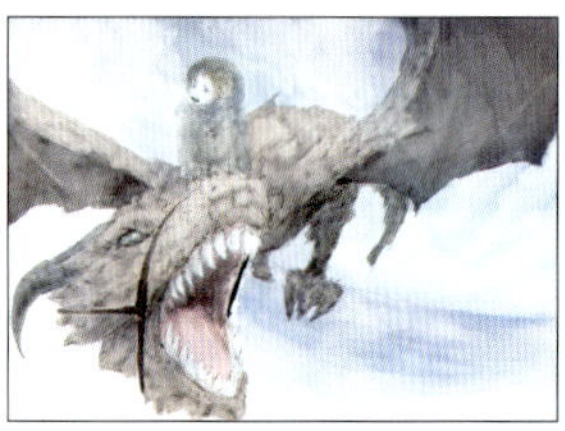
［飛竜と少年］福岡県・ナカ

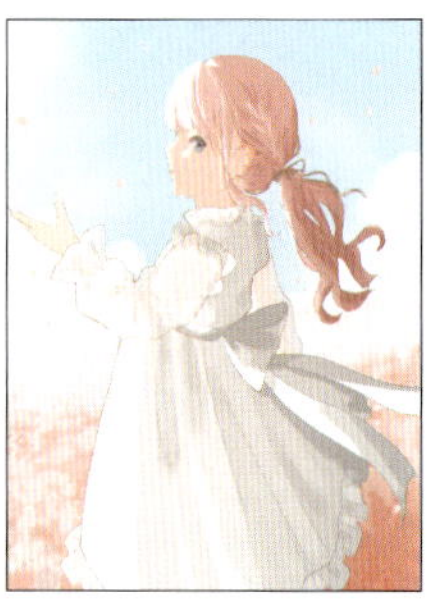
［春世界］千葉県・そると・16歳

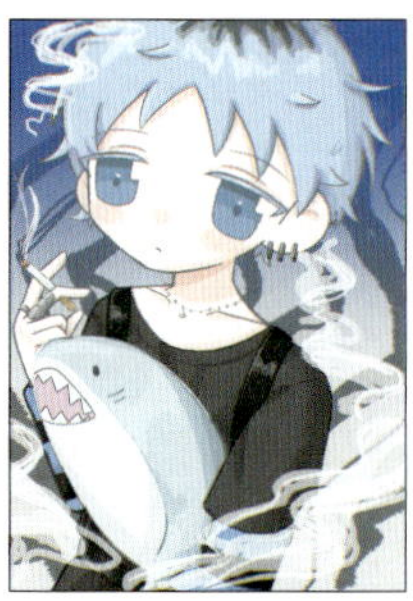
［smoke］福島県・匿名A

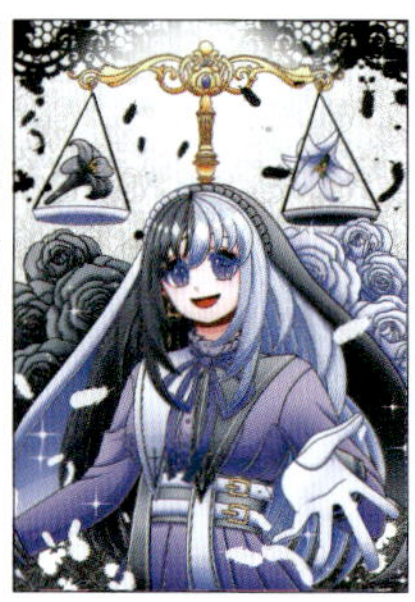
［天秤］新潟県・NEVE

入選

1ポイント

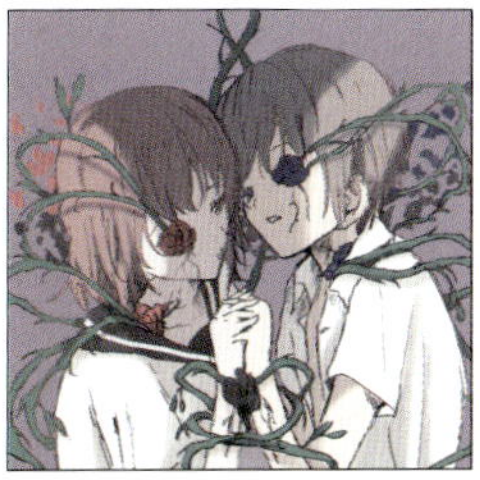

［君がいなくちゃ］北海道・すみれーぬ

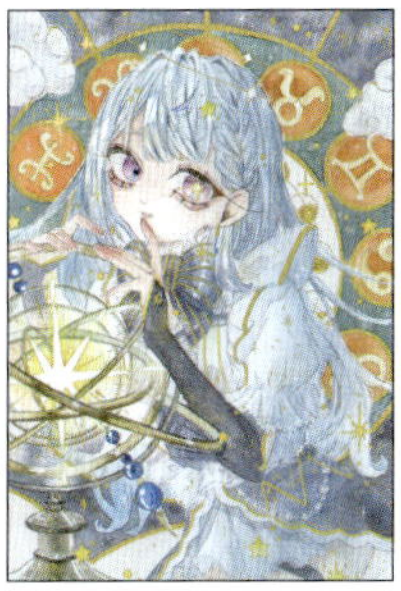

［星の還る夜］京都府・日差し・22歳

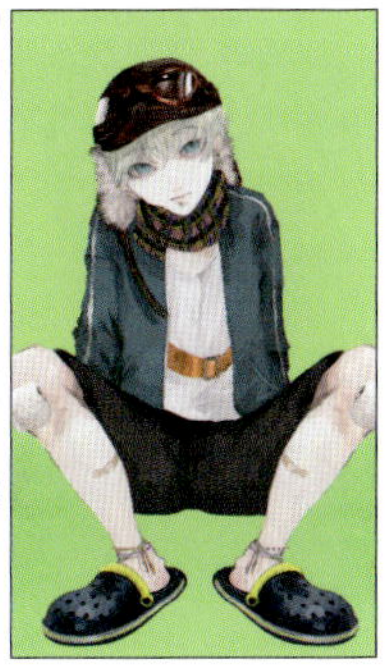

［相対］神奈川県・トビマル零治・22歳

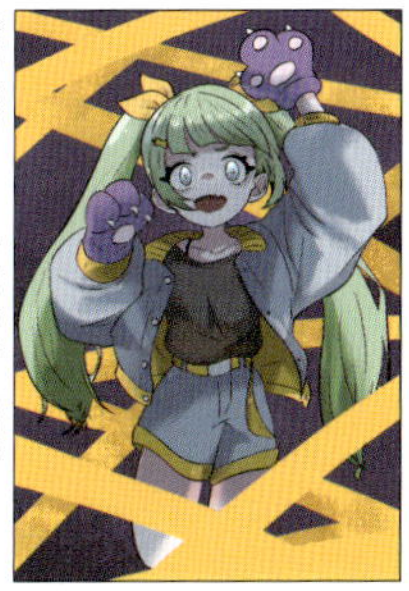

［バウバウ！！］福島県・たかぎ

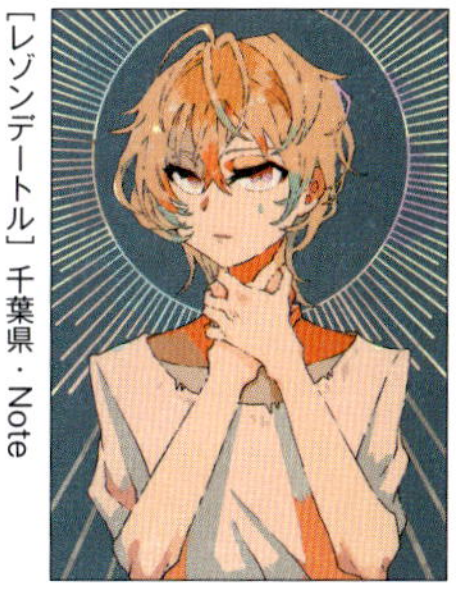

［レゾンデートル］千葉県・Note

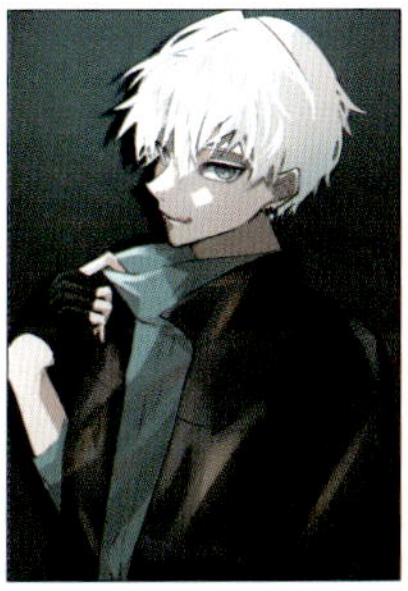

［Turquoise Blue］福島県・Pこ

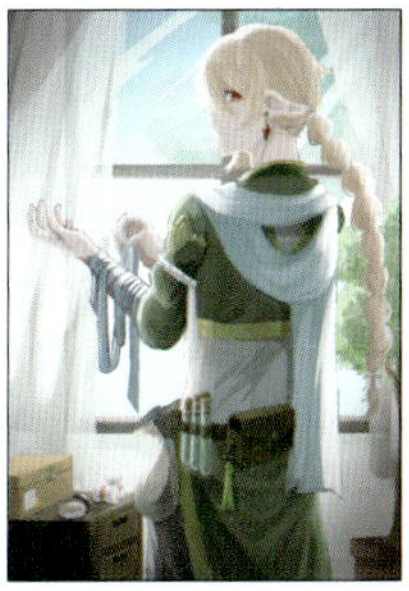

［治療中のエルフ］埼玉県・熊澤

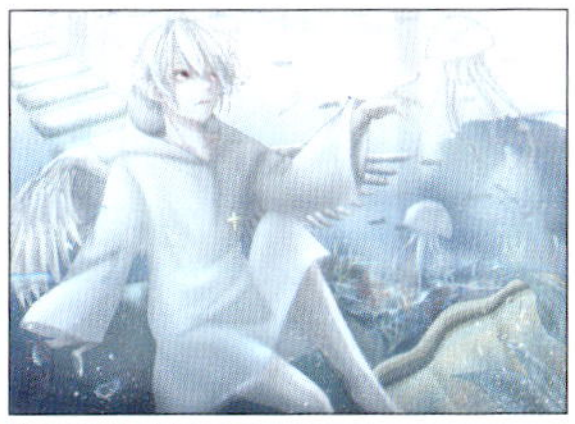

［楽園の海］愛知県・すい

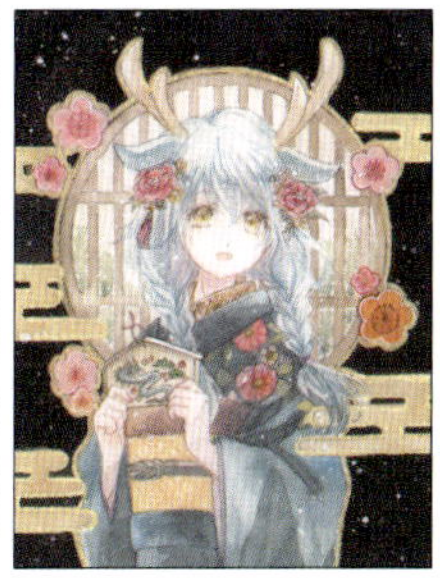

［始まりのご挨拶］大阪府・なずみ紫帆

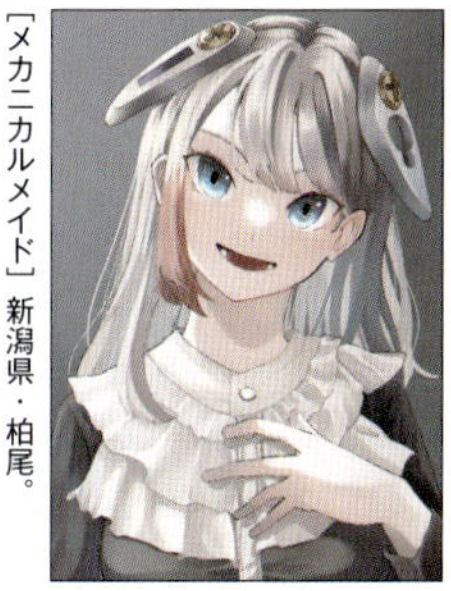

［メカニカルメイド］新潟県・柏尾。

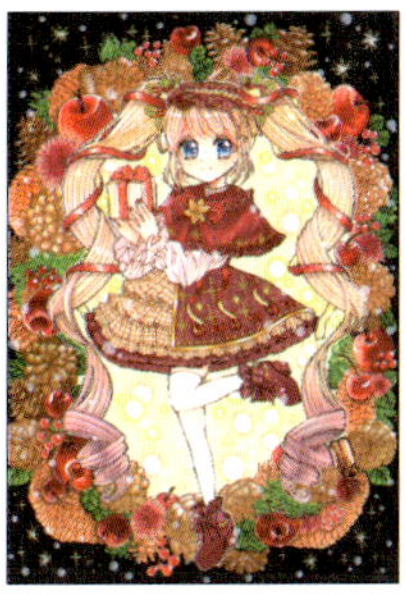

［聖なる夜の贈りもの］千葉県・ななせちぃな

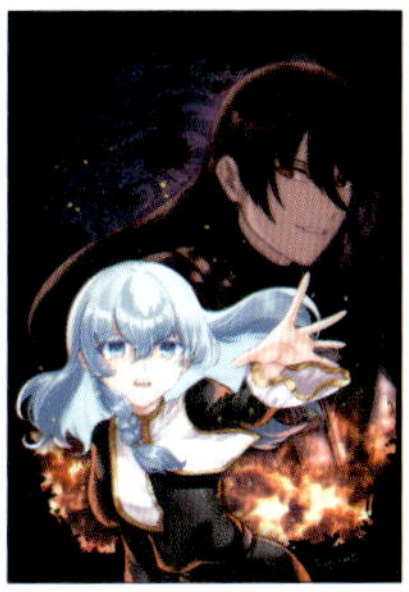

［因果］熊本県・TITONEHO

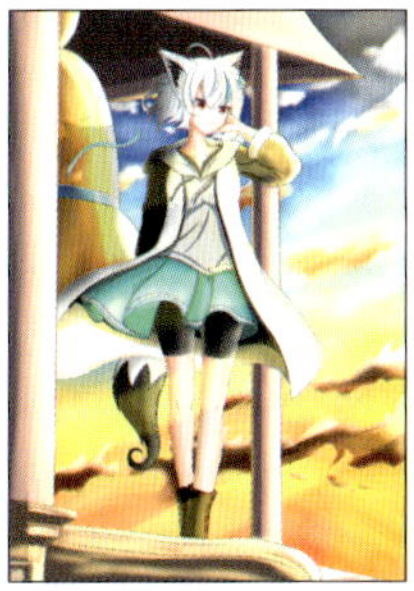

［夕焼け空に黄昏て］福島県・白空（ハクア）

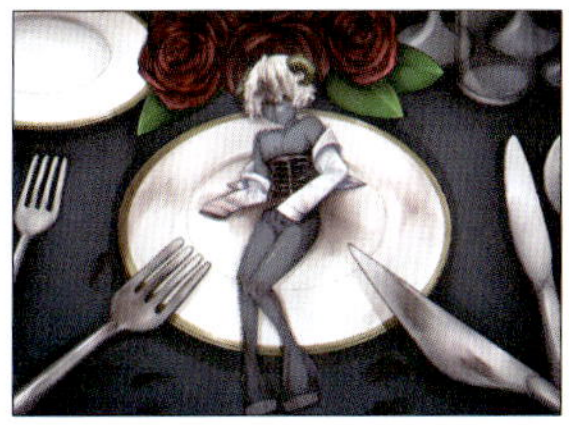

［食事］新潟県・うえだ

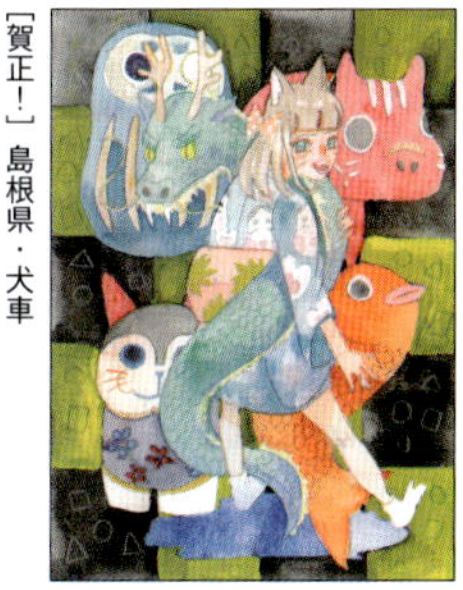

［賀正！］島根県・犬車

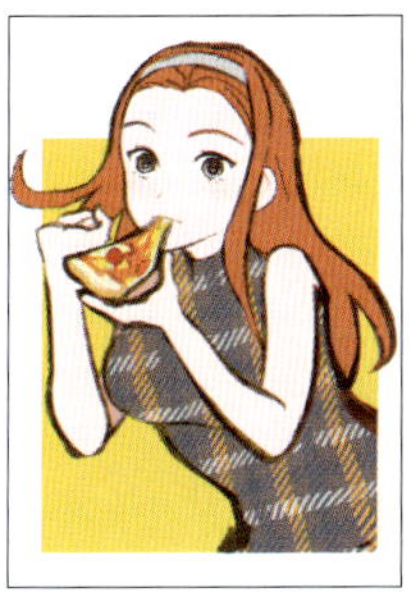

［あっ！］千葉県・佐田あき

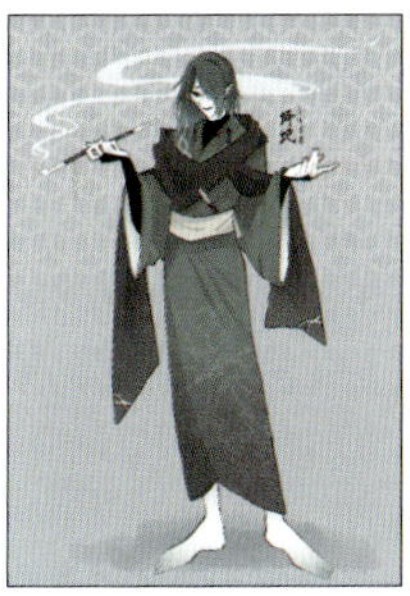

［蟒蛇］福島県・八羽

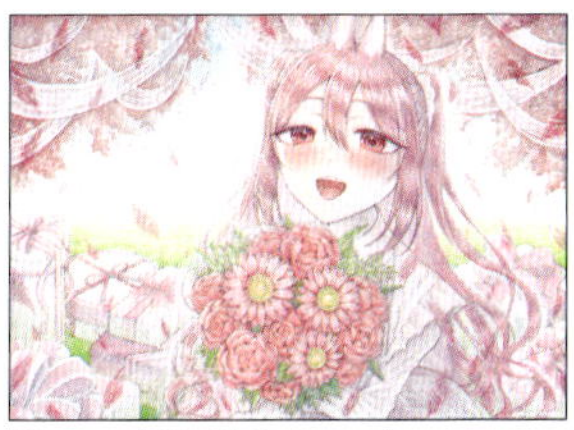

［" おめでとう "］
沖縄県・junna

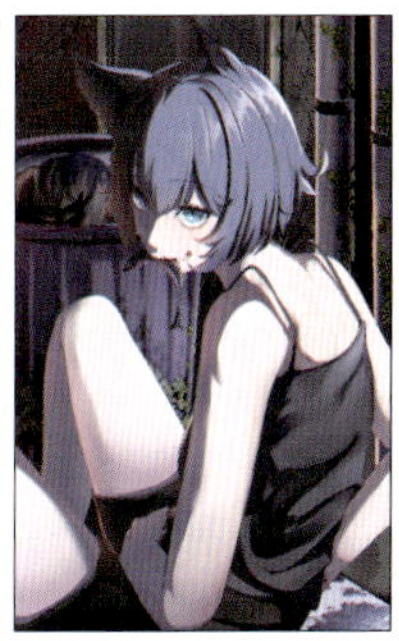

［路地裏］埼玉県・ばいら

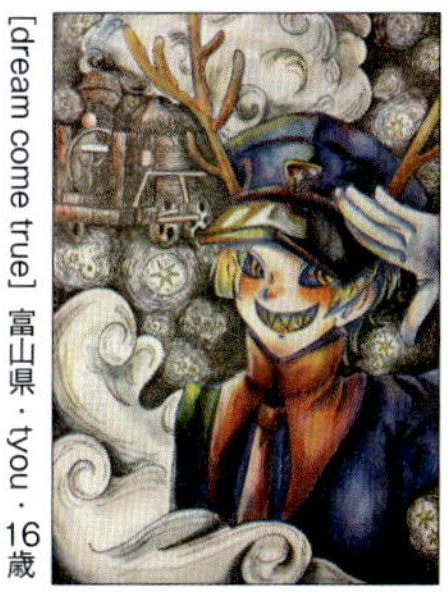

［dream come true］富山県・tyou・16歳

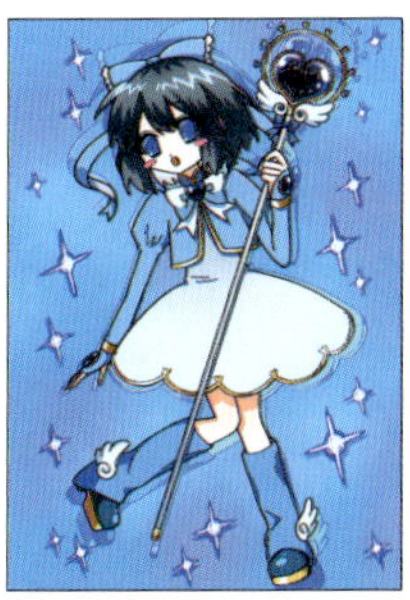

［青い魔法少女］福島県・us

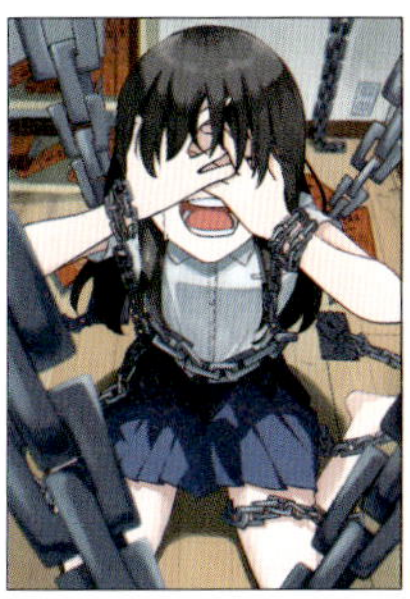

［不自由］新潟県・はむきよ

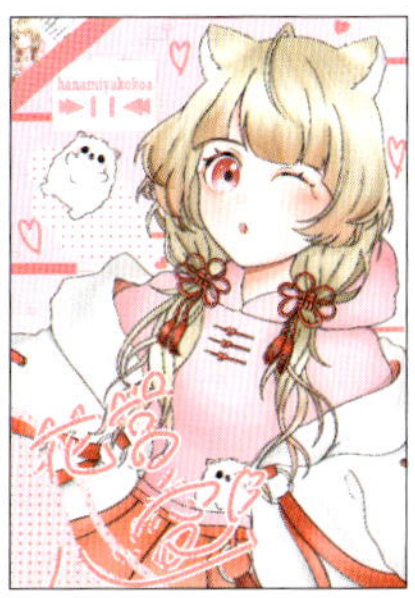

［花宮心愛配信］福島県・彩宝絵夢

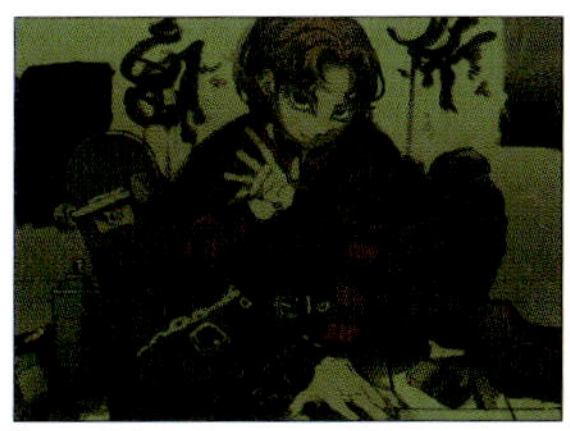

［punk］福島県・HANATSUKI

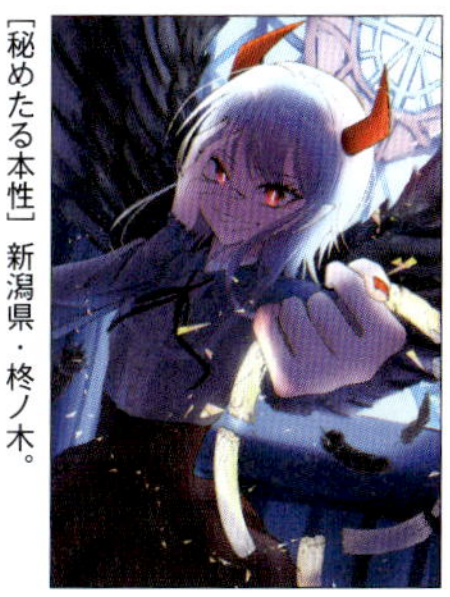

［秘めたる本性］新潟県・柊ノ木。

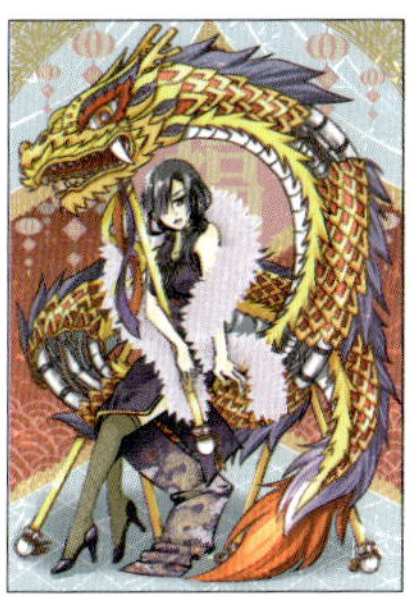

［福龍機械］愛知県・風時

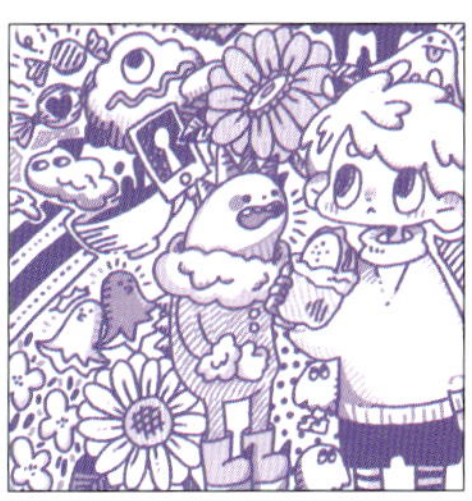

［話聞いてる？］埼玉県・iwashi

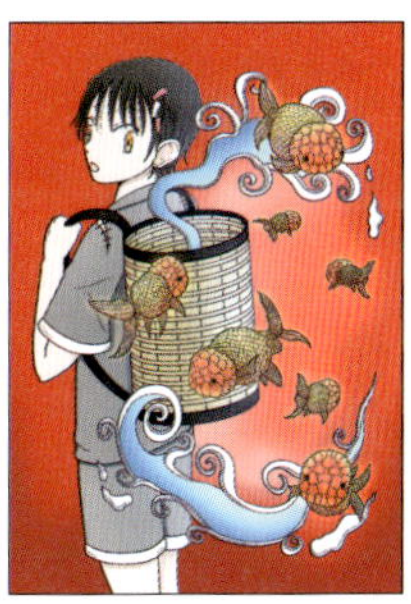

［妖術師とランチュウ］埼玉県・Yu-Sa

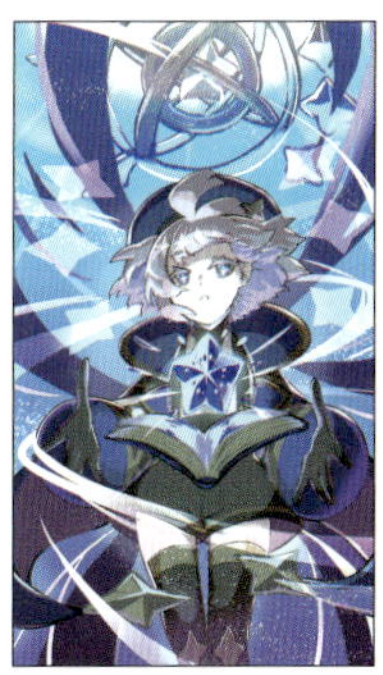

［ほしをつくる］千葉県・ひいろ @escarlate

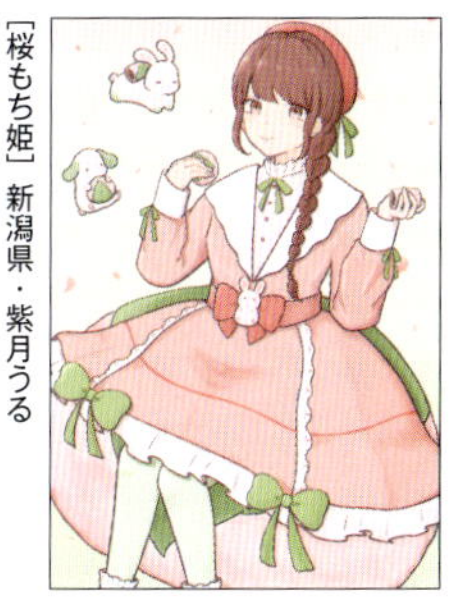

［桜もち姫］新潟県・紫月うる

特別賞 3ポイント

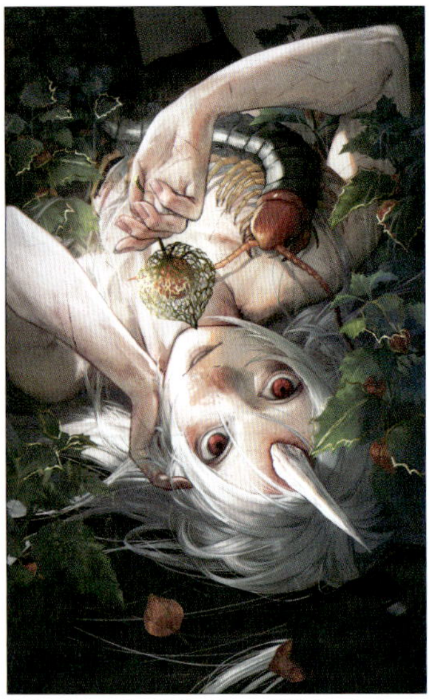

[鬼が灯る] 北海道・成世セイチ

ムカデが素肌を這う様子にぞわっとさせられるが、ツノや眼差しの描写は迫真の生きた存在感を伝える（ノ）

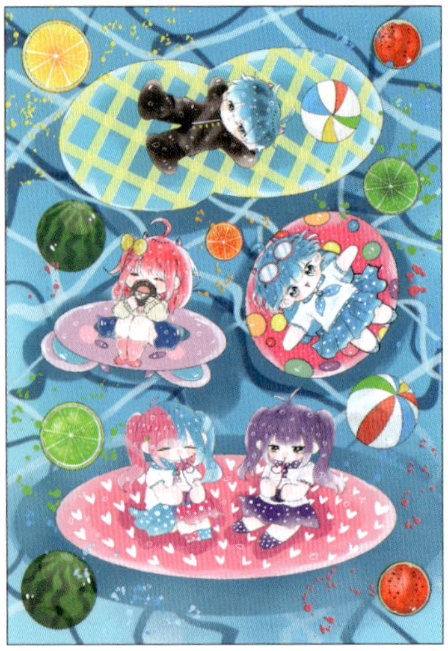

[プールで寛ぎ] 福島県・仔空

色とりどりのキャラと果物が楽しそうに配されて、ポップで可愛い。水辺の清々しさがよく伝わる（ノ）

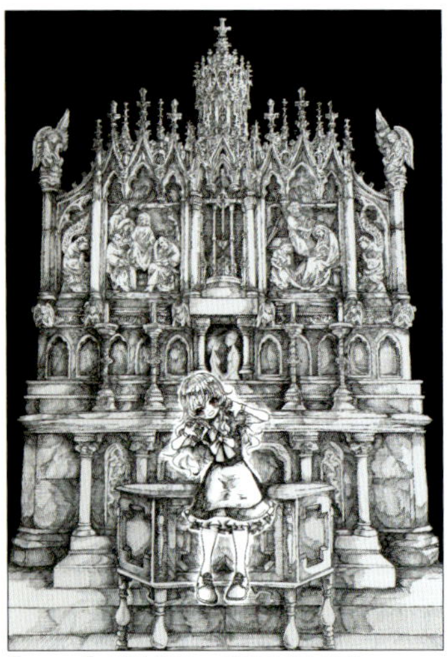

[pray] 茨城県・明原まいる

見事なまでに描きこまれた繊細な作品に細やかなディテールは見事。女の子の瞳に吸い寄せられます（西）

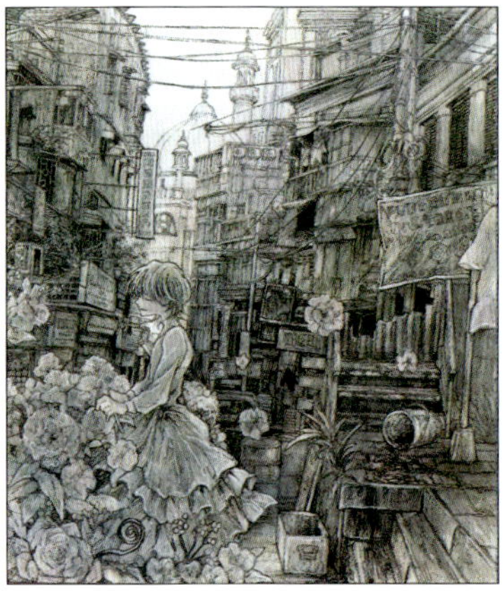

[静寂] 東京都・Tasonnet

退廃的な街に咲く花々と少女。淡色で緻密に描かれたこの風景に込められた思いをもっと知りたくなりました（ア）

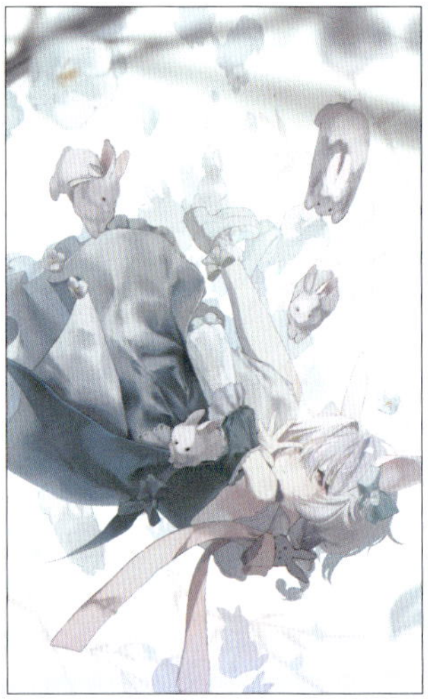

[ばいばーい] 新潟県・深谷れぅ

卯年とのお別れを描いた作品。落ちていくような構図と白の色づかいが素晴らしい。潤んだ赤い瞳でそっと手を振る姿が儚げです（ア）

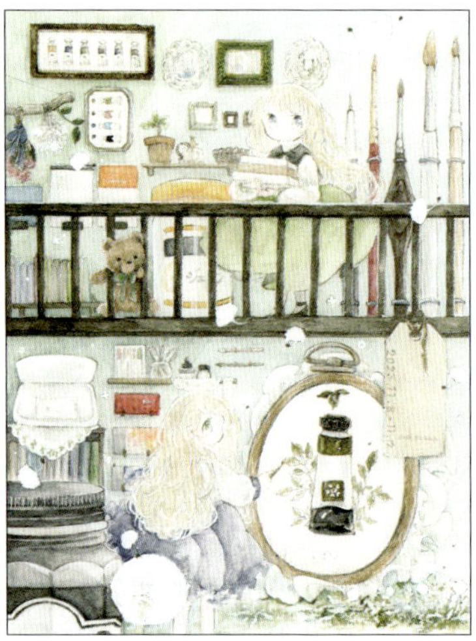

[君と描く木漏れ日] 千葉県・梅小花

大きな画材に囲まれて生活する可愛らしい双子の少女。ふわりと舞う綿毛が心地よい風を感じさせる作品です（し）

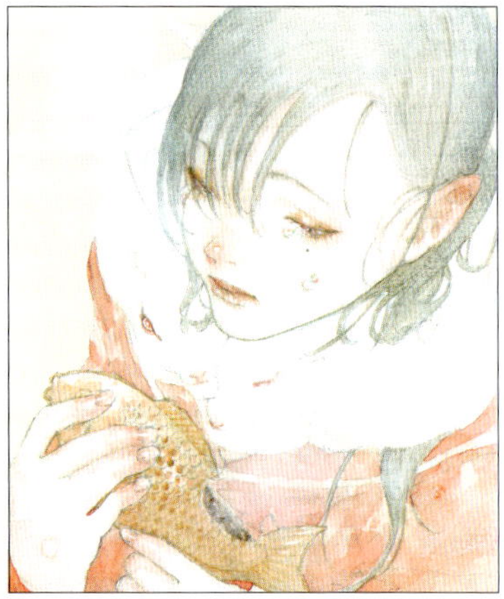

[まるで泡雪のような] 北海道・雀夏宏

雪に消えそうな儚さ。湯気や吐息、その湿度や温度までも、こちらにも漂ってくるようです（ば）

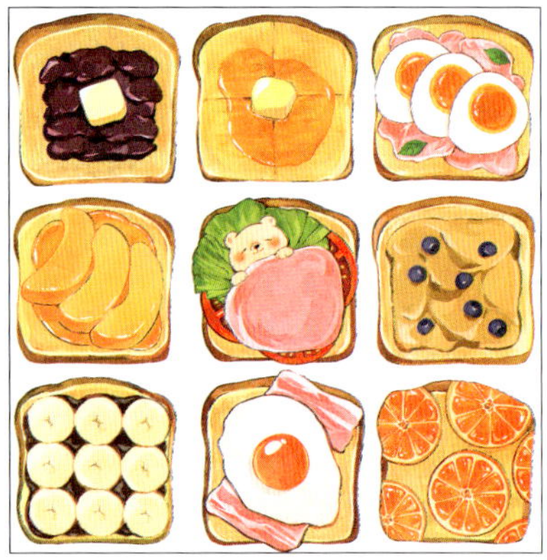

[お好きなものをどうぞ]
兵庫県・ななころやお

美味しそうなパンにまず目を留めたら、ハムのお布団のくまさんが可愛すぎて。大好きです！（ば）

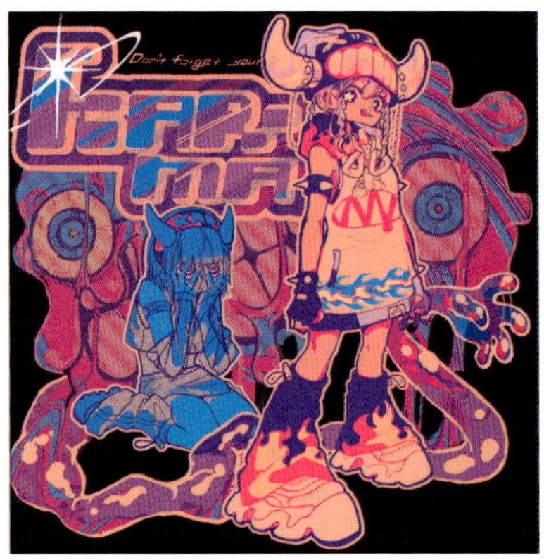

[KARMA.] 福岡県・まご山つく蔵

主人公はモンスターを倒すが、その死は因果応報的な業でもある。ダークなテーマを刺激的に見せた作品（ノ）

特別賞 3ポイント

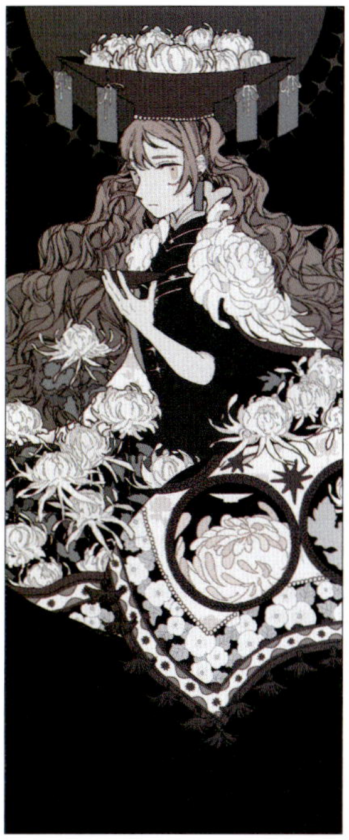

［菊に盃］北海道・シラカセ
彩度をおさえることで緻密な線の描写とともに、スタイリッシュなムードも際立っています（ぱ）

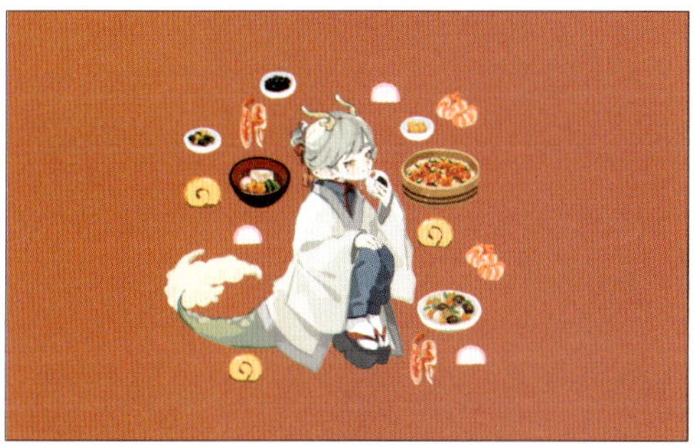

［冬籠りなごちそう］静岡県・菱田
おいしそうなお正月の料理が並ぶ中央に、龍の子がおにぎりを頬張る姿が描かれている。可愛さ抜群の作品！（し）

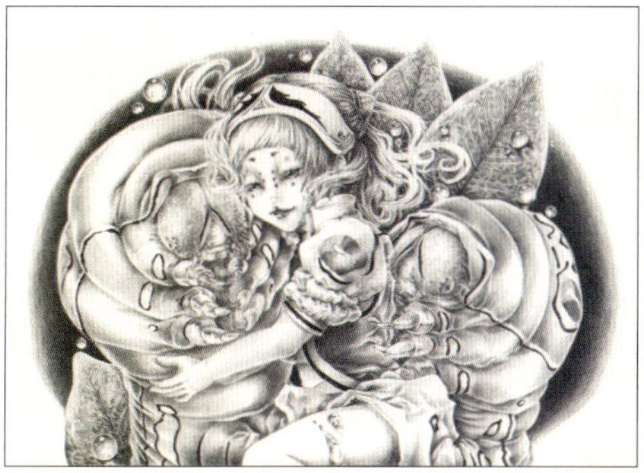

［少女の欲望］京都府・望月かるむ
少し不気味な世界観と、まだ幼そうな少女が魅せるどこか妖艶な表情に思わずドキッとしてしまいます（月）

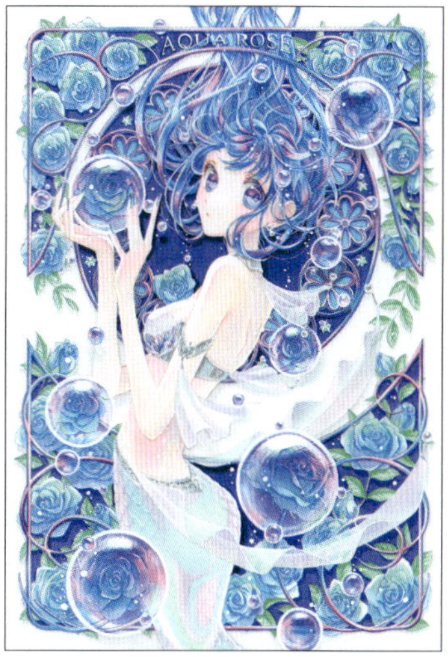

［Aqua Rose］埼玉県・春鳥
髪のツヤ、泡など、青とピンクの色選びがとても綺麗で惹きつけられます。バラを泡の中にとじこめることで、宝石のようなきらめきを感じました（お）

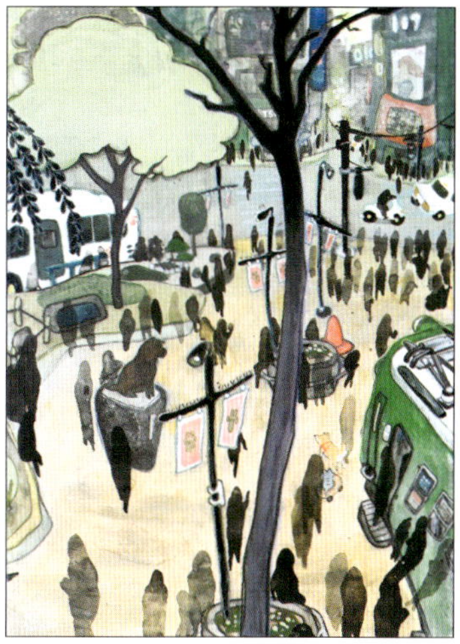

［柴犬と猫 ハチ公前］
埼玉県・柴トラ夏子
人通りの多い渋谷ハチ公前を描いた作品。賑やかな中、ハチ公の像を見つめる犬と後ろにいる猫にほんわかします（し）

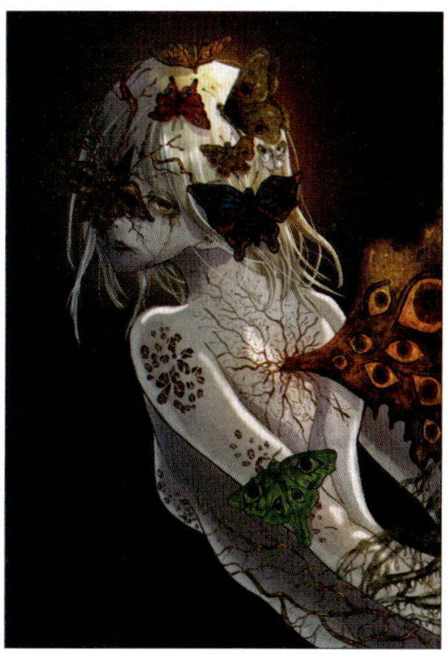

［寄生蛾］千葉県・六斜
蛾に寄生された女性がこちらをみつめる妖しげな作品。体と精神を侵食する様子が悍ましくも美しく描かれています（ア）

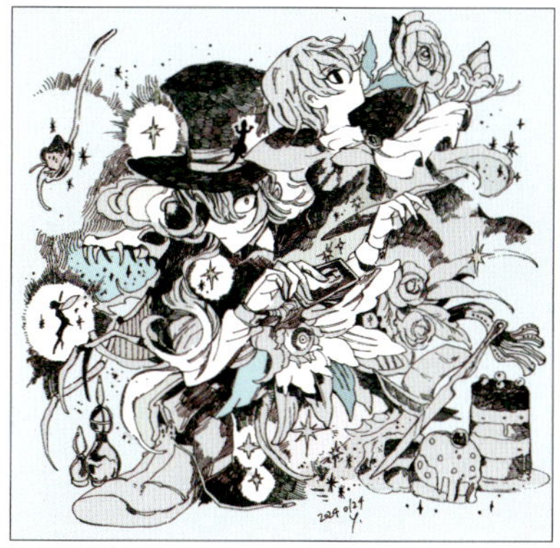

［人生模写］
東京都・夢灯影（ゆめとかげ）
落ち着いた色味と緻密な線画が美しいです！　散りばめられている様々な要素が、まるで一冊の絵本みたい！（月）

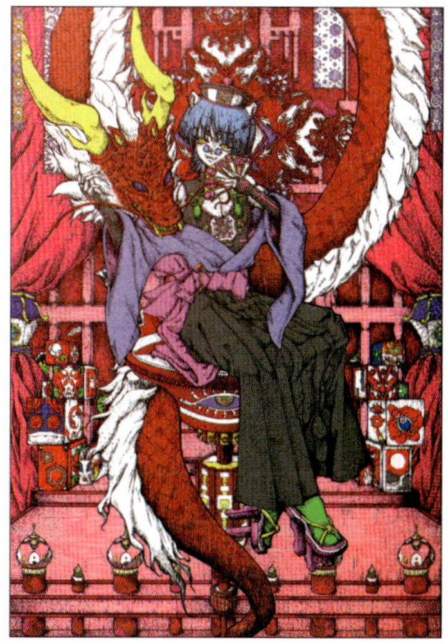

［かわいい坊や］群馬県・来栖彰
色彩感覚がとても素敵！　統一感がありながらも補色を差し色として配置しているバランスに脱帽です（西）

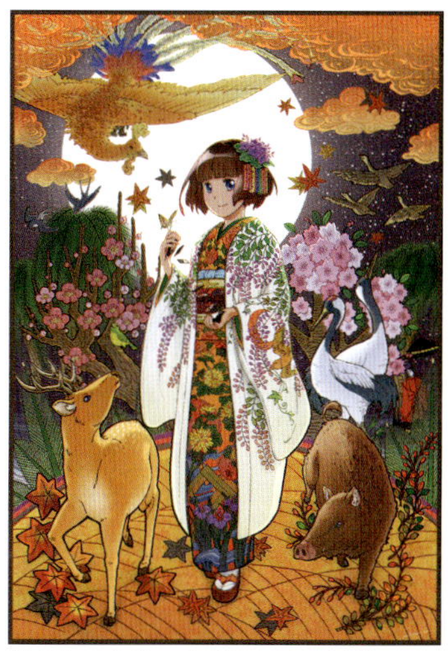

［月華～花札～］埼玉県・紗織
花札のデザインを一枚絵に落とし込んだ作品。平面的なタッチでありながらも、奥行きを感じさせる構図は味わい深い（ぐ）

初投稿賞 2ポイント

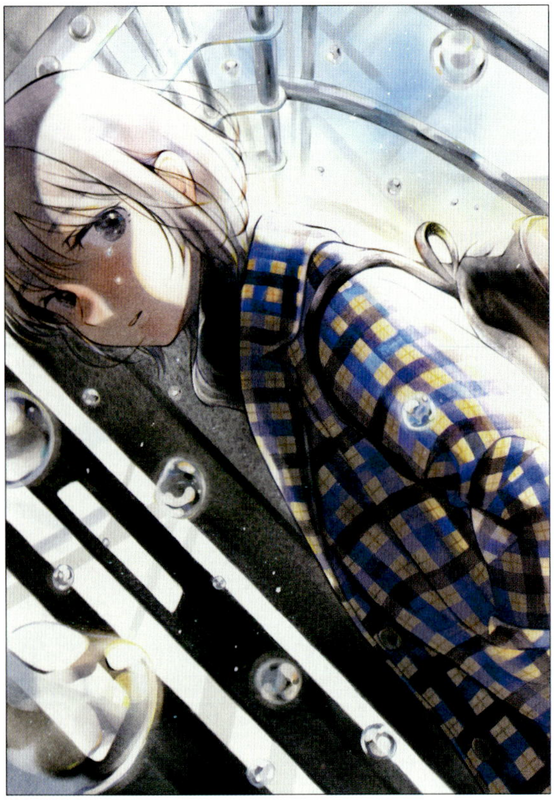

[ときがくるまで] 埼玉県・風間涼子

光の中に青色や黄色が溶け込んでいてキラキラと輝いて見えます。白く飛んでいるような主線の透け感や色の混ざり具合が秀逸です（し）

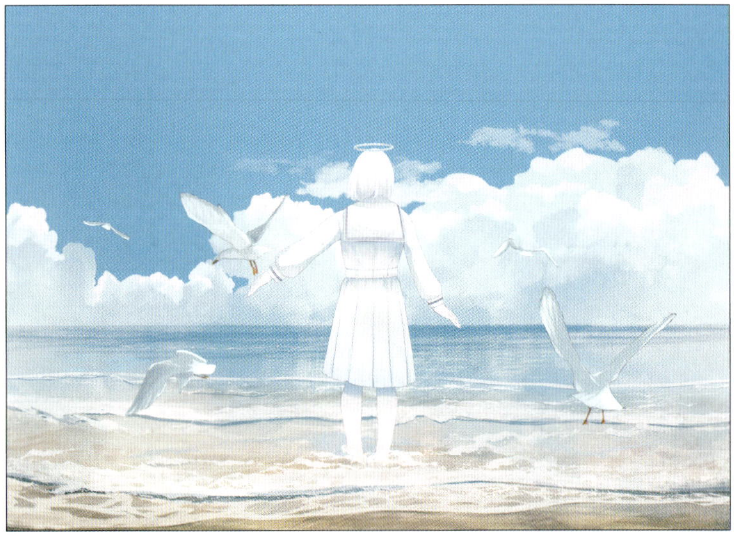

[きっと空だって飛べる] 岩手県・琹音

波打ち際に佇みながら、まっすぐ前を向いた少女の背中が忘れられなくなる一枚。青い空に浮かび上がる白い雲と人物が綺麗（ぐ）

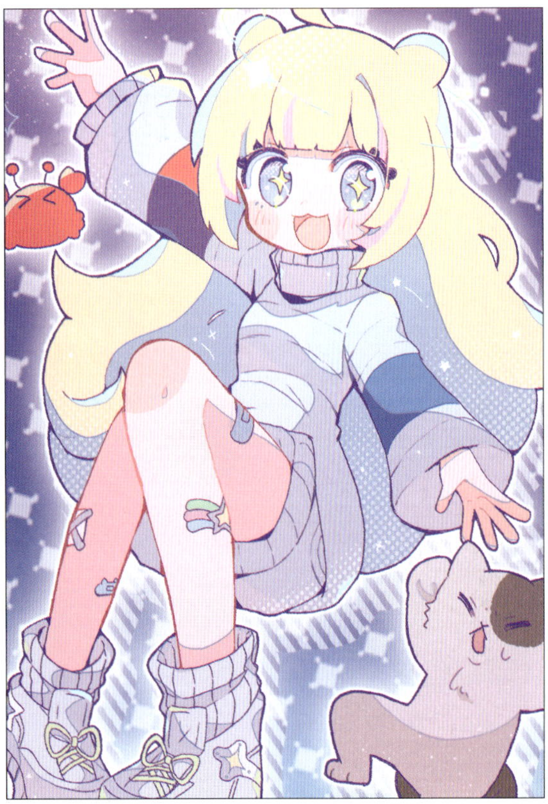

[ぴぽっと★ユニバース] 千葉県・天水いろは

ポップなカラーリングにふわふわの髪、きら〜んと輝くおめめが可愛らしい！ 猫とカニのなんだか頑張っているような表情もイイ！（ア）

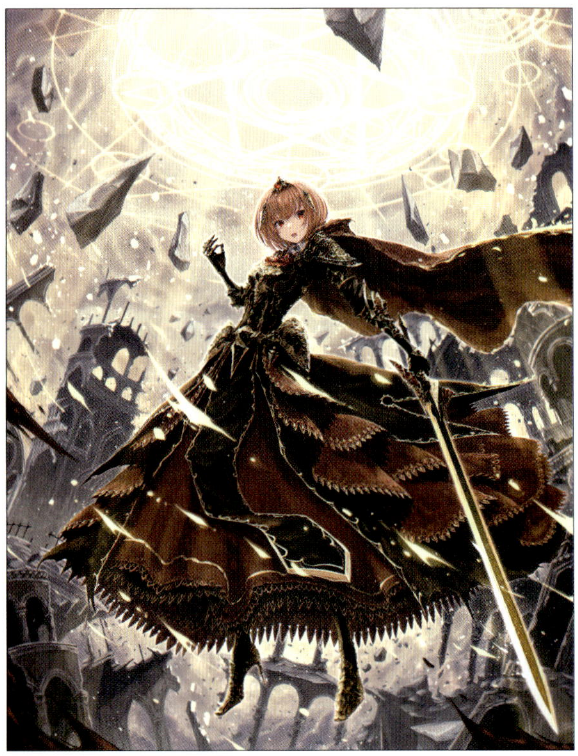

[紅玉の詠唱曲] 静岡県・星唏・29歳

女性が身にまとう緻密に描写された鎧の模様が見事。必殺技を繰り出し、空に広がる魔法陣に建築物が吸い込まれる様子はダイナミック（お）

※Star Sへの応募方法は154ページに記載しています。
次号もみなさまのご投稿、お待ちしています！

spaceS

ここからはモノクロ投稿コーナー「spaceS」がはじまります！
　たくさんのご投稿ありがとうございました。次号もみなさんのご投稿、お待ちしています！

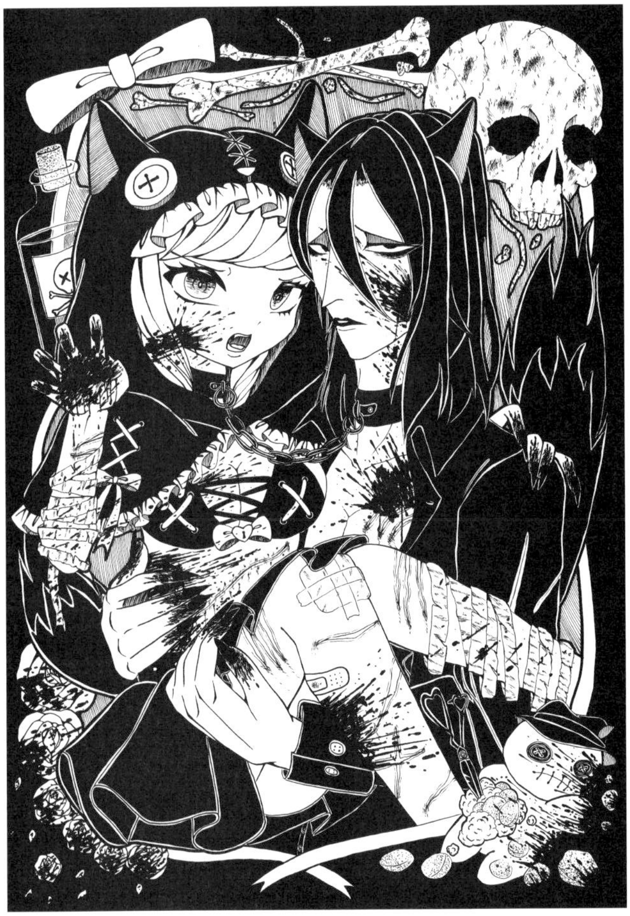

北海道・夢現まーや

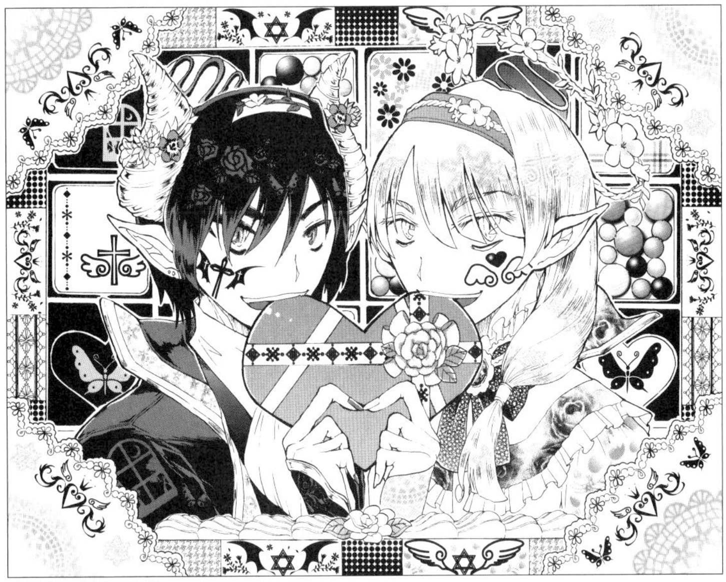

神奈川県・削木・32歳

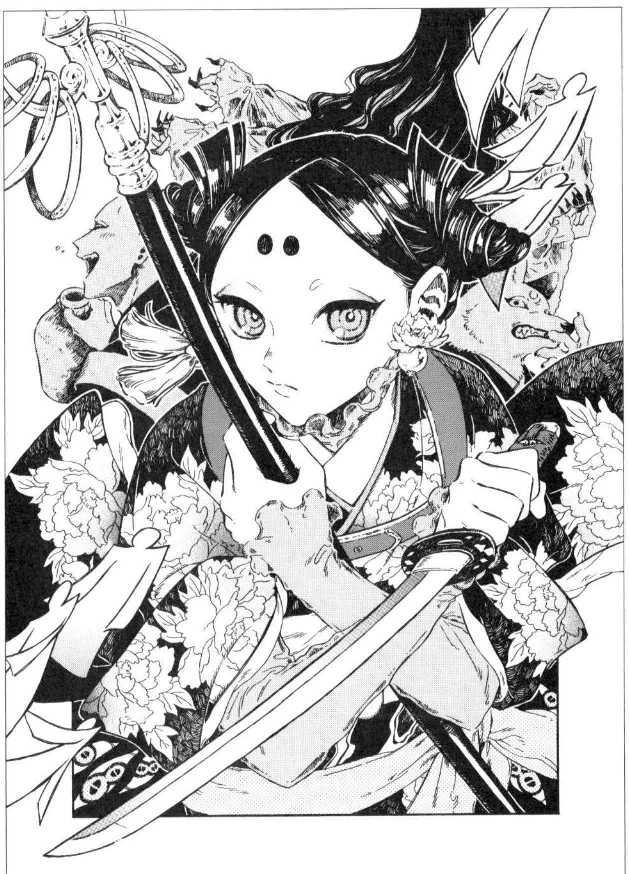

熊本県・ひらき

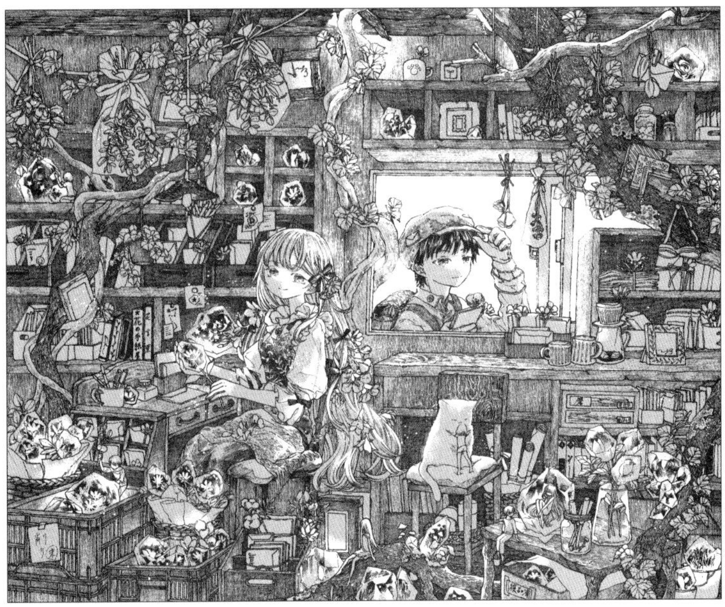

栃木県・mg3/めぐみ

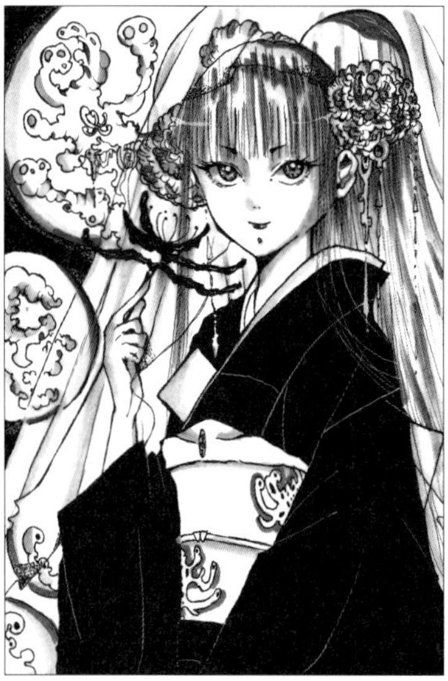
福岡県・まがり竹

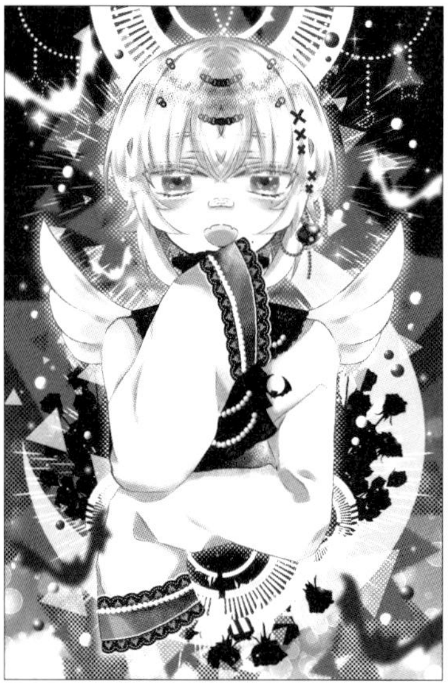
高知県・ぱんねこ

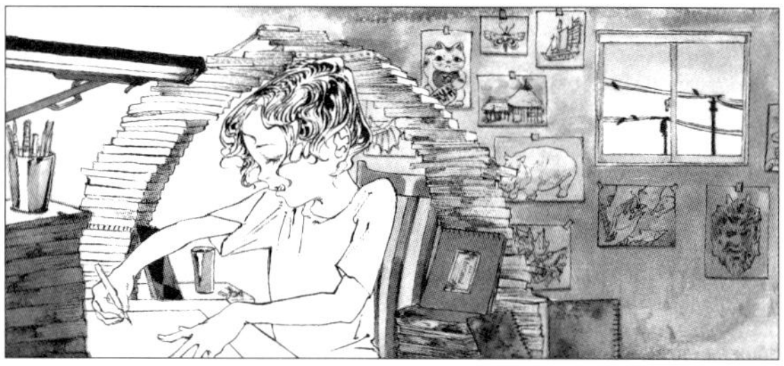
北海道・雀夏宏

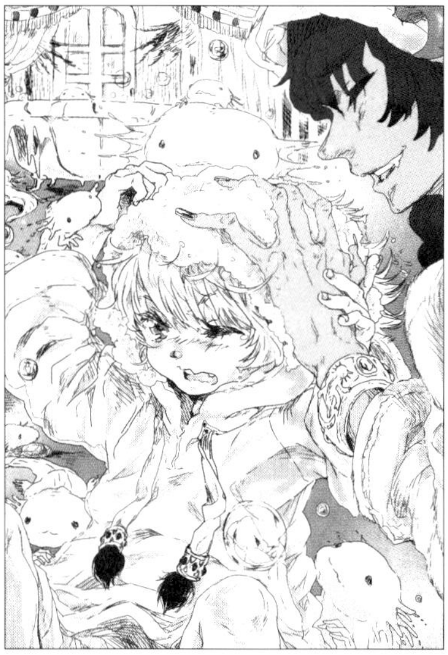
秋田県・あいうねこ

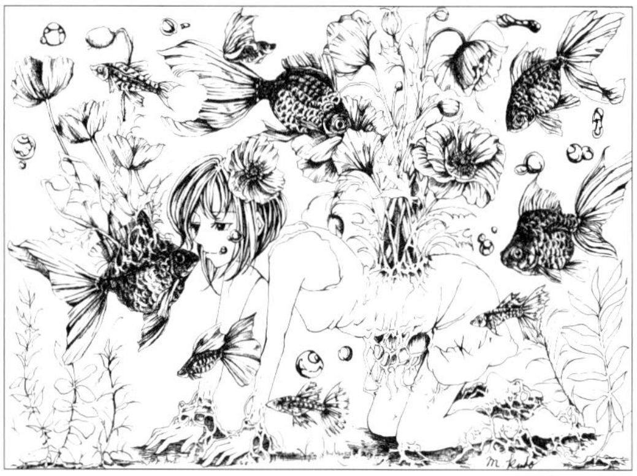
神奈川県・工藤麻里子

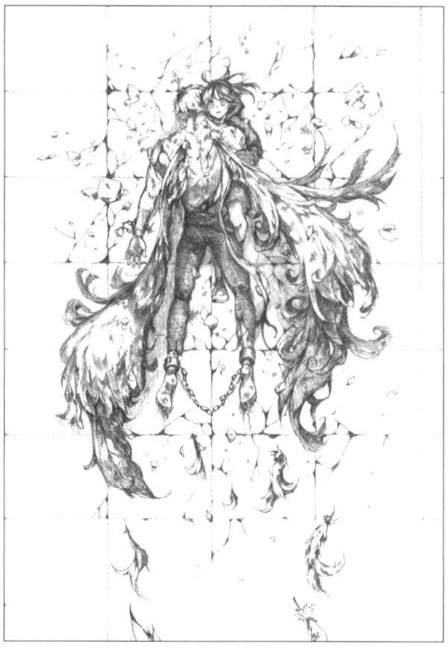
静岡県・透明日記

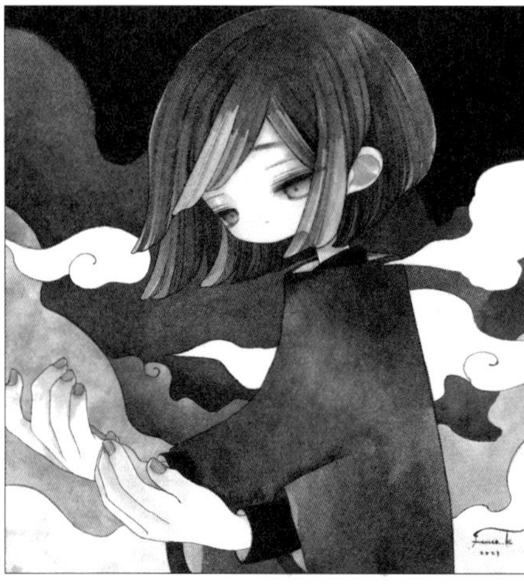
大阪府・鼎ニーナ

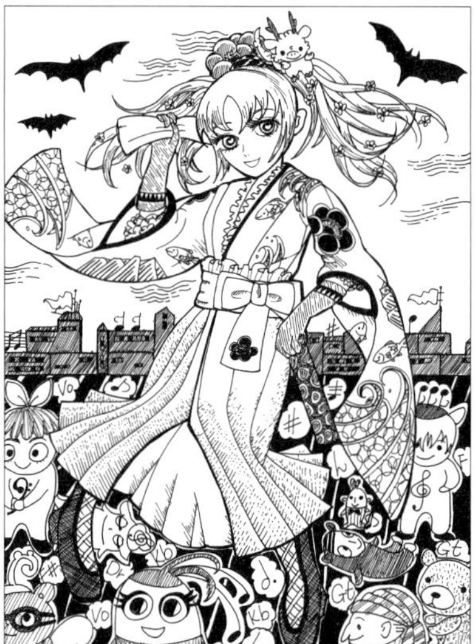
千葉県・武田和子・72歳

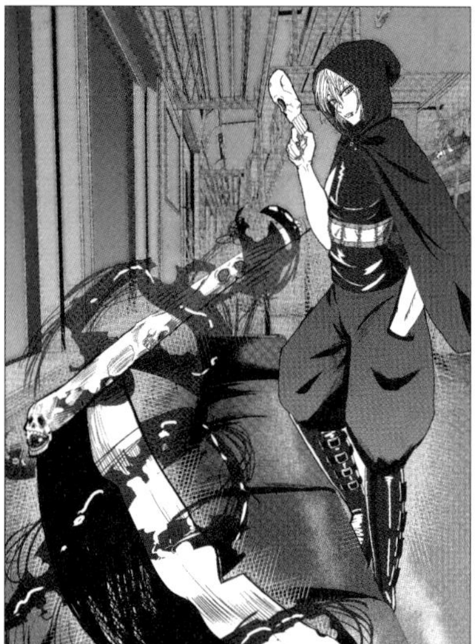
福岡県・Salada

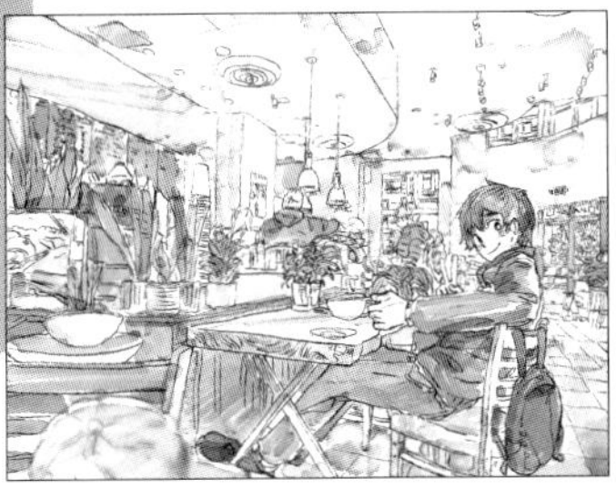
東京都・旅人A

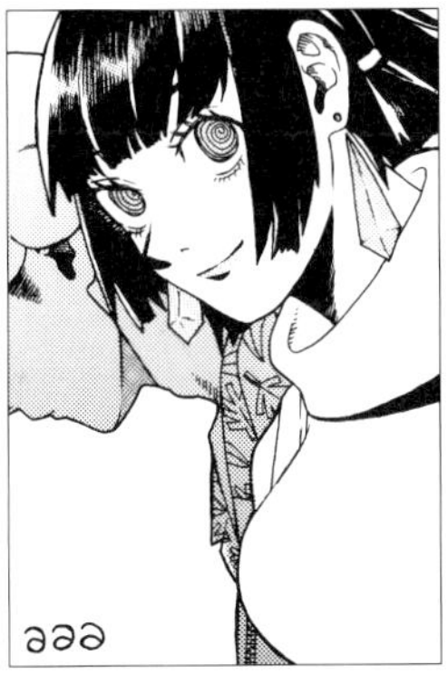
神奈川県・par_tial_d_san

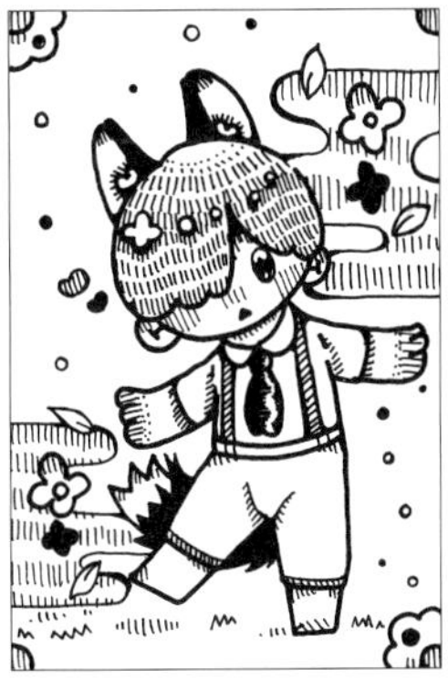
東京都・納豆こつぶ・13歳

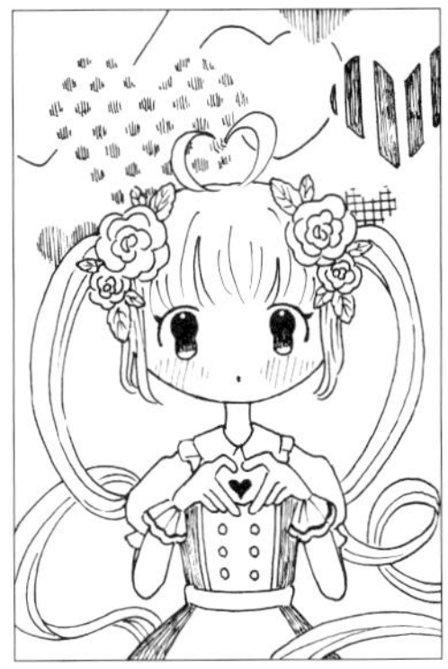
大阪府・融月りる

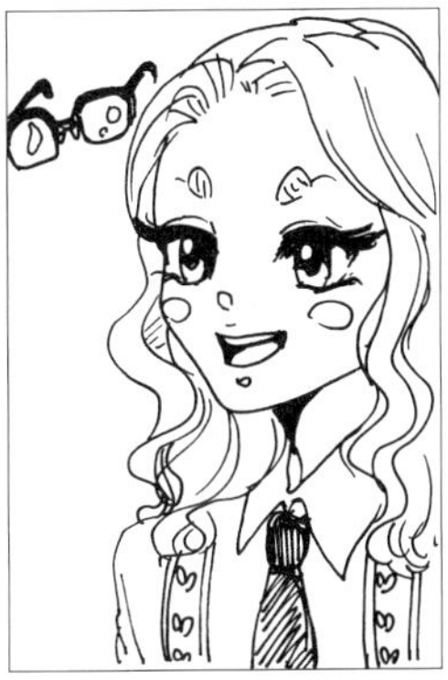
宮城県・レージン

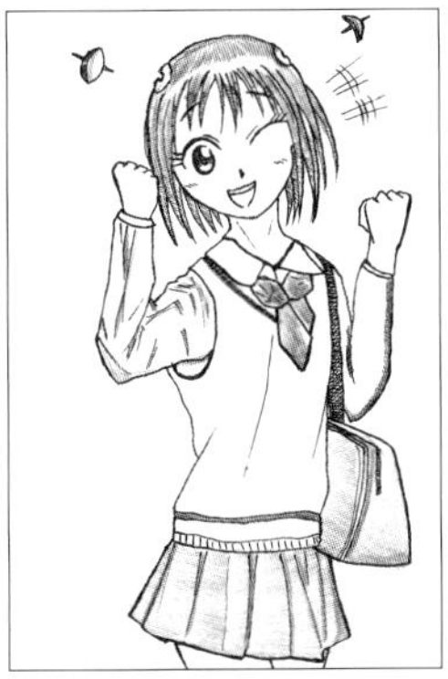
栃木県・いでおお・29歳

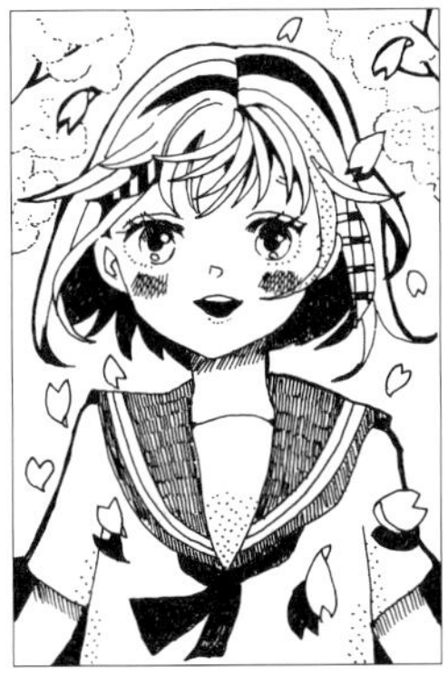
千葉県・ささはら

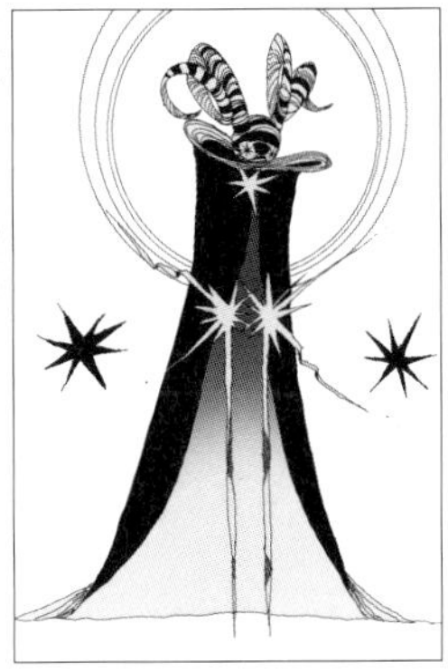
福島県・HANATSUKI

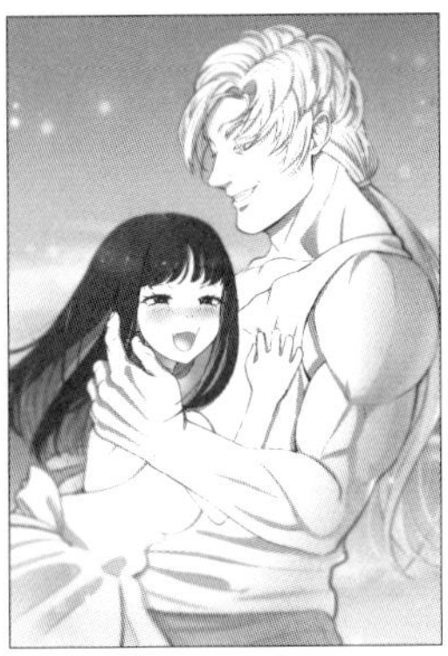
栃木県・MOONSTAR

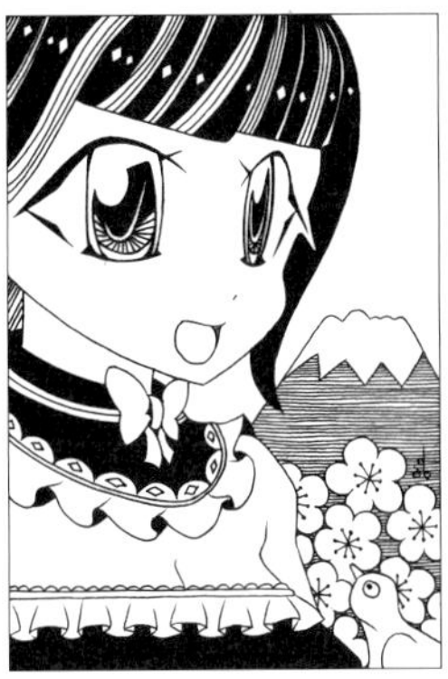
東京都・品一奈落

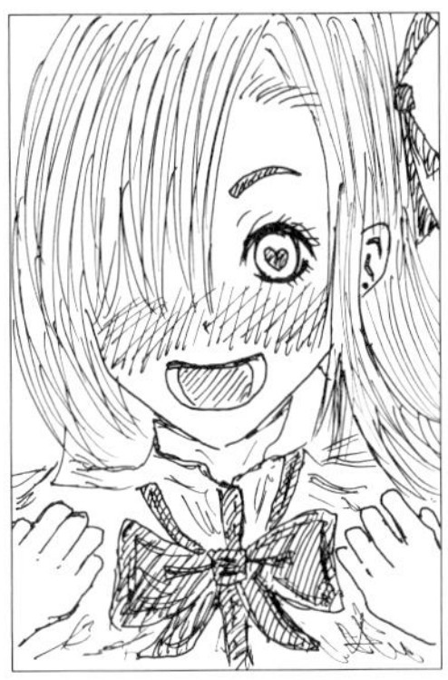
大阪府・You&You・11歳

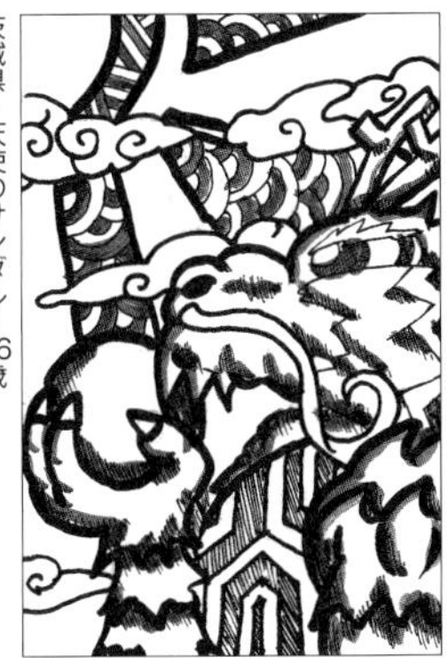
茨城県・天使のサンダル・36歳

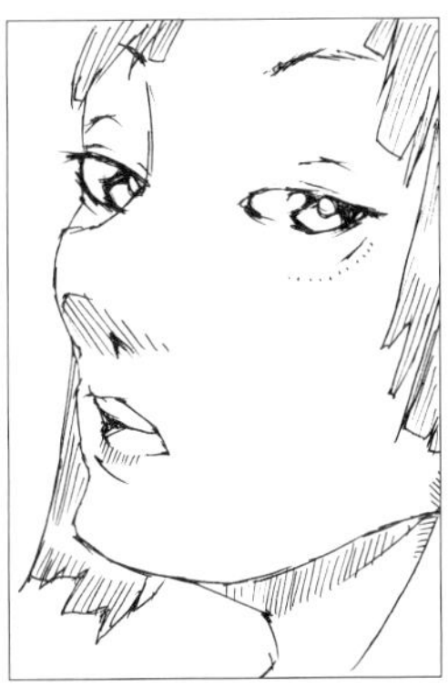
神奈川県・タネミー

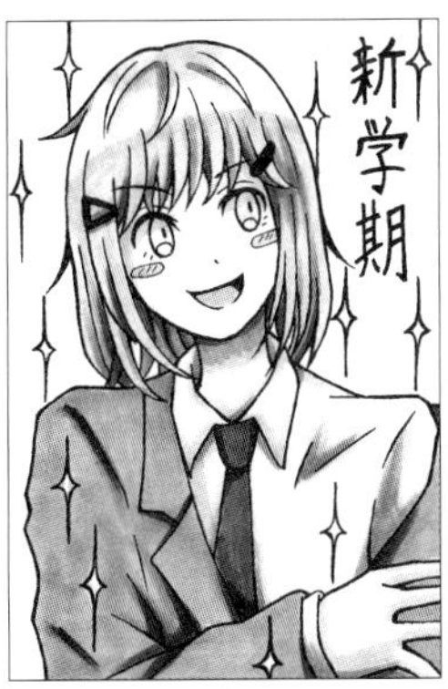

愛知県・つむジロ

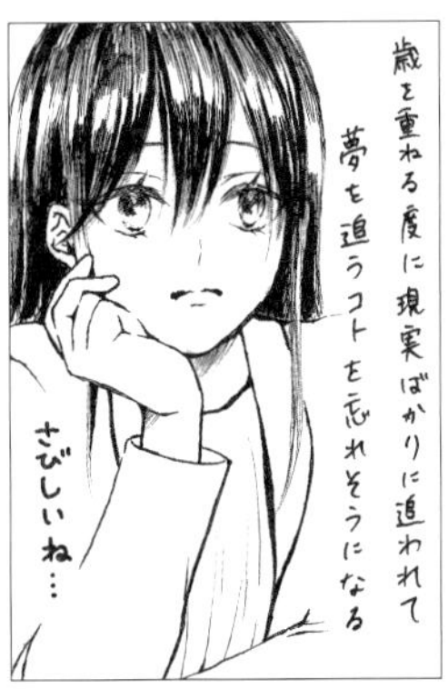

東京都・ひらやゆこ

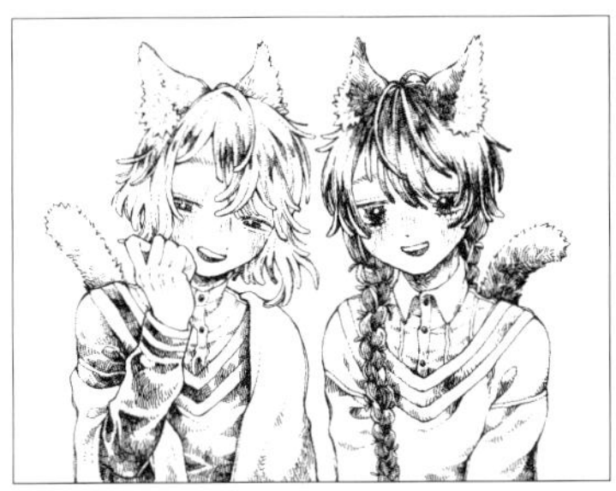
福岡県・七瀬なごり

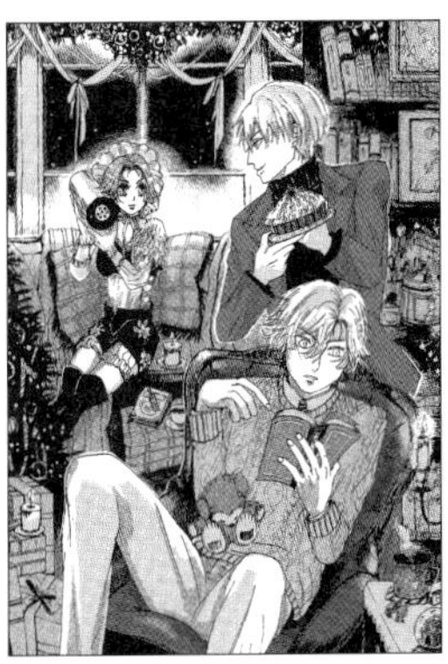
鳥取県・rosyemu

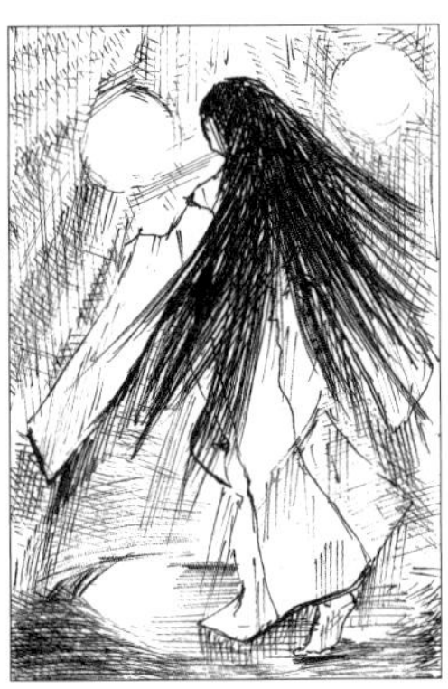
愛知県・街学舎・63歳

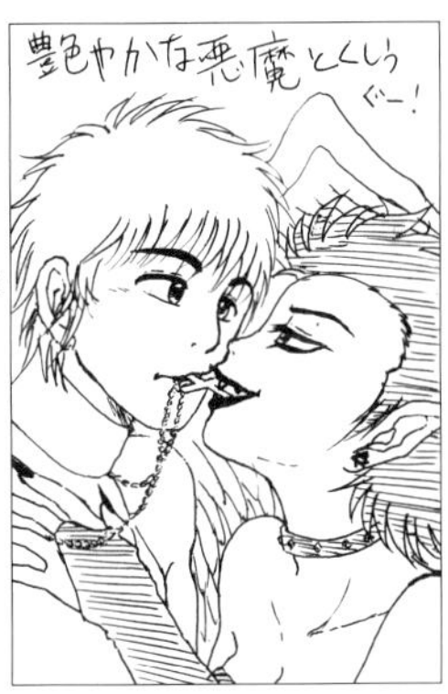

東京都・金ウルフ・52歳

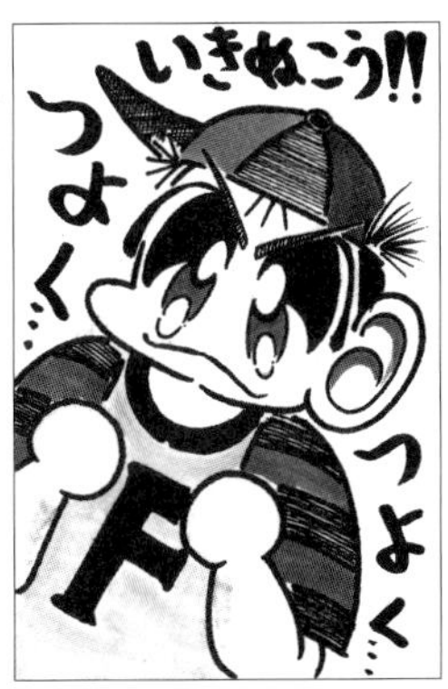

東京都・やえこまち

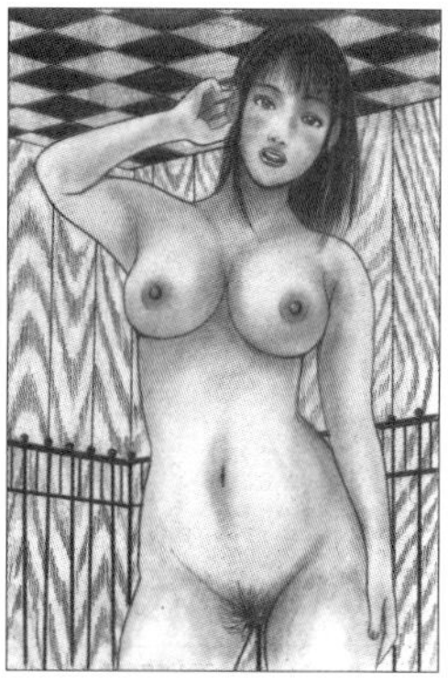
東京都・たかび

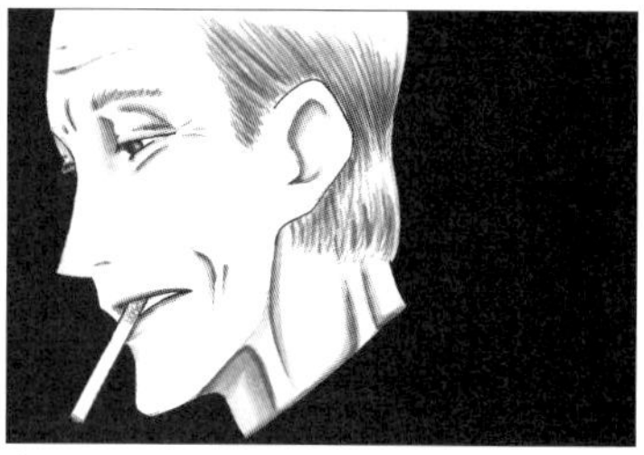
埼玉県・さかいえり

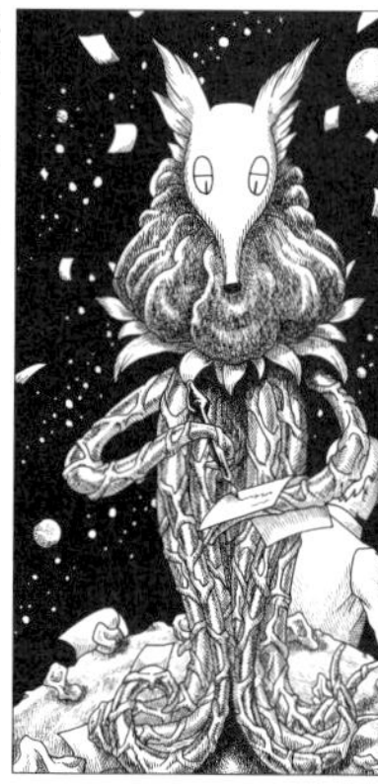
北海道・木村マ衣

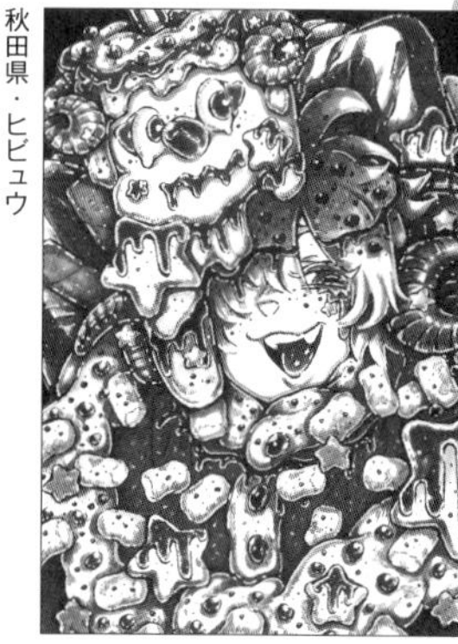
秋田県・ヒビュウ

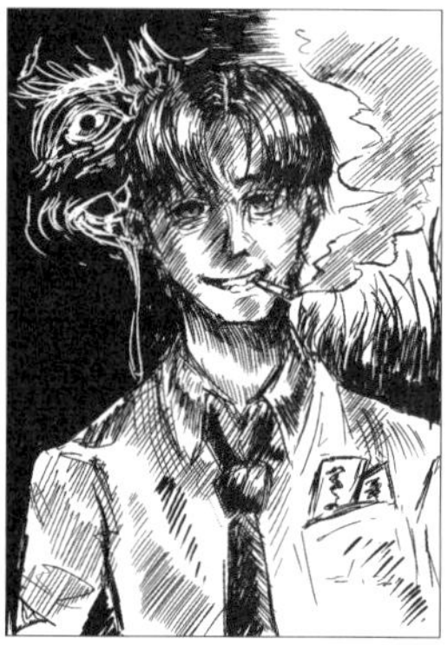
福島県・ぐらたん・19歳

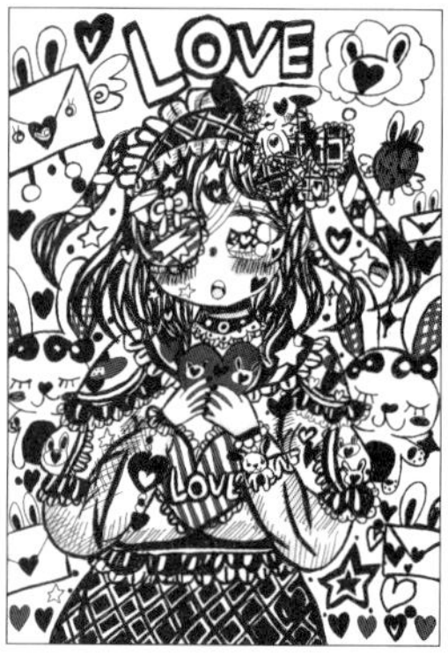

東京都・ひろくまひろみ

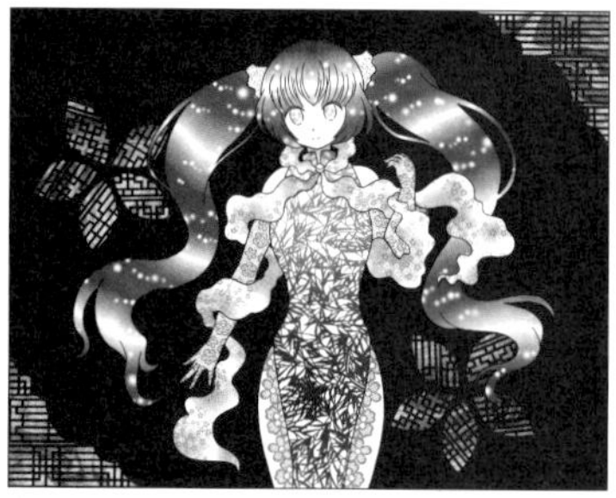
東京都・三田由子

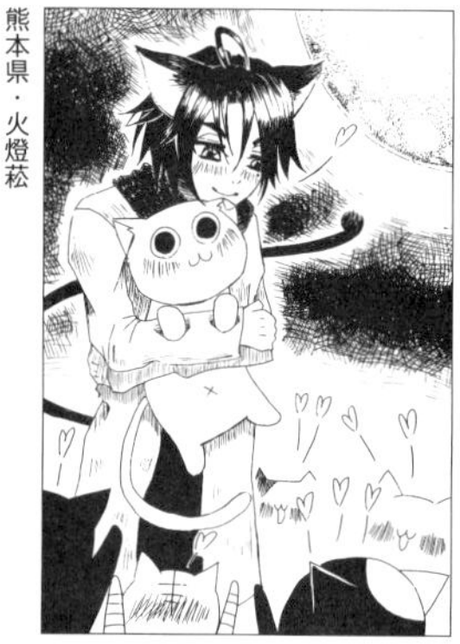
熊本県・火燈菘

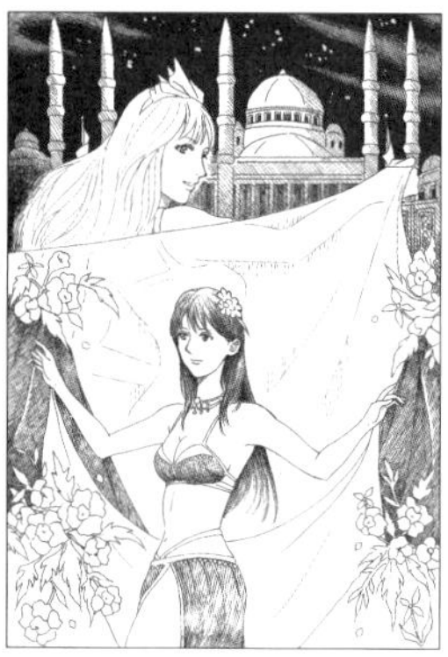
埼玉県・風見☆鶏・66歳

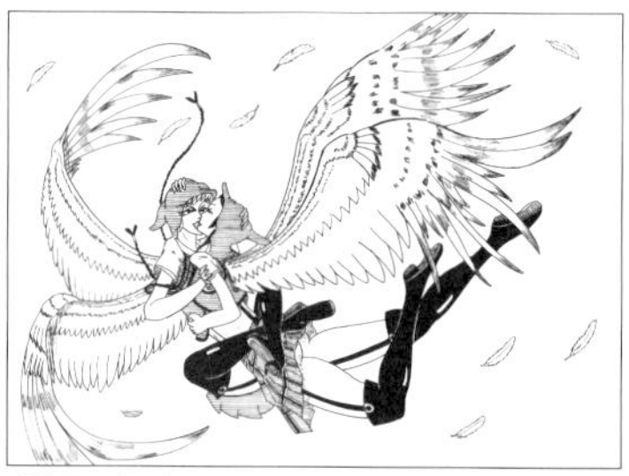
千葉県・鷹野眞二郎・74歳

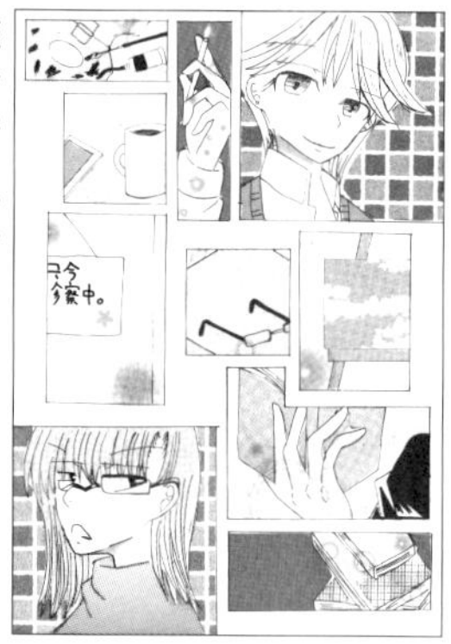
長野県・谷川りおん

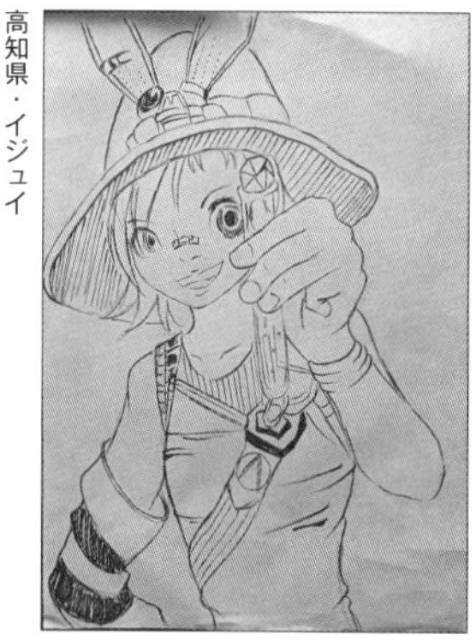
高知県・イジュイ

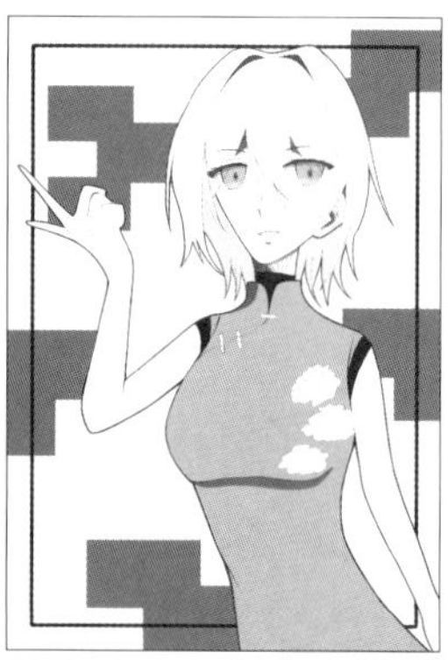
鹿児島県・ミセト

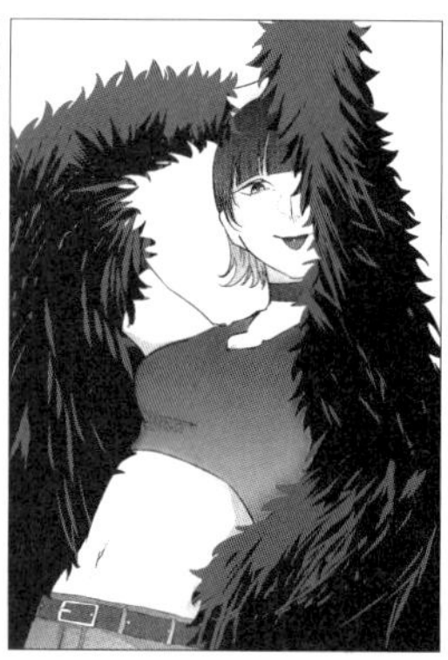
福岡県・まろちゃ

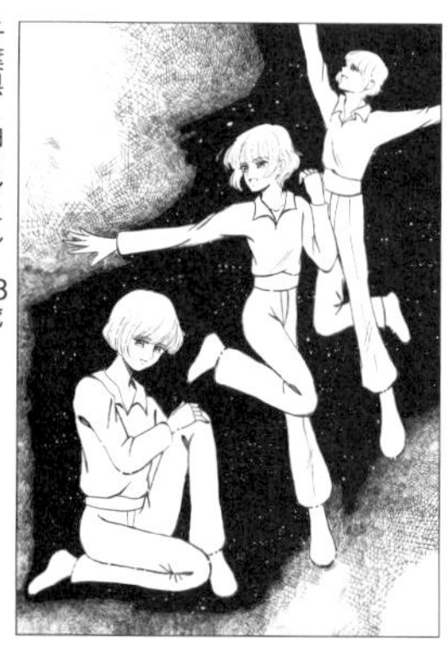
千葉県・伯ミシェル・18歳

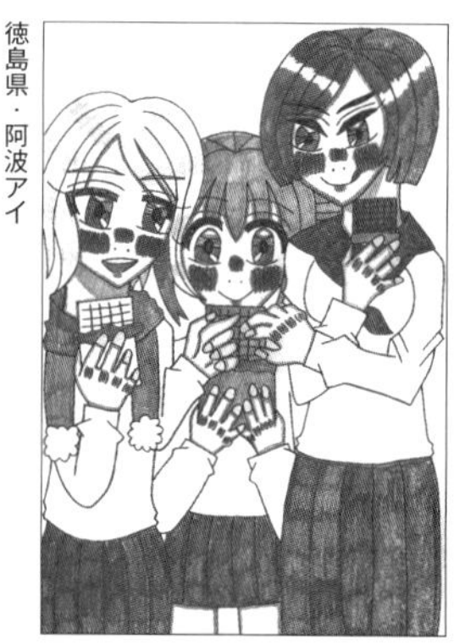
徳島県・阿波アイ

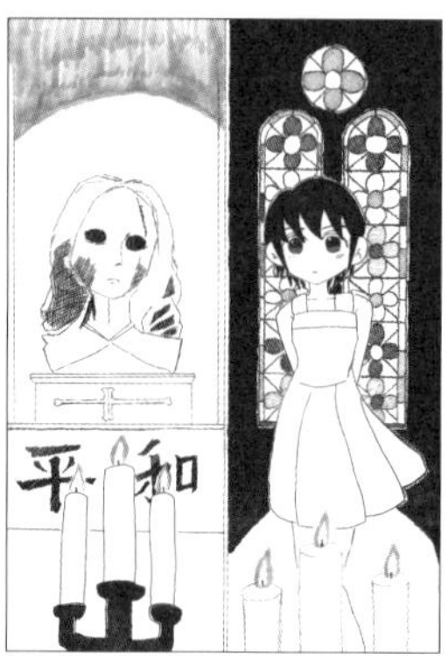

福岡県・浦上ジュリエット

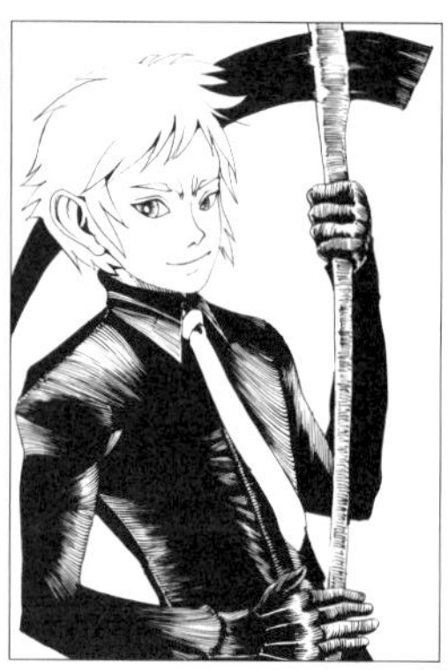
東京都・grimalkin

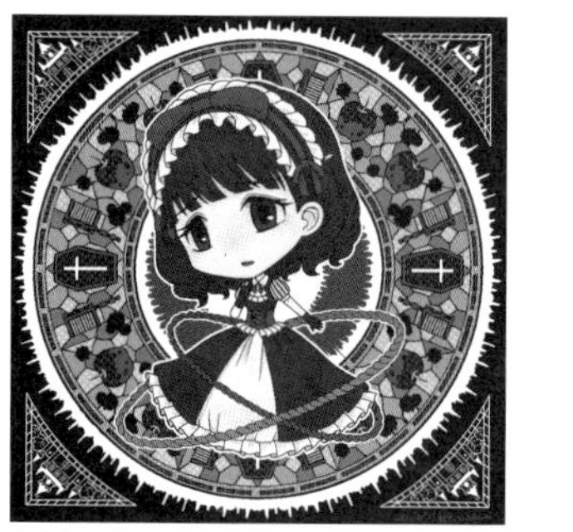
東京都・星野めぐみ

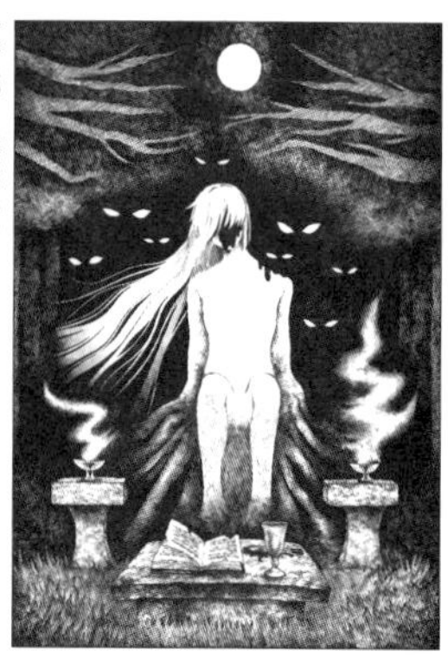
東京都・一鐔亥玄

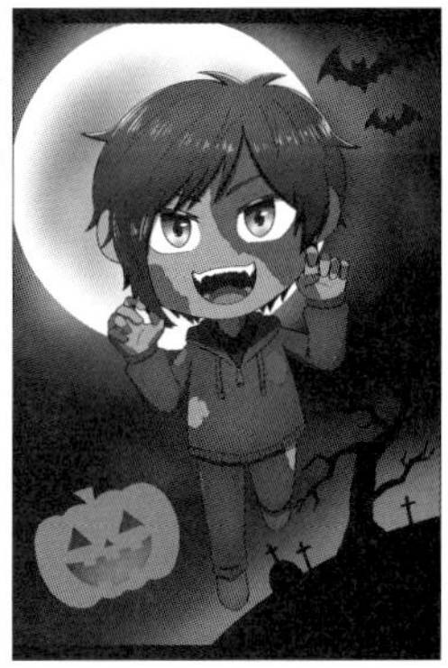

福島県・卯木

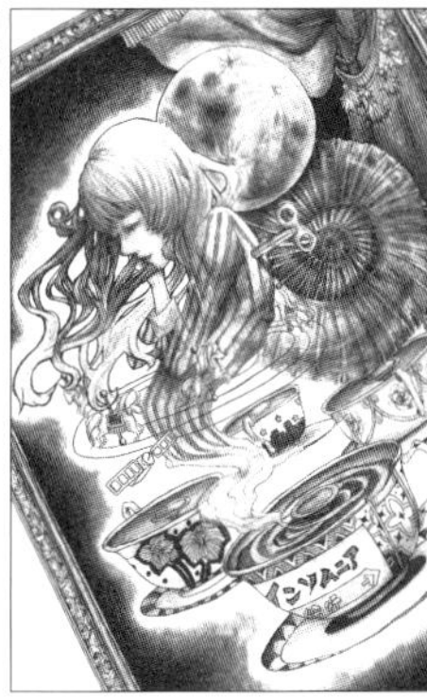

栃木県・環

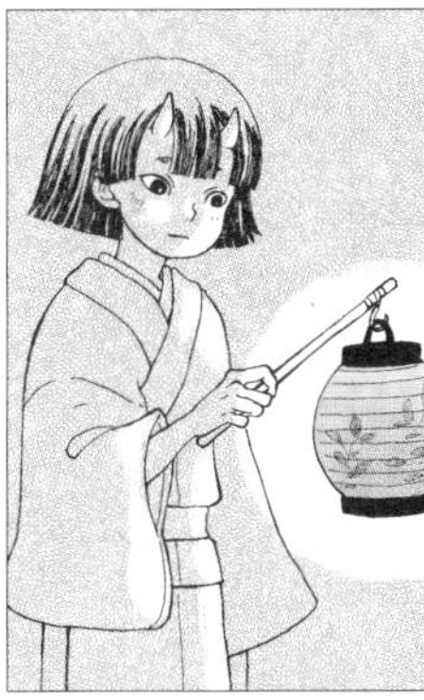

埼玉県・青魚

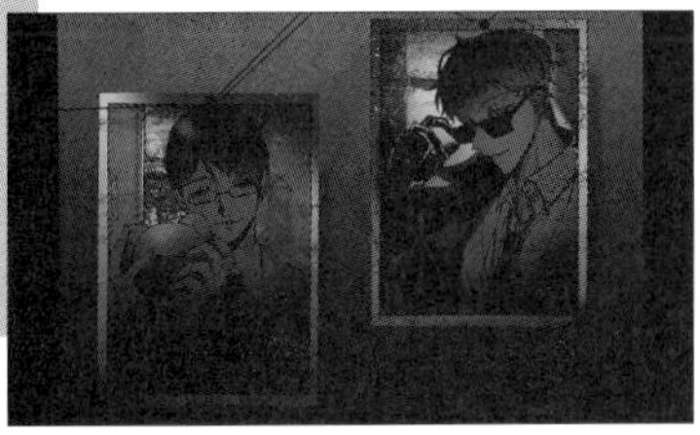

福岡県・Kiri ちっぽけ

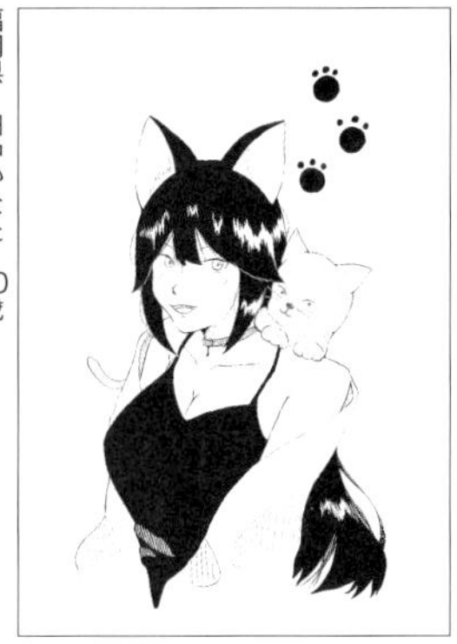

福岡県・田中かなた・20歳

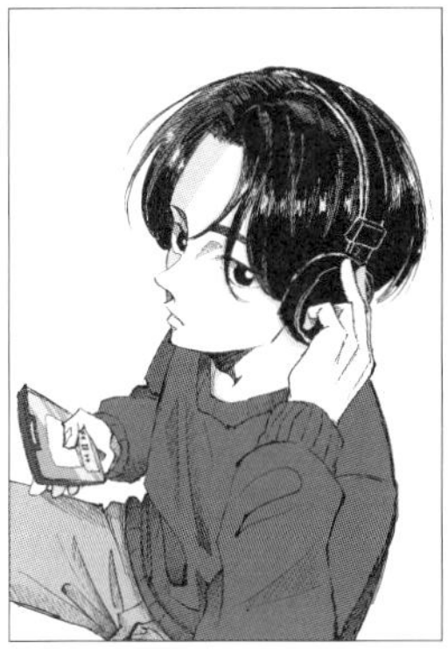

福岡県・杜アミ・20歳

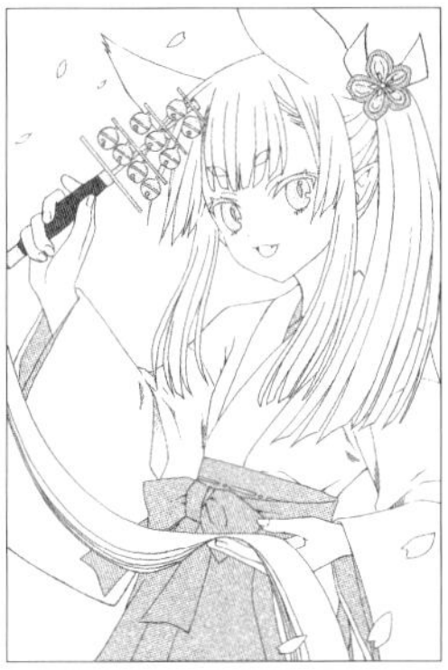

広島県・夜万尋

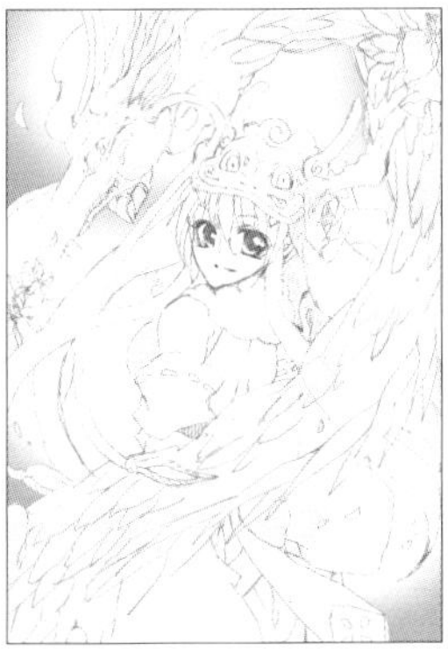

宮城県・流良戒

ピクラ☆ランデブー

今月もピクラ☆ランデブーにおハガキありがとうございますぅ。

それでは、今回もピクピクッとお便りコーナー始まるよ～！

●1月号の表紙イラスト&ピンナップが、イラストが神すぎてすごい尊かったです（≧▽≦）rurudo先生の描かれる女の子は、可憐できゃしゃなのにすごい凛として力強い…という正反対の印象を同時に受けるすごいすごいステキなイラストです♡ エル・フラクティアちゃんとイヴちゃんのイラストに萌え萌え～（≧▽≦）でした！ ぜひまた季刊エスの特集にご登場して欲しいです♡ ぜひぜひよろしくお願いします♡

岡山県・リコリコ

rurudoさんへの熱烈なお便り！ 確かにrurudoさんのキャラクターは、繊細そうな体型をしているけど、眼差しは強かったり、凛としていることがありますよね。ギャップが魅力的です。

とととはどうかな…、背が高いけどポヤポヤしてると言われるのはギャップなのかな？ あと清楚そうなのに大胆とも言われるよん♡

急に自分の話…？ 清楚で大胆ってどういうことなのかな…。

わかんないけど、放送禁止用語と知らずに普通に言うとか？

「無修正のとと」って言われていて、エスの記事でも伏字にしなかったから…。

あぁ…。18禁フィギュア見ながら、サラッと禁止用語を言ったりね。まぁ、そのままでいてください…。

●「デジタルデトックス」 スマホやPCで目をやられてしまいました……。 デジタルでイラストを描いている方の目はどうやって休ませていますか？

大分県・夕日奏

今の時代、疲れ目は避けられないねん！ 編集部の人は、お風呂で目の周りの骨をマッサージするらしいよ。ちなみにととは視力良いのです。

目の周りを温めると、筋肉がほぐされて楽になるというよね。そういうアイマスクでも休めているよ～。

●学生時代の友人は結婚したりして、生活が変わっていってると聞きます。家族でおこなう趣味をはじめたり。歳をとると、どんな風に生活していくのか、将来を考えて悩むこともありますね～。今のままでいいのか、年相応の趣味を持ったほうが楽しいのか。皆さんは生活に変化をつけたりしていますか？

兵庫県・やすの

歳をとってからの趣味…。まぁ、ととも完全インドアだったけど、友達グループと成り行きでスノボに行ったらハマったねん。周りでも、ジム通いでボディメイクする人がいたり、編集部でも料理教室に通おうとしている人がいるよん。なんか実際に通うと、ネットのレシピ見るだけとは違って、野菜の切り方とかキレイになるらしいねん。

いいね！ 生活に変化をつけたほうが老けないというし大切だね。

●最近ネットを見ていると、イラストレーターさんの展覧会がすごく多いですね。地元ではやってないので見たいと思いながらも全然行けず…。ととちゃんたちは展覧会は行ってるんですか？

鹿児島県・かみむぅ

確かにデジタル作家さんや、水彩の作家さんたちも、常に誰かが開催されている印象ねん。とともポップアップショップに行ってるよ。

でも確かに全国でやっているわけではないから、行けないこともあるよね。VR展示もあるけど、場を体験したいから…。エスも例えば全国の書店さんに協力してもらって、なにか巡回展示とかできると良いなぁ。

そうね。場所があればやりたいねん！ ではでは、次回も身の回りのこと、絵や漫画、創作イラストのお話、悩みなどを聞かせてねん！ ととやピクラのイラスト投稿もお待ちしてます～！

次号もピクピクっとお便りお待ちしてま～す♡

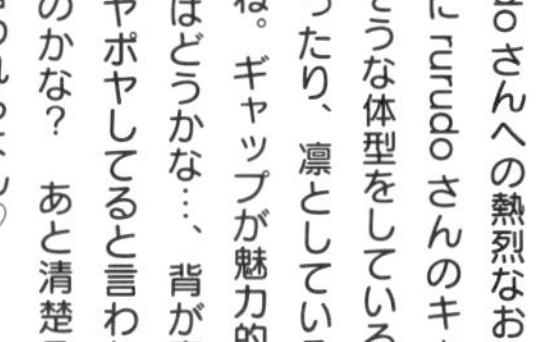

徳島県・阿波アイ

バレンタインデーにととがチョコを！ ピクラが欲しそうな顔で手を伸ばしていて可愛い！

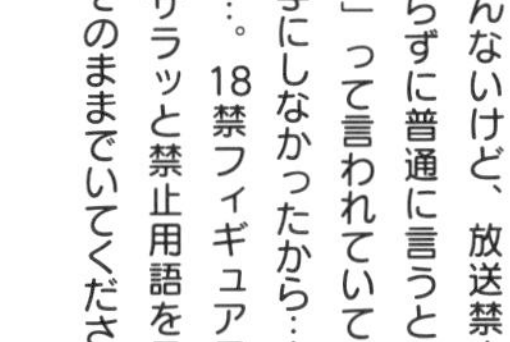

長野県・谷川りおん

春は入学の季節。ととが新入生だった頃を思い出すよん。なじめるかドキドキしてたなぁ～。

東京都・三田由子

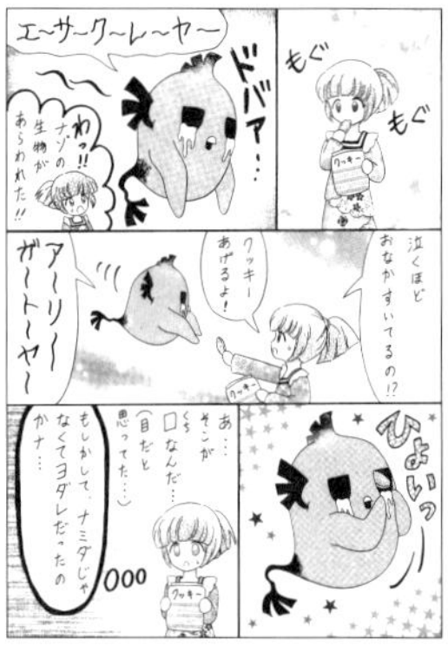

福岡県・とりり

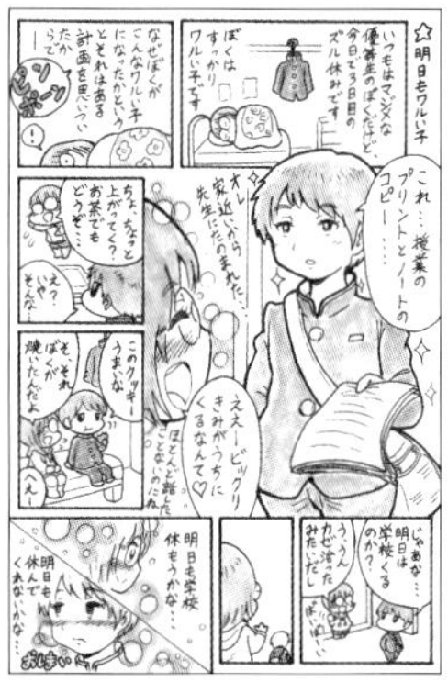

大阪府・ラブバード

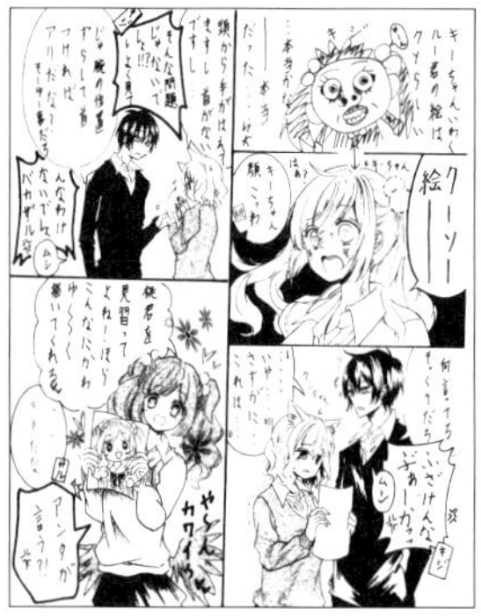

石川県・庭一

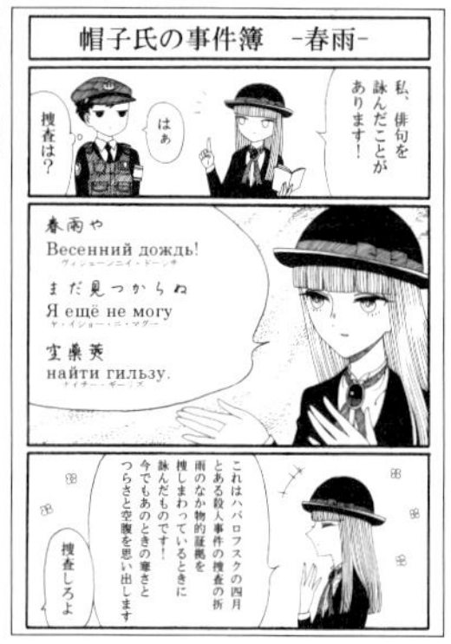

東京都・たかび

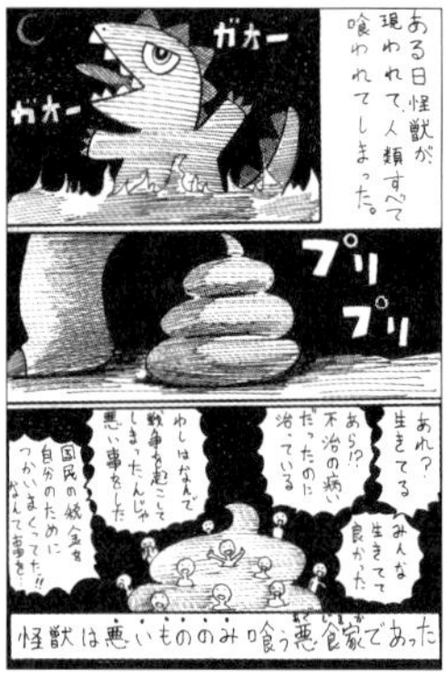

東京都・ひろくまひろみ

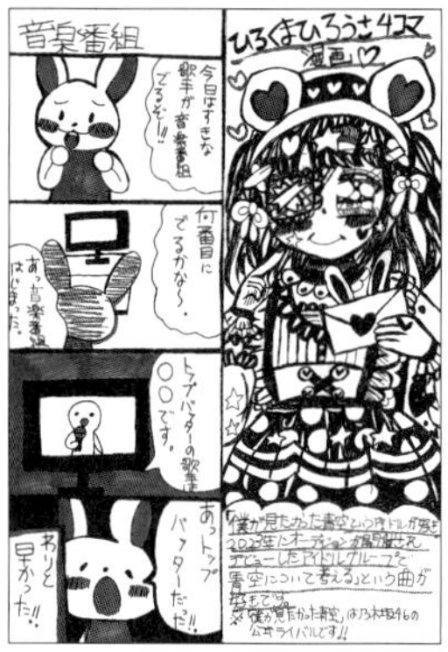

埼玉県・風見☆鶏・66歳

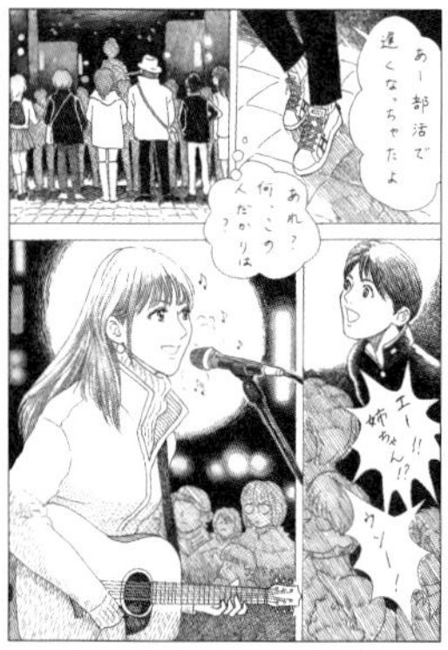

千葉県・伯ミシェル・18歳

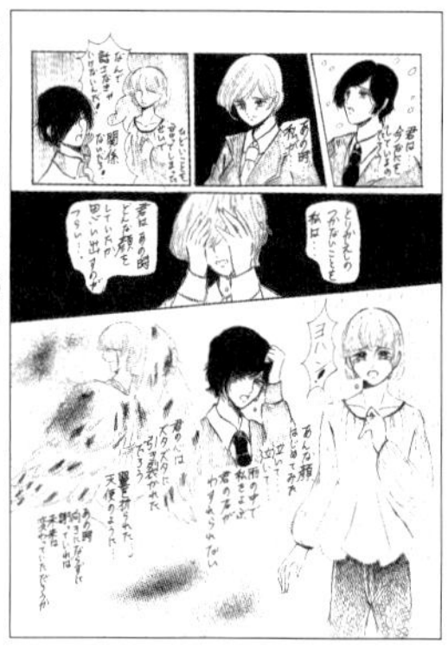

starS & spaceS 応募の決まり

★ starS

カラーを中心としたメイン投稿コーナー

★ spaceS（作品タイトルは不要です）

「じゆうとうこう」 白黒の自由な絵を送るコーナー

「ONE MANGA」 1Pの漫画を投稿するコーナー

「ピクラ☆ランデブー」 近況や気になる話題、質問したい事を送る文字投稿コーナー

「トークイラスト」 近況や好きなものの話題をイラストつきで送って下さい。「SS」の「Ssay」と同じコーナーです！

●郵送でおくる場合

★応募要項

以下の要項を作品の裏面に記入してください（複数作品応募される場合も必ず個別に書いて下さい）

1 投稿するコーナー名（例：「StarS」「SpaceS じゆうとうこう」など）と、S何号宛のイラストなのか必ず記入してください（次号は75号です）

2 郵便番号、住所、氏名、ペンネーム、年齢（**非公開希望の方は「非公開」と記入してください**）、電話番号またはメールアドレス

3 作品のタイトル（**※Space Sでは不要**）

4 使用画材（絵具や描画ソフト、紙の種類など）

5 作品に関して一言

6 初投稿か、各種の投稿系雑誌への応募歴。「エス、SS」、Pixivなどへの掲載歴も書いてください。

★使用画材

画材は何でもOKです。「StarS」宛は白黒、カラーは問いません。「SpaceS」はモノクロページでの掲載なので、白黒で描いてください。

★その他注意

・天地（作品の上下）左右がわかりにくいイラストは裏に明記して下さい。

★作品の返却を希望する際のキマリ

1 投稿時と同額の切手を貼った、自分の住所氏名を書いた封筒を同封すること

2 作品の裏に赤で「要返却」と書くこと

3 複数枚数の場合は、全部で何枚あるか全てのイラストの裏面に必ず書くこと（例えば3枚投稿した場合、1／3、2／3、3／3と書いて下さい。**1枚の場合でも1／1と記載してください**）

4 複数作品応募で原画とプリントアウトを混ぜて送る場合は、返却希望作品のみに番号を振ること

★作品のサイズ

用紙サイズはA4（21×29.7cm）以内でお願いします。A4より大きい用紙は不可です。

★応募締め切り

2024年4月25日（木）当日消印有効

★送付先（住所が新しくなりました）

〒141-0021
東京都品川区上大崎3-1-1
目黒セントラルスクエア8階
季刊エス編集部
「StarS」または「SpaceS」係
（応募するコーナーの係宛に送って下さい）

●インターネットでおくる場合

季刊エスサイト
http://s-ss-s.com/s/

「投稿のおしらせ」より応募要項をご確認いただきメールフォームに沿って投稿ください。

★応募締め切り

2024年4月25日（木）当日送信まで有効

◎発表 2024年6月17日発売号

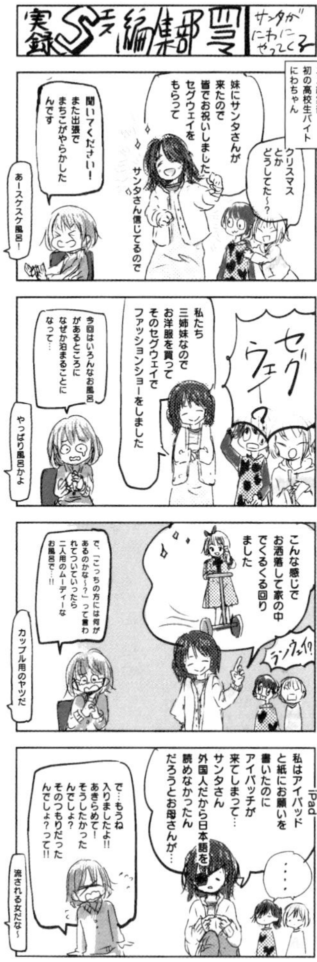

あわてんぼうのサンタクロース…

Gallery ecrii
ギャラリー エクリ
東京・渋谷にある
エス編集部に隣接した
ミニギャラリー

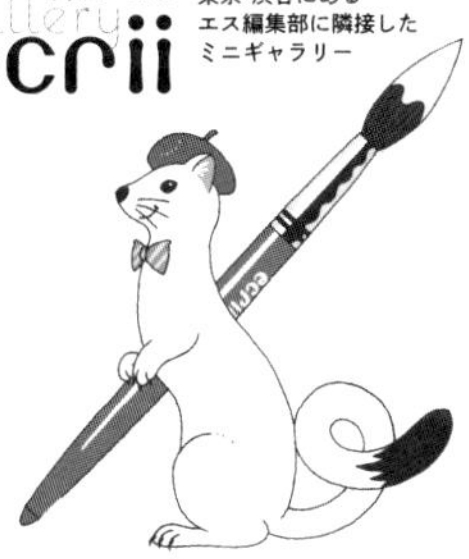

X（Twitter）　予約フォーム

spaceS ONE MANGA

福島県・いぶき

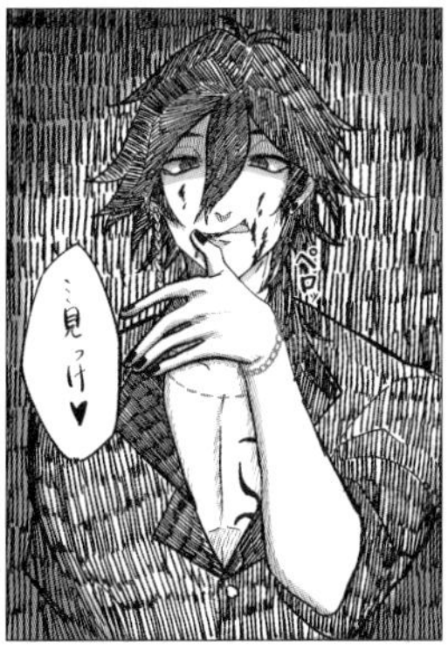

鳥取県・rosyemu

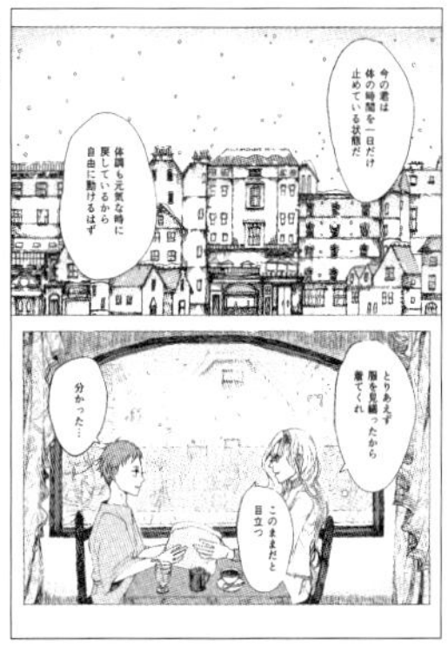

長野県・谷川りおん

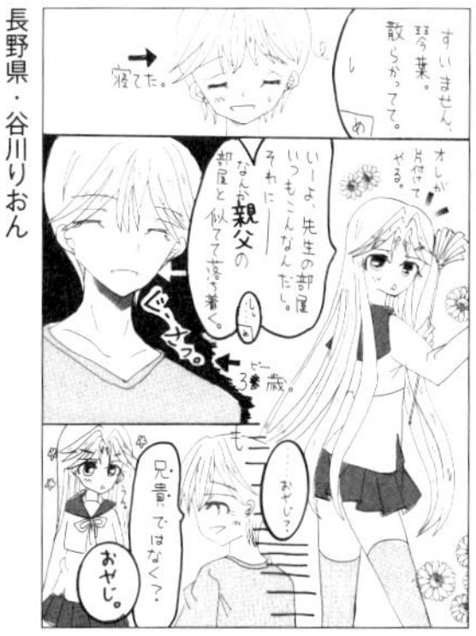

長野県・藤田さもり

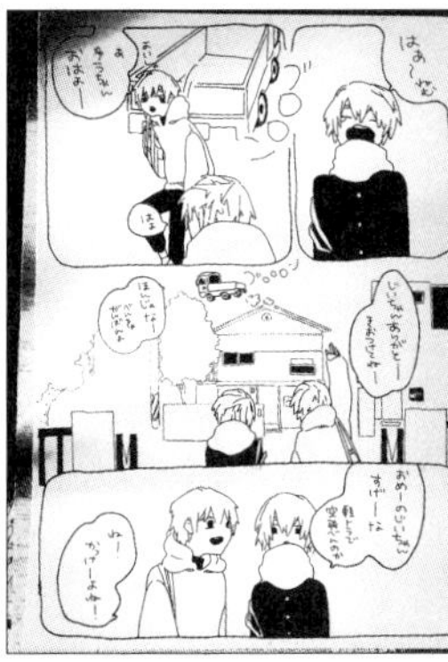

広島県・水沢翔太郎

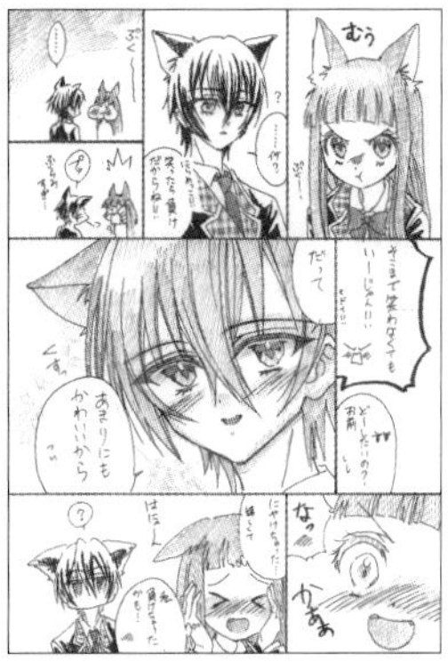

長野県・チェインミラァ

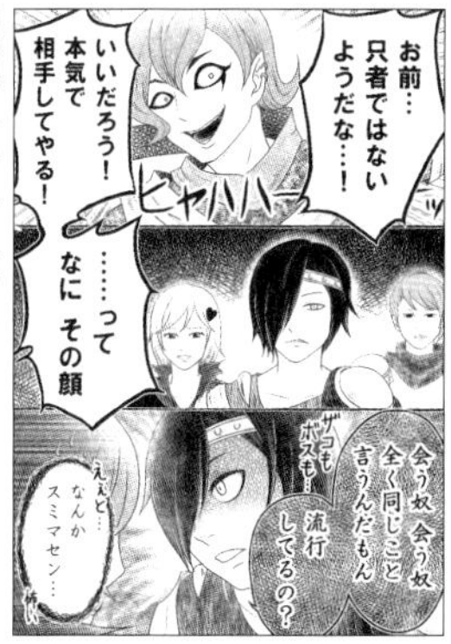

静岡県・齋

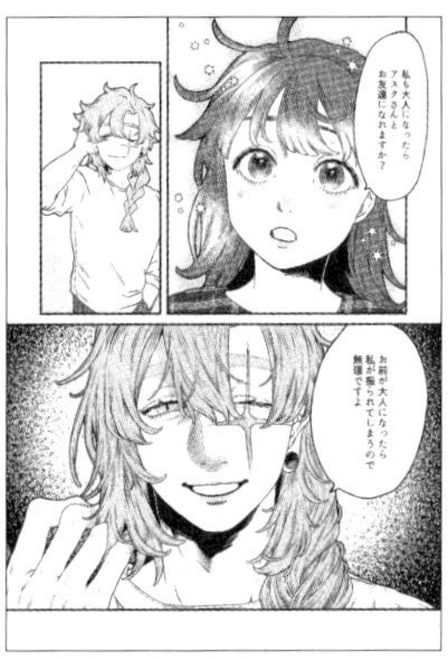

福島県・妖心純白

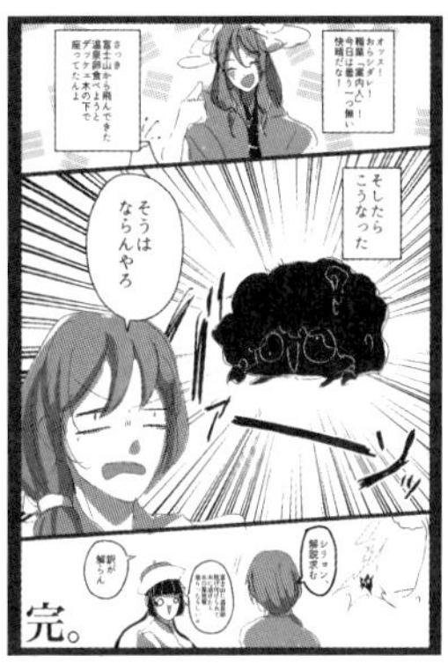

福島県・八羽

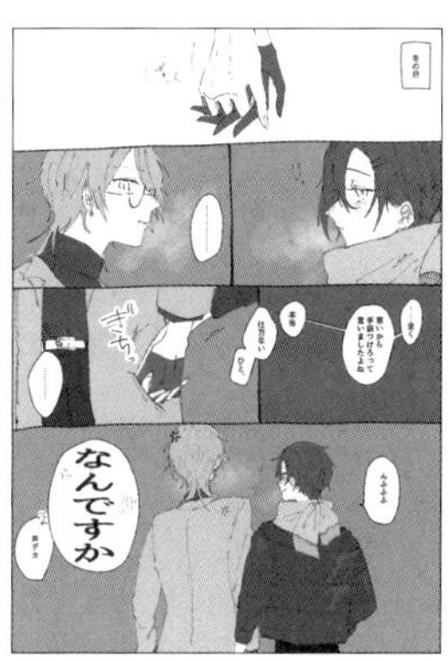

StarS 読者投票・結果発表！

本誌アンケートハガキに記入欄のある、気に入ったイラストアンケートの結果発表。審査員の意見に加えて、広く皆さんの意見を取り入れるために実施しています。投票で上位に入ったイラストには、読者ポイントも加算されますので、「この人の絵がもっとみたい！」という思いもこめて、是非、投票して下さい。

・第二四回 StarS 読者投票結果

1位 はむメロン 5ポイント
2位 mg3／めぐみ 4ポイント
3位 梅桜 3ポイント
4位 咲久亜
5位 栞しい
6位 うてな
7位 waki
8位 とうか
9位 すぴか
10位 寿多

4位～10位の方には、2ポイント加算されます。

総合結果
1位 mg3／めぐみ
2位 はむメロン
2位 梅桜
4位 咲久亜
4位 彩雀
4位 葉月透
7位 栞しい
7位 うてな
7位 黒猫のら
10位 waki

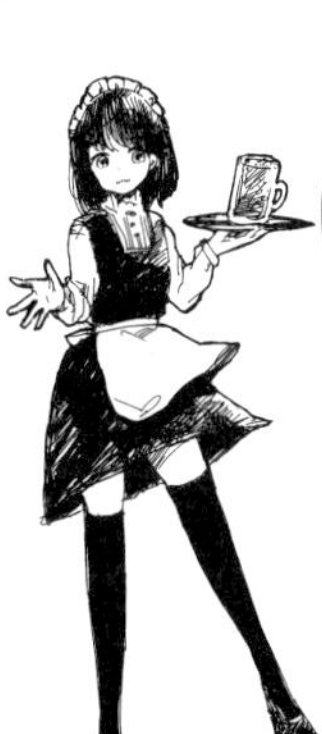

StarSのポイントは10回ごとに集計し、その結果からグランプリ受賞者を決定します。上位ポイント獲得者には、画材や描き下ろし原稿料をかねた賞金が贈られます。皆様からの投稿お待ちしております～♡

二代目メイド編集部員
ととちゃん

新コーナーにも是非ご投稿下さいね！

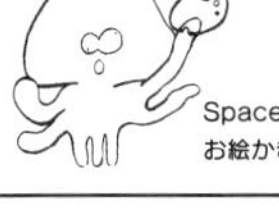

SpaceS ナビゲーター
お絵かき宇宙人ピクラ

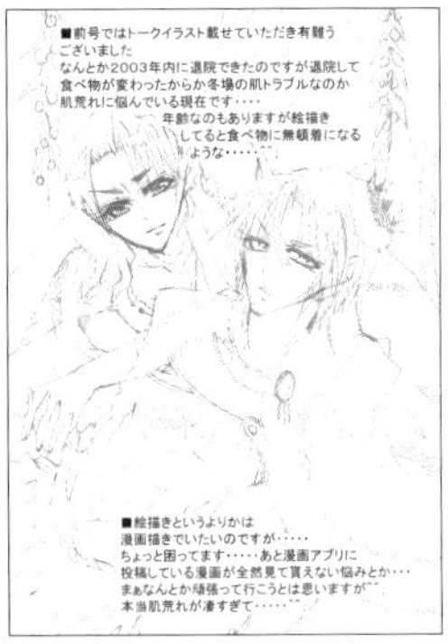

宮城県・流良戒

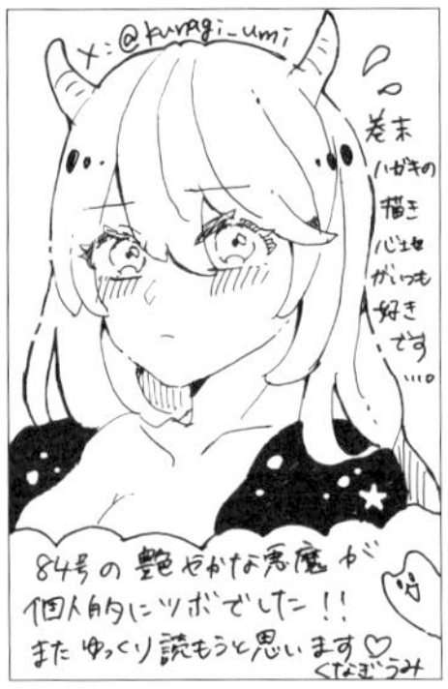

東京都・くなぎうみ

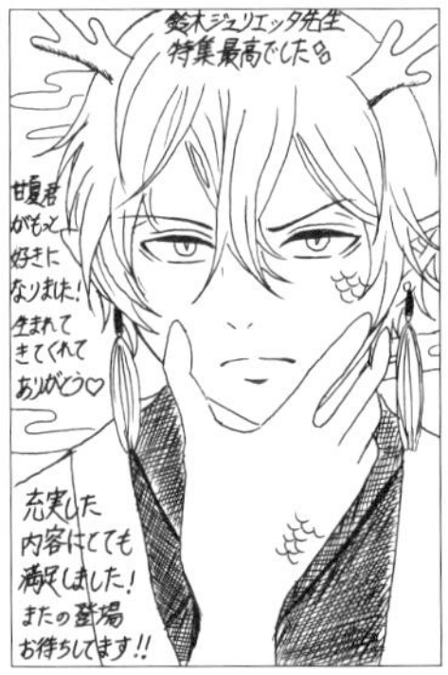

和歌山県・りおか

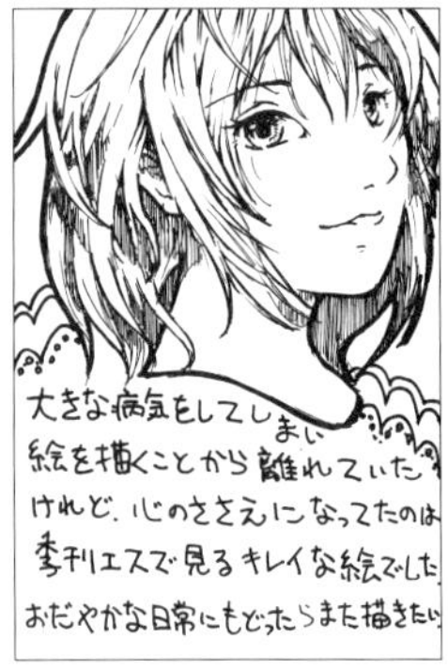

京都府・望月かるむ

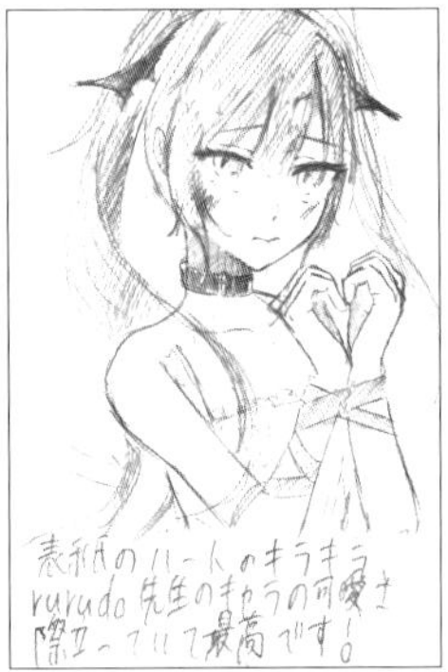

福井県・あっこ・16歳

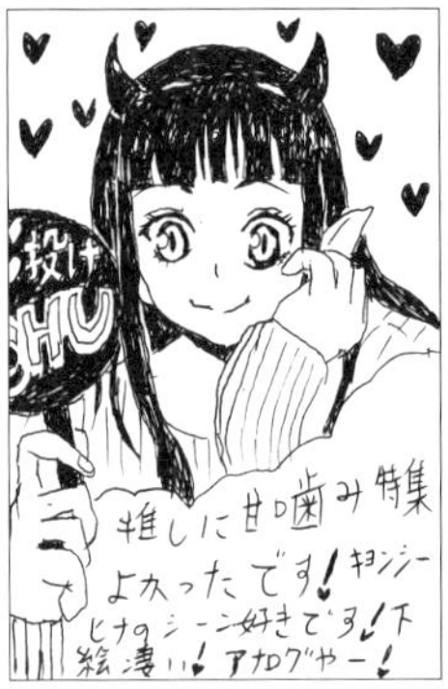

和歌山県・まゆごん

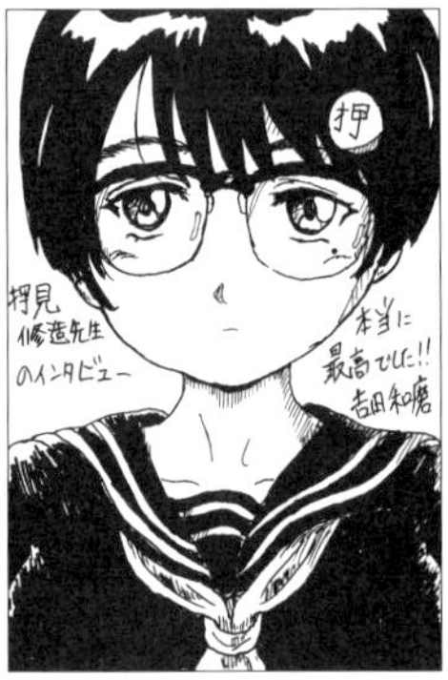

東京都・吉田和磨

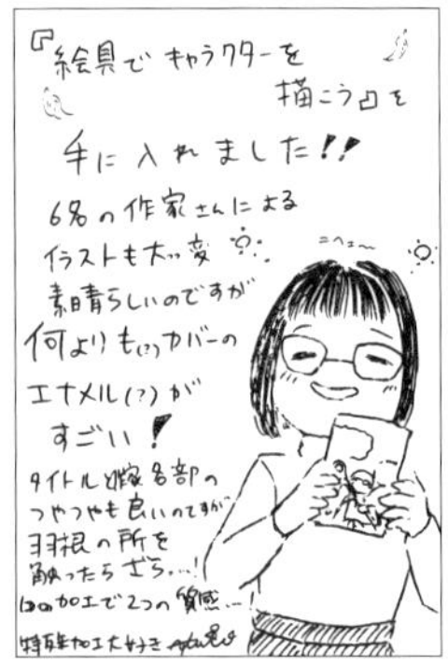

兵庫県・あつと

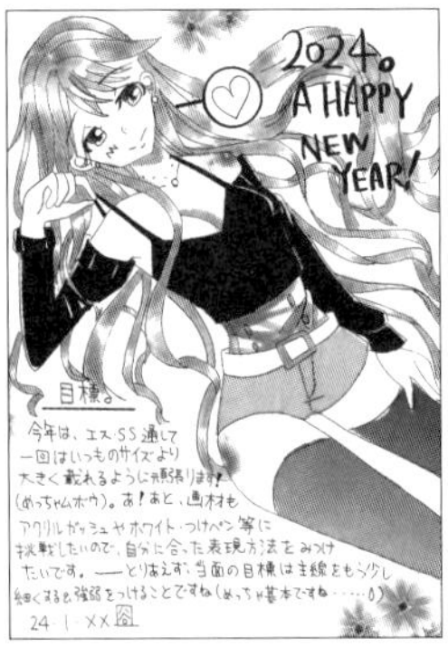

長野県・谷川りおん

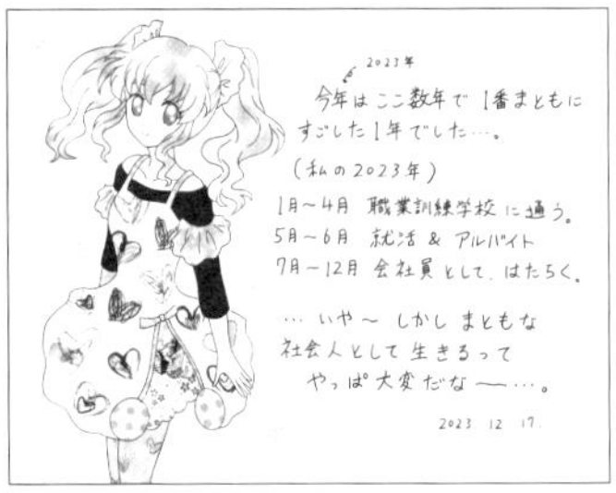

東京都・三田由子

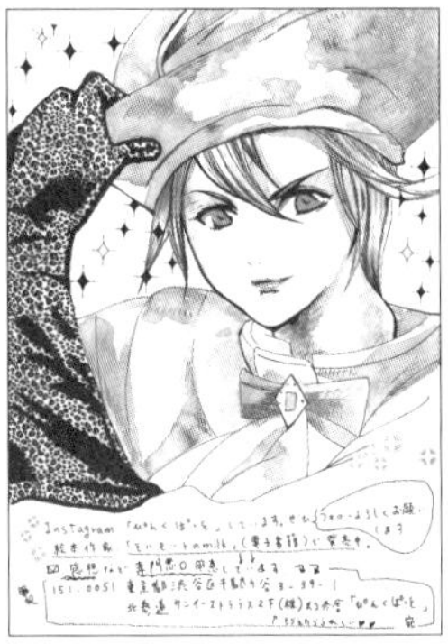
埼玉県・ぴんくぽっと

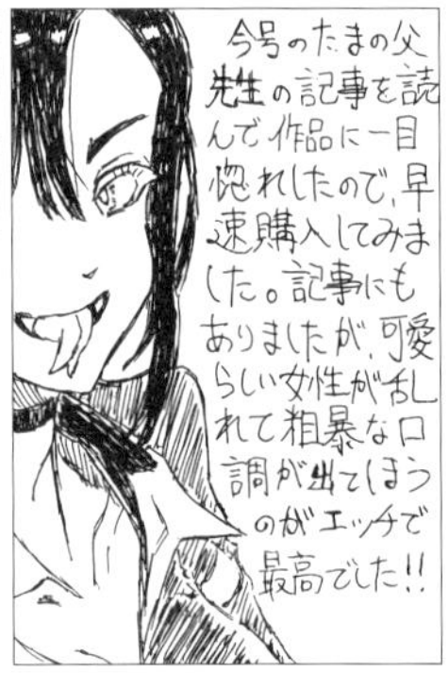

東京都・ひとトせ

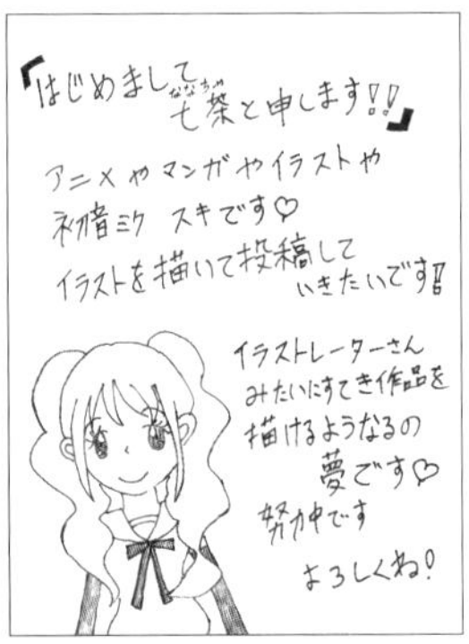

岐阜県・七茶

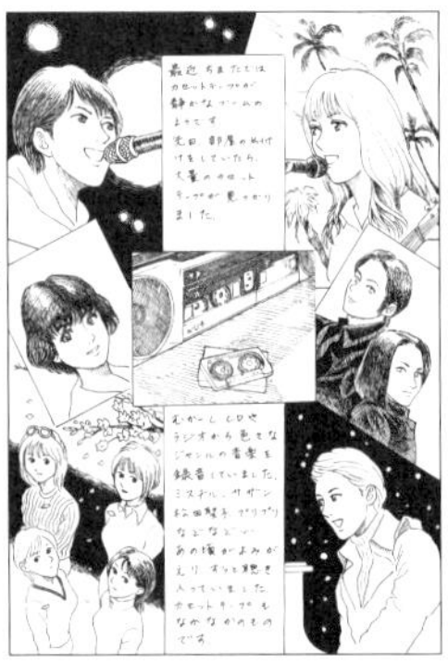
埼玉県・風見☆鶏・66歳

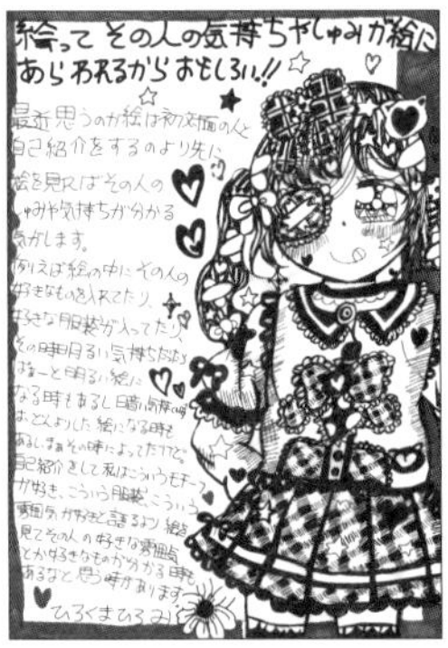

東京都・ひろくまひろみ

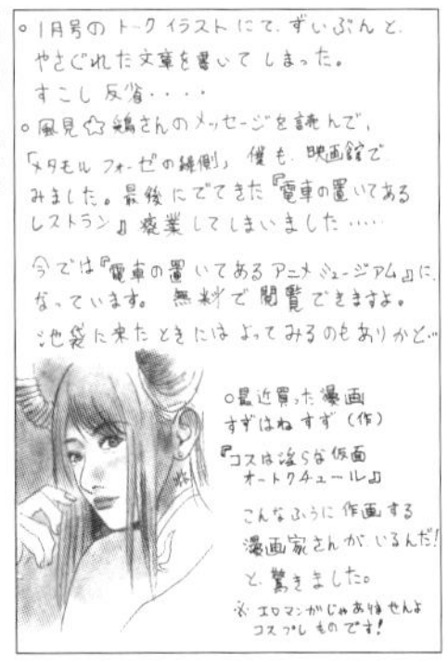

東京都・たかび

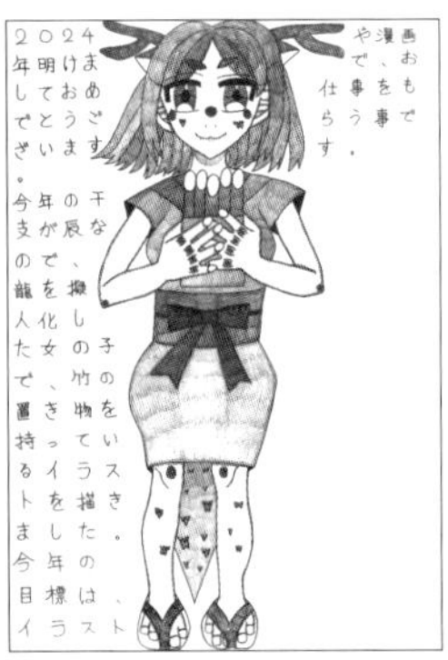

徳島県・阿波アイ

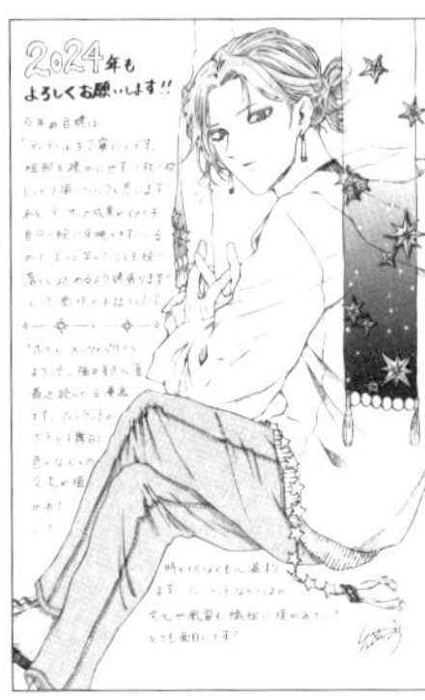

埼玉県・参崎シュリ

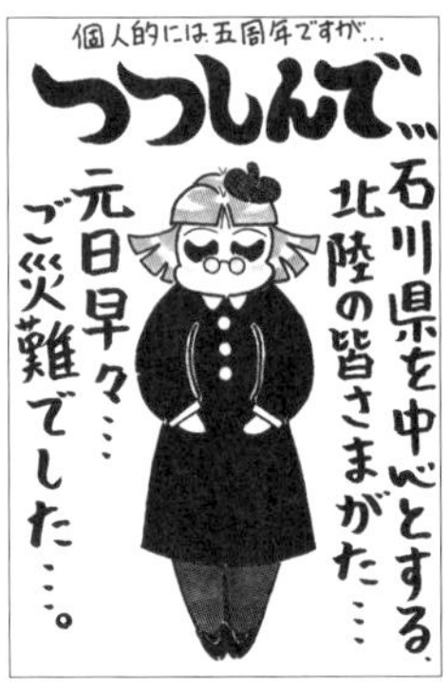

東京都・やえこまち

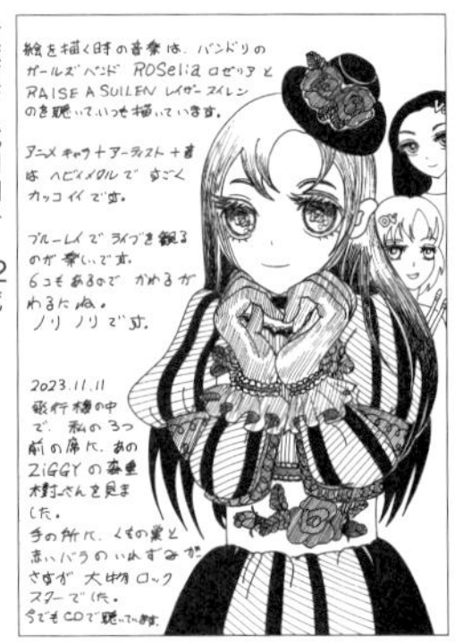

千葉県・武田和子・72歳

好評受付中！

「季刊エス」と「SS」年間定期購読のお知らせ

「季刊エス」と「SS」では便利な年間定期購読システムを行っています。
書店で探さずとも毎号確実に季刊エスやＳＳが手に入るのが
年間定期購読です。 お申し込みはインターネット、スマートフォンから！

季刊エス 定期購読　SS 定期購読

■季刊エス定期購読申し込み方法

WEBサイトから
http://www.fujisan.co.jp/kikans

■スモールエス定期購読のお申し込み方法

WEBサイトから
http://www.fujisan.co.jp/ss

※年間購読の申し込みはFujisan.co.jpになります。 お申し込みはFujisan.co.jp記載の利用規約に準じます。
★Fujisan.co.jpでは季刊エスとスモールエスのバックナンバーを購入することもできます！

エスのグッズ発売中

★「SS（スモールエス）」「季刊エス」
のオリジナルグッズ通販中！

エスのBOOTHでは、ギャラリーエクリの関連商品や事後通販をはじめ、いろんなグッズを販売中。
是非チェックしてください！

http://kikan-s-ss.booth.pm

NEXT ISSUE

2024年6月15日発売予定

特集：メイキングブック（仮）

季刊エスでは、およそ10年前に「画材百科」という特集で、漫画家さんやイラストレーターさんに作画メイキングの取材をしました。今年は久々にメイキング特集をおこなおうと思います。アナログ画材、デジタルソフトを含めて、いまのイラストや漫画の絵の世界をレポートしたいと思います。また、画材についてもいろんな種類を紹介していけたらと思います。お楽しみに！

編集後記

今号の表紙はなもりさん。日々の暮らしをテーマにすると、強烈な人物や刺激的な出来事は出てこないことが多いと思います。ただ、なもりさんは、影の薄いキャラクターを「ゆるさ」という意味で大事だと語ったことがあり、空気のような存在も敢えて大切に描かれています。表現においては、「存在感が強いこと」「インパクトがあること」が大事とされますが、空気のようでいながらも物語が語られ、その人と付き合うことで幸せを感じる世界を描くほうが、余程かけがえのないことだとも言えます。大変なことが起こる世の中ではありますが、そこで穏やかな日常を語ることはやはり大切だと思えます。ここ15年くらいでSNSの普及により、日々の生活は急激に情報量を増しました。多くのコミュニケーションツールを持ち、面白そうなものも膨大に目に入ってくる。全部に向き合っていられないほど生活は慌ただしい。でも30年前までは、携帯電話やネットが普及していなかったので、夜は友人や恋人と繋がっておられず、孤独の時間が多かったものです。その頃の物語は「一人で何かを考える」という時間がよく描かれていました。今回紹介した伊藤重夫さんの漫画は、そのことをよく伝えています。人はなかなか他人に踏み込めない。関係は深く結ばれにくい。でも一人の物思いにおいては饒舌で、宇宙につながるほどの広がりを持っている。ある意味、孤独は充実している。そういった生活がかつてはありました。今、ツールは充実していますが、実際の人間関係は以前より幸せでしょうか。アプリのサービスがうたうほどに、人は親友に囲まれ、信じられる大事な人に自分を開け放っているでしょうか。サービスが提供するものを受け取るのに忙しく、一人でじっくり考える時間さえなくなっているかもしれません。エーリッヒ・フロムを出すのは古いかもしれませんが、彼が指摘したように、社会はある種の生き方を人々に求めて、それによって個人の生活は疎外されているという逆説的な事態とも言えます。今回紹介した作品群は、そんな現状にあって、個人の生活、実際の人間関係が充実している人の暮らしを描いていると思います。

また、エス編集部運営のギャラリーエクリでは、今年も展示が続いています。3月は小林系さんの新作描き下ろし個展。ちょうど小林系さんの二冊目の単行本『notebook2014』を刊行してから10年後に、同じボールペンを使った作品を描いてもらうことになりました。夜の影や星の光を描くボールペンの筆致には圧倒されます。こちらもぜひお越しいただき、原画をご覧くださいませ（ノ）

イラスト投稿ガイド

154ページとあわせてよく読んでね！

78号から、投稿の送付先の住所が渋谷に変更！お間違えないように！

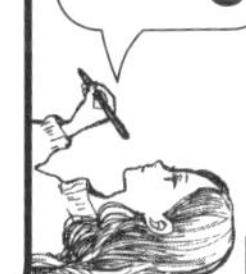

● イラスト送付先住所（編集部は渋谷です！）
〒150-0041 東京都渋谷区神南1丁目13-3 アーク神南ビル2F
季刊エス編集部「（応募コーナー名を書いてください）」

投稿イラストの裏面に必要事項を記入する

※読み間違いを防ぐために、丁寧に書いて下さい！

★住所、氏名などの必要事項は、必ず全てのイラストの裏に記入して下さい。封筒や別紙に記入するのは不可です！

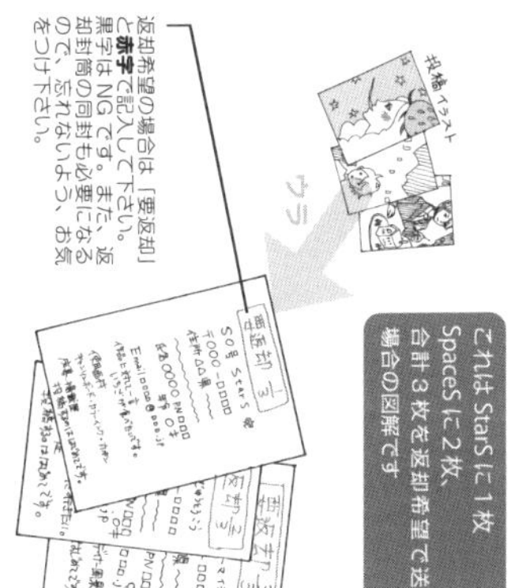

返却希望の場合は「要返却」と**赤字**で記入して下さい。黒字はNGです。また、返却封筒の同封も必要になるので、忘れないよう、お気をつけ下さい。

これはStarSに1枚SpaceSに2枚、合計3枚を返却希望で送る場合の図解です

→イラストの返却を希望する場合

返却用封筒の用意

イラストを返却する時に、これに入れてお返ししますので、返却を希望する場合に必ず必要となります。返却用封筒が無いとイラストの返却が出来ませんのでご注意して下さい！

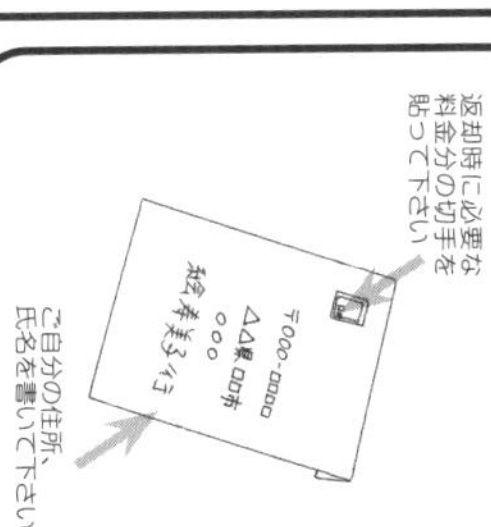

返却時に必要な料金分の切手を貼って下さい

ご自分の住所、氏名を書いて下さい

→イラストの返却が不要の場合

宛名（編集部の住所、コーナー名）、差出人を書いた封筒に入れ、切手を貼る

リターンアドレスが書かれているか、切手の料金が足りているか確認！郵便料金は下の料金表を参考にして下さい。

★重さは自宅のキッチンスケールで量れます。はかりが無い場合など、必要な料金が分からない時は郵便局の窓口で出しましょう。

23.5cm×12cmよりも大きなもの、または厚みが1cmよりもあるものは定形外郵便の料金となるので要注意!!

郵便料金表

	定型内	定形外	角形2号厚み3cm以上の定形外
25gまで	84円	120円	200円
50gまで	94円		
100gまで		140円	220円
150gまで		210円	300円
250gまで		250円	350円

★上記は、10月1日以降の新価格を掲載！
※A4、B5、A5サイズ等は定形外郵便となるため郵送には最低120円かかります。

投稿やハガキに記載された情報は、投稿作掲載、原稿依頼、プレゼント発送という誌面での企画にしか使用いたしません。

POST CARD

料金受取人払郵便

渋谷局承認

7528

差出有効期限
令和7年
3月14日まで

切手は不要なので送ってね！

150-8790

202

東京都渋谷区神南1-13-3
アーク神南ビル2F

「季刊エス」編集部
S85号
アンケート 係

サイン色紙は転売・譲渡禁止。当選者にはその契約を締結した後に発送します。

希望プレゼント番号：	第1希望 ○　第2希望 ○
	AとBなど複数あるプレゼントは「1-A」というように、希望を○内に書いてください
住所：□□□-□□□□	都道府県
氏名：	ペンネーム：
性別： 職業：	年齢： □掲載時に年齢を載せない
電話番号：	
メールアドレス：	

※太枠内は投稿作品を載せる際に誌面に掲載します。

プレゼントの応募締切りは2024年4月25日(木)消印有効です

「S ~エス~」プレゼントコーナー！

プレゼントの応募締切は
2024年4月25日（木）当日消印有効です

1
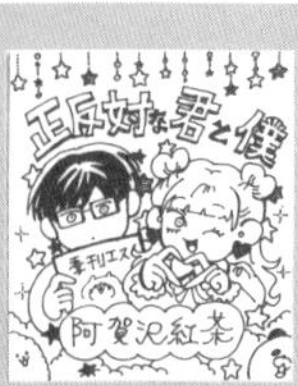
阿賀沢紅茶
直筆サイン色紙
1名様

2
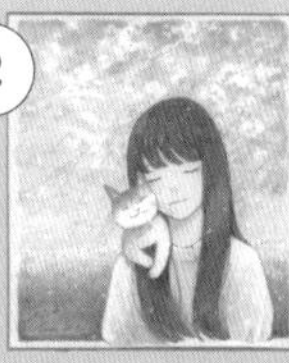
蒼川わか
直筆サイン色紙
1名様

3
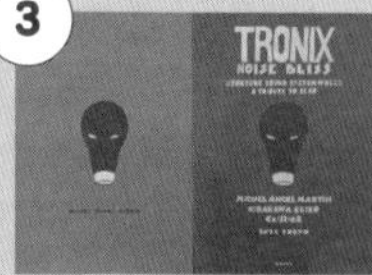
ミゲル・アンヘル・マルティン
＆平川啓子展の図録
2016、2024年の2冊セット
5名様

4
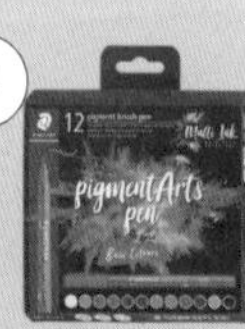
ステッドラー
ピグメント ブラッシュペン
12色セット3名様
提供：ステッドラー日本株式会社

5
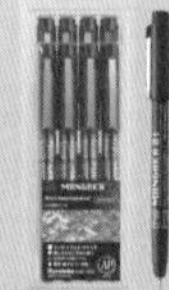
ZIG Cartoonist MANGAKA／BLACK8V ZIG MANGAKA
ブラックのミリペンとブラッシュタイプの8本セット
5名様
提供：株式会社呉竹

6
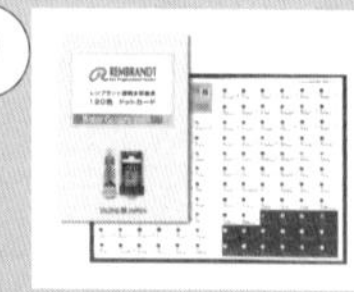
レンブラント透明水彩 120色ドットカード
2名様
提供：株式会社ターレンスジャパン

7
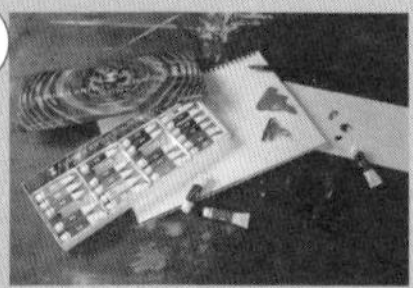
ターナー透明水彩絵具
24色セット
3名様
提供：ターナー色彩株式会社

8
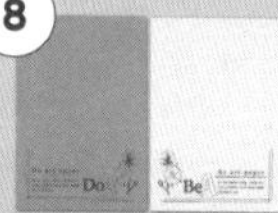
ドゥーアートペーパー
ビィーアートペーパー
パッド2冊セット 5名様
提供：株式会社ミューズ

9
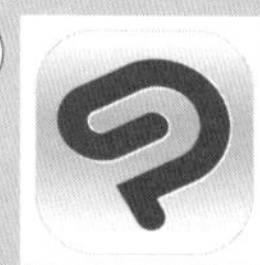
CLIP STUDIO PAINT PRO
1デバイス2年版アクティベーションコード
1名様
提供：株式会社セルシス
（Win/mac/iPad/iPhone/Android/Chromebook
のいずれか1台で利用可能）

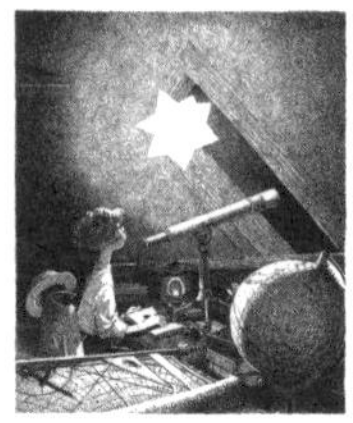

No.S（ナンバー・エス）
「星の子 01」小林系展

ボールペンによる描き下ろし新作の展示です。少女エスと星の子供の交流を描いた連作。夜の街の影や、星がきらめく光を描き出した圧巻の筆致をご覧ください。原画の販売と、「notebook」のポストカードも発売いたします。

●3月16日（土）～3月28日（木）
火、水、木に加え、16日（土）、17日（日）の営業

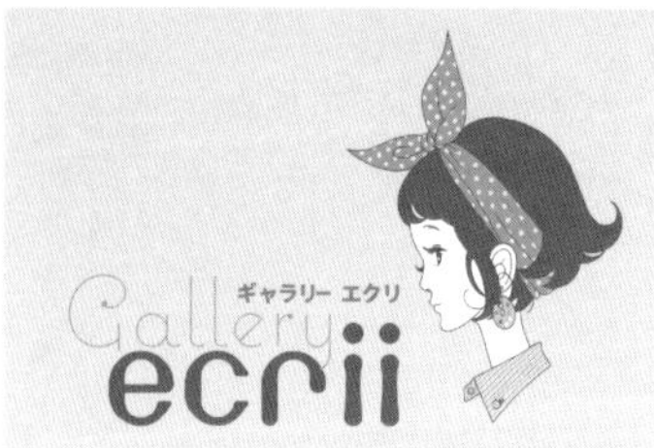

季刊エス運営の「ギャラリーエクリ」のお知らせ

「ギャラリーエクリ」では、スモールエスや季刊エスにゆかりのある作家さんの展示を開催！

■No.S（ナンバー・エス）「星の子01」
小林系展（時期は予定です）
3月16日（土）～3月28日（木）
火、水、木に加え、16日（土）、17日（日）の営業

★アクセス　渋谷駅から徒歩7分
東京都渋谷区神南1丁目13-3
アーク神南ビル2F
Googleマップで「ARK神南」で表示！
TEL　03-6455-0223
X　@galleryecrii

「S ～エス～」85号 2024年春 日々これよき日

フリースペース（絵や文章など、SpaceS投稿用にもどうぞ！）
投稿コーナー名
ペンネーム

「S」2024年 春 85号
「日々これよき日」

季刊エスの本誌やSNSでコメントを紹介することがあります。
ペンネーム掲載以外を希望の方は、「□」にチェックしてください。
□掲載NG　□匿名希望

■今回登場した作家、作品への感想をどうぞ

■この雑誌で面白かった記事は？（上記のリスト番号から5つまで）
［　］［　］［　］［　］［　］

■126～148ページの「StarS」投稿イラストで気に入った絵の作家名を教えてください（3人まで）　※お手数ですが掲載ページもご記入ください
（P.　掲載）（P.　掲載）（P.　掲載）

■季刊エスの「表紙描き下ろし＆巻頭大特集」で見てみたい作家や内容は？
（P.　掲載）（P.　掲載）（P.　掲載）

■イラストを見て楽しむ上で困っていることとは？
□人と話が合わない　□展覧会が遠くて行けない　□お金が足りない　□流行が自分の好みと違う
□情報が多すぎて把握できない　□SNSの悪い発言が気になる　□多忙でゆっくり見られない

■自分の人生を変えたと思う作品は？（漫画、アニメ、音楽、美術など全ジャンル問わず）

■自分の持ち物で「これは他に替えがたい、交換不可能だ！」と思える大切なものは？

■次のイメージに当てはまると思う絵描きさんは？（イラストレーター、ネットなどで）
いま流行っている絵柄の作家（　　）
今後注目されそうな作家（　　）